臺灣通史

原文+白話文注譯

中

連橫 著

五南圖書出版公司 印行

中冊　目錄

表目

卷十二　刑法志

連橫曰：余聞之老者曰：道亡而後有德，德亡而後有仁，仁亡而後有義，義亡而後有禮，禮亡而後有法，法亡而後有刑。是刑者固不得已而用之也。人處一國之中，相生相養，相愛相親，固不能湣（ㄇㄧㄣˇ，混亂、混沌）然而無爭。爭則強者勝而弱者敗，貴者伸而賤者抑。不平之氣，鬱於國中，而亂作矣。是故聖人作刑以威之，使之相戒而勿犯，然後能得其平，而民無邪心。故曰：刑以止刑。然而法者禁於已然之後，而禮者施於未然之前，故禮之為用也微，而法之為用也顯。微則用遠而效著，顯則用久而弊生。故曰：道（引導）之以政，齊（整齊、約束）之以刑，民免而無恥；道之以德，齊之以禮，有恥且格。烏乎（烏乎，通「嗚呼」）！世非渾穆（質樸淳和），人非狉榛（ㄆㄧ　ㄓㄣ，未開化），其能無法以相守哉？唯在善惡而已。

臺灣為荒服之地，我先民之來居聚者，耕漁並耦（ㄡˇ，兩者並行），無詐無虞（疑慮），出入相友，守望相助，疾病相扶持，但有鄉約，而無國法，固不知其幾何世也。及明之季，荷蘭入處，布政施教，始以其法頒之臺灣，所謂屬地之法也。其賤乃不得與齊民齒。荷人以此法頒之爪哇，且以行之臺灣。土番睍睍伈伈（睍音ㄒㄧㄢˋ，伈音ㄒㄧㄣˇ。睍睍伈伈，小心畏懼而低聲下氣的樣子），受其約束，莫敢支吾。而郭懷一則憤其暴而欲逐之，事雖不成、死者相繼，而積怨日深，內訌不息。鄭師一至，而荷人且敗走矣。

延平郡王鄭成功既克臺灣，養銳待時，與民休息，而立法嚴，犯者無赦。諸將以為立國之初，宜用寬典。王不可。初，王在思明，設刑官以理訟獄，遵用明律。又設行軍司馬以理軍政。王之治軍，信賞必罰，眾莫敢犯。永曆十年，左先鋒鎮蘇茂敗績揭陽，王以其私縱施琅也，今又失律，命文武議罪，斬之。然茂建功多，諸將或以為過。王乃自為文祭之曰：「王恢非不忠於漢，然誤國家之計，雖武帝不能為之赦；馬謖非無功於蜀，然違三軍之令，雖武侯不能為之解（開脫、赦免）。國無私法，余敢私恩？斷不敢以私恩而廢國法。今行國法而廢私恩，眷言（懷念回顧兩人情誼）酬（酬答感念）之，神其格（匡正）之。」諸將聞之乃服。及克臺後，任賢使能，詢民疾苦，民亦守法奉公，上下輯睦（和睦），奸宄（ㄍㄨㄟˇ，犯法作亂）不生，而訟獄幾息矣。經立，遵用成法，民樂其業。閩粵之人，至者日多，盡力農功，相安無事。及經西伐，委政陳永華，以元子克𡒉監國。克𡒉明毅果斷，親貴畏憚，而永華又輔相之，興利祛（去除）弊，民歸其德。臺灣之人，以是大集。

清朝得臺之後，頒行清律。清律之制，始於順治三年。入關未久，多沿明律，康、雍兩朝時有修改，及乾隆而大備，所謂大清律例者也。內分六律：一曰吏律，二曰戶律，三曰禮律，四曰兵律，五曰刑律，六曰工律，凡四百三十六款，千數百條；五刑：一曰笞，二曰杖，三曰徒，四曰流，五曰死；十惡：一曰謀反，二曰大逆，三曰謀叛，四曰惡逆，五曰不道，六曰大不敬，七曰不孝，八曰不睦，九曰不義，十曰內亂；八議：一曰議親，二曰議故，三曰議功，四曰議賢，五曰議能，六曰議勤，七曰議貴，八曰議賓。此則博採歷代成法也。

臺灣隸福建布政使之下，分設廳、縣，而寄其權於巡道。乾隆五十二年，詔加按察使銜，以理訟獄。凡人民之赴訴者，先告代書，書其事，呈之廳縣。定日召訊，判其曲直。搢紳（地方紳士）、命婦可使家人代之，謂之抱告。其不服者，則控之府。不服，復控之道。然道控之案，每飭府再勘（查驗），唯重大者親鞫（ㄐㄩˊ，訊問）之。道判不服，控之省。復不服，則控之京，謂之叩閽（ㄏㄨㄣ，宮門）。天子不能親聽，命刑部與都察院、大理寺訊之，所謂三司會審也。路遠費重，遷延歲月，非有奇冤巨案，未嘗至於京控也。

命盜之案，廳、縣訊之，取其口供，合以證據。有不招者，以刑威之。擬定罪名，案詳之府，復詳之道。由道造冊，送省秋審，酌其輕重緩急，乃由督撫彙奏，刑部議復。其有疑者發道再審。擬死之犯，錄其姓名，奏請天子親勾（親勾，勾名以執行）。部文到時，就地處決。未勾者監候。如遇恩赦，則減其罪。

監獄之制，典史司之。有輕罪重罪之房，已擬、未擬之別；而獄中污穢，暗無天日，饑寒交迫，疾病叢生，每多瘐（ㄩˇ，飢寒而病）斃。獄吏禁卒，又多勒索，一有不從，遭其荼毒。陰房寂寞，與鬼為鄰，可哀也已。徒流之犯，定其遠近。徒者近至澎湖，遠至泉州。而流者則配口外（長城以北荒涼之地），或發煙瘴之地（西南溼熱之地）。押解之時，必黥（ㄑㄧㄥˊ，在臉上刺字塗墨）其面，以為識別。非遇恩赦，久不得歸。零丁（孤單沒有依靠）淒楚，與死為鄰，亦可悲也。夫人肖天地之貌，懷五常之性，聰明精粹，有生之最靈也。乃以困苦之餘，或為盜賊，或以一朝之忿（一時憤恨），至於殺人，此固國法所當誅，而人情所宜宥者也。是以聖王之治民也，制井田以養之，設庠序（庠音ㄒㄧㄤˊ。庠序，兩者皆為學校代稱）以教之，勸其職業，修其人倫，入則孝弟，出則忠信，穆穆棣棣（端莊恭敬，文雅安和），和樂且間（間，疑當作「耽」，和樂且耽，出自《中庸》，和樂融融之意）。後王無道，廢棄典章，刑罰不中，法令如毛，乃復橫征暴斂，財殫（ㄉㄢ，竭盡）力痡（ㄆㄨ，疲病），使民無所措手足。怨毒之中，遂生叛亂，而國祚隨之。此則任法而不任人之過也。

臺屬各廳縣招解命盜人犯，到郡勘定後，即將各犯留禁府縣二監。命犯隨時起解。盜案遣軍流徒之犯，俟奉到部覆，即由該廳縣造冊撥役，由鹿耳門口配搭商船，對渡廈門。若命犯直解赴按察司審辦，而盜犯則至同安縣交收，逐程接遞到省，定地請咨發配，故無積壓之弊。及道光十九年英人之役，海上不穩。大府（督撫）以泉州辦理軍務，文書旁午（旁午，事物繁雜），凡臺灣起解人犯有由漳、泉二府經過者，概行緩解。而淡水廳適獲英兵及印度兵二百餘名，解郡收禁，府縣二監一時擁擠，兵備道姚瑩飭將各屬定案人犯發回監禁。至發回者，如臺、鳳二縣仍由鹿耳門配渡，其餘不必解府。淡水則由八里坌（ㄅㄣˋ），嘉義則五條港，彰化則鹿港，逕行配渡，以軍務敉（ㄇㄧˇ，安撫平定）平為止。而商船來者較少，未足配運，愈積愈多，解費益難籌措。廳縣交卸，諉（ㄨㄟˇ，推卸）諸後任。接辦之員，又以前任無費交存，竟付高閣，而囹圄（ㄌㄧㄥˊ ㄩˇ，監牢）充斥矣。前時解犯之費，由臺防廳支給。迨道光十年，署同知蔣鏞牒（ㄉㄧㄝˊ，文書）言，命犯每名轉給船價三十圓、盜犯二十圓，廳中賠墊不貲（不貲，數量多而難計數）；署知府王衍慶乃詳准承審廳縣勻貼一半，相安數載。十四年，署同知沈汝瀚以同知為間曹（「間」當為「閒」。閒曹，官小事閒）薄俸，未肯認賠。知府周彥始飭廳縣悉行支理。而人犯愈多，解費愈絀（ㄔㄨˋ，不足）矣。及徐宗幹任兵備道，大府議飭清理。宗幹以為酌減費用為先，推廣配船章程次之，另立嚴催期限又次之。三者俱備，或不致再有積壓。「查臺灣廳縣解犯費用，較之內地各縣，不啻數倍之多。姚前道已將在臺各衙門用費，大加核減。嗣據淡、蘭二廳臺、鳳、嘉、彰四縣請將命犯解費，新案減四，舊案減六。夫出水人犯（指要押送渡海的罪犯），書有紙筆之費，差有看管之勞，需用在所不免，唯通計尚鉅，似應如府議，毋分新舊，再行一律減半，以免瑣碎。盜犯一名，費不及命犯之半，為數無多，該廳縣亦復請減，姑再准減十分之四。臺費既減，各廳縣又以請減內地沿途解費之說進。犯人抵廈，應繳廈防批費及同安等縣寄監費，為數多寡不一。夫廈防廳不過點收人犯，同安等縣不過寄禁一宿，何需重費？尤應大加裁減。至現在各口（渡口）船隻稀少，宜照舊章，量為推廣。竊思哨船一項，配載戍兵來臺之便，必換載各兵內渡。若令權宜撥配，則兵力厚集，可資防護，非如商船之不敢多配。自應酌貼一半船費，分給舵水（舵水，船上舵工、水手），以昭獎賞。夫費已核減，船又推廣，各廳縣如再敢諉延，漫無限制，應另立期限，分別記過撤參（撤參，撤職、題參彈劾）。從此明立章程，可冀振刷精神。即不能囹圄空虛，或可望其漸就清理也」。書上，大府從之。先是命盜立決人犯，皆由臺灣道奏辦。監候雜犯則由道提審成招，給批解司勘轉。宗幹至省，歷謁督撫，擬援他省，由道勘轉，請免解司之議。及歸臺後，詢之僚屬，以案犯情實者，皆留省處決，例應由院審題。其遣軍流徒等犯，終須由司定地，即免過臬司（臬音ㄋㄧㄝˋ。臬司，提刑按察使司，主管一省司法）衙門，而解省則一。唯有道署勘定後，祇將招冊送省，由省具題，部准部覆轉行到臺，屆秋審時，仍解省彙勘。至遣軍等犯悉照臺地奏案，解司定地發配，則辦理簡易，自不至於煩難。宗幹以此陳之大府，又從之。

臺灣刑法既遵清律，世有其書，故不載。唯其所異者，則挈眷偷渡之律、侵墾番地之律、娶納番婦之律。及同治十三年，欽差大臣沈葆楨視臺，開山撫番，奏請解禁，而墾務乃日進矣。光緒初，白鸞卿為臺灣知縣，善治盜，又設各種刑具，輕者斷指，重則殪斃，群盜屏跡。鸞卿以皂總（皂總，衙役裡皂隸班頭的上屬長官）李榮為耳目，盜莫得逃。榮遂怙（ㄏㄨˋ，憑恃）權納賄，攬詞訟，巡撫丁日昌諗（ㄕㄣˇ，知悉）其惡，誅之，一時吏治整肅。初，道控之案，需費多，審問又久，訟者莫敢至。及劉璈任兵備道，深知民間疾苦，每逢二、八等日，自坐堂上，許人民入控。旁侍胥役（胥役，小官），每呈收費兩圓，隨到隨審，案多平反。故璈雖獲罪遠流，而人民猶念其德。光緒十三年建省之後，部議以臺灣道原加按察使銜，毋庸特設，一切刑名由道管理。乃設按察使司獄一員。凡遇秋審，由道酌擬罪名，以十月造冊送院。嗣由巡撫核定，分別實緩，以二、三月再請巡撫示期審錄，派撥官船至南，帶同經書案卷到北襄辦（襄辦，幫助辦理）。仍由巡撫咨明閩浙總著（「著」當作「督」），轉咨具題，以候朝旨。十七年十一月，巡撫邵友濂札（公文書）道，以臺灣盜案，向係稟請就地正法，今南北相距密邇，解勘（解送勘驗）迅速，凡非叛逆土匪之犯，皆不許。

譯文

李朝凱．注譯

連橫說：「我聽古人有云：『人們無法做到仰慕古代原道後才要求有道德教育，沒有辦法做到有道德教化後才要求有仁愛，沒有辦法做到有仁愛後才要求有道義，沒有辦法做到有道義後才要求有禮儀，沒有辦法做到有禮儀後才有法規要求，沒有辦法做到有法規後才要求有刑罰』。」這是執行刑罰的人原本在不得已的情況下才使用的方式。人們位處於一個國家之中，相互生養，相親相愛，當然不能渾然無知而沒有爭鬥。爭鬥中強大的人勝利而虛弱的人失敗，尊貴的人能夠伸張發展而輕視的人遭到壓制。不平之氣，積鬱在國家之中，於是就會開始作亂了。所以聖人制定刑罰來威脅他們，讓他們有所戒備而不要侵犯，然後能夠得到安定，而人民就沒有邪惡的念頭。所以說：用刑罰來阻止殺害。然而，法律是禁止在已經發生的事情之後，而禮的作用是在事情發生之前，所以禮的功用在細微之處，而法律的功用明顯易於察覺。重視細微處的禮作用長遠而功效明確，法律雖然看似彰顯但用久則會弊端叢生。所以孔子說：「以政令來管理，以刑法來約束，百姓雖不敢犯罪，但不以犯罪為恥；以道德來引導，以禮法來約束，百姓不僅遵紀守法，而且引以為榮。」嗚呼！世上並沒有質樸淳和，人類不是獸群或草木，能沒有法律來相守嗎？唯有在善與惡而已。

臺灣是偏遠的地方，我們先民之所以來此居住群聚，同時從事耕作和捕魚，沒有詐騙沒有憂患，出入相互友愛，相互幫助，共同守衛、瞭望，發生疾病就相互扶持，只有鄉約，而沒有國家法律，一向如此不知道這樣多少世代了。到明代末年的時候，荷蘭人來到臺灣，發布政令實施教化，開始用荷蘭的法令頒布到臺灣，所謂的附屬於荷蘭國，但擁有部分或全部獨立管治權力的地區之法律。地位卑賤不能與一般百姓相比擬。荷蘭人以此種法律頒布到爪哇（今印尼），並且也施行於臺灣。土番低聲下氣而小心畏懼的樣子，受到荷蘭人的約束，不敢吭聲。而漢人郭懷一則是憤怒荷蘭人的殘暴而想要趕走荷蘭人，事情雖然沒有成功、抗爭而死的人卻不間斷，於是累積的怨恨日益加深，內部爭鬥一直沒有停息。鄭成功的軍隊一到臺灣，荷蘭人就失敗逃走了。

延平郡王鄭成功（一六二四—一六六二）既然攻克臺灣，養精蓄銳等待時機，與地方百姓共同休息，而立法嚴明，犯法的人皆不寬赦。諸多將領認爲立國初始，適合用寬容的法典，延平郡王認爲不可行。一開始，延平郡王在思明（現在金門、廈門等島嶼），設置刑官來處理訴訟案件，遵照大明律法。又設置行軍司馬以管理軍事政務。延平郡王治理軍隊，賞罰嚴明，大家都不敢違背。永曆十五年（一六五六），左先鋒鎮蘇茂在揭陽（今廣東省揭陽市）打了敗仗，延平郡王以蘇茂私自縱放施琅（一六二一—一六九六），現在又違反律法，命令文武官員商議蘇茂的罪刑，最後斬殺了蘇茂。然而蘇茂立下許多汗馬功勞，諸多將領或者以爲可以放過他，延平郡王就親自寫文章祭祀說：「王恢不是不忠於大漢政權，然而他耽誤了國家的計略，就算是漢武帝也不能爲他赦免；馬謖並不是無功在蜀國，但是違背軍隊的命令，雖然是諸葛亮也不能爲他開脫。國家沒有私法，我怎麼敢私下開恩？絕不敢以私下開恩而荒廢國家律法。現在執行國家法律而廢止私恩，如今回顧彼此情誼以酬答感謝蘇茂，但也要請神靈匡正他了。」諸將聽聞後於是就順從了。等到攻克臺灣後，鄭氏任用賢能人士，詢問人民的病疾苦楚，百姓也很奉公守法，上下都很和睦，奸邪惡壞之人不再產生，而訴訟也幾乎消失了。鄭經（一六四二—一六八一）即位後，遵照既定的律法，百姓安居樂業。福建、廣東的民眾，來的人越來越多，皆盡力於農事生產，彼此相安無事。到了鄭經西伐時，把政事委託給陳永華（一六三四－一六八〇），以元子鄭克壓（一六六二－一六八一）擔任監國一職。鄭克壓剛強堅韌而果斷的樣子，王戚貴族都很畏懼，而陳永華又輔佐他，興辦有利的事情；消除有害的事情，百姓都很佩服他的德行。臺灣的人，因此大量聚集。

清朝得到臺灣之後，頒布施行清律。清朝法律的規制，開始於順治三年（一六四六）。清廷入關後沒多久，大多沿襲明朝的律法，康熙、雍正兩朝時有所修改，到乾隆朝而大爲完備，就是所謂的《大清律例》。內容可以分爲「六律」：一是吏律，二是戶律，三是禮律，四是兵律，五是刑律，六是工律，共有四百三十六款，一千幾百條。「五刑」則是分爲：一是笞刑，二是杖刑，三是徒刑，四是流刑，五是死刑。「十惡」則是分爲：一是謀反，二是大逆，三是謀叛，四是惡逆，五是不道，六是大不敬，七是不孝，八是不睦，九是不義，十是內亂。「八議」則是分爲：一是議親，二是議故，三是議功，四是議賢，五是議能，六是議勤，七是議貴，八是議賓。這就是博採歷代的成文律法。

臺灣隸屬於福建布政使的轄下，分別設置廳級衙門、縣級衙門，而福建布政使的權力則寄託在分巡臺灣道。乾隆五十二年（一七八七），皇帝下詔令將分巡臺灣道加授按察使的職銜，因而可以審理司法案件。[1]凡是民眾有需要前往控訴的人，先告訴代書，代書將這件事書寫成訴狀，接著上呈給所在的廳縣衙門。在特定的日子由廳縣長官召見訊問，判斷案件的是非曲直。縉紳和官府賜予封號的婦女可以遣使家人作爲代表，稱之爲「抱告」。不服從廳縣級判決的人，則是上訴到知府衙門。還是不

1 下詔加臺灣道按察使銜，時間在乾隆五十三年（一七八八年）；另外在〈職官志〉、〈清代職官表〉中有同樣的錯誤。鄧孔昭，《臺灣通史辨誤》（南昌：江西人百姓出版社，一九九〇），頁一四八。

服從府級判決的人，可以再上訴到道臺衙門。然而上控到道臺衙門的案件，每次道臺都會發下到府級衙門再調查案件，只有重大的案件會親自審問。對於道臺的判決如果不順從，可以上訴到省級衙門。再次不服從，就會上控到北京京城，稱之爲「叩閽」。皇帝不能親自聽審案件，下令由刑部、都察院和大理寺進行審訊，稱之爲「三司會審」。路途遙遠又費用繁重，相當耗日費時，如果不是有奇冤巨案，沒有案件會到京城控訴的。

人命、盜賊類別的案件，廳級、縣級衙門審訊，採取他們的口供，總結成爲證據。如果有不招口供的人，就以刑罰威逼之。廳縣長官擬定好罪名後，將案件上交給府級衙門，府級衙門又再上交給道級衙門。由道級衙門編造成冊，交送省級衙門進行秋審，斟酌案件的輕重緩急，於是由總督、巡撫聯合上奏，刑部再次進行審議。那些有疑問的案件就發下給道臺衙門再次審訊。擬定死刑的人犯，記錄他們的姓名，奏請皇帝親自勾決。刑部公文到地方衙門後，就地處決人犯。沒有勾決的人犯就是進行「監候」（在監候審）。如果遇到皇恩大赦的時候，就可以減免罪刑。

監獄的運作機制，是由典史衙門管理。有分爲輕罪和重罪的牢房，有分爲已經擬刑、尚未擬刑的差別；然而監獄裡面汙穢不堪，幽暗無天無日，人犯在裡面飢餓、寒冷一齊襲來，各種疾病密集發生，常常在獄中死去。掌管刑房的書吏、看守牢房的獄卒，又常常勒索錢財，一有不順從的情形，就會遭受他們的毒害。陰暗的牢房空虛寂寞，和鬼魂鄰近相處，眞是悲哀啊！徒刑、流刑的犯人，依據人犯發配路程的遠近，徒刑近的發遣到澎湖，遠的發遣至泉州。而流刑的人犯就發配到長城以北地區，或者是發配到西南邊遠地區。押解人犯的時候，一定要在臉上刺青，以作爲識別之用。除非遇到皇恩赦免，不然很長時間不能回去。孤獨無依又凄涼悲痛，與死亡相互爲伴，也是很悲催的。《漢書．刑法志》有記載：「人就像是天地的形貌，懷著仁、義、禮、智、信的秉性，耳聽目明又精細淳美，是所有生物中最具有靈性的。」於是就有因爲痛苦的時候，或是成爲盜賊，或是爲了一時的忿怒，乃至於殺害人命；這固然是國家法律所應當誅殺的，然而考量到人情也是適合原諒的事。因此聖明的君主治理百姓，制定井田制度以生養百姓，設立學校以教導民眾，鼓勵他們從事工作，修養他們的人際倫理，在家就孝順父母、敬愛兄長，出門在外忠於君主、取信於朋友，端莊和藹，恭敬有禮，又平和又快樂。後來的君主不行正道，廢棄不用制度法令，刑罰沒有用處，法律多如牛毛，於是又再橫暴徵稅、斂收財富，錢財枯竭，民力疲困，使百姓惶恐不安，不知如何是好。怨恨之中，於是就產生叛亂，而國家的命運也就隨著這樣下去了。這就是只依據法律而不憑信人才，法律條文繁苛而人才遭受輕視的過錯。

臺灣所屬的各廳縣衙門解送殺人、強盜案件的犯人，到府城勘查確定後，就將各個犯人關禁在府、縣級兩個牢房。殺人案件的犯人隨時出發解送。強盜案件發遣軍流刑、徒刑的犯人，等待收到刑部的回覆公文後，就由該廳縣編造名冊撥派差役，從鹿耳門港口配搭商船，對渡到廈門。如果殺人犯直接解送前往按察司審訊辦理，而強盜人犯則是交由同安縣衙門（今福建省廈門市同安區）管收，逐一路程接次遞送到省級衙門，確定地點再上請咨文進行發配，所以沒有積壓囚犯的弊端。到了道光十九年（一八三九）和英國人的戰爭爆發，海面上並不平靜。督撫大吏因泉州要辦理軍事公務，公文繁忙，凡是在臺灣發遣解送的犯人有由漳州府、泉州府經過的，一概暫緩解送。而淡水廳適時擒獲英國士兵和印度士兵二百餘名，解送到府城收押禁見，府級、縣級兩個監獄一時擁擠不堪，臺灣兵備道姚瑩（一七八五—一八五三）飭令將各分屬下級衙門已定案的人犯轉發回廳級、縣級衙門監禁。至於發回來的犯人，例如：臺灣、鳳山二縣的人犯仍是由鹿耳門配送渡海，其餘犯人不必解送到府級衙門。淡水廳是由八里坌（今新北市八里區），嘉義縣是由五條港（今雲林縣臺西鄉），彰化縣是由鹿港（今彰化縣鹿港鎮），進行配送渡運，直到軍務平息才停止。而商船來的比較少，不足以配送渡運，人犯越積越多，解送囚犯費用越來越難以籌措。廳縣官員交接卸任後，就把事情推給了後任官員。接辦的官員，又以前任官員沒有解送人犯經費交付，最終竟然束之高閣，而監獄充滿著人犯。前段時間解送人犯的費用，是由臺灣海防廳支付。

到了道光十年（一八三〇），署理臺灣海防廳同知蔣鏞（一七六八—？）牒文說到，殺人罪犯每名轉送給船價三十圓、強盜人犯二十圓，臺灣海防廳賠付墊支費用不少；署理臺灣知府王衍慶才上詳文通過准許承審的廳縣衙門都要均勻貼補一半的解送費用，接著平安相處了幾年。道光十四年（一八三四），署理臺灣海防廳同知沈汝瀚以同知為閒曹只有微薄俸祿，因而不肯認賠。臺灣知府周彥於是開始整頓廳縣級衙門改為全部由其支付。然而人犯越來越多，解送人犯的費用也越來越短缺了。

到了徐宗幹（一七九六—一八六六）擔任臺灣兵備道時，督撫大吏商議整頓清理。徐宗幹認為首先應該酌情減少解送費用，其次推廣配船的章程，再次又另外建立嚴催期限。三者都具備了，或許就不再導致發生積壓人犯的情形。「查臺灣廳縣解送人犯費用，和內地的各縣衙門相比較，不只是幾倍之多。前任臺灣兵備道姚瑩已經將在臺灣各個衙門的花費，大多加以核准減少。之後根據淡水廳、噶瑪蘭廳衙門、臺灣、鳳山、嘉義、彰化等四縣衙門，請求將殺人罪犯的解送費用，新案減少四成，舊案減少六成。如果是逐水渡海的人犯，書吏有紙筆的費用，差役有看管的勞辛費用，需要花費在所難免，只是全部計算費用頗為巨大，似乎應該是知府研議，不要分新舊案件，再一律減少一半的解送費用，以避免瑣碎的計算。強盜人犯一名，費用不到殺人罪犯的一半，費用數目也不多，該廳縣衙門也再請求減少，姑且就再准予減少十分之四。臺灣人犯解送費用既然減少了，各廳縣又來請求減少在內地沿途的解送費用。人犯抵達廈門後，應該繳交廈門海防廳的批文費用和同安等縣衙門的寄監費用，費用多寡不太一致。廈門海防廳不過是點名交收人犯，同安縣衙門也不過是寄放囚房一晚，爲什麼需要這麼高的費用？尤其應該大力裁減。到了現在各個港口的船隻稀少，應該按照舊有的章程，加以宣傳推廣。我想哨船這個項目，配載戍守兵丁來到臺灣的便利，一定要換上各個兵丁內渡回去。如果合理撥派配送，則可以厚集兵力，可以幫助防護之用，不像商船不敢多載配送。自然應該斟酌補貼一半的船費，分別給舵工、水手，以昭獎賞。費用已核准減少了，船隻又推廣了，各廳縣衙門如果還敢推委拖延、漫無底限，應該再另外設立解送的期限，分別處以記過、撤職、題參等懲罰。從此以後明確規定章程，可以期望振興精神。即使不能讓牢獄清空，或許可以指望他們漸漸就清理了。」寫好呈給上級後，督撫大吏批准了。

在此之前，殺人、強盜立即處決的犯人，都是由臺灣道員奏請辦理。監候、雜犯則是由臺灣道臺提問審理成立招詞，給批文到福建按察使司審訊後，再審轉至督撫衙門。徐宗幹到省城福州後，歷次拜見總督、巡撫，想要援用其他省的情形，由臺灣道勘查審轉，請求免除解送福建按察使司的建議。到了徐宗幹回到臺灣之後，詢問下屬的官員，以案犯情況確實的人犯，全都留在省城處決，向來應該由巡撫衙門審理撰寫題本。至於發遣軍流刑、徒刑等人犯，最終必須由福建按察使司決定地點，就算免除送到福建按察使司衙門，而一樣要解送至省城。只有臺灣道衙門審勘確定後，只將招冊送到省城，由省城具名題送中央刑部，刑部批准、刑部覆文轉送回到臺灣，到了秋審的時候，仍然解送省城會同審訊。至於發遣軍刑等人犯都照臺灣奏案，解送福建按察使司決定地點進行發配，這樣辦理就簡單容易，自然不至於煩雜困難。徐宗幹就這樣陳述給督撫大吏，又得到批准了。

臺灣的刑法既然遵循清律，世間也有書有撰述，所以不需記載。只是臺灣有特異的律法，就是攜帶眷屬偷渡的法律、侵占開墾原住民土地的法律、迎娶招納原住民婦女的法律。到了同治十三年

（一八七四），欽差大臣沈葆楨（一八二〇—一八七九）巡視臺灣，執行開闢山林、勸撫番黎的政策，上奏請求解除禁令，而拓墾事務就每天都在前進了。光緒初年時，白鷺卿擔任臺灣知縣，善於治理盜賊，又設置各種刑具，輕的人犯夾斷手指，重的人犯就殺死了，眾多盜賊因而絕跡。白鷺卿用皂役總捕快李榮作爲耳目，盜賊沒有逃脫的。李榮於是依仗權勢收納賄賂，包攬訴訟，巡撫丁日昌（一八二三—一八八二）發現他的惡行，就誅殺了李榮，一時之間吏治整飭清明。剛開始時，控告到道臺衙門的案件，需要許多的花費，審問的時間又很漫長，想要訴訟的人不敢去。到了劉璈（？—一八八九）擔任臺灣兵備道時，他深切知道民間的疾苦，每逢二、八等日，就坐在衙門公堂上，允許民眾進入衙門控告。旁邊服侍的胥吏和衙役，每張呈文收費兩圓，隨時到隨時審，案件大多都平反了。所以劉璈雖然獲罪流放遠方，而臺灣人民還是很懷念他的德行。

光緒十三年（一八八七）臺灣建省之後，刑部研議以臺灣道原加按察使銜，不需要特別在臺灣省設置按察使，一切刑名案由臺灣道負責管理。於是設置按察使司獄一員。凡是遇到秋審時，由臺灣道酌情擬定罪名，在十月時編造名冊送到巡撫衙門。然後由巡撫核准確定，分別是情實或是緩決，在二、三月時，再請巡撫決定日期審訊記錄，派撥官船到臺南，臺灣道再帶同經書、案卷到臺北裏理協辦。仍是由臺灣巡撫咨文告明閩浙總督，接著轉發咨文具題中央刑部，再等候朝廷的旨意。光緒十七年（一八九一）十一月，巡撫邵友濂（一八四〇—一九〇一）以札文下令給臺灣道，以臺灣的強盜案件，向來是稟請就地正法斬立決，現在臺灣南北相距很近，解送和調查也很迅速，但凡不是叛逆土匪的人犯，都不再允許了。

卷十三 軍備志

連橫曰：古人有言，天生五材，民並用之，廢一不可。誰能棄兵？是故軒轅有涿鹿之戰（涿鹿之戰，相傳黃帝與蚩尤戰於涿鹿），顓頊有共工之陳（ㄓㄣˋ。陳列，代指軍事行動），姒禹有三苗之伐，成湯有南巢之師（南巢之師，商湯放逐夏桀於南巢），周武有牡野之誓（牡，當作「牧」。牧野之誓，周武王在牧野聚集各方勢力後誓師，最終打敗商紂王）。降及春秋，齊桓、晉文，尊王攘夷，取威定霸，非兵莫屬，故使子孫無忘其功。秦、漢以來，其旨昧（隱藏不明）矣。

臺灣為海上絕島，群雄必爭之地也，非兵莫守，非兵莫存。故可百年而不用，不可一日而不備。然而我族之不競久矣。當明之季，澎湖險遠，群盜出沒；萬曆二十年，東陲有事，議置游兵。二十五年冬，始創一游、一總、四哨，各鳥船二十艘、目兵八百有奇（ㄐㄧ，餘）。翼年春，又慮孤島寡援，增守備一，游總哨舟師稱是。又於海壇、南日、浯嶼、銅山、南澳、大寨游各抽哨官一人，領堅船三艘，汛時遠哨至澎湖，以聯聲勢。後以兵餉難繼，裁去一游，而海壇、南日、南澳三處遠哨之船，漸各停發，僅一總、二哨，各鳥船二十艘、目兵八百五十有奇。其月糈（ㄒㄩˇ，糧食）則漳、泉共餉之。顧祖禹曰：「海中島嶼，東南錯列，以百十計；但其地有可哨而不可守者，有可寄泊而不可久泊者；若其險要而紆迴，則莫如澎湖。蓋其山周迴數百里，隘口不得方舟，內澳可容千艘。往時以居民恃險為不軌，乃徙而虛其地，馴至島夷乘隙，巢穴其中，力圖之而後復為內地，備不可不早也。」又曰：「海中舊有三山之目，澎湖其一爾。東則海壇，西則南澳，並為險要。是故守海壇，則銅山、流江之備益固，可以增浙江之形勢；守南澳，則銅山、元鍾之防益堅，可以厚廣東之藩籬。此三山者，誠天設之險，或可棄而資敵歟？」初，萬曆三十七年，荷人突入澎湖，嗣為總兵俞咨皋所逐。天啓二年，復至，戍兵已撤，遂踞而有之。更入臺灣，以兵分守南北，築壘自固。越三十八年，復為我延平郡王所逐。蓄銳待時，謀復諸夏。故其奔走疏附者，皆赴忠蹈義之徒、枕戈執殳（ㄕㄨ，古代一種兵器）之士也。天厭明德，繼世而亡，而威稜（聲勢）所及，猶有存者。安平之壘，鐵砧之山，落日荒濤，尚堪憑弔；此則我族之武也。

初，延平開府思明，分陸軍為七十二鎮，水師二十鎮。及經之時，頗有增設。陸讋海伏（讋音ㄓㄜˊ，恐懼。陸讋海伏，聲威遠播，水陸四方莫不畏懼而歸服），軍聲大振。克臺之後，以周全斌總督承天南北軍務，休兵息民，以治農畝，僅留勇衛、侍衛二旅，以守承天、安平，餘鎮各屯田自給，故無養兵之患。古者兵農為一。五國為屬，屬有長；十國為連，連有帥；三十國為卒，卒有正；二百一十國為州，州有牧。連帥比年簡車，卒正三年簡徒，群牧五載大簡車徒。是故春振旅以搜，夏拔舍以苗，秋治兵以獮，冬大閱以狩，皆於農隙以講事焉。故其兵為國之兵，能執干戈以衛社稷。居則往來相樂，戰則患難相扶。而又糾之以政，行之以禮，閑之以義，奉之以仁，勵之以勇，秉之以忠，教之以務，使之以和，嚴之以刑，獎之以祿，故民皆可使，而足勝於天下。十六年夏，經嗣位，以忠振伯洪旭、永安侯黃廷守思明，率師入臺。檄（ㄒㄧˊ，文書飭令、告知）銅山、南澳諸將，毋廢戰守。十八年，委政陳永華，又行屯田之制，臺灣以安。二十七年，平西王吳三桂、平南王尚可喜、靖南王耿精忠以次起兵，請會師。經至思明，進略閩、粵，遂克有十府，以遵奉故朔。一時麾下幾十數萬人，軍復大振。已而清人入閩，精忠稽顙，尚亦反噬，故無功而歸。然漳南之役，劉國軒、吳淑諸將，兵僅數千，以當十萬，飄驟馳突，略倣（倣，通「仿」）延平。清軍萎胙（萎胙，當作「萎腇」，軟弱）咋舌（咋音ㄗㄜˊ，咬。咋舌，害怕說不出話），莫敢支吾。則鄭師之善戰，亦足豪矣。

清人得臺，改設府縣，調兵分防。以總兵一員駐府治，水師副將一員駐安平，陸路參將二員分駐諸、鳳，兵八千名；澎湖水師副將一員，兵二千名；皆調自福建各營，三年一換，謂之班兵。康熙六十年朱一貴之役，全臺俱沒。及平，廷議以澎湖為海疆重地，欲移總兵於此，而臺灣設副將，裁水、陸兩中營。總兵藍廷珍以為不可，上書總督滿保曰：「若果臺鎮移澎，則海疆危若纍（纍，此處通「累」，堆積）卵。部臣不識海外情形，憑臆妄斷，視澎湖太重。不知臺之視澎，猶太倉一粟爾。澎湖不過水面一沙堆，山不能長樹木，地不能生米粟，人民不足資捍禦，形勢不足為依據。若一、二月舟楫不通，則不待戰自斃矣。臺灣沃野千里，山海形勢，皆非尋常，其地亞於福建一省。論理尚當增兵，易總兵而設提督五營，方足彈壓。乃兵不增而反減，又欲調離其帥於二、三百里之海中，而以副將處之乎？臺灣總兵果易以副將，則水陸相去咫尺，兩副將豈能相下？南北二路參將止去副將一階，豈能俯聽調遣？各人自大，不相統屬，萬一有事，呼應不靈，移誤封疆，誰任其咎？澎湖至臺雖僅二百餘里，順風揚帆，一日可到；若天時不清，颶颶連綿，浹旬（浹，指循環一周。浹旬，指上中下旬）累月，莫能飛渡。凡百事宜，鞭長莫及。以澎湖總兵控制臺灣，猶執牛尾一毛，欲制全牛，雖有孟賁之力無所用之。何異棄臺灣乎？臺灣一去，漳、泉先害，閩、浙、江、廣俱各寢食不寧，即山左、遼陽皆有邊患。廷珍無識，以為此土萬不可委去。若遵部議而行，必誤封疆。望恕狂瞽（自謙己言為狂妄淺薄的言論），且賜明示。」滿保入告，提督姚堂亦以為言，乃罷議。

雍正二年，詔曰：「臺灣換班兵丁，戍守海外巖疆，在臺支給糧餉，其家口若無力養贍，則戍守必致分心。每月著戶給米一斗。唯內地米少，可動支臺米，運至廈門，交與地方官，按戶給發，務使均霑實惠。」是為眷米之始。五年，詔曰：「臺灣防汛兵丁，例由內地派往更換。而該營將弁（武官的通稱）往往不將勤慎誠實得力之人派往。以是兵丁到臺，不遵約束，放肆生事。歷來積弊，朕甚患之。嗣後臺灣班兵，著該營官挑選派往。如有不法，或經發覺，該營官一併議處。」六年，總兵王郡奏言：「臺灣換班兵丁，例由內地派撥；而其中有字識（負責文書的人）、柁工（船上掌舵的人）、繚手（固定船帆的人）、斗手（攀登上船桅負責眺望的人）、碇手（升降船隻錨碇的人）等，向來多係僱募本地之人冒頂姓名，並非實有兵丁。請照隨丁之例，就地招募。」詔以「海洋操練水師，柁、繚、斗、碇關係甚重，若不換內地兵丁，而常令彼地之人執司其事，似有未便。應於換班之內，挑選學習。著兵部妥議具奏。」初，班兵來臺之後，鄉里不同，互分氣類，故從前分散各處。至是王郡奏請廢止，以便訓練。不許，詔曰：「駐臺兵丁軍器，悉係各營自製，是以易於破壞。然將內地精良軍器，給與臺軍，亦非善策。著該督撫於存公項內動支製造，務必堅利精良。至臺之日，又著巡視御史會同該鎮查驗點收。倘有不堪使用者，即據實奏參。」七年，詔以臺灣兵丁，每年賞銀四萬兩，以為養贍家口之用。著總督等均勻分派，按期給發，以示朝廷恤兵之意。

初，朱一貴之役，漳浦藍鼎元從軍，以半線以北，地長八、九百里，山海奧區，民番錯雜，而委之北路一營之兵，聚不足以及遠，散不足以樹威，議於半線劃設縣治，而設參將於竹塹，以固北鄙。十一年，詔陞臺灣鎮總兵為掛印總兵，給方印，添設城守營左右兩軍；改北路營為三營，以副將駐彰化，副以中營都司，而左營守備駐諸羅，右營守備駐竹塹，各有增設。於是臺灣之兵計有一萬二千六百七十名。然積弊漸深，軍律廢弛，兵驕將惰，為害閭閻（閭閻，鄉里）。一旦有事，潰敗四出，而禍不可收拾矣。乾隆五十一年，彰化林爽文起事，鳳山莊大田應之，攻陷城邑，兵不能戰。詔命大將軍福康安領侍衛巴圖魯（巴圖魯乃滿語，意為勇士，為賞賜有戰功者的封號），以楚、蜀、粵、黔之兵九千至。歷戰數月，始平。則臺灣班兵之不可用也明矣。當是時，粵人、化番（歸化的生番）效命軍前，頗收臂助。事後，奏設屯丁，旌表義民，添用馬兵，稍為整飭。時陽湖趙翼從軍在廈，以鹿港處彰化之口，勢控南北，議移縣治於此，駐紮總兵，居中調度。總督李侍堯韙（ㄨㄟˇ，是、認同）之，未及入奏。五十三年，始以安平水師左營游擊移駐鹿港。自是以來，北鄙日拓，遠逮噶瑪蘭，且及臺東。嘉慶十五年，改淡水都司為水師游擊，兼管陸路，南至新莊，北及蘭界。而水師則逮蘇澳，以為臺北之干城。道光四年，又陞水師游擊為參將。其時淡水東北悉已開墾，移民麕（ㄑㄩㄣˊ，通「麇」，群集）至，而噶瑪蘭又為山海險阻，生番出沒，海寇窺伺，遠距淡水可六、七日程，統御莫及。總督趙慎畛議移北路副將於竹塹，以右營守備為中營，中軍都司為左營駐彰化，中軍守備為右營駐艋舺。福建水師提督不可，乃留副將於彰化，而艋舺置參將。

當是時，臺灣班兵積弊已甚，嘉義陳震曜上書大府，請裁綠營，募鄉勇。臺灣道亦主其議。同知姚瑩以為不可，議之曰：「比聞大府檄下，議改臺灣班兵，召募土著。愚竊以為過矣。臺灣一鎮水陸十六營，額兵一萬四千六百五十有六，自督撫兩院、水陸二提、漳州、汀州、建寧、福寧、海壇、金門六鎮、福州、興化、延平、閩安、邵武五協五十八營抽撥更戍，多者七、八百人，少者百數十人。其到臺也，分布散處，每內一營分臺營者十數，極多不過百人而已。匪特三年之中，分起輪班、出營收營、紛紛點調之煩，配坐哨船或商船，重洋風濤，歲有漂溺之患，而且戍臺之兵，既有兵糈，又有眷米，歲費正供數十萬石。何所取而必為之哉？蓋嘗推源其故，竊見列聖謨猷（謨猷，謀略）深遠，與前人立法之善，而不可易也。夫兵凶戰危，以防外侮，先慮內訌。自古邊塞之兵，皆由遠戍，不用邊人。何也？欲得其死力，不可累以家室也。邊塞戰爭之地，得失無常，居人各顧家室，心懷首鼠。苟有失守，則相率以逃，暮楚朝秦，是其常態。若用為兵，雖頗、牧（廉頗、李牧，兩人皆為戰國時趙國著名軍事將領）不能與守，故不惜遠勞數千里之兵，更迭往戍；期以三年，贍其家室，使之盡力疆場，然後亡軀效命。臺灣海外孤懸，緩急勢難策應；民情浮動，易為反側。然自朱一貴、林爽文、陳周全、蔡牽諸逆寇亂屢萌，卒無兵變者，其父母妻子皆在內地，懼干（干為兵器，代指為刑殺）顯戮（處死），不敢有異心也。前人猶慮其難制，分布散處，錯雜相維，用意至為深密。今若罷止班兵，改為召募，則以臺人守臺，是以臺與臺人也。設有不虞，彼先勾結，將帥無所把握，吾恐所憂甚大，不忍言矣。其不可一也。兵者，貔貅（ㄆㄧˊ ㄒㄧㄡ，勇猛的將士）之用，必使常勞，勿任宴逸。自古名將教習士卒，勞苦為先。手執戈矛，身披重鎧，雖遇寒冬雨雪、盛夏炎蒸，而大敵當前，亦將整旅而進。苟平居習為安逸，何能驅策爭先？故練技藝、習奔走，日行荊棘之叢，夜宿冰霜之地，寒能赤體，暑可重衣，然後其兵可用。今營制訓練，各有常期，將弁操演，視同故事。惟（惟，通「唯」）班兵出營，約束煩難，且以數十處不相習之人萃為一營，彼此生疏，操演勢難畫一。將裨懼罰，即欲不時勤操演，有所不能。是於更換之中，即寓習勞之意。蓋以賢能將帥，講習訓練，斯成勁旅。若改為召募，則日久安閒，有兵與無兵等。其不可二也。兵者猛士，以勇敢為上。勝敗在於呼吸，膽氣練於平時。百戰之兵，所向無前者，膽氣壯，故視敵輕也。古者名將教士，或臥於崩崖之下，或置諸虎狼之窟，所以練其膽氣，使習蹈危機而不懼，然後大勇可成。臺洋之涉，亦可謂危機矣，駭浪驚濤，茫無畔（ㄆㄢˋ，邊界）岸，巨風陡起，舵析桅欹（ㄧ，傾斜不正），舟師散髮而呼神，鄰船漂流而破碎，大魚高於邱岳，性命輕於鴻毛。若此者，班兵往來頻數，習而狎之，膽氣自倍。一旦衝鋒鏑（ㄉㄧˊ，箭），冒矢石，庶不致畏葸（ㄒㄧˇ，畏懼）而卻步。且平日海洋既熟，即遇變故，亦往來易通。兵法云：置之死地而後生，此之謂也。今若改為召募，免其涉險，則恇怯性成，遇難望風先走。膽氣既無，鮮不潰敗。愛之適足以死之，甚非國家所以養兵之意。其不可三也。以必不可易之制，而欲變更，是以臺地視同內地，毋乃於列聖謨猷，前人美意，有未之深思者乎？然大府之所以議改者，亦自有說。請釋其疑，可以無惑。一曰節糜費：閩省兵糈，僅能支給。自林、陳、蔡三逆軍興，各府、縣運穀赴省，積貯空其大半。頻年買補，尚缺額者十數萬石；而臺灣每歲運穀，不能時至。各動倉穀，墊放兵米。舊貯未滿，又有新借，各縣藉口不免虧空。且臺灣新設艋舺一營，兵米不敷支給。是閩省倉儲頗形支絀，若改班兵為召募，則內地眷米一項，歲可省穀數萬。數年之後，不惟補足，且有贏餘，並可減運，以給艋舺兵米。此節糜費之說也。殊不知內地儲倉，並不虧於軍需，而虧於官吏。軍需既缺，歷年採買，不難報竣。所慮者有採買之名，無買穀之實。及至交代，輾轉流抵，虛報存倉。至臺穀不過運期稍遲，雖則借墊，運到即還，何至虧空？若艋舺不敷兵米，臺地尚有別款可籌，何必貪節省之虛名，而誤百年之大計？二曰處游民：臺地口禁雖嚴，而港汊（ㄔㄚˋ，河道支流）紛歧，自鹿耳門、鹿港、八里坌（ㄅㄣˋ）三正口外，南路則打鼓港、東港、大港、喜樹仔，北路則笨港、五條港、大甲、吞霄、後壠、中港、大安、烏石港，其他私僻港口，不可勝紀。無業之民，偷渡日多，非遙聚市廛，則肆為盜賊，捕治不勝其眾。若募為兵，若輩有可資生，亦所以區處之道。此處游民之說也。不知召募之額有常，而游民之額無限。不為兵者，又將何以處之？且若輩惰遊無根，小不遂意，及或犯法，則逃去無所顧忌。若操之稍急，又鼓譟為變。一旦姦民蠢動，此輩皆其逆黨矣。況臺地漳、泉、粵三籍，素分氣類，動輒械鬥。將弁帶兵彈壓，非彼之仇，即彼之黨，不更助之亂乎？其患無窮，不待智者而決矣。三曰免煩擾：臺灣班兵三年抽換，往來絡繹，則有造冊移報之煩；缺額事故，則有補革（改換）案牘之煩。臺灣、鹿港、蚶江、廈防四廳，配船候渡者無虛日，內五十八營，外十六營，收營出營者屬於途。且班滿出營之後，多不遵約束，紛紛滋事，帶兵員弁既畏如虎狼，地方廳縣更難於治問。若改為召募，則諸弊皆清。此免煩擾之說也。不知文移案牘，不過書識之勞；廳營紛紜，各有舊章可守。倘其出營滋事，一能吏足以安之。若慮煩擾，務求安便，此事簡民醇之區所宜講求，而非所以施於繁要。況海外重兵之事乎？然則由前三者，其害甚大；由後三者，並無所利。吾不知議者何取，而輕改舊章也？夫老將言兵，計出萬全，忠臣謀國，期於久遠。事必權其利害，而利之所在，弊即在焉。亦視其大小何如耳。班兵之制，於今一百餘年，推其弊不過如此，其利則保障全海。而改為召募，則其害不可勝言，並無所利。可以決所從違矣。」又曰：「班兵之不可易如此，則大府欲易之也，其誤明矣。吾聞大府入覲，當面言事宜，已得俞旨（皇帝的意旨），必有言之甚切者，此可揣而知也。以為班兵不得力耳。朱一貴之亂也，全臺陷矣。林爽文之亂也，南北俱陷，不破者郡城耳。陳周全之亂也，始陷鹿港，既陷彰化。蔡牽之亂也，始入艋舺、新莊，既陷鳳山，據州仔尾，郡城受攻者三月。班兵不能滅賊，皆賴義民之力，繼以大兵，而後殄滅。是為班兵不得力之明驗。噫！此文武諸臣之罪也，班兵何與乎？臺灣地沃而民富，糖、麻、油、米之利，北至天津、山海關，南至寧波、上海，而內濟福州、漳、泉數郡，民商之力既饒，守土者不免噬肥（噬肥，擇肥而噬，以富豪為對象，進行敲詐勒索）之意。太平日久，文恬武嬉，惟聲色宴樂是娛，不講訓練之方，不問民間疾苦，上下隔絕，百姓怨嗟（ㄐㄧㄝ，嘆息），故使姦人伺隙生心，得以緣結為亂。倉卒起事，文武官弁猶在夢中。一貴致亂之由，言之使人痛恨。後來者不知炯戒（炯戒又作「炯誡」，明顯的警惕），久而漸忘，又有爽文之事。陳周全本陳光愛餘孽，誅之不盡。及彰化米貴，匪民肆搶，臺守馳往，僅擒治二十餘人，粉飾了事，又置周全不問，以致縱成大患，甫旋郡而難作。蔡牽大幫騷擾海上十餘年，以重利啗（ㄉㄢˋ，利誘惑他人）結岸上匪類，受偽旗者萬餘人。一旦揚帆直入，匪民內應，故得直薄郡城。此皆諸臣經略不足，於班兵何尤？藉使不設班兵，當時已皆召募，能保無事耶？然吾聞朱一貴亂作，文員先載妻子走避澎湖，是以人心無主，總兵歐陽凱力戰死難。若林爽文初據嘉義，總兵柴大紀一出而殲賊復城；陳周全別股賊首王快攻斗六門，千總龍昇騰以兵百人，敗賊千數；蔡逆攻臺，澎湖副將王得祿以水師兵六百人，破賊數萬於洲仔尾，不三年卒殲蔡逆，臺人至今猶能言之。則是班兵非不得力，顧用之何如耳。而欲改變舊制，豈理也哉？抑臺營今日有宜講者五事：一曰無事收藏器械、以肅營規，二曰演驗軍裝鎗炮、以求可用，三曰選取教師學習技藝、以備臨敵，四曰增設噶瑪蘭營兵、以資防守，五曰移駐北路副將、以重形勢。臺灣班兵器械，除炮位、鉛藥外，皆由內地各兵配帶。因雜派各營，恐有遺失，向皆自行收管，不交弁備。然分類（依照出身地域區分族群）之習未除，每口角細故，彼此出械相鬥，將裨不及彈壓，已致傷人。雖屢加嚴懲，此風不免。良由器械在手，易於逞兇故也。今宜定制，自入營點名之後，所有器械編號書名，交本營守備收入庫局，惟操演教習、差派出營、逐捕盜賊，按名散給。無事則皆繳收，不許執持。各汛距營稍遠，亦交千把總收管。如此則手無挾持，平時可免械鬥，而營規整肅矣。武備之用，利器為先，籐牌、鳥鎗、長矛、半斬腰刀，在在必須堅利。大小炮位一發擊賊數十人，尤為取勝要具。臺營軍裝，惟火藥、硝磺由內地運給，自行煎煮，其餘皆由省局製造，委參遊諸大員解運赴臺，舊壞者收回繳省。嘗見刀刃脆薄，不堪砍斫。每斬決囚犯，僅一再用而缺。籐牌甚小，圍圓不過三尺，牌尤輕薄。此僅利操演時騰舞輕便耳，若以臨敵，不足遮蔽矢口。鳥鎗尤短，不能及肩，安能中遠？至於炮位，鐵多未經熟練，又攙雜鉛砂，擲地稍重，兩耳即斷；火門又或欹斜，往往炸裂傷人，至於不敢演。武備若此，雖有健銳，亦難勝敵。向者出局交營，皆顧瞻情面，草率收受。貽誤軍情，莫此為甚。今宜嚴定制度，務以厚大堅利為主。鎗炮必經委員當面演放，並由鎮道會驗，然後收營。否則駁回另造，且治工匠以應得之罪。如此則省局不敢偷減工料，委員不敢狥情（狥，通「徇」。徇情，受私情左右，不能秉公處理事務）解運，臺營不敢草率點收，而軍裝可期堅利矣。營制操演弓箭、鳥鎗、籐牌、刀矛，各有用法，進退跳蕩，騰走擊刺，各有規矩。平時督撫提鎮較（較，通「校」）閱之時，皆按一定陣圖演習，此不過死法陳規，練其步伐耳。及至既遇敵衝鋒，則臨機應變，惟以勇敢便捷整齊為上。必使手與器調，器與心調，心與伍調，伍與弁調，弁與將調。然後千人一氣，眾志成城，無不克敵之理。每見市中無賴，皆有膂力（膂音ㄌㄩˇ。膂力，體力）相尚，一營之中，豈無嫻長技藝之人？苟能留心拔取，使為眾兵教師，朝夕訓練，將裨親自董率（統帥），日省月試，考其優劣，能教十人以上者賞，百人以上者拔用。如此則人爭以技藝見長，勁旅可成，臨敵必能制勝矣。噶瑪蘭新開，額設守備一員、千總一員、把總二員、戰兵二百六十名、守兵一百四十名，歸艋舺水師游擊管轄。所撥班兵，皆用上游四府。惟蘭境北至三貂，南至蘇澳，邊界橫亙百餘里，三面負山，口隘二十處，皆生番出沒之所，東臨大海，其內港則烏石、加禮宛二口、自三月至八月，港道通暢，民人販載米石，小船絡繹，外洋則蘇澳、龜山、雞籠洋面，南風司令，每有匪船遊弋，防堵尤要。蘭地僻遠，在臺灣極北山後，距郡十三日程，距淡水六日程，中隔三貂大山，徑窄溪深，極為險阻。設有不虞，百人可以梗塞。今額兵僅四百名，分守汛防，未免單薄。須添設戰兵一百二十名、守兵八十名，設都司大員統之，駐五圍城內，守備移駐頭圍，千總移駐三貂。更設在城千總一員、外委二員，始足以資彈壓。惟設兵即須籌餉。竊見蘭地兵米餉銀，皆就蘭廳正供餘租支放，每歲銀穀皆有盈餘，穀約五千石，餘租番銀二千。今若抽撥戰守兵二百名添防，則歲增兵米七百二十石，不過用穀一千四百四十石，歲尚有餘穀矣。增設兵餉：戰兵一百二十名，每名月餉銀一兩四錢；守兵八十名，每名月餉銀一兩，歲約用銀二千九百七十六兩；都司全年俸薪、馬乾（餵養馬的乾草飼料）、養廉銀（清朝給官員的俸祿制度，意圖培養官員廉潔）四百四十九兩，千總俸薪、馬乾、養廉銀一百九十二兩，外委養廉銀三十六兩，增設各兵加餉銀九百五十二兩耳，凡共需銀四千六百餘兩。蘭廳餘租一項，頗有盈餘，官弁養廉，戍兵加餉，足敷支給。至此項額兵，若再從內地抽撥，似覺紛繁。閱軍冊內，臺郡城中駐城守參將一員，兵一千一百七十九名，北路左營都司駐嘉義，兵一千二百八十二名，額兵頗多。今若於城守及嘉義二營中酌量抽撥，即可足額，且無庸另籌餉銀眷米。如此則蘭營兵力無單弱之虞，而防守更為周密矣。臺灣府治東南路至琅璚四百五十里，北路至蘇澳一千二百餘里。以形勢而論，南短北長。蘭境未開，初設北路副將一員，中營都司一員，額兵一千二百三十八名，駐彰化城內，轄嘉義都司為北路左營；竹塹守備，額兵七百二十六名，為北路右營；艋舺、新莊以上空虛。故嘉慶九年，蔡逆從滬尾登岸，徑至新莊。後乃添設滬尾水師一營，駐游擊一員、以艋舺守備，陸路兵八百七名，及蘭營陸路守備，皆歸管轄。所以兩營陸路皆轄於水師游擊者，北路副將駐彰化，鞭長莫及，故為一時權宜之計耳。滬尾游擊所轄洋面，上自蘇澳，下至大甲，八百餘里，中隔雞籠，須候南風。由雞籠至滬尾及於大甲，須候北風。此一路淺澳最多，向為匪船出沒之所，哨捕稽查，殊為不易。今更統以陸路，實有顧此失彼之虞。一旦淡、蘭有事，仍不得力。愚意不若以北路副將移駐竹塹，改右營為中營，抽撥彰化營額兵二百名、艋舺營額兵一百名，歸竹塹守備，加都司銜，隨同副將駐紮。改彰化都司為北路左營，改艋舺守備為北路右營，同蘭營守備，共四營兵，統歸副將管轄。其嘉義所轄，駐左營都司改歸郡中城守營參將管轄。如此則北路副將中權淡水，南可以應彰化，北可以應艋舺、噶瑪蘭，形勢始為扼要。郡城可無北顧之憂，而艋舺水師游擊惟盡心洋面，以專責成。水陸兩路皆可得力矣。以上五條，實為目前臺灣之急務，見諸施行，必有實效。然自古治法莫如治人。苟守土之官，平時廉正公明，勤於政事，不貪安逸，吾知臺人必愛之如父母，畏之如神明，雖有姦宄（ㄍㄨㄟˇ，犯法作亂之徒），不敢萌心。即萬一不虞，而吾以有備之兵禦之，再以子弟之民助之，有不旦夕撲滅者，未之有也。又何致上廑宸（廑音ㄐㄧㄣˇ。廑宸，帝王殷切的關懷）衷，遠煩數萬大兵，耗費無限之糧餉也哉？」初，瑩以此議上總兵，亟以為然。已而慎軫督閩，見之，乃罷。復採其言，增改臺北營制。

先是總兵達洪阿以臺灣班兵廢弛，頗有意整剔。選六百人，練為精兵，歲犒錢二萬五千餘緡（ㄇㄣˊ，成串的錢）。巡道周凱贊之，飭府縣捐助一半。及姚瑩至，飭屬酌議，鳳山知縣曹謹以為不可。略謂：「臺灣孤懸海外，中徵內地五十二營之兵，三年一班，更番撥戍。人既雜則材力不一，時既暫則考校多疏，將與將不相習，兵與兵不相知，從前僨事（僨音ㄈㄣˋ。僨事，敗事），職此之由，則訓練誠亟亟也。顧練之云者，詎（ㄐㄩˋ，豈）惟是有兵六百，遂可恃無虞哉？朝廷慎重海疆，額設水陸步戰守兵一萬二千六百七十名，無一非鎮帥之兵，即無一非鎮帥當練之兵。凡各營操演之時，參游以上，皆有犒賞，戍兵所得，較之內地倍多，本是以固其心而作其氣。其所以不練不精者，乃弁兵之辜恩，非朝廷之吝賞。今議者不務遵守舊章、申明紀律，而動議變增；計所練之兵，僅全臺二十分之一，而所賞較本兵糧餉倍之。試思朝廷設兵，原無彼此；此而當練，孰不當練？此而可精，孰不可精？如必厚賞而後精，則非厚賞遂不必精；必厚賞而後練，則非厚賞並不能練。是必歲捐數十萬金，以為全臺練兵之用而後可。如其不然，是予各兵以藉口之端，而開各營推諉之漸也。且臺地綿亙一千餘里，精兵六百，以之自衛則有餘，以之衛人則不足。一旦南北交警，此六百人者，顧此則失彼，顧彼則失此，勢不能不驅未練未精之人相與從事。況費之所出，非官則民。查一縣捐攤，每歲數幾盈萬，已未能按款批解；今又加以千餘，名曰捐廉，實則挪移公項，此派之官者之不可行也。若取之於民，則臺民數經兵燹（ㄒㄧㄢˇ。兵燹，因戰亂所造成的焚燒、破壞等災害），十室九空，加以亢旱頻年，則素封之家所入不敷所出，此取之民者之不可行也。惟是練兵之舉，將及三年。既議停止，必籌安置。計惟就現練精兵之中，擇其年力精強、技藝嫻熟者，分插各營，使之轉相教習。除本營官照例於三、六、九操演外，鎮軍南北巡時，再按名操演。賞罰之政，備在中樞。實力奉行，何施不可。是鎮兵雖有自練之名，而通臺皆宿重兵，人人可成勁旅。官民之間，胥受其福。」鎮道從之。

及英人之役，瑩募鄉勇六百名，增給餉糈而訓練之，漸次以及各營。然營制之壞，眾口同聲。戍守之兵，借住民家，包娼聚賭，挾械以嬉；而復各分氣類，私設公廳，犄角（犄音ㄐㄧ。犄角，依靠）爭鬥。瑩乃移鎮拆毀，勒令歸營。其無營者，籌款以建。而議多未行。二十八年，巡道徐宗幹乃繼成之。宗幹之議：一曰都守以上不用閩人，都守以下不用漳、泉人；二曰裁減精兵一半，以其經費修理營房，分營居住；三曰非屬操演有事之時，軍裝器械；一概繳庫；四曰城內酌留精兵若干，餘則撥添各汛，隨時調遣；五曰換班之年，不准逗留；六曰調戍之期，漳、泉分歲；七曰減調提標之兵，到臺分撥外汛；八曰道府廳縣多養屯丁鄉勇，隨時練習，以補兵力。書上，大府從之。而班兵稍受約束。然綠營（各省漢族兵眾皆用綠旗，稱為「綠營」）暮氣，濡染已深，各省皆然，雖有名將不能驅策。洪軍之役；望風而靡，湘淮諸傑，乃出而練勇營，立功致果。而彰化林文察亦率鄉勇數百名，轉戰閩、浙，攻城克邑，所向告捷。於是臺勇之名聞隊曲，以其尚武習勞，堅毅矯捷，而足與共生死也。同治八年，奏准裁汰額兵，增給餉糈。於是全臺設總兵一、副將三、參將四、游擊四、都司九、守備十、千總十七、把總四十一、外委五十六、馬兵七十、戰兵三千一百四十六、守兵四千四百八十八，而勇營漸用矣。

牡丹之役既平，欽差大臣沈葆楨奏請開山撫番，以淮軍任之，並議大改營制。疏曰：「查臺灣營伍廢弛，曾經屢次奏陳。上年府城挑練兩營，毫無起色，並將營官林茂英等參革在案。府城如此，外縣可知。是其積弊之深，尤所罕見。汛弁干與詞訟，勒索陋規；兵丁巧避差操，雇名頂替。而班兵來自內地，各分氣類，偶有睚眥（ㄧㄚˊ ㄗˋ，發怒時瞪著眼）之怨，立即聚眾鬥毆。且營將利弁兵之規費，弁兵恃營將為護符，遇有兵民涉訟，文員移提，曲為庇匿。間有文員移營會辦之案，亦必多方刁難需索，而匪徒早聞風遠颺矣。種種積習，相沿已久；皆由遠隔海外，文員事權較輕，將弁不復顧忌。非大加整頓不可。臣等體察情形，計無逾於裁汛併練者。蓋分汛裁撤，則驕詐擅擾，不禁自除；併營操練，則汰弱補強，漸歸有用。臺地除澎湖兩營外，尚有十五營，擬仿淮、楚軍營制歸併，以五百人為一營。將臺南、鳳山、嘉義三營調至府城，合府城三營、安平三營為一支，專顧臺、鳳、嘉三縣。其北路協副將所轄中、右兩營，合鹿港一營為一支，專顧彰化一帶。艋舺、滬尾、噶瑪蘭二營為一支，專顧淡、蘭一帶。均各認真訓練，扼要駐紮。遇地方有事，接准劄（ㄓㄚˊ，公文）調移撥，立時拔隊，不准延宕。其兵丁換班，固多疲弱，而就地招募，亦利弊參半；尚須詳加察看。顧立法惟在得人，而事權尤宜歸一。現既巡撫來臺，似應歸之統轄。千總以下，即由巡撫考拔；守備以上，仍會同總督、提督揀選題補；臺灣鎮總兵應請撤去掛印字樣，並歸巡撫節制。如蒙俞允，伏懇飭部另行頒換該總兵官關防，以昭信守。臺地延袤（ㄇㄠˋ，土地南北長度）一千餘里，處處濱海，皆可登岸。陸防之重，尤甚於水。而臺城以安平為屏蔽，安平向設臺協水師副將一員，所轄三營，中、右兩營都司駐安平，左營游擊駐鹿港，現擬改為陸路。府城既有巡撫董率，又有道員隨同辦事，總兵擬請移紮安平。即將安平協副將裁撤，以鎮標中營游擊隨總兵駐安平。其臺協水師中、右兩營都司改為鎮標陸路左、右兩營都司，原設鎮標左營游擊隨巡撫駐臺。其撫標原設兩營仍行駐省，改左營為中營，即以中軍參將領之。原設臺協水師左營游擊改為臺灣左營游擊，歸北路協副將管轄。守備以下弁兵缺額，均仍照舊。至巡洋艇船，萬不及輪船之便利，應將閩廠現造輪船，分撥濟用。臺、澎各營現僅存拖船八號，俟下屆修時，應請裁撤，歸廠變價，以節虛糜。」疏上，廷議以臺灣巡撫尚未定設，未可變易營制。乃於鎮標僅置練勇，而綠營如故也。於時新設恆春縣，以鎮標左營駐防，而右營隸巡道。

光緒十年法軍之役，劉銘傳督師臺灣，自率淮軍十營，以當防守。且檄文察之子朝棟募臺勇，赴前敵。及平，銘傳任巡撫，奏請辦防、練兵、清賦、撫番，次第舉行。議裁班兵，又不許。乃汰其老弱者，以汛兵改為隘勇郵丁，而將水師配置澎湖，陸副將為總兵。蓋以此時之臺灣，非如昔日。列強東顧，虎視狼貪，事勢之來，一息千里。自非整軍經武，據險恃危，未足以圖存也。十一年六月，閩浙總督楊昌濬奏言：「福建島嶼林立，海道險惡，籌防之難，甲於他省。而臺灣孤立重洋，物產豐腴，久為各國所窺伺。此次法禍之起，獨趨福建，先毀馬尾舟師，以斷應援之路；繼則肉薄基隆，分陷澎湖，無非為吞全臺之計。仰仗天威，越南大捷，法人悔禍請和，臺灣危而復安。使孤拔不死，固未嘗一日忘也。從前丁日昌在臺創議各事，實為至要之圖，惜未及成而去。今防務已鬆，善後萬不可緩。而省城兼顧不及，應否請派重臣駐臺督辦？中國海面遼闊，在在須防；請劃水師為三路。北洋設於津沽，兼顧奉東各口；中洋設於吳淞，兼顧浙江定鎮；南洋設於臺澎，兼顧廣東瓊廉。分布要害，聲息相通，外侮之來，庶幾克濟。」部議以南、北兩洋既設海軍，若臺澎新置水師，需費巨大，應須他日；故銘傳有志亦未逮也。

初，臺灣分巡道未有兵權，但率練勇，以理鹽政。及道光四年十月，始加營務處，頒給督辦軍務關防，得以調度戎機，奏行賞罰，然大權仍在總兵。十二年，銘傳設營務總處於臺北，隸巡撫，以道員盧本揚任之。中南各路設營務處，節制軍事。又設支應局，隸布政使司，理糧餉。其時分駐各營，北路為定海四營，基隆為銘字四營，中路為棟字三營，南路為練勇四營，後山為鎮海八營，澎湖為宏字四營。各具洋式軍械，而綠營漸廢矣。十三年十月，銘傳奏言：「臺灣綠營，額設水師七營，陸師十一營，共兵一萬四千餘名。自同治八年，前督臣左宗棠奏准裁兵加餉，存兵七千七百餘名。迨光緒三年，前撫臣丁日昌復奏請汰弱留強，暫停募補。至光緒八年，經臺灣鎮總兵吳光亮核明以故續裁，實存兵數四千五百餘名，年支餉銀十七萬餘兩。此後如有革故，隨時募補。是為水、陸現存兵額。」是月二十日，戶部咨開：「閩省現在裁減水、陸額兵一成，以節餉需。臺灣綠營兵額，能否照裁，應由臺灣巡撫酌度情形，迅速議覆。」銘傳奏言：「臺灣地方遼闊，額設兵丁歷次裁減，僅存四千五百餘名。現在改為行省，分治開山，拓地日廣，設汛益多，不足分布。以今觀之，實不能再行裁減。」從之。

法軍之役，設轉運局於上海，以輸餉械，而臺灣孤懸海上，一旦封港，航運莫至，則坐而待斃。淡水素產硝磺，可製火藥。是年設軍械機器局於臺北，以記名提督劉朝幹為總辦，聘德人彼得蘭為工師，自製槍彈，供軍用。又設火藥局於大隆洞、水雷營於基隆滬尾。南北各口增築炮臺，訓練炮兵。計費二百一十餘萬兩。夫銘傳之治臺，不獨辦防、練兵已也，造鐵路以通之，行郵船以輔之，振殖產以裕之，闢財源以養之，改內政以新之，設教育以明之，使民能知義，國無患貧，而兵乃可用。夫兵者所以禁暴保大、定功安民、和眾豐財者也；故以戰則克，以守則固，以攻則破，節制之師也。臺灣之雖末及此，而銘傳能整飭之，以防禦外侮，亦可用也。

鄭氏武官表

正總督	永曆三十二年設，以左武衛劉國軒任之，表賜尚方劍，專征伐。
副總督	永曆三十二年設，以後提督吳淑任之。
勇衛	
侍衛	
左武衛	
右武衛	
左虎衛	
右虎衛	
正提督	

副提督	中提督	前提督	後提督	左提督	右提督	五軍都督	中軍都督	督理戎政	五軍戎政	旗鼓中軍	總練使	行軍司馬	諮議參軍	參軍	監紀推官	材官	正總兵	副總兵	參將	游擊	都司	守備	千總	把總

鄭氏各將軍表

左龍驤將軍	永曆三十五年，以鄭明任之。
右龍驤將軍	永曆三十五年，以鄭智任之。
征北將軍	永曆三十二年，以劉國軒任之。
平北將軍	永曆三十七年，以曾瑞任之。
定北將軍	永曆三十七年，以王順任之。
平西將軍	永曆二十九年，以吳淑任之。
寧南將軍	永曆三十一年，以劉進忠任之。
安東將軍	永曆二十九年，以劉炎任之。
盪虜將軍	永曆二十八年，以張學堯任之。
殄虜將軍	永曆二十八年，以馬應龍任之。
破虜將軍	永曆二十八年，以武弘謨任之。
平虜將軍	永曆二十八年，以吳淑任之。
征虜將軍	永曆三十年，以張國勛任之。
滅虜將軍	永曆三十年，以苗之秀任之。

鄭氏陸軍各鎮表

勇衛前鎮	每鎮分中、前、後、左、右五協，又有總理、驍翊、領旗、領兵四協，由鎮帥主之。
勇衛後鎮	
勇衛中鎮	

侍衛前鎮	與勇衛同。
侍衛後鎮	
侍衛中鎮	
左武衛前鎮	與勇衛同。
左武衛後鎮	
左武衛中鎮	
右武衛前鎮	與勇衛同。
右武衛後鎮	
右武衛中鎮	
左虎衛前鎮	與勇衛同。
左虎衛後鎮	
左虎衛中鎮	
右虎衛前鎮	與勇衛同。
右虎衛後鎮	
右虎衛中鎮	
中提督前鎮	與勇衛同。
中提督後鎮	
中提督中鎮	
前提督前鎮	與勇衛同。
前提督後鎮	

前提督中鎮	
後提督前鎮	與勇衛同。
後提督後鎮	
後提督中鎮	
左提督前鎮	與勇衛同。
左提督後鎮	
左提督中鎮	
右提督前鎮	與勇衛同。
右提督後鎮	
右提督中鎮	
左先鋒鎮	每鎮分中、前、後、左、右、五協，各以副將主之；協或稱營，以下仿此。
右先鋒鎮	
衝鋒前鎮	
衝鋒後鎮	
衝鋒中鎮	
衝鋒左鎮	
衝鋒右鎮	
援勦前鎮	
援勦後鎮	
援勦中鎮	

援勦左鎮	援勦右鎮	果毅前鎮	果毅後鎮	果毅中鎮	果毅左鎮	果毅右鎮	宣毅前鎮	宣毅後鎮	宣毅中鎮	宣毅左鎮	宣毅右鎮	揚威前鎮	揚威後鎮	揚威中鎮	揚威左鎮	揚威右鎮	建威前鎮	建威後鎮	建威中鎮

建威左鎮	建威右鎮	龍驤前鎮	龍驤後鎮	龍驤中鎮	龍驤左鎮	龍驤右鎮	折衝前鎮	折衝後鎮	折衝中鎮	折衝左鎮	折衝右鎮	護衛前鎮	護衛後鎮	護衛中鎮	護衛左鎮	護衛右鎮	振義鎮	奮義鎮	昭義鎮

彰義鎮	正兵鎮	奇兵鎮	進兵鎮	殿兵鎮	游兵鎮	親兵鎮	耀兵鎮	英兵鎮	前鋒鎮	中權鎮	後勁鎮	大武鎮	仁武鎮	義武鎮	禮武鎮	智武鎮	信武鎮	金武鎮	木武鎮

水武鎮	火武鎮	土武鎮	虛宿鎮	危宿鎮	室宿鎮	壁宿鎮	奎宿鎮	婁宿鎮	胃宿鎮	昴宿鎮	畢宿鎮	觜宿鎮	參宿鎮	井宿鎮	鬼宿鎮	柳宿鎮	星宿鎮	張宿鎮	翼宿鎮

軫宿鎮	角宿鎮	亢宿鎮	氐宿鎮	房宿鎮	心宿鎮	尾宿鎮	箕宿鎮	斗宿鎮	牛宿鎮	女宿鎮	戎旗一鎮	戎旗二鎮	戎旗三鎮	戎旗四鎮	戎旗五鎮

鄭氏水師各鎮表

樓船前鎮	樓船後鎮

樓船中鎮	樓船左鎮	樓船右鎮	水師前鎮	水師後鎮	水師中鎮	水師左鎮	水師右鎮	水師一鎮	水師二鎮	水師三鎮	水師四鎮	水師五鎮	水師六鎮	水師七鎮	水師八鎮	水師九鎮	水師十鎮

鄭氏臺灣及各島守將表

總督承天南北兩路軍務	永曆十五年設，以周全斌任之。
北路總督	永曆三十五年設，以左武衛何祐任之，智武鎮李茂爲副，駐雞籠。
承天府守將	
安平鎮守將	
鹿耳門守將	
澎湖守將	
淡水守將	
思明州守將	
南澳守將	
銅山守將	
達濠守將	
南日守將	
舟山守將	

清代臺灣水陸營制表

臺灣鎮標中營：康熙二十三年，駐府治。	
鎮守臺灣總兵官一員：康熙二十三年設，雍正十一年議照山陝沿邊之例爲掛印總兵，給方印。	
游擊一員	
守備一員	

千總二員	同治八年裁一員。
把總四員	裁一名。
外委五名	裁一名。
額外三名	裁一名。
馬兵二十四名	裁十二名。
戰兵三百八十二名	裁一百三十五名。
守兵四百三十名	裁一百三十五名。

計兵四百六十名。除抽裁革故停募未補者四十四名，又抽配左翼練兵一百三十九名，實存在營一百八十三名。

鎮標左營：康熙二十三年設，駐防府治北路。光緒五年，改為恆春營。

鎮標右營：康熙二十三年設，駐防府治南路。同治八年，改為道標營。

臺灣城守營：雍正十一年設，分為左、右兩軍。

參將一員	
左軍守備一員	
千總一員	
把總二員	
外委四名	同治八年裁一名。
額外一名	
馬兵七名	
戰兵二百零五名	裁七十五名。
守兵二百八十三名	裁一百名。

右軍守備一員	
千總一員	同治八年裁。
把總二員	
外委六名	裁二名。
額外一名	裁。
馬兵七名	裁。
戰兵二百五十名	裁九十六名。
守兵三百四十五名	裁一百二十名。

左右計兵三百九十二名。除抽裁革故停募未補者二百四十四名，又抽配左翼練兵二百三十三名，分派八城及炮兵一百六十七名，實存在營汛防者一百十五名。

恆春營：光緒五年設，駐防恆春。

游擊一員	
守備一員	
千總二員	同治八年裁一員。
把總二員	
外委四名	裁一名。
額外三名	裁一名。
馬兵十四名	裁十一名。
戰兵三百三十二名	裁一百五十五名。

守兵四百名	裁一百四十五名。

計兵四百三十五名。除抽練兵一百八十六名，又派各汛一百八十五名，實存在營六十四名。

道標營：康熙二十三年設。撥鎮標右營守備一員、左營千總一員、左右營把總各一員，三營兵各一百名。六十年裁歸。同治八年再設，陞游擊爲都司，駐防府治。

都司一員	同治八年設。
游擊一員	同治八年裁。
守備一員	裁。
千總二員	裁一員。
把總三員	
外委五名	裁二名。
額外二名	
馬兵十四名	裁十一名。
戰兵二百七十九名	裁九十三名。
守兵三百五十三名	裁八十一名。

計兵四百六十一名。除挑裁革故停募未補者一百三十名，實在存營三百三十一名。

南路營：康熙二十三年設，駐防鳳山。

參將一員	
守備一員	
千總三員	同治八年裁二員。

把總三員	裁一員。
外委六名	裁三名。
額外四名	裁一名。
馬兵十名	裁。
戰兵四百二十九名	裁二百五十三名。
守兵五百八十名	裁三百三十六名。

計兵四百二十名。除挑裁革故停募未補者二百五十三名，實在存營及汛防者一百六十七名。

下淡水營：雍正十一年設，駐防下淡水。

都司一員	
千總一員	
把總三員	同治八年裁一員。
外委三名	
額外二名	裁一名。
馬兵六名	裁。
戰兵三百四十八名	裁二百十四名。
守兵二百三十五名	裁三十九名。

計兵三百三十名。除挑裁革故未補者二百零三名，實在存營及汛防者一百二十七名。

北路協中營：康熙二十三年設參將，駐諸羅縣治。雍正十一年，移彰化，設副將，增爲中、左、右三營。	
副將一員	雍正十一年設。光緒十四年，移駐埔裏社。
都司一員	
千總二員	同治八年裁一員。
把總四員	裁一員。
外委九名	裁三名。
額外五名	裁三名。
馬兵十四名	裁。
戰兵五百四十七名	裁二百三十九名。
守兵六百六十三名	裁二百十七名。
計兵七百五十四名。除挑裁革故未補者四百六十八名，又調防埔裏社一百七十二名，實在存營及汛防者一百十四名。	

北路協左營：雍正十一年設，駐防諸羅，後稱嘉義營。	
參將一員	
部司一員	
守備一員	
千總三員	同治八年裁二員。
把總四員	
外委十名	裁五名。
額外四名	裁一名。

馬兵十四名	裁。
戰兵五百十二名	裁一百九十七名。。
守兵六百十二名	裁二百三十四名
計兵六百九十四名。除挑裁革故未補者三百八十八名，又抽練兵七十二名，實在存營及汛防者二百三十四名。	

北路協右營：雍正十一年設，駐防竹塹，後稱竹塹營。

游擊一員	
守備一員	
千總三員	同治八年裁二員。
把總六員	裁四員。
外委九名	裁三名。
額外三名	裁一名。
馬兵十五名	裁。
戰兵四百七十九名	裁二百六十名。
守兵五百二十二名	裁二百零六名。
計兵五百三十五名。除挑裁革故未補者三百二十八名，實在存營及汛防者二百零七名。	

艋舺營：康熙四十九年設淡水營，駐守備，隸北路營。雍正十一年，改駐都司。嘉慶十三年，改都司爲水師游擊，兼管陸路，移駐艋舺。道光四年，改參將，而滬尾水師營仍隸之。

參將一員	
守備一員	

千總一員	
把總二員	
外委五名	同治八裁二名。
額外二名	
馬兵八名	裁七名。
戰兵二百六十五名	裁九十名。
守兵四百二十七名	裁一百七十一名。

計兵四百三十二名。除挑裁革故未補者二百二十五名，實在存營及汎防者二百零四名。

滬尾水師營：歸艋舺參將管轄。

守備一員	
千總一員	同治八年裁。
把總二員	裁一員。
外委四名	裁二名。
額外二名	裁一名。
戰兵一百十五名	裁三十二名。
守兵二百三十七名	裁六十名。

計兵二百六十名。

噶瑪蘭營：嘉慶十八年設守備，駐五圍，隸艋舺營游擊。道光五年，改設都司，而移守備於頭圍。	
都司一員	
守備一員	同治八年裁。
千總二員	裁一員。
把總二員	添設一員。
外委四名	裁二名。
額外三名	裁二名。
戰兵四百五十五名	裁三百零三名。
守兵二百四十名	裁十二名。
計兵三百八十名。除挑裁革故未補者一百七十名，實在存營及汛防者二百十名。	

安平水師協標中營：康熙二十三年設副將，駐防安平等處，領中、左、右三營。光緒十四年，改中營爲臺東陸路中營。	
安平水師協標左營	
游擊一員	
守備一員	
千總二員	同治八年裁一員。
把總四員	裁三員。
外委六名	裁五名。
額外二名	裁一名。
戰兵三百二十六名	

守兵三百八十二名	

計兵三百三十名。除挑裁革故未補者一百六十三名，又原配烏龍江水兵一名，實在存營及汎防者一百六十六名。

安平水師協標右營：光緒十四年，改爲臺東陸路右營。

臺東陸路中營：原係安平水師中營，光緒十四年改設。

副將一員	
都司一員	同治八年設。
游擊一員	同治八年裁。
守備一員	裁。
千總二員	裁一員。
把總四員	裁三員。
外委五名	裁三名。
額外三名	裁二名。
戰兵三百五十一名	裁二百零七名。
守兵四百零七名	裁一百九十一名。

計兵三百六十名。除挑裁革故未補者一百九十五名，又抽配練兵六十八名，原配烏龍江水兵一名，實在存營及抽防者九十六名。

臺東陸路右營：原係安平水師右營，光緒十四年改設。

都司一員	同治八年設。
游擊一員	同治八年裁。

守備一員	裁。
千總二員	裁一員。
把總三員	裁一員。
外委五名	裁三名。
額外三名	裁二名。
戰兵三百五十一名	裁二百十九名。
守兵四百零七名	裁二百零九名。
計兵三百三十名。除挑裁革故未補者一百八十三名，又抽配練兵六十名，原配烏龍江水兵一名，實在存營及汛防者八十六名。	

澎湖水師鎮標營：康熙二十三年設副將，統轄兩營游、守各一員、千總各兩員、把總各四員、外委各七名、額外各三名，每營戰守兵各一千名。乾隆四十七年，裁汰一百四十二名。道光六年，各裁外委一名。至同治八年裁兵加餉之後，兩營改設都司一、千總一、左營把總四、右營把總二、外委各二、額外各一，兵則左營四百零二名、右營三百六十名。戰兵每名月餉二兩五錢五分，守兵二兩四錢。光緒十二年，陞副將為總兵，左營設游擊守備，右營設都司，添兵二十名。

鎮守澎湖水師總兵一員：光緒十二年，奉旨以澎湖副將與海壇鎮總兵對調。

左營游擊一員	
守備一員	
千總一員	
把總四員	
外委二名	
額外一名	

戰兵一百六十名	
守兵二百六十二名	
右營都司一員	
千總一員	
把總二員	
外委二名	
額外一名	
戰兵一百四十四名	
守兵二百十六名	
兩營計兵七百八十二名。	

清代臺灣水陸汛防表

設弁駐兵謂之汛，撥兵分守謂之塘。汛防之設，所以保地方，而塘兵並以傳軍書，是爲綠營之制。顧自咸、同以來，漸用練勇，新建之地，分駐營哨，而綠營僅有其名。迨同治八年，裁兵加餉之後，汛防多所裁廢，至今更無用矣。玆將所存者具如左：

城守營左軍	
府城汛	舊設把總一、兵八十五，裁存五十八；今設十八名。
南炮臺塘	舊歸府汛分防，設兵五；今裁。
塗墼埕塘	舊歸府汛分防，設兵五；今裁。
崗山汛	舊設守備一、把總一、兵一百五十五，裁存一百零八；今設十八名。
大湖塘	舊歸崗山汛分防，設兵十三，裁存五；今設一名。

牛路竹塘	舊歸崗山汛分防，設兵六；今裁。
羅漢門汛	舊設千總一、外委一、兵七十七，裁存六十一；今設二名。
木岡汛	舊設外委一、兵二十八，裁存十八；今設二名。
猴洞口汛	舊設外委一、額外一、兵八十一，裁存三十二；今設二名。
鹽水埔汛	舊設外委一、兵十九，裁存十四；今設二名。
埤仔頭塘	舊歸府汛分防，設兵十，改屬鹽水埔汛，設兵五；今設一名。
港崗塘	舊歸鹽水埔汛分防，設兵六，裁存五；今設一名。
角帶圍塘	舊歸鹽水埔汛分防，設兵五；今裁。
城守營右軍	
府城汛	舊設把總一、額外一、兵一百五十三，裁存八十八；今設四十名。
加溜灣汛	舊設把總一、兵三十五，裁存二十五；今設四名。
北炮臺塘	舊歸加溜灣汛分防，設兵五；今裁。
柴頭港塘	舊歸加溜灣汛分防，設兵五；今裁。
蔦松塘	舊歸加溜灣汛分防，設兵七，裁存五；今設一名。
木柵塘	舊歸加溜灣汛分防，設兵五；今設一名。
溪邊塘	舊歸加溜灣汛分防，設兵五；今設一名。
麻豆汛	舊設外委一、兵三十，裁存二十八；今設四名。
茅港尾塘	舊爲汛，設外委一、兵二十五；今改塘，歸麻豆汛分防，設兵三名。
水堀頭塘	舊歸茅港尾汛分防，設兵五；今裁。
下加冬汛	舊設守備一、把總一、外委一、兵一百三十六，裁存八十五；今設十二名。

鐵線橋塘	舊歸下加冬汛分防，設兵五；今設一名。
急水溪塘	舊歸下加冬汛分防，設兵三；今設一名。
北勢埔塘	舊歸下加冬汛分防，設兵十；今裁。
八槳溪塘	舊歸下加冬汛分防，設兵五；今設一名。
大穆降汛	舊設外委一、兵四十六，裁存四十；今設九名。
舊社塘	舊爲汛，設外委一、兵四十；今歸大穆降汛分防，設兵二名。
大武壟汛	舊設千總一、兵五十三，裁存二十五；今設五名。
蕭壟汛	舊設外委一、兵二十，裁存十八；今設四名。
西港仔塘	舊歸蕭壟汛分防，設兵七；今裁。
南路營	
鳳山城汛	舊設守備一、把總一、外委二、額外四、兵五百二十，裁存二百六十五；今設一百四十一名。
埤仔頭塘	歸鳳山城汛分防。
苦苓門塘	歸鳳山城汛分防。
打鹿潭塘	歸鳳山城汛分防。
舊城汛	舊設千總一、兵一百十六，裁存三十五；今設八名。
觀音山汛	舊設把總一、兵七十五，裁存三十五；今設四名。
小店塘	歸觀音山汛分防。
阿公店汛	舊設外委一、兵五十，改設把總一、兵四十；今設五名。
二濫塘	舊歸阿公店汛分防，改屬崗山汛。
攀桂橋汛	舊設把總一、兵五十一，裁存二十；今設四名。

土地公崎塘	歸攀桂橋汛分防。
枋寮汛	舊設外委一、兵五十，裁存三十；今設四名。
石井塘	舊爲汛，設千總一、兵一百十五；改歸阿公店汛分防，設兵一名。
水底寮塘	舊爲汛，設千總一、兵一百；改歸枋寮汛分防。
蕃薯寮塘	舊爲汛，設外委一、兵四十二；改歸羅漢門汛分防。
下淡水營	
山豬毛口汛，舊設都司一、外委一、額外一、兵二百，裁存一百六十；今設九十六名。	
萬丹汛	舊設把總一、兵五十，裁存四十；今設八名。
阿猴汛	舊設把總一、兵九十，裁存三十；今設六名。
阿里港汛	舊設把總一、兵八十，裁存三十；今設五名。
潮州莊汛	舊設外委一、兵四十，裁存二十；今設四名。
東港汛	舊設外委一、兵三十，裁存二十；今設四名。
新園塘	舊爲汛，設千總一、兵二百，改歸萬丹汛分防，設額外一、兵十五；今設二名。 九塊厝塘：舊爲汛，設額外一、兵二十，改歸阿里港汛分防，存兵五；今設二名。
北路協中營	
彰化城汛	舊設都司一、千總一、外委一、額外二、兵六百零五，裁存三百七十三；今設六十名。
八卦山汛	舊設外委一、兵四十，裁存二十；今設三名。
大墩汛	舊設外委一、兵四十，裁存三十；今設五名。
大里杙塘	舊爲汛，設外委一、兵五十，改歸大墩汛分防，存兵二十五；今裁。
葫蘆墩汛	舊設千總一、兵八十，改設把總一、兵六十；今設五名。
四張犁塘	舊爲汛，設外委一、兵三十，改歸葫蘆墩汛分防，存兵十四；今裁。

外攸汛	舊設把總一、兵三十，改設外委一、兵二十五；今設二名。
沙轆塘	歸外攸汛分防，設兵五；今裁。
大肚塘	舊爲汛，設外委一、兵五，改歸外攸汛分防，存兵十；今設四名。
許厝埔汛	舊設把總一、兵六十，裁存三十；今設三名。
南北投汛	舊設把總一、兵八十五，裁存六十；今設七名。
崁頂塘	舊爲汛，設外委一、兵四十，改歸南北投汛分防，存兵二十二；今裁。
內木柵塘	舊爲汛，設額外一、兵二十，改歸南北投汛分防，存兵十五；今裁。
燕霧汛	舊設把總一、兵三十，裁存二十二；今設十一名。
赤塗崎塘	歸燕霧汛分防，設兵五；今裁。
東螺塘	舊爲汛，設，外委一、兵二十，改歸燕霧汛分防，存兵十；今設四名。
沙仔崙汛	舊設外委一、兵二十，裁存十四；今設四名。
觸口塘	歸沙仔崙汛分防，設額外一、兵二十；今裁。
二林汛	舊設額外一、兵二十，裁存十；今設三名。
集集汛	舊歸嘉義營分防，設外委一、兵十；光緒十四年改歸北路中營，設兵三名。
北路協左營（即嘉義營）	
嘉義城汛	舊設守備一、把總一、額外四、兵四百，裁存三百四十；今設一百十二名。
城外汛	舊設把總一、兵三十二，裁存二十九；今設九名。
山底塘	歸城外汛分防，設兵五；今設二名。
八掌溪塘	歸城外汛分防，設兵五；今裁。
水堀頭塘	歸城外汛分防，設兵五；今裁。

牛稠溪塘	歸城外汛分防，設兵五；今裁。
店仔口塘	舊爲汛，設外委一、兵四十，改歸城外汛分防，存兵十；今設四名。
笨港汛	舊設千總一、兵七十四，改設把總一、兵三十；今設十名。
樸仔腳塘	舊爲汛，設外委一、兵十五，改歸笨港汛分防，存兵十；今設四名。
鹽水港汛	舊設把總一，兵十九，裁存三十；今設八名。
斗六門汛	舊設都司一、千總一、外委一、兵一百六十，裁存九十；今設十名。
虎尾溪塘	舊爲汛，設外委一、兵二十四，改歸斗六門汛分防，存兵十；今設四名。
中路頭塘	歸斗六門汛分防，設兵五；今裁。
西螺汛	舊設把總一、外委一、兵七十四，裁存三十；今設八名。
三條圳塘	歸西螺汛分防，今裁。
林圯埔汛	舊設外委一、兵三十，改設把總一、兵三十；今設十二名。
水沙連汛	舊設千總一、兵五十。同治八年裁。光緒十四年，復設外委一、兵五十名。
他里霧汛	舊設外委一、兵四十，裁存三十；今設十二名。
塗庫塘	舊爲汛，設外委一、兵三十九，改歸他里霧汛分防，存兵十；今設四名。
大崙腳塘	歸塗庫汛分防，設兵五；今裁。
大莆林汛	舊設外委一、兵三十，裁存二十五；今設八名。
打貓塘	歸大莆林汛分防，設兵五；今設二名。
北路協右營（即竹塹營）	
竹塹城汛	舊設游擊一、千總一、外委一、兵二百八十八，裁存一百五十三；今設一百四十四名。
大甲汛	舊設守備一、千總一、把總一、外委一、兵二百，裁存一百零六；今設十六名。

後壠汛	舊設千總一、額外一、兵五十三，裁存二十八；今設七名。
楊梅壢汛	舊設把總一、兵六十七，裁存三十六；今設三名。
大安汛	舊設把總一、兵七十四，改設外委一、兵三十九；今設三名。
銅鑼灣汛	舊設把總一、兵六十，改設外委一、兵三十一。光緒十四年，移駐苗栗縣城，設兵五名。
中港汛	舊設把總一、外委一、兵五十八，裁存外委一、兵二十九；今設三名。
桃仔園汛	舊設把總一、兵二十五，改設外委一、兵十二；今設三名。
吞霄汛	舊設外委一、兵三十，裁存十六；今設三名。
斗換坪塘	舊爲汛，設外委一、兵四十，改歸中港汛分防，存兵二十一；今設一名。
海口塘	歸楊梅壢汛分防，設額外一、兵十二，裁存六；今設三名。
香山塘	歸楊梅壢汛分防，設額外一、兵十，裁存五；今設三名。
嘉志閣塘	歸後壠汛分防，設額外一、兵三十八，裁存二十；今設九名。
貓盂塘	歸大安汛分防，設兵五，裁存三；今裁。
大甲溪塘	歸大安汛分防，設外委一、兵十，裁存五；今裁。
南崁塘	歸桃仔園汛分防，設外委一、兵三十六，裁存二十；今裁。
老雞籠汛	新設，駐兵一名。
磺油山汛	新設，駐兵六名。
艋舺營	
艋舺汛	舊設守備一、外委一、兵四百二十二，裁存二百六十二；今設一百八十二名。
海山口汛	舊設外委一、兵五十八，裁存三十五，今設三名；其外委，於光緒十五年移駐板曲橋汛。
龜崙嶺塘	歸海山口汛分防，設兵十，裁存六；今設一名。

水返腳汛	舊設外委一、兵二十五，裁存十五；今設二名。
大基隆汛	舊設把總一、兵九十，裁存三十五；今設七名。
三爪仔汛	舊設外委一、兵十，裁存六；今設一名。
暖暖塘	歸三爪仔汛分防，設兵十，裁存六；今設一名。
三貂港汛	舊設把總一、兵三十，裁存十七；今設一名。
燦光寮塘	歸三貂港汛分防，設兵十，裁存六；今設一名。
馬鍊汛	舊設額外一、兵二十五，裁存十八；今設一名。
北投汛	舊設外委一、兵十，裁存六；今設一名。
板曲橋汛	新設外委一、兵六名。
滬尾水師營	
炮臺汛	舊設千總一、兵五百七十，裁存一百七十五；今設七十一名。
八里坌汛	歸炮臺汛分防，設外委一、兵三十，裁存十五；今設十名。
北港塘	歸炮臺汛分防，設兵十，裁存五；今設一名。
金包里汛	舊設把總一、兵五十，裁存二十五；今設十名。
石門汛	歸金包里汛分防，設外委一、兵三十，裁存十五；今設六名。
小雞籠塘	歸石門汛分防，設兵十，裁存五；今裁。
噶瑪蘭營	
五圍城汛	舊設都司一、千總一、外委二、額外一、兵三百六十，裁存一百五十九；今設一百六十六名。
頭圍汛	舊設守備一、外委一、兵一百，改設千總一、兵五十一；今設十名。
三圍塘	歸頭圍汛分防，設兵十，裁存六；今設一名。

炮臺塘	歸頭圍汛分防，設兵十五，裁存八；今設一名。
三貂汛	舊設千總一、兵五十，改設外委一；今設兵三名。
溪州汛	舊設把總一、兵四十，裁存十八；今設八名。
北關汛	舊設外委一、兵四十，裁存十九；今設六名。
加禮宛汛	舊設額外一、兵三十，裁存二十四；今設五名。
蘇澳汛	舊設把總一、兵五十，裁存二十二；今設七名。
南風澳汛	歸蘇澳汛分防，設兵三十；今設一名。
龜山嶼汛	舊設把總一、兵三十；今設二名。
安平水師中營（改爲臺東陸路中營）	
安平汛	舊設游擊一、守備一、千總一、把總二、外委五、額外三、兵五百十三，改設都司一、外委一、額外一、兵二百二十；今設六十二名。
大港汛	舊設把總一、兵七十，裁存三十五；今設十二名。
鯤身塘	歸大港汛分防，設兵五，裁存三；今設一名。
鯤身頭汛	歸大港汛分防，設兵五，裁存三；今設一名。
喜樹仔汛	歸大港汛分防，設兵五，裁存三；今設一名。
茄萣仔汛	歸大港汛分防，設兵五，裁存三；今設一名。
蟯仔港汛	歸大港汛分防，設兵五，裁存三；今設一名。
鹿耳門汛	舊由中營守備右營千總輪年駐防，設兵五十，裁存四十；今設四名。
蚊港汛	舊設把總一、兵八十，改設外委一、兵三十八；今設八名。
青鯤身汛	歸蚊港汛分防，設兵五，裁存三；今設一名。

馬沙溝汛	歸蚊港汛分防，設兵五，裁存三；今設一名。
北門嶼汛	歸蚊港汛分防，設兵五，裁存三；今設一名。
南鯤身汛	歸蚊港汛分防，設兵五，裁存三；今設一名。
安平水師左營	
鹿港汛	舊設游擊一、千總一、把總二、外委二、額外一、兵三百四十三，裁去把總外委，存兵一百四十；今設一百十六名。
水裏港汛	舊設外委一、兵二十，改歸鹿港汛分防，存兵二十；今設三名。
王宮港汛	舊設把總一、兵四十五，改歸鹿港汛分防，設外委一、兵四十；今設四名。
	三林汛：歸鹿港汛分防，設兵十五；今設二名。
	番挖汛：歸鹿港汛分防，設兵十；今設二名。
笨港汛	舊設守備一、千總一、把總一、外委二、額外一、兵二百三十，裁去千總外委，存兵七十；今設三十一名。
海豐汛	舊設外委一、兵二十，改歸笨港汛分防，存兵二十；今設二名。
鱙仔港汛	歸笨港汛分防，設兵九，裁存七；今設二名。
猴樹汛	歸笨港汛分防，設兵八，裁存七；今設二名。
新店汛	歸笨港汛分防，設兵八，裁存六；今設二名。
安平水師右營（改爲臺東陸路右營）	
安平汛	舊設都司一、守備一、千總一、把總二、外委五、額外三、兵六百四十三，裁存守備一、把總一、外委四、額外二、兵二百；今設二十一名。
旗後汛	舊設兵十，改設外委一、兵五十二；今設十名。
打鼓汛	舊設把總一、兵三十，改歸旗後汛分防，存兵四；今設一名。
蟯港汛	歸旗後汛分防，設兵五，裁存四；今設一名。

赤崁汛	歸旗後汛分防，設兵五，裁存四；今設一名。
萬丹汛	歸旗後汛分防，設兵五，裁存四；今設一名。
大莆林汛	歸旗後汛分防，設兵五，裁存四；今設一名。
西溪汛	歸旗後汛分防，設兵五，裁存四；今設一名。
下淡水汛	歸旗後汛分防，設兵十，裁存四；今設一名。
東港汛	舊設千總一、兵三十，改設把總一、兵二十八；今設十五名。
茄萣汛	歸東港汛分防，設兵五，裁存四；今設一名。
放縤汛	歸東港汛分防，設兵五，裁存四；今設一名。
大崑麓汛	歸東港汛分防，設兵五，裁存四；今設一名。
小琉球汛	光緒三年新設，駐兵三十名。
澎湖水師左營	
媽宮澳東汛	舊係專汛官，管轄炮臺一座、汛兵二十八名、戰船一隻、配兵五十名；改設把總一員、兵二十一名。
新城汛	歸東汛分防，設兵六名。
嵵裏汛	炮臺一座、汛兵十五名，按季輪派千把總一員、戰船一隻、配兵六十名駐防，改設外委一名、兵十四名。
文良港汛	按季派外委一名、戰船一隻、配兵五十名協防，改歸嵵裏汛分防，設兵十一名。
風櫃尾汛	改歸嵵裏汛分防，設兵四名。
將軍澳汛	炮臺一座，汛兵二十八名，按季輪派千把總一員、戰船一隻、配兵五十名協防；改設把總一員、兵十六名。
挽門汛	炮臺一座、汛兵二十八名，按季派外委一名、戰船一隻、配兵五十名協防；改歸將軍澳汛分防，設兵八名。
水垵汛	炮臺一座、汛兵二十八名；改歸將軍澳汛分防，設兵八名。

澎湖水師右營	
媽宮澳西汛	舊係專汛官，管轄炮臺一座、汛兵二十八名、戰船一隻、配兵五十名；改設外委一名、兵十七名。
新城汛	歸西汛分防，設兵六名。
內塹汛	炮臺一座、汛兵二十八名，按季輪派千把總一員、戰船二隻、配兵一百名駐防；改設把總一員、兵二十二名。
外塹汛	炮臺一座、外委一名、汛兵十五名；改歸內塹汛分防，設兵十六名。
小門汛	炮臺一座、汛兵三十名；改歸內塹汛分防，設兵十六名。
北山汛	按季輪派千把總一員、戰船二隻、配兵一百名駐防；改設外委一名、兵十名。
吉貝汛	按季派外委一名、戰船一隻、配兵五十名協防；改歸北山汛分防，設兵十五名。

臺東勇營駐防表

鎮海後軍中營	統領兼管帶一員。光緒十年冬，以中、前、左三哨駐知本，右哨駐水尾，後哨以四隊駐成廣澳、四隊駐大陂鹿寮。
鎮海後軍左營	原名飛虎軍後營。光緒九年，改分駐花蓮港一帶。嗣以中、左、後三哨駐花蓮港，右哨四隊分防加禮宛、四隊吳全城，前哨五、六、七、八等隊分防象鼻嘴，三、四兩隊、六甲一隊大巴壟。
鎮海後軍前營	光緒十四年冬增設，以中、前、左三哨駐新開園，右哨駐成廣澳，後哨四、五、六、七等隊駐璞石閣，一、二、三等駐鹿寮。
卑南屯兵一哨	光緒十四年原設三哨，十五年夏裁兩哨，分防大麻里、知本社、蚶子岡、巴塱衛等處。
南路屯兵二哨	光緒八年原設三營，九年裁。十年復募二哨，分防歸化門、大樹林、出水坡、溪底等處。
海防屯兵二哨	光緒十五年六月設，原駐拔子莊。十八年秋，以後哨調防巴塱衛。十九年秋，前哨調防大麻里等處，與南路屯兵換防。

屯丁

乾隆五十一年林爽文之役，大將軍福康安率師入臺，歸附各番奔走軍前，克奏膚功（膚功，大功）。及平，奏請倣照四川屯練之例，設置屯丁。既又釐定章程六款。旨下軍機大臣會同兵部尚書等議奏。奏曰：「乾隆五十三年六月初七日，內閣欽奉上諭：『據福康安等奏稱：臺灣熟番向化日久，當逆匪滋事之時，各番奮勇隨同官軍打仗殺賊，頗能出力。欽奉諭旨，令將熟番補充額名。臣等因戍兵仍請遵照舊例換防，別將熟番挑募屯丁，酌撥近山未墾之地，以資養贍，先經附摺具奏在案。茲將應行釐定章程，倣照屯練之例，通融酌議，逐一臚陳（臚陳，一一陳述），恭請聖訓等因，著軍機大臣會同該部議奏，欽此。』臣等查臺灣地方，民番雜處。當逆匪滋事之時，該熟番均能奮勇出力。現在事竣，自應酌量挑補兵弁、分給田畝，以示撫綏，而資捍禦。今據福康安等倣照屯練之例，通融釐定各條，悉心酌議，恭呈御覽。一、屯丁人數，應按各社酌挑、令其就近防守一款：據稱『全部熟番通共九十三社。臺灣縣屬番社較少，淡水、彰化近山地方番社最多，鳳山、嘉義次之。每社番自數百至數十不等，約可挑選壯健番丁四千名，分為十二屯。大屯四處，每處四百人；小屯八處，每處三百人，作為額缺，毋庸別設屯所，即令在本社防守地方，稽查盜賊。其戶口較少之社，或數社並作一屯，或附入近處大社；庶番民等不致遠違鄉井，而較驗調派亦易於齊集。至各屯相距之地，道里難以適均。臺灣縣所屬番社不過數處，不能多設屯丁；然臺灣縣地界本狹，郡城設有重兵，足資彈壓。惟南北兩路險要甚多，淡水一所尤為遼闊。原撥熟番在隘口搭寮防守，名為隘丁，零星散處，酌量地勢情形，按照番社多寡，分別設屯，與各處營汛官兵聲勢聯絡，則稽核查察巡防，自可倍加嚴密』等語。查臺灣熟番九十三社，挑選壯健番丁可得四千名，自應定額挑補，以資巡防。應如所請，准其於該處熟番內挑選四千名，作為屯丁，分為十二屯。大屯四處，每屯四百人，小屯八處，每屯三百人，定為額缺，按各處廳縣地勢情形，分別安設，即令在本社駐守。其戶口較少之社，或數社併作一屯，附入近處大社，均毋庸別設屯所。仍將各屯名目及屯丁花名，造冊報部查核。一、各屯番丁、宜設立屯弁、以資管轄一款：據稱『四川屯練兵，於額設屯守備、千總、把總、外委等官一百餘員。今臺灣屯兵弁目，無需似此之多，祇應仿照其例，量為設立。查各社原有民人充當通事，管理一社之事，代為交納社餉。但此通事積年充役，地方官僉（僉，同「遷」，用於調動官職）派，本非番人同類，未便用為弁目。應於番社頭目內，擇其曾經打仗出力，及番社素所信服者，如岸裏社潘明慈之類，揀選拔補。於南北兩路額設屯千總二員統領屯兵，把總四員分管各屯，大小各屯每處設屯外委十二員，花名圖冊交理番同知稽核，仍將各屯事務交北路協副將、南路營參將就近管理。該番等素嫻技藝，非招募新兵可比，應照四川省屯練之例，毋庸歸營操演。點驗屯丁、拔補屯弁等事，統歸臺灣鎮總兵、臺灣道管轄，詳報督、撫，給與劄付，報部存案。經管六年後，如果董率有方，曾著勞績，由鎮、道詳報督、撫，加一等賞，給職銜以示鼓勵。倘所管內有生事廢業之人，及苦累番眾情弊，即行咨革究處。遇有事故出缺，仍揀選番社悅服之人，詳報拔補』等語。查四川屯練之兵丁，向設屯土守備、千總、把總、外委等管轄。今臺灣番社既經挑補番丁四千名，亦應設屯弁以資經理。如所請南、北兩路，額設屯千總二員、把總四員，其大小各屯，每處各設屯外委一員，統率分管。該弁等本係番社，毋庸歸營操演，責令北路協副將、南路營參將各就近約束，並將花名圖冊造報理番同知稽核。其一切點驗兵丁、拔補屯弁等事，統歸臺灣鎮總兵、臺灣道辦理。該弁六年，如果董率有方，著有勞績，即由鎮、道詳報督、撫，加賞職銜以示鼓勵。倘有生事廢業，及苦累番眾之事，即行咨革究處，毋庸稍事姑寬。所有該弁等應給劄付，由鎮、道詳報督、撫給與，仍隨時報部存案。一、屯丁番丁、毋庸籌給月餉、應酌撥近山埔地、以資養贍一款：據稱『臺灣東界內山，本多曠土，禁民越墾，准令熟番打牲耕種，以資生計。無如游民聚處日多，越界佃耕，新成熟業，以致爭奪之事，控案甚多。前經勒渾奏明，轉委鎮、道確切勘丈，尚未勘明詳報，即逢逆匪滋事。現經臣等提奏核查，共計丈出墾埔地一萬一千二百甲，每一甲合內地民田十一畝三分一釐，均應查明民墾番墾，分明陞科（陞科，凡開墾田地，滿一定年限後，按照普通田地賦則納糧）辦理。此外尚有未墾荒埔五千四百四十一甲，又四十八、五十一等年，漳、泉械鬥及互控結會案內抄沒翁雲寬、楊光勳等入官埔地三千三百八十餘甲，均屬界外之地，迫近內山。應請將新設屯丁四千名，每名撥埔地二甲，千總每員十甲，把總每員五甲，外委每員三甲，令其自行耕種。責令地方官勘明界址，造冊繪圖，載明四至段落，通報立案，以備稽查。屯丁出缺，即挑其子弟充補，承受田畝。如有私行典賣者，按律治罪，追賠契價充公，其地仍歸番社。所有撥給埔地，應照番田之例，免其納賦，以示體恤，即毋庸別行籌給月餉』等語。查臺灣各社熟番，既經作為屯丁，令其巡防，自應酌給地畝，以資養贍。今將軍公福等請於界外未墾荒埔並械鬥結會案內抄沒入官埔地八千八百餘甲，每一甲合內地民田十一畝三分一釐，今新設屯丁四千名，每名撥給埔地二甲，千總每員撥給十甲，把總每員撥給五甲，外委每員撥給三甲，令其自行耕種。照番田之例，免其納賦，毋庸別行籌給月餉等因。臣等核其撥給埔地，係按屯丁屯弁約定數目，應如所奏，行令該省督、撫，即將籌給該丁弁等埔地，飭令地方官，於設屯處所，就近照數撥給。仍令勘定界址，造冊繪圖，載明四至段落，通報立案，以備稽查。其屯丁內遇有事故出缺，即挑其子弟充補，將分給田畝頂給承種，以資養贍。如有私行典賣者，按律治罪，追賠契價充公，將該地畝移給別挑屯丁承受。一、請查已墾埔地、以定界址一款。據稱『臺灣東面依山，地勢寬廣。從前因淡水、彰化二處墾闢日增，別行畫定界限，設立土牛（土牛，以土堆成的地界，下文隘勇處有說明），禁止奸民越界占墾，免滋事端。乃生聚日繁，民人私向生熟番黎（民），佃地耕種。價值稍輕者，謂之租贌，價值稍重者，謂之典賣。熟番等歸化日久，漸諳耕作；所以業經典賣與民，無由取贖，是以各處番地，不特嘉義以南多有侵越，即淡水等處立定土牛之界，亦成虛設。此時若不將埔地澈底清釐過境，遷移址界，必仍滋淆混。除未墾荒埔五千四百四十餘甲撥給新募屯丁外，其已墾之一萬一千餘甲，自應分別辦理。查民人租贌之地無多，原係民為佃戶，番為業主，自應同番社田畝一體免科。其業經賣斷與民者，既非番業，即應令民戶一體報陞。第民買番地之後，所費工本原多。佃人有每年抽給科則，按甲計畝徵銀，免其納粟。仍出示曉諭番社，使知租額無虧，俾得永資生計。民人疇籍有納賦明文，世守其業，亦可永杜爭端。其集集埔、虎仔坑、三貂、琅琦等處，接壤生番，私墾田畝甚多。此等偷越民人，本應重加懲治，惟念開墾以來，與生番日久相安，並無事故。一經驅逐，沃土既須拋荒，而遊民又無歸宿。應請照現定民買番地之例，一概陞科，免其查究。應令該處民番將租贌典賣地畝，先行呈報。一俟割穫登場，臣徐嗣曾專委大員前往細查，並將此外有無續墾地畝，一併查明，分別辦理，咨部存案。自此次清查之後，即以所墾地方為界，俾人一望而知。仍交巡視臺灣之將軍、督、撫、提督及地方官等，不時週歷巡查。如有越界私墾，即行從重治罪，將失察之地方文武各官一併嚴參究治』等語。查臺灣地方，民田薄徵租賦，番地免其陞科，乃皇上優恤海外民番，格外加恩之至意。今將軍公福等奏稱，將佃墾生熟番埔地一萬一千餘甲內，民人租贌之地，同番社田畝，免其陞科。其業經賣斷與民者，照同安縣下沙科則，按甲計畝徵銀，免其納粟之處，係屬推廣皇仁，俾得番民得業起見，亦應如所奏辦理，令該省督撫出示曉諭民番，各知遵守。並將業經賣斷與民地畝，查照同安縣下沙科則，造具每畝征銀若干清冊，送部查核。至所稱集集等處民人田畝，既據聲明，自開墾以來，與生番日久相安，並無事故，一經驅逐，沃土即須拋荒，而遊民又無歸宿，應如所請，准其照現定民買番地之例，一體陞科。仍令該督撫轉飭民番，將租贌典賣地畝數目，即查明呈報。一俟割穫登場，即專委大員前往細查。如此外復有續墾地畝，一併查明，造冊報部。自此次清查之後，即將所墾地方立石為界，仍交巡視臺灣將軍、督、撫、提督及該處地方官等，不時巡查。如再有越界私墾，即行從重究治，將失察地方文武各官，一併嚴參究處。一、屯丁習用器械、應令自行製備、報官點驗一款：據稱『番民打牲捕鹿，所用鏢鎗、鳥銃、竹箭，器械不一，均屬犀利。即如岸裏社番善用鳥銃，隨同官兵打仗殺賊，最為賊匪所畏。一切器械，均可毋庸製給。但現在嚴禁民間私藏軍器，屯兵所用鎗箭，亦應官為點驗，以備稽查。所有新設屯丁四千名，不必照綠營之例，拘定鳥鎗兵若干名、弓箭兵若干名，祇以該番習用器械為准，呈報總兵，逐加印烙，編號備查。每年令總兵巡查之便，照點一次。如無火烙印記，即照民人私藏軍械之例，一體治罪』等語。應准所奏。屯丁所用器械，毋庸拘定鎗箭，令該總兵逐加印烙編號。每年巡查之便，點驗一次。如無印烙，即照私藏軍器之例，一體治罪。一、屯丁徵役酌與優免、以恤勉力一款：據稱『臺灣各社熟番，質樸淳良，最堪憐憫。從前文武員弁出差巡察，無不調撥番兵，背運行李。其餘如地方興築、遞送公文，亦皆社番應役。其勞苦急公之處，較之臺灣民人不啻數倍。今既挑補屯丁，分處防守，遇有搜捕盜賊等事，又須聽候征調；所有一切傜役，免其承應。其未補屯丁之番民，亦祇遞送公文，不得以私事役使。倘地方文武及理番同知不加體恤，有苛派擾累之事，令該鎮、道實力訪查，嚴加參究』等語。查臺灣熟番既經挑補屯丁，即有防守之責，自應加優恤，以免擾累。今將軍公福等奏請，新設屯丁之番民，亦祇遞送公文，不得以私事役使之處，應如所奏，行令該督、撫轉飭遵照。倘地方文武及理番同知不加體恤，復有苛派擾累之事，令該處鎮、道實力訪查，嚴行參究。臣等酌議緣由，是否有當，伏候聖諭遵行。」詔曰可。命閩浙總督覺羅伍拉（應為覺羅伍拉納）遵旨詳查應辦事宜。五十五年十月二十有三日，覺羅伍拉奏陳十二款：一曰分設屯所，應酌量地方，以資捍禦；二曰請嚴屯弁責成，以資約束；三曰屯丁受地，宜酌配撥；四曰清出侵占界外田園，定等徵租，以昭平允；五曰已墾田園，應設法分別陞免；六曰現丈戈聲圖冊，應發廳縣存檔，仍按各戶另給四至丈單，以便轉撥；七曰清丈徵租，以垂永久；八曰徵收租銀，應酌定勻給存留，以補丁食，以資經費；九曰支撥屯餉，宜定章程，以杜弊竇（弊竇，弊害的漏洞）；十曰應用器械，分別編驗，以從番便；十一曰照舊安設隘丁，以重邊防；十二曰重立界石，以杜爭越。旨下軍機大臣會同兵部尚書議覆具奏。十一月十有一日，詔可，以五十六年春正月舉辦。覺羅伍拉命臺灣鎮、道通飭所屬遵行，並發告示曉諭民番。於是南路設大屯一、小屯二、置屯千總一員、把總一、外委三，隸南路營參將，轄十二社；北路設大屯三、小屯九，置屯千總一員、把總三、外委十二，隸北路協副將，轄八十三社。凡大屯屯丁四百，小屯三百，計四千名。分給荒地，俾之耕稼，以資贍養；其詳如表。

又以屯務初設，應需經費，奏定屯千總年給俸銀一百圓、把總八十圓、外委六十圓、屯丁餉銀八圓，歲共需銀三萬三千二百四十圓。委員勘丈番社田園，責成廳縣按甲徵租，而由撫民理番同知理之。嘉慶十五年，噶瑪蘭設廳。二十年春二月，通判翟淦議以東勢、馬賽、西勢等處荒埔，或已私墾，或尚未開，請准隘丁熟番就近耕稼，計甲徵租，年可得銀一千三百圓，倣設屯丁可得一百五、六十名，以備緩急。而鎮、道以該處究屬流番，未便設屯，著將田園照例陞科，其議遂寢（止）。道光中，水沙連六社歸隸之時，巡道徐宗幹稟請督、撫，以六社番眾男女一千餘人，可選壯番四百名，設一大屯，補用外委一名，仍屬北路屯千總統轄，召佃墾荒，以給屯餉。許之。自是以來，屯務漸廢，而屯租亦愈空乏，至於不足支給。

光緒十二年，巡撫劉銘傳奏辦清賦，並議整屯務。巡道陳鳴志飭中路撫民理番同知蔡嘉穀議查，遂上整頓之策，略曰：「查乾隆五十三年，將軍公福奏准，九十三社之化番，挑選壯丁四千，以為屯丁。則設大屯四、小屯八，星羅棋布，聯絡各營。有事之際，隨時調集；農隙之時，為之訓練。計丁給地，除徵租地界之外，未墾荒埔五千六百九十一甲餘，均分撥屯丁。其近屯之地，每丁一甲或至一甲一分。距屯稍遠者，一甲三、四分。命其自耕，以為贍養。即照番田之例，減免租賦；立石為界，官為巡視。至於屯田，以查出界外私墾田園三千七百三十餘甲，按等陞科，以充其用。每年計徵租穀四萬一千二百六十一石四斗六升六合四勺三撮，每石折銀一圓，可得四萬一千二百六十一圓四角六分六釐四毫三瓣。又有九芎林口租穀折銀八十圓。除給隘丁佃首餉費二千一百三十圓，及屯弁屯丁俸餉等項三萬三千二百四十圓，此外尚剩五千九百七十一圓四角六分六釐四毫三瓣，收存各縣，調撥口糧，俾充振恤，專為屯務之用。伏查屯丁設置以來，百有餘年，父以傳子，子以傳孫，數代相承，得免饑餓，實賴此屯。然此養贍之地，輾轉佃耕，百弊叢生。或私自賣買，或竟被侵占；埔地日削，幾無聊生。謹陳整頓之策五條，伏祈憲鑒。一曰清屯餉：查屯田徵餉每年四萬一千餘圓，例由本廳移牒各縣，造冊送呈憲鑒。而近來各縣或稱水衝沙壓，或言旱魃（ㄅㄚˊ，造成旱災的鬼神）為災，以是徵額每多缺損。茲請先令各縣清丈本項屯田，查勘地方段落四至，造成魚鱗清冊，分別報告。如有被害丈溢之業，妥為處置，以充屯餉之需。二曰選精壯：屯丁久沐皇恩，一旦裁撤，四千之眾，失其衣食，弱者轉於溝壑，強者聚嘯生事。今請妥為揀選，棄弱留強，以其子弟補缺；並造名簿，由本廳給發腰牌，俾之攜帶，以定壯丁之額，免糜餉項。三曰分調遣：揀選番丁成屯之後，分調二千名，以六營為巡防，大屯仍舊四百名為一營，小屯三百名為一營，或分為四營，以一、二年交代，均其勞逸，以資操防。四曰備工作：全臺建省之時，需工甚多，故月給工食。或開山墾地，成修路造城，仍給器械，以慣其用，勒以兵法。假如一旬之中，七日作工，三日操演，認真訓練，自成勁旅。五曰分餉需：屯餉舊田若能清丈，溢出必多。然以現在每月支餉甚鉅，欲望驟增，實有至難。伏思臺灣土勇數營，曾立戰功，故未遣散。顧兩三年來，病故逃亡甚多，十不存一。請減每營為二百，或改營為旗，每旗二百四十名。如以改減為難，遇有病故逃亡之時，暫不填募，任其漸次減少，以節餉需。即以剩餘之款，改充屯餉。屯丁工作既畢，俟其訓練又精，再將駐屯之處，分給荒埔開墾，徵租繼餉，以充餉需，似足大減國帑。」嗚志嘉之，代詳巡撫請採用。唯分餉一條，以營勇增減本有定數，而屯租徵收亦有常額，斷不得以勇餉而分給屯餉。進止如何，乞為裁奪。十二月，銘傳通飭廳縣查勘屯田甲數，並檄總兵朱名登、通判金提會同各廳縣點閱屯丁，驗其優劣，以備取舍，而屯租遂改為官租矣。

南北屯弁分給埔地表

屯名	屯弁數	分給埔地	每人甲數	總數（終位毫）
南路	屯千總一	鳳山南坪頂	一〇、〇〇〇	一〇、〇〇〇
放綀大屯	屯百總一	鳳山南坪頂	五、〇〇〇	五、〇〇〇
放綀大屯	屯外委一	鳳山南坪頂	三、〇〇〇	三、〇〇〇
搭樓小屯	屯外委一	鳳山南坪頂	三、〇〇〇	三、〇〇〇
新港小屯	屯外委一	鳳山大北坪	三、〇〇〇	三、〇〇〇
北路	屯千總一	彰化罩蘭	一〇、〇〇〇	一〇、〇〇〇
竹塹大屯	屯把總一	淡水武陵埔	五、〇〇〇	五、〇〇〇
竹塹大屯	屯外委一	淡水武陵埔	三、〇〇〇	三、〇〇〇
武勝灣小屯	屯外委一	淡水三角湧	三、〇〇〇	三、〇〇〇
蕭壟小屯	屯外委一	彰化永平坑	三、〇〇〇	三、〇〇〇

柴裏小屯	屯外委一	彰化內木柵	三、〇〇〇	三、〇〇〇
東螺大屯	屯把總一	彰化沙轆	五、〇〇〇	五、〇〇〇
東螺大屯	屯外委一	彰化沙轆	三、〇〇〇	三、〇〇〇
北投小屯	屯外委一	彰化內木柵	三、〇〇〇	三、〇〇〇
阿里史小屯	屯外委一	彰化水底寮	三、〇〇〇	三、〇〇〇
麻薯大屯	屯把總一	彰化罩蘭	五、〇〇〇	五、〇〇〇
麻薯大屯	屯外委一	彰化罩蘭	三、〇〇〇	三、〇〇〇
日北小屯	屯外委一	淡水馬陵埔	三、〇〇〇	三、〇〇〇

南北屯丁分給埔地表

屯名	屯丁數	分給埔地	每人甲數	總數（終位毫）
放縤	三九	鳳山埔羗林	一、八七五	七四、五〇〇
茄藤	一二一	鳳山埔羗林	一、一八〇	一四三、〇〇〇
力力	六九	鳳山埔羗林	一、二二〇	八三、〇〇〇
下淡水	一一一	鳳山南坪頂	一、二〇〇	一三三、二〇〇
上淡水	六〇	鳳山南坪頂	一、一八〇	七一、〇〇〇
搭樓	一五五	鳳山南埔頂	一、二六〇	一九五、九九〇
武洛	五〇	鳳山南坪頂	一、二二〇	六一、〇〇〇
阿猴	七一	鳳山南崁林	一、八一〇	八三、八〇〇
上淡水	二七	鳳山南坪頂	一、五〇〇	三六、一六〇

屯名	屯丁數	分給埔地	每人甲數	總數（終位毫）
新港	二〇一	鳳山大北坪	一、六八〇	三三四、七一〇
卓猴	六八	鳳山南坪頂	一、六三〇	一一一、四五〇
大傑顛	三二	鳳山南崁林	一、六七〇	五二、〇〇〇
蕭壠	四一	彰化永坪坑	一、五〇〇	六一、五〇〇
麻荳	五〇	彰化永坪坑	一、五〇〇	七五、三〇〇
蕭里	二〇	彰化永坪坑	一、五〇〇	三〇、〇〇〇
灣裏	四〇	彰化八娘坑	一、七七〇	六九、五〇〇
大武壠	三六	彰化大姑婆	一、四一〇	五〇、六六〇
茄拔	二五	彰化大姑婆	一、四一〇	三五、二五〇
芒仔芒	三〇	彰化大姑婆	一、四一〇	四二、三〇〇
嘉義	二〇	彰化沙轆	一、五〇〇	三〇、〇〇〇
哆囉嘓	二〇	彰化沙轆	一、五〇〇	三〇、〇〇〇
內攸	一〇	嘉義十張犁	一、一〇〇	一一、〇〇〇
阿里山	七	嘉義後大埔	一、一一〇	七、七七〇
柴裏	三八	彰化內木柵	一、四〇〇	五三、四〇〇
阿里山	四〇	嘉義芊蓁崙	一、六六〇	四六、六〇〇
水沙連	九〇	彰化八娘坑	一、〇〇〇	九〇、〇〇〇
打貓	一五	彰化沙轆	一、四〇〇	二一、〇〇〇
他里霧	二〇	彰化沙轆	一、四〇〇	二八、〇〇〇

屯名	屯丁數	分給埔地	每人甲數	總數（終位毫）
西螺	五六	彰化水底寮	一、三六〇	七三、四六〇
貓兒干	二九	彰化水底寮	一、三六〇	三九、四四〇
南社	一二	彰化水底寮	一、三六〇	一六、三二〇
東螺	一五二	彰化水底寮	一、〇〇〇	一五二、〇〇〇
馬芝遴	二三	彰化水底寮	一、〇〇〇	七三、〇〇〇
二林	二八	彰化水底寮	一、〇〇〇	二八、〇〇〇
眉裏	五〇	彰化校栗林	一、〇一〇	五〇、五〇〇
大武郡	二八	彰化萬斗六	一、〇三〇	二八、八四〇
半線	一三	彰化萬斗六	一、〇三〇	一三、三九〇
大突	七六	彰化水底寮	一、〇〇〇	七六、〇〇〇
阿東	三〇	彰化水底寮	一、〇〇〇	三〇、〇〇〇
北投	一二八	彰化內木柵	一、〇〇〇	一二八、〇〇〇
南投	二三	彰化虎仔坑	一、〇二〇	二三、五〇〇
貓羅	四五	彰化萬斗六	一、〇〇〇	四五、〇〇〇
柴仔坑	三三	彰化水底寮	一、〇〇〇	三三、〇〇〇
大肚北	二一	彰化水底寮	一、〇〇〇	二一、〇〇〇
大肚南	二一	彰化水底寮	一、〇〇〇	二一、〇〇〇
貓霧捒	二九	彰化水底寮	一、〇〇〇	二九、〇〇〇
阿里史	一一九	彰化水底寮	一、〇〇〇	一一九、〇〇〇

屯名	屯丁數	分給埔地	每人甲數	總數（終位毫）
水裏	二六	彰化水底寮	一、〇〇〇	二六、〇〇〇
牛罵南	三五	彰化水底寮	一、〇〇〇	三五、〇〇〇
牛罵北	一四	彰化水底寮	一、〇〇〇	一四、〇〇〇
烏牛蘭	三二	彰化水底寮	一、〇〇〇	三二、〇〇〇
沙轆	二七	彰化水底寮	一、〇〇〇	二七、〇〇〇
大肚中	四七	彰化大姑婆	一、〇〇〇	四七、〇〇〇
麻薯舊	三八	彰化雞油埔	一、〇一〇	三八、三八〇
岸裏	一一一	彰化雞油埔	一、〇一〇	一一二、一一〇
翁仔	二五	彰化雞油埔	一、〇一〇	二五、三〇〇
葫蘆墩	二五	彰化雞油埔	一、〇一〇	二五、三〇〇
崎仔腳	二一	彰化雞油埔	一、〇一〇	二一、二一〇
西勢尾	二三	彰化雞油埔	一、〇一〇	二三、二三〇
樸仔籬	一四四	彰化雞油埔	一、〇一〇	一四五、四四〇
貓裏蘭	一三	彰化雞油埔	一、〇一〇	一三、一三〇
日北	七〇	淡水馬陵埔	一、六八〇	一一八、〇〇〇〇
日南	七四	淡水馬陵埔	一、六九〇	一二五、〇〇〇〇
大甲東	四〇	淡水黃泥塘	一、六七〇	六六、〇〇〇
大甲西	四〇	淡水黃泥塘	一、六七〇	六六、〇〇〇
大甲中	三二	淡水四方林	一、九〇〇	六一、〇〇〇

屯名	屯丁數	分給埔地	每人甲數	總數（終位毫）
雙寮	四四	淡水淮仔埔	一、六七〇	七三、五〇〇
竹塹	九五	淡水武陵埔	一、五八〇	一五四、一〇〇
房裏	四四	淡水武陵埔	一、六八〇	七三、九二〇
苑裏	一二	淡水武陵埔	一、六八〇	二、〇一六
呑霄	二五	淡水武陵埔	一、六八〇	四二、〇〇〇
貓盂	八	淡水武陵埔	一、六八〇	一三、四四〇
後壠	三九	淡水芎蕉灣	一、一五〇	四五、〇〇〇
新港	五二	淡水內灣	一、一四〇	五九、三九〇
貓閣	三〇	淡水鹽水港	一、一一〇	三三、三〇〇
中港	三〇	淡水鹽水港	一、一一〇	三三、三〇〇
雙寮	四〇	淡水武陵埔	一、六八〇	六七、二〇〇
霄裏	二〇	淡水武陵埔	一、六八〇	三三、六〇〇
武勝灣	三二	淡水山坑仔	一、一九〇	三八、〇八〇
擺接	一三	淡水山坑仔	一、一九〇	一五、四七〇
里族	一四	淡水山坑仔	一、一九〇	一六、六六〇
雷裏	二二	淡水淮仔埔	一、一九〇	二六、一八〇
錫口	一四	淡水淮仔埔	一、一九〇	一六、六六〇
搭搭攸	一六	淡水淮仔埔	一、一九〇	一八、〇四〇
圭泵	一五	淡水尖山腳	一、一九〇	一七、八五〇

屯名	屯丁數	分給埔地	每人甲數	總數（終位毫）
八里坌	五	淡水尖山腳	一、一九〇	五、九五〇
圭北屯	一一	淡水尖山腳	一、一九〇	一三、〇九〇
毛沙翁	四	淡水八連港	一、〇三〇	四、一二〇
大雞籠	一二	淡水八連港	一、〇三〇	一二、三六〇
金包裏	二八	淡水七堵埔	一、〇三〇	二八、八四〇
北投	二二	淡水七堵埔	一、〇三〇	二二、六六〇
三貂	二一	淡水七堵埔	一、〇三〇	二一、六三〇
小雞籠	六	淡水田寮港	一、〇三〇	六、一八〇
龜崙	二三	淡水七堵埔	一、〇三〇	二三、六九〇
南崁	一四	淡水三角湧	一、〇八〇	一五、一二〇
坑仔	一六	淡水三角湧	一、〇八〇	一七、二八〇

隘勇

臺灣設隘，仿於鄭氏。永曆十九年，諮議參軍陳永華請申屯田之制，以開拓番地，而人民之私墾者亦日進，每遭番害，乃築土牛以界之，禁出入。土牛者，造土如牛，置要害，戍兵防守。至今尚留其跡。或曰紅線，則以土築短垣，上砌紅磚以為識，耕者不得越。歸清以後，仍沿其制。而墾田愈廣，漸入內山，官不能護。乃為自衛之計，設隘寮，募隘丁，以資捍禦。其經費則隘內田園徵之，謂之隘租。鋤耰併進，弓矢前驅；南至琅璚，北窮淡水，皆有漢人足跡，而政令且不及也。康熙六十年朱一貴之變，全臺俱動。及平，總督滿保以沿山一帶，為盜番出沒之所，議逐人民於內。塞各隘，築長垣，以絕出入。總兵藍廷珍力陳不可。六十一年，福建巡撫楊景素奏請立石番界，派兵巡防；是為官隘之始。雍正六年冬，山豬毛番亂，討之。十一年，以南路營兵三百戍其地。自是番不敢出，然猶未有隘名也。十三年，彰化眉加臘番亂，討之。乃設隘於柳樹湳，在烏溪之北，為今臺灣府治附近，其時臺中皆番地也。乾隆五十三年，大將軍福康安奏設屯番之制，以近山之地，照舊設立隘丁，或分地受耕，或支給口糧，均係民番自行捐辦。今其地歸屯，應以官收租穀內支給，仍責成各隘首，督率隘丁，實力巡查，以與營汛相表裏。於是鳳山、嘉義、彰化、淡水各設隘於邊。每處隘首一名，隘丁十數名，或二、三十名。每名年給口糧三十石，折銀三十圓，隘首倍之。惟九芎林隘，官徵屯租全給，餘則官給四成，民給六成，是為官設之隘。然官隘之力有限，而人民之墾者日多。嘉慶七年，吳沙募三籍之氓（漳州、泉州與客籍之民），入闢蛤仔難，築堡以居。沿山各隘，俱戍鄉勇，曰民壯寮，故居者無害。各有田園數千甲，為經費。設廳之後，雖陞科，而近隘之地，仍留為隘丁耕稼，自收自給。奉旨准行。是為私設之隘。蛤仔難處臺之北東，負山面海，皆番地。自三貂嶺越山行，為遠望坑，有民壯寮焉。始用以通道，繼用以捍（保衛）行。過此而西，為大里簡，亦設民壯寮。又西為梗枋，為烏石港。遠望坑之南為金面山，為白石，為湯圍，為柴圍，迤西為三圍。又南為四圍一結，為四圍二結，為四圍三結，為旱溪，為大湖，為叭哩沙湳，為鹿埔，為清水溝，為崩山，為員山莊，為馬賽，凡二十處，各設隘祛害。前時行人出入，隘丁護之，每人酬錢四十文。迨設官後，由官賚（ㄌㄞˋ，賞賜）之。十七年，漳人林朝宗等請墾蘇澳之地，增設施八坑隘。施八坑在東勢山尾，林深草茂，土番據之。而口甚狹，西連叭哩沙湳，出坑而東為蘇澳，通海之處也。土廣而腴，眾每請墾，而有司以距城遼遠，慮藏奸宄，不許。及道光元年，耕者已三百餘人。署通判姚瑩乃籍其田以為隘，未竣而去。六年夏，閩、粵械鬥，粵人黃斗乃居淡水之斗換坪，乘勢煽生番作亂。及平，設隘南莊，置屯把總一、屯兵六十以戍。十四年冬，淡水同知李嗣業（當為李嗣鄴）以南莊既墾，而東南山地未闢，乃命姜秀鑾、周邦正集閩、粵之人，凡二十四股，合設金廣福隘，以從事墾荒。自樹杞林而入北埔，設隘寮十五處。所轄之地，袤三十餘里，廣一、二十里，徵收田租，以供隘費。是為公設之隘。同治十三年，欽差大臣沈葆楨奏請開山撫番，而隘制久廢，以兵代之。光緒十二年，巡撫劉銘傳奏頒隘勇之制，收防費，廢隘租，以期整剔。十四年，阿罩霧人林朝棟、林文欽合設公司曰林合，給墾臺灣縣轄沿山數千甲，並營腦業（腦業，樟腦採煉事業），慮遭番害，請設隘勇兩營，凡五百名，自給餉械，以林榮泰、劉以專率之。自抽籐坑至集集，分設隘寮，謂之銃櫃。隘勇擊柝巡守，有警則鳴銃傳示，眾悉出，伏險擊。故番害稍戢。番之出草，每乘隙弋人，或昏夜突襲，故防之綦嚴（綦音ㄑㄧˊ。綦嚴，極為嚴格）。而任其事者，多愍不畏死，以殺番相雄長者也。

鳳山縣轄隘寮沿革表

隘寮社隘	官設，在山豬毛口，原設隘丁三十名，今裁。
漏陂社隘	官設，在南太武山南，原設隘丁十五名，今裁。
茄藤社隘	官設，在大崑麓，原設隘丁二十名，今裁。
力力社隘	官設，在佳佐山麓，原設隘丁二十名，今裁。
放綀社隘	官設，在三條崙嶺，原設隘丁二十名，今裁。

淡水廳轄隘寮沿革表

火焰山隘	民設，在大甲堡西南，即大甲溪，原設隘丁八名，今裁。

日北山腳隘	民設，原在日北山腳，後移入鯉魚潭高崗，屬苑裏堡，原設隘丁六名，今設八名，現隸苗栗縣。
三叉河隘	民設，在苑裏堡內山高崗處日北山隘之北，今移番仔城，原設隘丁十五名，現隸苗栗縣。
內外草湖隘	民設，原爲高埔隘，後移苑裏仔東首內山，而南勢湖隘亦歸併，在三叉河隘之北，二隘原設隘丁十七名，今設二十名，現隸苗栗縣。
淡水廳	
銅鑼灣隘	官設，在後壟堡銅鑼灣內山要處，爲草湖隘之北，原設隘丁二十五名，現隸苗栗縣。
芎中七隘	官設，在後壟堡芎蕉、中心埔、七十分三莊之內，故名；爲銅鑼灣之北，原設隘丁三十名，現隸苗栗縣。
大坑口隘	官設，原爲中隘，後移後壟堡內山橫岡，爲芎中七隘之北。大坑口隘原設隘丁三十名，中隘十名，今設四十名，現隸苗栗縣。
蛤仔市隘	官設，在後壟堡蛤仔山內之橫岡，爲大坑口隘之北，今設隘丁二十名，現隸苗栗縣。
嘉志閣隘	民設，在嘉志閣莊，後改汛防，移入內山，爲蛤仔市隘之北，原設隘丁二十名，今三十名，現隸苗栗縣。
南港隘	民設，在中港、南港之內山，爲嘉志閣隘之北，原設隘丁十五名，今三十名，現隸苗栗縣。
三灣隘	民設，在中港堡三灣內山，爲南港隘之北。道光六年，奏請派撥屯把總一員、屯丁六十名、通事一名，以防中港、三灣、大北埔等隘。今改設隘丁四十二名、屯把總一名，現隸苗栗縣。
金廣福隘	民設，原在淡水廳東之鹽水港、南隘、茄苳湖、石碎崙、雙坑、大崎、金山面、圓山仔、大北埔、小銅鑼圈等十處。其小銅鑼圈即舊之中港尖山隘。嗣因土地日闢，已越舊址，乃裁撤爲一，移於五指山之右，沿山十餘里，均設隘以防。其石碎崙原設隘丁四十名，由官撥充租稅，以補不敷。而大北埔、中港尖山二隘，亦官奏設，由民給費。其鹽水港、南隘、茄苳湖、小銅鑼圈四處，原設隘丁各二十名，雙坑十四名，大崎、金山面各十八名，圓山仔六名，均民給費。今合設一百二十名，就地取糧，每年由官撥租四百餘石，發串著令自收。現隸新竹縣。
矺仔隘	民設，在三灣隘之北，距廳東三十里，原設隘丁十五名，今仍之，現隸新竹縣。
猴洞隘	民設，在矺仔隘之北，距廳東三十四里，原設隘丁十五名，今仍之，現隸新竹縣。
樹杞林隘	民設，在猴洞隘之北，距廳東二十五里，原設隘丁十五名，今二十名，現隸新竹縣。

九芎林隘	民設，即南河隘，距廳東四十里，原設隘丁十名，由官撥給屯租，今歸民辦，現隸新竹縣。
咸菜硼隘	民設，在九芎林隘之北，距廳東五十里，原設隘丁二十名，今仍之，現隸新竹縣。
大嵙崁隘	民設，在桃澗堡內山，原設隘丁三十名，今仍之，現隸南雅廳。
三角湧隘	民設，在海山堡內山大嵙崁隘之北，今設隘丁十名，現隸南雅廳。
大銅鑼圈隘	民設，原在四方林，後移桃澗堡內山，舊設隘首一名，丁無定額，今設十名，現隸淡水縣。
三坑隘	民設，在桃澗堡內山，爲大銅鑼圈隘之北，今設隘丁二十名，現隸淡水縣。
大坪隘	民設，在桃澗堡內山，爲銅鑼圈隘之北，今設隘丁二十名，現隸淡水縣。
溪洲隘	民設，在桃澗堡內山，爲大坪隘之北，今設隘丁十名，現隸淡水縣。
橫溪隘	民設，在擺接堡內山，今設隘丁五名，現隸淡水縣。
暗坑隘	民設，在擺接堡內山，今設隘丁十名，現隸淡水縣。
萬順寮隘	民設，在擺接堡內山，爲暗坑隘之北，原設隘丁十二名，今十五名，現隸淡水縣。
十份寮隘	民設，在石碇堡內山，原設隘丁十名，今裁。
三貂嶺隘	民設，在三貂嶺民番交界之處，原設隘丁十名，後改汛防。

噶瑪蘭廳轄隘寮沿革表

遠望坑隘	民設，在廳治北鄙，與淡水交界，前設民壯寮，今裁。
大里簡隘	民設，在廳治之北，前設民壯寮，後改汛防。
梗枋隘	民設，在廳治之北，前設隘丁，後改汛防。
烏石港隘	民設，在廳治之北，前設隘丁，後改汛防。
金山面隘	民設，在廳治之北二十五里，原設隘丁八名。

白石山隘	民設，在廳治之北二十里，原設隘丁十名。
湯圍隘	民設，在廳治之北十七里，原設隘丁八名。
柴圍隘	民設，在廳治之北十二里，原設隘丁五名，今裁。
三圍隘	民設，在廳治之北十二里，原設隘丁五名，今裁。
四圍隘	民設，在廳治之北八里，原設隘丁六名。
旱溪隘	民設，或作礁溪，在廳治之北九里，原設隘丁八名，今移於摸壁潭。
泉大湖隘	民設，在廳治西南二十五里，現設隘丁十三名。
葫蘆隘	民設，在廳治西南十六里，現設隘丁六名。
施八坑隘	民設，在廳治之南四十里，現設隘丁十二名。
馬賽隘	民設，在廳治之南三十里，原設隘丁十二名，今裁。
員山隘	民設，在廳治之南二十五里，原設隘丁十名。
鹿埔嶺隘	民設，在廳治之南二十五里，現設隘丁十二名。
清水溝隘	民設，在廳治之南十五里，原設隘丁八名，今裁。
崩山隘	民設，在廳治之南十二里，原設隘丁八名，今移於擺燕山。
大埤隘	民設，在廳治西北十里，現設隘丁八名。
三關仔隘	民設，在廳治西北五里，現設隘丁八名。
叭哩沙喃隘	民設，在廳治之西三十里，現設隘丁十二名。
內湖隘	民設，在廳治之西十五里，現設隘丁六名。
大湖隘	民設，在廳治之西四十二里，原設隘丁十二名。
穎廣莊隘	民設，在廳治之西七里，現設隘丁五名。
枕頭山隘	民設，在廳治之西六里，現設隘丁十名。

鄉勇

康熙六十一年，朱一貴既平之後，地方未靖；臺灣鎮總兵藍廷珍上書總督滿保，請行保甲。許之。既復請辦團練，以為郡治今雖有協防之兵二千人足供調遣，然計南路下淡水、岡山分去四百有奇，北路下加冬、半線又分去四百，所存防兵不過千人。經制各營又多分守汛地，府治關係重大，未可遽云兵力有餘也。當今之時，宜急訓練鄉壯，聯絡村社，以補兵防之所有不周。無事皆農，有事皆兵，使盜賊無容身之地。所謂急則治其標，不可須臾緩者也。其後遂以為例，每有兵事則舉辦之。林爽之役，南北俱陷，粵莊多出義軍助戰守，而鹿港郊商亦募勇自衛，故無害。一貴，漳人也。漳、泉方息鬥，又與粵莊仇，故多拒之。事平，下旨嘉許，立功者給以功牌，死者祀之，春秋豆俎（豆俎，指祭祀），以旌義烈，故民多奮勇。

禁煙之役，英艦輒窺伺沿海，總兵達洪阿、巡道姚瑩治軍有律，策勵民兵，以資戰守，故無外害。淡水同知曹謹請停防洋經費，專募鄉勇，瑩不可。當是時班兵積弊，幾不可用，瑩乃選拔精兵六百名，增給月餉而訓練之，欲以漸及各營，未成而去。道光二十八年，徐宗幹任巡道，與總兵議，漸整營制。又以澎湖一營遠隔海洋，上書督撫，請改募兵。略曰：「澎人皆捕海為生，極為勤苦，且熟諳水性，履波濤如平地，壯健丁勇挑選入伍，以備不虞，較諸水師實為得力；不但可以省戍兵換班之費，且可以收海島無業之民。沙線既熟，守望亦專，是一舉而數善備也。」不從。洪楊之役（指太平天國之役），湘、淮諸將多練鄉勇，戡平大難，於是漸汰綠營。及戴潮春之變，攻陷彰化，南北俱動，官兵不戰而潰，巡道孔昭慈死之。乃再設團練，以淡水紳士林占梅為團練大臣駐大甲，阻其北竄。而各莊亦多起義軍，以相搏戰，建功尤偉。然而猾（ㄏㄨㄚˊ，奸詐）紳土豪，夤緣（夤音ㄧㄣˊ。

夤緣，攀附權貴以求進身）為利，怙其勢力，互相雄長，武斷鄉曲，莫敢誰何。巨奸積匪，藏之宇下，一言不合，（趣，通［趨］）起興戎。浸成游俠之風，而官莫敢問也。光緒七年，改為培元總局。

法人之役，沿海戒嚴，巡道劉璈集士紳再辦團練，手訂章程十七條以布之。則於府縣城內設一總局，東、西、南、北、中各舉團總一人，歸總局經理。城外各鄉遠近不一，大約以周三、四十里為分局，任以團總，副以團佐。閩、粵人之聚居者可設族團，族長主之。凡團內之壯丁皆註於籍，分為義勇、練勇、團勇。義勇常駐局中，逐日操練，月給糧銀四圓八角。練勇按旬一操，每次給銀二角。其費皆由鋪戶捐之；練勇八名抵義勇一名。不歸捐者為團勇，自備口糧，每月赴操一次，由局豫選明幹義勇為百長，以帶練勇。又由練勇選什長，以帶團勇。衣裝旗幟，捐戶備製，各分其色以俾辨別。其有膽略過人、願赴前敵者，准其自告，別編一冊，由縣會營，申明號令，隨軍出戰，不與前鋒，慮亂行也。信賞必罰，昭示鼓勵。從前犯法之人，如能改過自新以功抵罪，辦團紳士別為請獎。夫團練之設，所以自衛也。在城守城，在鄉守鄉，足供行軍之不逮，唯在理者之得宜爾。八月朔，又刊《漁團章程》二十條，通飭紳民暨沿海漁戶遵行略。曰：「漁團辦法與陸團不同。沿海漁戶，貧苦居多，既難如陸團捐勇出資，又難如陸團派紳設局。情形既異，頭緒尤繁。」並議就漁團以選水勇，藉水勇以聯漁團，相輔而行，較為妥便。除照原詳水勇名數，由各路挑選泅水精壯漁民，先後招募成軍，以固要防；並將漁團辦法，釐定章程，以清內亂，而禦外侮。其辦法則於海口陸團派委團紳一名，會同水營管帶，編造漁戶清冊。每船每筏給以白布小方旗一面，上書某路某口幾甲幾牌幾號之船。凡近海十里以內，或二百名、三百名、四百名聯為一團，派管帶、幫帶各一員以統率之。每哨置正、副哨長；又於水勇之中，每船派充什長一名，每筏伍長一名。每哨配船四隻、筏八隻。無筏者即用小划。其船逐月租價七兩，筏一兩四錢。衣旗軍器由官給發。每旬逢五，操練一次。無事之時，仍准出漁，有事則分哨守戰，以與陸團策應。如有勾通外寇、洩露軍情、潛為引港者，殺無赦。當是時，巡撫劉銘傳駐臺北，亦辦團練，奏簡林維源為團練大臣。各府廳縣設總局，以名望紳士理之，下設分局。各鄉置團，劃為一段，以衛鄉里，嚴守望，詰盜賊。其制甚善。

乙未之役，臺灣自主，以進士丘逢甲為團練使，統率義軍，並辦漁團。一時蒼頭（以青頭巾裹頭的兵卒）特起，執戈制梃（棍棒），效命軍前，悍然而不顧死者比比也。然而蒼葛（春秋時期樊地之人，阻抗周襄王將包括樊地在內的田分給晉國）雖呼，魯陽（戰國時楚國魯陽公曾與韓激戰，十分堅強勇敢）莫返，則亦無可如何而已。

古者兵民為一，存亡與共，其民皆國之兵也，故能有勇知方。自募兵起，而兵民分矣。兵民分，而其兵為朝廷之兵、藩鎮之兵、悍將之兵，養其爪牙，以肆禽獮，而國之威稜乃不振。夫欲振威稜，當用民兵，遠師三代，近法歐洲，而後可以爭雄於天下。

師船

臺灣海國也，戰守之策，不在於陸而在於水，故治臺者多重海防。

昔者荷蘭以夾板（兩層木板的大帆船）之威，跋浪滄溟，稱雄東澥（ㄒㄧㄝˋ，伸入陸地的海）。鄭氏繼之，亦設水師之鎮，駕乘風之船，狎侮波濤，若履平地。使清人不敢南顧者，則以重洋之險，未可投鞭斷流也。芝龍素習海，開府安平，舳艫（ㄓㄡˊ ㄌㄨˊ，船尾和船頭，泛指船艦）直通臥內。凡海舶出洋者，不得鄭氏令旗，不能往來。每舶例入二千金，以此富敵國。延平入臺之後，亦時造巨艦，販運東南洋而攬其利。使鄭氏不亡，整軍經武，則已為海軍之強國矣。而至於亡者，天也。

清人得臺，分汛水陸。安平水師副將統兵三營，有戰船五十四隻；澎湖水師副將統兵二營，有戰船三十三隻；其後添設淡水營水師都司，統兵五百，有戰船二隻；所以防備沿海也。臺、澎各營之船，例由通省廳員分派修造。康熙三十四年，改歸內地州縣。其尚可修整而不堪駕駛者，州縣派員辦運工料，赴臺興修。迨按糧議派，臺屬三縣始亦分修數隻。此非厚庇臺屬也，蓋以內地各廠員多力分，工料俱便，不煩運載，可以剋期報竣也。

先是康熙十三年，部定各省戰船，三年小修，五年大修。二十九年，奏准沿海戰船新造之後，三年小修，又後三年大修，又後三年尚堪駛用者仍令大修，否則奏明拆造，改為內河之船。既又奏准各省戰船至應改修之年，以文到之日為始，限一月領船，又一月估價報部。覆准之後，應以部文到日為始，大修限三月，小修兩月，如逾限者照例議處。後又奏准福建戰船勻派通省道府監修。臺澎九十二隻，應由臺灣道府各十八隻，餘仍歸派內地。於是道府始設船廠，採伐內山樟木，以為材料。未幾仍歸內地。四十四年，復歸臺屬，而府修倍道，飭與福州府分修。議於部價津貼運費外，每船捐貼百五十圓，繳交鹽糧廳代辦其半，道鎮協營廳縣共襄厥事。嗣又專歸府辦，而道廠廢矣。雍正三年，兩江總督查弼納奏請設立總廠於通達江湖之處，飭派道員監督，領銀修造，復派副將或參將一員公同監視，務節浮費。部價不敷銀兩，歷來州縣協貼，仍應照舊。詔可。福建總督亦奏言：「臺澎戰船，請於臺灣設廠，委令道協督造。」於是各船盡歸臺廠，而道協之責任獨重矣。七年秋九月，總督高其倬奏改福建分設福、漳、臺三廠，攤造戰船。而福廠由鹽驛、興泉二道承修海壇等營一百三十三隻，漳廠由汀漳道承修水師提標等營一百零一隻，臺廠由臺灣道承修臺協等營九十八隻。其後增設泉廠，由興泉道辦之，而福廠僅命鹽驛道。乾隆元年，總督郝玉麟奏言：「福建戰船，福廠承修七十六隻，泉廠五十三隻，漳廠九十九隻，臺廠九十六隻。而臺廠遠阻重洋，難以勻派。顧臺灣自設廠以來，開辦料館，沿山樟樹概歸官有，南之琅璚，北之淡水，均委匠首。而匠首以伐木之外，私攬熬腦，而贏其利。然臺廠自數十年來，津貼較少，工料日騰；修造戰船，屆期難竣。或至脆弱，不堪駕駛。歷任擱置，賠累為難。是有修船之名，而無用船之實。」及徐宗幹任巡道，稟請變通船政。其書曰：「昔劉晏（唐玄宗至唐德宗時期官員）曰：成大計者不惜小費。置船場執事者，當先使之私用無窘，則官物堅完矣。誠古今之通論也。曩者臺地船工，道府有餘項，價寬則易完，舟師有口糧，物固則不腐，是以一船得一船之實用也。查船廠所需料物，有購自內地者，若松杉、若鐵、若油、若棕之類，皆由廈口商船配帶交廠，例不許民間私售。廠用有餘，則發商匠領賣，而交價浮於原值。舊船椗（即錨碇）、柁等料，亦有廠戶承領繳價，以津貼工料例價之不敷。如有延欠同存料，並於交案作抵。此官私之皆有利益也。乃日久而利之所在，弊即生焉。今移交冊內，孔、劉、鄧、平四任（臺灣道孔昭虔、劉重麟、鄧傳安、平慶等四任）流抵一萬餘兩。周、劉、沈（周凱、劉鴻翱、沈汝瀚）等任流抵三萬六千餘兩，姚、熊（姚瑩、熊一本）兩任列抵廠料及匠欠九千餘兩，熊任又抵存廈料四千餘兩。其匠欠作抵，是以現存之項為辦公之餘囊，而以待追之項為懸抵之空賬也。又各屬有料差、有匠首承辦料物，由各澎船運廠，向來於差役中點派，有應交公費，亦為廠中工需津貼。如恐其厲民而裁革之，則採伐料物，無所責成，或土棍影射滋擾，為害更甚。然官有餘資，民少困窮，亦利弊參半，而久則有弊無利矣。今者道府之存款有減無增，舟師之出巡有名無實。應修應造之船，例應由營駕廠。因港道不能疏通，修船者得以卸責，而弁兵亦樂於折價，虛報領收，便可塘塞。或購買以補額，即補額亦為兵丁販運耳。已修已造之船，例應由營領駕。因港口不能安泊，駕船者得以藉口，而工匠亦樂於草率，埔岸高擱，何須堅固？或粉飾以備驗收，即驗收亦為兵丁需費耳。由是而料物之餘存者益多，則以發匠領賣為利。由是而鋪匠之積欠者益多，則以移居折抵為便。領售多而完繳愈少，所追者半窮丐子孫。流抵多而存款愈少，所墊者皆寄存要款。完繳愈少，而比追無著，則不能不問及保人。追保人不能不累及鋪民。鋪民視為畏途，而接充者無人矣。是欲發料物以為津貼，不可得也。存款愈少，而工需急促，不能不取及料差造料。差不能不累及匠首。匠首皆苦無贏餘，而願充者無人矣。是欲藉料差以為津貼，又不可得也。是誠不如不開港，不駕廠之為便也。今一旦力矯其弊，而正告之曰：有船必造，有船必修。則應之曰：造必如何而後可用也，修必如何而後可用也。如其式而造之修之，則又曰：用不可也。即用之矣，而終置之無用之地。曰：非不用也，造不如式也，修不如式也。是誠不如不修船而給以修之之費，不造船而給以造之之費之為便也。然而又不應也，曰：料物不能私取也，工匠不能聽其使令也。則仍歸廠修造，而令水師營員監視之。其奉委者不過千把等官。或曰：此舊料不必用也，作價與我可也。或曰：此新料不必用也，作價與我可也。不得已而與將官親督之，則工皆實用矣。然而已造之船，桅柁皆完，駕未久而棄置者有之。已修之船，帆索悉備，領未久而折賣者有之。即不准其棄置，不許以折賣，而無兵丁以守之，無炮械以實之；有兵丁矣，有炮械矣，無官弁以統之，無口糧以養之，欲其不變價而不能也，欲其不販賣而不能也。私用窘則官物焉能全也？將官則知之而無如何也。數年而屆小修如是，數年而屆大修如是，又數年而屆拆造亦復如是。其間或偶遇風暴，則曰不堪修葺，甚且以為片板無存，修無可修，而造難遽造。久之而文冊中有船，海洋中無船矣。嗟乎！洋面無兵船，則洋面皆盜船。洋面皆盜船，則洋面無商船。商船絕而臺民危矣！今盜船漸以臺洋為逋逃藪（罪犯逃亡時躲藏的巢窟），因循再久，患不遠也；勢不能不亟起而改圖之。全臺原設及裁改，應共存戰船九十六隻。內臺協中營十九隻：內省造四隻，本年新拆造二隻，本年及來年已屆大修四隻，小修三隻，應造補三隻，又應歸府廠造補三隻。臺協左營十四隻：內省造六隻，新拆造一隻，應造補一隻，屆大修一隻，小修二隻，又應歸府廠造補二隻，小修一隻。臺協右營十四隻：省造四隻，應造補二隻，屆大修四隻，小修二隻，應歸府廠造補二隻，小修二隻。澎協左營十七隻：省造六隻，應造補二隻，屆大修五隻，撥府拆造二隻，大修二隻。澎協右營十六隻：省造一隻，屆大修十三隻，撥府造補一隻，小修一隻。艋舺營十四隻：省造四隻，應造補六隻，屆小修一隻，大修一隻，撥府大修一隻，拆造一隻。除省造二十五隻、新造補三隻外，未修、未補者尚有六十八隻。大同安梭船新造實銷銀一千零五十兩零，內支臺耗二百兩零，實領司庫八百四十七兩零。拆造實銷銀六百二十八兩零，支臺耗一百四十二兩零，實領司庫四百八十六兩零。大修實銷銀四百七十三兩零，支臺耗九十二兩零，實領司庫三百八十兩零。小修實銷銀三百三十七兩零，支臺耗六十三兩零，實領司庫二百七十四兩。中小同安梭以次遞減。大號白底船新造實銷銀二千一百十二兩零，拆造銀一千一百五十八兩零，大修八百七十二兩，小修六百二十一兩零。小號白底船又以次減。例銷之價，實苦不敷。如前所謂料價等無可津貼，則賠墊益多。或曰：請將道府兩廠應拆造造補之二十三隻歸道府趕緊辦理，其餘屆限大小修之各船，竟請歸臺灣鎮督飭水師將備，各歸各營領價承修，勒限報驗。其料物仍由道廠支給，照例價於領項內扣收。臺協各營即在道廠興辦，由營員經理。澎湖、艋舺各營由該營將官督修，責成該廳據實查報，或由鎮委員驗收；既免駕廠之遲逾，又無領駕之周折。如屆拆造，則以舊船折料運廠，或應造補，即由廠興工，舊料無用再運；則事以簡而易集，工以分而易完矣。或曰：屆限大小修之船，大半皆不堪修葺。由修造以後，多擱於海埔，風日暴烈，雨水浸淋，責營承修，亦仍有名無實，不如一概全行由道府拆造，以大修兩船、小修三船之費，各按大小號折料添補，改為新造一隻，庶幾工歸實在。於原設額數不符，另行籌議造補。其實照原額實備一半，即已得用。餘即補足，亦無兵無械，徒虛設耳。或曰：拆造造補之船，請全歸省廠興辦。例價不敷，由道府將折料變價，再另行籌捐，劃解省局，配渡到臺。後大小修仍歸營承辦。料物多需於內地，盜船不絕，商船日稀，料物不能源源配渡，不如就省製造之便。所需於臺地者惟樟木耳，回班哨船可帶運也。如此則所謂發料、僉差（簽派的官差）諸弊之有累於地方者，不過大小修之用。奮（奮，疑當作「舊」）例即不能革除，而亦可稍為輕減矣。如循舊由臺廠修辦，所有廈口料物亦須商哨並運，方無誤工需也。擇於斯三者而變通行之，全臺幸甚。明戚繼光言：『軍工當任武臣，不當任文臣。航海者漁人，而造舟者梓人，彼何與於利害，而勞苦以經營之，加倍以賠補之，不過苟且塞責而已，無補國家。』佟中丞（中丞，清代官名，即「巡撫」。此指清代官員佟鳳彩，曾任四川、河南巡撫）云：『工料本貴，給價不敷，雖造成器具，總屬無用之物，所謂惜小誤大，其害不可勝言。』由此觀之，臺地之船工，責成舟師大員之賢者，而厚給其值，其為上策。不然，積習相沿，徒糜帑項，而海洋之防僅有虛名，商民之受害其小焉者也。此可為長太息也！」又以廠道淤塞，不便出入，擇地於小西門外迤南之處，建築船塢，中開港道，至三鯤身入海，計費二千百餘圓。

然自海通以來，輪船鐵艦縱橫海上，而舊式之船不足一顧。法軍之役，巡道劉璈駐南，以臺澎四面皆海，戰既不能，守又不可，稟請南北洋大臣分派戰船援助。弗從。事平，劉銘傳整理海防，乃購置輪船，以資郵傳，而尚不能籌艦隊，則以財力限之也。然自是而海戰形勢為之一變。

炮臺

有明之季，海疆多事，始戍澎湖。澎湖為臺灣外府，群島錯立，風濤淜湃（淜音ㄆㄥ。淜湃，用以形容水聲、風擊物聲），舟觸輒破。故守臺灣者重澎湖，而媽宮為之紐。萬曆二十五年，增游兵；四十五年，復增衝鋒游兵；左右各置小城，列銃以守，曰銃城。天啓二年，荷將高文律乘戍兵單薄，以十餘舟入澎湖，據焉。因山為城，環海為池，破浪長驅，肆毒漳、泉。總兵俞咨皋逐之，乃復澎湖，築城暗澳，高丈有七，厚丈有八，東西南各闢一門，北設炮臺，內蓋衙宇，建營房，鑿井，駐兵，以控制媽宮。媽宮之左為風櫃山，高七、八尺，荷人鑿其中，壘土若雉堞（ㄓˋ ㄉㄧㄝˊ，城上的短牆），毀之，分軍以戍，與案山、西安相犄角。東為嵵上澳、豬母落水，當南之衝，舊有舟師戍之，亦築銃城，以防橫突。西為西嶼，北為北山墩，又北為太武，稍卑為赤崁。循港而進為鎮海港，壘城其中，以扼海道。其防守也如此。

荷人既入臺灣，築城一鯤身，即炮臺也，曰熱蘭遮，臺人謂之王城。基方二百七十六丈有六尺，高三丈有奇，為兩層，用大磚調油灰共搗而成，雉堞釘以鐵，故甚固。城上瞭亭相望。上層縮入丈許，設門三。東畔嵌空數處，為曲洞，為幽宮。四隅箕張（向外伸張如簸箕之形，即突出的稜堡），置炮二十。南北規井，下入於海，上出於城，水極清冽，可於城上引汲，以防火攻。置炮十，皆重千斤者。而北隅繞垣為外城，狀極雄偉，駐兵守之。倚城一樓，榱（ㄘㄨㄟ，屋椽）棟堅巨，有機車，可挽重而上，亦置炮數尊。內城之北，下闢水門，傴僂（ㄩˇ ㄌㄡˊ，彎曲）而入，磴道（磴音ㄉㄥˋ。磴道，指石階）曲折，下有地室，高廣各丈餘，長數丈，曲轉旁出。近海之處又一洞，內藏鉛子（子彈）。其險固也如此。荷人建政署其中，以鎮撫民番。濱城之外為巨海，水道紆迴，鹿耳門拱之，輔以師船，而內與赤崁樓相犄角。樓在鎮北坊，為今之海神廟，亦炮臺也，建於永曆四年，荷人謂之普羅比熱蘭遮，猶言攝理也。壘磚為垣，堅埒（ㄌㄜˋ，相等、均等）於石，周二十五丈有三尺，上置巨炮。南北兩隅，瞭亭挺出。樓高三丈六尺有奇，雕棟凌空，軒豁四達。其下有洞，曲折宏邃。右鑿穴，左浚井。前門之左復一井，以俯瞰市肆。當是時，荷人政令，南至打鼓，北達諸羅，而蚊港為北鄙互市之口，猴樹港、鹽水港、茅港尾諸水匯焉。港外為青峰闕，荷人築炮臺以守，制若城，內鑿一井，舟師邏之。既又逐西班牙人而有其地。雞籠、淡水各據炮臺，以握東洋貿易，一時幾無敢抗。

延平克臺，就赤崁城以居，改名安平。永曆十八年，嗣王經視澎湖，命築壘。左右峙各建炮臺，煙火相望，以薛進思、戴捷、林陞守之。十九年，聞施琅疏請伐臺，洪旭告曰：「前者荷人失守，恃其炮火、憑其港道，而不防備澎湖，故我先王一鼓而下。夫澎湖為東寧門戶，無澎湖是無東寧也。今宜建築安平炮臺，副以炮船，扼鹿耳門。別遣一將鎮澎湖，嚴軍固壘，以待其來。」從之。三十六年春，施琅治兵於海，嗣王克塽以劉國軒為正提督駐澎湖，修治各壘，環設炮城，凌師以守。激戰之後，敗績而降。

清人得臺，以安平為郡治之塞，駐水師副將，有炮架三十，炮臺十九，煙墩（烽火臺）四十三處，以防守沿海。而鹿耳門亦建炮臺，藉為安平之蔽。彰化為北路之衝，八卦山在其東，俯瞰城中，山破則城亦破，故建炮臺，駐兵固守，以為擁護，所謂定寨者也，高可望海，然一有兵事，山輒被據，移炮以攻，故議主毀棄。鹿港為彰化互市之口，乾隆五十四年，駐水師游擊，北自大安，南至海豐，各建炮臺，汛兵守之。當是時昇平無事，所欲防者，海寇而已。通商以後，西力東漸，夾板輪船，爭雄海上。一旦啓釁（禍兆），沿海戒嚴，而舊式之炮，利不足以及遠，力不足以洞堅，拱手讓人，覆軍從之。同治十三年，福建船政大臣沈葆楨視師臺灣，奏築安平、旗後各炮臺，倣照西式。法軍之後，巡撫劉銘傳奏辦海防。光緒十二年，興工改築，新向英國購置鋼鐵後膛炮三十一尊及加農炮以配各臺，計費六十四萬九千餘兩。十四年，復聘德國工師，重造基隆炮臺，狀極堅固，且練炮兵以演放之。炮兵之外，又設水雷營，亦攻守之利器也。臺灣海防於是漸備。然有其器必有其人，而後可以致果，否則非唯無用，藉寇兵而齎（ㄐㄧ，贈送）盜糧，更為覆亡之害也。悲夫！

鄭氏澎湖炮臺表

媽宮嶼上下炮臺二座
風櫃尾炮臺一座
四角嶼炮臺一座
雞籠嶼炮臺一座
東西蒔裏炮臺四座
內外塹炮臺二座
西嶼頭炮臺二座
牛心灣頂炮臺一座

清代臺灣炮臺表

鹿耳門炮臺	在安平鎮之西，俯臨大海。歸清之後，建築炮臺。其後海水汎濫，臺遂沉沒。
安平小炮臺	在安平鎮南隅，舊時所建。及築大炮臺，遂廢。
安平大炮臺	在安平鎮南隅，距臺南府治六里。同治十三年，沈葆楨奏建，光緒元年十一月竣工。中鑿大池，塹外有濠，海水入焉。置大炮五、小炮四，以水師副將率炮兵三百名守之，顏曰「億載金城」。
打鼓炮臺	在鳳治之西山，臨大海。其後增建旗後炮臺，以爲犄角。
旗後炮臺	在鳳治之西，與打鼓山對峙，爲互市之口，中關港道，輪船可入。光緒元年，聘英國工師築之，結構宏壯，中置巨炮，以兵守焉。
東港炮臺	在鳳治西南，兩岸相距三里許，水深丈餘，閩粵商船時來貿易。同治十三年，沈葆楨奏建，置炮十尊，駐兵五百，已而撤去。法軍之役，再駐二百，以防南犯。

青峰闕炮臺	在嘉義西南，距治六十里，爲蚊港之口，荷人所築，久圮，炮亦爲海水浸爛。嘉慶十年蔡牽之役，金門鎮總兵王得祿就附近再築炮臺三座、煙墩三、望樓一，以安平水師協營守備一員、千總、把總各一員、兵一百八十名守之。今圮。
鹿港炮臺	距彰治二十里，西臨大海，乾隆五十四年所築，今圮。
水裏港炮臺	距彰治西北二十里，昔爲貿易之口，港道久淤，炮臺亦圮。
三林港炮臺	距彰治西南四十里。港道久淤，移汛番挖，炮臺亦圮。
海豐港炮臺	距彰治西南七十里。港道久淤，租汛宗元，炮臺亦圮。
大安港炮臺	在苗栗縣治之西，舊屬淡水，爲貿易之口；港道已淤，炮臺亦圮。
滬尾炮臺	在臺北府治之西，爲互市之口，勢控北鄙。光緒二年，始築炮臺。法軍之役，扼險以守。及巡撫劉銘傳修之，置炮十一，顏曰「北門鎖鑰」。
基隆炮臺	基隆爲互市之口，舊設炮壘。光緒二年，改築炮臺以守，法軍之役被毀。光緒十四年，乃倣西式新築，置鋼鐵炮。
媽宮炮臺	在澎湖廳治之北。舊設炮壘，副以師船。光緒元年，改築炮臺。十三年，劉銘傳檄吳宏洛修之，駐重兵以扼海道。
大城北炮臺	在媽宮之西十里，光緒元年建，十三年修，駐兵千五百名，爲媽宮犄角。
西嶼炮臺	在媽宮之西，舊建炮臺於外垵，光緒十四年別建於內垵，俯瞰大海，駐兵千五百名。
桶盤澳炮臺	舊時所建，今廢。

譯文

李朝凱．注譯

連橫說：古人在《左傳．襄公二十七年》有說到「大自然生有五材：金、木、水、火、土，人民共同運用此五材，廢棄任何一個都不可以」。因此有誰能夠放棄軍備呢？所以軒轅氏有涿鹿（今河北省涿鹿縣）之戰，顓頊氏有水官共工氏的施用，姒禹氏有三苗（今長江中下游一帶）的攻伐，商湯有南巢（今安徽省巢湖市西南）的興師之舉，周武王有牧野（今河南省新鄉市牧野區）的誓師。之後到春秋時代時，齊桓公、晉文公有尊勤君王、攘斥外夷的政治行動，獲取威信而奠定霸權，也非軍備之莫屬，所以使得後代子孫沒有忘記他們的功績。秦代、漢代以來，這個重要的本意就蒙昧不明了。

臺灣是海上孤絕的島嶼，眾多英雄霸王一定會爭奪的地方，沒有軍備就無法守禦，沒有軍備就無法立存。是故可以百年而不用軍備，不可以一日而沒有準備。然而我們一族的不強盛已經很久了。在明代末期時，澎湖形勢險要又偏遠，許多的盜賊在此地出沒；萬曆二十年（一五九二）時，東方邊區有亂事，因此議請設置遊兵。[1]萬曆二十五年（一五九七）冬季，開始創建一名遊擊[2]、一名千總、

---

1 應為萬曆二十五年（一五九七）七月十六日。據《明神宗實錄》卷三一二記載：「福建巡按金學曾條上海四事。一、守要害，謂倭自浙犯閩，必自陳錢、南麂分，臺、礌二山乃門戶重地，已令北路參將統舟師守之。惟澎湖去泉州程僅一日，綿亘延袤，恐為倭據，議以南路擊汛期往守。……部覆，允行。」可見，議置澎湖遊兵，時間在萬曆二十五年七月。鄧孔昭，《臺灣通史辨誤》（南昌：江西人民出版社，一九九〇），頁一四九。

2 軍備志的原文使用「游」字，翻譯部分則一律改為採用「遊」字，使用「遊」字是從「遊」字的通用性質較為廣泛與用字意涵更為

四名哨官，各種鳥船二十艘、目兵八百餘人。隔年（一五九八）春季，又考慮到澎湖是孤立島嶼寡少援助，增加守備一名，以及遊擊、千總、哨官等官職，可以說是水師艦隊了。接著又在海壇（今福建省福州市平潭縣）、南日（今福建省莆田市南日島）、浯嶼（今福建省漳州市龍海市港尾鎮）、銅山（今福建省漳州市東山縣）、南澳（今廣東省汕頭市南澳縣）、大寨游[3]等地，分別抽調哨官一人，率領堅船三艘，巡邏防汛時遠哨到澎湖，以串聯聲威與氣勢。

後來以軍隊的兵餉難以爲繼，裁去一名遊擊，而海壇、南日、南澳三處負責遠哨的兵船，逐漸地各自停止發船，僅剩一名千總、二名哨官，各種鳥船二十艘、目兵八百五十多人。其每月俸餉則是由漳州、泉州共同支餉。顧祖禹（一六三一—一六九二）有云：「海上的島嶼，東南一帶交錯羅列，算起來有幾百、幾十個之多；但這個地區有可以守哨而不可以防守的島嶼，有可以停泊而不可以久泊的島嶼；如果說起島嶼形勢險要而紆迴者，則沒有像澎湖一樣的島嶼。因爲澎湖島嶼的周長紆迴數百里，狹窄之處不能停大型船，內澳卻可以容納千艘船隻。過去以居民把持險要地勢圖謀叛亂，於是遷徙澎湖而空虛此地，逐漸的海外島夷趁此縫隙，築建巢穴在澎湖島上，明朝盡力鏟除海外島夷之後再次成爲內地，準備不可不及早。」又說到：「古時候海上有三座島嶼的要地，澎湖是其中之一而已。

精確，因而加以變更。清代的「遊」和「游」兩字時常可以互用，並不像當代有嚴格的「標準字」觀念，依據臺灣大學數位人文中心的「臺灣歷史數位圖書館」（Taiwan History Digital Library, THDL）資料庫中的「明清檔案」檢索結果，其中用「遊擊」的有三九〇三則，用「游擊」的有一三〇二則；在中央研究院臺灣史研究所的「臺灣文獻叢刊資料庫」的檢索結果，其中用「遊擊」的有二八二八則，而「游擊」有六五一則，在清代「遊擊」使用上較為廣泛。另一方面，「遊」字也更為符合清代武官「遊巡」的軍事機制和治安功能。以下出現「遊」字時不再贅述。

3 其地不詳，推測為龍湖古寨（今廣東省潮州市潮安區龍湖鎮護堤路旁）。

東邊則是海壇，西邊則是南澳，都是扼險的要地。所以防守海壇的話，則銅山、流江（今福建省寧德市福鼎市沙埕鎮流江村）的軍備更加穩固，還可以增加浙江一帶的形勢；防守南澳的話，則銅山、元鍾（疑為今福建省漳州市詔安縣梅嶺鎮東南玄鍾）的防禦更加堅固，更可以厚實廣東的藩籬。此三座島嶼，誠然上天設置的險要之處，可以放棄而資助敵人嗎？」一開始，萬曆三十七年（一六〇九），荷蘭人突然攻入澎湖，後來是總兵俞咨皋所驅逐。天啓二年（一六二二），荷蘭人又來澎湖，戍守的兵隊已經撤離了，於是荷蘭人就占據了澎湖。[4]荷蘭人更進一步侵入臺灣，將軍隊分別防守在臺灣的南、北兩地，建築堡壘各自鞏固。過了三十八年（一六六一），再次爲我們的延平郡王鄭成功所驅逐。鄭成功養精蓄銳等待時間，謀劃再次恢復諸夏故土。所以朝著鄭成功奔走歸附的人士，皆是赴忠蹈義的人、爲皇室效力的志士。上天厭棄鄭成功崇高顯明的德性，繼承先世的鄭氏後代也過世了，而鄭氏威勢所到的地方，尚有留存的痕跡。安平的堡壘，鐵砧山的山勢（今臺中市大甲區），猶如夕陽的大浪，尚且足以提供祭奠死者；這就是我們一族的武功啊！

最初的時候，延平郡王鄭成功（一六二四—一六六二）開基建置在思明（今廈門市思明區）一地，分設陸軍爲七十二鎮，以及水師二十鎮。到了鄭經（一六四二—一六八一）的時候，又有相當

---

4 荷蘭人攻入澎湖，時間在萬曆三十二年七月，其時總兵施德政令都司沈有容逐之。詳見〈開闢紀〉同樣內容的錯誤。其次，俞咨皋逐荷蘭人出澎湖，時間在天啓四年（一六二四）。據《明清史料》記載：「天啓四年五月初七日，俞副總、劉遊擊到彭。初九日，由龍文港、南太武大中墩直抵暗澳，相度形勢，並偵夷動靜。議先攻夷舟，次攻夷城，移火炮伏娘媽宮前一帶山岡，又料理火舟密布如柵。風櫃、案山、蒔上澳等處，四面皆王師，樵汲俱絕，夷始驚怖，搖尾乞憐，搏顙歸命。拆城遁徙。是彼也，曾無亡矢遺鏃之費、血刃膏野之慘，而彭湖信地，仍歸版圖。」鄧孔昭，《臺灣通史辨誤》（南昌：江西人民出版社，一九九〇），頁一四九—一五〇。

程度的增加與建置。水陸四方莫不畏懼而歸服，軍隊聲勢大大的振興起來。攻克臺灣之後，以周全斌（？—一六七〇）爲總督承天府的南北軍務，軍隊與百姓皆休養生息，以治理農業生產，只留下勇衛、侍衛二個軍旅，以守衛承天府（今臺南市中西區）、安平等地，其餘各個軍鎮各自屯田自給自足，所以沒有難以供養軍隊的威脅。古時候採取兵農合一的制度。五個國爲一屬，一屬設有屬長統領；十個國爲一連，一連設有連帥統領；三十國爲一卒，一卒設有一卒正統領；二百一十國爲一州，一州設有群牧統領。連帥每年檢閱戰車，卒正三年檢閱步卒，群牧五年大檢閱戰車和步卒。所以春季整頓軍隊以供檢查，夏季在草野息宿以供種苗，秋季治理軍務以供君主打獵，冬季大閱兵以供眾人狩獵，都是在農事空暇的時候的時候謀議軍政大事。所以他們的軍隊是國家的軍隊，能拿起武器來保衛國家。

居住的時候就往來和樂，戰爭的時候就患難相扶。並且又用政策和法令來糾正百姓，用禮儀來推動百姓，用道義來防範百姓，用仁道來推崇百姓，用勇猛來激勵百姓，用忠誠來堅定百姓，用事務來教導百姓，用和諧來促動百姓，用刑罰來嚴厲百姓，用榮祿來獎勵百姓，所以人們都可以執行事務，而足以勝過天下。永曆十六年（一六六二）夏季，鄭經繼承王位，以忠振伯洪旭（一六〇五—一六七〇）、永安侯黃廷（一六二〇—一七一七）守禦思明一地，率領軍隊進入臺灣。檄文給銅山、南澳各地的將領，不要停廢攻擊和防守。永曆十八年（一六六四），把政事委託給陳永華（一六三四—一六八〇），又施行屯田的制度，臺灣因而安定下來。[5]永曆二十七年（一六七一），平西王吳三

5 據《臺灣外紀》記載，鄭經委政陳永華，時間在永曆十九年（一六六五）八月以陳永華任勇衛之時。鄧孔昭，《臺灣通史辨誤》，頁一五〇。

桂（一六一二－一六七八）、平南王尚可喜（一六〇四－一六七六）、靖南王耿精忠（一六四四－一六八二）接次起兵，請求會師攻打清廷。鄭經到思明，攻打福建、廣東等地，於是攻克有十個府的範圍，以遵守奉行過去的土地。一時之間鄭經部下共有數十萬人，軍勢又大大振興。隨後清人攻入福建，耿精忠歸順清廷，尚可喜也反咬鄭經，所以鄭經沒有戰功而返回臺灣。但是漳州、南靖的戰役，劉國軒（一六二九－一六九三）、吳淑等諸將領，兵丁僅僅數千人，就可以當十萬戰兵，暴風驟雨疾奔猛衝，有些像是延平郡王鄭成功。清軍萎靡吃驚，不敢抵抗的樣子。鄭氏軍隊的善於作戰，也足以自豪了。

清人得到臺灣後，改爲設置府縣，輪調兵丁分防臺灣。以總兵一員駐守在臺南府城，水師副將一名駐守在安平，陸路參將二名分別駐守在諸羅、鳳山等地，兵丁則有八千名；澎湖設有水師副將一名，兵丁兩千名；都是從福建各軍營輪流調派，三年換一次班，即所謂的「班兵」。康熙六十年（一七二一）朱一貴的戰役，全臺灣都淪沒了。等到朱一貴事件平定後，朝廷研議認爲澎湖爲海上邊境重地，想把總兵改爲設置在澎湖，而臺灣改爲設置副將，裁除水師、陸路兩中營。總兵藍廷珍（一六六四－一七三〇）認爲不可行，上書給閩浙總督覺羅滿保（一六七三－一七二五）說：「如果臺鎮總兵移駐澎湖，海上邊疆就像是把雞蛋堆疊起來，極爲危險。中央部級大臣不認識海外的情形，憑著主觀臆測隨意推斷，將澎湖看得太重。不知道從臺灣看澎湖，就像大糧倉里的一粒穀子而已。澎湖只不過像是水面的一座沙堆，山上不能生長樹木，土地不能生產糧食，當地人民不足以協助抵禦，各種局勢綜合來看較爲不足爲主要依據。如果一、二個月船隻無法往來澎湖，不需要戰爭就自己先死了。

臺灣有千里的肥沃田野，山海之間的各種局勢，都並不尋常，臺灣地方大小僅次於福建一省。按照道理來說還應該增加軍隊，改易總兵而設置提督五營，才足以鎮壓。於是兵丁不增加反而減少，又想調離總兵在二、三百里的海中，而以副將處理臺灣嗎？臺灣總兵果眞改易以副將，那麼水陸相距僅咫尺，兩名副將怎麼能夠互相謙讓呢？南、北二路參將只相差副將一個官階，哪能夠聽從副將的調遣呢？各個將官都妄自尊大，互不統屬，萬一有什麼事，互相照應不靈活，貽誤疆界，誰能夠承擔責任呢？澎湖到臺灣雖然只有二百餘里，順風就揚帆起航，一天可以到；如果天氣不佳，颱風連綿不斷的話，得要十天數個月，都還不能快速航渡到臺灣。所有應做的事情，力量有所不及。以澎湖總兵控制臺灣，就像是拿著牛尾巴的一根毛，想要控制一整隻的牛，雖然有齊國大力士孟賁的力量，也沒有用處發揮。和放棄臺灣有什麼區別嗎？臺灣一旦失去，漳州、泉州首先遭到損害，福建、浙江、江蘇、廣東等地日常生活都會不安寧，就是山左（今山東省）、遼陽（今遼寧省）都會有邊境遭到侵犯的禍患。我藍廷珍缺乏見識，認爲臺灣千萬不能放棄。如果遵循部級官員的研議而行事，一定會妨害疆界。希望能夠原諒我的不達事理，並且賜予我明確的指示。」覺羅滿保入朝廷報告，福建水師提督姚堂（？—一七二三）也認爲此言甚是，於是停止了原先的研議。

雍正二年（一七二四），皇帝下詔說：「臺灣換班的兵丁，駐守在海外的巖疆，在臺灣支付糧食薪餉，如果沒有能力養贍他們的家人，那麼戍守的任務必然會導致無法專心。每個月給兵丁每戶米一斗。只是內地的米少，可以動用臺灣的米穀，運送到廈門，交給地方官員，按照戶別發給，務必使得兵丁家中都能均勻分派、確實獲得恩惠。」這就是「眷米」的開始。

雍正五年（一七二七），皇帝下詔說：「臺灣負責汛防的兵丁，慣例是由內地輪派去更換。而該軍營的官兵往往不將勤勉謹慎、誠實有能力的兵丁派去臺灣。因此士兵到了臺灣，不遵守規矩，放縱生活到處滋事。歷年積累下來的弊端，我很擔心這個問題。之後臺灣的班兵，交由該營軍官挑選派往。如果兵丁有違法，或是被人發現，該營軍官共同研議懲處。」

雍正六年（一七二八），臺灣總兵王郡（？—一七五六）上奏說：「臺灣換班的兵丁，慣例是由內地派遣調撥；而其中有書吏、舵手、用繚水手、用斗水手、用碇水手等，一向大多是僱募本地的民眾冒充姓名頂替，並不是實際上有這些兵丁。建請按照『隨丁』的例子，就在臺灣本地召募兵丁。」詔令提到：「海洋上操練水師軍隊，舵手、用繚水手、用斗水手、用碇水手牽涉很重，如果不換內地士兵，而常常讓臺灣地方上的民眾負責這些事，似乎有所不便。應該在換班的兵丁內，加以挑選學習。著交兵部研議後上奏。」當初，班兵來到臺灣之後，由於家鄉不相同，因此互相分類，所以從前就將兵丁都分散到各處。到了王郡才奏請廢止，以方便軍事訓練。但是沒有得到中央的允許，皇帝下詔說：「駐臺兵丁的軍事器械，全是由各營自己製造的，因此容易被破壞。然而將內地精良的兵器，發給臺灣的軍隊，也不是良善的策略。交給該督撫在存公項目內動用經費來製造，務必要堅硬鋒利、精緻良好。運到臺灣的日期時，又交給巡臺御史會同臺灣總兵檢查驗收、點交收存。如果有不適宜使用的兵械，就根據實際情況上奏題參。」

雍正七年（一七二九），皇帝下詔以臺灣士兵，每年賞賜銀四萬兩，以作為養贍家口的費用。交由閩浙總督等均勻分配派給，按照日期發給兵丁，以顯示朝廷體恤兵丁的意思。

當初，朱一貴的戰役，漳浦藍鼎元（一六八〇—一七三三）加入軍營，認為半線（今彰化縣彰化市）以北的地區，地勢綿延八、九百里，山區、海邊、內陸腹地，百姓、原住民交錯雜亂居住，而委交北路一營的兵丁，聚集不足以駐防到遠處，分散不足以樹立軍威，建議在半線一地分劃設立縣城，而設置參將在竹塹（今新竹市），以鞏固北方邊區。

雍正十一年（一七三三），下詔升臺灣鎮總兵為掛印總兵，給方印，增設城守營左右兩軍；改北路營為三營，以副將駐守彰化縣城，以中營都司來輔助副將，而左營守備則駐紮在諸羅（今嘉義市），右營守備駐防在竹塹，各自有所增設。於是臺灣的兵丁共計有一萬二千六百七十名。但是積弊日漸加深，軍隊紀律懈怠敗壞，兵丁驕橫，將領懶惰，危害民間。一旦發生事件，潰敗四處逃散，而災禍就成爲無法善後的局面了。乾隆五十一年（一七八六），彰化縣的林爽文（一七五六—一七八八）舉兵發事，鳳山（今高雄市鳳山區）莊大田也跟著響應，攻陷鳳山縣城，兵丁不能與之抗戰。詔命大將軍福康安（一七五四—一七九六）率領宮廷侍衛、巴圖魯（勇士），還有湖北、四川、廣東、貴州省的兵丁九千名來到臺灣。經過數個月的戰爭，才平定戰事。臺灣班兵的不可用是很明顯的。當時，客家人、歸化原住民效力於清軍前線，相當有幫助。事後，奏請將歸化原住民設置「屯丁」，表彰客家人爲「義民」，增添設置馬兵，稍做整頓。當時陽湖（今江蘇省常州市武進區）趙翼（一七二七—一八一四）在廈門軍營工作，以鹿港（今彰化縣鹿港鎮）位處於彰化縣的港口，形勢可以控制臺灣南北，建議把彰化縣治於此，駐紮總兵，位居中間以安排配置。閩浙總督李侍堯（？—一七八八）同意趙翼的意見，但還沒來得及進奏。乾隆五十三年（一七八八），開始以安平水師左營遊擊遷移至鹿港駐守。

從那時以後，北部邊區日益的拓墾開來，遠到噶瑪蘭（今宜蘭縣宜蘭市），而且到了臺東（今臺東縣臺東市）。嘉慶十五年（一八一〇），改淡水都司爲水師遊擊，兼且管轄陸路，南到新莊（今新北市新莊區），北到噶瑪蘭廳的邊界。而水師就到蘇澳（今宜蘭縣蘇澳鎮），以作爲臺灣北部的盾牌和城牆。[6]道光四年（一八二四），又升水師遊擊爲參將。那時淡水廳東北部已經全部開墾了，移

---

6 據《欽定大清會典事例》記載，時間不是「嘉慶十五年」，而是嘉慶十三年。又，不是改淡水都司為「水師遊擊」，而是改淡水都司為「臺灣水師右營都司」。鄧孔昭，《臺灣通史辨誤》，頁一五〇。

民來到此處，而噶瑪蘭又被山脈、海洋所阻擋，有未開化的原住民在山區活動往來，有海盜在海面上窺探動靜，等待機會下手，此處遠距淡水廳治大約有六、七天的路程，統治力量不達此地。總督趙慎軫（？—一八二五）決議將北路副將移至竹塹城，以右營守備爲中營，中軍都司爲左營駐紮在彰化縣城，中軍守備爲右營，駐紮在艋舺（今臺北市萬華區）。福建水師提督認爲不可行，於是仍然留副將在彰化縣城，但艋舺增加設置一名參將。

當時，臺灣的班兵制度沿襲已久的弊病已達極致，嘉義的陳震曜（一七七九—一八五二）上書給督撫大吏，請求裁除綠營，召募鄉勇。臺灣道員也支持這個建議。同知姚瑩（一七八五—一八五三）則是認爲不可行，建議說：「聽說督撫的檄文，建議更改臺灣的班兵制度，召募地方民眾。我私下認爲是錯誤的。臺灣共有一鎮水陸十六營，額定兵丁有一萬四千六百五十六名，從總督巡撫兩院、水師陸路二位提督、漳州（今福建省漳州市）、汀州（今福建省長汀縣）、建寧（今福建省三明市建寧縣）、福寧（今福建省寧德市）、海壇、金門（今金門縣）六鎮、福州（今福建省福州市）、興化（今福建省莆州市）、延平（今福建省南平市延平區）、閩安（福建省福州市馬尾區）、邵武（今福建省南平市邵武市）五協五十八營抽出兵丁調撥到臺灣戍守，一營多的七、八百人，少的一百多人。到臺灣的這些兵丁，分散在各個地方，每次內地一營中分到臺灣一個軍營的十多人，最多也不超過一百人而已。不僅是三年之中，分別輪班、出營收營、紛紛點調的煩擾，分配乘坐哨船或商船，經歷重洋風浪，每年有漂流沉溺的危險，而且戍守臺灣的軍隊，既有軍隊的糧餉，又有發給眷口的米糧，每年花費正供經費數十萬石。有什麼可取之處而必須做呢？大概嘗試推敲其原因，我看到歷代的聖人賢士謀略的深遠，與以前的人立法的完善，因而不可加以改變。戰亂的禍患與戰事的危險，爲了防止外敵的入侵，首先考慮內部由於爭權奪利等原因而發生的衝突或戰爭。從古代以來邊塞的部隊，都是由遠處調撥兵丁戍守，不使用邊疆的民眾。爲什麼呢？要得到兵丁們的竭力戰鬥，就不可以牽累其家人。邊塞戰爭的地區，輸贏沒有定數，居民各自照顧自己的家庭，躊躇不決，瞻前顧後。如果有失守的情況，就會相繼逃離，如同戰國時期，秦、楚兩大強國對立，有些弱小國家時而事秦，時而事楚，會出現這種反覆不定的常態。如果使用邊區民眾作爲兵丁，雖然是戰國名將廉頗、李牧也不能和他們共同防守，所以不惜從遠方調派數千里的兵丁，輪流去邊區戍守；約定三年爲期，養贍兵丁的家庭，讓他們盡力於戰場，然後誓死效忠於國家。

臺灣是海外孤懸的島嶼，有緊急的形勢就難以互相呼應，協同作戰；民心浮躁不定，容易反覆無常。然而，從朱一貴、林爽文、陳周全（？—一七九五）、蔡牽（一七六一—一八〇九）等數個謀逆叛亂事件多次發生，最終沒有發生叛變的兵丁，他們的父母、妻子、兒女都在內地，害怕他們遭到殺戮，不敢有背叛的心意。以前的人還擔心兵丁難以控制，分布散處各地，往來不斷的換班以相互保全，意圖可說是相當深遠細密。今天如果廢除了班兵制度，改爲就地召募兵丁，以臺灣人防守臺灣，等於是將臺灣給臺灣人了。假設有料想不到的意外事件，他們先暗中串通，將帥沒有什麼兵丁可以運用，我害怕所擔憂的事情更大，就不忍心說了。這是不可行的第一點。

用兵，勇猛的將士的運用，一定要經常讓將士辛勤的做事，不要任意讓他們安逸享樂。從古代以來名將訓練士兵，都以辛勤刻苦爲先決條件。手上執持戈矛等兵器，身上披著重型鎧甲，即使遇到寒冷冬季的雨雪、夏季最炎熱時的暑熱薰蒸，而強大的敵人就在眼前，也要整頓軍隊而奮進。如果平時的生活風氣是安樂、舒適的，又如何能夠驅使他們勇往直前呢？所以訓練武術技藝、練習快速奔跑，白天在荊棘的草叢間行走，晚上在寒冷艱難的地方休息，天冷時能夠赤體，炎熱時可以穿多件衣服，然後這種軍隊就可以運用。現今軍營制度性的訓練，各自有固定的期間，軍官的操練演習，看做是例行公事。只是輪班兵丁的出營，約束繁雜而困難，並且以幾十處互相不熟悉的人聚集成一個營旅，彼此之間陌生疏遠，操作練習勢必難以整齊劃一。將官們害怕懲罰，就是想要不時勤加操演練習，也難以做到。這是在更換過程之中，就在學習辛勤刻苦的意思。大概是因爲有品德、有才能的將領和統帥，講授研習、操練兵士，這才能成就了精銳部隊。如果改爲召募的制度，那麼長期下來兵士就會安逸悠閒，有軍隊和無軍隊，這是不可行的第二點。

用兵，勇猛的戰士以英勇果敢爲最佳。戰爭的勝敗取決於一呼一吸之間，在平時就要訓練兵士的膽量和氣魄。久戰沙場的軍隊，所向無敵者，膽量氣魄豪壯，所以看到敵人會沒有負擔和壓迫。古代的著名將領教育士兵，有時會讓他們躺在崩裂的山崖之下，也有把他們安放在虎狼的巢穴，用來訓練他們的膽量和氣魄，讓他們習慣身臨危機而不畏懼，然後兵士的勇猛可以完成。臺灣海洋的跋涉，也可以說是危機了，猛烈的風浪，茫茫沒有臨靠的岸邊，巨風陡然的興起，船舵折斷、桅杆傾斜，專業的船夫披頭散髮而呼救神明，鄰近船隻漂浮流動而破裂散碎，大魚高過山丘，生命變得微不足道的事物。像是這些情況，班兵的往來頻繁，熟悉而親近這些情況，自然膽量氣魄就會倍增。假設有一天兵士要衝鋒陷陣時，冒著箭林石雨，才不致於害怕而止步不前。而且平時兵士對於海洋已經熟悉，即使遇到突發狀況，也很容易交通往來。《孫子兵法》有云：『置之死地而後生』，這就是爲何如此說的道理。今天如果改爲召募制，避免了那些經歷危險的過程，那麼恐懼膽怯的性格就養成，遇到危難就會聞風先逃走。既然沒有膽量和氣魄，很少有軍隊不戰敗的。愛惜他們卻是足以讓他們戰死，絕不是國家用來培養兵士的本意。這是不可行的第三點。

以一定不可改變的制度，而想要改變，也就是將臺灣一地看同是內地，不是將列聖們的謀略、前人們的美意，有尚未將其深入思考的地方嗎？然而督撫大吏們之所以建議改制，也是自有說法。請化解他們的疑慮，得以沒有迷惑。

一是節約浪費：福建省的軍糧，僅能支付。自從林爽文、陳周全、蔡牽等三件謀逆事件軍事行動的開始，各府、縣運送米穀到省城，積存的米糧消耗一大半。連年的購買補充，尚且還缺少數額十幾萬石；然而臺灣每年運送的米穀，不能按時送到。各個府縣衙門自行動用倉庫的米穀，墊付給發兵丁米糧。舊有的存額尚未補滿，又有新開的借支，各縣有此爲藉口不免會發生入不敷出的情形。而且臺灣又新設立了艋舺營（今臺北市萬華區），兵丁的軍餉已經不夠支付。這是福建省糧餉儲備已經很短缺的情形，如果改班兵制爲召募制，就兵丁的內地眷口米糧一項，每年可以節省糧餉費用數萬。幾年以後，不只是補足數額，而且還會有盈餘，並且還可以減少運輸開銷，也可以給艋舺營兵丁的軍餉了。這是節省浪費的說法。竟然不知道內地的儲倉數額，並不是因爲軍需開銷而虧損，而是虧損在官吏的部分。軍需開銷既然缺少，歷年的採集購買，不難完成。所憂慮的是有採買之名義，而沒有採買米穀的實際行爲。等到官員交接輪替時，間接流用相抵，虛報存倉數額。臺灣米穀不過是運送日期稍微延遲，雖然有借墊的情形，米穀運到後就可以立即返還，怎麼會到虧空負債的情形呢？如果艋舺營不夠支付兵丁軍餉，臺灣一地還有其他款項可以籌措，何必貪圖節省浪費的虛名，而耽誤了百年的大事呢？

二是安置遊民：臺灣一地交通禁令雖然嚴厲，而河道的支流紛雜分歧，從鹿耳門（今臺南市安南區）、鹿港、八里坌（今新北市八里區）三個正口之外，南路就有打鼓港（今高雄市高雄港前身）、東港（今屏東縣東港鎮）、大港（今臺南市西北區）、喜樹仔（今臺南市南區喜東、喜北、喜南三里），北路則有笨港（今雲林縣北港鎮、嘉義縣新港鄉一帶）、五條港（今雲林縣臺西鄉）、大甲（今臺中市大甲區）、吞霄（今苗栗縣通霄鎮）、後壟（今苗栗縣後龍鎮）、中港（今苗栗縣竹南鎮）、大安（今臺中市大安區）、烏石港（今宜蘭縣頭城鎮），其他私運偏僻等港口，數不勝數。沒有田業的民眾，偷渡來臺灣的人一天比一天多，不是聚集在街市裡，就是恣意的成爲盜賊，逮捕治罪的人不能忍受的多啊。如果召募爲兵丁，這些人有可以賴以爲生的工作，也可以說是籌劃安排的方法。這就是遊民的說法。不知道召募的兵丁有固定的數額，而遊民的數額是沒有極限的。他們不想成爲兵丁的話，又將如何處置呢？而且這些人懶惰遊手好閒、沒有家庭、產業的根基，稍微有些不順意，或許就觸犯法律，潛逃離開更是沒有什麼好顧忌的。如果處理事情或解決問題稍微急躁一點，又會一起喧鬧發生事故。一旦奸民蠢蠢欲動，這些人都是他的謀逆黨羽了。何況臺灣一地有漳州、泉州、廣東等三種籍貫的民眾，向來依籍貫劃分群體，往往就持械鬥毆。將士帶著兵丁們去鎮壓，不是他們的仇人，就是他們的黨羽，不是更加幫助亂事了嗎？此禍患無窮無盡，不需要有智慧謀略的人就可以決定了。

三是避免麻煩：臺灣班兵三年抽換，往來絡繹不絕，那麼就有造冊公文的麻煩；有缺額事故，那麼就有補革檔案的麻煩。臺灣、鹿港、蚶江（今福建省泉州市石獅市北部）、廈防等四廳，配船等候渡船的人沒有空閒的日子，內有五十八營，外有十六營，收營出營的兵丁持續在路上。而且班兵滿期出軍營之後，大多不守約束，紛紛滋生狀況，帶著兵丁的軍官也害怕他們，覺得像虎狼一樣，地方廳縣更難於治罪審問。如果改爲召募，那麼這些弊端都可清除。這是避免麻煩的說法啊。不知道公文案卷，不過是營房書吏的勞苦；廳、營間的糾紛，各有舊有規定可以遵守。如果兵丁出營滋擾事情，一個能吏就足以穩定的。如果擔心麻煩，一定要追求方便，此爲事務簡單民風淳厚的地區應該追求的，而不是施行於政務繁要的地區。何況是海外重兵的事嗎？然而由於前三者，危害相當大；由於後三者並沒有好處。我不知道研議的論點有什麼可取的，而要輕易改變舊有的制度？老將談論戰爭，計謀出於萬無一失，忠誠的臣子謀劃國家，希望國運長遠。事情一定要權衡其利弊，而利之所在，就是弊之所在。也看利弊的大小分別是如何了。班兵制度，至今一百多年，推其弊端也不過如此，它的好處是可以保全海疆。而改爲召募，就其危害不可盡言，並沒有什麼好處。可以決定取捨了。」又有云：「班兵制度如此不可改變，督撫大吏想要更換，這個錯誤很明顯。我聽說督撫大吏入廷覲見皇上，曾經當面述說事宜，已經得到了聖上的旨意，一定是有人說的很貼切的，這是可以推測而知的。認爲班兵不能有幫助了。朱一貴的動亂，全臺灣都淪陷了。林爽文之亂，臺灣南北都陷落了，未被攻破的也就臺南府城罷了。陳周全之亂，一開始攻陷鹿港，接著就淪陷彰化。蔡牽的動亂，一開始攻入艋舺、新莊，已經陷入鳳山，占據洲仔尾（今臺南市永康區）。臺南府城受到攻擊三個月。班兵不能消滅逆賊，都是依靠義民的力量，接繼以大軍來到，然後消滅。這是班兵不能有力的證明。唉！這是文武眾臣的罪過啊，和班兵又有什麼關係呢？臺灣的土地肥沃而人民富裕，糖、痲、油、米的利益，北至天津、山海關，南至寧波、上海，而內部濟助福州、漳州、泉州數郡，臺灣民眾、商人的實力富饒，地方官員也免不了想要從中獲得利益的意思。太平日子久了，文官安逸武弁嬉鬧，只有取悅於淫聲女色、飲宴作樂，不講求訓練的方法，不了解民間的疾苦，官民上下阻絕不通，百姓怨恨，所以讓壞人伺見機會謀生異心，得以糾結作亂。倉促之間起事，文武官弁還在夢中。朱一貴致亂的原因，說來讓人痛心。後來的人不知道警戒，日子久了也就漸漸忘記，又有林爽文的事件。陳周全本是陳光愛的餘孽，誅殺餘黨不夠確實。以及彰化縣米價騰貴，匪民恣意搶奪，臺灣知府飛馳前往，只有抓住二十多人，粉飾了事，又置陳周全不問罪，以致於最後釀成大患，剛回到臺南府城就難以作爲了。蔡牽大幫騷擾海上十多年，以重利引誘勾結岸上的匪類，接受僞旗者有一萬多人。一旦揚帆直進，匪民作爲內應，所以得以直接攻入臺南府城。這都是諸位官員籌劃的不足，和班兵有什麼關係呢？假如不設置班兵，當時已經召募的話，能保證無事嗎？然而我聽說朱一貴作亂的時候，文官先載著妻子逃到澎湖，是以百姓內心徬徨無助，總兵歐陽凱（？—一七二一）奮力作戰而死。像是林爽文一開始占據嘉義，總兵柴大紀（一七三二—一七八八）一出兵，殲滅賊逆而收復城池；陳周全的別股賊首王快進攻斗六門（今雲林縣斗六市），千總龍昇騰率領兵丁一百人，打敗賊寇一千多人；蔡牽攻打臺灣，澎湖副將王得祿（一七七〇—一八四二）以水師兵士六百人，破賊幾萬人在洲仔尾，不到三年就打敗蔡牽，臺灣人到現今都還有能說此事的。那麼班兵不是不得力，看是如何運用了。而要改變班兵舊制，眞有道理嗎？就臺灣綠營今天有要講的五件事：一是無事收藏兵器、以整肅營規，二是稽查檢驗軍裝槍炮，以求可以使用，三是選取教師學習技藝，以準備迎戰敵人，四是增設噶瑪蘭營兵，以幫助防守，五是移駐北路副將，以加重形勢。

臺灣班兵的器械，除了火炮位置、鉛彈火藥外，都是由內地各軍隊佩戴。因爲雜派至各營，恐怕會有遺失，向來都是自行收管，不交給軍官。然而分類的習俗沒有根除，每次發生口角細故，彼此就拿出武器相互鬥毆，軍官來不及鎮壓，已經造成傷人。雖然多次嚴厲懲罰，風氣難以免除。由於武器在手，易於逞凶的原因。今應當制定規矩，自進入軍營點名之後，所有器械編號都要簽名，交本營守備收入軍庫局，只有操練教習、差派出營、追捕盜賊，按照姓名散給。沒有事時就都要繳收，不許持有。各個防汛距離軍營稍遠，就交千總、把總收管。這樣手無手持武器，平時可以避免械鬥，而營規也整肅了。兵備的運用，以鋒利武器爲最先，籐牌、鳥槍、長矛、半斬腰刀，在在都必須堅固鋒利。大小炮位一發攻擊匪賊幾十人，尤其是取勝的必要器械。臺營軍裝，只有火藥、硝磺是從內地運輸供給，自行煎煮，其餘的都是由省局製造，委託參將、遊擊等大員解運到臺灣，老舊損壞的軍械要收回上繳回省。曾經看到刀刃薄脆，無法砍劈。每次處決囚犯，僅僅使用一次就缺損了。籐牌很小，圍圓不過三尺，籐牌很是輕薄。這只有利於操練時騰舞輕便而已，如果用來面對敵人，不足以遮蔽弓箭。鳥槍最短，不及肩高，又怎麼能擊中遠方呢？至於炮位，用鐵多未經熟練，又摻雜鉛砂，扔在地上稍微重些，鐵炮兩耳就斷裂了；火門或者傾斜，往往爆炸裂傷士兵，兵丁甚至於不敢演練。武備如此，雖然有健銳的兵丁，也很難戰勝敵人。過去官兵離職將兵械繳交回營，都顧及情面，草率接受。貽誤了軍情，沒有什麼比這更嚴重的。現今應該嚴格制定規制，致力於以厚大堅利爲主。槍炮必須經過委員會當面演放，並由臺灣鎮總兵、臺灣道員會同驗證，然後再收到軍營。否則就駁回另行製造，並且將冶鑄的工匠治以應得之罪。這樣省局就不敢偷工減料，委員不敢徇私解運，臺灣軍營不敢草率點收，而軍隊裝備可以期待精良堅利了。營制操練弓箭、鳥槍、籐牌、刀矛，都有使用方法，進退跳躍，騰走擊刺，各有規矩。平時總督、巡撫、提督、總兵校閱軍隊的時候，都按一定的陣圖演練，這不過是死法陳規，練習步伐罷了。到遇到敵人衝鋒時，就得隨機應變，只有以勇敢、快速、整齊最爲重要。一定要讓手和器械調和，器械和心調和，心與軍伍調和，軍伍和武弁調和，武弁和將領調和。然後千人一氣，眾志成城，沒有不能戰勝敵人的道理。每次見到市井無賴，都以臂力相尚，一營之中，難道沒有嫻熟武藝的人？如果能留心選拔，使其成爲眾兵的教師，早晚訓練，將領親自監督，每天檢查每月考試，考察它們的優劣，能教十人以上的加以獎賞，百人以上的拔用。這樣就讓兵丁爭著將武藝提升，勁旅可以成功，面對敵人一定能制勝了。噶瑪蘭新開闢，定額設置守備一員、千總一員，把總二員、戰兵二百六十名、守兵一百四十名，歸屬於艋舺水師遊擊管轄。所撥班兵，都用福建上四府，即來自於延平府、建寧府、邵武府、汀州府的兵丁。只是噶瑪蘭境內北到三貂（今新北市貢寮區福連里與宜蘭縣頭城鎮古城里之間），南至蘇澳，邊界橫亙百里，三面背山，口隘設有二十處，都在未經教化的原住民出沒的地方，東邊臨靠大海，其內港則有烏石、加禮宛（今宜蘭縣冬山河與蘭陽溪出口處）二口、從三月到八月，港道通暢，民人販載米石，小船絡繹不絕，外洋就在蘇澳、龜山（今宜蘭縣頭城鎮外海）、雞籠海面，當南風興起時，每有匪船巡弋此地，防堵最爲重要。

噶瑪蘭一地偏遠，在臺灣最北的山後地區，距離臺南府治十三天的路程，距離淡水廳治六天的路程，中間隔著三貂大山，山徑狹隘溪流甚深，極爲險要的地方。假設有意外，百人可以阻塞。現今軍隊只有四百名，分守汛防，難免有些單薄。必須添設戰兵一百二十名、守兵八十名，設置都司大員統領，駐守在五圍城（今宜蘭縣宜蘭市市街）內，守備移駐頭圍（今宜蘭縣頭城鎮）。千總移駐三貂。再設置在城千總一員、外委二員，才足以資彈壓。只是設兵就必須籌餉。我認爲蘭地兵米餉銀，都是噶瑪蘭廳正供餘租支出，每年稅銀米穀都有盈餘，米穀約五千石，餘租番銀兩千元。現今如果抽撥戰兵、守兵二百名添加防守，那一年增加兵米七百二十石，不過用穀一千四百四十石，每年仍有贏餘的米穀。

增設軍餉：一百二十名戰兵，每名月餉一兩銀子四錢；守兵八十名，每名月餉一兩銀子，每年約用銀二千九百七十六兩；都司全年俸薪、馬匹飼料、養廉銀四百四十九兩，千總俸薪、馬匹飼料、養廉銀一百九十二兩，外委養廉銀三十六兩，增設各兵加餉銀九百五十二兩而已，總共需銀四千六百多兩。噶瑪蘭廳餘租一項有很多盈餘，官弁養廉，戍兵加餉，完全可以支付。至於這項額兵，如果再從內地抽撥，似乎覺得繁雜。閱軍冊內，臺郡城駐紮城守參將一人，兵一千一百七十九名，北路左營都司駐嘉義，兵一千二百八十二名，額兵很多。今如果在城守和嘉義二營中酌量抽撥，就可以滿足數額，而且不用另外籌餉銀和眷米。這樣噶瑪蘭營兵力就沒有薄弱的問題，而防守可以更爲周密了。臺灣府城東南路到琅璚（今屏東縣恆春鎮）四百五十里，北路到蘇澳一千二百餘里。就形勢而論，南短北長。噶瑪蘭境還沒有開發，最初設置北路副將一名，中營都司一員，額兵一千二百三十八名，駐守在彰化城內，管轄嘉義都司爲北路左營；竹塹守備，額兵七百二十六名，爲北路右營；艋舺、新莊以上兵備空虛。所以嘉慶九年（一八〇四），蔡牽從滬尾（今新北市淡水區）上岸，直接進入新莊。後來才增設滬尾水師一營，駐守遊擊一員、艋舺設立守備，陸路兵丁八百七名，和噶瑪蘭營陸路守備，都歸滬尾遊擊管轄。之所以兩個陸路營都歸給水師遊擊管轄，是因爲北路副將駐守彰化，鞭長莫及，所以是一時的權宜之計罷了。滬尾遊擊所轄海面，上自蘇澳，下到大甲，八百餘里，中間隔著雞籠，必須等候南風。由雞籠到滬尾和要到大甲，則是要等候北風。這一條水路淺澳最多，一向是海盜船出沒的地方，兵哨緝捕查辦，特別不容易。現今更統轄陸路，實際上有顧此失彼的問題。一旦淡水、噶瑪蘭有事故，仍然沒有得到支援的力量。我認爲不如把北路副將移駐竹塹（今新竹市），改右營爲中營，抽撥彰化營額兵二百名、艋舺營額兵一百名，歸屬竹塹守備，加都司官銜，隨同副將駐紮。改彰化都司爲北路左營，把艋舺守備改爲北路右營，同噶瑪蘭營守備，共四營兵，統歸副將管轄。其嘉義所管轄的地區，駐守左營都司改回歸屬於臺南府城守營參將管轄。這樣北路副將就是中間權控淡水，南邊可以應付彰化，向北可以應付艋舺、噶瑪蘭，形勢才是控制要衝。臺南府城可以沒有北顧之憂，而艋舺水師遊擊只要全心在海面上，以專門負責之。水陸兩路都可以得到力量了。

以上五條，實際上是目前臺灣的當務之急，這些實施的話，必定要有實際的效果。然而自古以來治理法律不如治理人心。如果守護地方的官員，平時廉潔正直公明，勤勉於政事，不貪圖安逸，我知道臺灣人必定愛他們就像父母一樣，畏懼他們如同神明一般，雖然有壞人，也不敢萌異心。如果萬一發生意外，而我以有準備的軍隊抵禦他們，再加上子弟的人民幫助，會沒有很快撲滅的情況，不曾有過。又何必導致聖上的心意，麻煩遙遠的數萬大軍來臺灣，耗費無限的糧餉呢？」一開始，姚瑩憑著這樣的建議上書給臺灣總兵，總兵也很認爲應該這樣做。不久趙愼軫新任閩浙總督，見到他後，放棄此一建議。後來又採納姚瑩的意見，增改臺北的營制。

先是臺灣總兵達洪阿（？—一八五四）以臺灣班兵懈怠敗壞，相當有意整頓剔除。選取六百人，訓練爲精銳部隊，每年給二萬五千多串錢。臺灣道員周凱（一七七九—一八三七）贊同，飭令府縣也捐助一半款項。當姚瑩到臺灣後，飭令各屬參酌研議，鳳山知縣曹謹（一七八七—一八四九）認爲不可行。大致上說：「臺灣孤懸海外，中徵內地五十二軍營的士兵，三年一次換班，輪流調撥守衛臺灣。人員繁雜且能力不一，當時已經暫停考核、訓練也多疏遠，將領和將領之間並不熟悉，士兵與士兵也相互不認識，從前敗壞的事，考其原因就是訓練應該立即迅速。因此說要訓練他們，如果只是有士兵六百人，然後就可以依靠無慮嗎？朝廷謹慎重視海上邊疆，定額設置水陸二路的步兵、戰兵、守兵共計一萬二千六百七十名，無一不是總兵率領的兵丁，沒有一個不是臺灣鎮總兵要訓練的兵丁。凡是各營操練的時候，參將、遊擊以上的軍官，都有犒賞，戍守軍隊所獲得的，較之內地有一倍多，本來是想以用來鞏固他們的心情和氣力的。他們沒有操練、沒有精進，是官兵辜負朝廷的恩惠，不是朝廷吝嗇獎賞。今天議論的人不致力於遵守舊有規章、申張嚴明紀律，而建議改變增餉；計算所訓練的軍隊，只有全臺二十分之一，而所獎賞的數額是本軍隊糧餉數倍。試想朝廷設立軍隊，原本沒有分別彼此；這些人應當訓練，其他人不應該訓練？這些人可以精進，其他人不可以精進？如果一定要豐厚的獎賞然後才能精進，那不是沒有厚賞就不必精進了；一定要有豐厚的獎賞，然後才要訓練，那沒有豐厚的賞賜就不能訓練了。這是一定要每年花費數十萬金，作爲全臺練兵之費用然後才可行。如果不這樣，這是給各個兵丁作爲藉口的開端，而開啓各營找藉口推托不負責任的變化。而且臺灣一地綿延一千餘里，精兵六百，以他們保衛自己還有餘力，以他們來保衛其他人民就不夠用了。一旦南北交互警戒，這六百人顧了這個就顧不了那個，顧了那個就顧不了這個，勢必不能不把沒有訓練沒有精進的人放在一起做事。何況費用的來源，不是官方就是人民出錢。考察一縣捐攤的數額，每年有好幾萬兩，已經不能按照款項解送了；現今又加上一千多兩，名爲「捐廉」，實際上就是挪移公款，這派的官員是不可行的。如果收取自人民，而臺灣老百姓屢經戰亂，人民大量逃亡後的荒涼，再加上連年的乾旱，就是富有人家也收入不夠開支的，這是收取自人民之不可行。只是訓練兵丁的行動，快要到三年了。既然研議停止了，就必須籌措與安置。估計只有到現今訓練精銳的兵丁之中，選擇那些年齡和力量強壯的、武藝嫻熟的兵丁，分別安插到各營，讓他們互相教導講習。除了本營軍官照規定在逢三、六、九日進行操練外，臺灣鎮總兵北上巡查時，再按照姓名進行操演練習。賞罰的權力，齊備在中樞。實力執行，有不可以施行的。臺灣鎮的軍隊雖然有自己訓練的名義，而全臺灣都有駐紮重兵，人人都可以成爲勁旅。官民之間，接受了他們的福佑。」臺灣鎮總兵、臺灣道員都接受他的意見。

和英國人的戰爭，姚瑩召募鄉勇六百名，增加發給糧餉而訓練他們，逐漸推及到其他各營。然而綠營制度的敗壞，眾人都是相同的看法。戍守的士兵，借住在民眾的家中，包括包庇嫖娼行爲、聚集眾人賭博，手持軍械而嬉戲；而又各自按籍貫分別氣類，私人設置辦公大廳，互相牽制與爭鬥。姚瑩於是便遷移鎮營並拆毀，下令回去軍營。他們沒有軍營的，就籌措款項以建設。但是建議多沒有執行。

道光二十八年（一八四八），臺灣道員徐宗幹（一七九六－一八六六）繼任後才完成的。徐宗幹的建議：一叫都司、守備軍階以上的軍官不使用福建人，都司、守備以下的軍官不用漳州、泉州人；二是裁減一半的精兵，因省下的經費修理營房，分別營房居住；三是不屬於操演練習有事情的時候，軍裝武器一律上繳軍庫；四是城內酌情留下精兵若干人，其餘精兵就調撥到各地的防汛，隨時聽候調撥差遣；五是換班的當年，兵丁不准逗留臺灣；六是調戍的日期，漳州、泉州分年調撥；七是減少調撥福建提督標營的軍隊，到臺灣後分撥至外地防汛；八是道府廳縣多培養屯丁和鄉勇，隨時訓練習武，以補充兵力。徐宗幹將要點呈交上級後，督撫大吏都接受了他的意見。而班兵稍微受到一些約束。然而綠營的黑氣，汙染已經很深，各省都是如此，雖然有名將也不能鞭策。洪秀全軍隊的戰役，見到對方的威勢就服服帖帖。湘、淮各路的豪傑於是出來訓練勇營，極其勇敢地殺敵立功。而彰化林文察也率領鄉勇數百名，轉戰福建、浙江，攻打城池、攻克城邑，所到之處都打下勝仗。於是臺勇的名聲聞名於部隊之中，因爲林文察（一八二八－一八六四）崇尚武事又習慣辛勤，堅定剛毅又矯健靈活，而臺勇才能夠與他共生死。同治八年（一八六九），奏准裁汰額兵，增加供給軍餉。於是全臺設立總兵一員、副將三員、參將四員、遊擊四員、都司九員、守備十員、千總二十七員、把總四十一員、外委五十六名、馬兵七十名、戰兵三千一百四十六名、守兵四千四百八十八名，而勇營就逐漸可用了。

牡丹（今屏東縣牡丹鄉）之役平定後，欽差大臣沈葆楨（一八二〇－一八七九）上奏請求開山撫番，以淮軍擔任此一工作，並建議大幅改革綠營制度。上疏說：「查臺灣的綠營軍伍懈怠敗壞，曾經多次上奏陳述。去年府城挑練兩營，毫無轉好的跡象，並將營官林茂英等題參革職在案。府城都如此，外縣的情形就可以得知。這是積存弊端，特別的罕見。防汛弁官干預訴訟，勒索陋規；兵丁巧妙躲避差操，僱用他人來頂替。而班兵來自內地，各自依籍貫分別氣類，偶爾有極小的怨恨，立即聚眾鬥毆。而且營將受利於官兵的規費，官兵依靠營將勢力爲保護符，遇到有兵民之間牽涉訴訟時，文官必須移文關提給軍營處理，不正當地爲這些兵丁庇護和隱匿。期間偶有文官移文給軍營會同審辦的案件，也一定要多方刁難索取銀錢，而匪徒早就聽聞風聲而逃往遠處了。各種積累的弊病，沿襲很久了；都是因爲遠隔海外，文官的權力較輕，將官不再顧忌。必定要大加整頓才行。臣等觀察此一情形，估計沒有超過裁撤防汛一起訓練的。大概是分防的營汛裁撤了，那麼驕傲欺詐、擅自干擾，就不禁自己解除了；同時合併營汛共同操演練習，就可以淘汰弱者補充強者，逐漸回歸成有用的軍隊。臺灣一地除了澎湖兩營外，還有十五營，仿效淮軍、楚軍的營制合併，用五百人爲一營。將臺南、鳳山、嘉義三營調到府城，與府城三營、安平三營合併爲一支，專責防守臺灣、鳳山、嘉義三縣。其北路協副將所轄的中、右兩營，合併鹿港的一營成爲一支，專責防守彰化一帶。艋舺、滬尾、噶瑪蘭二營是一支，專責防守淡水、噶瑪蘭一帶。都各自認眞訓練，扼守險要駐紮。遇到地方有事情，接到准許的箚文調動移撥，立即抽拔隊伍，不允許遲延。綠營士兵換班，固然很多疲累虛弱的兵丁，然而在地方上直接召募，也是利弊各一半；尙且必須詳加考察。因此立法只有在得到合適的人，而事務、權力尤其應該合而爲一。現今既然巡撫來到臺灣了，似乎應該回歸巡撫統轄。千總以下，就是由巡撫考察拔選；守備以上，仍然是會同閩浙總督、福建提督揀選題補；臺灣鎭總兵應該請求撤去『掛印』字樣，並回歸巡撫管制。如蒙您的允諾，懇切地飭令給兵部另外頒布更換該總兵官的關防，以資證明。臺灣一地綿延一千餘里，四處都濱臨海洋，到處都可以上岸。陸防的重要，更甚於海防。而臺南府城以安平作爲屏障，安平一向設置臺協水師副將一名，所管轄的三營，中、右兩營都司都駐守安平，左營遊擊駐守鹿港，現今擬改爲陸路。府城既然有巡撫統率，又有臺灣道員隨同辦事，總兵擬請移到安平駐守。也就是將安平協副將裁撤，以鎭標中營遊擊跟隨總兵駐守安平。臺協水師中、右兩營都司改爲鎭標陸路左、右兩營都司，原先設置鎭標左營遊擊隨巡撫駐臺。撫標原先設置兩營仍然駐省，改中營爲左營，也就是以中軍參將統領。原先設置臺協水師左營遊擊改爲臺灣左營遊擊，回歸北路協副將管轄。守備以下官兵的缺額，都仍照舊。至於巡洋船隻，相當沒有輪船的便利，應將福建廠現造的輪船，分撥使用。臺灣、澎湖各營現在僅存拖曳船八艘，等下次遇到修理日期時，應該建請裁撤，回船廠變賣，以節省不必要的浪費。」奏疏呈上，朝廷研議認爲臺灣巡撫尙未確定設置，不可改變綠營制度。於是在臺灣鎭標軍營只有設置練勇，而綠營仍然不變。那時新設的恆春縣，以鎭標左營駐防，而右營隸屬於臺灣道員。

光緒十年（一八八四）法軍的戰役，劉銘傳（一八三六—一八九六）督師臺灣，自己率領淮軍十營，以作爲防守。而且檄文給林文察的兒子林朝棟（一八五一—一九〇四）召募臺勇，到前陣對抗敵軍。等到平定，劉銘傳擔任巡撫，上奏請求辦理防務、練兵、清賦、撫番，依次施行。建議裁撤班兵，又不被允許。於是劉銘傳淘汰那些年老體弱的人，以汛兵改爲隘勇、郵丁，而將水師配置到澎湖，升副將爲總兵。因爲這時的臺灣，已經不像過去了。列強往東顧看，如虎狼般的貪婪，事故態勢的來到，變化的非常快。除了整頓軍事經略武備，據守扼險以駐守，不足以追求生存。光緒十一年（一八八五）六月，閩浙總督楊昌濬（一八二五—一八九七）上奏說：「福建島嶼林立，海上道路險惡，籌備防務的艱難，超過別的省分。而臺灣孤立於重洋之中，物產豐腴，長期爲各國所窺探。此次法國戰禍的興起，獨自驅往福建，先拆毀馬尾的船師，以阻斷應援之路；接著是侵略基隆，又分攻澎湖，無非是想要吞食全臺灣的計略。仰仗上天的威望，越南的戰爭取得一次大勝利，才使法國人悔改求和，臺灣轉危爲安。假如孤拔元師沒有死，就沒有一天會忘記的。從前丁日昌（一八二三—一八八二）在臺灣創議各種事務，實在是最重要的考慮，可惜沒有完成就離任了。現今的防務已經鬆懈，善後事宜千萬不可以鬆緩。而省城兼顧不到，是否應該請求派大臣駐紮臺灣監督辦理呢？中國的海面遼闊，在在都需要防守；請分劃水師爲三路。北洋設立在溏沽（今天津市津沽一帶），兼顧奉天、山東各口；中洋設立在吳淞（今上海市寶山區），對應浙江定鎮；南洋設立在臺灣澎湖，兼顧廣東的瓊州（今海南省）、廉州（今廣東省廉江市）。分布在要害之處，聲氣互相通傳，外強來的話，也許可以成功。」部議認爲南、北兩洋已設置海軍，如果臺灣澎湖也新設置水師，需要費用巨大，應該留待他日；所以劉銘傳有志向也沒辦法完成。

最初，臺灣道員尚未有兵權，但率領練勇，以管理鹽政。到道光四年（一八二四）十月，開始加設營務處，頒給督辦軍務關防，因而可以調度軍事機宜，奏請施行賞罰，然而大權仍然在臺灣總兵。光緒十二年（一八八六），劉銘傳於臺北設置營務總處，隸屬於巡撫，任用臺灣道員盧本揚爲之。中南方各路設置營務處，節制約束軍事。又設置支應局，隸屬於布政使司，管理糧餉。那時候分別駐守在各營，北路爲定海四營，基隆爲銘字四營，中路是棟字三營，南路爲練勇四營，後山爲鎮海八營，澎湖爲宏字四營。各營備有洋式武器，而綠營兵制就逐漸廢棄了。光緒十三年（一八八七）十月，劉銘傳上奏說：「臺灣綠營，定額設置水師七營，陸師十一營，共計兵丁一萬四千多名。從同治八年（一八六九），前任督臣左宗棠（一八一二－一八八五）就奏准裁減兵額、添加軍餉，實存兵丁有七千七百多名。到光緒三年（一八七七），前任巡撫丁日昌又上奏請求汰弱留強，暫時停止召募補充。到了光緒八年（一八八二），經臺灣鎮總兵吳光亮（一八三四－一八九八）核實明確後，又繼續裁撤兵額，實際存在兵丁四千五百多名，每年支付餉銀十七萬餘兩。今後如有革職、過世者，隨時召募補充。這是水師、陸路現存兵額。」此月二十日，戶部咨文記載：「福建省現在裁減水師、陸路額兵一成，以節省餉銀軍需。臺灣綠營兵額，能否照裁，應該由臺灣巡撫考量情形，迅速議覆。」劉銘傳上奏說：「臺灣地區遼闊，額設兵丁多次的裁減，僅存四千五百多名。現在臺灣改爲行省，分治開山，開拓土地日益廣大，設汛更多，也不足以分布。在今看來，實在不能再行裁減。」朝廷同意此一建議。

法軍的戰役，設置運輸局在上海，以運輸糧餉武器，而臺灣孤懸海上，一旦封港，航運不能到的話，那麼就如同坐著等死了。淡水向來生產硝磺，可以製作成火藥。這一年在臺北設置軍械機器局，以記名提督劉朝幹（一八三一－一八八九）爲總辦，聘請德國人彼得蘭爲工程師，自製槍彈，提供軍隊使用。又設置火藥局在大隆洞（今臺北市大同區哈密街一帶）、水雷營在基隆、滬尾。南北各口增築炮臺，訓練炮兵。合計費用二百一十餘萬兩。劉銘傳的治理臺灣，不僅是辦理防務、練兵而已，建造鐵路以交通往來，航行郵船以輔助，振興產業以富裕，開闢財源以養民，改革內政以革新，設立教育以明智，使人們能知道正道，國家沒有憂患貧窮，而軍隊才可以運用。用兵是用來禁止暴力、保持強大、建立功業、安定百姓、團結民眾、增加財富；[7]所以作戰就可以攻克，防守就能穩固，進攻就能突破，此爲有節制約束的軍隊。臺灣的軍隊雖然沒有到達這個程度，而劉銘傳能夠整頓軍隊，以防禦外強的侵略，軍隊也算可以用了。

鄭氏武官表

正總督	永曆三十二年（一六七八）設置，以左武衛劉國軒任用爲正總督，表賜尚方寶劍，專責出征討伐。
副總督	永曆三十二年（一六七八）設，以後提督吳淑任用爲副總督。[8]
勇衛	
侍衛	
左武衛	
右武衛	
左虎衛	
右虎衛	
正提督	

7 指武功的七種德行。《左傳．宣公十二年》：「夫武，禁暴、戢兵、保大、定功、安民、和眾、豐財者也」，此處獨漏「戢兵」，亦即是消除戰爭之意。

8 據《從征實錄》和《臺灣外紀》等書記載，鄭氏軍隊設總督或正、副總督之職，由來已久。永曆六年（一六五二）五月，以陳輝為總督。鄧孔昭，《臺灣通史辨誤》，頁一五一。

副提督	中提督	前提督	後提督	左提督	右提督	五軍都督	中軍都督	督理戎政	五軍戎政	旗鼓中軍	總練使	行軍司馬	諮議參軍	參軍	監紀推官	材官	正總兵	副總兵	參將	遊擊	都司	守備千總	把總

鄭氏各將軍表

左龍驤將軍	永曆三十五年（一六八一），以鄭明任用爲左龍驤將軍。
右龍驤將軍	永曆三十五年，以鄭智任用爲右龍驤將軍。
征北將軍	永曆三十二年，以劉國軒任用爲征北將軍。
平北將軍	永曆三十七年（一六八三），以曾瑞任用爲平北將軍。
定北將軍	永曆三十七年，以王順任用爲定北將軍。[9]
平西將軍	永曆二十九年（一六七五），以吳淑任用爲平西將軍。[10]
寧南將軍	永曆三十一年（一六七七），以劉進忠任用爲寧南將軍。[11]
安東將軍	永曆二十九年，以劉炎任用爲安東將軍。
盪虜將軍（文獻亦作蕩虜將軍）	永曆二十八年（一六七四），以張學堯任用爲盪虜將軍。
珍虜將軍	永曆二十八年，以馬應龍任用爲珍虜將軍。
破虜將軍	永曆二十八年，以武弘謀任用爲破虜將軍。
平虜將軍	永曆二十八年，以吳淑任用爲平虜將軍。[12]

9 據《清實錄》、《臺灣外紀》和《靖海紀事》記載，永曆三十二年，以劉國軒任平北將軍；永曆三十四年時，定北將軍為劉天福；永曆三十五年至三十七年，征北將軍為曾瑞、定北將軍為王順。鄧孔昭，《臺灣通史辨誤》，頁一五一—一五二。

10 「平西將軍」應為平虜（鹵、魯）將軍，應是清朝有些史書為免犯清廷的政治忌諱。鄧孔昭，《臺灣通史辨誤》，頁一五二。

11 據《臺灣外紀》記載，永曆三十年十一月，鄭經「調進忠帶兵救援，進忠不聽命，有自踞意」，因此鄭經任用劉進忠為寧南將軍應不會選擇在他不聽命的時候晉昇。鄧孔昭，《臺灣通史辨誤》，頁一五二。

12 據《臺灣外紀》記載，吳淑授封平虜將軍應為永曆二十九年。鄧孔昭，《臺灣通史辨誤》，頁一五二。

征虜將軍	永曆三十年（一六七六），以張國勳任用爲征虜將軍。[13]
滅虜將軍	永曆三十年（一六七六），以苗之秀任用爲滅虜將軍。

鄭氏陸軍各鎮表

勇衛前鎮	每鎮分爲中、前、後、左、右五個協鎮，又有總理、驍翊、領旗、領兵四協鎮，由鎮帥率領。
勇衛後鎮	
勇衛中鎮	
侍衛前鎮	與勇衛同。
侍衛後鎮	
侍衛中鎮	
左武衛前鎮	與勇衛同。
左武衛後鎮	
左武衛中鎮	
右武衛前鎮	與勇衛同。
右武衛後鎮	
右武衛中鎮	
左虎衛前鎮	與勇衛同。

13 據《從征實錄》記載，永曆九年十二月，鄭成功授馬信管中權鎮事、掛征虜將軍印。此處僅載，「永曆三十年，以張國勳任之」，較不完整。鄧孔昭，《臺灣通史辨誤》，頁一五二。

左虎衛後鎮	
左虎衛中鎮	
右虎衛前鎮	與勇衛同。
右虎衛後鎮	
右虎衛中鎮	
中提督前鎮	與勇衛同。
中提督後鎮	
中提督中鎮	
前提督前鎮	與勇衛同。
前提督後鎮	
前提督中鎮	
後提督前鎮	與勇衛同。
後提督後鎮	
後提督中鎮	
左提督前鎮	與勇衛同。
左提督後鎮	
左提督中鎮	
右提督前鎮	與勇衛同。
右提督後鎮	
右提督中鎮	

左先鋒鎮	每鎮分爲中、前、後、左、右、五個協鎮，各以副將率領；協鎮或者稱爲「營」，以下仿效此處。
右先鋒鎮	
衝鋒前鎮	
衝鋒後鎮	
衝鋒中鎮	
衝鋒左鎮	
衝鋒右鎮	
援剿前鎮	
援剿後鎮	
援剿中鎮	
援剿左鎮	
援剿右鎮	
果毅前鎮	
果毅後鎮	
果毅中鎮	
果毅左鎮	
果毅右鎮	
宣毅前鎮	
宣毅後鎮	
宣毅中鎮	

折衝中鎮	折衝後鎮	折衝前鎮	龍驤右鎮	龍驤左鎮	龍驤中鎮	龍驤後鎮	龍驤前鎮	建威右鎮	建威左鎮	建威中鎮	建威後鎮	建威前鎮	揚威右鎮	揚威左鎮	揚威中鎮	揚威後鎮	揚威前鎮	宣毅右鎮	宣毅左鎮

折衝左鎮	折衝右鎮	護衛前鎮	護衛後鎮	護衛中鎮	護衛左鎮	護衛右鎮	振義鎮	奮義鎮	昭義鎮	彰義鎮	正兵鎮	奇兵鎮	進兵鎮	殿兵鎮	遊兵鎮	親兵鎮	耀兵鎮	英兵鎮	前鋒鎮

中權鎮	後勁鎮	大武鎮	仁武鎮	義武鎮	禮武鎮	智武鎮	信武鎮	金武鎮	木武鎮	水武鎮	火武鎮	土武鎮	虛宿鎮	危宿鎮	室宿鎮	壁宿鎮	奎宿鎮	婁宿鎮	胃宿鎮

昴宿鎮	畢宿鎮	觜宿鎮	參宿鎮	井宿鎮	鬼宿鎮	柳宿鎮	星宿鎮	張宿鎮	翼宿鎮	軫宿鎮	角宿鎮	亢宿鎮	氏宿鎮	房宿鎮	心宿鎮	尾宿鎮	箕宿鎮	斗宿鎮	牛宿鎮

女宿鎮	戎旗一鎮	戎旗二鎮	戎旗三鎮	戎旗四鎮	戎旗五鎮

鄭氏水師各鎮表

樓船前鎮	樓船後鎮	樓船中鎮	樓船左鎮	樓船右鎮	水師前鎮	水師後鎮	水師中鎮	水師左鎮	水師右鎮	水師一鎮	水師二鎮

水師三鎮	
水師四鎮	
水師五鎮	
水師六鎮	
水師七鎮	
水師八鎮	
水師九鎮	
水師十鎮	

鄭家臺灣及各島守將表

總督承天南北兩路軍務	永曆十五年（一六六一）設置，以周全斌任用爲總督承天南北兩路軍務。
北路總督	永曆三十五年（一六八一）設置，以左武衛何祐任用爲北路總督，智武鎮李茂爲副總督，駐守在雞籠。
承天府守將	
安平鎮守將	
鹿耳門守將	
澎湖守將	
淡水守將	
思明州守將	
南澳守將	

銅山守將	
達濠（今廣東省汕頭市濠江區）守將	
南日守將	
舟山守將	

清代臺灣水陸營制表

臺灣鎮標中營：康熙二十三年（一六八四），駐守臺南府城。 鎮守臺灣總兵官一員：康熙二十三年（一六八四）設置，雍正十一年（一七三三）研議按照山陝沿邊之例爲掛印總兵，給方印。	
遊擊一員	
守備一員	
千總二員	同治八年（一八六九）裁一員。
把總四員	裁一名。
外委五名	裁一名。
額外三名	裁一名。
馬兵二十四名	裁十二名。
戰兵三百八十二名	裁一百三十五名。
守兵四百三十名	裁一百三十五名。

計兵四百六十名。除去抽裁、革故、停募、未補者四十四名，又抽配左翼練兵一百三十九名，實際存在軍營共計一百八十三名。[14]

鎮標左營：康熙二十三年（一六八四）設置，駐防在臺南府城的北路。光緒五年（一八七九），改爲恆春營。
鎮標右營：康熙二十三年（一六八四）設置，駐防在臺南府城的南路。同治八年（一八六九），改爲道標營。
臺灣城守營：雍正十一年（一七三三）設置，分爲左右兩軍。

參將一員	
左軍守備一員	
千總一員	
把總二員	
外委四名	同治八年（一八六九）裁一名。
額外一名	
馬兵七名	
戰兵二百零五名	裁七十五名。
守兵二百八十三名	裁一百名。
右軍守備一員	
千總一員	同治八年（一八六九）裁）。

14 據《臺灣通志》記載，可知此處「馬兵二十四名，裁十二名」，應為馬兵一十四名，裁十二名。「戰兵三百八十二名，裁一百三十五名」，應為戰兵三百八十二名，裁一百九十二名。「守兵四百三十名，裁一百三十五名」，應為守兵四百三十名，裁一百五十六名。「計兵四百六十名」，應為計兵四百六十六名。鄧孔昭，《臺灣通史辨誤》，頁一五三。

把總二員	
外委六名	裁二名。
額外一名	裁。
馬兵七名	裁。
戰兵二百五十名	裁九十六名。
守兵三百四十五名	裁一百二十名。
左右計兵三百九十二名。除去抽裁、革故、停募、未補者，共計二百四十四名，又抽配左翼練兵二百三十三名，分派八城及炮兵一百六十七名，實際存在營汛防者一百十五名。[15]	

恆春營：光緒五年（一八七九）設置，駐防在恆春縣城。	
遊擊一員	
守備一員	
千總二員	同治八年（一八六九）裁一員。
把總二員	
外委四名	裁一名。
額外三名	裁一名。

15 據《臺灣通志》記載，可知此處城守營左軍「馬兵七名」，應為馬兵七名，裁七名。右軍「千總一員，同治八年（一八六九）裁」，應為千總二員，同治八年（一八六九）裁一員。「左右計兵三百九十二名」，應為左右計兵六百九十二名（其中左軍三百一十三名，右軍三百七十九名）。「除抽裁革故停募未補者二百四十四名」，應為除抽裁革故停募未補者一百七十七名（左軍未補六十名，右軍未補一百一十七名）。鄧孔昭，《臺灣通史辨誤》，頁一五四。

馬兵十四名	裁十一名。
戰兵三百三十二名	裁一百五十五名。
守兵四百名	裁一百四十五名。
共計兵四百三十五名。除去抽練兵一百八十六名，又派各汛一百八十五名，實際存在軍營者六十四名。	

道標營：康熙二十三年（一六八四）設置。撥鎮標右營守備一員、左營千總一員、左右營把總各一員，三營兵各一百名。康熙六十年（一七二〇）裁歸。同治八年（一八六九）再設，陸遊擊爲都司，駐防臺南府成。	
都司一員	同治八年（一八六九）設。
遊擊二員	同治八年（一八六九）裁。
守備一員	裁。
千總二員	裁一員。[16]
把總三員	
外委五名	裁二名。
額外二名	
馬兵十四名	裁十一名。
戰兵二百七十九名	裁九十三名。
守兵三百五十三名	裁八十一名。
共計兵四百六十一名。除去挑裁、革故、停募、未補者一百三十名，實在存營三百三十一名。	

16 據《臺灣通志》記載，可知「撥三營兵各一百名」，應為撥鎮標中營兵一百名，撥左、右營兵各二百名。「遊擊二員，同治八年

南路營：康熙二十二年（一六八三）設置，駐防鳳山。

參將一員	
守備一員	
千總三員	同治八年（一八六九）裁二員。
把總三員	裁一員。
外委六名	裁三名。
額外四名	裁一名。
馬兵十名	裁。
戰兵四百二十九名	裁二百五十三名。
守兵五百八十名	裁三百三十六名。

計兵四百二十名。除去挑裁、革故、停募、未補者二百五十三名，實在存營及汛防者一百六十七名。

下淡水營：雍正十一年（一七三三）設置，駐防下淡水（最初在今屏東縣內埔鄉隘寮村附近，光緒十一年〔一八八五〕改為設置在今屏東縣長治鄉德榮村煙墩腳）。

都司一員	
千總一員	
把總三員	同治八年（一八六九）裁一員。
外委三名	

（一八六九）裁」應為遊擊一員，同治八年（一八六九）裁。「千總二員，裁一員」，應為千總一員，同治八年（一八六九）設。鄧孔昭，《臺灣通史辨誤》，頁一五五。

額外二名	裁一名。
馬兵六名	裁。
戰兵三百四十八名	裁二百十四名。
守兵二百三十五名	裁三十九名。
計兵三百三十名。除去挑裁、革故、未補者二百零三名，實在存營及汛防者一百二十七名。	

北路協中營：康熙二十三年（一六八四）設置參將，駐諸羅縣治。雍正十一年（一七三三），移駐彰化縣城，設置副將，增加為中、左、右三營。	
副將一員	雍正十一年（一七三三）設。光緒十四年（一八八八），移駐埔裏社。
都司一員	
千總二員	同治八年（一八六九）裁一員）。
把總四員	裁一員。
外委九名	裁三名。
額外五名	裁三名。
馬兵十四名	裁。
戰兵五百四十七名	裁二百三十九名。
守兵六百六十三名	裁二百十七名。
計兵七百五十四名。除去挑裁、革故、未補者四百六十八名，又調防埔裏社一百七十二名，實在存營及汛防者一百十四名。	

北路協左營：雍正十一年（一七三三）設置，駐防諸羅縣治，後稱嘉義營。	
參將一員	

都司一員[17]	
守備一員	
千總三員	同治八年（一八六九）裁二員。
把總四員	
外委十名	裁五名。
額外四名	裁一名。
馬兵十四名	裁。
戰兵五百十二名	裁一百九十七名。
守兵六百十二名	裁二百三十四名。

計兵六百九十四名。除去挑裁、革故、未補者三百八十八名，又抽練兵七十二名，實在存營及汛防者二百三十四名。

北路協右營：雍正十一年（一七三三）設置，駐防竹塹城，後來改稱爲竹塹營。

遊擊一員	
守備一員	
千總三員	同治八年（一八六九）裁二員。
把總六員	裁四員。
外委九名	裁三名。
額外三名	裁一名。
馬兵十五名	裁。

17 原文誤植為部司，應為都司。

戰兵四百七十九名	裁二百六十名。
守兵五百二十二名	裁二百零六名。
計兵五百三十五名。除去挑裁、革故、未補者三百二十八名，實在存營及汛防者二百零七名。	

艋舺營：康熙四十九年（一七一〇）設置淡水營，駐守備，隸北路營。雍正十一年（一七三三），改駐都司。嘉慶十三年（一八〇八），改都司爲水師遊擊，兼管陸路，移駐艋舺。道光四年（一八二四），改爲參將，而滬尾水師營仍隸屬之。	
參將一員	
守備一員	
千總一員	
把總二員	
外委五名	同治八年（一八六九）裁二名。
額外二名	
馬兵八名	裁七名。
戰兵二百六十五名	裁九十名。
守兵四百二十七名	裁一百七十一名。
計兵四百三十二名。除去挑裁、革故、未補者二百二十五名，實在存營及汛防者二百零四名。[18]	

18 據《清實錄》記載，應為康熙五十七年（一七一六）設淡水營，雍正九年（一七三一）改駐都司。「嘉慶十三年改都司為水師遊擊，兼管陸路，移駐艋舺」不確切，嘉慶十三年淡水都司改為臺灣水師右營都司，臺灣水師右營遊擊改為艋舺水師遊擊。另外，淡水都司乾隆二十四年（一七五九）已移駐艋舺渡頭，並非嘉慶十三年改設之後才移駐艋舺。「存營及汛防者二百零四名」，應為存營及汛防者二百零七名。鄧孔昭，《臺灣通史辨誤》，頁一五五—一五六。

滬尾水師營：歸艋舺參將管轄。	
守備一名	
千總一員	同治八年（一八六九）裁。
把總二員	裁一員。
外委四名	裁兩名。
額外兩名	裁一名。
戰兵一百十五名	裁三十二名。
守兵二百三七名	裁六十名。
計二百六十名士兵。[19]	

噶瑪蘭營：嘉慶十八年（一八一三）設置守備，在五圍，隸屬於艋舺營遊擊。道光五年（一八二五），更改設置爲都司，而移動守備到頭圍（今宜蘭縣頭城鎮）。[20]

---

19 據《清冊》記載，「額外二名，裁一名」，應為額外三名，裁二名。「戰兵一百十五名，裁三十二名」，應為戰兵二百八十八名，裁二百九十二名。「守兵二百三十七名，裁六十名」，應為守兵三百一十二名，裁一百六十名。「計兵二百六十名」，應為計兵二百四十名。鄧孔昭，《臺灣通史辨誤》，頁一五七。

20 據《清實錄》記載，道光四年（一八二四）二月初十日「改福建艋舺營遊擊為水師參將，駐噶瑪蘭，添設噶瑪蘭都司一員、千總一員、外委二員，都司駐五圍，移五圍守備駐頭圍，頭圍千總駐三貂……從總督趙慎畛請也」。又據《欽定大清會典事例》記載，嘉慶十六年（一八一一），「于噶瑪蘭地方之五圍設守備一人、存城把總一人、協防外委一人、額外外委二人，頭圍設千總人、外委一人，薩堪頟設額外外委一人，溪州設把總一人，歸艋舺營兼轄」。鄧孔昭，《臺灣通史辨誤》，頁一五七—一五八。

都司一員	
守備一員	同治八年（一八六九）裁。
千總二人	裁一員。
把總二人	添設一員。
外委四名	裁兩名。
額外三名	裁兩名。
戰兵四百五十五名	裁三百零三名。
守兵二百四十名	裁十二名。

合計三百八十名士兵。除去挑裁、革舊、不補者一百七十名，實在存營及汛防者有二百十名。

安平水師協標中營：康熙二十三年（一六八四）設置副將，駐防安平等處，領中、左、右三營。光緒十四年（一八八八），改中營爲臺東陸路中營。

安平水師協標左營

遊擊一員	
守備一員	
千總二員	同治八年（一八六九）裁一員。
把總四員	裁三員。
外委六名	裁五名。
額外二名	裁一名。
戰兵三百二十六名	
守兵三百八十二名	

計兵三百三十名。除去挑裁、革故、未補者一百六十三名，又原配烏龍江（今福建省福州市）水兵一名，實在存營及汛防者一百六十六名。21

安平水軍協標右營：光緒十四年（一八八八），改爲臺東陸路右營。

臺東陸路中營：原是安平水師中營，光緒十四年（一八八八），改設。

副將一員	
都司一員	同治八年（一八六九）設。
遊擊一員	同治八年（一八六九）裁。22
守備一員	裁。
千總二人	裁一員。
把總四名	裁三員。
外委五名	裁三名。
額外三名	裁兩名。
戰兵三百五十一名	裁二百零七名。
守兵四百零七名	裁一百九十一名。

考慮兵三百六十名。除去挑裁、革舊、不補者一百九十五名，又抽配練兵六十八名，原配烏龍江水兵一名，其實在存營及抽防者九十六名。

---

21 據《清冊》記載，「戰兵三百二十六名」，應為戰兵三百二十六名，裁一百九十四名。「守兵三百八十二名」，應為守兵三百八十二名，裁一百八十四名。鄧孔昭，《臺灣通史辨誤》，頁一五八。

22 據《清冊》記載，安平水師右營原來就設有都司一員（嘉慶十三年，由淡水營都司移駐），並非同治八年（一八六九）才設。安平水師右營遊擊已於嘉慶十三年移作艋舺營水師遊擊。鄧孔昭，《臺灣通史辨誤》，頁一五八—一五九。

臺東陸路右營：原是安平水師右營，光緒十四年（一八八八），改設。

都司一員	同治八年（一八六九）設。
遊擊一員	同治八年（一八六九）裁。
守備一員	裁。
千總二員	裁一員。
把總三員	裁一員。
外委五名	裁三名。
額外三名	裁兩名。
戰兵三百五十一名	裁二百十九名。
守兵四百零七名	裁二百零九名。

合計兵三百三十名。除去挑裁、革舊、不補者一百八十三名，又抽配練兵六十名，原配烏龍江水兵一名，其實在存營及汛防者八十六名。

澎湖水師鎮標營：康熙二十三年（一六八四）設置副將，統轄兩營遊擊、守備各一員、千總各兩員、把總各四員、外委各七名、額外各三名，每營戰守兵各一千名。乾隆四十七年（一七八二），裁除淘汰一百四十二名。道光六年（一八二六），各裁除外委一名。至同治八年（一八六九）裁除兵丁增加糧餉之後，兩營改爲設置都司一員、千總一員、左營把總四員、右營把總二員、外委各二名、額外各一名，兵丁則是左營有四百零二名、右營有三百六十名。戰兵每名月餉二兩五錢五分，守兵二兩四錢。光緒十二年（一八八六），陞副將爲總兵，左營設置遊擊、守備，右營設置都司，增添兵丁二十名。[23]

鎮守澎湖水師總兵一員：光緒十二年（一八八六），奉旨以澎湖副將和海壇鎮總兵對調。

---

23 據《清實錄》記載，澎湖設總兵為光緒十三年。另，應為左營設遊擊、守備，添兵二十名，右營設都司。鄧孔昭，《臺灣通史辨誤》，頁一五九。

左營遊擊一員	
守備一員	
千總一員	
把總四員	
外委兩名	
額外一名	
戰兵一百六十名	
守兵二百六十二名	
右營都司一員	
千總一員	
把總二員	
外委兩名	
額外一名	
戰兵一百四十四名	
守兵二百十六名	
兩營兵丁總計七百八十二名。	

清代臺灣水陸汛防表

設置弁官、駐守兵丁稱爲「汛」，撥兵分守稱爲「塘」。汛防的設置，是爲了保衛地方，而塘兵並且要傳遞軍事文書，是爲「綠營」制度。不過自咸豐、同治年間以來，逐漸採用練勇，在新建置的地區，分別駐守營哨，而綠營僅有留存名稱。到了同治八年（一八六九），裁除兵丁添加糧餉之後，汛防大多裁廢，至今更沒有用處了。茲將所存留的汛防具述如左：

城守營左軍	
府城汛（今臺南市中西區）	過去設置把總一員、兵丁八十五名，裁存五十八名；現今設置十八名。
南炮臺塘（今臺南市中西區）	過去屬於府汛分防，設置兵丁五名；現今裁撤。
塗墼埕塘（今臺南市中西區福安里南緣和小西里一帶）	過去屬於府汛分防，設置兵丁五名；現今裁撤。
崗山汛（今高雄市岡山區）	過去設置守備一員、把總一員、兵丁一百五十五名，裁存一百零八名；現今設置十八名。
大湖塘（今高雄市湖內區）	過去屬於崗山汛分防，設置兵丁十三名，裁存五臺；現今設置一名。
半路竹塘（今高雄市路竹區）	過去屬於崗山汛分防，設置兵丁六名；現今裁撤。
羅漢門汛（今高雄市內門區）	過去設置千總一員、外委一名、兵丁七十七名，裁存六十一名；現今設置二名。
木岡汛（今臺南市新化區）	過去設置外委一名、兵丁二十八名，裁存十八名；現今設置二名。
猴洞口汛（今臺南市六甲區）	過去設置外委一名、額外一名、兵丁八十一名，裁存三十二名；現今設置二名。
鹽水埔汛（今臺南市鹽水區）	過去設置外委一名、兵丁十九名，裁存十四名；現今設置二名。[24]
埤仔頭塘（今臺南市關廟區）	過去屬於府汛分防，設置兵丁十名，後來改爲屬於鹽水埔汛，設置兵丁五名；現今設置一名。
港崗塘（今臺南市）	過去屬於鹽水埔汛分防，設置兵丁六名，裁存五名；現今設置一名。
角帶圍塘（今臺南市新營區角帶里）	過去屬於鹽水埔汛分防，設置兵丁五名；現今裁撤。

24 據《清冊》記載，崗山汛：「今設十八名」誤，應為今設五名。大湖塘：「裁存五，今設一名，應為裁存七，今設三名。半路竹塘：「設兵六，今裁」，應為設兵六，裁存五，今設兵一名。木岡汛應為茂公汛。鹽水埔汛：「今設二名」，應為今設一名。鄧孔昭，《臺灣通史辨誤》，頁一五九—一六〇。

城守營右軍	
府城汛	過去設置把總一員、額外一名、兵丁一百五十三名，裁存八十八名；現今設置四十名。
加溜灣汛（今臺南市善化區）	過去設置把總一員、兵丁三十五名，裁存二十五名；現今設置四名。
北炮臺塘（今臺南市北區）	過去屬於加溜灣汛分防，設置兵丁五名；現今裁撤。
柴頭港塘（今臺南市永康區）	過去屬於加溜灣汛分防，設置兵丁五名；現今裁撤。
蔦松塘（今臺南市永康區）	過去屬於加溜灣汛分防，設置兵丁七名，裁存五名；現今設置一名。
木柵塘（今臺南市東山區）	過去屬於加溜灣汛分防，設置兵丁五名；現今設置一名。
溪邊塘（今臺南市）	過去屬於加溜灣汛分防，設置兵丁五名；現今設置一名。
麻豆汛（今臺南市麻豆區）	過去設置外委一名、兵丁三十名，裁存二十八名；現今設置四名。
茅港尾塘（今臺南市下營區）	過去是防汛，設置外委一名、兵丁二十五名；現今改爲塘，屬於麻豆汛分防，設置兵丁三名。
水堀頭塘（今臺南市麻豆區）	過去屬於茅港尾汛分防，設置兵丁五名；現今裁撤。
下加冬汛（今臺南市後壁區）	過去設置守備一員、把總一員、外委一名、兵丁一百三十六名，裁存八十五名；現今設置十二名。
鐵線橋塘（今臺南市新營區鐵線里）	過去屬於下加冬汛分防，設置兵丁五名；現今設置一名。
急水溪塘（疑為今臺南市白河區一帶）	過去屬於下加冬汛分防，設置兵丁三名；現今設置一名。
北勢埔塘（疑為今臺南市東山區）	過去屬於下加冬汛分防，設置兵丁十名；現今裁撤。
八槳溪塘（疑為今臺南市白河區一帶）	過去屬於下加冬汛分防，設置兵丁五名；現今設置一名。

大穆降汛（今臺南市新化區）	過去設置外委一名、兵丁四十六名，裁存四十名；現今設置九名。
舊社塘（今臺南市歸仁區）	過去是防汛，設置外委一名、兵丁四十名；現今屬於大穆降汛分防，設置兵丁二名。
大武壠汛（今臺南市佳里區）	過去設置千總一員、兵丁五十三名，裁存二十五名；現今設置五名。[25]
蕭壠汛（今臺南市佳里區）	過去設置外委一名、兵丁二十名，裁存十八名；現今設置四名。
西港仔塘（今臺南市西港區）	過去屬於蕭壠汛分防，設置兵丁七名；現今裁撤。
南路營	
鳳山城汛（今高雄市左營區）	過去設置守備一員、把總一員、外委二名、額外四名、兵丁五百二十名，裁存二百六十五名；現今設置一百四十一名。
埤仔頭塘（今高雄市左營區）	歸鳳山城汛分防。
苦苓門塘（今高雄市內門區）	歸鳳山城汛分防。
打鹿潭塘（今高雄市旗山區）	歸鳳山城汛分防。
舊城汛（今高雄市左營區）	過去設置千總一員、兵丁一百十六名，裁存三十五名；現今設置八名。
觀音山汛（今高雄市大社區神農里）	過去設置把總一員、兵丁七十五名，裁存三十五；現今設置四名。
小店塘（今高雄市）	屬於觀音山汛分防。
阿公店汛（今高雄市岡山區）	過去設置外委一名、兵丁五十名，改爲設置把總一員、兵丁四十名；現今設置五名。
二濫塘（今高雄市路竹區三爺里）	過去屬於阿公店汛分防，改爲屬於崗山汛。

---

25 「加溜灣汛：舊設千總一員、兵三十五名。同治八年（一八六九）裁存兵二十五名。今設兵四名。」同治八年（一八六九）以前，城守營右軍共設千總二員、把總二員，除府城訊把總、下加冬汛把總。一、大武壠汛千總一外，另一員千總就設在加溜灣汛，此處「舊設把總一」，應為舊設千總一。下加冬汛：「今設十二名」，應為今設二名。「大武壠汛：舊設千總一員、兵五十三名。同治八年（一八六九）裁存兵五十五名。此處「裁存二十五」，應為裁存五十五。鄧孔昭，《臺灣通史辨誤》，頁一六〇－一六一。

攀桂橋汛（今高雄市大樹區大樹里新吉一帶）	過去設置把總一員、兵五十一名，裁存二十名；現今設置四名。
土地公崎塘（今高雄市大樹區姑山里與仁武區烏林里交界一帶）	屬於攀桂橋汛分防。
枋寮汛（今屏東縣枋寮鄉）	過去設置外委一、兵五十，裁存三十；現今設置四名。26
石井塘（今地不明）	過去是防汛，設置千總一員、兵丁一百十五名；改爲歸屬阿公店汛分防，設置兵丁一名。
水底寮塘（今屏東縣枋寮鄉）	過去是防汛，設置千總一員、兵丁一百名；改爲歸屬枋寮汛分防。
蕃薯寮塘（今高雄市旗山區）	過去是防汛，設外委一名、兵丁四十二名；改爲歸屬羅漢門汛分防。
下淡水營 山豬毛口汛（今屏東縣三地門鄉），過去設置都司一員、外委一名、額外一名、兵丁二百名，裁存一百六十名；現今設置九十六名。	
萬丹汛（今屏東縣萬丹鄉）	過去設置把總一員、兵丁五十名，裁存四十名；現今設置八名。
阿猴汛（今屏東縣屏東市）	過去設置把總一員、兵丁九十名，裁存三十名；現今設置六名。
阿里港汛（今屏東縣里港鄉）	過去設置把總一員、兵丁八十名，裁存三十名；現今設置五名。
潮州庄汛（今屏東縣潮州鎮）	過去設置外委一員、兵丁四十名，裁存二十名；現今設置四名。
東港汛（今屏東縣東港鄉）	過去設置外委一名、兵丁三十名，裁存二十名；現今設置四名。

26 同治八年（一八六九）裁兵案內，觀音山汛反而增兵十五名。此處「兵七十五，裁存三十五」，應為兵十五，裁存三十。枋寮汛反而增兵二十名。「兵五十，裁存三十」，應為兵十名，裁存三十名。鄧孔昭，《臺灣通史辨誤》，頁一六一。

新園塘（今屏東縣新園鄉）	過去是防汛，設置千總一員、兵丁二百名，改爲歸屬萬丹汛分防，設額外一名、兵丁十五名；現今設置二名。[27]
九塊厝塘（今屏東縣潮州鎮）	過去是防汛，設額外一名、兵丁二十名，改爲歸屬阿里港汛分防，實存兵丁五名；現今設置二名。
北路協中營	
彰化城汛（今彰化縣彰化市）	過去設置都司一員、千總一員、外委一名、額外二名、兵丁六百零五名，裁存三百七十三名；現今設置六十名。
八卦山汛（今彰化縣彰化市東區）	過去設置外委一名、兵丁四十名，裁存二十名；現今設置三名。
大墩汛（今臺中市中區）	過去設置外委一名、兵丁四十名，裁存三十名；現今設置五名。
大里杙塘（今臺中市大里區）	過去設置防汛，設置外委一名、兵丁五十名，改爲歸屬大墩汛分防，實存兵丁二十五名；現今裁撤。
葫蘆墩汛（今臺中市豐原區）	過去設置千總一員、兵丁八十名，改爲設置把總一員、兵丁六十名；現今設置五名。
四張犁塘（今臺中市北屯區）	過去是防汛，設置外委一名、兵丁三十名，改爲歸屬葫蘆墩汛分防，實存兵丁十四名；現今裁撤。
外攸汛（今臺中市）	過去設置把總一員、兵丁三十名，改爲設置外委一名、兵丁二十五名；現今設置二名。
沙轆塘（今臺中市沙鹿區）	歸屬外攸汛分防，設置兵丁五名；現今裁撤。
大肚塘（今臺中市大肚區）	過去是防汛，設置外委一名、兵丁五名，改爲歸屬外攸汛分防，實存兵丁十名；現今設置四名。[28]

---

27 阿猴汛：「兵十九（或九十）」，應為兵六十九。新園塘：「兵二百」，應為兵一百。鄧孔昭，《臺灣通史辨誤》，頁一六一。

28 南北投汛：「兵八十五」，應為兵八十九名。東螺塘：「過去是汛，……存兵十」，應為存兵十四。鄧孔昭，《臺灣通史辨誤》，頁一六二。

許厝埔汛（今彰化縣福興鄉）	過去設置把總一員、兵丁六十名，裁存三十名；現今設置三名。
南北投汛（今南投縣南投市）	過去設置把總一員、兵丁八十五名，裁存六十名；現今設置七名。
崁頂塘（今南投縣中寮鄉崁頂村）	過去是防汛，設置外委一名、兵丁四十名，改爲歸屬南北投汛分防，實存兵丁二十二；現今裁撤。
內木柵塘（今南投縣草屯鎮）	過去是防汛，設置額外一名、兵丁二十名，改爲歸屬南北投汛分防，實存兵丁十五名；現今裁撤。
燕霧汛（今彰化縣大村鄉）	過去設置把總一員、兵丁三十名，裁存二十二名；現今設置十一名。
赤塗崎塘（今彰化縣花壇鄉）	歸屬燕霧汛分防，設置兵丁五名；現今裁撤。
東螺塘（今彰化縣北斗鎮）	過去是防汛，設置外委一名、兵丁二十名，改爲歸屬燕霧汛分防，實存兵丁十名；現今設置四名。
沙仔崙汛（今彰化縣田中鎮）	過去設置外委一名、兵丁二十名，裁存十四名；現今設置四名。
觸口塘（今彰化縣二水鄉、雲林縣內鄉一帶）	歸屬沙仔崙汛分防，設置額外一名、兵丁二十名；現今裁撤。
二林汛（今彰化縣二林鎮）	過去設置額外一名、兵丁二十名，裁存十名；現今設置三名。
集集汛（今南投縣集集鎮）	過去屬於嘉義營分防，設外委一名、兵丁十名；光緒十四年（一八八八）改爲歸屬北路中營，設置兵丁三名。
北路協左營（即嘉義營）	
嘉義城汛（今嘉義市）	過去設置守備一員、把總一員、額外四名、兵丁四百名，裁存三百四十名；現今設置一百十二名。
城外汛（今嘉義市）	過去設置把總一員、兵丁三十二名，裁存二十九名；現今設置九名。
山底塘（今嘉義市）	歸屬城外汛分防，設置兵丁五名；現今設置二名。

八掌溪塘（約在今嘉義市東區至嘉義縣中埔鄉一帶）	歸屬城外汛分防，設置兵丁五名；現今裁撤。
水堀頭塘（今嘉義縣水上鄉）	歸屬城外汛分防，設置兵丁五名；現今裁撤。
牛稠溪塘（今嘉義縣民雄鄉）	歸屬城外汛分防，設置兵丁五名；現今裁撤。
店仔口塘（今臺南市白河區）	過去是防汛，設且外委一名、兵丁四十名，改爲歸屬城外汛分防，實存兵丁十名；現今設置四名。
笨港汛（今嘉義縣新港鄉、雲林縣北港鎮一帶）	過去設置千總一員、兵丁七十四名，改爲設置把總一員、兵三十名；現今設置十名。
樸仔腳塘（今嘉義縣朴子市）	過去是防汛，設置外委一名、兵丁十五名，改爲歸屬笨港汛分防，實存兵丁十名；現今設置四名。
鹽水港汛（今臺南市鹽水區）	過去設置把總一員，兵丁十九名，裁存三十名；現今設置八名。
斗六門汛（今雲林縣斗六市）	過去設置都司一員、千總一員、外委一名、兵丁一百六十名，裁存九十名；現今設置十名。[29]
虎尾溪塘（今雲林縣虎尾鎮）	過去是防汛，設置外委一名、兵丁二十四名，改爲歸屬斗六門汛分防，實存兵丁十名；現今設置四名。
中路頭塘（今雲林縣西螺鎮）	歸屬斗六門汛分防，設置兵丁五名；現今裁撤。
西螺汛（今雲林縣西螺鎮）	過去設置把總一員、外委一名、兵七十四名，裁存三十名；現今設置八名。
三條圳塘（今彰化縣員林市）	歸屬西螺汛分防，現今裁撤。
林圯埔汛（今南投縣竹山鎮）	過去設置外委一名、兵丁三十名，改爲設置把總一員、兵丁三十名；現今設置十二名。

29 「今設十名」，應為今設二十名。鄧孔昭，《臺灣通史辨誤》，頁一六二。

水沙連汛（今南投縣竹山鎮）	過去設置千總一員、兵丁五十名。同治八年（一八六九）裁撤。光緒十四年（一八八八），再次設置外委一名、兵丁五十名。
他里霧汛（今雲林縣斗南鎮）	過去設置外委一名、兵丁四十名，裁存三十名；現今設置十二名。
塗庫塘（今雲林縣土庫鎮）	過去是汛，設外委一名、兵丁三十九名，改爲歸屬他里霧汛分防，實存兵丁十名；現今設置四名。
大崙腳塘（今雲林縣虎尾鎮）	歸屬塗庫汛分防，設置兵丁五名；現今裁撤。
大莆林汛（今嘉義縣大林鎮）	過去設置外委一名、兵丁三十名，裁存二十五名；現今設置八名。
打貓塘（今嘉義縣民雄鄉）	歸屬大莆林汛分防，設置兵丁五名；現今設置二名。
北路協右營（即竹塹營）	
竹塹城汛（今新竹市）	過去設置遊擊一員、千總一員、外委一名、兵丁二百八十八名，裁存一百五十三名；現今設置一百四十四名。
大甲汛（今臺中市大甲區）	過去設置守備一員、千總一員、把總一員、外委一名、兵丁二百名，裁存一百零六名；現今設置十六名。
後壠汛（今苗栗縣後龍鎮）	過去設置千總一員、額外一名、兵丁五十三名，裁存二十八名；現今設置七名。
楊梅壢汛（今桃園市楊梅區）	過去設置把總一員、兵丁六十七名，裁存三十六名；現今設置三名。
大安汛（今臺中市大安區）	過去設置把總一員、兵丁七十四名，改爲設置外委一名、兵丁三十九名；現今設置三名。
銅鑼灣汛（今苗栗縣銅鑼鄉）	過去設置把總一員、兵丁六十名，改爲設置外委一名、兵丁三十一名。光緒十四年（一八八八），移駐苗栗縣城（今苗栗縣苗栗市），設置兵丁五名。
中港汛（今苗栗縣竹南鎮）	過去設置把總一員、外委一名、兵丁五十八名，裁存外委一名、兵丁二十九名；現今設置三名。

桃仔園汛（今桃園市桃園區）	過去設置把總一員、兵丁二十五名，改爲設置外委一名、兵丁十二名；現今設置三名。
吞霄汛（今苗栗縣通霄鎮）	過去設置外委一名、兵丁三十名，裁存十六名；現今設置三名。
斗換坪塘（今苗栗縣頭份市）	過去是防汛，設置外委一名、兵丁四十名，改爲歸屬中港汛分防，實存兵丁二十一名；現今設置一名。
海口塘（今桃園市大園區海口里）	歸屬楊梅壢汛分防，設置額外一名、兵丁十二名，裁存六名；現今設置三名。
香山塘（今新竹市香山區）	歸屬楊梅壢汛分防，設置額外一名、兵丁十名，裁存五名；現今設置三名。
嘉志閣塘（今苗栗縣苗栗市嘉盛里）	歸屬後壠汛分防，設置額外一名、兵丁三十八名，裁存二十名；現今設置九名。[30]
貓盂塘（今苗栗縣苑裡鎮）	歸屬大安汛分防，設置兵丁五名，裁存三名；現今裁撤。
大甲溪塘（今臺中市大甲區）	歸屬大安汛分防，設置外委一名、兵丁十名，裁存五名；現今裁撤。
南崁塘（今桃園市南崁區）	歸屬桃仔園汛分防，設置外委一名、兵丁三十六名，裁存二十名；現今裁撤。
老雞籠汛（今苗栗縣銅鑼鄉）	新設，駐兵一名。
磺油山汛（今苗栗縣銅鑼鄉至公館鄉山區一帶）	新設，駐兵六名。
艋舺營	
艋舺汛（今臺北市萬華區）	過去設置守備一員、外委一名、兵丁四百二十二名，裁存二百六十二名；現今設置一百八十二名。
海山口汛（今新北市新莊區海山里）	過去設置外委一名、兵丁五十八名，裁存三十五名，現今設置三名；其外委，於光緒十五年（一八八九）移駐板曲橋汛（新北市板橋區）。

30 「設兵五名」，應為今設兵二名。「設額外一」，應為設外委一。鄧孔昭，《臺灣通史辨誤》，頁一六三。

龜崗嶺塘（今桃園市龜山區）	歸屬海山口汛分防，設置兵丁十名，裁存六名；現今設置一名。
水返腳汛（今新北市汐止區）	過去設置外委一名、兵丁二十五名，裁存十五名；現今設置二名。
大基隆汛（今基隆市）	過去設置把總一員、兵丁九十名，裁存三十五名；現今設置七名。[31]
三爪仔汛（今新北市瑞芳區）	過去設置外委一名、兵丁十名，裁存六名；現今設置一名。
暖暖塘（今基隆市暖暖區）	歸屬三爪仔汛分防，設置兵丁十名，裁存六名；現今設置一名。
三貂港汛（今新北市貢寮區澳底一帶）	過去設置把總一員、兵丁三十名，裁存十七名；現今設置一名。
燦光寮塘（今新北市雙溪區）	歸屬三貂港汛分防，設置兵丁十名，裁存六名；現今設置一名。
馬鍊汛（今新北市萬里區）	過去設置額外一名、兵丁二十五名，裁存十八名；現今設置一名。
北投汛（今臺北市北投區）	過去設置外委一名、兵丁十名，裁存六名；現今設置一名。
板曲橋汛（今新北市板橋區）	新設外委一名、兵丁六名。
滬尾（今新北市淡水區）水師營	
炮臺汛（今新北市淡水區）	過去設置千總一員、兵丁五百七十名，裁存一百七十五名；現今設置七十一名。
八里坌汛（今新北市八里區）	歸屬炮臺汛分防，設置外委一名、兵丁三十名，裁存十五名；現今設置十名。
北港塘（今新北市石碇區）	歸屬炮臺汛分防，設置兵丁十名，裁存五名；現今設置一名。
金包里汛（今新北市金山區）	過去設置把總一員、兵丁五十名，裁存二十五名；現今設置十名。
石門汛（今新北市石門區）	歸屬金包里汛分防，設置外委一名、兵丁三十名，裁存十五名；現今設置六名。

31 艋舺汛漏了舊設千總一員。同時，「外委一」，應為外委二。「水返腳汛，舊設外委一」，應為水轉腳汛：舊設額外一。大基隆汛「裁存三十五」，應為裁存五十五。鄧孔昭，《臺灣通史辨誤》，頁一六三—一六四。

小雞籠塘（今新北市三芝區）	歸屬石門汛分防，設置兵丁十名，裁存五名；現今裁撤。
噶瑪蘭營	
五圍城汛	過去設置都司一員、千總一員、外委二名、額外一名、兵丁三百六十名，裁存一百五十九名；現今設置一百六十六名。
頭圍汛	過去設置守備一員、外委一名、兵丁一百名，改爲設置千總一員、兵丁五十一名；現今設置十名。
三圍塘（今宜蘭縣礁溪鄉三民村）	歸屬頭圍汛分防，設置兵丁十名，裁存六名；現今設置一名。
炮臺塘（今宜蘭縣蘇澳鎮）	歸屬頭圍汛分防，設置兵丁十五名，裁存八名；現今設置一名。
三貂汛（疑為今新北市雙溪區）	過去設置千總一員、兵丁五十名，改爲設置外委一名；現今設置兵丁三名。
溪州汛（今宜蘭縣員山鄉）	過去設置把總一員、兵丁四十名，裁存十八名；現今設置八名。
北關汛（今宜蘭縣頭城鎮更新里）	過去設置外委一名、兵丁四十名，裁存十九名；現今設置六名。
加禮宛汛（今宜蘭縣五結鄉季新村）	過去設置額外一名、兵丁三十名，裁存二十四名[32]；現今設置五名。
蘇澳汛（今宜蘭縣蘇澳鎮）	過去設置把總一員、兵丁五十名，裁存二十二名；現今設置七名。
南風澳汛（今宜蘭縣蘇澳鎮南方澳）	歸屬蘇澳汛分防，設置兵丁三十名；現今設置一名。
龜山嶼汛（今宜蘭縣頭城鎮龜山里）	過去設置把總一員、兵丁三十名；現今設置二名。
安平水師中營（改為臺東陸路中營）	
安平汛	過去設置遊擊一員、守備一員、千總一員、把總二員、外委五名、額外三名、兵丁五百十三名，改爲設置都司一員、外委一名、額外一名、兵丁二百二十名；現今設置六十二名。

32 加禮宛汛應為裁存十四。鄧孔昭，《臺灣通史辨誤》，頁一六四。

大港汛（今臺南市北區）	過去設置把總一員、兵丁七十名，裁存三十五名；現今設置十二名。
鯤身塘（疑為今臺南市安平區）	歸屬大港汛分防，設置兵丁五名，裁存三名；現今設置一名。
鯤身頭汛（疑為今臺南市安平區）	歸屬大港汛分防，設置兵丁五名，裁存三名；現今設置一名。
喜樹仔汛（今臺南市南區喜樹一帶）	歸屬大港汛分防，設置兵丁五名，裁存三名；現今設置一名。
茄萣仔汛（今高雄市茄萣區）	歸屬大港汛分防，設置兵丁五名，裁存三名；現今設置一名。
蟯仔港汛（今高雄市茄萣區興達港一帶）	歸屬大港汛分防，設置兵丁五名，裁存三名；現今設置一名。[33]
鹿耳門汛（今臺南市安南區）	過去由中營守備、右營千總輪年駐防，設置兵丁五十名，裁存四十名；現今設置四名。
蚊港汛（今嘉義縣布袋鎮好美里）	過去設置把總一員、兵丁八十名，改爲設置外委一名、兵三十八名；現今設置八名。
青鯤身汛（今臺南市將軍區）	歸屬蚊港汛分防，設置兵丁五名，裁存三名；現今設置一名。
馬沙溝汛（今臺南市將軍區）	歸屬蚊港汛分防，設置兵丁五名，裁存三名；現今設置一名。
北門嶼汛（今臺南市北門區）	歸屬蚊港汛分防，設置兵丁五名，裁存三名；現今設置一名。
南鯤身汛（今臺南市北門區）	歸屬蚊港汛分防，設置兵丁五名，裁存三名；現今設置一名。
安平水師左營	
鹿港汛	過去設置遊擊一員、千總一員、把總二員、外委二名、額外一名、兵丁三百四十三名，裁去把總、外委，實存兵丁一百四十名；現今設置一百十六名。
水裏港汛（今臺中市龍井區）	過去設置外委一名、兵丁二十名，改爲歸屬鹿港汛分防，實存兵丁二十名；現今設置三名。

33 應為今設二名。鄧孔昭，《臺灣通史辨誤》，頁一六四。

王宮港汛（今彰化縣芳苑鄉王功漁港一帶）	過去設置把總一員、兵丁四十五名，改爲歸屬鹿港汛分防，設置外委一名、兵丁四十名；現今設置四名。
三林汛（今彰化縣芳苑鄉三林港一帶）	歸屬鹿港汛分防，設置兵丁十五名；現今設置二名。
番挖汛（今彰化縣芳苑鄉）	歸屬鹿港汛分防，設置兵丁十名；現今設置二名。
笨港汛	過去設置守備一員、千總一員、把總一員、外委二名、額外一名、兵丁二百三十名，裁去千總、外委，實存兵丁七十名；現今設置三十一名。
海豐汛（今雲林縣麥寮鄉海豐村）	過去設置外委一名、兵丁二十名，改爲歸屬笨港汛分防，實存兵丁二十名；現今設置二名。
鱇仔港汛（今雲林縣口湖鄉臺子村）	歸屬笨港汛分防，設置兵丁九名，裁存七名；現今設置二名。
猴樹汛（今嘉義縣朴子市開元里）	歸屬笨港汛分防，設置兵丁八名，裁存七名；現今設置二名。
新店汛（今地不詳）	歸屬笨港汛分防，設置兵丁八名，裁存六名；現今設置二名。
安平水師右營（改為臺東陸路右營）	
安平汛	過去設置都司一員、守備一員、千總一員、把總二員、外委五名、額外二名、兵丁六百四十三名，裁存守備一員、把總一員、外委四名、額外二名、兵丁二百名；現今設置二十一名。
旗後汛（今高雄市旗津區）	過去設置兵丁十名，改爲設置外委一名、兵丁五十二名；現今設置十名。
打鼓汛（今高雄市鼓山區）	過去設置把總一員、兵丁三十名，改爲歸屬旗後汛分防，實存兵丁四名；現今設置一名。
蟯港汛	歸屬旗後汛分防，設置兵丁五名，裁存四名；現今設置一名。
赤崁汛（今高雄市梓官區）	歸屬旗後汛分防，設置兵丁五名，裁存四名；現今設置一名。

萬丹汛（今屏東縣萬丹鄉）	歸屬旗後汛分防，設置兵丁五名，裁存四名；現今設置一名。
大莆林汛（今高雄市小港區）	歸屬旗後汛分防，設置兵丁五名，裁存四名；現今設置一名。
西溪汛（今高雄市林園區西溪里）	歸屬旗後汛分防，設置兵丁五名，裁存四名；現今設置一名。
下淡水汛（今屏東縣）	歸屬旗後汛分防，設置兵丁十名，裁存四名；現今設置一名。
東港汛（今屏東縣東港鎮）	過去設置千總一員、兵丁三十名，改爲設置把總一員、兵丁二十八名；現今設置十五名。[34]
茄萣汛（今屏東縣東港鎮）	歸屬東港汛分防，設置兵丁五名，裁存四名；現今設置一名。
放縤汛（今屏東縣林邊鄉）	歸屬東港汛分防，設置兵丁五名，裁存四名；現今設置一名。
大崑麓汛（今屏東縣枋寮鄉大莊村）	歸屬東港汛分防，設置兵丁五名，裁存四名；現今設置一名。
小琉球汛（今屏東縣琉球鄉）	光緒三年（一八七七）新設，駐兵三十名。
澎湖水師左營	
媽宮澳東汛（今澎湖縣馬公市東文里一帶）	過去是專汛官，管轄炮臺一座、汛兵二十八名、戰船一隻、配置兵丁五十名；改爲設置把總一員、兵丁二十一名。
新城汛（今澎湖縣馬公市）	歸屬媽宮澳東汛分防，設置兵丁六名。
蒔裏汛（今澎湖縣馬公市　裡里）	炮臺一座、汛兵十五名，按季輪派千把總一員、戰船一隻、配置兵丁六十名駐防，改爲設置外委一名、兵丁十四名。
文良港汛（今澎湖縣湖西鄉龍門村）	按季派遣外委一名、戰船一隻、配兵五十名協防，改爲歸屬蒔裏汛分防，設置兵丁十一名。

34 下淡水汛「設兵十」，應為設兵五。東港汛「兵二十八」，應為兵三十八。鄧孔昭，《臺灣通史辨誤》，頁一六五。

風櫃尾汛（今澎湖縣馬公市風櫃里）	改爲歸屬嵵裏汛分防，設置兵丁四名。
將軍澳汛（今澎湖縣望安鄉將軍村）	炮臺一座，汛兵二十八名，按季輪派千總、把總一員、戰船一隻、配置兵丁五十名協防；改爲設置把總一員、兵丁十六名。
挽門汛（今澎湖縣望安鄉東安村潭門港一帶）	炮臺一座、汛兵二十八名，按季派外委一名、戰船一隻、配置兵丁五十名協防；改爲歸屬將軍澳汛分防，設置兵丁八名。
水垵汛（今澎湖縣望安鄉水垵村）	炮臺一座、汛兵二十八名；改爲歸屬將軍澳汛分防，設置兵丁八名。
澎湖水師右營	
媽宮澳西汛（今澎湖縣馬公市西澳一帶）	舊係專汛官，管轄炮臺一座、汛兵二十八名、戰船一隻、配兵五十名；改爲設置外委一名、兵丁十七名。
新城汛	歸屬西汛分防，設置兵丁六名。
內塹汛（今澎湖縣西嶼鄉內垵村）	炮臺一座、汛兵二十八名，按季輪派千把總一員、戰船二隻、配兵一百名駐防；改爲設置把總一員、兵丁二十二名。
外塹汛（今澎湖縣西嶼鄉外垵村）	炮臺一座、外委一名、汛兵十五名；改爲歸屬內塹汛分防，設置兵丁十六名。
小門汛（今澎湖縣西嶼鄉小門村）	炮臺一座、汛兵三十名；改爲歸屬內塹汛分防，設置兵丁十六名。
北山汛（今澎湖縣白沙鄉）	按季輪派千把總一員、戰船二隻、配兵一百名駐防；改爲設置外委一名、兵丁十名。
吉貝汛（今澎湖縣白沙鄉吉貝嶼）	按季派遣外委一名、戰船一隻、配置兵丁五十名協防；改爲歸屬北山汛分防，設置兵丁十五名。

臺東勇營駐防表

鎮海後軍中營	統領兼管帶一員。光緒十年（一八八四）冬季，以中、前、左三哨駐守知本（今臺東縣臺東市知本里一帶），右哨駐水尾（今臺東縣瑞穗鄉），後哨以四隊駐成廣澳（今臺東縣成功鎮）、四隊駐大陂（今臺東縣池上鄉）、鹿寮（今臺東縣鹿野鄉）。

鎮海後軍左營	原名飛虎軍後營。光緒九年（一八八三），改分駐花蓮港（今花蓮縣花蓮市）一帶。之後以中、左、後三哨駐守花蓮港，右哨四隊分防加禮宛（今花蓮縣新城鄉嘉里村）、四隊吳全城（今花蓮縣壽豐鄉平和村），前哨五、六、七、八等隊分防象鼻嘴（今花蓮縣壽豐鄉月眉村），三、四兩隊、六甲一隊大巴壟（今花蓮縣光復鄉）。
鎮海後軍前營	光緒十四年（一八八八）冬增設，以中、前、左三哨駐新開園（今臺東縣池上鄉錦園村），右哨駐成廣澳，後哨四、五、六、七等隊駐璞石閣（今花蓮縣玉里鎮），一、二、三等隊駐鹿寮。
卑南屯兵一哨	光緒十四年原先設置三哨，十五年（一八八九）夏裁兩哨，分防大麻里（今臺東縣太麻里鄉）、知本社、蚶子岡（今臺東縣）、巴塱衛（今臺東縣大武鄉）等處。
南路屯兵二哨	光緒八年（一八八二）原先設置三營，九年（一八八三）裁。十年（一八八四）再次召募二哨，分防歸化門（今屏東縣春日鄉）、大樹林（今屏東縣春日鄉）、出水坡（今臺東縣達仁鄉）、溪底（今地不詳）等處。
海防屯兵二哨	光緒十五年（一八八九）六月設置，原駐拔子莊（今花蓮瑞穗鄉富源村）。十八年（一八九二）秋，以後哨調防巴塱衛。十九年（一八九三）秋，前哨調防大麻里等處，與南路屯兵換防。

屯丁

乾隆五十一年（一七八六）林爽文的戰事，大將軍福康安率領軍隊進入臺灣，歸附清廷的各個原住民奔赴軍前投效，事情已經辦成，功勞十分顯赫。等到平定事件後，上奏請求仿照四川屯練的規定，在臺灣設置屯丁。又釐定了章程六款。皇帝下旨給軍機大臣會同兵部尚書等人研議後上奏。皇帝奏文有云：「乾隆五十三年（一七八八）六月初七日，內閣欽奉上諭有云：『據福康安等人上奏說：臺灣已開化的原住民向慕王化很長時間了，當逆匪謀逆滋事的時候，各個原住民奮勇隨同官軍打仗殺賊，很能盡力。欽奉諭旨，命令將已開化的原住民補充定額。臣等認為戍守的綠營士兵仍請遵照舊例更替換防，將已開化的原住民挑選召募為屯丁，撥給近山尚未開墾的土地，以提供屯丁們養贍，先前已經附摺方式奏報了。現在將應行釐定的章程，仿照四川屯練的規定，通融斟酌商議，逐一排列，恭請聖上訓示。軍機大臣會同該部議奏，欽此。』臣等調查臺灣的各地，百姓、原住民雜處居住。當逆匪滋事的時候，這些已開化的原住民都能奮勇盡力。現今戰事平定，自然應該酌量挑補成為兵弁、分給田地，以示安撫慰勞之意，而能持續提供抵禦。現今依據福康安等仿照在四川屯練的規定，通融釐定各條款，留心斟酌商議，恭呈御覽。

一、屯丁人數，應該按各社斟酌挑取、讓他們就近防守一款：據稱：『全部已開化的原住民總共有九十三社。臺灣縣屬的番社比較少，淡水、彰化近山地區的番社最多，鳳山、嘉義次之。每個社原住民人數從幾百到幾十不等，大約可以挑選健壯原住民四千名，分為十二個屯。大屯四處，每一處四百人；小屯八處，每一處三百人，作為定額缺，不需要另外設立屯所，就下令他們在本社防守地方，查辦盜賊。其人口比較少的番社，或是將數個番社合併成一屯，或是併入附近的大社；讓原住民等人不致於離開故鄉太遠，而查考調派也容易聚集。到各屯相距的地方，道里難以平均。臺灣縣所屬番社不過幾處，不能多設屯丁；然而臺灣縣地界本來就狹隘，臺南府城設有重兵，足夠彈壓。只有南北兩路險要很多，淡水一所更為遼闊。原撥已開化的原住民在隘口搭寮防守，名為隘丁，零星分散各處，考量地勢情況，按照番社人數多寡，分別設屯，與各地方營汛官兵遙相呼應，就能稽核查察巡防，自然可以加倍嚴密』等語。查臺灣已開化的原住民九十三社，挑選健壯原住民可得四千名，自然應該定額挑補，以幫助巡防。應依照所請求，准許在該處已開化的原住民內挑選四千名，作為屯丁，分為十二個屯。大屯四處，每屯四百人，小屯八處，每屯三百人，規定為編制額缺，按各地方廳縣地勢情況，分別安設，就讓他們在本社駐守。其人口比較少的番社，或是將數個番社合併成一屯，或是併入附近的大社，都不需要另外設立屯所。並將各屯名稱及屯丁花名，編造成冊上報兵部查核。

二、各屯番丁、應該設立屯弁、以資管轄一款：據云：『四川屯練兵，在額設屯守備、千總、把總、外委等官一百餘員。今臺灣屯兵弁目，不需要像這樣的多，只應仿照此規定，酌量設立。查各社原有民人充當通事，管理一社的事情，代爲交納番社糧餉。但這些通事多年充役，由地方官員僉派，本來就不是原住民的同類，不方便採用爲弁目。應在番社頭目內，選擇曾經打仗出力的，以及番社一向所信服的人，例如：岸裏社潘明慈之類的人，揀選和拔補。在南北兩路額設屯千總二員統領屯兵，四員把總分別管理各屯，大小屯分別在每一處設立屯外委十二員，花名圖冊呈交給理番同知查核，並將各屯事務交給北路協副將、南路營參將就近管理。該原住民等人一向嫻熟技藝，不是召募的新兵可以相比擬的，應照四川屯練的規定，不用回營操演練習。點驗屯丁、拔補屯弁等事，統一歸臺灣鎮總兵、臺灣道員管轄，詳細報告閩浙總督、福建巡撫，發給札付，上報兵部保存檔案。經過管理六年後，如果統率得宜，曾有功績者，由臺灣鎮總兵、臺灣道員詳細報告閩浙總督、福建巡撫，加一等賞，給與職銜以示鼓勵。如果所管轄範圍內有滋生事故停廢田業的人，以及苦累其他原住民等弊端的出現，就立即革除追究懲處。遇有事所以出缺，仍然揀選番社心悅誠服的人，詳細報告來拔補他們』等語。

查四川屯練的兵丁，一向設置屯土守備、千總、把總、外委等管轄。今臺灣番社後既然經過挑補番丁四千名，也應設置屯弁以幫助管理。如果所請求南、北兩路，定額設置屯千總二員、把總四員，其大小各屯，每一處各設屯外委一員，統率分別管理。該弁等人本是番社中人，不用回營操練，責令北路協副將、南路營參將分別就近約束，並將花名圖冊建造報給理番同知查核。一切點驗兵丁、拔補屯弁等事，統歸臺灣鎮總兵、臺灣道員辦理。該弁任職六年，如果統率有方，著有功績，就由臺灣鎮總兵、臺灣道員詳細報告給閩浙總督、福建巡撫，加賞職銜以示鼓勵。如果有生事荒廢事業，和苦累原住民的事情，就行咨文革職追究懲處，不要一點事情就姑且寬容。所有該弁等應給札付，由臺灣鎮總兵、臺灣道員詳細報告給閩浙總督、福建巡撫，並隨時報給兵部保存案卷。

三、屯丁番丁、不用考慮籌給月餉、應酌量撥近山埔地、以資養贍一款：據說：『臺灣東部內山，本多空曠的土地，禁止百姓越界開墾，准令已開化的原住民打牲耕種，以資生計。如果遊民聚集越來越多，越界佃耕，開墾新成熟的田業，以致爭奪的事，控案很多。前經勒渾奏明，轉委託臺灣鎮總兵、臺灣道員確實切勘丈，還沒有調查清楚詳細報告，就遭遇叛逆滋事。現在經臣等提奏核查，共計丈出開墾埔地一萬一千二百甲，每一甲約等於內地百姓田地十一畝三分一釐，均應查明百姓開墾、原住民開墾，分明陞科課稅辦理。此外還有未開墾的荒埔五千四百四十一甲，另外乾隆四十八年（一七八三）、乾隆五十一（一七八六）等年，漳、泉械鬥及交互控告結會案件，根據檔案內抄錄記載，翁雲寬、楊光勳等人沒收官埔地三千三百八十多甲，均屬於番界之外的地方，靠近內山。應請將新設屯丁四千名，每名撥埔地二甲，千總每員十甲，把總每員五甲，外委每員三甲，讓他們自己去耕種。責令地方官員調查番界位址，造冊繪圖，記載清楚田地的四至段落，通報立案，以備查核。屯丁出現缺額，就挑選他們的子弟充補，承受田地。如果有私人典賣的，按律治罪，追賠契價充公，他們的土地仍歸番社。所有撥給埔地，應照番田的規定，免其納賦，以示體恤，就不需要另外進行籌劃發給月餉』等語。

查臺灣各社已開化的原住民，既然已經作為屯丁，飭令他們巡防，自然應該酌情給予地畝，以資養贍。今將軍福康安等人請求在周邊未開墾的荒埔並械鬥結會案內抄沒收入官埔地八千八百多甲，每一甲約等於內地百姓田地十一畝三分一釐，現今新設屯丁四千名，每名撥給埔地二甲，千總每員調撥十甲，把總每員撥給五甲，外委每員撥給三甲，讓他們自己去耕種。按照番田的規定，免其納賦，不需要另外進行籌劃給月餉。臣等核實其撥給埔地，系按屯丁屯弁約定數目，應如所奏，行使該省總督、巡撫，就是將籌給該丁弁等埔地，命令地方官員，設置屯田處所，就近照數撥給田地。仍然命令勘察確定界限位址，造冊繪圖，載明四至段落，通報立案，以備查核。屯丁內遇有事情所以出缺，就挑他們的子弟充補，將分給田地頂給承種，以資養贍。如果有私人典賣的，按律治罪，追賠契價充公，將該地畝轉移給另外挑選的屯丁承受。

四、請查已開墾埔地、以定界限地址一款。據稱：『臺灣東面傍山，地勢遼闊。以前因為淡水、彰化二處開墾日漸增加，分別劃定界限，設立土牛，禁止奸民越界侵占開墾，避免滋生事端。然而漢人聚集越來越多，人們私下向未開化、已開化的原住民，佃租土地耕種。價格稍輕的，稱之為租佃，價格較重的，稱之為典賣。已開化的原住民等歸順清朝很久了，漸漸熟悉耕種等生計方式；所以已經典賣給人民就不用取贖，因此各地方的原住民土地，不只是嘉義以南大多有被侵占，就是淡水廳等處立定的土牛番界，也形同虛設。

此時如果不將埔地澈底清釐過境，遷移界址，必定仍然混淆不清。除了未開墾的荒埔五千四百四十多甲撥給新召募的屯丁外，他們已經開墾的一萬一千餘甲，從應分別辦理。查民人租贌的土地不多，原是漢人民眾為佃戶，原住民為業主，應同番社田地一體免科。他們已經賣斷給漢民的，既然不是原住民的田業，就應該和民戶一體報陞徵稅。儘管百姓買原住民田地之後，所費的工本本來就多。佃人有每年抽給科則，按甲計算每畝徵銀，就免除他們交納稅糧。並出示曉諭番社，讓他們知道租額沒有損害，使他們永遠可以憑此生計。百姓田地登記有納賦明文，世代守護他們的產業，也可以永遠杜絕爭端。集集埔、虎仔坑、三貂、琅璚等處，接壤未開化的原住民，私自開墾田地很多。這些偷越的百姓，本來應該加重懲罰治罪，考慮開墾以來，與未開化的原住民長期相安無事，並沒有什麼事故。一經驅逐的話，沃土既要荒廢，而遊民又沒有歸宿的地方。應請照現定民買原住民土地的規定，一律陞科，免除調查追究。應讓該地方漢人、原住民將租瞨、典賣田地，先行呈報官府。一等收穫登場，徐嗣曾（？—一七九〇）專門委託官員前去仔細調查，並將此外有沒有繼續開墾的田地，一律查明清楚，分別處理，咨文交部留存案卷。從本次清查之後，就以所開墾的土地爲界，讓人一看就知道。並交巡視臺灣的將軍、閩浙總督、福建巡撫、提督及地方官員等，不時就四處巡查。如果有越界私墾，即實行從重治罪，將未查明的地方文武百官一起嚴參究責』。

查臺灣地方，民田薄徵租賦，原住民田地免除陞科徵稅，是皇上體恤海外百姓、原住民，額外加恩的心意。現今將軍福康安等人上奏稱，將佃人開墾未開化、已開化的原住民埔地一萬一千餘甲內，百姓租稅瞨之地，視同番社田地，免其陞科徵稅。他們已經賣斷給漢人的田業，就照同安縣下沙則例課稅，按甲計算每畝徵收稅銀，免除他們交納稅糧，是屬於推廣皇上的仁恩，使得原住民、漢人民眾得到田業的考量，也應該如所奏辦理，讓該省督撫出示曉諭百姓、原住民，讓大家都知道遵守。並將田業已經斷賣給百姓的田地，查照同安縣下沙則例課稅，編造每畝徵收銀若干等清冊，送部查核。

至於所稱集集等地百姓的田地，既據聲明，自開墾以來，與未開化的原住民長期相安無事，一經驅逐，肥沃的地方就要荒廢，而遊民又沒有歸宿的地方，應依照所請求，按照現定人民買原住民土地的規定，一體陞科課稅。並使該督撫轉飭百姓、原住民，將租瞨典賣田地數目，查明呈報。一等到收穫登場，就專門委託官員前去仔細調查。如果此外還有繼續開墾田地，一律查明，編造文冊上報至部。從本次清查之後，就是將所開墾的土地立石爲界，並交巡視臺灣的將軍、閩浙總督、福建巡撫、提督及該處地方官員等，不定期巡查。如果再有越界私墾，即行從重追究，將失察的地方文武各官，一併嚴參追究懲處。

一、屯丁慣用的器械、應令他們自行製備、報官點驗一款：據說：『原住民打牲捕鹿，所用鏢槍、鳥銃、竹箭，器械不一，均屬鋒利。就如岸裏社原住民好用鳥銃，隨同官兵打仗殺賊，最爲敵匪所畏懼。一切器械，都可以不用供給。但現今嚴格禁止民間私藏兵器，屯兵所用槍箭，也應由官員點驗，以備查核。所有新設屯丁四千名，不必照綠營的規定，鳥槍兵若干名、弓箭兵若干名，只要以該原住民熟練使用器械爲准，呈報總兵，逐加烙印，編號備查。每年命令總兵巡查之便，照點一次。如果沒有火烙印記，就照百姓私藏武器的規定，一體治罪』。准許所奏之事。屯丁所用器械，不用侷限在槍箭，著令該總兵逐加烙印編號。每年巡查之便，點驗一次。如果沒有烙印，就按照私藏軍器的規定，一體治罪。

二、屯丁徭役斟酌給與優免、以體恤勉力一款：據稱：『臺灣各社已開化的原住民，樸實敦厚善良，最足以哀憐同情。從前文武員弁出差巡查，沒有不調撥原住民，背運行李的。其餘像是地方興築、傳送公文，也都是由番社原住民輪流服役。辛勤勞苦、熱心公務之處，比臺灣人民不止多幾倍。現今既然挑補屯丁，分別在各處防守，遇到有搜捕盜賊等公事，屯丁又必須等候徵調；因此所有一切徭役，免除他們承擔。其餘沒有補充爲屯丁的原住民，也只可以傳送公文，不允許私自勞役他們。如果地方文武和理番同知不加體恤原住民，有苛刻調派擾累他們的事端，著令該臺灣鎮總兵、臺灣道員盡力調查，嚴格加以追究懲處』。查臺灣已開化的原住民經歷挑補屯丁，就有防守的責任，自然應該加以優待撫恤，以避免擾累。現今將軍福康安等人上奏的請求，新設屯丁的原住民，也只有傳送公文，不能因私事役使之處，應如所奏，行令閩浙總督、福建巡撫轉飭遵照。如果地方文武和理番同知不加體恤，又有苛刻調派擾累的事，著令該地方臺灣鎮總兵、臺灣道員盡力調查，嚴格加以追究懲處。臣等斟酌研議緣由，是否合適，等候聖諭後遵行。」皇帝下詔說可以。就命令閩浙總督覺羅伍拉納（一七三九—一七九五）遵照旨意詳細調查應辦事宜。

乾隆五十五年（一七九〇）十月二十三日，覺羅伍拉納奏陳十二款：[35] 一是分別設置屯所，應酌情考慮地方，以幫助抵禦；二是要嚴格交付屯弁負責，以資約束；三是屯丁受地，應酌情配撥；四是清出侵占界外田園，訂定等級徵租，以昭示公平；五是已開墾的田園，應設法分別陞科免租；六是現丈戈聲圖冊，應發廳縣存檔，並根據各戶另外給發四至界址的丈單，以方便轉撥；七是清丈徵租，以垂永遠；八是徵收稅銀，應酌情確定均勻給發存留，以補丁食，以資助經費；九是支付屯餉，應該制定章程，以杜絕弊竇；十是應用器械，分別編號查驗，以使原住民方便；十一是照舊安設隘丁，以重視邊防；十二是重立界石，以杜絕爭相越界。皇帝下旨軍機大臣會同兵部尚書議覆具文再奏。十一月十一日，皇帝下詔同意，乾隆五十六年（一七九一）春季正月舉辦。覺羅伍拉納命令臺灣鎮總兵、臺灣道員通令所屬衙門遵照執行，同時發出告示通知百姓和原住民。於是南路設大屯一、小屯二、設置屯千總一員，把總一名、外委三名，隸屬南路營參將，統轄十二社；北路設大屯三、小屯九，設置屯千總一員，把總三名、外委十二名，隸屬於北路協副將，統轄八十三社。凡是大屯屯丁四百，小屯三百，共計四千名。分配荒地，讓他們耕種，以幫助他們養贍家口；詳如下表。

又因爲屯田事務初始設立，應該需要經費，上奏議定屯千總每年給俸銀一百圓、把總八十圓、外委六十圓、屯丁給餉銀八圓，一年共需銀三萬三千二百四十圓。委員勘丈番社田園，交給廳縣負責

35 具奏時間是乾隆五十五年九月二十八日，十月二十三日是此摺從內閣抄出的時間。

按甲徵租，而由撫民理番同知負責統理。嘉慶十五年（一八一〇），噶瑪蘭設立廳治。36 嘉慶二十年（一八一五）春季二月，噶瑪蘭通判翟淦（？—一八一七）建議東勢、馬賽、西勢等處荒埔，有的已私自開墾，有的還沒開闢，懇請准許隘丁、已開化的原住民就近耕種，計甲徵租，每年可獲得銀一千三百圓，仿效設置屯丁可得一百五、六十名，以備緊急時運用。而臺灣鎮總兵、臺灣道員認爲該地方屬於流番，不應該設屯，將田園照例陞科課稅，這個建議就停歇了。道光中期，水沙連六社歸化隸屬時，臺灣道員徐宗幹稟請閩浙總督、福建巡撫，以六社原住民男女一千多人，可以選擇健壯的原住民四百名，設置一個大屯，補用外委一名，仍屬於北路屯千總統轄，召徠佃人開墾荒地，以給發屯餉。閩浙總督、福建巡撫允許徐宗幹的建議。從那以來，屯田事務逐漸廢棄，而屯租也越來越空虛匱乏，以至於不足夠支付給發。

光緒十二年（一八八六），巡撫劉銘傳奏辦清賦，並建議整理屯丁事務。臺灣道員陳鳴志飭令中路撫民理番同知蔡嘉穀研議查辦，於是呈上整頓的策略，大意是說：「查乾隆五十三年，將軍福康安奏准，九十三社的已開化原住民，挑選壯丁四千人作爲屯丁。設置大屯四個、小屯八個，數量很多分布很廣，聯絡各營。有事情的時候，隨時調集；農閒的時候就爲屯丁軍事訓練。計丁給地，除徵收租地界以外的，未開墾的荒埔五千六百九十一甲多，平均分配撥給屯丁。接近設屯的地方，每個屯丁一甲或一甲一分。在居設屯稍遠的距離，就給一甲三、四分。命令他們自己耕種，以養活自身與家庭。按照番田的規定，減免田租賦稅；立石爲界，官府爲之巡視。至於屯田，以查出界外私墾田園有

36 應為嘉慶十六年（一八一一）。鄧孔昭，《臺灣通史辨誤》，頁一六五—一六六。

三千七百三十多甲，按等陞科，以供其使用。每年計算徵收租谷四萬一千二百六十一石四斗六升六合四勺三撮，每石折合銀一圓，可以得到四萬一千二百六十一圓四角六分六釐四點三瓣。又有九芎林（今新竹縣芎林鄉）口租穀折銀八十圓。爲給隘丁佃首糧餉費用：二千一百三十圓，和屯弁、屯丁俸餉等項三萬三千二百四十圓，此外還剩下五千九百七十一圓四角六分六釐四點三瓣，收存在各縣，調撥作爲口糧，俾使充作救濟，專門爲屯田事務之用。

查屯丁設置以來，已一百多年了，父親傳兒子，兒子傳孫子，幾代相傳承，得以免於飢餓，實在都是仰賴屯地。然而，這種養贍的土地，歷經輾轉佃租給耕人後，各種弊端叢生。或是有人私自買賣，或是有人竟然被侵占；養贍埔地一天天被削減，幾乎沒法生存。謹陳整頓的對策五條，祈請上憲鑑察。一是清理屯餉：查屯田徵收軍餉每年四萬一千多圓，規定由本廳移牒文給各縣衙門，造冊送呈上憲鑑察。而近來各縣或是稱田地被水沖、沙壓，或是稱乾旱成災，因此徵收數額每多缺損。茲請先讓每個縣衙清丈本項的屯田，調查地方段落的四至界址，編造成魚鱗清冊，再分別報告。如有被侵害丈溢的田業，會妥爲安排，以作爲屯餉的需要。二是挑選精壯：屯丁久沐皇恩，一旦裁定撤銷，四千人，失去了衣食，勢弱的原住民淪落至困厄野死，強大的原住民會結夥滋生事端。現今建請妥爲揀選，棄弱留強，以屯丁的子弟補上缺口；並製作成名冊，由本廳給發腰牌，讓他們帶著，以確定壯丁的數額，避免浪費軍餉。三是分別調遣：揀選番丁成屯之後，分別調撥二千名，以六營來巡防，大屯仍舊四百名爲一個營，小屯三百名爲一個營，或是分爲四個營，以一、二年移交，平均勞逸，以幫助操演防衛。四是準備工作：全臺建省的時候，需要很多工人，所以每月都供給工食津貼。或是開山開墾土地，完成修路建造城池，並供給器械，以習慣其用，勒以兵法。假如十天之中，七天作工，三天操練，認眞訓練，自然成爲了精銳部隊。五是分配餉需：屯餉舊有田地如果能夠清丈，溢出田地一定很多。但是因爲現今每月支付軍餉巨大，希望突然增加，其實很困難。我深想臺灣當地土勇有幾個營，曾經立過戰功，所以沒有遺散。兩三年來，生病所以逃亡的臺勇很多，十不存一。請減少每營爲二百人，或改營爲旗，每旗二百四十名。如果改變減少很困難，遇到有病故、逃亡的時候，暫不塡補召募，讓他們逐漸減少，以節省餉需。即用賸餘的款項，改塡充爲屯餉。屯丁工作既然完畢，等待他們訓練精銳，再將駐紮的地方，分配給發荒埔開墾，徵收田租繼成糧餉，以充實兵餉軍需，似乎足夠大爲減少國家財政費用。」鳴志嘉賞其意見，代爲上詳文給巡撫建請採納。只有分餉一條，以營勇增減本有定數，而屯租徵收也有固定數額，絕不能夠以勇餉而分配給屯餉。意旨如何，請爲裁決定奪。

十二月，劉銘傳達命令給廳縣衙門查勘屯田的甲數，並檄令總兵朱名登、通判金提會同各廳縣檢閱屯丁，查驗其優劣，以準備取捨工作，而屯租於是就改爲官租了。

南北屯弁分給埔地表

屯名	屯弁數	分給埔地	每人甲數	總數（終位毫）
南路	屯千總一	鳳山南坪頂	一〇、〇〇〇	一〇、〇〇〇
放帽大屯	屯百總一	鳳山南坪頂	五、〇〇〇	五、〇〇〇
放帽大屯	屯外委一	鳳山南坪頂	三、〇〇〇	三、〇〇〇
搭樓小屯	屯外委一	鳳山南坪頂	三、〇〇〇	三、〇〇〇
新港小屯	屯外委一	鳳山大北坪	三、〇〇〇	三、〇〇〇
北路	屯千總一	彰化罩蘭	一〇、〇〇〇	一〇、〇〇〇
竹塹大屯	屯把總一	淡水武陵埔	五、〇〇〇	五、〇〇〇
竹塹大屯	屯外委一	淡水武陵埔	三、〇〇〇	三、〇〇〇

屯名	屯弁數	分給埔地	每人甲數	總數（終位毫）
武勝灣小屯	屯外委一	淡水三角湧	三、〇〇〇	三、〇〇〇
蕭壠小屯	屯外委一	彰化永平坑	三、〇〇〇	三、〇〇〇
柴裏小屯	屯外委一	彰化內木柵	三、〇〇〇	三、〇〇〇
東螺大屯	屯把總一	彰化沙轆	五、〇〇〇	五、〇〇〇
東螺大屯	屯外委一	彰化沙轆	三、〇〇〇	三、〇〇〇
北投小屯	屯外委一	彰化內木柵	三、〇〇〇	三、〇〇〇
阿里史小屯	屯外委一	彰化水底寮	三、〇〇〇	三、〇〇〇
麻薯大屯	屯把總一	彰化罩蘭	五、〇〇〇	五、〇〇〇
麻薯大屯	屯外委一	彰化罩蘭	三、〇〇〇	三、〇〇〇
日北小屯	屯外委一	淡水馬陵埔	三、〇〇〇	三、〇〇〇

南北屯丁分給埔地表

屯名	屯丁數	分給埔地	每人甲數	總數（終位毫）
放帽	三九	鳳山埔羌林	一、八七五	七四、五〇〇
茄藤	一二一	鳳山埔羌林	一、一八〇	一四三、〇〇〇
力力	六九	鳳山埔羌林	一、二二〇	八三、〇〇〇
下淡水	一一一	鳳山南坪頂	一、二〇〇	一三三、二〇〇
上淡水	六〇	鳳山南坪頂	一、一八〇	七一、〇〇〇
搭樓	一五五	鳳山南埔頂	一、二六〇	一九五、九九〇
武洛	五〇	鳳山南坪頂	一、二二〇	六一、〇〇〇

屯名	屯丁數	分給埔地	每人甲數	總數（終位毫）
阿猴	七一	鳳山南崁林	一、八一〇	八三、八〇〇
上淡水	二七	鳳山南坪頂	一、五〇〇	三六、一六〇
新港	二〇一	鳳山大北坪	一、六八〇	三三四、七一〇
卓猴	六八	鳳山南坪頂	一、六三〇	一一一、四五〇
大傑顛	三一	鳳山南崁林	一、六七〇	五二、〇〇〇
蕭壠	四一	彰化永坪坑	一、五〇〇	六一、五〇〇
麻荳	五〇	彰化永坪坑	一、五〇〇	七五、三〇〇
蕭里	二〇	彰化永坪坑	一、五〇〇	三〇、〇〇〇
灣裏	四〇	彰化八娘坑	一、七七〇	六九、五〇〇
大武壠	三六	彰化大姑婆	一、四一〇	五〇、六六〇
茄拔	二五	彰化大姑婆	一、四一〇	三五、二五〇
芒仔芒	三〇	彰化大姑婆	一、四一〇	四二、三〇〇
嘉義	二〇	彰化沙轆	一、五〇〇	三〇、〇〇〇
哆囉嘓	二〇	彰化沙轆	一、五〇〇	三〇、〇〇〇
內攸	一〇	嘉義十張犁	一、一〇〇	一一、〇〇〇
阿里山	七	嘉義後大埔	一、一一〇	七、七七〇
柴裏	三八	彰化內木柵	一、四〇〇	五三、四〇〇
阿里山	四〇	嘉義芊蓁崙	一、六六〇	四六、六〇〇
水沙連	九〇	彰化八娘坑	一、〇〇〇	九〇、〇〇〇
打貓	一五	彰化沙轆	一、四〇〇	二一、〇〇〇

屯名	屯丁數	分給埔地	每人甲數	總數（終位毫）
他里霧	二〇	彰化沙轆	一、四〇〇	二八、〇〇〇
西螺	五六	彰化水底寮	一、三六〇	七三、四六〇
貓兒干	二九	彰化水底寮	一、三六〇	三九、四四〇
南社	一二	彰化水底寮	一、三六〇	一六、三二〇
東螺	一五二	彰化水底寮	一、〇〇〇	一五二、〇〇〇
馬芝遴	二三	彰化水底寮	一、〇〇〇	七三、〇〇〇
二林	二八	彰化水底寮	一、〇〇〇	二八、〇〇〇
眉裏	五〇	彰化校栗林	一、〇一〇	五〇、五〇〇
大武郡	二八	彰化萬斗六	一、〇三〇	二八、八四〇
半線	一三	彰化萬斗六	一、〇三〇	一三、三九〇
大突	七六	彰化水底寮	一、〇〇〇	七六、〇〇〇
阿東	三〇	彰化水底寮	一、〇〇〇	三〇、〇〇〇
北投	一二八	彰化內木柵	一、〇〇〇	一二八、〇〇〇
南投	二三	彰化虎仔坑	一、〇二〇	二三、五〇〇
貓羅	四五	彰化萬斗六	一、〇〇〇	四五、〇〇〇
柴仔坑	三三	彰化水底寮	一、〇〇〇	三三、〇〇〇
大肚北	二一	彰化水底寮	一、〇〇〇	二一、〇〇〇
大肚南	二一	彰化水底寮	一、〇〇〇	二一、〇〇〇
貓霧捒	二九	彰化水底寮	一、〇〇〇	二九、〇〇〇
阿里史	一一九	彰化水底寮	一、〇〇〇	一一九、〇〇〇

屯名	屯丁數	分給埔地	每人甲數	總數（終位毫）
水裏	二六	彰化水底寮	一、○○○	二六、○○○
牛罵南	三五	彰化水底寮	一、○○○	三五、○○○
牛罵北	一四	彰化水底寮	一、○○○	一四、○○○
烏牛蘭	三二	彰化水底寮	一、○○○	三二、○○○
沙轆	二七	彰化水底寮	一、○○○	二七、○○○
大肚中	四七	彰化大姑婆	一、○○○	四七、○○○
麻薯舊	三八	彰化雞油埔	一、○一○	三八、三八○
岸裏	一一一	彰化雞油埔	一、○一○	一一二、一一○
翁仔	二五	彰化雞油埔	一、○一○	二五、三○○
葫蘆墩	二五	彰化雞油埔	一、○一○	二五、三○○
崎仔腳	二一	彰化雞油埔	一、○一○	二一、二一○
西勢尾	二三	彰化雞油埔	一、○一○	二三、二三○
樸仔籬	一四四	彰化雞油埔	一、○一○	一四五、四四○
貓裏捒	一三	彰化雞油埔	一、○一○	一三、一三○
日北	七○	淡水馬陵埔	一、六八○	一一八、○○○
日南	七四	淡水馬陵埔	一、六九○	一二五、○○○
大甲東	四○	淡水黃泥塘	一、六七○	六六、○○○
大甲西	四○	淡水黃泥塘	一、六七○	六六、○○○
大甲中	三二	淡水四方林	一、九○○	六一、○○○
雙寮	四四	淡水淮仔埔	一、六七○	七三、五○○

屯名	屯丁數	分給埔地	每人甲數	總數（終位毫）
竹塹	九五	淡水武陵埔	一、五八〇	一五四、一〇〇
房裏	四四	淡水武陵埔	一、六八〇	七三、九二〇
苑裏	一二	淡水武陵埔	一、六八〇	二、〇一六
吞霄	二五	淡水武陵埔	一、六八〇	四二、〇〇〇
貓盂	八	淡水武陵埔	一、六八〇	一三、四四〇
後壠	三九	淡水芎蕉灣	一、一五〇	四五、〇〇〇
新港	五二	淡水內灣	一、一四〇	五九、三九〇
貓閣	三〇	淡水鹽水港	一、一一〇	三三、三〇〇
中港	三〇	淡水鹽水港	一、一一〇	三三、三〇〇
雙寮	四〇	淡水武陵埔	一、六八〇	六七、二〇〇
霄裏	二〇	淡水武陵埔	一、六八〇	三三、六〇〇
武勝灣	三二	淡水山坑仔	一、一九〇	三八、〇八〇
擺接	一三	淡水山坑仔	一、一九〇	一五、四七〇
里族	一四	淡水山坑仔	一、一九〇	一六、六六〇
雷裏	二二	淡水淮仔埔	一、一九〇	二六、一八〇
錫口	一四	淡水淮仔埔	一、一九〇	一六、六六〇
搭搭攸	一六	淡水淮仔埔	一、一九〇	一八、〇四〇
圭泵	一五	淡水尖山腳	一、一九〇	一七、八五〇
八里坌	五	淡水尖山腳	一、一九〇	五、九五〇
圭北屯	一一	淡水尖山腳	一、一九〇	一三、〇九〇

屯名	屯丁數	分給埔地	每人甲數	總數（終位毫）
毛沙翁	四	淡水八連港	一、〇三〇	四、一二〇
大雞籠	一二	淡水八連港	一、〇三〇	一二、三六〇
金包裏	二八	淡水七堵埔	一、〇三〇	二八、八四〇
北投	二二	淡水七堵埔	一、〇三〇	二二、六六〇
三貂	二一	淡水七堵埔	一、〇三〇	二一、六三〇
小雞籠	六	淡水田寮港	一、〇三〇	六、一八〇
龜崙	二三	淡水七堵埔	一、〇三〇	二三、六九〇
南崁	一四	淡水三角湧	一、〇八〇	一五、一二〇
坑仔	一六	淡水三角湧	一、〇八〇	一七、二八〇

隘勇

臺灣建設隘防制度，仿效於鄭氏時期。[37]永曆十九年（一六六五），諮議參軍陳永華（一六三四—一六八〇）建請屯田的制度，以開拓原住民的土地，而人民的私自開墾的也日益前進，每次遇到未教化原住民的侵害，就修築土牛以作爲邊界，禁止出入。土牛，就是修造土堆如牛身形，設置在形勢要害的地方，戍兵加以防守。到現在都還能看到留下來的蹤跡。或稱爲「紅線」，就是

37 此處有誤，隘制起源於十八世紀的乾隆初年。參見陳宗仁，〈十八世紀清朝臺灣邊防政策的演變：以隘制的形成為例〉，《臺灣史研究》，二十二卷第二期（臺北，二〇一五年六月），頁一—四十四。

用泥土修築短牆，上面堆砌紅磚來做記號，耕地的人不能夠跨越。[38]清代以後，仍然沿用這種制度。而開墾的土地越來越廣，漸漸進入內山，官府不能加以保護。於是爲了保衛自身的計略，開始設置隘寮，召募隘丁，以幫助抵禦。隘防的經費則是來自於徵收隘內田園而來，所謂的「隘租」。鋤耰等農具共同前進，弓箭則在前面當先鋒；南到琅璠，北到淡水，都有漢人足跡，而政策和法令尚未到達此處。康熙六十年（一七二一）朱一貴事變，全臺都跟著躁動。等到平定後，閩浙總督覺羅滿保（一六七三—一七二五）以沿山一帶，是盜賊、原住民出沒的地方，建議驅逐人民到內陸平原地區。山上各個出入的隘口加以阻塞，修築長垣，以斷絕人民的出入。總兵藍廷珍極力陳說不可。康熙六十一年（一七二二），福建巡撫楊景素（一七一一—一七七九）奏請設立石碑劃定番界，派遣營兵巡防；這是官隘設置的開始。[39]

雍正六年（一七二八）冬季，山豬毛社原住民發生動亂，清廷討伐之。雍正十一年（一七三三），以南路營兵三百名戍守此地。自此原住民不敢出來，然而還沒有隘名出現。雍正十三年（一七三五），彰化眉加臘社原住民動亂，清廷討伐之。於是設隘在柳樹湳（今臺中市霧峰區），在烏溪的北岸，爲現今臺灣府城的附近，那時候臺中都是原住民的土地。乾隆五十三年（一七八八），大將軍福康安奏請設屯番的制度，以近山的地區，按照過去設立隘丁，或是分地給他

---

38 土牛紅線應是在乾隆初年設置，紅線是指當時地圖上繪製的番界線係顏色為紅色，此處為誤。參見施添福，〈臺灣歷史地理研究劄記㈠：試釋土牛紅線〉，《臺灣風物》，三十九卷第一期（臺北，一九八九年六月），頁九十五—九十八。

39 康熙六十一年，福建巡撫先為呂猶龍、後為黃國材，其間由石文焯署理，楊景素其人並未擔任福建巡撫。鄧孔昭，《臺灣通史辨誤》，頁一六八。

們耕作，或是支付口糧，均是漢民、原住民自行捐辦。現今這個地方歸屬屯地，應該以官收租穀之內支付，並責成各個隘首，督率隘丁，實力巡查，以和綠營防汛互相配合。於是鳳山、嘉義、彰化、淡水等廳縣各自設隘於邊區。每處一名隘首，十多名隘丁，或是有二、三十名。每名年給發口糧三十石，折合銀元爲三十圓，隘首加倍給發。只有九芎林隘，官方徵收屯租全部給發，其餘則是官給四成，人民給六成，這是官方設立的隘制。然而官隘的力量有限，而民眾的開墾是越來越多。嘉慶七年（一八〇二），吳沙（一七三一—一七九八）召募三籍的百姓，進入蛤仔難，修築城堡居住。沿山的各隘，都戍守鄉勇，稱爲「民壯寮」，所以居民沒有受到危害。[40]各有田園數千甲，作爲經費。設置噶瑪蘭廳之後，雖然田地陞科開始徵稅了，而接近隘寮的地方，仍然保留給隘丁們耕種，讓他們自力供給。奉皇帝御旨批准通行。這是私人設立的隘防。蛤仔難在臺灣的東北部，背山面海，都是原住民的土地。從三貂嶺越過山嶺行走，有遠望坑一地，已經有民壯寮了。初始是以通道來使用，隨後是用來行走時的抵禦。經過這裡而往西，爲大里簡，也設有民壯寮。又往西是梗枋，是烏石港。遠望坑的南邊是金面山，是白石，爲湯圍，是柴圍，向西延伸是三圍。又往南爲四圍一結，爲四圍二結，爲四圍三結，爲旱溪，爲大湖，爲叭哩沙喃，爲鹿埔，爲清水溝，爲崩山，爲員山莊，爲馬賽，共二十處，各設有隘口以防番害。以前的時候行人出入，由隘丁護衛，每個人酬謝銅錢四十文。等到設官後，由官府賞賜。

嘉慶十七年（一八一二），漳州人林朝宗等人請求開墾蘇澳一地，增設了施八坑隘。施八坑在

40 吳沙入闢蛤仔難，築堡以居的時間應為嘉慶元年（一七九六）。鄧孔昭，《臺灣通史辨誤》，頁一六九。

東勢山尾，幽深的樹林茂盛的草原，由地方上的原住民占據了。而通路口很狹隘，西邊連著叭哩沙湳、出坑，東邊是蘇澳，是通向大海的地方了。土地廣闊而肥沃，民眾每次請求開墾，但官府認爲距離廳城遙遠，考慮會有奸棍惡徒藏匿，而不允許。到道光元年（一八二一）時，耕田的民眾已經有三百多人。署理噶瑪蘭通判姚瑩就納入此處田地以作爲隘，但沒有完成姚瑩就離任了。道光六年（一八二六）夏季，閩、粵械鬥，粵人黃斗乃住在淡水的斗換坪，趁機煽動未開化的原住民作亂。等到平定後，就在南庄設隘，設置屯把總一員、屯兵六十名以戍守。道光十四年（一八三四）冬季，淡水同知李嗣鄴（？—一八三九）以南庄已經開墾，而東南邊的山地還沒有開闢，於是就命令姜秀鑾、周邦正聚集閩、粵民眾，共計二十四股，共同設立「金廣福隘」，以從事開墾荒地的事業。從樹杞林，進入北埔，設立隘寮十五處。所管轄的地區，南北相距三十餘里，東西一、二十里，徵收的田租，以供隘費的使用。這是公家設置的隘。同治十三年（一八七四），欽差大臣沈葆楨上奏請求開山撫番，而隘制久已廢棄，而以兵丁取代。光緒十二年（一八八六），巡撫劉銘傳奏請頒布隘勇的制度，徵收防費，廢除隘租，以期整頓。光緒十四年（一八八八），阿罩霧（今臺中市霧峰區）人林朝棟、林文欽聯合設立公司「林合」，開墾臺灣縣管轄的沿山地區數千甲，同時經營樟腦業，擔心遭到原住民的傷害，請設隘勇兩營，共五百名，自己供給糧餉和武器，以林榮泰、劉以專來統領。從抽籐坑到集集，分別設立隘寮，稱爲「銃櫃」。隘勇打更巡守，有緊急情況就鳴槍傳達出去，眾人就都出來潛藏險要之處而擊殺。所以原住民的危害逐漸收斂。原住民的出草，每次都會趁著空隙射殺民眾，有時深夜時突襲，所以防範的很嚴密。而主管此事的人，大多哀憐不畏懼死亡，以殺害原住民來互相爭雄。

鳳山縣轄隘寮沿革表

隘寮社隘	官方設置，在山豬毛口，原先設置隘丁三十名，現今裁撤。
漏陂社隘	官方設置，在南太武山南，原先設置隘丁十五名，現今裁撤。
茄藤社隘	官方設置，在大崑麓，原先設置隘丁二十名，現今裁撤。
力力社隘	官方設置，在佳佐山麓（今屏東縣萬巒鄉），原先設置隘丁二十名，現今裁撤。
放縤社隘	官方設置，在三條崙嶺，原先設置隘丁二十名，現今裁撤。

淡水廳轄隘寮沿革表

火焰山隘（今臺中市大甲區）	民間設置，在大甲堡西南，即大甲溪，原先設置隘丁八名，現今裁撤。
日北山腳隘（今苗栗縣苑裡鎮）	民間設置，原先在日北山腳，後移入鯉魚潭高崗，屬苑裏堡，原先設置隘丁六名，現今設置八名，現今隸屬苗栗縣。
三叉河隘（今苗栗縣三義鄉）	民間設置，在苑裏堡內山高崗處日北山隘的北方，今移番仔城（今苗栗縣三義鄉鯉魚村），原先設置隘丁十五名，現今隸屬苗栗縣。
內外草湖隘（今苗栗縣三義鄉）	民間設置，原爲高埔隘，後移苑裏仔東首的內山，而南勢湖隘也收歸合併，在三叉河隘的北方，二隘原先設置隘丁十七名，現今設置二十名，現今隸屬苗栗縣。
銅鑼灣隘	官方設置，在後壟堡銅鑼灣內山的要處，爲草湖隘的北方，原先設置隘丁二十五名，現今隸屬苗栗縣。
芎中七隘（今苗栗縣銅鑼鄉）	官方設置，在後壟堡的芎蕉、中心埔、七十分三莊之內，故名；爲銅鑼灣的北方，原先設置隘丁三十名，現今隸屬苗栗縣。
大坑口隘（今苗栗縣公館鄉）	官方設置，原爲中隘，後移後壟堡內山橫岡，爲芎中七隘的北方。大坑口隘原先設置隘丁三十名，中隘十名，現今設置四十名，現今隸屬苗栗縣。

蛤仔市隘（今苗栗縣公館鄉）	官方設置，在後壟堡蛤仔山內之横岡，爲大坑口隘的北方，現今設置隘丁二十名，現今隸屬苗栗縣。
嘉志閣隘（今苗栗縣苗栗市）	民間設置，在嘉志閣莊，後來改爲汛防，移入內山，爲蛤仔市隘的北方，原先設置隘丁二十名，今三十名，現今隸屬苗栗縣。
南港隘（今苗栗縣頭份市、三灣鄉一帶）	民間設置，在中港、南港的內山，爲嘉志閣隘的北方，原先設置隘丁十五名，今三十名，現今隸屬苗栗縣。
三灣隘	民間設置，在中港堡三灣的內山，爲南港隘的北方。道光六年（一八二六），奏請派撥屯把總一員、屯丁六十名、通事一名，以防中港、三灣、大北埔等隘。今改爲設置隘丁四十二名、屯把總一名，現今隸屬苗栗縣。
金廣福隘（今新竹縣北埔鄉一帶）	民間設置，原先在淡水廳治東方的鹽水港、南隘、茄苳湖、石碎崙、雙坑、大崎、金山面、圓山仔、大北埔、小銅鑼圈等十處。其小銅鑼圈即過去的中港尖山隘。後來因爲土地日漸開闢，已超越原先的位址，於是裁撤爲一，移到五指山的右邊，沿山十餘里，均設隘以防禦。其石碎崙原先設置隘丁四十名，由官撥充租稅，以添補不足的部分。而大北埔、中港尖山二隘，也是官方奏請設置，由民間給付費用。其鹽水港、南隘、茄苳湖、小銅鑼圈四處，原先設置隘丁各二十名，雙坑十四名，大崎、金山面各十八名，圓山仔六名，均是民間給付費用。現今合設一百二十名，就地取糧，每年由官撥租四百餘石，給發串票著令自行收糧。現今隸屬新竹縣。
矺仔隘（今新竹縣横山鄉）	民間設置，在三灣隘的北方，距淡水廳治東方三十里，原先設置隘丁十五名，今仍之，現今隸屬新竹縣。
猴洞隘（今新竹縣横山鄉）	民間設置，在矺仔隘的北方，距淡水廳治東方三十四里，原先設置隘丁十五名，今仍之，現今隸屬新竹縣。
樹杞林隘（今新竹縣横山鄉）	民間設置，在猴洞隘的北方，距淡水廳治東方二十五里，原先設置隘丁十五名，今二十名，現今隸屬新竹縣。

九芎林隘（今新竹縣芎林鄉）	民間設置，即南河隘，距淡水廳治東方四十里，原先設置隘丁十名，由官撥給屯租，今屬於民辦，現今隸屬新竹縣。
咸菜硼隘（今新竹縣關西鎮）	民間設置，在九芎林隘的北方，距淡水廳治東方五十里，原先設置隘丁二十名，今仍之，現今隸屬新竹縣。
大嵙崁隘（今桃園市大溪區）	民間設置，在桃澗堡的內山，原先設置隘丁三十名，至今仍然如此，現今隸屬南雅廳。
三角湧隘（今新北市三峽區）	民間設置，在海山堡內山大嵙崁隘的北方，現今設置隘丁十名，現今隸屬南雅廳。
大銅鑼圈隘（今桃園市龍潭區）	民間設置，原先在四方林（今桃園市龍潭區），後移桃澗堡內山，過去設置隘首一名，隘丁沒有定額，現今設置十名，現今隸屬淡水縣。
三坑隘（今桃園市龍潭區）	民間設置，在桃澗堡內山，爲大銅鑼圈隘的北方，現今設置隘丁二十名，現今隸屬淡水縣。
大坪隘（今桃園市龍潭區）	民間設置，在桃澗堡內山，爲銅鑼圈隘的北方，現今設置隘丁二十名，現今隸屬淡水縣。
溪洲隘（今桃園市大溪區）	民間設置，在桃澗堡內山，爲大坪隘的北方，現今設置隘丁十名，現今隸屬淡水縣。
橫溪隘（今新北市三峽區）	民間設置，在擺接堡內山，現今設置隘丁五名，現今隸屬淡水縣。
暗坑隘（今新北市新店區）	民間設置，在擺接堡內山，現今設置隘丁十名，現今隸屬淡水縣。
萬順寮隘（今新北市深坑區）	民間設置，在擺接堡內山，爲暗坑隘的北方，原先設置隘丁十二名，今十五名，現今隸屬淡水縣。

十份寮隘（今新北市平溪區）	民間設置，在石碇堡內山，原先設置隘丁十名，現今裁撤。
三貂嶺隘（今新北市瑞芳、雙溪區之間）	民間設置，在三貂嶺漢人、原住民交界之處，原先設置隘丁十名，後來改爲設置汛防。

噶瑪蘭廳轄隘寮沿革表

遠望坑隘（今新北市貢寮區）	民間設置，在噶瑪蘭廳治北鄙，與淡水交界，之前設置民壯寮，現今裁撤。
大里簡隘（今宜蘭縣頭城鎮）	民間設置，在噶瑪蘭廳治的北方，之前設置民壯寮，後來改爲設置汛防。
梗枋隘（今宜蘭縣頭城鎮）	民間設置，在噶瑪蘭廳治的北方，之前設置隘丁，後來改爲汛防。
烏石港隘（今宜蘭縣頭城鎮）	民間設置，在噶瑪蘭廳治的北方，之前設置隘丁，後來改爲汛防。
金山面隘（今宜蘭縣頭城鎮）	民間設置，在噶瑪蘭廳治的北方二十五里，原先設置隘丁八名。
白石山隘（今宜蘭縣頭城鎮白石腳一帶）	民間設置，在噶瑪蘭廳治的北方二十里，原先設置隘丁十名。
湯圍隘（今宜蘭縣礁溪鄉）	民間設置，在噶瑪蘭廳治的北方十七里，原先設置隘丁八名。
柴圍隘（今宜蘭縣礁溪鄉）	民間設置，在噶瑪蘭廳治的北方十二里，原先設置隘丁五名，現今裁撤。
三圍隘（今宜蘭縣礁溪鄉三民村）	民間設置，在噶瑪蘭廳治的北方十二里，原先設置隘丁五名，現今裁撤。
四圍隘（今宜蘭縣礁溪鄉）	民間設置，在噶瑪蘭廳治的北方八里，原先設置隘丁六名。
旱溪隘（今宜蘭縣礁溪鄉）	民間設置，或作礁溪，在噶瑪蘭廳治的北方九里，原先設置隘丁八名，今移在摸壁潭。
泉大湖隘（今宜蘭縣三星鄉拱照村）	民間設置，在噶瑪蘭廳治西南二十五里，現設隘丁十三名。
葫蘆隘（今宜蘭縣員山鄉深溝一帶）	民間設置，在噶瑪蘭廳治西南十六里，現設隘丁六名。
施八坑隘（今宜蘭縣蘇澳鎮）	民間設置，在噶瑪蘭廳治的南方四十里，現設隘丁十二名。

馬賽隘（今宜蘭縣蘇澳鎮）	民間設置，在噶瑪蘭廳治的南方三十里，原先設置隘丁十二名，現今裁撤。
員山隘（今宜蘭縣員山鄉）	民間設置，在噶瑪蘭廳治的南方二十五里，原先設置隘丁十名。
鹿埔嶺隘（今宜蘭縣冬山鄉鹿埔村）	民間設置，在噶瑪蘭廳治的南方二十五里，現設隘丁十二名。
清水溝隘（今宜蘭縣冬山鄉）	民間設置，在噶瑪蘭廳治的南方十五里，原先設置隘丁八名，現今裁撤。
崩山隘（今宜蘭縣冬山鄉）	民間設置，在噶瑪蘭廳治的南方十二里，原先設置隘丁八名，今移於擺燕山（今宜蘭縣冬山鄉茅埔城古道一帶）。
大埤隘（今宜蘭縣冬山鄉梅花湖一帶）	民間設置，在噶瑪蘭廳治西北十里，現設隘丁八名。
三關仔隘（應為今宜蘭縣礁溪鄉三層坪一帶）	民間設置，在噶瑪蘭廳治西北五里，現設隘丁八名。
叭哩沙喃隘（今宜蘭縣三星鄉）	民間設置，在噶瑪蘭廳治的西方三十里，現設隘丁十二名。
內湖隘（今宜蘭縣員山鄉）	民間設置，在噶瑪蘭廳治的西方十五里，現設隘丁六名。
大湖隘（今宜蘭縣員山鄉）	民間設置，在噶瑪蘭廳治的西方四十二里，原先設置隘丁十二名。
穎廣莊隘（今宜蘭縣員山鄉）	民間設置，在噶瑪蘭廳治的西方七里，現設隘丁五名。
枕頭山隘（今宜蘭縣員山鄉）	民間設置，在噶瑪蘭廳治的西方六里，現設隘丁十名。

鄉勇

康熙六十一年（一七二二），朱一貴事件平定後，地方上還沒有完全安定；臺灣鎮總兵藍廷珍上書給閩浙總督覺羅滿保，請求在臺灣施行保甲制度。得到允許。接著又請求辦理團練，以爲臺南府城現今雖然有協防的兵丁二千人足供調撥差遣，然而考慮南路下淡水、岡山又分去四百多兵丁，北路下加冬、半線又再分去了四百名兵丁，所存防兵不過千人。編制內的各營又多分守在汛地，臺灣府治關係重大，不可就說兵力是有餘的。當今之時，應該加緊訓練鄉壯，聯絡村社，以補兵防的所有不周全的地方。沒有事的時候都是農民，有事發生的時候都是兵丁，讓盜賊沒有容身的地方。正是李時珍所謂的「危急之候，雖爲標病，必先治之」、「一會兒都不能放緩」的原因。此後就以此爲例，每當有兵事就舉辦。林爽文事件，臺灣南北都陷落，粵莊多出義軍幫助戰鬥與防守，而鹿港郊商也召募鄉勇保衛地方，所以沒有害處。朱一貴，漳州人。漳州、泉州才平息械鬥，又與粵莊民眾結仇，所以有很多的抵抗。事平之後，下旨嘉許粵人，立功的民眾給以功牌，死亡的民眾加以祭祀，春秋兩季以禮奉祀，以表彰忠義，所以民眾大多很奮勇向前。

禁煙的戰役，英國船艦總是窺伺沿海，臺灣總兵達洪阿、臺灣道員姚瑩治軍有紀律，激勵民兵，以資攻戰與防守，所以沒有外敵的侵害。淡水同知曹謹請求停止防洋經費，專門召募鄉勇，姚瑩認爲不可。當時班兵積弊，幾乎不能用，選拔精兵六百名，增加供給月餉而加以訓練，打算逐漸推廣到各營，沒有完成就離去了。道光二十八年（一八四八），徐宗幹任臺灣道員，與總兵建議，慢慢整頓綠營制度。又以澎湖一營遠隔海洋，上書總督和巡撫，請求改爲募兵制。大意是說：「澎湖人大都捕海爲生，極爲辛苦，並且熟悉水性，踩在波濤海面如同在平地上，健壯的丁勇可以挑選入軍伍中，以防範意外的發生，較諸水師確實是更爲得力；不僅可以節省戍兵換班的費用，而且可以收編海島無業的民眾。沙線已很熟稔，守望也很專業，這是一舉數善皆齊備啊。」但不被採納。洪秀全、楊秀清的戰役，湘軍淮軍諸將官大多有訓練鄉勇，戡平重大危難，於是漸漸淘汰綠營。到了戴潮春的事件時，攻陷彰化，臺灣南北都浮動，官兵不戰而潰敗，臺灣道孔昭慈（一七九五—一八六二）也死了。於是再設立團練，以淡水紳士林占梅（一八二一—一八六八）爲團練大臣駐守在大甲，阻止戴潮春向北逃竄。而各莊也大多自行編組義軍，以互相結合作戰，建功最宏偉。然而狡猾的劣紳土豪，攀附為利，憑藉他們的勢力，互相爭雄，憑藉勢力在地方上橫行霸道，沒有人敢怎麼樣。巨奸積匪藏在屋簷之下，有一句話不合其意，就引起事端。逐漸形成游俠的風氣，而官員不敢過問。光緒七年（一八八一），改為「培元總局」。

法軍的戰役，沿海嚴密戒備，臺灣道員劉璈（？—一八八九）集合士紳再開辦團練，手訂章程十七條以頒布。就在府縣城內設置一個總局，東、西、南、北、中各舉團總一人，歸總局管理。城外各鄉遠近不一，大約以方圓三、四十里為分局，任命一名團總，以團佐為副手。閩、粵人聚居而住者，可以設置「族團」，由族長主持。凡是團內的壯丁都登記在案，分為義勇、練勇、團勇。義勇常駐守在局中，每天操演練習，每月發給糧銀四圓八角。練勇按十日一操演，每次給銀二角。這些費用都由鋪戶所捐獻的；練勇八名抵義勇一名。不歸捐獻的是團勇，自備糧食，每個月去操演一次，由局裡預先挑選精明強幹的義勇為百長，以帶練勇。又由練勇挑選什長，以帶團勇。衣服、旗幟，由捐戶準備、製作，各分顏色以助於辨別。有膽識過人、願意赴前殺敵的人，准許他自行報告，另外編為一冊，由縣衙會同兵營，申明號令，隨著軍隊一同出戰，不與前鋒的位置，擔心擾亂行進。賞罰嚴明，公示鼓勵。以前犯了法的人，如能改過自新可以將功抵罪，辦團的紳士分別為之請獎。團練的設置，是為了保衛家鄉。在城的守城，在鄉的守鄉，足夠提供行軍兵士的不足，僅是符合道理者的合宜而已。八月初一，又刊行了漁團章程二十條，通過整頓紳民以及沿海的漁戶遵守執行。說：「漁團辦法與陸團不一樣。沿海漁民，貧困居多，很難像陸團捐勇丁出銀錢，又很難像陸團派出士紳設置局辦。情況既然不同，頭緒尤其繁雜。」並建議在漁團中選取水勇，藉著水勇以連繫漁團，相輔而行，比較妥當便利。除了按照原先詳文上的水勇數目，從各道路挑選善游精壯的漁民，先後召募成軍，以堅固要防；並將漁團辦法，釐定章程，以清除內亂，而抵禦外侮。它的辦法是在海口陸團委派團紳一名，會同水管的管帶，編造漁民清冊。每艘船每筏給發白布小方旗一面，上書某路某口某甲某牌某號的漁船。凡靠近海十里以內，或二百名、三百名、四百名聯成一團，派管帶、幫帶各一員來統率他們。每個哨設置正、副哨長；又在水勇之中，每船派充什長一名，每筏有伍長一名。每個哨配四艘船、八艘筏。沒有竹筏的人就用小舟。一船逐月的租價爲七兩，筏爲一兩四錢。衣服、旗幟、軍器由官府給發。每旬中逢五日時，操練一次。沒有事的時候，仍然准許捕魚，有事的時候就要分哨守戰，以與陸團互相策應。如果有勾通外國寇匪、洩露軍情、潛爲引港者，殺無赦。當時，巡撫劉銘傳駐守臺北，也辦理團練，奏請林維源（一八四〇—一九〇五）爲團練大臣。各府廳縣設置總局，以名望紳士來管理，下邊再設立分局。各鄉設置團，劃爲一段，以保衛自己的家鄉，嚴密守望，詰問盜賊。此一制度相當良善。

乙未（一八九四）之戰，臺灣自主，以進士丘逢甲爲團練使，率領義軍，並辦理漁團。一時以青巾裹頭的軍隊崛起，手執戈、梃杖等兵器，效力前線，悍然而不顧死者比比皆是。然而，就像周代的蒼葛雖然高呼，但魯陽公等勇者沒回來，那也是無可奈何啊！

古時候的兵民是合一的，存在或滅亡都在一起，人民都是國家的軍隊，所以能夠有勇氣且知道義。從募兵開始，而兵與民分離了，兵丁是朝廷的兵丁、藩鎮的兵丁、強悍將領的兵丁，培養成自己的爪牙，以恣意當作鳥獸一樣獵取，而國家的威勢就此不振。如果想要重振威勢，應當採用民兵，效法久遠的三代，年代近的仿效歐洲，然後可以在天下爭取勝利。

師船

臺灣是四面臨海的國家，戰鬥和防守的軍事策略不在陸地上而在海洋上，所以治理臺灣的大多看重海防事務。

過去荷蘭人以夾板船的威勢，乘風破浪越過大海，在東方稱霸。後續而來的鄭氏也設置水兵的鎮營，駕駛乘風的船隻，輕慢戲弄著海上的波浪，彷彿踏在平地一樣。使得清廷人士不敢向南觀望，就是以遼闊無邊海洋的凶險，不能夠像是《晉書．苻堅載記》所記載苻堅攻打東晉時驕傲地說：「我們的士兵把馬鞭丟到江裡，都能把江水截斷。」鄭芝龍（一六〇四—一六六一）一向嫻熟海洋，在安平州（今福建省泉州市南安縣安海鎮）開設私人軍府，船艦直接通往內室。凡是要出大洋的海船，沒有得到鄭氏的令旗，就不能出海往來。每艘船隻依例繳納二千金，鄭芝龍憑此而富可敵國。延平郡王鄭成功（一六二四—一六六二）進入臺灣之後，也在當時建造巨型船艦，販運商品到東南洋而包攬商業利益。假使鄭氏不滅亡，整軍經武，就已經是海軍的強大國家了。而說到鄭氏滅亡的原因，是上天啊！

清人得到臺灣後，分為水師、陸路設置防汛。安平水師副將統率軍隊三營，有五十四艘戰船；澎湖水師副將統率軍隊二營，有三十三艘戰船；之後又添設淡水營水師都司，統兵五百，有二艘戰船；為了防備沿海之用。臺灣、澎湖各營的戰船，依例由全省廳員分別派遣修建打造。康熙三十四年（一六九五），改回內地州縣負責。還可以整理而不能駕駛的船隻，內地州縣調派人員辦理運輸工料，去臺灣興修戰船。等到按糧議派後，臺灣三縣也開始分別負責修築幾艘戰船。這不是特別庇護臺灣府縣，因為通過為內地各個造船廠人員眾多可以分力，人工、材料都很方便，不必麻煩載運，可以按約定日期完工。

先是康熙十三年（一六七四），兵部訂定各省的戰船，三年一小修，五年一大修。康熙二十九年（一六九〇），奏准沿海新造戰船之後，三年一小修，之後三年再一大修，又過了三年還可以使用的戰船仍然命令要大修，否則就要上奏說明拆除改造，改建為內河用的船隻。既然又上奏批准各省戰船到應該修改的年分時，以公文到達的日子開始計算，限定一個月領船，又一個月要估價上報兵部。回覆批准之後，應該以兵部公文到達日子開始計算，大修限三個月，小修限兩個月，如果超過期限的就要按例研議處罰。後來又上奏批准福建戰船均勻分攤給全省的道、府來監修。臺灣澎湖九十一艘戰船，應該由臺灣道臺衙門、知府衙門各負責十八艘，其餘戰船仍然劃歸內地分派。於是臺灣道臺、知府開始設立造船廠，採伐內山樟木，以作為船隻的材料。不久又劃歸回內地。康熙四十四年（一七〇五），再次歸屬於臺灣，而臺灣知府衙門修築加速，飭令和福州府分別修造。建議在兵部價格補貼運送費用外，每船再捐貼一百五十圓，繳交鹽糧廳負責代辦其中的一半，臺灣道員、臺灣鎮總兵、協營、廳縣等衙門共同襄助此事。之後又專門劃分為臺灣府衙門專門辦理，而臺灣道造船廠就停廢了。

雍正三年（一七二五），兩江總督查弼納（一六八三—一七三一）奏請設立造船總廠在通達江湖的地方，飭令調派道員來監督，領取銀兩來修造，又派副將或參將一員共同監督察看，致力於節約虛浮的費用。兵部價格不夠的銀兩，向來是由州縣衙門協協助補貼，仍舊按照舊例。皇帝的詔令也同意了。福建總督也上奏說：「臺灣澎湖的戰船，建議在臺灣設造船廠，委託命令臺灣道員和臺灣協副將督造。」於是各船也全部劃歸給臺灣造船廠，而臺灣道員和臺灣協副將的責任特別加重了。雍正七年（一七二九）九月，閩浙總督高其倬（一六七六—一七三八）上奏改為福建分別設立福州、漳州、臺灣三個造船廠，分攤修造戰船。而福州廠的經費由鹽驛支給，與泉道員承修海壇等營的一百三十三艘戰船，漳州廠由汀漳道員承建修造水師提標等營的一百零一艘戰船，臺灣廠的由臺灣道員負責修造臺協等營的八十艘戰船。之後增設泉州廠，由興泉道負責籌辦，而福州廠只命令鹽驛道員負責。

乾隆元年（一七三六），總督郝玉麟（？—一七四五）上奏說：「福建戰船，福州廠承修七十六艘，泉州廠五十三艘，漳州廠九十九艘，臺灣廠九十六艘。而臺灣廠遙遠阻隔層洋，很難均勻分攤。回顧臺灣自設廠以來，開辦軍工料館，沿山的樟樹都歸官有，南部的琅璚，北部的淡水，均委託軍工匠首。而軍工匠在砍伐樹木之外，私自包攬熬煮樟腦，而賺取利益。然而臺灣廠從數十年來，補貼比較少，工料價格日漸騰貴；修造戰船，到期難以完成。有的甚至脆弱，不能駕駛。歷任都將問題擱置，賠償拖累很困難。這是有修船的名義，而沒有用船的實際。」到了徐宗幹擔任臺灣道員，稟請變通船政。他提及：「在過去，劉晏有云：『成大事者不吝惜小費用。』設立造船廠的管理者，應當先使他個人費用沒有窘迫，則官方產品也就堅固完好了。這是古今相通的道理。過去臺灣的船工，道臺衙門、知府衙門有餘項，價格寬厚也容易完成，水師有口糧，物體堅固而不會腐壞，因此是一船得到一船的實用。

查造船廠所需的物資，有購自內地的，像是松杉、像是鐵、像是油、像是棕樹等類，都是由廈門港口商船佩戴交付臺灣造船廠，按規定不允許在民間私自販賣。造船廠用料有多餘，就發商匠領去販賣，而交易價格超過原來的價值。舊的船椗、船柁等物料，也有廠戶承領繳價，以補貼工料例價的不夠支付。如果有延欠相同存料，並在交案時作爲抵充。這樣對官方和私人都有好處的。日子長久了而利益的所在之處，弊端就萌生了。今移交冊內，臺灣道孔昭虔（一七七五—一八三五）、劉重麟（？—一八四五）、鄧傳安（一七六四—？）、平慶等四任流抵一萬多兩。周凱（一七七九—一八三七）、劉鴻翺（一七七八—一八四九）、沈汝瀚等任流抵至三萬六千餘兩，姚瑩、熊一本（一七七八—一八五三）兩任列抵廠料及匠欠有九千多兩，熊一本任內又抵存廈防廳工料四千餘兩。

其匠欠作抵，是以現存的款項作爲辦公的餘額，而以等待追回的款項作爲被懸抵的空帳。又各屬又有料差、有匠首承辦物料，由各澎船運送到造船廠，一向在差役中點派，有應交的公費，也是造船廠裡工需款項的補貼。如果害怕其會苛待百姓就裁革掉。那麼採伐物料，沒有專門的人負責，或者是有惡棍蒙混滋擾，危害會更大。

然而，官府有多餘的錢財，人民就少有窮困，利與弊各半，但時間長了就有弊而無利了。現今道府的存款有減無增，水師的出巡有名無實。應修與應造的船隻，按規定應由兵營駕駛至船廠。因爲港口道路不能通行，修船的人得以推卸責任，而官兵也樂於直接折價，虛報價格領收銀兩，便可搪塞過去。或是購買以彌補數額，就是補額也是兵丁販運而已。已修已造的船隻，按規定應由兵營領回駕駛。因爲港口不能夠安全停泊，駕船的人得到藉口，而工匠也樂於草率了事，埔岸高處而擱置，如何必須堅固呢？或是有的粉飾以準備驗收，就是驗收也是兵丁需費而已。因此物料的多餘存放越來越多，就是發給工匠領賣獲得利益。因此鋪匠的拖欠者更多，就以搬移居所折抵爲方便。領出販售的多而完繳的越來越少，所追者一半都是窮丐子孫。流抵多而存款越來越少，所墊付的人都寄存在重要款項。完繳的越來越少，而比追款項有沒有著落，就不能不問及擔保人。追擔保人不能不連累開商鋪的民眾。鋪民視爲畏怕的途徑，那就沒有接任充當的擔保人了。想從物料作爲補貼，不可能得到的啊。存款越來越少，而工需款項急切地催促，不能不取及軍工料差的造料。差役不能不連累匠首。匠首們都苦於沒有利益，而想要充任的人就沒有人了。這是想藉軍工料差作爲補貼，也是不可能得到的啊。這樣確實是不如不開港，不駕造船廠的好了。今天一旦努力糾正這些弊端，而正告他說：『有船一定會造，有船一定會修。』那麼回答說：『建造一定要如何才可以用，修理一定要如何才可以用。按照樣式而建造修理的。』又說：『不可能可以用的。就是用了這種船，而最後擱置也是沒有用的地方。』說：『不是不用的，建造不按樣式，修理不按樣式的。這確實是不如不修船，給他修理船隻的費用。不建造船隻而給他製造費用好了。』然而又不答應，說：『物料不能私自拿取，工匠也不能聽他們調度。就仍歸造船廠修造，然後下令水師的營官去監視工匠他們。』接受委任的人不過是千總、把總等武官。或是說：『這舊有物料不需要用，製作價格可以給我。』或是說：『這是新料不一定作用，製作價格可以給我的。』沒有辦法而由將官親自監督工匠，則工事皆有用了。然而已經建造的船，桅杆、船柁都已完了，駕駛不久就棄置的也有。已經修復的船，船帆、繩索都具備，領到不久就折價賣出的也是有的。就是不准他們棄置，不允許他們折價販賣，又沒有兵丁來守衛船隻，沒有火炮、兵械以充實；有兵丁了，有大炮武器了，沒有將官來統率，沒有糧餉以奉養家庭，想要工匠不變價也不能了，想要工匠不販賣也不能了。私人開銷窘迫，官方物件又如何能夠保全呢？將官就算知道也不能怎麼樣啊。數年而屆臨小修也是這樣，數年而屆臨大修也是這樣，又過了幾年屆臨拆造也還是這樣。其中有的船隻偶然遇到風暴，就說不能修理了，甚至說片板沒有留存，要修理也無可修理，就算要建造也是難以建造。長時間下來，檔案文冊上有船，但海上沒有船了。唉！海上沒有兵船，那麼海上都是海盜的船隻了。海上都是海盜船，那麼洋面上也就沒有商船了。商船絕跡而臺灣人民就危險了！現今海盜船漸漸以臺灣洋面作為逃亡的巢穴，因循時間更長，禍患就不遠了；勢必不能不趕緊起來改善了。

全臺原先設置及裁改，應共存九十六艘戰船。內臺協中營十九艘：內省造四艘，本年新拆造二艘，本年及來年已屆大修四艘，小修三艘，應修補三艘，又應歸臺灣府廠修補三艘。

臺協左營十四艘：內省造六艘，新拆造一艘，應修補一艘，屆大修一艘，小修二艘，又應歸府廠修補二艘，小修一艘。臺協右營十四艘：省造四艘，應修補二艘，屆大修四艘，小修二艘，應歸府廠修補二艘，小修二艘。

澎協左營十七艘：省造六艘，應修補二艘，屆大修五艘，撥府拆造二艘，大修二艘。澎協右營十六艘：省造一艘，屆大修十三艘，撥府修補一艘，小修一艘。艋舺營十四艘：省造四艘，應修補六艘，屆小修一艘，大修一艘，撥府大修一艘，拆造一艘。除省造二十五艘、新修補三艘外，未修、未補船隻尚有六十八艘。

大同安梭船新造實銷銀一千零五十兩，內支臺耗二百兩，實領布政司庫八百四十七兩零。拆造實銷銀六百二十八兩，支臺耗一百四十二兩，實領布政司庫四百八十六兩零。大修實銷銀四百七十三兩，支臺耗九十二兩，實領布政司庫三百八十兩。小修實銷銀三百三十七兩，支臺耗六十三兩，實領布政司庫二百七十四兩。中小同安梭船以次遞減。大號白底船新造實銷銀二千一百十二兩，拆造銀一千一百五十八兩，大修八百七十二兩，小修六百二十一兩。小號白底船又依次減少。按規銷賣的價格，實在艱苦不夠支應。如前所謂料價等無可津貼，則賠墊越來越多。

或是說：『請將道府兩廠應拆造修補的二十三艘回道府趕緊辦理，其餘屆限需要大修、小修的各個船隻，請劃歸臺灣鎮督察飭令水師將備負責，各歸各營領價負責修造，規定期限上報查驗。其他的物料仍由臺灣道廠支付，照規定價格在領取項款內扣收。臺協各營就在臺灣道廠興辦，由營員經理。澎湖、艋舺各營由該營將官督修，責成該廳根據實際情況調查報告，或是從臺灣鎮總兵委令的官員負責驗收；既可免除駕廠的延遲超過期限，又沒有領駕的一番周折。如屆拆造的時候，就把舊船折料運送至船廠，或是要修補的船隻，就由船廠動工，舊料不需要用再運送；那麼事情簡要而容易聚集，工程已分配而容易完成了。』或是說：『屆限要大小修的船隻，大半都不能修理。由於修造以後，大多擱置在海邊的埔地上，太陽曝晒、風勢猛烈，又是雨水浸淋，專責軍營承辦修造，仍然是有名無實，不如船隻一概全部由道府拆造，以大修二船、小修三船的費用，分別按大小號折物料價格來添補，改爲新造一隻，或許可以工程回歸實在。』於是原先設置的數額不符，另外在籌議造補。其實照原額實際上準備一半，就已經足夠應用。其餘就是補足，也沒有軍隊沒有武器，只不過是虛設而已。

或是說：『拆造修補的船隻，建議全部劃歸省船廠負責興辦。規定價格不夠支應，就由道府將拆除後的物料變賣套現，再另外去籌款，劃歸省局負責，再配渡到臺灣。後來大修、小修的船隻仍然劃歸兵營來承辦。』物料大多需要在內地採辦，海盜船隻不停歇，商船日漸的稀少，物料不能持續配渡來臺灣，還不如就在省城製造方便。需要在臺灣的物料只有樟木而已，回班的兵船就可以帶上運送回省城。如果如此所謂的發料、僉差等諸項弊端有損於地方的，也不過是大修、小修的費用。奮力即不能革除，但也可以略微減輕了。如果按照原來的方式仍由臺灣船廠修辦，所有廈門口岸的物料也必須由商船、哨船共同運送，才能無誤工作需要。選擇在這三者而變通施行，是全臺灣的福分。明代戚繼光（一五二八—一五八八）說：『軍事工程應當由武官擔任，而不應該任用文官。航海交給打漁的人，而造船交給木匠，他們有何利害關係而勞苦來經營。加倍以賠償添補，不過是苟且敷衍而已，沒有添補國家。』佟鳳彩（一六二二—一六七七）說：『工料本來昂貴，給錢不夠支應，雖然製造成器具，總是屬於沒有用的物品，所謂珍惜小事貽誤大事，其危害無法盡言。』由此看來，臺灣一地的船工，責成水師大員的賢能的人，而厚給其價值，這是上策。不然，因襲做法傳下來，形成習慣，徒然浪費國家帑項，而海洋的防務只有虛名，商民的傷害是小問題，這是可以爲他們深長地嘆息啊！」又以廠道的淤塞，不方便船隻出入，選擇地點在小西門外以南的地方，建築船塢，中間開一條港道，到三鯤身入海，合計花費二千多圓。

然而，從海上通商以來，輪船鐵艦縱橫海上，而舊式的船隻不值得一看了。法軍的戰事，臺灣道員劉璈駐守臺南，以臺灣澎湖四面都是海，既不能夠戰鬥，防守又不行，稟請南北洋大臣分別派遣戰船來援助。但沒有被接受。事平之後，劉銘傳整頓海防，於是購置輪船，以提供郵傳事務，但是還不能籌建艦隊，則是財力限制的原因。然而自此以後海戰形勢因此改變。

炮臺

明代的時候，海上邊疆較多亂事，明廷開始駐守澎湖。澎湖是臺灣的外地府署，群島錯落而立，風浪洶湧澎湃，船一觸及就會破碎。所以管理臺灣的官員重視澎湖一地，而媽宮城爲澎湖的樞紐。萬曆二十五年（一五九七），增設遊兵；萬曆四十五年（一六一七），又再增加衝鋒遊兵；左右分別設置小城，安列火銃以防守，稱爲「銃城」。天啓二年（一六二二），荷蘭將領高文律（Christiaen Francx）趁著戍兵人少單薄，以十幾艘船隻攻入澎湖，就占據了。順著山勢築城，環海作爲城池，乘風破浪長驅攻入，殘害漳州、泉州。總兵俞咨皋驅逐荷蘭，於是收復澎湖，修築城池在暗澳，高度爲一丈七，厚度一丈八，東、西、南各開闢一個城門，北方則設置炮臺，內部修蓋衙門屋宇，建置營房，鑿挖井水，進駐兵丁，以控制媽宮。媽宮的左邊是風櫃山，高度七、八尺，荷蘭人在其中挖鑿，堆壘土塊如同城牆，將其毀壞，分撥軍隊來守衛，與案山、西垵等地形成犄角之勢。東邊爲蒔上澳、豬母落水，是南方的要衝，過去有水師戍守該地，也修築了銃城，以防止被橫向突擊。西邊爲西嶼，北邊爲北山墩，又往北是太武，稍低一點的地方是赤崁。沿著港口而進去是鎮海港，壁壘城池在裡面，以扼守海上通道。澎湖的防守大略如此。

荷蘭人既然進入臺灣，就在一鯤身築城，就是炮臺，稱爲「熱蘭遮」，臺灣人稱爲「王城」。

城池基方範圍二百七十六丈六尺，高度三丈多，城有兩層，用大磚調油灰共同搗製而成，城牆用鐵釘子，所以非常堅固。城上有瞭望亭可以遠眺。上層建築縮進去一丈許，設置三個城門。城的東邊有嵌空幾處，有曲洞幽宮。四角向旁伸張，設置二十座火炮。南北兩處有圓井，下入於大海，從城上打出來，水非常的清涼，可在城上汲水，以防止火攻。設置十座火炮，都是重達千斤的。而北邊環繞城牆的是外城，形狀極其雄偉，有駐兵防守。在靠城的一樓，房屋的梁椽堅硬偉巨，有機動車臺，可以攜帶重物往上，也設置了幾尊火炮。內城的北面，下方開闢了水門，彎著腰可以進入，石階道路曲曲折折，下面有地下室，高度寬度各一丈餘，長度有數丈，曲折轉彎從旁邊出去。靠近大海的地方又有一個洞，內部藏有鉛彈。城池的險要堅固大約如此。

荷蘭人建立行政衙署在城堡其中，以鎮撫百姓和原住民。在城堡的外面是大海，水路彎曲迂迴，有鹿耳門拱衛城堡，再輔佐以水師戰船，而內部和赤崁樓互成犄角之勢。赤嵌樓在鎮北坊，就是現今的海神廟，也是炮臺，建立於永曆四年（一六五〇），荷蘭人說的「普羅比熱蘭遮」，大概是說「攝理」的意思。堆壘土磚爲城牆，土磚堅硬的像是石塊，周長二十五丈三尺，上面有放置巨炮。南北兩方，有突出來的瞭望亭。樓高三丈六尺多，建築物富麗堂皇、拔地凌空，聲勢浩大、四通八達。樓下有一個洞，曲曲折折宏大幽深。右邊挖一個洞穴，左邊淘了一口井。前門的左邊又有一口井，可以俯瞰整個街市。當時，荷蘭人的政策和法令，南至打鼓，向北到達諸羅，而蚊港是北方邊區來此貿易的港口，猴樹港、鹽水港、茅港尾諸水匯合於此。港外是青峰闕，荷蘭人建築炮臺以駐守，規制如同城池，內部有挖一口井，有水師巡邏於此。隨後又把西班牙人驅逐而占據他們的土地。雞籠、淡水分別占據炮臺，以掌控東洋貿易，一時間沒有人敢和他們對抗。

延平郡王鄭成功攻克臺灣後，在赤崁城居住，改名「安平」。永曆十八年（一六六四），繼承王位的鄭經視察澎湖，命令修築堡壘。左右邊各建炮臺，有煙墩互相觀望，以薛進思、戴捷、林陞（？—一六八三）駐守此地。永曆十九年（一六六五），聽聞施琅（一六二一—一六九六）上奏疏請討伐臺灣，洪旭說：「以前的荷蘭人失守，依靠臺灣的火炮、憑藉臺灣的港道，而不防備澎湖，所以我們先王鄭成功可以一舉拿下。澎湖是東寧的門戶，沒有澎湖就沒有東寧。現今應該建築安平炮臺，附加上炮船，扼守鹿耳門。另外派遣一個將領鎮守在澎湖，嚴軍固守，以等待他來。」鄭經許可了這個建議。永曆三十六年（一六八二）春季，施琅出兵作戰於海上，繼承王位的鄭克塽（一六七〇—一七〇七）以劉國軒為正提督駐守澎湖，修理各座堡壘，環狀興設炮城，率領軍隊以防守。激烈交戰之後，失敗而投降。

清人得到臺灣後，以安平為臺南府城的要塞，駐紮一員水師副將，有三十座炮架，十九尊炮臺，四十三處烽火臺，以作為沿海的防守。而鹿耳門也設立炮臺，作為安平的屏障。彰化是臺灣北路的要衝，八卦山在彰化的東面，可以俯瞰彰化縣城，八卦山戰敗城也就跟著被破，所以在八卦山修建炮臺，駐紮軍隊鞏固防守，以為了保護此地，就是所謂的「定寨」的地方。高度可以遠望大海，然而一有戰事，八卦山就會被占據，匪逆反而移動炮臺來攻城，所以建議毀棄。鹿港是彰化貿易往來的港口，乾隆五十四年（一七八九），設置一員水師遊擊，北起大安，南至海豐，分別建設炮臺，以汛兵守衛之。當時天下太平無事，所以要防範的對象，就是海盜而已。通商以後，西方勢力逐漸東來，夾板船和輪船，在海面上爭取勝利。一旦開啓爭端，臺灣沿海各地嚴密防備，而舊式的大炮，力量不足以到達遠處，火力不足以穿洞，拱手讓給別人，最後都全軍覆沒。同治十三年（一八七四），福建船政大臣沈葆楨視察臺灣，上奏修築安平、旗後各炮臺，仿照西洋款式。法軍戰役之後，巡撫劉銘傳奏請辦理海防事務。光緒十二年（一八八六），動工改建，新向英國購買三十一尊設置鋼鐵後膛炮和加農炮以配給到各尊炮臺，合計費用六十四萬九千餘兩。光緒十四年（一八八八），再次聘請德國工程師，重新建造基隆炮臺，形狀極其堅固，而且訓練炮兵來演習放炮。炮臺、士兵之外，又設置水雷營，也是攻守的利器。臺灣海防於是逐漸完備。然而有這些器具也一定要有會用的人，然後才可以獲得成果，否則非但沒有用，形同借武器給敵寇，送糧食給盜賊，更是成爲覆亡的硬傷。可悲啊！

鄭氏澎湖炮臺表

序號	炮臺名稱
一	媽宮島嶼（今澎湖縣馬公市）上下炮臺兩座。
二	風櫃尾（今澎湖縣馬公市風櫃里）炮臺一座。
三	四角島嶼（今風櫃尾半島西北約三百五十公尺）炮臺一座。
四	雞籠嶼（今風櫃里西方約八百公尺）炮臺一座。
五	東西嵵裏（今澎湖縣馬公市　里里一帶）炮臺四座。
六	內、外塹（今澎湖縣西嶼鄉內垵村、外垵村炮臺兩座）。
七	西嶼頭（今澎湖縣西嶼鄉外垵村一帶的山炮臺兩座）。
八	牛心灣頂（今澎湖縣西嶼鄉東側內海沿岸炮臺一座）。

清代臺灣炮臺表

序號	炮臺名稱
一	鹿耳門炮臺：在安平鎮的西邊，濱臨大海。回歸清廷之後，建築炮臺。後來因爲海水氾濫，炮臺逐漸沉沒。
二	安平小炮臺：在安平鎮的南角，古時候就建造的大炮臺，後來逐漸停廢。

三	安平大炮臺：在安平鎮的南角，距離臺南府城有六里遠。同治十三年（一八七四），沈葆楨上奏請建造，光緒元年（一八七五）十一月完工。中間鑿了一個大池，土溝的外面有壕溝，有海水流進去。建立大炮五座、小炮四座，以水師副將統領炮兵三百名防守，題名為「億載金城」。[41]
四	打鼓炮臺：在鳳山縣的西山，濱臨大海。後來又增建旗後炮臺，以互為犄角同時存在、相互支援。
五	旗後炮臺：在鳳山縣城的西邊，與打鼓山相互對峙，這是貿易通商的進出口，中間開闢港道，輪船可以出入。光緒元年（一八七五），聘請英國工程師建築而成，結構宏偉堅實強壯，中間放大型大炮，並以士兵防守。
六	東港炮臺：在鳳山縣城的西南方，兩岸相距三里多，水深一丈有餘，福建和廣東的商船不時就來這裡做生意。同治十三年（一八七四），沈葆楨奏請建造，建立炮臺十尊，駐紮士兵五百人，已經廢除了。法軍一戰，再駐紮士兵二百人，以阻止法軍的南侵。
七	青峰闕炮臺：在嘉義的西南邊，距離嘉義縣城有六十里，蚊港的進出口，荷蘭人所建造的，因年久而坍塌毀壞，大炮也被海水泡爛了。嘉慶十年（一八〇五）蔡牽一役，金門鎮總兵王得祿就在附近再建築炮臺三座、烽火臺三座、望樓一座，任命安平水師協營守備一名、千總和把總各一名，和兵丁一百八十名防守。如今已經坍塌毀壞。
八	鹿港炮臺：距離彰化縣城二十里，西部濱臨大海，乾隆五十四年（一七八九）所建造的。如今已經坍塌毀壞。
九	水裏港炮臺：在彰化縣城西北面方圓二十里的距離。過去是貿易的進出口，港道長期淤塞，炮臺已經坍塌毀壞。
一〇	三林港炮臺：在彰化縣西南四十里見方的距離。港道長期淤塞，遷移水師兵營到番挖，炮臺已經坍塌毀壞。
一一	海豐港炮臺：在彰化縣西南七十里見方的距離。港道長期淤塞，水師兵營移到宗元港，炮臺已經坍塌毀壞。
一二	大安港炮臺：在苗栗縣城的西邊，過去屬於淡水廳，是貿易的進出口；港道已經淤塞，炮臺已經坍塌毀壞。
一三	滬尾炮臺：在臺北府城的西邊，這是貿易通商的進出口，他們的勢力控制北方邊區。光緒二年（一八七六），開始建造炮臺。法軍一戰，嚴密把守險要進行防禦。到了臺灣巡撫劉銘傳又加上修建，建立炮臺十一座，題名為「北門鎖鑰」。

41 峻工日期應為光緒二年八月，另有小炮六尊，炮兵二百七十二名，其餘皆是洋槍隊。鄧孔昭，《臺灣通史辨誤》，頁一六九—一七〇。

一四	基隆炮臺：基隆為貿易通商的進出口，古時候就設有炮壘。光緒二年（一八七六），改為建築炮臺來防守，法軍戰役時期遭受到破壞。光緒十四年（一八八八），仿照造西式炮臺重新修建，放置鋼鐵大炮。
一五	媽宮炮臺：在澎湖廳城的北方。古時候就設有炮壘，並附帶有水師戰船。光緒元年（一八七五），改成建築炮臺。十三年（一八八七），劉銘傳用檄文命令吳宏洛修建，駐紮重兵以扼守海道。
一六	大城北炮臺：在媽宮城北方的十里，光緒元年（一八七五）建造，光緒十三年（一八八七）修建，駐兵一千五百名，這是媽宮炮臺犄角共存、互相支持援助的位置。
一七	西嶼炮臺：在媽宮城的西邊，過去建造炮臺在外垵，光緒十四年（一八八八）另外又建立在內垵，可以俯視鳥瞰大海，駐兵一千五百名。
一八	桶架澳炮臺：古時候所建造的，如今已經停廢。

卷十四　外交志

連橫曰：鴻濛之世，各君其國，各子其民，閉關自守。固無所謂外交也。然當春秋之際，禮樂征伐自諸侯出，齊、楚、秦、晉迭為盟主，而鄭以一小國介立其間，聘問往來，不失其宜。孔子曰：「子產有辭，諸侯賴之。」信乎賢者之有益人國也。臺灣當鄭氏之時，彈丸孤島，拮抗中原，玉帛周旋，蔚為上國。東通日本，西慴荷蘭，北結三藩，南徠呂宋，蕩蕩乎！泱泱乎！直軼春秋之鄭矣。嗣王沖幼，左右失人，叛將倒戈，而臺灣乃不國焉。清人撫有，時會變遷，東漸之機，隨流而靡。而內外臣工猶欲以丸泥塞之，多見其不自量爾。夫塞之愈堅則衝之愈力，衝之愈力則破之愈大，而臺灣外交乃無往而不敗也。夫古今異勢，強弱殊形。弧矢之利，不可以禦堅炮；舟車之速，不可以競飛船。賢者審之，智者用之。苟非整軍經武，國殖民興，未足以言外交也。德宰相俾士麥曰：「世界無公理，唯鐵血爾。」故以其言，而大小是併，優劣是食。外交之敗，至於滅亡者，何可勝道？悲夫！語曰：前車之覆，後車之戒。余故採其得失者著於篇，以為興亡之鑑焉。

日本聘問

日本與中國為鄰，唇齒之國也。明亡之季，士大夫之東渡者，絡繹於途。而鄭氏復有渭陽之誼（典故出自《詩經》，用以表示甥舅情誼），往來尤繁。當成功之起師也，遣使往聘，致書德川幕府曰：「洲同贍部（贍部洲為佛教《阿含經》所說是人類居住的地球），就一水以判東西；境邇蓬萊，連三島而橐（ㄊㄨㄛˊ，袋子，指蘊含）天地。域占為雷之位，光拂若木之華。百篇古文，早得嬴秦之仙使；歷代列史，並分上國之車書。道不拾遺，風欲追乎三代；人重然諾，俗更敦於四維。恭維上將軍麾下，才擅擎天，勳高浴日。鑄六十五洲之刀劍，雌雄為精（古人認為刀劍如干將、莫邪分雌雄）；服五百一郡之版圖，礫沙皆寶。文諧丹府（丹府，赤誠之心），屢有表使至金臺（金臺，尊稱幕府將軍）；釋輔儒宗，再見元公（隱元禪師）參黃蘗（ㄅㄛˋ。黃蘗，又作黃檗，指日本佛教的黃檗宗，隱元禪師為開創者）。雖共臨乎覆載，還獨奠其山河。成功生於日出，長而雲從。一身繫天下安危，百戰占師中貞吉。叨世勳之賜李（唐初名將徐世勣，因功被賜姓李），恩重分茅（天子賞賜土地給貴族稱為分茅）；效文忠之祚明（李文忠投靠朱元璋，後為明朝開國功臣），情深復旦。馬嘶塞外，肅慎不數餘兇；虜在目中，女真幾無剩孽。祇緣征伐未息，以致玉帛久疏。仰止高山，宛壽安之在望；溯洄秋水，悵滄海之太長。敬勒尺函，稍伸丹悃（ㄎㄨㄣˇ，至誠的心）；爰齎（ㄐㄧ，贈送）幣篚（ㄈㄟˇ，盛物的竹器。幣篚，指錢幣，而是禮物的代稱），用締縞交（縞紵之交，《左傳》典故，用以表交情篤深）。舊好可敦，蒼鳥（此處蒼鳥應指青鳥，乃雙方往來信使之意）使於今復往；中興伊邇，丹鳳詔不日重來。文難悉情，辭不盡意，伏祈鑒照，無任翹瞻（仰盼）。」幕府受之。永曆三年，復遣使乞師。寓書曰：「大明龍興三百年，治平日久，人遂忘亂。韃靼乘虛而破兩京，神州悉污腥羶。成功深荷國恩，不敢坐視，故渫血（應作「喋」血，指殺戮多踏血而行）以報讎為念。徘徊閩、浙之間，以義感人，從者頗眾。然孤軍懸絕，千辛萬苦。中心未遂，日月幾何。成功生於貴國，仰望實深。今際艱難之時，願貴國憐之。乞假數萬之兵，則感義無限矣。」是時日本方行鎖港之策，文恬武嬉，不欲有事國外，幕議不可，唯時餽軍糈（ㄒㄩˇ，糧食）以助之。及克臺後，日人之在臺者，禮之有加。二十年，忠振伯洪旭以商船販日本，購造銅炮、刀劍、甲冑之屬，並鑄永曆錢。

二十八年夏，為三藩之役，經至思明，命兵都事李德東聘，再作兵鑄錢。而日本亦歲以寬永錢相餽，貿易繁盛。及鄭氏亡，德川幕府亦嚴鎖港，往來遂絕。初，成功歸國後，弟七左衛門襲母姓為田川氏，留居長崎。

呂宋經略

初，羅馬神甫（甫、父通用）李科羅布教廈門，成功延為幕客，軍國大事時諮問焉。克臺之翌年，召之來。春三月，命赴呂宋，勸入貢，而陰檄華僑起事，將以舟師援也。既至，呂宋總督禮之。華人聞者，勃勃欲動，蓋久遭西人殘暴，思殲滅之，以報夙怨。事洩，西班牙人戒嚴。五月初六日，以騎兵一百、步兵八千，分駐馬尼拉。凡華人商工之地，皆毀城破砦（砦，通「寨」，村莊），慮被踞。而華人已起矣。鏖戰數日，終不敵，死者數萬，多乘小舟入臺，半溺死，成功撫之。而呂宋仍俶擾（俶音ㄔㄨˋ，開始。俶擾，擾亂），又慮鄭師之伐也，遣使隨李科羅入臺。諸將議討之，未成而成功病革矣。二十年秋八月，呂宋總督遣使貢方物，且請傳教。勇衛陳永華不可，命以中國之禮入覲，申通商之約。於是販運南洋，遠至安南、暹羅、噶拉巴，海通之利，國以日殖（生長孳息，指發展繁榮）。二十六年春正月，統領顏望忠、楊祥請伐呂宋，以為外府。侍衛馮錫範不可，曰：「呂宋既已入貢，修好往來，今若伐之，有三失焉。師出無名，遠人攜貳，一也。殘擾地方，得之無用，二也。戍兵策應，鞭長莫及，三也。且自頻年以來，歲幸豐稔，民樂其業，豈可復興無益之兵？」議遂止。三十七年夏六月，清軍破澎湖。諸將以臺灣勢蹙（ㄘㄨˋ，緊迫），不可居，議全師取呂宋。建威中鎮黃良驥主其議，中書舍人鄭德瀟力贊之，出呂宋地圖，指示險要，曰：「諸島之中，惟（惟，通「唯」）呂宋待我國人最無禮。先王在日，每欲征之，以雪我中國人之恨。然因開創，至世藩業已興師，乃接耿藩之變，遂移兵過廈，而事又止。呂宋之兵不過千有餘人，所恃者城上之大炮而已。自西班牙竊據茲土，於茲已百四十餘年。我漳、泉人積骸（骨骸堆積，指犧牲）其地者，何啻數十萬？羈魂厲魄，痛恨何如。夫積怨者神人所共憤，而叢（聚集）貨者興盛所取資也。呂宋富饒甲諸國，今之積於公班巴禮（巴禮僧，傳教士）者數十萬，是皆昔所誘惑愚昧死而括藏之物。天下安有久積而不散，虐侮而不復之理？又安知非天鐍（ㄐㄩㄝˊ，即鎖，此為使動用法）其藏，以待興王之探取耶？故以議取呂宋者為上策。」提督中鎮洪邦柱願為先鋒，正總督劉國軒以為不可。馮錫範詰之，國軒曰：「呂宋非不可取，顧當取之於無事之日。今清兵已迫，救亡不暇，尚何能勞師遠襲？若事機一失，進退兩難，則滅亡隨之。」克塽猶預，遂降清。南征之議，至今無有道者。

英人之役

清人得臺之後，閉關自守。中葉以來，外患漸迫，而英人始啓其端。初，英人以販運阿片，為害酷烈。道光十八年冬，詔以林則徐督兩廣，嚴旨禁煙，犯者死。並燬阿片一萬三千六百餘箱，以絕禍源。英人不服，調艦至廣東，索賠款。於是開戰。臺灣戒嚴。兵備道姚瑩具幹才，得民心，與總兵達洪阿共籌戰守之策，增築炮臺，嚴海防，故英人不能得志。二十年夏五月，英艦窺鹿耳門，官兵擊之。詔以水師提督王得祿移駐臺灣，協同勦辦；已而廈門失守，警報頻至，官民又悉心禦侮。姚瑩赴南北，集紳耆，練義勇，以其半任調遣，凡四萬七千一百有奇（ㄐㄧ，餘）。而漢奸之來臺勾結者，輒捕斬之，故無內患。二十二年春正月十三日，英艦數艘至大安港；遙見岸上兵民堵立，將駛去，突觸暗礁。開炮擊之，船破，獲英兵二十、印度兵百六十五、大炮二十門及鎮海寧波營中之物。三月，英人調艦十九艘，大舉來犯，並結海盜，又破之。詔晉姚瑩布政使銜、達洪阿提督銜，各世襲輕車都尉。然英艦猶以時至，遊弋南北。八月，一艦將入旗後，知有備，乃北去。十四日，犯淡水，卻之。十八日，復窺雞籠，參將邱鎮功調守備許長明、歐陽寶等禦之。淡水同知曹謹委澎湖通判范學恒巡沿海，知縣王廷幹偕艋舺縣丞宓維康駐三沙灣炮臺，英艦將入口，發炮中之，桅折，觸礁而沒，又獲英兵。九月復至，再破之。自是不敢窺臺灣。然閩、浙、粵三省，均被侵擾，清廷命大臣與和。是秋，江甯款成（江甯即南京，指鴉片戰爭戰敗簽訂《南京條約》），換捕虜，而臺灣所獲印度兵已於五月奉旨處斬，唯以英兵歸之。英領事璞鼎查遂訐（ㄐㄧㄝˊ，告發）臺灣鎮道妄殺遭難兵民。江蘇主款者及福建失守文武忌臺灣功，蜚語沸騰。欽差大臣耆英遂據閩人故總督蘇廷玉、提督李廷鈺二人家信，劾姚、達罪。詔飭福建新督查奏。新督至臺，查案卷，則姚、達所奏，皆營廳及紳民稟報，無冒功事。然為款故，強令鎮道引誣，以謝英人。將逮至京，兵民洶洶罷市。姚、達溫語勸解，新督亦旋告病，以劉鴻翔代之。臺人乃訴其冤，乞奏白。鴻翔據原稟送軍機處，始知其枉，旋起用。而英船亦屢至臺灣。二十八年，兵備道徐宗幹著防夷之書，頒發人民，而臺人亦立禁煙公約。咸豐十年，詔開安平、淡水，准與英人互市，景教（基督教）隨之以入。民教之間，輒相反目，語在〈宗教志〉。同治七年，英人米里沙至蘇澳，娶番女為婦，謀墾南澳之野。噶瑪蘭通判遣人止之，不聽。且曰：「臺東非中國政令所及之地，故不得視為中國版圖。」芸（耘）稼如故。兵備道商之英領事，不聽。已而米沙里赴噶瑪蘭，途次溺死，其事始息。越明年，而有安平之役。

初，英人以建領事館購地故，與居民齟齬（ㄐㄩˇ ㄩˇ，不合）。未幾領事失物，照會有司捕盜。而有司未悉外情，人民之排外者又每僨（ㄈㄣˋ，敗壞）事。疊生交涉，大小十八起。英領事吉普理每詰責，不答。吉普理怒，稟報香港總督，派艦要挾，將以愓官民也。九月，英艦三艘至安平，泊港外。吉普理登艦，語以故，突開炮擊岸上，彈落海畔，居民大驚，相率走。越日，安平副將江國珍稟鎮署。總兵劉明燈（ㄉㄥˋ）聞警，帥軍駐岸上。武弁蕭瑞芳止之，曰：「英人以炮擊我者，非欲出於戰，先聲而奪我爾。卑職頗知洋情，願掉三寸舌，說之釋兵。彼如不聽而擊之，則曲在彼矣。」從之。瑞芳至英艦，反復命，且曰：「艦將聞江協戎（江國珍）威名，願一見。」明日，艦將果至，國珍饗之，談釋兵事。既去，瑞芳曰：「洋人重信。彼艦既願出口，而我軍仍陣岸上，彼將謂我失約。」明燈檄所部歸營。是夜，瑞芳晤國珍。二更許，見白光一道自海沖霄。國珍驚問曰：「胡為者？」曰：「火號也，艦將出口矣。」遽辭去。而英兵已駕小艇上陸，圍協署。國珍倉皇失措，歎（歎，通「嘆」）曰：「豎子誤我！」踰牆匿民家。英兵大索不得，毀食局。居民自夢中驚起，鼎沸澈夜。旦日，報國珍自戕死、英兵始去。郡中聞變，人心洶洶。鎮道會議媾和，無敢往者。紳士黃景祺慨然行，介許經秋為譯人。吉普理索償款，先以四萬金為押而後見。景祺家固富，飭人舁（ㄩˊ，裝載）與之。及見，吉普理多要求。經秋大辯論，據理與爭。吉普理亦慮結怨紳民，則通商不利，乃許釋兵。

先是，郡紳許廷勳與英人合辦腦務（腦務，樟腦業務）。吉普理初至，賃其家以居，迭為賓主。既與從兄廷道以分產故，控於官，案懸未結。廷道以他罪下獄，廷勳亦腦業失利。及英艦來，吉普理索償款，並列其事；於是有言廷勳通英者。廷道之子揭其事，且言炮攻安平，廷勳示意也。兵備道曾獻德驟稟總督，上奏，命嚴辦，而英人力庇之，事平始出。英艦既去，吉普理以金歸景祺。官民頌其功。廷議以臺灣道不善外交，解獻德職。而英政府亦召回領事，且治艦將啓釁（ㄒㄧㄣˋ，挑釁）之罪。唯瑞芳以功擢安平副將。瑞芳，廣東人，姓蘇，名阿成，刺舟（撐船，划船）為業。廣東之役，為英人間諜。總督葉名琛之劫，亦從行。乃改姓名，以賄得武弁。國珍之死，瑞芳實與謀。越數年，怒鞭從卒。洩之。曾（應作「葉」）、江之子憤父仇，合籲於廷，詔斬於臺。英領事聞之馳救，已懸首道轅（官署）矣。

美船之役

臺灣生番久屬化外，殺人為雄。航海遇風，或至其地，輒遭害。而番政措施未得其宜。故每出交涉，幾危臺灣者數矣。

先是咸豐八年，英國商船西爾偏篤號遭風，破於鳳山縣轄之枋寮，遇番出草，被殺虜，逃者僅數人。十年，普國軍艦優爾麥號至其地。艦兵上陸獵，途次遇番，相鬥。艦長發炮擊，始入山，然不能永懾也。南方之番為科亞爾族，分處瑯琦一帶，地險族強，未服政令；而守土官又畏事，莫敢討。故為害尤烈。同治六年三月初九日，美國商船那威號自汕頭出帆，遭風，至臺灣南岬，觸礁沒。船長馬西德率所部乘小艇至瑯琦，上岸，為番狙擊，皆死。水手某，廣東人也，伏草中得免，西走數百里，至打鼓，告官，為達英領事。英領事電報北京公使，轉語美公使。美公使聞之，即向政府交涉。時英軍艦優爾摩厲德在安平，管帶甫魯道聞之，趣至其地，索美人，欲拯救之。二十六日上陸，又受番狙擊，莫能往，乃歸打鼓，赴廈門。初、美公使照會政府，請討生番，以保航路。政府答以番界非臺灣政令所及。美公使即報其國，派兵討。六月，水師提督彼理率軍艦二艘，兵百八十有一人，以十九日至番地。番拒戰。副提督馬特西節沒焉。美軍大敗，退艦中。是地為南鄙僻遠之域，山峻谷險，荊棘叢生。而科亞爾族尤悍，四出屠殺，敗則竄入山，據險莫破。彼理報其國，美政府必欲懲之，乃與臺灣鎮道議合討。九月，臺軍與美軍偕行，以領事李仙得主其事。至柴城，臺軍不盡力。李仙得亦知戰未必勝，不如說降。乃率通事入其社，從者五人。見番酋，為琅璚八社之最強者，責以妄殺遭難之罪。酋謝不敏，置酒款，並歸船人之顱，立誓和好。謂此後苟有漂至者，如須供其不足，可舉紅旗為信。事畢始歸，而琅璚平地生番遂無再害外人之事。

牡丹之役

美船遭難之後，越六年，而有日軍討番之役。先是同治十年春三月，琉球商船遇颶，至臺東八瑤灣，為牡丹社番劫殺五十四人。牡丹社者，南番之悍者也。十二年，小田縣民四人又遭害。於是日本政府欲興問罪之師。然以生番隸臺版籍，未可遽往膺懲（懲治、討伐）。時副島種臣為全權公使駐北京，日廷命交涉，且質番地主權。種臣遣副使柳原前光詢總理衙門。答曰：「番人殺害琉民，既知其事。若殺貴國人，則未聞。然二島俱我屬土，屬土之人相殺，裁決在我。我恤琉人自有措置，何預貴國而為過問也？」前光力爭琉球為日本版圖，且證小田縣民遭害狀，曰：「貴國既知恤琉人，而不討臺番者何？」曰：「殺人者番，故且置化外。日本之蝦夷亦不服王化，此萬國所時有也。」前光曰：「生番殺人，貴國舍而不治。然一民莫非赤子，赤子遇害而不問，安在為之父母？我邦將往問罪，以盟好故，使使者先告。」反覆論辯，累日不決。前光歸白狀（白狀，投訴書狀）。

初，鹿兒島縣參事大山綱良奏請討番，和者四應。參議木戶孝允力爭不可，以為「內治未修，遽生外釁，勝敗固未知，而縻餉損兵，已先苦累吾民，豈為國家之福，且適以速禍爾。臺灣不過東海一撮土，蠻夷好殺，其性使然。今以橫殺琉人之故，遽往伐之，豈足以揚國威？夫琉人雖已內附，其意半在中國。常聞其人所言，日本父也，中國母也，持其兩端，固為弱國之常。則我之待其人，自有緩急之別。夫内國為本，屬土為末，先末後本，決非長治之計。」種臣主戰，日廷從之。十三年春正月，置臺灣番地事務局於長崎，以參議兼大藏卿大隈重信主之。命陸軍中將西鄉從道為番地都督，陸軍少將谷干城、海軍少將赤松則良為參軍，率兵赴臺。陸軍少佐福島九為廈門領事，兼管番地事務。別延美國人李仙得為參謀；仙得前為廈門領事，番地論起，聘為顧問，以助理交涉者也。四月，從道率海陸軍發品川，傭英、美兩國船為運，旋至長崎。美公使先執局外中立之例，並飭廈門領事捕李仙得。英公使亦言中國必生異議。於是日本内閣遲疑，遣權少内史金井之恭傳内旨於長崎，令重信止軍行，且歸京。重信告從道，不奉命，曰：「近日朝政不定，令人危疑。況召集精銳，駕馭一失，誤潰四出，禍且不測，豈止佐賀之比。必欲強留，從道請奉還敕書，躬自擣醜虜巢穴，死而後已。苟中國果異議，朝廷目某等為亡命；則咎之乎何有？」重信電報狀，朝議大憂。簡内務卿大久保利通赴長崎，從道卒不聽，乃戒毋戰，以待後命，而攜李仙得歸東京。五月初二日，日進、孟春、三國等艦發長崎。初五日，至社寮港，上陸，移陣龜山。尋遣輕兵深入。牡丹番伏莽擊，日兵少卻。越二日，以熟番為導，進攻竹社、風港、石門。從道適乘高砂艦至。二十有二日，參謀佐久間、佐馬太自率兩小隊，攻破石門之險，陣傷番酋，諸番多納款，退守龜山，建都督府，設病院，修橋道，為屯田久駐計。當軍發之時，復遣柳原前光赴北京，領事福島九成至廈門，亦以書告閩浙總督李鶴年曰：「臺灣番界之事，昔者副島大使既告貴國政府，今我國將興問罪之師。若貴國聲教所暨，則秋毫不敢犯。疆場密邇，願毋騷擾。」鶴年答曰：「臺灣，我之境土。土番犯禁，我自處置，何假日本之力？請速收軍出境，毋啓二國之釁。」並白其事於朝。而總理衙門已先出奏，命船政大臣沈葆楨帥師視臺灣。前光至北京，與總理衙門辯論，辭旨牴牾，勢將構兵（構兵，出兵交戰）。中國官民多主戰，江蘇布政使應寶時著論尤烈，其言曰：「日本藉詞搆（挑起、引起）釁，闖入我邊地，虔劉（殺害）我番民。中國欲全舊好，據理與爭，不遽用武，並許為之建造樓塔，保護商船，可謂寬大極矣。詎料彼以虛言款我，久踞番社，誘脅番人。群番迫於凶燄，勢必盡受羈縻（羈縻，籠絡、牽制），則臺灣之地與我共之。夫臺灣雖小，我聖祖仁皇帝勤勞二十年而得之者也。臺灣有事，則處處戒嚴。古人謂：『一日縱敵，數世之患』，今臺灣番事之謂也。且諸國通商以來，所以猶就範圍、不啓戎心者，以有條約在也。今日本不守條約，若令得志，非惟為所竊笑，西人更將藐視中國。為今之計，宜舉其事，布告諸國，直與之戰爾。雖然，古之馭外者，必能守而後和可恃，亦必能戰而後守可完。與其戰於內地，不如戰於外洋。與其戰於外洋，不如戰於彼國。然則綜而計之，今日畀以番地，曲全和約，兵端若可少弭，而後患無窮，且和亦難恃。策之下也。決計驅逐，待其入境，隨時禦之，策之中也。先為非常之舉，以奮積弱之勢，雖得失參半，猶愈於坐而受弱，策之上也。」葆楨既入臺，籌防務，募兵分汛，築炮臺於澎湖諸島，設海底電線以通福臺軍務。嗣調淮軍助防。歐美人士之在兩國者，評論曲直，日付報紙，乘機鼓煽，將收局外之利。而日兵又先後至，凡三千六百五十八人。以溽暑故，沒者五百六十一人。時傳福建巡撫王凱泰將兵二萬將渡臺，苟一啓戰，則兵連禍結矣。

先是閩浙總督命福建布政使潘霨、臺灣兵備道夏獻綸就從道議。六月朔，率法員二人乘艦至瑯嶠。明日至柴城，與從道會，反覆辯論。初七日又會，日昳（ㄉㄧㄝˊ，太陽西偏，此指日落）無成。霨拂袖起，從道止之曰：「我國暴師海外，糜財勞人，為貴國闢草萊鋤頑梗耳。費用耗損，豈可勝計？」霨曰：「若然，則將為日本償軍費。」乃立約三則。八月，日本簡參議大久保利通為辦理大臣，委以和戰全權。初六日發東京，李仙得隨行。九月十九日抵總理衙門，先論番地經界，相持不下。利通宣言歸國，且貽書曰：「諸公所言，輒引條約，以背盟罪我，是陽唱和我而陰疏斥我也。我已束裝，或和或否，期以十日裁復。」英公使威妥瑪乃出為周旋。軍機大臣文祥執不可。葆楨亦奏言力拒，顧為兩國邦交，議始成，十一月十有二日鈐印。約曰：「一、日本國此次所辦，原為保民義舉，清國不指為不是。二、前次遇害難民之家，清國許給撫恤銀十萬兩。而日本在番地修道建房等件，清國願留自用，先行議定籌補銀四十萬兩。三、凡此次往來公文，彼此撤回註銷，作為罷論。該地生番，清國自行設法，妥為約束。」越日，利通歸國，下詔班師。十二月，從道乃振旅歸。於是葆楨奏開番界，析疆置吏，而臺灣局面一變。

法軍之役

法蘭西為歐洲強國，當拿波侖第一時，志吞歐土；又以其餘力東向，謀並越南。越為中國藩服，時適洪軍（太平天國起義）起事，國中俶擾，無暇南顧。越之君臣拱手唯命，日懼社稷之不血食，故法入愈張也。光緒九年冬，越王籲於中朝，出師保護。命兵部尚書彭玉麟視師兩粵。法亦派艦調兵，遂至開戰。詔以臺灣為東南海疆重地，著嚴防務。兵備道劉璈駐臺灣，具幹才，得民望，乃整飭軍備，築炮臺，建營壘，購新槍，置水雷，分汛海陸。以曾文溪以南至恆春為南路，統軍五千，由道領之。曾文溪以北至大甲為中路，統軍三千，由鎮領之。又以大甲溪至蘇澳為北路，統軍四千，由提督曹志忠領之。後山自花蓮港至鳳山之界為後路，統軍千五百，由副將張兆連領之。而澎湖為前路，統軍三千，由水師副將領之。計兵一萬六千五百名，各守其地，有事策應。顧兵力單薄，不敷防堵，乃辦團練。以陸團守內地，漁團備海口。各莊亦自行保甲，衛桑梓。璈以臺地遼遠，防務重大，稟請總督移駐，居中調度。不從。又請奏派知兵大員督辦，以一事權。於是命署福建陸路提督孫開華率所部擢勝三營，辦理臺北防務。已而提督章高元率淮軍、提督楊金龍率湘軍，各先後至。當是時，法艦輒游弋沿海，以窺臺灣。

十年春三月十八日，法艦一艘入基隆。三人上岸，登山瞭望，似繪地圖。欲入炮臺，臺官止之。既歸，以書詰基隆通判，謂臺兵無禮，當謝罪。又以商人不肯售煤，為官所禁，限至翼（明日）早七點半鐘運到艦中，否則炮擊。稅務司乃出而調停，以官煤千擔交得忌利士洋行售之，始去。璈聞報，以法人無禮，稟明南、北洋大臣詰問，蓋法人固將啓釁矣。四月，詔以提督劉銘傳為臺灣防務大臣。五月二十九日至基隆，駐臺北，設團練局。又於上海開臺灣軍械糧餉總局，委蘇松太道辦之，驟籌戰事。璈亦赴北，議戎機。而法艦來攻矣。

六月十四日，法水師提督孤拔乘旗艦奧爾札號，率戰艦五，載陸軍三千，入基隆，以三艦窺滬尾。銘傳聞警，率提督曹志忠、蘇得勝、章高元、鄧長安拒之。十五日凌晨，法艦開炮擊，岸上炮臺應戰。別以輕舟載兵千名上陸，猛撲二重橋之壘。曹、章兩軍力戰，卻之，陣斬中隊長一、兵百餘，獲聯隊旗二。法兵退艦，多溺死，遺械甚多。十七日，孤拔介（透過）稅務司請銘傳至艦會見，不許。事聞，下旨嘉獎，發內帑三千兩以犒戰士，軍氣大振。洋務委員李彤恩以滬尾港道寬闊，無險可據，請填塞口門。英領事以秋茶上市，有礙商務，不可。彤恩往復辯論，始許，而法艦乃不能入也。

七月初二日，孤拔率戰艦八艘窺福州，泊馬尾。總督何璟素（向來）畏事，防務大臣張佩綸亦年少，無軍略。時傳有議和意，船政大臣何如璋見法艦入口，止諸軍無戰。清艦十餘艘泊附近，寂然不動。省中士庶已危之，紛紛走避，而佩綸視若無事也者。初三日黎明，法艦忽升紅旗示戰。清艦無設備，且俟張大臣之命。已而法艦開炮四擊，次第沉沒，毀船政廠，如璋跣（ㄒㄧㄢˇ，赤腳）足走鼓山。將軍穆圖善駐長門，開炮擊之，法艦始悠悠去。福州既挫，臺灣尤危。

二十日，銘傳視師滬尾。孤拔亦乘兵船來，測探港道，不得入，遂游弋沿海，以窺動靜。八月十三，復攻基隆，以兵五百由仙洞上岸。恪靖巡緝營、霆慶中營拒之，章高元亦率所部二百餘人援戰。法軍敗走，迷失道，困至日中，又殺其百數十人。然艦隊仍轟攻炮臺，銘傳屹立督戰，左右殪（ㄧˋ，死亡）數人。眾請退，不聽，故士卒皆奮鬥。已而諜報法艦五艘犯滬尾。滬尾距郡三十里，銘傳命收軍往救。各提督諫止，不聽。唯留曹志忠所部三百及棟軍統領林朝棟駐獅球嶺。或反議之，曰：「是惡知吾之深謀也！」其後法艦三攻滬尾，皆受創去。法軍既據基隆，謀取臺北，以陸軍二千進，輒為朝棟所拒，相持帀（ㄗㄚ，滿、整）月，別以四艦取滬尾。九月十九日黎明，將入口，炮臺擊之，乃去。翌日復至，潛渡陸軍上岸，肉搏進攻。孫開華邀擊之，張李成率士勇三百截其後，往來馳驟，當（阻擋）者辟易。法軍大敗爭舟，多溺死，陣斬五十，俘馘（ㄍㄨㄛˊ，此指俘虜）三十。於是不敢窺臺北。李成小名阿火，為梨園花旦，姿質娬媚，顧迫於義憤，奮不顧身，克敵致果。銘傳嘉之，授千總，其後以功至守備。

初，馬尾之敗，清廷震怒，褫（ㄔˇ，革除）佩綸，以文華殿大學士左宗棠督師福建。又以銘傳為巡撫，加兵部尚書銜，辭。及基隆既失，內外臣工多上封事。廣東道御史趙爾巽請進攻越南，以分敵勢。沿海各省以臺灣危急，協餉餽械，志切同仇，南洋最多，北洋次之，廣東助亦銀十餘萬兩、士乃得鎗五百桿、前門鎗三千桿，故稍無困乏。當是時，諸將多請規（規畫攻占奪回）基隆，銘傳不聽。臺北府書識陳華介、親兵哨官奚松林請募兵千五百人，自備軍械，包（包圍）取基隆，每兵月餉十二圓。銘傳不許，以淮楚軍制，無此重餉。若果能克復，當重賞之。記名道朱守謨聞其事，與約召募，數日而成。銘傳怒，遣散之。十五日，孤拔布告封港，北自蘇澳，南至鵝鑾鼻，凡三百三十九海里，禁出入。分駐兵船巡緝，以蘇澳至基隆八艘，淡水至安平三艘，打鼓至恆春二艘。航行之船須距岸五海里外，否則擊之。於是互市停息，物價踴（物價上漲）貴，商船多被擊，文報不通，密以漁舟往來。兵備道劉璈駐南治軍，籌餉厲兵，以作士氣。及接法軍封港之文，憤其違犯公法，晤商各領事，請干涉。領事以事關重大，須待國命。二十九日，璈以封章密請沿海督撫代奏。十一月初六日，始達內閣。略曰：「法人突稱封口。查萬國公法，本有戰國封堵敵國海口之例，局外各國原不能禁。惟論法人今日情形，其不合公法，不應封口者五；不應封而准封，有礙各國今後通商者亦五。不能不先請咨明各國，一為理論。查公法例載：交戰，師出有名者謂義戰，若違背公法，即謂不義之戰，局外諸國例得辯問。法人始則無理侵我屬國，繼則無理撲我防營，反索我賠款，又先攻我基隆及福州船廠。迨基隆、滬尾敗後，又分船擾及臺南安平、旗後二口，猶復冒昧侈談封禁。試問封口先憑義戰，戰且不義，口何由封？臺灣原止提出基、滬、安、旗四口，留與各友國通商。各國行棧林立，獨無法國商人。法果理直兵強，專欲奪占臺地，則臺、澎沿海四千餘里，無處不可登岸。所建城池，無處不可進攻。乃法兵到處畏縮，偏於各國通商不過二、三十里之口岸，肆行騷擾。可知法人固不能得利臺灣，特陷害各國通商爾。其不合義戰封口之例一。又例載：軍旅虐待居民，擄搶燒殺，姦污婦女，毀壞房屋及一切殘忍之事，皆為戰例所嚴禁。並載陸路交戰，有散兵劫掠，必以之為強盜等語。今法人占基，弁兵姦擄燒殺，無惡不為。甚將該婦女孩童擄入兵船，有數百十名之多。又在南北海面，假稽查之名，截劫民船魚米雜物，擄掠民人。此等暴行，實同強盜，尚何配為敵國而公然封口乎？其不合戰例封口之例二。又例載：城池地方被戰者圍困，局外不得與之貿易，封港亦同一例。今法兵聲言攻臺，不能為竟日岸戰，與我中兵爭尺寸土，僅竊踞我所自棄之基隆偏偶（偶，通「隅」，角落、偏遠之處），隔離城池遠甚。何謂圍困？抑知公法必待圍困而後准封口者，原以敵國軍械糧草缺乏，必仰濟於通商，戰國始乘勝封口以困之，使求救和，故局外各國甘受禁商之損而莫違。今臺灣兵精糧足，器械裕如，已非法兵所敢近犯。即再徵兵，全臺義民百萬，素習刀鎗，一聞君父之仇，隨呼隨應，靡不裹糧坐甲，誓與仇寇不共戴天。一切軍需，就地取用不竭，並無須求助外人。是困之無可困，速和轉速戰也。法人封口果何為者？其不合圍困封口之例三。又例載：戰國徒以出示禁絕往來，則非實力封堵，與祇派數船在洋面梭巡而無定所者，亦不作封堵論。今臺灣沿海商民船隻，四通八達，若實力封堵，非有累百兵船不能。法艦犯臺，統計不過十餘艘，其遊弋臺南安、旗二口者僅一、二艘，時去時來，渺無定所。其不合實力封堵之例四。又例載：封堵敵國口岸，其勢衰弱，而不實力辦理，即作為廢弛。又載：師敗歸為廢弛。今法酋一敗於基，再敗於滬，屢戰屢北，於臺南並不敢登岸交兵，其衰弱已可概見。各國應即作為廢弛。法人何得靦（ㄊㄧㄢˇ，厚顏、不知恥）然封禁，徒礙通商？其不合實力辦理之例五。此五者，皆法人自外於公法，原不應有封口之舉。而於各國通商有五礙者，祇得更申其說。如通商口岸，教堂、洋行、貨物、商民所在甚多，素由中國竭力保護。今法兵偏欲攻犯商岸，作為戰場，彼此鎗炮相加，更何能分辨某國某行某人，勢必至互有燬傷，保護不及。其各國受害商民，自應向法國理償，不與中國相干。即中國受害之處，亦應取償於法。因法人違例擅禁，偏擾商岸，其礙一。通商交涉，所欠洋行各款，向由地方官提追。今商岸封禁，原欠商民皆藉口於生計已絕，莫能歸還，且有遷徙他處，官中無可提追者，勢不能不概從緩辦，其礙二。通商以洋藥為大宗。臺灣每年進口洋藥售銀計在四、五百萬兩。法人封口，洋藥不通。曾經紳耆公請，從權劃出官莊，准民自種罌粟，照例納稅助餉，無礙民地五穀，冤貽洋銀漏卮（ㄓ，一種酒器。漏卮，指漏洞）。言本有理，事又為公，地方官自應准如所請。將來罌粟廣種，洋藥勢必禁銷，其礙三。中國各省通商口岸甚多，若盡如臺灣，法人僅以數船虛聲，便聽封禁，則何口不可虛言示封？恐各口商民均有坐困之虞，大為通商之害，其礙四。各國派撥兵船，保護商民，原係公法正辦。今法船突來封港，中國官照例嚴禁探水引港接濟，有犯立斬。各國兵船自不得與法船往來同泊一處，以避嫌疑，而免誤傷。惟護船離岸太遠，保護難周。若泊岸太近，法兵犯及近岸，中兵必盡力開炮抵擊，恐有鎗炮誤傷，均不得歸咎中兵，其礙五。法人於公法既有五違，於各國通商又有五礙，要皆與中國無損，中國原不值與辯，祇以臣歷奉保護友國商民之恩旨。今法人逞兵臺灣，專擾商岸，倘各國未能執公法，以全通商之區，臺官亦祇能照戰例，稍謝保護之責。非不設法保護，而勢有礙難，不得不先以直告。法兵現據基隆，基口原許封禁，此外各口應否一概聽其虛言示封，及應否專攻通商口岸，以全友邦之處，應請旨飭令總理衙門咨明通商和好各國，以申公論，而顧大局。」清廷既聞法艦封港，命南洋大臣派兵船五艘，以總兵吳安康率之，會北洋艦隊剋期趣援。復以陝甘總督楊昌濬任閩浙，率所部至，相機調度，以謀克復。

十一年春正月二十一日，法軍猛攻獅球嶺。朝棟力拒，不退。法軍復至，戰及日中，移守六堵，蓋已迫近臺北矣。澎湖孤懸海上，四面受敵。時有綏靖、德義等五營及炮勇練軍，統計不過三千餘人，嶼汊（ㄔㄚˋ，水流分叉）紛歧，不敷分布，璈甚憂之，稟請宗棠委派大員統師駐防，副以海軍，或可保全萬一。未行而法艦至。二月十三日，孤拔以戰艦五艘伐澎湖，先攻漁翁島炮臺。炮臺應戰，未能命中。而法艦二艘入媽宮，毀觀音亭火藥局，副將周善初駐此，未戰而潰。夜半，法軍五百上嵵裏。十四日凌晨，薄綏靖營。營官陳得勝據濠戰，法軍稍卻，逐之至海隅，殺傷過當。法艦見勢急，發炮以助。得勝不能支，猶力戰。德義中營廣勇戍附近，閉壘不出，乃收軍，陣（紮營）珠母水，薄暮退大城北，語諸軍曰：「法軍屯雙港仔，憑壘而守，余以為可破。余先選死士，突入其壘，諸君從之，則敵可敗也。」眾曰：「諾。」十五日黎明，得勝進兵，趣諸軍猛擊。法軍張兩翼以抗。戰酣（熱烈），得勝鞭馬入陣，欲搴（ㄑㄧㄢ，奪取）其旗，中彈顛，從卒救之。善初陣雙頭跨，復敗，各弁多走。通判鄭膺杰乘小舟逃赤崁，而澎湖遂失。

二月初二日，孤拔乘艦至安平，介英領事請兵備道會見。璈許之。將往，官紳諫止。璈曰：「彼以此要我，不往謂我怯也。咄！乃公豈畏死哉！」戒安平炮臺視敵，「有警即開炮擊，毋以余在不中也。」遂登艦。孤拔握手甚歡，不及軍事，而臺南恃以無恐。當銘傳退失基隆，璈揭其事，宗棠據以入告，遂褫李彤恩之職。銘傳具疏辯，互論長短。而璈以加營務處，頗不受節制，銘傳啣（懷藏在心）之。

是時孤拔以澎湖險要，欲久踞，為東洋軍港。而越南華軍疊勝，進迫宣光。法人有罷兵之意。政府咨請議院戰費，不可，內閣遂改，執政者雅（很）不欲戰。孤拔憤無後援，且疫作，將士多沒，遂病死，以副提督李士卑斯接之。中法既開和議，法公使頗事要求，且索戍兵基隆五年。李鴻章不許，乃相約停戰，撤回宣光東西華兵，歸至桂、滇邊界。而臺灣法軍亦於三月初一日停戰，即開各處封口。前敵諸將憤不奉命，洶洶欲戰，督兵大臣彭玉麟尤力爭，且揭鴻章辱國罪。鴻章辯曰：「臺灣郡縣也，越南藩服也，以余度之，寧失藩服，毋損郡縣。」電命至閩，宗棠以臺灣祇有停戰之文，而無交還基隆之語，疏請勿許，而鴻章已換約矣。三月初一日，法軍解封，換捕虜，銘傳厚遇之，各餽百金。初五日，檄記名提督吳宏洛赴澎湖接管。十二日，李士卑斯率艦去，事平。內閣學士梁曜樞（當為梁耀樞）以銘傳喪師失地，貽誤大局，疏請罷斥。銘傳亦自劾。詔命經理善後。

譯文

張崑將、張溪南．注譯

連橫說：天地開闢、宇宙元氣渾沌形成的上古時代，國家分別各自統治，人民也各自分別照顧，關閉交往通道不與外界往來，所以便沒有所謂的外交事宜發生。直到春秋時代，治理國家的禮樂制度和出征討伐的大權落到了諸侯國，齊、楚、秦、晉相繼輪替為盟主國，而鄭國以一個小國家周旋在這些諸侯國間，因能互派使者友好往來，還能維持相安和順的局面。孔子曰：「子產善於外交辭令，鄭國諸侯靠他的能言善道得到了好處。」賢能的外交人才能助益國家和人民是可以確信的。臺灣在鄭氏王朝的時候，守著這座如彈丸般的狹小孤島，和占據整個中國大陸的清朝頑抗，卻能善用財物在國際間交際應付，儼然就像四方爭相交往的上等之國。能和東邊的日本順暢往來，不但震懾西方國家荷蘭，朝北也和三藩（平西王吳三桂、靖南王耿精忠、平南王尚可喜之子尚之信）結盟，向南更能招撫呂宋（今菲律賓），其影響多麼廣大呀！何其深遠啊！簡直就超越了春秋時代的鄭國了。可惜繼任王位的過於年幼，親近大臣沒有人才護持，將領背叛反戈相向，在臺灣建立的王朝從此覆沒不存。後來清朝將臺灣收歸版圖，臺灣的時運有了變化，在西方國家的勢力逐漸侵入東方之際，隨時代潮流而逐漸消沉沒落。而清朝掌管內政外交的臣子們還想要用一團小泥丸封閉臺灣、守險拒敵，大多顯然是沒有正確衡量臺灣本身的情況。正所謂閉塞得越緊密衝撞的力道就越強；衝撞的力道越強那麼破敗的情形就越大，於是臺灣的外交無論到哪裡，沒有不失敗的。古今形勢不同，強弱之間也就互有消長。弓箭這般的武器，是無法抵擋得了堅固的火炮；馬車和小船的速度，也無法和飛快的大船競爭。賢能的人會去推究明白其間的變化，有智慧的人懂得駕馭使用。如果不加以修整武備、提升軍事力量、繁盛國家經濟讓民生樂利，就無法和人談外交了。德國宰相「俾士麥」（Bismarck，一八一五—一八九八）曾經說：「世界沒有什麼公理，只有鐵（武器）和血（軍人的血）罷了！」所以依照他的理論，大國自然會併占小國，強大的也會吞食虛弱的。因外交失敗淪落到國家滅亡的，哪能訴說得完呢？可悲啊！所以說：前面的車子翻覆的失敗經驗，可作為後面的車子的警戒和教訓。本人所以採集臺灣外交史上成功或失敗的相關資料撰述成本篇章，就是希望能作為國家興盛敗亡的借鏡。

日本聘問（和日本交流訪問）

日本與中國鄰近，兩國關係如脣與齒那般密切、相互依靠。明朝滅亡的時候，明朝的將士、官員東渡到日本的，前後接連不斷。而鄭成功（一六二四—一六六二）和日本又有甥舅的姻親情誼，雙方往來更為頻繁。當鄭成功帶兵起義時，曾派遣使者前往日本禮貌性訪問，還寫信給德川幕府，內容如下：「貴國與我們同為瞻部洲（瞻部洲為佛教《阿含經》所說是人類居住的地球）的子民，被海水分隔成東、西兩邊；疆界靠近蓬萊仙山，接合三座仙島（即中國神話中的渤海三神山：蓬萊、方丈、瀛洲）而包藏天地。所占的是《易經》雷卦東方之位，所激發的光芒可以拂照到日落地區樹木的花朵。中國上百篇的古籍資料，很早就有記載秦王嬴政派遣方士東渡求仙的事蹟；從貴國歷代明列的史冊中，可以看出同時並用中國的各種典章制度。社會風氣良好，人民安居樂業，民風可比夏、商、周三代；人民講信用重諾言，民情比儒家強調的四維（禮、義、廉、恥）還要敦厚。恭敬的上將軍麾下，才能高超強大可托天，超高的功勛可沐浴在日光中。造就六十五洲精實的刀劍武備，成雙搭配精良無比；收服歸併的國家疆域廣達五百零一郡，轄內區域即使是細微如碎石和細沙也都很珍貴。文風和諧且武人有赤誠之心，常延攬人才到您麾下；以儒門為宗佛教為輔，使渡日的隱元禪師再為臨濟宗開創黃蘗一派。雖然同樣受到天地的照拂和庇護，但是上將軍獨獨能安穩建立自己的國家。成功生於光明即將來到的日出時刻，成長過程烏雲掩至；一人身繫天下國家的安危，歷經百戰能讓軍隊出戰順遂勝利。承受如同唐高祖賜李姓給徐世勣的恩澤，如此恩澤重於封侯賜爵；願效法李文忠之輔佑大明朝的情義，情義深切勢必要讓光明重現。願策馬嘶鳴於塞外，掃蕩肅慎族（滿洲女真族之古稱），讓其再也凶悍不起來；進擊女真族，讓眼前的胡虜不再有殘餘的黨羽。僅因四處征戰討伐未曾停歇，以至於將奉上禮物問候這件事給疏漏了。上將軍崇高如山的德行令人景仰，有如眼前的「壽安山」（位於河南省安陽市西郊，屬太行山餘脈，借喻長壽安康）；我如秋天的水那般明澈的眼睛不斷逆流尋盼，對於漫長的人事變遷感到惆悵。恭敬的寫下這封書信，略表我至誠的心意；送上竹器盛裝的禮物，如古人締交友情互贈白絹那般。和睦舊時的情誼，像鷹在空中來回盤旋；振興中原的時機已近，帝王的詔書不久會重新頒布。書信的內容很難完全呈現我的感受，文辭也無法表達我所有的心意，恭敬祈望鑑識察照，無限仰盼您的回音。」德川幕府收受了這封信。明永曆三年（一六四九），鄭成功又派遣使者前往日本請求出兵相助，寄託書信的內容稱寫道：「大明帝國興旺延續三百年，政治清明、社會安定，但太平日子太久，百姓已不記得如何處亂世。韃靼（指滿人）趁守備空虛連破北京、南京，神州大陸全沾染遊牧民族那牛、羊肉刺鼻的氣味。成功蒙受國家深厚的恩惠，不敢坐視不關心，所以不惜興兵踏血而行，時時惦記要報這國仇家恨。在閩（福建）、浙（浙江）兩省之間來回征戰，以正道公理感召百姓，追隨的人很多。但是孤立無援的軍隊處境險峻，非常艱難辛苦。內心的抱負還未實現，多少時光已消逝。成功在貴國出生，所以對您們的期待和依託也確實深切。如今遭逢艱難的時刻，祈願貴國能愛憐疼惜，請求借給數萬的士兵，那份情義將讓我無限感懷。」當時日本正實行封港鎖國的政策，天下承平，文武官員安於逸樂嬉遊，不想在國外生事，幕府商議後認爲不可借兵，但會找時機輸送軍糧協助成功。直到鄭成功攻克臺灣後，對於留在臺灣的日本人，能特別禮遇對待。明永曆二十年（一六六六），忠振伯洪旭（一六〇五－一六七〇）派商船到日本貿易，購買製造大炮銅管、刀劍、鎧甲和頭盔等軍事用途的原料和物件，還鑄造發行永曆通寶。明永曆二十八年（一六七四）夏天，內陸發生三藩之變，鄭經（一六四二－一六八一）特地到思明州（今廈門），還派兵官（明鄭王朝在參軍府下設吏、户、禮、刑、兵、工六官）都事（官名）李德東渡到日本拜訪後，再興兵西征並鑄造發行錢幣。而日本每年也回贈寬永通寶（日本歷史上鑄量最大、鑄期最長、版別最多的一種錢幣）給明鄭王朝，雙方貿易往來繁榮興盛。直到明鄭王朝滅亡，日本德川幕府也嚴格封鎖港埠，臺灣和日本的交流便斷絕了。當初，鄭成功被鄭芝龍接回中國後，有位弟弟名爲「七左衛門」，後來從母姓改爲田川氏，留在日本長崎居住。

呂宋經略（呂宋經營謀劃）

早先時候，羅馬教廷派李科羅神父（Victorio Ricci，一六二一－一六八五）到廈門傳教，鄭成功延攬爲府內客卿，凡軍務與國政等大事會時常向他諮詢請教。攻克臺灣的隔年，鄭成功就召見他。明永曆十六年（一六六二）春天三月，李科羅被派赴「呂宋」（今菲律賓），鄭成功要他向呂宋當局聲明得每年進獻物品，並暗中徵召華僑發動武裝起義，到時將會派船艦來支援。李科羅到了之後，呂宋的西班牙總督禮遇接待。當地華人聽到鄭成功將派兵來呂宋的訊息，人心激盪準備起義，因爲被西班牙人殘暴統治很久了，大家都想打擊消滅他們，以報長久累積的怨恨。起義的消息提早洩露，西班牙人緊急實施軍事管制。五月六日，派出一百名騎兵、八千名步兵，分別駐守總督府所在的馬尼拉，凡是華人做生意或工作地區，所有城寨都被毀破，怕被占據抵抗。但是華人已起義了，激烈戰鬥了幾天，終究敵不過西班牙的重兵，事件中死亡的多達數萬人，不少人乘坐小船逃往臺灣，但多半在海上翻覆溺斃，鄭成功痛心安撫慰問。呂宋島上仍然騷亂不已，西班牙當局又擔心鄭成功軍隊來討伐，便派遣使者隨李科羅到臺灣。眾將領議論要出兵呂宋討伐，還沒出兵鄭成功病情突告危急。永曆二十年（一六六六）秋天八月，呂宋西班牙總督派遣使節前來臺灣進獻當地物產，並且請求允許傳教士到臺灣傳教，勇衛（明鄭王朝親軍系統最高官職）陳永華（一六三四—一六八〇）沒有准許，要求呂宋的使節依中國朝覲之禮晉見，並提出雙方互相貿易往來的協議。於是貨物運到南洋一帶買賣，最遠到達安南（今越南）、暹羅（今泰國）、噶拉巴（今雅加達），由於海運通達便利，臺灣漸漸繁榮富裕。永曆二十六年（一六七二）春天正月，統領（明鄭王朝高階武官官職）顏望忠、楊祥等人提議攻打呂宋，作爲外部的州郡。侍衛（明鄭王朝親軍系統最高官職，和勇衛相當）馮錫範（？—一六八三）反對，他說：「呂宋既然已經按時進獻物品，修善友好、往來和睦，現在如果前往攻打，有三點不妥之處：派兵出征沒有正當理由，這會讓居住在遠方的百姓或異族離心相背，是第一點不妥。侵擾傷害了該地區，即使占領了也沒有好處，是第二點不妥。防守的兵力需協同應變，也因太遠在調度上會有所不及，是第三點不妥。且連年以來，每年的農作物所幸都能豐收，百姓愉快的從事自己的職業，怎麼可以再發動沒有好處的戰爭呢？」攻打呂宋的提議於是被阻止。

明永曆三十七年（一六八三）夏天六月，清軍在施琅（一六二一—一六九六）的指揮下攻占澎湖。眾將領認爲臺灣情勢急迫，不能再居留，有人提議要全面出動奪取呂宋。建威中鎮（明鄭軍隊營鎮武官職稱）黃良驥大力主張這個議案，中書舍人（屬中書科轄下的官職稱，負責草擬和頒發詔令，並參議政事等）鄭德瀟也力挺支持，並出示呂宋島的地圖，指出當地地形險阻的重要地點，他說：「在南洋所有島嶼之中，只有呂宋島對待我中國子民最不客氣。先王（鄭成功）在世的時候，就經常想前往討伐，以消除我中國人的怨恨。然而因當時處創建時期無暇他顧，世子（鄭經）繼位爲王後，爲了聯合靖南王耿精忠反清而出兵，調度大軍到廈門，攻打呂宋的事又擱下了。呂宋島上的兵力只不過一千多人，所憑靠的就是架在城牆上的大炮罷了。從西班牙以不正當手段奪取這塊土地，至今已有一百四十多年了。我漳州、泉州的百姓在當地犧牲，堆積的屍骨豈止數十萬具？那些客死他鄉、凶猛無依的魂魄，不知埋藏多少悲恨！他們所作所爲殘忍無道，人們積累了許多怨恨，連神也無法寬恕，他們聚斂了許多財物，有了這個資助才能繁榮富裕。呂宋的富裕豐足之所以勝過其他國家，乃是因爲累積在巴禮僧（傳教士）的數十萬財富，都是之前誘惑愚笨無知的當地百姓所搜刮收藏的財物。天下哪有長久積累而不散盡的財富？哪有殘虐欺侮百姓而不歸返報應在他身上的道理？又如何能知這難道不是上天有意扣鎖他們收藏的財物，以留待中興聖王的尋求取用？所以我認爲攻取呂宋這提案是高明的計策。」提督中鎮（明鄭軍隊營鎮武官職稱）洪邦柱志願作攻打呂宋的先鋒，但總督軍務的劉國軒（一六二九—一六九三）認爲不可行，馮錫範向他質問，劉國軒說：「呂宋並非不能攻取，但是應當在沒有事端的時候攻取，現在清朝的大軍已逼近，挽救國家的危亡都來不及了，怎麼還能勞動大軍到遠地偷襲打仗呢？萬一事機敗露，進退兩難，到時滅亡就會隨之而來。」鄭克塽（一六七〇—一七〇七）拿不定主意，後來被說服向清朝投降。南征呂宋的這個提案，到現在沒有人再提起過。

英人之役（和英國人的交涉與戰役）

清朝收復臺灣之後，緊閉關口，不與外界交通往來。朝代中期以後，來自國外的侵略逐漸進逼，從英國人先開始。更早時候，英國人運鴉片到中國販賣，對中國人的危害嚴重而殘酷。清道光十八年（一八三八）冬天，清廷頒布命令派林則徐（一七八五—一八五〇）爲欽差大臣到兩廣奉旨嚴格查禁鴉片煙，違反者處死。並銷毀鴉片一萬三千六百多箱，以斷絕禍害的源頭。英國人不甘心，派遣軍艦到廣東，要求補償損失的款項，於是開啓鴉片戰爭。那時候臺灣實施戒嚴，臺灣兵備道姚瑩（一七八五—一八五三）是有才能的人，頗得臺灣民心，與當時的臺灣總兵達洪阿（滿人，？—一八五四）共同謀劃進攻和防守的策略，在沿海增建炮臺，加強沿海要地的防務，以致英國人無法進犯臺灣。清道光二十年（一八四〇）夏天五月，英國軍艦到鹿耳門附近偵察探測，守備的官兵將其擊退。朝廷頒布命令派水師提督王得祿（一七七〇—一八四二）移防駐守臺灣，共同打擊並防範；不久廈門被攻占，緊急警戒的消息接連傳來，官府和百姓再度竭盡心力共同抵禦外侮。姚瑩南北奔波，會合地方上有名望的仕紳和耆老，加強地方志願武裝民兵的訓練，在他只一半的任期內供其調派、差遣的，竟高達有四萬七千一百人之多。而有潛來臺灣和外人暗中串通的漢奸，立即捉捕斬殺，於是臺灣沒有內部的憂患。清道光二十二年（一八四二）春天，正月十三日，有數艘英國船艦來到大安港（今臺中市大安區），遠遠望見岸上有許多兵勇防守阻擋，將要轉向離去時，突然撞擊到暗礁擱淺，岸上兵勇開炮攻擊，英艦被擊沉，俘虜英國士兵二十名、印度士兵一百六十五名、大炮二十門及英艦先前於長江海戰中搶獲的中國鎭海、寧波營的戰利物品。三月，英人派來十九艘戰艦，大舉進犯臺灣，還聯合海盜攻擊，再度被擊敗。朝廷頒布晉升姚瑩爲布政使（清朝官名，主管一省的財賦及人事）、達洪阿爲提督（清朝武官最高官職，提督以下為總兵、副將、參將、遊擊、都司、守備、千總及把總），各賜給輕車都尉（清朝為表恩蔭，特別加封的勛官勛號）的爵位，可世代傳給子孫。但是英艦仍然經常來騷擾，不斷在臺灣外海南北巡航、偵伺。八月，有一英艦打算航入旗後（今高雄市旗津區北端，是高雄市的發祥地），偵察知道岸上有防備，便向北航去。十四日，英艦進犯淡水，被擊退。十八日，英艦又到雞籠（今基隆市）偵察探測，參將邱鎮功調派守備許長明、歐陽賓等人率兵抵禦。淡水海防同知（駐地在竹塹，今新竹，為掌管臺灣北部海防而設立的官職）曹謹（一七八七—一八四九）任命澎湖通判（清朝通常在邊陲地帶設立通判，以彌補知府管轄不足之處）范學恆在沿海巡查，彰化知縣王廷幹（？—一八五三）和淡水廳艋舺縣丞宓維康駐守三沙灣（今基隆港右側中船路附近）炮臺，英艦將駛進港口，他們發炮擊中船艦，船桅折斷，英艦碰撞暗礁沉沒，再度俘虜英國士兵。九月間英艦又來侵擾，再被擊敗而退，從此不敢再來臺灣窺探。但是福建、浙江、廣東三省都被英國船艦侵擾，清廷便派大臣和英國議和。當年秋天，清朝與英國簽訂《南京條約》（因鴉片戰爭戰敗），條約規定得互相釋放俘虜，而臺灣擄獲的印度士兵已經在五月間奉旨處斬了，所有只有將英國士兵俘虜釋回。英國領事璞鼎查（Sir Henry Pottinger，一七八九—一八五六，後為香港第一任總督）於是責問臺灣鎮道濫殺戰俘。參與南京條約談判的江蘇省要員及戰敗失守城池的福建文武官員妒恨臺灣的戰功，製造不實謠言喧噪動盪。欽差大臣耆英（一七八七—一八五八）便根據福建出身且曾擔任四川總督的蘇廷玉（一七八三—一八五三）和提督李廷鈺（一七九二—一八六一）二人的家書內容（蘇廷玉和李廷鈺都是福建同安人，二人有姻親關係），舉發彈劾姚瑩、達洪阿的罪行，朝廷下令要福建新任總督（此人乃閩浙總督怡良）查辦後稟奏。新任總督到臺灣調查相關歸檔的資料，發現姚瑩和達洪阿所呈奏的內容，都是依據地方文武官員及仕紳百姓所稟報的，並沒有浮報、誇大功績的情事。但卻因要應付當時局勢，竟脅迫臺灣道鎮（當時臺灣尚未建省，稱福建分巡臺灣兵備道，兼領臺灣鎮，故稱臺灣鎮道）相關官員無中生有陷害入罪，藉以向英國人謝罪。便將兩人收押帶到北京審問，臺灣軍民喧鬧動盪並聯合停止市集買賣。姚瑩、達洪阿還出面委婉溫和勸導排解，新任總督也立即稱病告假，朝廷派劉鴻翔接替其職，臺灣百姓於是陳訴他們倆人冤情，希望能上呈向朝廷進言還二人清白。劉鴻翔根據當地軍民原始的稟報檔案呈送軍機處（清朝中後期的中央機關，以皇帝為中心，負責處理國家大事），方才明白他們遭到冤陷，不久便被重新任用。而英國船從此便經常來到臺灣。清道光二十八年（一八四八），兵備道徐宗幹（一七九六—一八六六）編寫了防範外國人的專書，還頒發給百姓，而臺灣百姓也因而訂立了禁止煙毒的公約。清咸豐十年（一八六〇），朝廷頒布命令開放安平、淡水兩處港口，准許和英國人相互貿易往來，基督教也隨著傳布到臺灣，百姓和教會之間，經常不合而衝突，相關內容詳見〈宗教志〉。清同治七年（一八六八），有英國人米里沙來到蘇澳，娶原住民女孩爲妻，打算在南澳的平原間開墾，噶瑪蘭通判派人制止他，不遵從，還說：「臺東地區並不是中國政府的法令所能下達的地方，所以並不是中國管轄的疆域。」依然繼續墾荒耕種。兵備道找英國領事反映這事，不被理睬。不久米沙里到噶瑪蘭途中，在住宿的地方淹死，這件事才算平息。到了隔年，又發生安平的戰役。

之前，英國人曾經因興建領事館購買土地的事，和安平的百姓有過爭執和衝突。沒多久英國領事遺失了物品，知會當地官員緝捕偷盜者，但當地官員並不了解外國人的情況，而排斥外國人的當地百姓又經常把事搞壞，來回不斷協商以解決問題，大大小小爭端共有十八件。英國領事吉普理常常責問究辦，官府不理不睬，惹怒了吉普理，便向香港總督告狀去，香港總督派軍艦前來安平港恃強脅迫，藉以警惕當地官府和百姓。九月，英國三艘軍艦來到安平，停泊在港外。吉普理登上了船，訴說事情緣由，英國軍艦突然開炮襲擊岸上，炮彈落在海邊，當地居民大驚，爭相奔走逃命。隔天，安平副將江國珍向臺灣鎮衙門緊急稟告此事，總兵劉明燈聽到這令人震驚的消息，便率領士兵進駐岸上，手下一名叫蕭瑞芳的武官阻止他說：「英國人用炮襲擊我們，並不是想要眞正戰鬥，而是要先聲奪人嚇嚇我們罷了，卑職頗了解洋人的想法，願用這三寸不爛之舌，向他們說服退兵而去；如果他們不接受勸誡再進行攻擊，到時一切責任就在對方了。」劉明燈聽從他的意見。蕭瑞芳登上英國船艦，回來回報情況說：「英艦上的將領聽說了江協戎（協戎為副將的尊稱）的威名，願意來拜見。」隔天，英國艦上的將領果眞到來，江國珍設宴款待，並商談英艦退兵相關事項，等英國將領回去後，蕭瑞芳向國珍說：「洋人很講信用，他們的船艦既然答應願意退出港口，如果我們的士兵仍然在岸上列陣備戰，他們會認爲我們不守約定。」劉明燈便傳令在岸上警戒的部隊回營。當天晚上，蕭瑞芳往見江國珍，到了二更時候（晚上九—十一點），忽然遠遠望見有一道白光從海上直衝天際，江國珍驚訝的問說：「這是在幹什麼？」蕭瑞芳回答說：「這是他們用火炮做訊號，通知我們船艦將要退出港口了。」突然急忙離開。英國士兵已經登上小艇偷偷上岸了，圍攻江國珍的副總兵府署，國珍慌張到不知如何是好，無奈嘆聲說：「這狗奴才騙我害我啊！」翻牆躲藏到百姓家裡，英國士兵雖大肆搜捕但沒抓到人，搗毀儲藏糧食的倉庫。附近百姓在夢中被驚醒，整個晚上喧鬧不安寧。天亮後，傳來江國珍以自殺身亡的消息，英國士兵才離去。臺南府城聽說了這突來的動亂，人心躁動不安，臺灣鎮道連忙召開緊急會議並主張停戰和議，但沒有人敢前往談判，仕紳黃景祺慷慨表示願意前往，並推薦許經秋充當翻譯。吉普理索求賠償金，而且要先付四萬兩當押金後才願會面。黃景祺家裡原本就很富有，派人將銀兩裝箱送去。雙方會面談判時，吉普理又要求更多賠款，許經秋一番辯駁議論，據理力爭，吉普理也顧慮到和當地仕紳百姓結怨後，將不利往後的貿易往來，便答應退兵。

更早時候，臺南府城仕紳許廷勳和英人合作經營樟腦的生意。吉普理剛到府城，曾向許廷勳家租過房子，兩人賓主關係良好。不久後許廷勳和堂兄許廷道因分家產糾紛，向官府告發，案子卻懸而未結。後來許廷道因另外的罪行進了牢獄，許廷勳也因經營樟腦生意失利。直到英國船艦來滋擾，吉普理索求賠償時，也將許廷勳和許廷道爭產的官司列入追究和討論；於是便有傳言說許廷勳是暗通英國的人。許廷道的兒子便向官府揭發此事，而且還說英國船艦發炮攻打安平，是許廷勳的主意。當時任臺灣兵備道的曾獻德趕緊向閩浙總督稟報此事，總督再向朝廷進言，朝廷下命要嚴辦許廷勳，但是英國人卻大力保護他，事件平息後才被釋放。英國船艦離開後，吉普理將賠償的錢歸還給黃景祺，官府和百姓讚揚黃景祺的功勞。朝廷議政後將臺灣道曾獻德以不擅長處理外交事務，解除其職務。而英國政府也召回領事，還將英國艦上的將領以隨意製造爭端治罪。唯獨蕭瑞芳卻以交涉有功獲拔擢為安平副將。蕭瑞芳，廣東人，姓蘇，名阿成，從事撐船擺渡的工作。廣東的戰爭（應指鴉片戰爭），當過英國人的間諜。兩廣總督葉名琛被英國人俘虜時（事件發生於清咸豐七年，一八五七年），他也曾隨行。之後改名換姓，用錢賄賂買得武官的職位。江國珍的死，實際上是蕭瑞芳和英國人密謀的結果。幾年後，蕭瑞芳發怒鞭打隨從士兵，該士兵便將瑞芳的祕密洩露。葉名琛和江國珍的兒子因父仇相當怨恨，聯合向朝廷請願喊冤，朝廷頒下命令將蕭瑞芳在臺灣處斬，英國領事聽到訊息想前往解救，蕭瑞芳被砍下的頭已懸掛在臺灣道府衙的外門上。

美船之役（美國商船引發的戰役）

臺灣的原住民長期處在政令教化達不到的地方，將殺人視為傑出的事。航海船隻若遭遇風浪，漂流到他們的地盤，經常會被殺害。而清朝治理原住民的政策並沒有很適當，所以每次發生事故都得出面協商處理，好幾次差點都讓臺灣陷入險境。

最早是發生在清咸豐八年（一八五八），有英國商船「西爾偏篤號」遭遇大風浪，在鳳山縣轄下的枋寮船破擱淺，遇到原住民出草獵人頭，船上的人被擄殺，逃出倖免於難的只有幾個人。咸豐十年（一八六〇），有普國（即普魯士，今德國）軍艦「優爾麥號」來到這地方，艦上士兵登上陸地狩獵，在半路上遇到原住民，發生戰鬥，普國艦長從船上發炮攻擊，原住民這才遁入深山，但是這並不能永久威服他們。臺灣南部的原住民稱爲科亞爾社（Kulaliuc，為斯卡羅琅璚十八社的一支，又稱龜仔律社、龜　律社或龜仔甪社，約在今屏東墾丁國家森林遊樂區旁的社頂部落），分布在琅璚（今屏東縣恆春鎮）一帶，地勢險峻、族人強悍，一向不接受政令和教化的薰陶；而駐守當地的土官又怕事，不敢招惹，所以造成的禍害更加嚴重。清同治六年（一八六七）三月九日，美國商船「那威號」（Rover，或譯稱羅發號）從廣東省汕頭港出發，遭遇風浪，漂流到臺灣南端突出的陸地，因觸礁而沉沒，船長「馬西德」（Joseph Hunt，或譯為「約瑟．杭特」）帶領船上的部屬乘坐輕便狹長的小船到琅璚，上了岸，突然被原住民埋伏突擊，全部被殺死。有一個水手，是中國廣東人，躲在草叢中逃過一劫，向西奔走了數百里，至「打鼓」（高雄舊名，又名「打狗」），向官府控告此一事件，也通知了英國領事。英國領事馬上向北京公使傳遞電報，再轉告美國公使。美國公使一聽到這訊息，立刻向清朝政府要求協商解決。當時英國軍艦「優爾摩厲德號」（Cormorant，或譯為「科摩輪號」）停泊在安平，艦長「甫魯道」（Captain Broad，或譯為「伯洛德」）聽到這消息，將船開到出事地點，要求原住民釋放美國人，想要拯救他們。三月二十六日上岸，又受到原住民埋伏攻擊，無法前進，於是回到打鼓（高雄），再轉赴廈門。當初美國公使向清朝政府對此事件表達意見時，就有請求征討當地原住民，以確保航海路線的安全，清朝政府回答說那是屬於劃分的原住民區域，臺灣的政令管轄不到那地方。美國公使立即回報國內，請求自己的國家派兵征討。六月，美國海軍少將「彼理」（Beli）率領軍艦二艘，士兵一百八十一人，在一九日到達出事的原住民地區，原住民抗拒雙方發生戰鬥，海軍少校「馬特西節」（MacKenzie，或譯為「麥肯齊」）戰死，美軍大敗，退回到艦上。該處是臺灣南部偏遠荒野地區，山嶺高陡峽谷險深，荊蔓蒺藜到處生長不利於行，而且當地科亞爾社原住民尤其凶悍，到各處去殺人，失敗了就竄逃進入深山，盤踞險要的山勢無法攻破。「彼理」將情形回報美國國內，美國政府認爲一定要對該地區原住民加以懲罰，於是和臺灣鎮道商議聯合攻打的策略。九月，臺灣的官兵和美國軍隊同行出征，交由美國領事李仙得（Le Gendre，或譯李讓禮，一八三○—一八九九，法裔美國人，曾擔任美國駐廈門領事，其後赴日擔任日本外務省顧問，於八瑤灣事件後協助日軍出兵臺灣）全權處理。大軍來到柴城（今屏東縣車城鄉），臺灣的官兵只是虛與委蛇並沒有盡全力。李仙得也明白以武力征戰未必能勝利成功，不如說服原住民投降。於是帶領通事進入原住民的根據地，隨行的也只有五人，和其會面的原住民頭目（此頭目即卓杞篤），是琅𤩝八社中最強大的，李仙得對原住民濫殺遭遇船難者的罪行當場提出責問，頭目雖無法接受但態度還算恭敬，且準備了酒席款待，並歸還船難者被砍下的頭顱（歸還的是船長杭特夫婦頭顱），雙方達成協議立下盟約，表示以後如果有再因故漂流到這裡的船隻，如須求援要補給物資的話，可舉紅旗爲信號。李仙得辦完事後安全歸來，而琅𤩝（今屏東縣恆春鎮）附近的平地原住民從此再沒有殺害外國人的事情發生。

牡丹之役（牡丹社事件所引發的戰爭）

美國商船遭遇災難之後，過了六年，又發生日本軍方出征攻打原住民的戰役。之前，在清同治十年（一八七一）春天三月，琉球王國的商船遭遇強烈暴風，漂流到臺東的八瑤灣（今屏東縣滿州鄉的九棚灣），爲牡丹社（分布於今屏東縣牡丹鄉牡丹村）原住民搶奪並殺害五十四人。牡丹社，是臺灣南部原住民非常凶悍的部落。清同治十二年（一八七三），有日本小田縣（日本一八七一年成立的行政區，一八七五年併入為岡山縣）有四位百姓又因船難漂流至此遭到殺害，於是日本政府想出動討伐問責的軍隊，但因原住民地區隸屬臺灣疆域內，不能直接就前往討伐懲治。當時「副島種臣」（一八二八—一九〇五，是日本明治時代的政治家和外交官）是日本駐北京全權公使，日本政府命他負責協商解決此事，並且向清政府質問牡丹社原住民地區的主權。副島種臣派遣副公使「柳原前光」（一八五〇—一八九四，日本政治家、外交官）向總理衙門查問，總理衙門回答說：「原住民殺害琉球人民，我們是知曉了這事，但若說是殺了貴國的百姓，那倒是沒聽說。這兩座島嶼都屬於我國領土，領土的百姓因故而互相殺戮，對於違法事情的處置權在我國，我國對於琉球受難百姓的救濟和補償自然會有妥當的安排，哪裡需要貴國干預和查問呢？」柳原前光極力爭辯琉球是日本的領土，且提出證據說明小田縣民遭原住民殺害時的情況，他說：「貴國既然知道要救濟和補償琉球人民，卻不出兵征討犯事的臺灣原住民是何原因？」總理衙門回答說：「殺人的是原住民，而且他們是生活在政令和教化所不及的地方。你們日本在北方也有未開化的蝦夷族一樣不臣服天皇的政令和教化，這是世界上各個國家都會有的現象。」柳原前光不服說：「未受政令教化的原住民殺人，貴國竟不理不睬且不加以治理。然而每一個百姓無非是人子，人子遭遇殺害而不聞不問，這如何能爲人父母呢？我國政府將前往討伐並責問其罪狀，因兩國是友好的盟友，所以才派遣本人先行告知。」雙方對此事反覆論辯，好幾天無法做決定。柳原前光氣得撤回投訴狀。

起初，鹿兒島縣（一八七一年日本政府將位於日本九州島的最南端的「薩摩藩」改為「鹿兒島縣」）「參事」（日本舊時官制中屬於幕僚職的官員）「大山綱良」（一八二五—一八七七，薩摩藩武士）向日本幕府奏請征討臺灣原住民，附和的人很多。參議「木戶孝允」（一八三三—一八七七，與西鄉隆盛、大久保利通被並稱為維新三傑）極力諫言不可出兵，他認爲：「國內各項治理還沒有上軌道，突然挑起國外的戰端，勝敗之間雖然還無法確知，但卻會消耗錢糧折損兵力，這會讓我們的百姓增加負擔而受苦，並非國家之福，且反而會加速禍端的來臨。臺灣只不過是東海一小塊土地，島上的野蠻原住民喜好殺戮，那是本性使然。現在以粗暴濫殺琉球人的理由，突然前往討伐，這樣難道就能宣揚國威嗎？現在琉球人雖然表面已經歸順我國，但有一半的感情還存念著中國。經常聽聞當地人如此這樣表示：日本有如我們的父親，但中國卻像是母親；他們在我們兩國間維持友好關係，顯然是弱小國家之常情。那麼我們對待國內或琉球的百姓，自然要有緩輕重緩急的差別；應該要以國內的百姓爲主要考量的對象，附屬領土的百姓應擺在最後，如今反而要將最後考量的對象（指琉球百姓）作優先處理，這絕不是長治久安的謀劃。」副島種臣仍主張出兵，日本政府聽從他的建議。清同治十三年（一八七四）春天正月，日本政府在長崎設置「臺灣番地事務局」，由參議兼「大藏卿」（即大藏大臣，為大藏省的最高長官。後改為財務省，主掌預算、稅制、國庫、國有財產管理等）「大限重信」（一八三八—一九二二，日本佐賀藩武士、政治家、教育家，曾任內閣總理大臣，創立早稻田大學）擔任主官，命陸軍中將「西鄉從道」（一八四三—一九〇二，日本近代的軍人、政治家，其兄是西鄉隆盛）擔任都督，陸軍少將「谷干城」（一八三七—一九一一，明治時期的軍人、政治家，曾任伊藤博文內閣時的農商務大臣）、海軍少將「赤松則良」（一八四一—一九二〇，被稱為「日本造船之父」）爲參軍，率領軍隊前往臺灣。另派陸軍少佐「福島九成」（一八四二—一九一四，明治時期的陸軍軍人、外交官，曾任青森縣令）擔任廈門領事並兼管「臺灣番地」的相關事務。又聘請美國人李仙得爲參謀；李仙得之前曾擔任美國廈門領事，日本有關出兵「臺灣番地」的議論開始後，便被聘爲顧問，幫忙國際間的協商和相關事務的處理。四月，西鄉從道率領海陸軍從「品川港」（位於東京都的南部，東京灣西側，為日本重要港口及工業設施的地帶）出發，並租借英、美兩國的船艦運補物資，很快就到了「長崎」（位於日本九州西部，是日本西部重要的港灣）。美國公使率先表達保持不涉入的中立立場，並責令廈門領事搜捕李仙得。英國公使也表明中國一定會發表聲明並提出抗議。國際間的態勢讓日本政府內閣有所顧慮不敢下決定，便派「權少內史」（日本政府舊官制的官名）「金井之恭」（一八三三—一九〇七，日本政治家兼書法家）到長崎遞交密旨，下令大隈重信阻止大軍前進，並且返回東京。大隈重信將旨意轉達西鄉從道，他卻不接受政府命令，並聲明：「最近朝政不安定，讓人無法信任。況且將精練勇銳的部隊調動集合出發，指揮控制若有閃失，因迷惑而潰散的士兵會四處竄逃，造成的禍端恐難預料，這恐怕會比當年的佐賀之亂（發生在一八七四年二—三月間，由江藤新平和島義勇等舊武士在佐賀縣發動的反政府亂事）還嚴重。一定得按計畫堅持留下，從道懇請收回君王的旨意，將親自率軍攻破邪惡敵人藏身的地方，竭盡所能到死才停止。如果中國方面眞的提出抗議，朝廷可以將我等當成不受控制的亡命之徒，這樣哪會有責任和過失呢？」大隈重信急忙發送電報報告情況，日本朝廷商議此事時大表憂慮，趕緊推派「內務卿」（日本過去負責指揮監督內務省的國務大臣，通稱為「內相」）「大久保利通」（一八三〇—一八七八，明治維新三傑之一）前往長崎，西鄉從道最後還是不聽從命令，大久保利通乃然勸戒不要出兵引發戰事，等待後續的命令，便將李仙得帶回東京。五月二日，日進號、孟春號和三國號等船艦從長崎出發，五日，到達臺灣的社寮港（今屏東縣車城鄉射寮村港口），士兵上岸，將營地移往龜山（今車城鄉國立海洋生物博物館北側）駐紮，選派一小隊裝備輕便的士兵進入深山，遭遇牡丹社原住民埋伏樹林間襲擊，日軍稍退不敢再進。過了二天，僱已受教化的原住民爲嚮導，進攻竹社（今屏東縣車城鄉保力村）、風港（楓港舊稱，今屏東縣枋山鄉南部）、石門（今屏東縣牡丹鄉石門村），搭載西鄉從道的高砂艦剛好來到。二十二日，參謀「佐久間佐馬太」（一八四四—一九一五，生於日本山口縣，後來擔任臺灣日治時期第五任總督）親自率領兩小隊日軍，攻破石門山的險要關隘，戰鬥中重傷原住民頭目（按：牡丹社頭目阿祿古父子在此戰役中陣亡），許多原住民部落因而降服歸順，日軍退守龜山，建立都督府，設置醫院，修建橋梁和道路，派駐紮的士兵墾殖荒地，打算在此長久駐守。當日軍從日本出發的時候，日本政府再度派柳原前光到北京交涉，派領事福島九成到廈門，也以書信告知閩浙總督李鶴年（一八二七—一八九〇），信件內容寫道：「臺灣原住民地區所發生的事，之前副島種臣大使已經知會過貴國政府，現在我國將派兵前往討伐並責問其罪狀。倘若貴國天子的聲威和教化能夠廣被到那裡，我國便絲毫不敢侵犯。如今戰場靠近總督的轄區（福建、浙江），希望不要前往擾亂才好。」李鶴年回信說：「臺灣屬於我國領土，當地土著違反法令，我國自然會處理懲治，何必勞借日本出力？請盡快收兵離開臺灣，千萬不要挑起兩國的爭端。」並將此事陳報到朝廷，而總理衙門已先行頒布命令，派船政大臣沈葆楨（一八二〇—一八七九）率領大軍到臺灣觀察治理。柳原前光來到北京，再度和總理衙門爭論辯駁，雙方語氣和內容激烈衝突，情勢顯然將要出兵交戰。中國官府和百姓大多主張應戰，江蘇布政使應寶時（一八二一—一八九〇）發表的言論更爲強烈，他說：「日本找了藉口挑起戰端，強行進入我國邊境，殘害我臺灣原住民。中國想保全兩國舊時友好的情誼，根據事理盡力溝通，沒有馬上動用武力，還答應爲他們建造燈塔，保護商船，可以說已經非常的寬宏大量了。想不到他們用不實在的話來拖延我們，長久占據原住民的部落，用利誘和脅迫的手段對待原住民。各原住民部落受迫於他們的凶惡的氣勢，最後必然會全部受到拘束控制，到時候儼然和我們共同治理臺灣這塊土地。臺灣島雖然面積狹小，卻是我聖祖仁皇帝（清聖祖康熙皇帝）勞心盡力了二十年才收復的領土。臺灣如果眞的出了事，那各地方就得嚴加戒備了。古人曾說：『一天縱放了敵人，將會留下好幾代無窮盡的禍害』（語出《左傳．僖公三十三年》），現今臺灣原住民所產生的事端便是這個道理。況且各國和我國通商貿易以後，之所以還能按照各自的勢力範圍、不萌生侵犯別人的野心，乃是因爲有條約的約束。現在日本不遵守條約規範，如果讓他們達成了目的，這不但會被他們暗中譏笑，西洋人更將會輕視中國。現在唯一能採行的辦法，就是大舉出兵，向各國公告周知，直接和日本開戰了。雖然說，以前的人處理外交事務，必須要有防衛能力然後和談才能有所依仗，但也有那種必須用戰爭來讓防衛堅固完好的。與其在內地開戰，不如就在外海決戰；與其在外海決戰，不如就先戰於對方國境。既然如此，綜觀整個局勢來盤算，現在如果將臺灣原住民的土地拱手奉上，委曲求全訂下和平協議，戰爭或許可以平息，但是日後的禍患將無窮盡，而且所謂的和平協議也很難維持了，這是最不好的策略。若決定要將其驅離（臺灣），等到他們再入境侵擾時，隨時加以防禦，這也只能算是中等的策略。先作特別且出乎意料的布署，用來提振長久衰弱的頹勢，這樣雖然成功和失敗的機率各半，還勝過坐等日漸衰弱的狀態，這才是最好的策略。」沈葆楨來到臺灣後，籌備海防軍務，召募士兵駐防各地，在澎湖等島上修建炮臺，架設海底電線讓福建、臺灣的軍務連繫能夠暢通，之後更調來淮軍（淮軍是李鴻章受命召募鄉勇所建立的部隊，當時來臺的是唐定奎率領的淮軍）協助臺灣防務。派駐在中國、日本的歐美外籍人士，對此事件大肆評論是非對錯，報紙每天刊登報導，藉此機會煽動挑撥，想要坐收漁翁之利。日軍陸續來到臺灣，總共有三千六百五十八人，因不適應臺灣潮溼悶熱的氣候關係，病死的有五百六十一人。當時盛傳福建巡撫王凱泰（一八二三—一八七五）將調二萬軍隊渡臺，如果就這麼開戰，臺灣就兵災連連、戰禍不絕了。

之前，閩浙總督（李鶴年）曾經派福建布政使潘霨（一八一六—一八九四）、臺灣兵備道夏獻綸（？—一八七九）來和西鄉從道理論。（一八七四年）六月一日，他們帶了二名法律專家搭乘船艦來到琅嶠，隔天到達柴城（今屏東縣車城鄉），和西鄉從道會面，雙方展開一次又一次的辯駁爭論。七日再度會商，到了太陽西斜還沒有達成共識成，潘霨憤怒拂袖起身想離開，西鄉從道連忙制止他說：「我國軍隊長期駐紮海外，耗費經費和人力，是要來幫貴國開闢雜草叢生的荒地、剷除頑劣不馴分子。這期間消耗減損的費用非常多，這筆帳如何算？」潘霨說：「如果是這樣，那麼可以爲日本補償損失的軍費。」於是訂立了三條草約。八月，日本選派參議大久保利通爲辦理大臣，他被交付可全權決定要和或戰，（八月）六日他從東京出發，並帶李仙得同行。九月十九日到達設於北京的總理衙門，先討論臺灣原住民地區界線的劃分，雙方都堅持己見、不肯退讓。大久保利通放話說要回日本去，且留下書信寫道：「諸位公卿所言，總是援引條約內容，用違背盟約來歸咎我國，表面上看起來像是呼應配合我國，實際上暗地裡卻疏遠排擠我國。我已經收拾行李準備回國，想和談或想就此作罷，限十日內斟酌回覆。」英國公使「威妥瑪」（Sir Thomas Francis Wade，全名多瑪斯・法蘭西斯・韋德，一八一八—一八九五）於是出面幫忙溝通協調。軍機大臣文祥（一八一八—一八七六）堅持不退讓也不賠款，沈葆楨也上奏建議要強力拒絕日本的條件，但是朝廷爲顧及兩國邦交，仍完成和約的議定，十一月十二日雙方蓋印生效。條約內容：「一、日本國這次的行動，原本就是要保護百姓的正義舉措，清朝政府不可以當成不合法的行動。二、先前遭遇殺害的難民的家屬，清朝政府應給予安慰救濟補償金十萬兩。而日本在臺灣原住民地區所修整的道路和建造的房舍等物件，清朝政府願意留下自用，目前議定籌措補貼的經費四十萬兩。三、所有這次事件全部往來的相關公文，雙方撤回並取消所有登錄紀錄，就此作廢。該地區未受教化的原住民，清朝政府自行想辦法給予適當的管束。」

隔天，大久保利通返國，日本朝廷發布詔令調回軍隊。十二月，西鄉從道便帶領部隊返國。於是沈葆楨向朝廷進言要開通臺灣原住民的地界，劃分土地轄區增設治理的官吏，臺灣的形勢為之大變革。

法軍之役（中法戰爭之臺灣戰役）

法國為歐洲強國，當拿破崙一世（一七六九—一八二一）在位時，懷抱要兼併歐洲各國領土的雄心大志；又能以有餘的心力向東擴展，籌劃占領越南。越南向來是臣服中國的附屬國家，當時剛好遇到太平天國洪秀全舉兵作亂，中國境內擾亂騷動，沒有空閒關注南方的情勢。越南朝廷君臣上下只得向法國人順從聽命，每天害怕國家會滅亡宗廟無法奉祀，所以法國人越來越囂張。清光緒九年（一八八三）冬季，越南國王向中國請求派兵保護。朝廷派兵部尚書彭玉麟（一八一六—一八九〇）率軍到兩廣（廣東省、廣西省）觀察治理。法國也派來軍艦調遣軍隊，發展到最後兩國為了越南開戰（清法戰爭，發生於一八八三年十二月至一八八五年四月間）。朝廷頒布詔書認為臺灣為東南沿海重要地區，必須緊密加強防禦措施。兵備道劉璈（？—一八八九）駐守臺灣，辦事能力強，深得臺灣百姓的信賴和期待，於是開始整頓軍事設施和武力裝備，修築炮臺，建立防禦的軍事據點，購買新槍，布置水雷，分別駐防在海上、陸地各處。將曾文溪以南到恆春的地區劃分為臺灣南路，布署兵力五千名，由兵備道負責統領。曾文溪以北到大甲（今臺中市大甲區）為臺灣中路，布署兵力三千名，由臺灣鎮負責統領。再將大甲溪到蘇澳劃為臺灣北路，布署兵力四千名，由福建陸路提督曹志忠（一八四〇—一九一六）統領。臺灣東部從花蓮港至鳳山縣交界處劃為臺灣後路，布署兵力一千五百名，由副將張兆連統領。澎湖設為臺灣前路，布署兵力三千名，由水師副將統領。總計布署兵力達一萬六千五百名，分別駐守在各地，遇有戰事就互相呼應、協同作戰。各駐地評估布署兵力如果稀少微薄的話，不足以防範抵擋，可在地方挑選壯丁加強軍事訓練以保衛地方，陸地上組成的民團就駐守內陸，海邊漁民組成的民團就在臨海的港口備戰。各地村莊也要戶戶聯防，設立保長並徵召壯丁教導戰陣，保衛鄉里。劉璈認為臺灣土地遼闊，防禦事務很重要，特別向上級陳述請閩浙總督移駕到此駐守，可以發揮從中協調配置的作用，但閩浙總督並沒有答應。又向朝廷上奏建議調派通曉軍事的大官前來監督辦理，讓防務的權責命令能夠統一。朝廷於是派福建陸路提督孫開華（？－一八九三）率領所屬部隊「擢勝軍」三營（擢勝營屬湘軍系統，全軍共有左、右、前、後、中五營），前往臺灣協助辦理臺北的防務。不久，提督章高元（一八四三－一九一二）率領淮軍、提督楊金龍（一八四四－一九〇六）率領湘軍，先後來到臺灣協防。就在那時候，法國軍艦經常在沿海巡航，偵察臺灣防務虛實。

清光緒十年（一八八四）春天三月十八日，有一艘法國軍艦航進基隆港，三名法國人上岸，登到山高處四處眺望，好像在繪製地圖，又想進入炮臺，被駐守的臺灣官兵制止。回到艦上後，該艦用書信向基隆通判追究責問，指稱臺灣官兵不懂禮數，應當認錯賠罪。又用官府禁止商人賣煤炭給他們為藉口，以到隔天早上七點半為限，必須將煤炭運送到船艦上，否則開炮攻擊。稅務司（清朝時此職通常委由外國人擔任）急忙出面調停，用一千擔的官府煤炭送交到「得忌利士洋行」（在今新北市淡水區新生里中正路上，尚有遺址）賣給他們，法國船艦才離去。劉璈接獲訊息，認為法國人不守國際禮儀，向南、北洋大臣陳述事件始末並請向法國政府責問，其實這事件是法國人故意挑起衝突的。四月，朝廷下令派提督劉銘傳（一八三六－一八九六）擔任臺灣防務大臣，五月二十九日劉銘傳到達基隆，駐守臺北，在地方召募壯丁組訓民團，並設團練局專門負責相關事務。又在上海開設「臺灣軍械糧餉總局」（此機構用來專門向臺灣輸送大量軍械糧餉、槍枝彈藥等戰略物資和人員），委託「蘇松太道」（清朝江蘇省轄下的道級行政區，轄管蘇州府、松江府和太倉直隸州，俗稱「上海道」）辦理，緊急籌備可能爆發戰爭的各項事務。劉璈也趕到臺北，商議軍事行動相關事宜。而法國軍艦終於進攻臺灣了。

（清光緒十年）六月十四日，法國遠東艦隊司令「孤拔」（一八二七—一八八五，法語Anatole-Amédée-Prosper Courbet，中國史料稱「孤拔」，越南史料稱「姑陂」）搭乘指揮艦「奧爾札號」（Volta），並率領五艘軍艦（有「拉加利桑尼亞號」（La Galissonière），「威剌士號」（Villars），「魯汀號」（Lutin）等船艦），載運陸軍士兵三千名，入侵基隆，另外派三艘軍艦進犯滬尾（今新北市淡水區）。劉銘傳接獲緊急情報，便率領提督曹志忠（一八四〇—一九一六）、蘇得勝（？—一八九〇）、章高元和鄧長安等人迎戰抵禦。十五日凌晨，法國艦隊開炮攻擊基隆，岸上清軍的炮臺也還擊應戰。法軍另外派輕快小船搭載一千名士兵上陸，猛烈攻擊「二重橋」（原為跨越田寮河的木橋，基隆通判梁純夫改建後稱「義崇橋」，後不存，約在今基隆市立醫院附近金雞橋處）的據點。曹志忠、章高元兩支部隊奮力作戰，擊退法軍，戰鬥中斬殺一名中隊長、士兵百餘人，還擄獲法軍二面聯隊旗。法國士兵倉皇敗退回艦上時，溺死了很多人，留下不少槍械。十七日，孤拔託稅務司居間傳達邀請劉銘傳到艦上會面商談，劉銘傳拒絕。這事傳到了朝廷，朝廷特別下旨嘉獎，還撥出宮內府庫三千銀兩來犒賞戰役有功的將士，軍中士氣大振。洋務委員李彤恩認爲滬尾（今新北市淡水區）的港道寬闊，沒有險惡的要塞可供占據防守，建議將港口出入的航道填滿阻塞。英國領事以臺灣秋茶剛上市，阻塞港口會影響貨物販賣運補的理由而反對。李彤恩多次來回前往理論辯駁，才允許阻塞港口的行動，法國戰艦因而無法進入淡水港。

七月二日，孤拔率領八艘軍艦到福州偵測，停靠在馬尾港（當時孤拔以軍艦假冒商船進港）。閩浙總督何璟（一八一七—一八八八）一向怕事，防務大臣張佩綸（一八四八—一九〇三，李鴻章女婿）因年輕，缺乏軍事的謀略。當時有流言說朝廷有和談的意思，船政大臣何如璋（一八三八—一八九一）發現法國船艦進入港口，竟然制止各部隊不可與之交戰。清朝的十多艘船艦也停泊在附近，竟然也毫無動靜。福建省內不管是知識分子或百姓們都已感受到危機，紛紛逃走避開，張佩綸卻毫不注意、當作沒事。（七月）三日天快亮的時候，法國船艦忽然升起紅旗表明要開戰，清朝船艦上面沒有戰鬥裝備，而且還在等防務大臣張佩綸的命令。不久法國軍艦開炮朝各處攻擊，清朝的船艦轉眼間陸續沉沒，法軍還摧毀船政廠（設於馬尾，有造船廠和船政學堂），何如璋光著腳逃向鼓山（今福建省福州市東郊的山嶺）。福州將軍穆圖善（？—一八八七）駐守長門（今福建省福州市連江縣長門村，位於閩江口），開炮攻擊法國軍艦，法艦才慢慢遠離。福州既然被法軍重創，臺灣局勢就顯得更加危急。

（七月）二十日，劉銘傳到滬尾視察部隊狀況，孤拔也搭乘軍艦前來，探測滬尾港港道，但因守備嚴密無法進入，於是便在臺灣沿海來回巡航，以偵伺清軍的動靜。八月十三日，再度進攻基隆，派五百名士兵由仙洞（今基隆市中山區仙洞巖）上岸，由恪靖巡緝營（「恪靖」是營之名稱，有威嚴綏靖之意）、霆慶中營（「霆慶營」是光緒初年，兩江總督李宗羲為加強海防，派曹志忠等募練的軍隊）防守抵禦，章高元也率領所屬部隊二百多人來支援應戰。法軍被擊敗潰逃，迷了路，被圍困到中午，清軍又殺了法國士兵一百數十人。但是海上的艦隊仍然岸上的炮臺轟炸攻擊，劉銘傳堅守崗位繼續監督作戰不爲所動，跟隨的侍從有數人被擊斃，大家勸劉銘傳退避，不聽，將士們也因而被激勵，奮勇作戰。不久有情報傳來說法國五艘軍艦轉而進犯滬尾。滬尾距離臺北府城才三十里，劉銘傳緊急傳令要將基隆的守軍抽調前往救援滬尾，各將領紛紛勸諫不可貿然這樣做，劉銘傳堅持調兵不聽勸，只留下曹志忠所屬的部隊三百名及棟軍（林朝棟募練的軍隊）統領林朝棟（一八五一—一九〇四）繼續留守獅球嶺（今基隆市仁愛區西部偏北的山嶺）。有人反對並指責劉銘傳這個決定，劉銘傳說：「他們哪能明白我深遠的思慮與計畫啊？」後來法國軍艦三次攻擊滬尾，卻都損兵折將無功而返。法軍既然已占據了基隆，便設想進一步攻取臺北府城，派陸軍二千名士兵進擊，多次被林朝棟的部隊抵擋，僵持不下將近有一個月。又另外派四艘軍艦進攻滬尾，九月十九日天將亮時，法國船艦將要進入港口，岸上炮臺發炮攻擊，便離去。隔天又來，用小船偷偷載送陸軍士兵上岸，雙方近距離用短兵器搏鬥，孫開華攔截攻擊，張李成（一八四二—一八九四）率領所募的鄉勇三百人截斷法軍的後路，兵馬來回疾奔，阻擋的法軍紛紛逃避。法軍大敗爭搶要搭乘小船入海，卻大多溺死，戰鬥中被斬殺五十名，被俘擄的有三十名，法軍從此不敢再來進犯臺北。張李成乳名阿火，原來是在戲班裡扮演花旦的角色，姿態氣質文雅帶有幾分嬌豔，被時局所迫油然而生正義的憤怒，作戰時勇往直前不在乎自己的安危，常能戰勝敵人建立戰功。劉銘傳嘉勉他，任命爲「千總」（千總是清朝武官中的下級職稱，在守備之下。千總統領人數約五百—一千人左右，從人數上看相當於現在軍隊的營級幹部），後來又建立戰功晉升到「守備」（清朝武官名，是指管理軍隊總務、軍餉、軍糧職務的官員，軍階在都司之下、千總之上）。

之前，福州馬尾港的敗仗，清廷非常生氣，將防務大臣張佩綸革職，派文華殿大學士左宗棠（一八一二—一八八五）到福建督辦軍務。再派劉銘傳爲臺灣巡撫（清光緒十一年臺灣建省，劉銘傳為首任巡撫），後朝廷再加兵部尚書的職稱幫辦海軍事務，但被劉銘傳推辭。基隆被法軍占領後，朝廷內外大臣有很多人遞上密摺彈劾劉銘傳。廣東道監察御史趙爾巽（一八四四—一九二七）曾經建議要進攻越南，來分散法軍的軍事力量。沿海各省也因爲臺灣情勢危急，協助籌募糧餉購贈槍械，心連心共同對付外來的仇敵，其中以東南沿海各省出力最多，東北沿海各省次之，廣東省也贊助經費十多萬兩，士兵於是獲得五百支槍、三千支前門槍（從前膛裝填子彈的舊式槍枝）等武器，所以暫時不至於欠缺窘迫。那時候，諸位將領都建議奪回基隆，但劉銘傳並沒有聽從。臺北府「書識」（清朝正額書吏之外的一種臨時性書吏）陳華介、親兵哨官（武官職稱，一哨為一百人）奚松林申請要籌募兵勇一千五百人，並自備武器，前往包圍攻取基隆，但條件是每位兵勇每月餉銀十二圓。劉銘傳沒有答應，他比照淮軍、楚軍（左宗棠召募鄉勇建立的軍隊）的制度，並沒有發給這麼多的餉銀。但他答應如果能收復失地，定會有優厚的獎賞。「記名道」（清朝職官名，道員是總督、巡撫和地方官之間的官員）朱守謨聽聞這事，也參與召募兵勇的事，沒有幾天就組成。劉銘傳知道後卻大怒，將他們解散。（光緒十年十月）十五日，孤拔宣布封鎖臺灣各港口，北從蘇澳（今宜蘭縣蘇澳鎮），南到鵝鑾鼻（今屏東縣恆春鎮），總共有三百三十九海里，禁止船隻出入。分別派有軍艦巡防查緝，蘇澳到基隆間的海域有八艘，淡水到臺南安平間有三艘，打鼓（今高雄市）到恆春間有二艘。凡是在此航行的船隻必須遠離岸邊五海里以上，否則便發炮攻擊。於是臺灣與外界的貿易往來停止，物價飆漲，往來商船大多被襲擊，所有消息和通訊都中斷，只好偷偷用漁船交流。兵備道劉璈派駐在南臺灣整治軍務，籌備糧餉加強士兵的訓練，以提振作戰士氣。直到他接到法軍封鎖臺灣港口的文告，對法國違反國際公法感到氣憤，拜會各國領事並商討對策，請他們出面干涉。各國領事都回以此事關係重大，必須要等待各國政府的命令才可行動。（十月）二十九日，劉璈以密封的奏章祕密請沿海的總督和巡撫代向朝廷稟奏此事。十一月六日，劉璈的祕密奏章才送達內閣總理大臣處，內容大致如此：「法國人突然宣稱封鎖我臺灣各港口。經查國際公法，雖然原本就有出戰國封鎖圍堵敵對國海岸港口的例子，但非交戰、沒有關聯的其他國家是不可以禁航的。以法人現在的所作所爲來論斷，不應該封鎖我港口，其違反國際公法之事例有五項；不應該讓他們封鎖卻任憑封鎖，這將妨礙各國今後和臺灣的貿易往來，其後遺症也有五點。所以不能不先請各國代表來商議好讓他們明白狀況，一起向法國據理力爭。查國際公法有事例載明：兩國交戰，出兵打仗有正當理由便可稱作是爲正義而發動的戰爭，若是違背國際公法，就可認定爲不正當的戰爭，跟交戰沒有關聯的其他國家依例可以爭論問明是非。法國人一開始就很沒道理的侵犯我們的附屬國（指越南），接著更毫無道理的襲擊我們駐守在地方的軍營，還反過來向我們索討賠款，又先攻打我基隆港及福州虎尾船廠。直到基隆港、滬尾港戰敗後，又調派部分的船艦去騷擾臺南安平、旗後（今高雄市旗津區北側）二個港口，竟還又鹵莽且誇大不實的說要封鎖我港口。請問要封鎖人家的港口必須是爲正義發動的戰爭，如今法國出兵已是不符合正義，港口拿什麼理由來封鎖？臺灣原本就只有提出基隆、滬尾、安平、旗後四個港口留給各友好國家貿易往來，這些港口有很多各國商行倉庫，獨獨沒有法國商人的足跡。法國如果因爲這緣故有充足的理由又憑藉其武力強大，想搶奪獨占臺灣這塊土地，那麼臺灣、澎湖沿海有四千多里，任何一處皆可登岸攻擊；臺灣島上所建的城池，也都可進攻。但是法國士兵對其他地方都畏怯不敢進犯，偏偏選擇各國貿易往來相距不到二、三十里的通商港口（指基隆港和滬尾港），恣意妄爲進行騷擾。可想而知法國人當然無法從臺灣得到好處，卻反而連累迫害了各國的貿易往來，根本不符合因發動正義戰爭而進行封鎖港口的國際公法，這是第一項事例。國際公法又有事例載明：軍隊士兵虐待平民、燒殺擄掠、姦汙婦女、毀壞房屋等一切殘忍的行徑，都在戰爭條例中嚴格禁止。還載明在陸地交戰中，若發生逃散的士兵有搶劫掠奪的行爲時，就可認定爲強盜等語。現今法國人占領基隆，放縱其士官兵擄姦婦女、殺人放火，無惡不作。甚至將婦女、孩童強擄到軍艦上，有數百人之多。又在臺灣從南到北的海面上，假借稽查的名義，攔截搶奪漁民船上的魚貨米糧和雜物等，強行搶奪平民百姓的財物或押人為奴，這種暴行，實際上和強盜沒兩樣，還有什麼資格能堂而皇之的要封鎖敵對國的港口呢？他們的行徑根本不符合戰爭條例中封鎖港口的國際公法，這是第二項事例。國際公法還有事例載明：敵對國的城池或地方被出戰者圍困，跟交戰沒有關聯的國家便不能和被圍困者貿易往來，封鎖港口的情形也比照這一事例。現今法國軍隊揚言要攻打臺灣，卻無法長時間進行岸上的陸戰，與我中華士兵交戰爭寸土，僅僅偷偷占領我們自行放棄的基隆這個偏僻的地方，說要阻隔城池（指臺北府城）還差得遠呢。何謂圍困？而且我們也知道國際公法有規範必須等到有圍困城池的事實後才准許封鎖港口，這樣的規範是因為受圍困的敵對國因武器糧草缺乏，必須仰賴貿易往來以圖救援，出戰國才能趁著優勢封鎖港口來圍困敵對國，迫使他們求救議和，所以跟交戰沒關聯的其他各國也都甘願接受禁止貿易的損失而不敢違背禁令。現今臺灣部隊精銳、糧食充足，武器充足，已經讓法國軍隊不敢靠近侵犯。即使再度徵兵，全臺灣有義民百萬，平日就有刀槍的戰備訓練，一聽到君主深切的仇怨，隨時招喚隨時應戰，無不裹攜糧食、身穿鎧甲而睡，隨時備戰，誓與仇敵不共戴天。一切軍隊所需的裝備，就在當地拿不盡、用不完，根本不需要求助島外的人。所以這樣的圍困根本發揮不了圍困的作用，應該要盡快和談卻轉而迅速發動攻。法國人封鎖港口究竟是為了什麼？這是他們不符合國際公法圍困封鎖港口的第三項事例。國際公法再有事例載明：出戰國只是用公告聲稱要禁絕往來船隻，這顯然是不具有堅實力量來進行封鎖圍堵港口，同樣的，只派出數艘船艦在海面上徘徊巡視卻沒有在一定的地方，也不能當作封鎖圍堵港口看待。現今臺灣沿海商家或漁民的船隻四通八達，若是真要用堅實力量來封鎖圍堵，沒有上百艘軍艦是辦不到的。法國侵犯臺灣的軍艦，統計起來總數才十多艘，他們在臺南安平、旗後二處港口巡邏航行的船艦也才一、二艘，有時去有時來，來去飄忽不定。不具備堅實力量來封鎖圍堵港口，這是他們違反國際公法的第四項事例。國際公法也載明：封鎖圍堵敵對國的通商港口，出戰國氣勢由強轉弱，已不具有堅實力量繼續封鎖，就應該放棄不再有約束力。國際公法又進一步載明：軍隊被擊敗退去表示放棄封鎖的地方且不再有約束力。現今法國艦隊司令首先在基隆戰敗，接著又在滬尾吃敗仗，每仗都戰敗，在臺南還不敢上岸和我士兵交戰，他們的氣勢由強轉弱已顯而易見。各國應馬上廢除他們的封鎖效力不必加以理會。法國人爲何會這般不知羞恥進行封鎖圍堵港口的行動，難道只是要妨礙臺灣和各國貿易往來嗎？不具備堅實力量竟然來封鎖我港口，這是他們違反國際公法的第五項事例。以上這五項，都是法國人對國際公法置身事外所致，根本就不應該有封鎖港口的舉動。而（法國人的行徑）對於各國貿易往來也有五項損害，得再更深入陳述說明：舉凡臺灣允許外國商人設行經商的港口上的教堂、外國商行流通的貨物、外國商人和民眾經常出入的地方，一向是由中國盡力保護的。現今法國軍隊偏偏想攻擊侵犯這些外國商人出入的港口，當作戰場，交戰時雙方槍炮打來打去，如何能分辨出是哪一國家、哪一國的商行或哪一國人，到最後勢必會互相燒殺、損傷，無法保護周全。那麼各國受害的商販和民眾，就應當向法國請求賠償，和中國不相干。即使中國有遭受損害的地方，也應該向法國索取賠償。因爲法國人違反國際公法任意封鎖，獨獨擾亂了開放外國通商的港口，這是對貿易往來造成的第一項損害。貿易往來所衍生的協議與接觸，所有積欠外國商行的各種款項，向來都是由地方官員負責拿取追討。現今與外國通商的港口被封鎖圍困，那些欠款的商販和民眾都以維持基本生活的費用都沒了爲藉口，無法歸還，而且還有搬離到別地方的，官府無法拿取追討，勢必不得不一律暫緩辦理，這是對貿易往來造成的第二項損害。港口的貿易往來以外國藥品數量最大，臺灣每年進口外國藥品的銷售額總計有四、五百萬兩之多。法國人封鎖港口，外國藥品進不來。本地仕紳耆老曾經出面向官府申請，希望採取權宜變通的措施從公家的莊地分出部分土地，准許百姓自己種植「罌粟」（製鴉片原料），依照規定繳納稅金幫助糧餉，這樣既不會影響百姓種植五穀，也可避免洋人的錢被賺走。地方仕紳和耆老們申請的理由合乎情理，此事又是為公眾利益請命，地方官府當然應該准許他們的申請，所以將來臺灣會擴大種植罌粟，外國藥品勢必會受到影響甚至被禁止銷售，這是對貿易往來造成的第三項損害。中國沿海各省開放給外國人貿易往來的港口很多，如果每一個港口都如臺灣這般，法國人只開來幾艘船虛張聲勢，便任憑他們封鎖圍禁，那麼有哪個港口不能如這般用誇大造假的話就可公然封鎖？這恐怕會讓各港口外國商人和民眾都有坐等被圍困的憂慮，對貿易往來將有重大的危害，這是第四項損害。各國政府調派軍艦來保護其商家和民眾，原本是國際公法允許的正當行動。現今法國船艦突來封鎖港口，中國官兵依照法令嚴格禁止他們查探海面狀況，也不得引導或援助他們進出港口，有違反者立即問斬。各國軍艦船不得和法國船艦往來或同時停泊在同一個地方，以避開嫌疑，免得失誤而遭受傷害。但是要來保護的船隻離岸邊太遠，保護恐難以周全；如果停泊靠岸邊太近，法國軍隊也來到岸邊進犯，中國士兵必定盡全力開炮抵擋攻擊，這時槍炮恐怕會誤擊傷害，都不能將過錯和責任歸給中國士兵，這是第五項損害。法國人在國際公法上既有五項違反的事例，對於各國貿易往來又有五項損害，主要都和中國權益沒有直接的損害，中國原不值得和其爭論，臣已多次遵照皇上旨意要保護友好國家的商賈和民眾。現今法國人放縱軍隊到臺灣耀武揚威，卻只集中擾亂供外國貿易往來的港口，如果各國不能訴諸國際公法，來保全貿易往來的區域，臺灣官兵也只能依照戰爭相關法規，稍微盡到保護的責任。所以並不是我們不想辦法保護這些港口，而是情勢有點複雜麻煩，不得不先作聲明告知。法國士兵現今占據基隆，基隆港口原本是各國通商使節決議允許封鎖圍困的，除此之外其他各港口一律不能任憑法國以誇大不實言論說封就封，也應該要求法國不能集中攻擊有外國貿易往來的港口，以保護友好國家相關處所的安全，敦請朝廷下旨命令總理衙門以公文明告與我有貿易往來友好的國家，以申張公平正義的評論，來顧全整個國際情勢。」清廷既已接獲法國軍艦封鎖臺灣港口的消息，立即命令南洋大臣派五艘軍艦，由總兵吳安康率領，和北洋艦隊會合後限期前往臺灣支援。再調派陝甘總督楊昌濬（一八二五—一八九七）擔任閩浙總督，楊昌濬率領部屬就任，衡量時機安排配置軍隊，準備策劃進攻收復臺灣失地。

清光緒十一年（一八八五）春天正月二十一日，法軍突然猛烈攻擊獅球嶺。林朝棟拚命抵抗，力戰不退縮。法軍再度攻擊，戰鬥到正午時刻，林朝棟轉移陣地到六堵（今基隆市七堵區的一個里，位於基隆河南岸）防守，法軍已經逼近臺北府城了。澎湖島孤立在海上，各方面都遭可能遭受威脅和攻擊。當時澎湖駐軍有綏靖營、德義營等五營（按：綏靖營、德義乃清朝依造淮軍、湘軍體制組成的軍隊，兵源多為地方民勇，綏靖營有來自浙江台州和臺灣的兵勇，德義營有來自廣東的兵勇）及當地組練駐守炮臺的兵勇，全數總計才三千多人，島嶼和汊港多而亂，這些兵勇根本不夠分配布防，劉璈頗爲擔憂，向左宗棠稟告並建議調派更重要的官員率領軍隊駐守防備，再以海軍協助防守，這樣萬一遭受攻擊時還可保護周全。還來不及調度法國軍艦就已來攻打。二月十三日，孤拔派五艘軍艦攻打澎湖，先攻擊「漁翁島」（今澎湖縣西嶼鄉外垵村西南端）炮臺。炮臺接戰回擊，但沒有擊中法國軍艦，讓二艘法艦闖入「媽宮」（今澎湖縣馬公市），摧毀「觀音亭」（位於澎湖灣畔，建於一六九六年，被毀後於一八九一年重建）火藥局，副將周善初（？—一八八五）駐守在此地，卻不戰而潰走。到了半夜，法國士兵五百名在「蒔裏澳」（今澎湖縣馬公市　裡里）登陸。十四日凌晨，逼近綏靖營據守的地方，營官陳得勝善用地形挖壕溝迎戰，法軍稍有退卻，陳德勝追擊到海邊，法軍傷亡慘重。法國軍艦發現情勢危急，發炮助攻，陳得勝無法支撐，仍然奮力作戰。德義中營的廣東兵勇在附近防守，卻躲在防守的據點內不敢出戰，陳得勝不得不收兵，且戰且退回「珠母水」（即「豬母落水」，今澎湖縣馬公市山水里山水沙灘舊稱），傍晚時退回「大城北」（今澎湖縣馬公市城北村，原稱大城北），向將士們說：「法軍駐紮在雙港仔（位於今澎湖縣馬公市興仁里菜園魚塭南面），只憑靠簡單堆砌的防禦據點防守，我認爲可以發動奇襲擊破。我先挑選敢死隊，突襲攻入他們的防禦據點，各位再隨後進攻，那麼便可打敗敵軍了。」大家都說：「遵命！」十五日天將亮的時候，陳得勝率兵進擊，帶領眾將士猛烈攻擊法軍。法軍兵分兩路抵抗。戰鬥正激烈時，陳得勝策馬殺入敵營，想拔取法軍的軍旗，卻中槍墜馬，跟隨的親兵急忙搶救出。周善初也出戰「雙頭跨」（今興仁里），又被擊敗，手下士兵大多逃散。通判鄭膺杰搭乘小船逃到「赤崁」（今臺南市赤崁樓附近），澎湖於是失陷被法軍占領。

（清光緒十一年）二月二日，孤拔搭乘船艦到臺南安平，請英國領事居間轉達邀請兵備道會面，劉璈答應了，將要出發前往時，臺南的官員和仕紳們一致勸諫他不要去。劉璈說：「孤拔來到此地邀請我會面，如果我不赴約人家會說我膽小怕事，哼！老子豈是貪生怕死的人！」下令要安平炮臺對敵人保持警戒，「有任何風吹草動就開炮射擊，不必顧慮我在艦上就不敢擊中。」於是登上了法國船艦。孤拔卻表示友好執手談笑、氣氛歡洽，閉口不談戰爭相關的事，臺南因爲此次會面得以不用擔心戰事的波及。當初劉銘傳因撤兵導致基隆被法軍占領，劉璈曾經向上級揭發此事，左宗棠根據他的陳述向朝廷匯報，於是將李彤恩革職。劉銘傳也呈遞文書說明辯解，雙方互相評論是非對錯。而劉璈經常以加強處理軍務的理由，很不受指揮管轄，劉銘傳早已心懷不滿。

當時孤拔認爲澎湖是地勢險阻的重要地點，想長久占據，作爲亞洲海洋的軍港。而在越南的戰事中國的軍隊已多次勝利，進逼圍攻「宣光」（越南北方重要城市，中越邊界附近，是重要軍事據點），法國人有休兵停戰的意圖，法國政府再度向法國議會申請通過戰爭費用的預算，沒有通過，導致法國內閣改組，顯然法國執政當局已經很不想再繼續苦戰。斷了後方的援助孤拔感到氣憤，而且當時澎湖疫病（應為霍亂）流行，法國將士很多病死，孤拔也染病身亡，由副司令官李士卑斯（法語：Sébastien-Nicolas-Joachim Lespès，一八二八—一八九七）接任遠東艦隊司令。清朝和法國展開停戰協議，法國公使提出很多要求，更索求要在基隆駐兵五年，清朝代表李鴻章沒有答應，仍然互相約定停戰，清朝答應撤回越南宣光東、西兩邊的中國士兵，返回到廣西、雲南的中越邊界處。而在臺灣的法國軍隊也在三月一日停戰，並立即開通各處被封鎖的港口。在前線與敵方奮戰的各將領乍聽停戰協議都深感氣憤，不想遵守停戰命令，喧鬧著要繼續奮戰到底，負責監督軍務的大臣彭玉麟（一八一六—一八九〇）更是極力爭諫，還舉發李鴻章喪權辱國的罪行。李鴻章辯駁說：「臺灣屬於本朝設置的府縣，越南是臣服的附屬國，經我考慮之後，寧可失去附屬國，也不可傷害到國境內的府縣。」朝廷的電報命令已發到福建，左宗棠認爲有關臺灣的部分只有停戰協定的內容，並沒有載明交還基隆的隻字片語，呈上奏章請朝廷不要簽訂條約，但是李鴻章已經和法國簽約並已換約完畢。三月一日，法軍解除臺灣港口的封鎖，雙方交換俘虜，劉銘傳對法國戰俘以優厚禮節對待，各贈送一百金給他們。五日，傳令徵召「記名提督」（清朝在太平天國之亂的一種虛銜官職，為賞賜鎮壓太平天國有功的漢人，因人數眾多，無法實際給實缺，便有記名提督的產生）吳宏洛（一八四三—一八九七）前往澎湖接管。十二日，李士卑斯率領艦隊離去，整個事件到此平息。內閣學士梁耀樞（一八三二—一八八八）認爲劉銘傳出戰不利造成軍隊損失還讓國土淪陷，耽誤了整個情勢，呈上奏章諫言將其免職責罰。劉銘傳也上奏罪狀自請處分，朝廷發布詔令要他留在臺灣繼續經營治理並處理遺留下來的問題。

卷十五　撫墾志

連橫曰：臺灣固土番之地，我先民入而拓之，以長育子姓，至於今是賴。故自開闢以來，官司之所經畫，人民之所籌謀，莫不以理番為務。夫臺灣之番，非有戎狄之狡也；渾沌狉榛（ㄆㄧ　ㄓㄣ，草木叢生，野獸橫行，指未開化），非有先王之教也；巖居谷處，非有城郭之守也；射飛逐走，非有炮火之利也；南北隔絕，互相吞噬，非有節制之師也；故其負嵎（ㄩˊ，山勢蜿蜒處。負隅，依恃地勢險要的地方）跋扈，則移兵以討之，望風來歸，則施政以輯（和睦）之，此固理番之策也。清廷守陋，不知大勢，越界之令，以時頒行。而我先民仍冒險而進，剪除荊棘，備嘗辛苦，以闢田疇，成都聚，為子孫百年大計者，其功業豈可泯哉！牡丹之役，船政大臣沈葆楨視師臺灣，奏請開山，經營新邑。及劉銘傳任巡撫，尤亟亟於理番，設撫墾總局，以治其事。而臺灣番政乃有蓬勃之氣焉。夫臺灣之番，非可羈縻（消極牽制籠絡）而已也；得其地可以耕，得其人可以用，天然之利，取之無窮。而人治之效，乃可以啓其奧。是故理番之事，臺灣之大政也，成敗之機，實繫全局。余故述其始末，以詔來茲，亦足為得失之林也。

荷蘭既得臺灣，集歸順土番而撫之，制王田，設學校，開會議，立約束，以養以教，而土番亦效命不敢違。故終荷人之世，土番無有亂者。當是時，西班牙亦據臺北，布政施教，以撫土番，而輒遭殺戮，誅之不畏。蓋以北番之悍，不如南番之馴，故西人亦大費經營，且為荷人逐矣。

永曆十六年，延平郡王既克臺灣，巡視歸化番社而拊循（拊循，撫慰）之。翌年春，以部將十人管社事。分新港、目加溜灣、蕭壠、蔴荳為四大社，徵收鹿皮，與之貿易。十八年冬十二月，北路土番呵狗讓反，經命勇衛黃安平之。十九年，諮議參軍陳永華請申屯田之制，以拓番地，從之。於是南至琅璚，北及雞籠，皆有漢人足跡，番不能抗，漸竄入山，乃築土牛以界之。而寧靖王朱術桂亦自墾竹滬之野，歲乃大熟，民殷國富。二十二年，水沙連番亂，殺參軍林圯，所部多沒。既復進之，以墾其地，則今之林圯埔。二十四年，沙轆番亂。左武衛劉國軒駐半線，率兵討。番拒戰，燬之，殺戮殆盡，僅餘六人匿海口。大肚番恐，遷其族於埔裏社，逐之至北港溪，觀兵而歸。已而斗尾龍岸番亂，經自將討之。斗尾龍岸者，居大甲溪之北，地險眾強，黥面文身若魔鬼，殺人為雄，以其頭作飲器，左右社番皆畏焉。經北巡，聞之，親至其地，不見一人。時亭午酷暑，軍士皆渴，競取蔗啖。國軒適至，見而大呼曰：「何為至此！」命軍士速刈草為壘。已而番至，可五百人，四面縱火，烈焰沸騰，狼奔豕突，勢甚猛。鄭軍據壘戰，番卻，乘勢逐之，燬其社。經遂登鐵砧山，留百人屯田，以制蓬山諸番。三十六年春三月，竹塹番亂。

初，軍戍雞籠者，遇北風盛發，船不能往，則命土番轉運。沿途供役，土番苦之，督運者又嚴為驅策，遂相率為亂，殺通事，掠糧餉。竹塹、新港各社應之，道無行人。報至，侍衛馮錫範請以左協理陳絳率兵討，宣毅前鎮葉明、左武衛左協廖進副之。番懼，遁入山。駐兵不敢歸。吏官洪磊言曰：「土番之變，勢出無奈。勞師遠討，似非所宜。蓋以番如野獸，深山藏匿，難搗其巢，不如寬以撫之。懷德遠來，善為駕馭，則番當自服。況當國家有事之時，尤不宜震動，以生外侮。」克塽從之，遣各社通事往招。又命明進率兵至谷口，勦撫並用。番不敢出，輒乘虛剽殺。乃樹柵以困。番無所得食，窮蹙（ㄘㄨˋ，窘迫）乞降。諭各歸社，聽約束，然後班師。時同安王世傑從軍轉運，請墾竹塹之地，許之。三十七年春正月，聞清人將伐臺灣，乃籌防務，討軍實，而餉絀。五月，上淡水通事李滄請採金裕國，安撫司林雲言之，命監紀陳福率宣毅鎮兵往，以土番為道。因至卑南覓，不得而歸，而鄭氏亦亡矣。

康熙二十二年秋八月，清人入臺灣，招撫諸番，設土官以治，徵餉如舊。知府蔣毓英始至，經畫三縣疆域，集流氓（流氓，無業之民），墾荒地，安輯諸番，教以授產之法。三十二年，淡水人陳文、林侃遭風至奇萊，始與臺東番貿易。越二年，賴科亦自雞籠越山而至崇爻。於是臺東之野，漸有漢人足跡矣。三十六年，仁和諸生郁永河以採磺來臺，自郡治而徂北投，所至番為具糗（ㄑㄧㄡˇ，乾糧）糧，負弓矢，兩月始達。永河著書，多詳番事。其言曰：「番為人愚，又畏法。若能化以禮義，風以詩書，教以蓄有備無之道，制以衣冠、飲食、冠婚、喪祭之禮，遠在百年，近三十載，將見改易狉榛，率循禮法。豈與中國之民異乎？」當是時，荒土初闢，農多餘畝，爭墾番地，尚未併進，故番無仇視外人之心，而行旅無害。然其後漢人日進，拓地愈廣。如楊志甲、吳洛、施世榜等，且先後而至半線，闢土田，興水利，以立彰化之規模，其功大矣。三十八年，吞霄番亂。

初，通事黃申為贌社（贌音ㄆㄨˊ。贌社，漢人商賈與原住民貿易的租稅制度），征派無虛日，吞霄番苦之。土目卓个、卓霧、亞生性驍騺（ㄒㄧㄠ ㄓˋ，剛健勇猛），謀叛。二月，番將獵，申令納稅而後行。番固怨申，遂殺之，及夥數十人。事聞，鎮道遣員往諭，不得入。乃檄（ㄒㄧˊ，文書通令）北路參將常泰帥兩標兵討之，以新港、蕭壠、蔴荳、目加溜灣四社番為先鋒。番拒戰，四社頗死傷。請曰：「聞岸裏社番多勇敢，能越山度澗。欲禽土目，非此不可。」時岸裏未內附，介通事以牛酒犒之，願效命。八月，岸裏番自山後襲其社，官軍亦進。番窮困，將竄入山。又要（截擊）之，獲卓个、卓霧、亞生以獻，解郡正法，傳示諸番。官軍罹瘴而死者數百人。當吞霄番之亂，北投社番亦亂。北投踞上淡水溪畔，雖內附，每殺人。土目冰冷素負力，其戚以女字（許嫁）通事金賢，已而將娶之，不許。賢恕（應作「怒」）撻（ㄊㄚˋ，鞭打）女父，女父愬（ㄙㄨˋ，告訴）於冰冷，遂殺賢以叛，遣人告吞霄相應。水師把總某巡哨適至，潛泊港口，募他番佯為互市，猝禽冰冷至舟，戮之。遂介通事求撫。四十年，諸羅劉卻起事，北路俶擾（俶音ㄔㄨˋ。俶擾，騷亂），諸番亦乘虛出，頗殺人，及平乃止。

初，歸附番社例用通事，又有社商以攬其餉。番之互市，社商主之，每事朘（ㄐㄩㄢ，剝削）剝，朋比為奸。漢人之侵耕番地者，所在皆有。番無可籲訴（籲訴，請求控訴）。巡道王敏聞之，嚴飭所屬，凡給墾者須先請官查勘，定可否。又懲辦通事、社商數人以狥（ㄒㄩㄣˊ，通「徇」，宣揚而殺之），乃稍戢（ㄐㄧˊ，止息）。

四十七年，泉人陳章請墾大佳臘之野。署諸羅知縣宋永清遣社商、通事與土官會勘，報可。是為臺北府治。自是移民漸至，越二年始設淡水守兵。然地多瘴毒，南崁以上，山谷奧鬱，窮年陰霧，罕晴霽，居者多病沒，而戍兵生還者不能得十之三。五十二年，北路營參將阮蔡文親至其地，歷大肚、牛罵、吞霄、竹塹諸社。所至集諸番而拊循之，番大悅。

五十三年。諸羅知縣周鍾瑄以社餉較重，上書總督覺羅滿保請豁減。略曰：「番俗醇樸，太古之遺。自居民雜至，強者欺番，弱者媚番。地方隱憂，莫甚於此。查社餉一項，鳳山、淡水八社番米，在鄭氏原數五千九百三十三石八斗，嗣後酌減為四千六百四十五石三斗。而諸羅社餉七千七百八兩有奇（ㄐㄧ，有餘），未邀裁減。從前猶可支持，以地皆番有，出產原多。比年以來，流亡日集，以有定之疆土，處日益之流民，經月累年，日事侵削；番人世守之業，竟不能存什一於千百。且每年正供七千八百餘金，花紅八千餘金，官令採買麻石又四千餘金，放行社鹽又二千餘金，總計一歲所出二萬餘金。而通事頭家假公濟私，何啻數倍。土番膏血有幾，雖欲不窮得乎？」時巡道陳瑸方以吏治為海疆第一，乃議酌減，飭南北通事招徠生番。於是南路山豬毛等十社、北路岸裏等五社，凡四千七百五十三人請內附。滿保據以入奏。璸亦自持糗糧，率從僕數人，北巡至淡水。夜宿村舍，詢諸番疾苦，見者歎（歎，通「嘆」）息。

五十五年，岸裏社土目阿穆請墾貓霧捒，許之。東至山，西及沙轆，北界大甲溪，南達大姑婆，是為今之臺中。六十年夏，朱一貴起事，游擊周應龍請討。率兵四百，調新港、蕭壠、蔴荳、目加溜灣四社番從。下令：殺賊一名，賞銀三兩。土番皆嗜殺，濫戮良民，放火焚廬舍，眾多恨起應，全臺俱陷。及平，滿保議劃界遷民，總兵藍廷珍以為不可。復之曰：「執事留意海疆，諄諄切摯，議論高明。果能如此，文武皆可臥治，何其幸也！唯是臺地自北至南一千五百餘里，山中居民及附山十里以內民家，未經查確，不知其幾萬戶，田園幾萬畝，各山隘口幾何處。應俟委員勘核，造冊報聞。但天下非常之事，必非常人乃能為。廷珍籌度再四，未得善法。唯執事明以教之。欲遷數萬戶之民居，必有可容數萬戶築室之處。而此數萬戶又不能不耕而食，必有可容十數萬人耕種之田。則度地居民，為此日第一急務矣。今全臺山中之地既欲盡棄，附山平地又棄十里，即以三十里而計，已去一千五百餘里之三十里。截長補短，應得縱橫各四百五十里之地，以為被遷之民之田疇廬舍。不知此地從何撥給？所當籌度者一也。人情安土重遷，非盡戀戀故地，亦苦田舍經營，所費不貲。富家棟梁瓦桷（ㄐㄩㄝˊ，屋椽）可以搬赴新居，工匠牆垣亦費其十之六。貧家土舍茅簷無可移用，一經遷徙，則當從新建蓋。以亂後殘生饔飧（ㄩㄥ ㄙㄨㄣ，指熟食）不繼之窮民，何以堪此茅綯（ㄊㄠˊ，繩索）土木之繁費！嗟歎之聲既不忍聞，勢不得不有以資之。每屋一間給銀五錢，計費錢糧五、六萬兩。不知動支何項？所當籌度者二也。各山隘口未知幾何。即以羅漢門一處而論，已有二、四路可入。則此一千五百里之山，其隘口不止百計。每口伐木挽（ㄨㄢˇ，拉、引）運，百夫亦須三、五日，計用人夫不下三、五萬。不知係官自僱募，抑或派之於民？所當籌度者三也。一千五百里之界墻，一千五百餘里之濠塹，大工大役，海外僅見，計費錢糧不下十萬兩。將給之自官，則無可動支之項；將派之於民，則怨聲四起，必登時激變。所當籌度者四也。寇亂風災之後，民已憔悴不堪，百孔千瘡，俱待補救。即使安靜休養，時和年豐，尚未能遽復元氣；況又有棄去田宅、流離轉徙之憂？即使有地築舍，有田開墾，而五錢之惠，能成屋宇幾何？薙（ㄊㄧˋ，除草）草披荊，能望西成幾何？況又有無資可藉、無地可容之憂；誰肯餐風宿露、相率遷移於無何有之鄉乎？民而肯遷，豈不甚善；假如強項不依，嘵嘵（ㄒㄧㄠ。嘵嘵，爭辯多言）有辭，將聽其不遷而中止乎？抑以兵威脅之乎？所當籌度者五也。既已三令五申，費盡心力，復聽其不遷而中止，則憲令不行，是教民兇悍，而開犯上之風，非所以為治也。若以兵脅之使移，則民以為將殺己，抗拒亦死，不抗拒亦死，必制梃（ㄊㄧㄥˇ，棍棒，此指兵器）與兵為敵。至於敢敵，亦遂不容不殺矣。無故而殲我良民，於心不忍。殲不盡則禍不已，殲之盡則人又不服。既上乖朝廷好生之德，又下失全臺數百萬之人心。所當籌度者六也。自古以來，有安民，無擾民，有治民，無移民；無故而使千五百里之人，輕棄家鄉以餬其口於路乎？開疆拓土，臣職當然；蹙國百里，詩人所戒。無故而擲千五百里如帶之封疆，為民乎？為國乎？為土番盜賊乎？以為民，則民呼冤；以為國，則國已蹙；以為土番殺人，則劃去一尺，彼將出來一尺。界牆可以潛伏，可以捍（抵禦）追（追擊），正好射殺人民，以為盜賊。則千五百里無人之地，有山有田，天生自然之巢穴，足以逞志。不知於數者之外，或有他取乎？夫事必求其有濟，謀必出於萬全，循此檄也以行，能必其有濟乎？無濟而不召亂，猶之可也；殘民而有功於國，亦未為不可也。能必其不召亂，不殘民，而又能有功於國，則計出於萬全矣。不然，願執事之熟思之也。」滿保乃止，唯立石禁入番地。時阿里山番亂。六十一年，諸羅知縣孫魯遣人撫之。水沙連番亦內附，附阿里山番納餉。

初，府知靳治揚招撫土番。附郭各社，皆設義塾以教之。至是，巡道陳大輦（ㄋㄧㄢˇ）選其秀者為佾生（佾音ㄧˋ。佾生，祀典上表演樂舞的童生）。雍正元年，知府高鐸又獎勵之，於是熟番漸向學。

當是時，半線開墾，已成都聚。而諸羅遼遠，不足控制。滿保乃從廷珍之議，劃虎尾溪以北至大甲溪，設彰化縣。而溪北至雞籠，設淡水同知，駐竹塹，以理民番之事。漳浦藍鼎元曾從軍來臺，力言開墾竹塹番地之利，又與巡道吳昌祚論治臺之書。謂「彰化地多荒蕪，宜令人民開墾成田，勿致閒曠。前此皆以番地禁民侵耕，今已設縣治，無仍棄拋荒之理。若云番地，則全臺皆取之番，欲還不勝還也。宜先出示令土番各自開墾，限以一年盡成田園，否則聽民墾耕。依照部例，則為業主，或令民貼番納餉，易地開墾，亦兩便之道也。」其後當道從之，頒行例則，而墾務乃大進。

傀儡番在深山之中，負嵎蟠踞，殺人為雄。荷蘭、鄭氏之時，屢討未服。及一貴之變，餘黨王忠逃入山。廷珍遣外委鄭國佐偕通事章旺往捕，未能得。秋，心武里社女土目蘭雷為粵人所殺，其族八歹率加者勝眼社（應為「加者膀眼社」）番數百，伏東勢社，殺粵人三人。報至，派兵討，破其兩社，並撫附近之番而歸。四年，詔豁番婦丁稅；而熟番丁稅，每穀一石改徵銀三錢六分，著為例。水沙連番荷摩社素內附，當朱一貴之變，乘亂以逞。既就撫，土目骨宗恃其險阻，輒出殺人，官軍未能討也。秋九月，總督高其倬檄巡道吳昌祚至省，詢番情，授方略，命為總統（總統，統兵首領），以北路參將何勉副，又調淡水同知王汧協征。時巡臺御史索琳在郡中，與昌祚會斗六門，議進勦之策。十月，軍至水沙連。番拒戰，大敗之，諸番震慴就撫。越數日，復進水裏社，禽（擒）骨宗並其二子，戮之。自是水沙連番二十五社復納餉如初。

五年，沙轆番亂。沙轆自遭兵後，勢微弱，而地腴，漢人爭購之。土目嘎即謂其眾曰：「祖宗遺此尺寸土，為子孫可耕可獵，可供衣食、輸課餉。今若盡售漢人，必受欺侮，我將無以自存。」遂殺人以叛。彰化知縣張縞請兵討。嗣從通事之請，許降。當是時，淡水同知王汧以番地日被侵墾，或以賤價售人，番無得食，日就窮困，致起爭殺。上書御史尹秦，奏定社田。大社留給水旱之地五百甲，中四百甲，小三百甲，以為耕獵之地，各立界碑，永遠保之。其餘草地悉令召墾，並限三年陞科（陞科，凡開墾田地，滿一定年限後，按照普通田地賦則納糧）。六年冬，山豬毛番亂，殺漢人二十有三人。翌年春二月，總督高其倬檄總兵王郡、巡道孫國璽會辦。以游擊靳光瀚、同知劉浴率兵討，調諸羅知縣劉良璧堵後山，發內攸社番要擊之。北路營參將何勉亦入楠梓仙山。軍至邦尉，番降。十一年，始以南路營兵三百戍山豬毛，自是番不敢出。九年，大甲西社番林武力潛謀作亂，結樸仔籬等八社，以十二月起事，焚殺。淡水同知張宏章走免，居民多被戕，北路洶洶。總兵呂瑞麟適北巡，至淡水。聞變，回及貓盂，被圍。瑞麟力戰，奔彰化，徵兵府中，累戰不克。十年五月，林武力復結沙轆、吞霄等十餘社齊反，圍彰化縣治，居民逃避，號哭於道。宏章率鄉勇巡莊，道經阿束社，番伏擊，眾潰。有粵人鋤田者十八人見之，制梃（提著木棍）以救，宏章獲免，皆戰死。彰人葬之，謂之十八義民。六月，總督郝玉麟調瑞麟回府，檄新授福建陸路提督王郡討之。七月，郡偕巡臺御史覺羅柏修軍至鹿港，遣參將李蔭越、游擊黃林彩、林榮茂、守備蔡彬等，合兵攻阿束社。番不能拒，潛竄於山。郡以參將靳光瀚、游擊黃林彩、守備林世正等各率兵扼隘。八月，渡大甲溪，復遣將分擊。林武力之去也，踞險自守，官軍追之。過大安，登大坪，直抵番界。諜報林武力走南日內山，復追之，攀緣而上。番踞高崖，下矢石，官軍發炮攻，聲震山谷。番卻，擣其巢，遂縛林武力以降，戮之。是役捕虜千餘人，或殺或放。十二月，乃班師歸，建鎮番亭於彰化，改大甲社為德化，牛罵社為感恩、沙轆社為遷善，而漢人多耕其地矣。十三年，眉加臘番亂，討之。眉加臘為彰化野番，未內附。頻年以來，輒出沒於柳樹楠、丁臺各莊附近，焚殺居民。十月，北路副將靳光瀚、淡水同知趙奇芳合兵討，獲其數人，戮之，遂於柳樹楠設隘以守。臺中之設隘始於此。

乾隆二年，詔減熟番丁稅，著照民丁之例，每丁徵銀二錢，餘悉裁減。巡臺御史白起圖奏言：「嗣後漢民不得擅娶番婦，番婦亦不得牽手漢民，違者則行離異。漢民照民苗結親例，杖一百。土官通事照民苗結親媒人減一等例，各杖九十。地方官照失察民苗結親例，降一級調用。其從前已娶生有子嗣者，則行安置為民，不許往來番社，以杜煽惑生事之端。」詔可。先是大學士鄂爾泰等以臺灣居民已數十萬，開墾承佃，各謀其生，而禁止攜眷，未有家室，別娶番婦，恐滋擾害，奏請解禁，許之。於是閩粵之人至者更多，爭墾番地，播稻植蔗。米糖之利，挹注他省，歲入各百數十萬金，商務以興，家富人給。莫不各立久遠，為子孫計。乃未幾而越界之禁又出矣。

三年，總督郝玉麟奏言：「臺灣熟番與漢人所耕地界，飭令查明。其已有契可憑、輸糧已久者，立界管業。此後不准人民侵入番界，贌買番業。應令地方官督同土官，劃界立石，以垂永久。」顧越界之令雖頒，而官莊之開愈大。官莊之制，略如鄭氏屯田。文武官各備資本，召佃墾荒，以為己業，而其地多在番界。九年，下詔禁止。十七年，更立石番界，禁出入；而臺灣之墾務一阻。

當是時，歸化熟番漸從漢俗，乃令薙髮，錫（賜）姓，以遵國制。自是以來，民番雜處，各安甽畝（甽音ㄑㄩㄢˇ。甽畝，田間）。然交涉之事愈多。三十一年，奏設南北理番同知，以北路駐彰化，南路駐府治，管理民番交涉事務。時兩路熟番九十三社，歸化生番二百數十社，輸餉課，聽約束，有事調遣，奉命維謹。及林爽文之役，大將軍福康安視師臺灣，諸番爭效命，建功多。五十三年，康安奏倣四川屯練之制，設置屯防，大屯四，小屯八，語在〈軍備志〉。又以未墾荒地五千四百四十一甲，抄封田園二千三百八十餘甲，分給屯丁，為自耕自給之計，語在〈田賦志〉。然屯番未諳農事，多募漢人耕之，所入不供衣食。嗣以抄封田園撥充班兵之餉。五十五年，清丈，查出侵墾番界田園三千七百三十四甲餘，悉沒之。贌佃耕作，以其租為屯餉，而開墾番地又日進矣。

蛤仔難在淡水北東，或曰甲子蘭，番語也。背山面海，土地廣漠，溪流交錯。西班牙人曾至，為番所殺。乾隆三十三年，淡水林漢生入墾，亦為番害。自是無有至者。漳浦人吳沙居三貂嶺，任俠，通番市。以嘉慶元年，募三籍（漳州、泉州與客籍）流氓千數百人，率鄉勇二百餘前進。九月，至烏石港，築土堡以居，則頭圍也。二年，沙赴淡水廳給照，與以義首之印，隨山刊木（刊木，砍伐樹木），立鄉約，設隘寮，至者愈多，拓地至二圍。沙死，姪化代領其眾，遂進至五圍。蔡牽之亂，朱濆謀踞蘇澳，化敗之，請以地入版圖。知府楊廷理會師至此，諗（ㄕㄣˇ，思慮）其形勢，亦以為言。而大吏以險遠難治，慮有變，不許。嘉義縣學教諭謝金鑾撰〈蛤仔難紀略〉六篇而論之曰：「古之善籌邊者，卻敵而已。開疆闢土，利其有者，非聖主所欲為。顧是說也，在昔日不可以施於臺灣，在今日復不可以施於蛤仔難。其故何也？勢不同也。臺灣與古之邊土異，故籌臺灣者，不可以彼說而施於此也。夫古之所謂籌邊，其邊土有部落，有君長，自為治之。其土非中國之土，其民非中國之民，遠不相涉。偶為侵害，則慎防之而已。必欲撫而有之，有其土而吾民不能居也，徒為爭殺之禍，故聖王不願為，而為之者過也。若臺灣之在昔日，則自鄭氏以前，荷人據之，海寇處之。及鄭氏之世，內地之人居之，田廬闢，溝澮（ㄎㄨㄞˋ，細小水流）治，樹畜饒，漳、泉之人利其肥沃而住者日相繼也。其民既為我國之民，其地即為我國之地。故鄭氏既平，施靖海上言以為不當棄，遂立郡縣。豈利其土哉，順天地之自然而不能違也。夫臺灣之在當日，與內地遠隔重洋，黑水風濤沙汕之險，非人跡所到，然猶不可棄，棄則以為非便。若夫今日之蛤仔難，較為密邇矣。水陸毗連，非有遼遠之勢；而吾民居者眾已數萬，墾田不可勝計，乃咨嗟太息（咨嗟、太息皆是嘆息之意），思為盛世之民而不可得，豈情也哉？況楊太守入山，遮道攀轅，如赤子之覿（ㄉㄧˊ，見）父母，而民情大可見也。為官長者棄此數萬民，使率其父母子弟永為逋租逃稅、私販偷運之人而不問也；此其不可者一。棄此數百里膏腴之地，田廬畜產，以為天家租稅所不及也；此其不可者二。民生有欲，不能無爭。居其間者，漳、泉異情，閩、粵異性，使其自鬥自殺自生自死若不聞也；此其不可者三。且此數萬人之中，有一雄黠材智桀驁不靖之人出而馭其眾，深根固蒂，而不知以為我疆我土之患也；此其不可者四。蔡牽窺伺，朱濆鑽求，一有所合，則藉兵於寇也；此其不可者五。且就其形勢觀之，南趨淡水、艋舺為甚便，西渡五虎、閩安為甚捷，伐木扼塞以自固則甚險。倘為賊所有，是臺灣有患，而患則及於內地；此其不可者六。今者官雖未闢，而民則已開，水陸往來，刊木通道，而獨為政令所不及，奸宄（ㄍㄨㄟˇ，壞人）兇人以為逋逃之藪（逋音ㄅㄨ。逋逃藪，罪犯逃亡時躲藏的巢窟），誅求弗至；此其不可者七。凡此七者，仁者慮之，用其不忍之心；智者謀之，以為先幾之哲。其要歸於棄地棄民之非計也。或曰：『臺灣雖內屬，而官轄之外，皆為番境，則還諸番可矣。必欲爭而有之，以滋地方之事，斯為非宜。』不知今之占地而耕於蛤仔難者已數萬眾，必當盡收之，使歸於內地，禁海寇勿復往焉，而後可謂之還番，而後可謂之無事。否則官欲安於無事，而民與寇皆不能也。非民之好生事也，戶口日繁，有膏腴之地而不往耕，勢不能也。亦非寇之好生事也，我有棄地，寇將取之，我有棄民，寇將劫之。故使今之蛤仔難可棄，則昔之臺灣亦可棄。昔之所以留臺者，固謂郡縣既立，使吾民充實其中，吾兵捍防其外，番得所依，寇失所據。所謂安於無事者此也。今之蛤仔難亦猶是矣。或又曰：『蛤仔難之民，久違王化，其心不測。驟欲馭之，懼生禍端。』信哉是言也！夫君子之居官，仁與智二者而已。智者之慮事，不在一日而在百年。仁者之用心，不在一己之便安，而求益於民生國計。倘敬事以愛民，蛤仔難之民，即堯、舜之民也，何禍端之有？楊太守之入也，歡聲動地；驅為義勇，則率以從；索其凶人，則縛以獻。安在其久違王化哉？苟其圖利於身，弗達時務，抑或委用非人，土豪奸吏把持行私乎其間，則其啓禍也必矣。故此事非才德出眾者，不可與謀也。一方之闢，必有能者籌度乎其間。其見諸事者，蔚為功業矣。或徒見諸言，而其時不能用，後卒不易其言焉，則皆此邦之文獻也。自施靖海（施琅）以後，善籌臺事者，莫如陳少林（陳夢林）、藍鹿洲（藍鼎元）二公，可謂籌臺之宗匠矣。當康熙時，彰化、淡水未曾設官，政令巡防，北至斗六門而止，或至半線、牛罵頭，要不越諸羅轄內二百餘里之地。自半線以北，至於雞籠，七、八百里悉荒棄之，亦委於番。即臺邑之羅漢門，鳳山之琅𤩝，皆擯（ㄅㄧㄣˋ，遺棄）弗治。當事者逡巡（逡音ㄑㄩㄣ。逡巡，徘徊不前）畏縮，志存苟安，屢為畫地自守之計，唯云禁民勿侵番地，實則藏奸矣。故少林作《諸羅縣志》，慷慨著論。鹿洲呈巡使黃玉圃之詩亦言之。其所陳利弊，又皆與今日相類，是皆先事之師也。且夫制治之方，視民而已。民之所趨，不可棄也。沃足以容眾，險足以藏奸，臺灣之地大概如此。有類乎蛤仔難者，尚當以漸致之。其事非止於蛤仔難也。然而自昔以來，苟安者眾，焦頭爛額之事，乃使後人當之。豈所以為民為國也哉？」

十三年春，福州將軍賽沖阿奏設屯防並免陞科，部議不准。十月，少詹事梁上國奏言：「臺灣淡水廳屬之蛤仔難，田土平曠豐饒，每為海盜覬覦。從前蔡牽、朱濆皆欲占耕，俱為官兵擊退。若收入版圖，不特可絕洋匪窺伺之端，且可獲海疆無窮之利。」詔命福建督撫議復。總督阿林保委署臺灣知府徐汝瀾詣勘，亦主設屯，未復奏。十四年春正月，詔以「阿林保等查勘蛤仔難地勢番情另行酌辦一摺，蛤仔難北境居民，現已聚至六萬餘人。且於盜賊窺伺之時，復能協力備禦，幫同殺賊，深明大義，自應收入版圖，豈可置之化外？況地又膏腴，若不官為經理，妥協防守，設為賊匪占踞，詎不成其巢穴，更為臺灣肘腋之患（肘腋之患，比喻潛伏於身旁的禍患）乎？著該督撫等熟籌定議，應如何設官經理，安立廳縣，或用文職，或駐武營，隨宜斟酌，以期經久盡善。」十五年，總督方維甸以漳、泉械鬥，奉旨查辦。行次艋舺，土目包阿里等率各社番丁，叩轅（官署）求見，請入版圖，業戶何繪等亦請照則陞科。維甸據以入奏，歷言收入之利。命楊廷理偕巡檢胡桂等入查，分劃地界，以為設官之計。當是時，移墾之民，漳人四萬二千五百餘，泉人二百五十餘，粵人一百四十餘，均屬丁男。而熟番五社九百九十餘丁，歸化生番三十三社四千五百五十餘丁。其地東西寬約二、三十里，南北長約六、七十里，泱泱乎可為大邑也。廷理既至，籌辦三月，首廢業戶，具陳省憲（省憲，行省的行政長官）。而司道以事難懸擬，請交臺灣鎮道議復。總督汪志伊初蒞任，即檄臺灣道張志緒覆勘。十六年，督撫會奏，命大學士會同各部議復。十七年八月，始收其地，設噶瑪蘭廳，置撫民理番通判，則今之宜蘭也。當是時荒土尚多，而番愚且惰，不能耕。通判翟淦乃議大社加留餘埔周迴二里，小社一里，給與熟番樹藝。西勢一帶，永為番業。東勢十六社之地，給與三籍開墾，而徵其租。自是以來，移民麕（ㄐㄩㄣ，通「麇」，群）至，治溝塍（ㄔㄥˊ，稻田間的路界），興水利，險阻集，物土方，而噶瑪蘭為樂國矣。

先是十五年，總督方維甸以臺灣番政廢弛已極，雖有禁令，眾多玩視。若佃農之侵耕，屯弁之吞餉，通事之剝削，官司之陋規，隘丁之空虛，匠首之訛詐，糧差之勒索，番割之比匪，兵丁之需求，游民之逐利，皆足以擾亂番界而生禍患，出示嚴禁，違者重辦。乃未幾而開墾埔裏社之議起。埔裏社在彰化萬山之中，距縣治九十餘里，中拓平原，周圍可三十餘里。土厚泉甘，產物當。南北兩溪皆源自內山，蜿蜒數十里而入於海，引水溉田者十數萬甲。歸化番社二十有四，而以埔裏、水裏為大。性馴良，不妄殺人。水社之間，有日月潭，廣可七、八里，水極澄清，中有小山曰珠嶼，景絕佳。雍正初，漳浦藍鼎元曾游其地，然其後少有至者。乾隆五十三年設屯之時，水、埔二社計有屯丁九十名，屯田百餘甲，番自耕田亦百餘甲。嘉慶十九年，水沙連隘首黃林旺貪其地腴，與嘉、彰二邑人陳大用、郭百年謀墾。府署門丁黃里仁為之助，乃假已故土目通事赴府，言積欠番餉，番無所食，願以祖遺水裏、埔裏二社地給與漢人耕墾，許之。二十年春，飭彰化縣予照，然未詳報也。其受約者僅水沙連，而二十四社不知也。百年既得示照，擁眾入山，先墾社仔之地三百餘甲。復由社仔侵入水裏，再墾四百餘甲。既復入沈鹿，築土圍，再墾五百餘甲。三社番弱，莫敢抗。百年喬（ㄑㄧㄠˊ，喬裝）為貴官，勢烜赫（烜音ㄒㄩㄢˇ。烜赫，名聲或威望盛大的樣子），率壯丁佃農千數百人至埔裏，囊土為城，樹紅旗，大書開墾。番不服，相持月餘。乃佯言罷墾，使壯者取鹿茸為獻。乘不備，大肆焚殺。番不敵，逃入內箐（ㄏㄨㄥ，山谷），聚族以嚎者半月。獲生熟牛數千頭，粟數百石，器物無算。番俗死以物殉，掘塚百餘，得刀槍百數十桿。既奪其地，築土圍十三，木城一，益召佃。番無所歸，走依眉社赤崁以居。先是漢、番相持，鎮道微有所聞，使人偵之。還報曰：「野番自與社番鬥爾。社番不諳耕作，漢佃代墾充食，而人寡力弱，依漢為援，故助之。所殺者野番也。」二十一年冬，總兵武隆阿北巡，悉其事，嚴詰之。彰化知縣吳性誠請逐佃，而墾戶恃府示，不從。有希府中指者曰：「漢佃萬餘，費工已巨。一旦逐之，恐滋變。」性誠上言曰：「埔地逼處內山，道路叢雜，深林密箐，一經准墾，人集日多。命盜凶徒，從而溷（ㄏㄨㄣˋ，擾亂）跡。若招聚亡命，肆為不法，事且奈何。且此地固生番打鹿之場，開墾以後，理疆定界，而姦人無厭，久必漸次私越。番性雖愚蠢，凶悍異常，一旦棲身無所，勢必鋌而走險，大啓邊釁（ㄒㄧㄣˋ，禍端）。不若乘未深入，全驅以出，尚可清患於未然也。」鎮道從之，飭府撤還。二十二年六月，召諸人至府會訊，予百年枷杖，餘宥之。署北路理番同知張儀盛偕性誠赴沈鹿，毀土城，逐佃農。番始歸社。並立碑於集集、烏溪二口，禁出入。自是埔裏社復為番有。然二十四社日衰，漢人亦稍稍入。社仔被逐併於頭社，貓蘭併於水裏，而多咯唧、福骨二社與沙里興鄰，遂入從野番。眉裏、致霧、安里萬三社亦引野番以自固。埔裏人少，雖與水裏睦，而不能救助，甚自危。道光三年，萬斗六社通事田成發以事被革，詭與埔裏番謀，招外番為衛，與以地使耕，聽之。成發乃結北投社革（革除）屯弁（負責屯田的官員）乃貓詩、革通事余貓尉，募附近熟番，潛往復墾，而漢人陰持其後。成發之黨與水沙連丁首蕭長發有隙，長發首發其謀。九月，北路理番同知鄧傳安會營入埔裏社察之，撫循而還。傳安頗有開設議。而紹興人馬峨士久居臺灣，聞其地富，至福州，游說商人林志通為墾戶。總督趙慎軫以問前臺灣知縣姚瑩。瑩曰：「臺灣生齒日繁（生齒日繁，人口不斷增多），游手亦眾。山前已無曠土，番弱不能有其地，不及百年，山後將全入版圖，不獨水、埔二社也。然會有其時，今則尚早爾。」四年五月，巡撫孫爾準至臺，欲議其事。傳安力陳開墾之利。爾準意動，欲援噶瑪蘭故事，以問知府方傳穟。時姚瑩在臺，傳穟訪焉。瑩曰：「必欲開二社者，有要略八事，君其言之。」傳穟曰：「何謂八事？」曰：「往者噶瑪蘭之開也，乾隆年間則有漢人潛往，嘉慶元年吳沙率眾入山，占奪攻殺，凡十餘年。楊廷理往開時，大局已定，故眾番獻納輿圖，設官經理。然委員督墾之初，東勢番尚持不從，強而後可。今埔裏開墾之民已逐，社番又未輸誠，前此漢人焚殺之怨未忘。若往開設，必先和睦番情。其要一也。漢番言語不通，撫番須用通事，而通事多奸人，彼不以朝廷安撫為辭，而以危言恫喝。番懼而從命，心實不服。設有異謀，殊傷國體。況開設之際，交涉事多，鬥毆小故，皆足釀亂。則通事必求良善。其要二也。水社在外，如社仔、沈鹿之地已為漢人占墾者無論矣，埔地周圍數十里，番自墾成者僅十有一、二，餘皆荒埔。今外社熟番往墾者不過二百餘人，官墾則招佃，約費巨萬，將以何者為番田，何者為官佃，官課番租，不可淆混。其要三也。社東北沿山各社，則非埔裏之地。其內谾諸處亦並開否，或以山為界。山外通噶瑪蘭及奇萊、秀姑巒之處，開後不無人民私越，往來其中。則界址作何開閉？其要四也。前此漢人往墾，各有頭人領照，其意在充業戶，此時必萌故智。業戶之設，其弊無窮。徵收租課，逋嘗十萬。一有破敗，更換為難。不若官自召佃，永除業戶之名。其要五也。地方數百里，墾田數千甲，用佃殆將萬人。紛紛烏合，苟無賴人經理，不但無從約束，且工本何出。昔蘭人之法，合數十佃為一結，以曉事而資多者為首，曰小結首。合數十小結首，舉一富強有力而眾服者為大結首，有事官以問之，然後有條不紊。視其人之多寡，授以地，墾成眾佃公分，結首倍之，或數倍之，視其資力。今開埔地，亦當略仿此意行之。其要六也。蘭地南北百餘里，並山計之幾二倍。東西腹地亦四、五十里，不足置縣，故設一廳。今埔地方三十餘里，並水社山埔計之，或百餘里，似不足為一廳縣。然其地在萬山中，南自集集，北自烏溪，兩路入山，皆極迂險。內逼兇番，後通噶瑪蘭、奇萊諸處，蓋全臺之要領，前後山之關鍵。而去彰化縣城遼遠，非佐雜所能鎮撫，不得不略如廳縣之制。文武職官廉俸兵餉，作何籌給，不可不為計及。其要七也。田園日闢，生聚日多，不特商賈通行，則所產米穀民食亦必出山糶糴（ㄊㄧㄠˋ ㄉㄧˊ，米糧買賣進出）。其南由谾口進水社，山嶺重峻，勢不可行。唯北路烏溪水道可通；而溪水上流頗淺，亂石巑屼（應作巑「岏」，ㄘㄨㄢˊ ㄨㄢˊ，高聳），亦當開通，以便舟楫。其要八也。」傳穟陳其說，爾準見而難之。時性誠為淡水同知，志恆為噶瑪蘭通判，傳穟更集眾議。性誠、志恆皆主禁，傳安不能執前說，亦以為當禁。傳穟遂詳請禁之如故。

初，竹塹沿海各地開墾已成。而近山番界土廣且腴，漢人漸事侵耕。嘉慶末，有粵人黃祈英者子身來臺，至斗換坪，與番貿易。頗獲利，遂從番俗，改名斗乃，娶番女為婦，生二子。已而邀其鄉人張大滿、張細滿等入山，約為兄弟，亦各娶番女，與番往來。遂墾南莊之地。道光六年夏四月，彰化閩、粵械鬥，蔓延數十莊社，大甲以北亦起應。粵人弱，多竄南莊。斗乃遂煽土番，率之出，肆殺掠，所在騷動。八月，總督孫爾準至臺查辦，派兵討，陣斬土番七人，獲斗乃等二十有一人，皆戮之。事平，設隘南莊，置屯把總一，屯丁六十，以防番害。十四年冬，淡水同知李嗣業以南莊墾務既啓其端，而東南山地尚未拓，乃命姜秀鑾、周邦正集閩、粵之人，合設金廣福隘，從事開闢。自樹圯林以入北埔。數年之間，墾田數千甲，時與番鬥。已而詳請鎮道會奏，頒鐵印，歲加給費四百圓，與以開疆重任，權在守備以上。自是而東南番地漸闢矣。當是時淡水吳全亦募佃往墾臺東，築壘以居，則今之吳全城。運會所趨，莫可抑遏。而前山舊壤，漸有人滿之患，不得不求之番界。顧未幾而開墾埔裏社之議復起。

埔裏社自逐佃後，輒為野番劫殺，勢不足以自存。乃邀嘉、彰熟番入墾，欲引為援。先後至者七十有二社，合力以拒漢人。道光二十一年，給事中朱成烈奏言：「臺灣曠土甚多，應許開墾。」詔命總督顏伯壽（「壽」當為「燾」）議覆。總兵武攀鳳、巡道熊一本、知府仝卜年入山履勘，具陳開墾埔裏社之利。而伯壽以與番人爭利，難防後患，援例奏禁。然民間之唱（提倡）開墾者，前呼後應。臺、嘉、彰三邑業戶認捐墾費十八萬圓，墾田七千甲。紳士王朝綸、王雲鼎等且欲以墾內外國姓，長鹿埔等處。是封界之令，已不可行於今日矣。二十六年春正月，北路理番同知史密偕北路協副將葉長春、署南投縣丞冉正品率通事、土目入山。埔裏社番目督律與水裏社番目毛蛤肉、田頭社番目擺典，貓蘭社番目六改二，沈鹿社番目排搭母、眉裏社番目改努等，領六社眾千六百六十有三人求內附。密細查土田，則埔裏可墾四千餘甲，番僅二十有七人，生計困窮。而社南之地，為熟番私墾者約千甲，其眾已達二千。水裏可墾三百餘甲，有眾四百三十有四人。田頭可墾八百餘甲，有眾二百八十有八人。貓蘭可墾七百餘甲，有眾九十有五人。沈鹿可墾四千餘甲，有眾五十有二人。眉裏可墾二千餘甲，有眾一百二十有四人。統計其地約達一萬三千甲，甲徵穀一石，則歲可收官穀一萬三千石，以充設官戍兵之費，綽有餘裕。密欲捐墾二千甲，以為民倡，請援噶瑪蘭之例。巡道熊一本、知府仝卜年轉詳總督。劉韻珂大喜，下詢開墾可慮七事。一本條復籌辦，力主開設。十月，韻珂上其事，略曰：「臺灣孤懸海外，民情浮動，不逞（不得志、不如意）之徒，動輒械鬥，甚至謀為不軌。迨至兵役緝捕，而匪徒以水沙連內山為緝捕難至之區，相率逃入，潛匿深藏。若開闢則地歸疆理，建廳設汛，棋布星羅，匪徒無從託跡，地方則可安謐。是其袪弊者一。臺灣向無土著，多係閩、粵之人。前此地曠人稀，物產豐富，力作經營，皆可謀食。今則生齒日繁，生產乏術，有游民而無恆產，鮮不從為盜賊。若開闢則驅之力田，耕鑿相安，自消患於未萌。是其袪弊者二。水沙連土地肥美，甲於全臺。雖例禁私越，然小民趨利若騖，難保無私越之人。即使加謹巡防，迭增厲禁，亦難保無官來則去、官去復來之弊。若開闢則按戶授田，奸人無從混跡，可免意外之虞。是其袪弊者三。佳里興等社野番在水沙連各社之後，不法之徒，向有勾引野番潛出擾害之事。而兵役不能深入查拏（ㄋㄚˊ，拘捕），以致負固恃險，毫無顧忌。若開闢則番社悉為我有，摘要防守，奸人既不能私入，野番則不敢越界。是其袪弊者四。水沙連各社生番向以抽籐弔鹿為生，不諳耕耨。茲因封禁日久，社地荒蕪，俯仰無資，籲懇歸附。若不允其所請，既見拒於官府，必串謀於熟番。即不串謀，而漢奸必有私誘生番之理。該生番始雖舍熟番、漢奸而求官，後必結熟番、漢奸而抗官矣。若開闢則番眾必安，可杜私墾之漸，而熟番、漢奸亦無由串謀勾結。是其袪弊者五。臺地夙稱殷富，近因物力有限，戶口頻增，以致日形凋敝。若開闢則利較溥（ㄆㄨˇ，廣大），歲可產米百萬石，而木料、樟腦、藥材諸物更屬不少，通工惠商，培養生機，元氣可以漸復。是其興利者一。臺灣餉銀須內地撥解協濟，不特虛縻解費，而且重洋遠涉，疏失堪虞。若開闢則歲得正供數萬石，即可就地酌撥。在臺灣多一分餉銀，則內地少一分協濟。是其興利者二。臺灣為海外巖疆，倉儲不可不裕。若開闢之後，正供既有盈餘，而該同知捐墾之二千甲，一經成熟，又可酌提充公。從此倉儲日充，則可為地方緩急之用。是其興利者三。臺灣北路向設屯丁三千餘名，歲給餉銀，不敷衣食。若開闢則調取無業番丁，酌給荒田農具，令其自行耕作，由官給械，隨營操演，使之生計裕如。無事則保衛水沙連，有事則協助兵力。是其興利者四。水沙連内山前控嘉、彰兩縣，後近噶瑪蘭廳，為全臺腹背重地。若開闢則前後呼吸相通，全臺可資策應。是其興利者五。其祛弊也如此，其興利也如此，若竟重拂番情，拒而不納，未免坐失事機。伏思國家承平二百餘年，深仁厚澤，遐邇傾心，闢土開疆，所在多有。雖遠方甌脫（甌脫，偏遠荒地），無不列入版圖。今水沙蓮各社雖祇彈丸一隅，而該生番伏居崖谷，性類犬羊，一旦感承高厚，薙髮易衣，獻圖納款，統榛榛狉狉之儔，遵蕩蕩平平之路，亦未始非太平之盛事也。」疏上，命大學士軍機大臣議奏，不可。又命韻珂渡臺履勘，籌及久遠。而史密以時機既至，未可停止，奉商道府，官先試墾，以定番心。於是各官皆捐工本召佃。一本亦捐墾千甲，會營派兵二百隨往彈壓，以十二月入山。既接部中復奏，密恐事勢又變，翌年二月，復上總督書曰：「臺灣之番與別省異，獻圖開闢，不自今始。全臺無地非番，一府數縣皆自生番獻納而來。由諸羅而彰化，由彰化而淡防，納土開疆，百餘年來，安於無事。即遠在後山噶瑪蘭，開墾以來，四十餘年，亦未聞番害。蓋臺番之所以迥異者有故。凡番情滋事，志在金帛牲畜，始有搶擄拒捕各情。而臺番最愚，一無所圖。既無大志，安有大事。此臺番之情也。番夷生事，必仗其器械精工，炮火便利，方能得力。而臺番獵食為生，所用者竹箭、鐵鏢，火藥絕少。一聞銃聲，遠竄無踪。番酋每以聲勢相通，易於結黨。而臺番散處四山，各自為謀，絕不相屬。社雖多名，多至數百人而已。彼此不敢往來，呼應不通，從無糾結。此臺番之勢也。夫番情番勢既如此，其所以不同於別省之番，而絕無大患。然猶概指生番之大略，至若歸化埔水六社之番，其情尤為可靠。地近外山，常與漢人交接，和順曉事。附近六社番情同於埔水，而勢皆衰弱。此十二社僅有一千六、七百人。除婦女老幼，祇有壯番七、八百人，散於各社，窮苦可憫。見官經理，如嬰兒得母，投懷望哺之不暇，尚何敢生事，亦何能生事？安撫經年，調遣奔走，已成熟番。番性最直，又重薙髮。全臺十數萬熟番，其初何一非生，又何一難測？此生番改熟番萬無可慮之實在情形也。然而開闢之初，動計萬全。在無可慮之中，必存一可慮之心，而通盤籌畫，防患未然。查六社外遠近生番，業經陸續獻地歸化者八十餘社。例應增設大小各屯，挑取壯丁，大屯四百名，小屯三百名，增設屯弁管束。所有千總、把總、外委、屯目、土目、通事，則擇其本社強力頭人，充當委任，使之自相管轄，責成鈐（ㄑㄢˊ，管制）制，數百里同於臂指。此控制之法也。每丁例給閒田二甲。生番既改熟番，仍不能諳耕作，佃給租穀籌餉八圓。番不需錢，准折鹽布。再按開墾之田，定給穀石。番愚無知，但謂歸化獻圖，便可有租。延頸（殷切盼望）經年，今歲萬不可無穀。未召業主，不得不官墾先給，以慰番情。此撫綏之法也。分別調遣，驅使當差，雜於熟番，俾其漸習漸馴，漸知禮法。更調強壯，以牽制全番，使不敢動。此馭治之法也。盡去東南北三面近山大樹叢林、深菁密草，一望平坦，無可伏匿。分守各隘炮臺，募番設隘，隘勇多用熟番，以番防番。此備禦之法也。投誠歸命，盡屬懽忭（懽忭，喜悅歡欣）待哺之番。但須安置得宜，衣食有賴，便作良民。第一要籌在於設屯挑丁，自相維制。一番以至萬番，若網在綱，雖多奚慮？然此事試辦已一年有餘，經道府再四籌商，事關重大，慎之又慎。非全局在胸，何敢孟浪（孟浪，言行輕率、冒失）？自去年正月至今，大局已成，部署悉定；入山試辦，又經數月。漢番安堵，並無事端。然而准辦則然，否則其情頓別。不知者謂辦則可慮在後日，有識者謂不辦則可慮在目前。窮番無以自謀，苦無生路。一旦輸誠薙髮，求改熟番，天下無不准歸化、不准為百姓之理。峻拒驟絕，眾望俱空，是激之使怒，其變有不待智者而決。自古傾心內附，無不撫收安置，況歸化例題之件，雍正、乾隆歷辦有案。熟番皆生改，設屯籌餉，不有閒田，則遵例安置之處，從何措手？故歸化與開墾原係兩事，而別無曠土，不得不併案以辦者也。」四月十五日，韻珂舟至鹿港，命淡水同知曹士桂、北路協副將葉長春、參將呂大陞及史密隨行。五月十三日，自南投入山，歷田頭、水裏、貓蘭、沈鹿、埔裏、眉裏等社。群番聞總督至，扶老攜幼，伏道懽呼，有獻鹿皮者、番布者、雞子者、番餈者，犒以鹽布使去。而北投之平來萬社、南港之丹社、吻吻社，野番也，亦前後獻物輸誠。先是熟番徐戇棋倡占番地，掘番目改努娙墳，恃強焚劫，群番側目。韻珂聞其惡，檄密捕斬以狥。二十日，出內木柵而歸彰化。八月十六日，復上疏曰：「我國家開疆拓土，二百餘年，聲教所敷（散布），東漸西被，遠邊僻壤，無不盡入版圖，幅員之廣，為漢、唐以來所未有。茲水沙連六社番地，不過蕞爾（蕞音ㄗㄨㄟˋ。蕞爾，很小的樣子）一隅，或禁或開，本屬無關得失。特以生番率眾來歸，由於不知耕耘，生計日蹙，而招佃之熟番，又皆減租欺矇。其所以欲得官為撫治者，實藉此為保護身家之計。若不俯順番情，則生番日益窮困，熟番日益肆橫，勢不至不盡戕其生而盡併其地不止。久之呼朋引類，日聚日多，無賴之徒、負罪之犯，亦得以無官查察，潛跡遁藏。從此儔類互分，必致倚強凌弱，黨羽既眾，更恐拒捕抗官。得逋逃之所，為負嵎之謀，其貽患殊難逆料。縱熟番不難驅逐，而利之所在，人所必趨，能禁今日之不來，不能保異日之不往。從前樹碑立界，設隘分防，立法何嘗不密，乃私墾者仍有二千人之多。禁令雖嚴，難期歷久無弊。則驅逐之後，厲禁迭增，無敢或有踰越。而被逐之熟番數至二千，既無本社可歸，又無田廬可家，饑寒交迫，勢必流而為匪。臺灣地狹人稠，本多不靖，又何堪再益此二千流匪耶？若一經開墾，則分疆畫界，計畝授耕。生番收其租息，熟番得以力田。而撫馭兼有文武，巡查又有兵役，則一切無賴之徒、負罪之犯，更屬無從託足。顧議者謂臺地民情浮動，械鬥豎旗（豎旗，舉旗聚合生事），層見疊出。若再開墾番地，將來內地匪徒，竟與番類勾連，勦辦必更費手。不知匪徒與番聲氣本不相通。溯查歷年檔案，祇有官兵不敷派撥、酌調屯兵協勦之案，未有匪番勾結，隨同附和之事也。或又謂生番世隸化外，罔知法度，現雖困苦來歸，迨衣食充裕，無所顧慮，安見不始順終悖。不知漢奸詐偽百出，每多首鼠兩端，而生番則不識不知，絕無機巧。縱使譎變無常，而所需之械與所習之技，又無一足恃，勦捕亦甚易易。且臺自鄭氏滅後，則為中國所有。陸續開墾，無處非生番之地。百餘年來，涵濡（浸漬，比喻德澤優渥）帝澤，共安耕鑿之天，從未聞生番為害，調兵征勦之舉也。或又謂臺地本屬外洋，現在閩省兩口通商，洋情或不無叵測。若六社番地一開，土地廣而財賦多，外洋之垂涎更甚。不知洋情祇在通商，並不貪圖土地。而六社僻處山隅，距海口甚遠，外人斷無垂涎之理。必謂外人之垂涎，專以六社之墾否為行止，臣固未敢深信也。臣才識檮昧（ㄊㄠˊ ㄇㄟˋ，無知愚昧），非不知省事為為政之要，諉事為便己之方。特以六社番地，開之則易於成功，禁之竟難於弭患。以臣愚見，似不若查照前奏，仍援淡水、噶瑪蘭改土為流之例，一體開墾，設官撫治。俾六社生番均得優游聖世，附隸編氓，以昭盛治。」疏上，大學士穆彰阿等仍執不可，奏請遵例封禁。而埔裏社開設之議復止。

二十八年，徐宗幹任巡道，韻珂命籌善後之策。六社番目群至道署，環懇改熟，拳拳（誠懇）而不忍去。宗幹上書，請設屯丁，略謂「臺地情形與他省異，一經歸化，番即我民，地即我地。而番地能為後患者，在漢而不在番。漢民日聚日多，稽查不及，小則爭鬥，大則攘據。數十年，由彰化而闢淡水，由淡水而闢噶瑪蘭，跡似開疆，意實除害。今日之六社，即昔日之淡、蘭也。禁則必有事端，不禁則轉可綏靖。故設屯之議，亦出於不得已，非以調停於目前也。而其議則以番養番，以番防番，無創建縻費之煩，無戍兵流弊之慮。」韻珂從之，而埔裏社開墾之事始不廢。

琅璚在臺之極南，或作郎嬌，番語也。歸化之番凡十八社。雍正初，曾禁越墾。林爽文之役，莊大田起兵應。大將軍福康安駐軍柴城，以勦餘黨。而地仍荒蕪，閩、粵之人相率開闢，鳳山熟番亦每遷其族。民番相訌（ㄏㄨㄥˋ，相爭），以是日多，而有司仍以化外視之。海通以後，洋船往來，南嶠之外，又為東西交通之途，遇風遭難，時起交涉。同治五年，英艦篤甫號至鵝鑾鼻，為番所攻。翌年，美船那威號漂至其地，亦為科亞爾社番所殺，事在〈外交志〉。於是巡撫李鶴年奏請開拓，設官駐兵，通飭省會司道及臺灣鎮道通盤籌畫。臺灣鎮總兵劉明鐙主議開設，署鎮曾元福請照例封禁，而巡道吳大廷則兩存其說而節取之，以為枋寮設官駐兵，琅璚、柴城各駐屯丁，選舉閩、粵莊人為總理，與以防禦生番、保護遭難洋船之責。至於履田問稅，應從緩議。於是臺灣鎮道及護道梁元桂等疊次會議，陳其大略。省中司道亦有所議，而尚未合宜。乃飭本任平潭同知鄭元杰等往勘，繪圖立說，博采眾論，以為琅璚之柴城、風港，民番雜處，未便設官。請照舊例，沿山各隘，設立隘寮，分段防守。而枋寮僻近番界，擬將鳳山縣之興隆里巡檢移駐其地。又於道標撥派千總一員、兵五十名，南路營兵五十名，同往駐紮，以衛地方。閩人多居近海，粵人多處沿山，山內則多番人，擬於三者之中，各選正副總理兩人，督同隘首並隘丁各五十名，分守要害。而風港別選正副隘首兩名，隘丁五十名，均隸千總統轄。至千總、巡檢歲各津貼公費二百兩，兵丁加餉外，月給薪蔬銀四錢，三年調換。正隘首年給八十圓，副六十圓，隘丁八圓。計加兵餉八百八十兩，隘費七百二十圓，均於臺府叛產（叛產，因反叛朝廷而被官府查封充公的財產，詳見〈田賦志〉）之息按季支給。從之。

十年，琉球人遭風至臺東，為牡丹社番所殺。翌年，日本小田縣人亦漂至卑南被劫。十三年夏四月，日軍來伐。清廷以福建船政大臣沈葆楨視師臺灣。及平，詔命葆楨籌畫善後機宜。十一月，葆楨奏請開禁，略曰：「全臺後山除番社外，無非曠土。邇者南北各路雖漸開通，而深谷荒埔，人跡罕至。有可耕之地，而無可耕之民，草木叢雜，瘴霧下垂，兇番得以潛伏狙擊。縱闢蹊徑，終為畏途。久而不開，茅將塞之。日來招集墾戶，應者寥寥。蓋以臺灣地廣人稀，山前一帶，雖經蕃息（蕃息，孳生眾多）百有餘年，戶口尚未充裕，內地人民向來不准偷越。近雖文法稍弛，而開禁未有明文。地方官思設法招徠，每恐與例不合。今欲開山，不先招墾，則路雖通而仍塞。欲招墾，不先開禁，則民裹足而不前。臣等查舊例，臺灣不准內地人民偷渡，如拏獲偷渡船隻，將船戶等分別治罪，文武官議處，兵役治罪。又如有充為客頭，在沿海地方引誘偷渡之人，為首者充軍，從者杖一百徒三年；互保船戶及歇寓（歇、寓皆指供予住宿）知情容隱者杖一百、枷一個月，偷渡之人杖八十，遞回原籍；文武官失察者分別議處。又內地商人置貨過臺，由原籍給照；如不及回籍，則由廈防廳查明，取保給照。該廳濫發，降三級調用。又沿海村鎮有引誘客民過臺、數至三十人以上者，壯者新疆為奴，老者煙瘴充軍。又內地人民往臺者，地方官給照盤驗出口，濫給者分別次數，罰俸降調。又無照人民過臺，口岸失察之官，照人數分別降調，隱匿者革職。以上六條，皆嚴禁內地人民渡臺之舊例也。又稱人民私入番境者杖一百；如在近番處所抽藤、釣鹿、伐木、採棕（採山棕纖維用以製船具纜繩）者杖一百、徒三年。又臺灣南勢一帶山口，勒石分為番界。如有偷越運貨者，專管之官失察降調，該管上司罰俸一年。又臺地人民不得與番民結親，違者離異治罪，地方官參處。從前已娶者，毋許往來番社，違者治罪。以上三條，皆嚴禁臺民私入番界之舊例也。際此開山伊始，招墾方興，臣等揆度時勢，仰懇天恩，請將一切舊禁，盡與開豁，以廣招徠，俾無顧慮。」許之。於是葆楨奏明開山，並請移駐福建巡撫於臺灣，以海防同知袁聞柝率兵三營，分二路，一自鳳山之赤山而至卑南，聞柝當之，計程一百七十五里；一自射寮亦至卑南，總兵張其光當之，凡二百十四里，是為南路；以總兵吳光亮率兵三營，自彰化之林圯埔而至璞石閣，凡二百六十五里，是為中路；以提督羅大春率兵十三營，自噶瑪蘭之蘇澳而至奇萊，凡二百零五里，是為北路。軍過之時，沿途野番雖有狙擊，以阻前進，而或勦或撫，建壘駐兵，以警衛之。一年之間，遂告成功，而東西之途闢矣。臺東沃野數百里，可建一府三縣。葆楨以為建城之地，應在奇萊。若新城、三層、馬鄰、鯉浪不過營汛之區；尤必截大清水以南隸奇萊，以北隸大南澳，方足以資控制。十二月十三日，葆楨率知府周懋琦、前署臺灣鎮曾元福至琅璚，駐柴城，查勘地勢。以柴城以南十五里之猴洞，可建縣治，擬名恆春，以其常燠（ㄩˋ，暖和）也。巡道夏獻綸稟請南北兩路理番同知，均應移駐番地。各奏請，部議核准。光緒元年，詔設臺北府，置卑南、埔裏社兩廳，以南路同知駐卑南，北路同知為中路駐埔裏社，各加撫民，以辦民番交涉之事。設恆春、淡水兩縣，改淡水廳為新竹縣，噶瑪蘭廳為宜蘭縣。令福建巡撫春、冬駐臺，析疆增吏，撫墾並行，而番政一新。當開山之際，募民隨往，與地使耕。至是乃設撫墾委員，分臺東為三路，以總兵吳光亮辦之。南為卑南，中為璞石閣，北為花蓮港。而恆春別設一局，以知縣兼之。廈門、汕頭、香港各設招墾局，立章程，任保護。凡應募者與以便宜，日給口糧，人授地一甲，助以牛種農器。三年之後，始徵其租。當是時閩、粵之人多赴南洋，遠至澳洲，謂萬金可立致，故來者較少。恆春知縣黃延昭稟言：「臺灣開拓後山，於茲三年，生番漸次受撫，而招墾尚無成效。今大軍分駐後山，需糧較多，米糧價貴，輸運甚難，宜廣募農民，以開荒土。」從之。於是招集臺人，假以農器，人月給口糧六兩。墾成之地，三年免租，以為鼓勵。然臺東土地雖肥，瘴癘尚盛，居者多病沒，故農功猶未大啓也。

先是日軍撤退之時，獅頭社番乘虛出，戕殺兵民。元年二月，葆楨奏請進討。以提督唐定奎統淮軍，三路而入，別募鄉勇千餘為道，隨山刊木。二十日，中軍提督周志本、副營提督章高元深入其地，番伏險拒，未能進。二十二日，志本督所部，自南勢湖而前，左巖右溪，徑窄不易行。番五百餘突起迎擊，官軍攀緣上，激戰兩時，乃敗之。直搗草山，燬其社，陣斬十數級，副營左哨官游擊束維清死焉。三月十七日，定奎進攻竹坑社，為獅頭出入之道。以提督張光亮率武毅左軍為中鋒，左軍游擊陳有元、何迪華為左，右軍副將宋先聘為右。又以武毅營總兵章高元、候補知府田勤生繞竹坑山後，以拊（ㄈㄨˇ，拍擊，指攻擊）其背。殪番數十，遂破之。進攻龜紋。先聘軍其巔，以絕接濟。兼旬不雨，酷暑如蒸，光亮遂沒，德成、高元亦病莫能興。四月十五日，定奎自督各軍，攻內獅頭，連破其卡。龜紋以二百餘人來援，遇伏而潰，斬其番酋之弟。而提督周志本率副將劉朝林以中軍前營進攻外獅頭，提督梁善明為左，總兵余光德為右，併進破之，各有斬獲。番窮乞降，定奎許之，示以七約：曰還薙髮，編戶口，交兇犯，禁仇殺，立總目，墾番地，設社學。乃以龜紋社酋野艾為總土目，俾率其眾。改竹坑社為永平，本武社為永福，草山社為永安，內外獅頭社為內外永化。六月，班師歸。敕建昭忠祠於鳳山，祀將士。

是年北路統領羅大春通道奇萊，頻與番戰。至大南澳，番拒阻，輒殺行人。乃別闢一路，旁通新城，以避海濱懸崖，而阻兇番歧出之途。十一月，命千總馮安國率兵涉溪，番突出擊，眾可千人。官兵力戰，殪其數人，乃退。官兵亦略有死傷。十五日，行至谷中，高山壁立，忽聞銃聲，番大呼而至。鏖戰兩時，番至愈多。守備黃明厚語國安曰：「彼傾眾而來，其中必虛，可取之。」遂分一隊搗其社，闃（ㄑㄩˋ，寂靜無聲）然無人，唯見髑髏（ㄉㄨˊ ㄌㄡˊ，人頭骨）滿架，燬之。番見火起，如鳥獸散。千總吳金標亦沿途招撫木瓜、大巴壟等二十有九社，番丁一萬七千七百十九人。木瓜最悍，以窮來歸。乃以宣武左右兩軍，分戍東澳、大南澳、大濁水、得其黎、新城、加禮宛、花蓮港、吳全城等，以備不虞。唯中路一隊少遭番害而已。

二年，太魯閣番亂，討之。太魯閣為臺東野番，負其險阻，輒出殺人。大春進兵破其社。番伏山上，下巨石，幸少死傷。乃戍兵於三棧溪畔，曰順安城，為久住計。番無可歸，介通事乞降，許之。獲兇首三人，戮於臺北。三年，奇密社番殺總通事林東涯以叛。八月，統領吳光亮檄林福喜往討，不克。乃自將，合孫開華、羅魁、林新吉之兵伐之，番降。約以明春各獻米一擔，至期果至。光亮命閉門，屠之，濺血聲喧，死者百六十有五人，僅餘五人幸免。自是遂弱。

紅頭嶼在恆春海中，距縣東八十里，土番居之，性馴良，牧羊山中，翦耳為誌，無相爭詐。地沃，多椰樹，蒔（種植）雜穀，漁畜為生。周可六十餘里，山高至五、六十丈。有社七，錯居四隅，男女不及千人。語言略似西洋，實莫測其所由。前時漢人曾與互市，然未隸版圖。是年知縣周有基率船政學生游學詩、汪喬年始至其地，撫之。又有火燒嶼者，橫直二十餘里，與紅頭嶼並峙，距卑南六十里，居民五百餘人。商船避風，間有至者。

四年春正月，商人陳文禮至加禮宛墾田，為番所殺。營官命贖罪，不從，且殺兵丁，與竹篙宛番謀叛。報至，六月，陳得勝率新城之兵討，不利。光亮自將，以張兆連自花蓮港，劉風順自吳全城，吳乾初自六合莊，吳孝祿自農兵莊，劉國志自濁水營，進兵合勦。七月二十六日，攻竹篙宛，破之，乘勢擣加禮宛。番不能支，竄於東角山。會大風雨，多餓死。老番乞降，許之。以酒、布賈其地，東至加禮宛溪，西至山，南至荳蘭，北至加禮宛山。凡荳蘭溪以北為官地，南為番地，各事開墾，毋相侵凌。改加禮宛為佳落，竹篙宛為歸化，番乃服命。十年，率芒社番亂，討之。

法人之役，劉銘傳視師臺灣。及平，經畫善後，奏言辦防、練兵、清賦、撫番四事，語在其〈傳〉。銘傳以經畫臺灣，必須開疆拓土，廣徠人民，庶足自為一省。詔設臺灣府於臺中，改臺灣縣為安平，置雲林、苗栗兩縣，陞臺東廳為直隸州，基隆通判為北路撫民理番同知。十二年四月，銘傳任巡撫，奏設臺灣撫墾大臣，巡撫兼任；以在籍太僕寺正卿林維源為幫辦，駐大嵙崁。分全臺番地為三路，自埔裏社以北至宜蘭為北路，以南至恆春為南路，臺東一帶為東路，置撫墾局及其分局。設番市司事，以理貿易，振興茶、腦，充其經費。以是拓地日多，租稅驟增，臺灣局面為之一新。

初，開山之後，臺東、埔裏社、恆春、鳳山各開義塾，教番童，頒訓番俚言，俾之誦讀，將以陶鎔（陶冶鎔鑄，此指教化改變）其蠻性。而吳光亮亦撰化番俚言三十二條，縷縷數千言，飭通事時為講解，俾之同化。至是又頒教條五教：一曰正朔，二曰恆業，三曰體制，四曰法度，五曰善行。五禁：一做饗（聚眾喝酒），二仇殺，三爭占，四佩帶（攜帶武器），五遷避（遷逃躲避）。設番學堂於臺北府治，擇土目之弟而教之。一道同風，漸革頑陋。其不服者則移師討之。勦撫並用，可謂能得其宜矣。

當開墾罩蘭之時，移民日至，伐木治田，每遭番害。十一年四月，統領林朝棟率棟軍三營，以鄭以金為副，統領柳泰和亦率所部二營，進駐罩蘭。遣人說蘇魯、馬臘邦兩社歸順，不從，且結東勢角大湖各番以抗。五月，分兵三路而入，相持數月，地險不可攻。翌年七月，朝棟進兵陷圍。報至，銘傳自將麾下百名及兵勇屯丁九千五百人，大舉以勦。番懼而竄。駐大營於埋伏坪，大隙、什隻屋兩山各建炮臺，為合圍計。然番每匿林中，以時狙擊，死傷頗多。九月，進兵，擣其社，不見一人。歸途遇覆，又損數百。於是戍兵三百五十名，以絕其道。番困無所得食，介老屋峨社土目請款。十月，始撤兵歸。銘傳以土目有功，授六品銜，改名白麻鳳。先是屈尺番污來社亦每出殺人，十一年九月，統領劉朝佑（應為「劉朝祐」，劉銘傳族孫）率銘軍三營討之，番降。十二年春正月，大嵙崁番亂，銘傳自將三營，至甘指坪，討之。番懼乞降，頒以衣食而鎮撫之。已而盍文坪之番叛。八月，甘指坪亦動，頗不受約束，乃議勦之。分兵兩路，一自水流東以攻盍文坪，一自甘指坪而進竹頭角。宜興社土目糾合各社，竭力以抗。山路危峻，瘴毒盛，未易進兵，官軍戰病而沒者數百人。相持四月，乃諭番約和，撤兵歸。十月，巡道陳鳴志、統帶鎮海後軍副將張兆連先後稟請，後山番社尚多未撫，南至卑南恆春，北抵蘇澳奇萊，若由水尾適中之地，與前山彰化開通道路，聯絡聲氣，先撫後山中路，則南北望風向化。否則一撫之後，仍然隔絕，徒糜經費，難求實效。銘傳從之。檄署臺灣鎮總兵章高元率炮隊，並鎮海中軍前營、定字左營及練兵七百，附以人工，由集集開山而東。兆連由水尾而西，剋期會辦。高元乃自拔埔社而至丹社嶺，計程一百二十有二里。兆連亦至，計程六十里。自冬徂春，一律開闢。當是時兆連以管帶黃定國、畢寶印招撫水尾南北川、丁仔老二十有四社，次由花蓮港至蘇奇沿山一帶，又撫他良等十有二社。兆連以太魯閣，木瓜等勢最強，若得內附，餘番可服。乃率兵三營，進駐山口，勸其納款，否則開炮以攻。土目懼乞撫，而大馬鞍、大巴壟等五十有三社亦就撫。移軍卑南，以次而進。平埔之南，以呂家旺為最強，恃其丁眾，抗不奉命，附近各社多觀望。兆連進兵山麓，命通事米清吉讓之。土目知不敵，乃就撫，並約附近巴六凡等二十有六社歸化，而八栳等十有三社亦來。卑南與鳳、恆地相毗連，危峰疊嶂，人跡不通，野番盤踞其間。其在鳳山者以三條崙為大，在恆春者以牡丹灣為雄。兆連督鳳山營都司藍鳳春、管帶林維楨分道而進，招撫六儀等十有五社，阿眉等二十有二社，中心崙等四十有二社。管帶黃定國、畢寶印亦撫大蘭大、打臘等十有二社。地極深密，皆處山上，素不與人往來，至是乃出。先是銘傳檄統帶鎮海前軍副將陶茂森招撫鳳山前山各番，於是沙摩溪等六社、柏葉等十八社、糞箕等四社均內附。當高元開山之時，自水底寮至埔裏社，沿途招撫北港、萬霧等五大社、眉加臘、吻吻等四十有四小社。又自拔埔至丹社之時，亦撫卓大、意東等六十有一社。嘉、彰之交有番據焉，斗六門縣丞陳世烈設撫墾局於雲林坪，郡番、巒番、丹番等五十有三社均內附，薙髮輸誠。此為最悍之族，而跳梁（比喻叛亂者猖獗跋扈，蠻橫霸道的樣子）於中路山谷者也。巡道陳鳴志檄鎮標中軍易豫俊以撫大喃等等（多衍一「等」字）二十有四社，又以游擊劉智坤續撫大武壟、內攸等四社。唯新竹五指山番憑其險阻，頗不受約束，疊（屢屢）戕墾戶，眾請討。十二月，銘傳檄統領林朝棟自十八孩兒社以攻石加碌之南，營官鄭有勤率副營攻其北，各以化番為道，深入七十餘里，開路築卡，以壓迫之。石加碌五社及哇西熬等十有七社皆乞降，並撫密拿栳等二十有四社而歸。十三年，銘傳奏言：「臣自上年十月，親督大隊，勦撫中、北兩路生番，歸化後，現在數月之間，所有後山各路生番二百十八社，番丁五萬餘人，一律歸化。前山各路續撫生番至二百六十餘社，番丁薙髮者三萬八千餘人。水尾、花蓮港、雲林、東勢角等處，可墾水旱田數十萬畝。不獨開疆闢地，且可免民番仇殺之禍。此皆朝廷威靈，遠播遐荒，遂使深山幽谷茹毛飲血之類，咸知向化歸仁，化狉榛而登袵席（此處代指文明教化），實非臣所敢逆料。唯撫招愈多，經費愈巨。現已捐輸截止，支絀異常。經飭各軍仍回防所，籌畫設官分治。俟有經費，再行續撫，以期全臺生番一律歸化。」

初，北港溪番就撫後，人民多往開墾。而林朝棟亦給墾內國姓、乾溪灣、抽藤坑等處。鋤耰並進，可闢田園數百甲。然阿冷、白毛兩社番輒出殺人。朝棟止之，不聽。請討。八月，以兵二千五百分四道而入。扼要之地，各建炮臺。番不敢出，伏叢莽以狙，頗多死傷。稍來社土目乃為斡旋，願受約。十月，撤兵歸，設隘於險，駐勇守之。是年埔裏社熟番、水社、田頭、貓蘭、沈鹿與卓大社合以叛，戍兵不支，退焉。中路之山，往來暫絕。十四年六月，臺東平埔番大社以有司暴斂，憤而謀叛。水尾溪南北各社俱起，大巴壟、馬太鞍各番應之，勢頗猖獗，遂迫花蓮港營。李得勝邀擊之，番敗走。依其族七腳川、薄薄二社。二社已歸順，佯許之，醉以酒而戮之，以其頭來獻。越二日，平埔番合亞米士之族，可數千人，大舉至卑南，環攻州署。統領張兆連督兵戰，防守半月，不退。適兵艦自臺北來，開炮擊，以兵上陸助戰。番不敵，始解圍去。八月，統領劉朝祐（應為劉朝帶，詳見翻譯說明。劉朝祐於此年七月已死）率兵四百，自宜蘭小坡塘坑入山，至凍死人坑，為南澳番老狗社所襲，力戰免（「免」疑為「死」之誤，詳見翻譯說明）。十五年，銘傳議討。調福建兵艦來援，以同安水師副將傅德高為先鋒，艤舟（艤音一ˇ。艤舟，把船停靠在岸邊）蘇澳，大軍繼之。游擊王冠英率鎮海前營自小南澳上陸，以拊老狗社之背，總兵竇如田以銘字各營扼其前，定海、永保兩艦為運船，請遠護之，游弋海上，備策應。銘傳自督全軍，駐蘇澳。德高以數人偵察，為番所殺。如田率兵二千，深入其地。番懼而竄，匿荒谷，不敢出。相持兩月，頗為瘴毒所苦，乃班師。以鎮海前營駐蘇澳。是時呂家望社亦亂，張兆連討之。九月，大嵙崁馬速社殺隘勇二十餘人，銘傳派兵討，乃降。十六年三月，牡丹社土目率番丁數人至田中央莊，狙殺莊民三人，莊民亦殺其番，烹之。牡丹番怒，合高士滑、加芝來等社可五、六百人，以攻柴城、田中央二莊。莊民禦之，激戰數日。恆春知縣呂兆璜接報，命柴城把總以兵彈壓。番不從，且殺兵。乃請討。十二月，總兵萬國本率兩營至，聲言大舉，而按兵不動。嗣派通事與番和，各毋相仇殺。十七年春正月，兵退，番復跋扈，再請討。國本以兵千餘，駐牡丹山下，不敢進。數月，再派通事申前約，撤兵而去。十八年六月，射不力社番殺楓港莊民，民亦殺之，番遂夜襲，有眾千餘。莊民聞警，併力拒戰，赴縣請救。知縣高晉翰與恆春營游擊張世香率兵至，命和，不從。晉翰病歸，未幾而沒。世香請討。總兵萬國本以兵千餘至，分成各地，命通事入山說降，又不從。乃先攻老佛、巴士墨二社，破之，燬其屋。又募楓港莊民六十為道，進攻他社。汛官汪斌素有力，率壯士數人入其內，猝禽土目出，斬之以狥。八月，大風雨，山水暴發，不可駐。新任知縣陳文煒謂國本曰：「懸軍深入，空老我師，不如且約之和，以待後舉。」派通事，集土目，與莊民約。國本歸，而民番仍相仇殺。當是時，銘傳已去，邵友濂任巡撫，百事俱廢。然人民之墾番地者，前茅後勁，再接再厲，合力一心，以自成其都聚。二十年，遂設南雅廳於大嵙崁。二十一年春正月，臺東觀音山莊平埔番亂，殺大莊總理宋梅芳。十五日，花蓮港營官邱光斗平之。

鄭氏各鎮屯田表

參軍莊	今鳳山長治二圖里，爲參軍陳永華所墾。
前鎮莊	今鳳山大竹里，爲中提督前鎮所墾。
前鋒莊	今鳳山仁壽上里，爲前鋒鎮所墾。
後勁莊	今鳳山半屏里，爲後勁鎮所墾。
後協莊	今鳳山仁壽上里，爲先鋒鎮後協所墾。
右衝莊	今鳳山半屏里，爲右衝鋒鎮所墾。
中衝莊	今鳳山仁壽上里，爲中衝鎮所墾。
援勦中莊	今鳳山觀音上里，爲援勦中鎮所墾。
援勦右莊	今鳳山觀音里，爲援勦右鎮所墾。
中權莊	今鳳山小竹下里，爲中權鎮所墾。
角宿莊	今鳳山觀音上里，爲角宿鎮所墾。
仁武莊	今鳳山觀音下里，爲仁武鎮所墾；而嘉義鐵線橋堡亦有仁武埔，與查畝營莊相近。
北領旗莊	今鳳山維新里，爲侍衛領旗協所墾，並有水圳。
三鎮莊	今鳳山維新里，爲戎旗三鎮所墾。
左鎮莊	今鳳山興隆外里，爲宣毅左鎮所墾。
營前莊	今鳳山長治一圖里，必爲某鎮營前，故名；營後亦同。
營後莊	今鳳山長治一圖里。
五軍營莊	今嘉義赤山堡，爲五軍戎政所墾。
查畝營莊	今嘉義鐵線橋堡，爲清查田畝之地。

果毅後莊	今嘉義果毅後堡，爲果毅後鎮所墾。
新營莊	今嘉義鐵線橋堡，鎮名未詳。
舊營莊	今嘉義鐵線橋堡，鎮名未詳。
中營莊	今嘉義茅港尾西堡，鎮名未詳。
後營莊	今嘉義麻荳堡，鎮名未詳。
下營莊	今嘉義蕭壠堡，鎮名未詳。
大營莊	今嘉義新化北里，鎮名未詳。
二鎮莊	今嘉義赤山堡，爲戎旗二鎮所墾。
左鎮莊	今嘉義外新化南里，爲折衝左鎮所墾。
中協莊	今嘉義赤山堡，爲左先鋒鎮中協所墾。
林鳳營莊	今嘉義赤山堡，爲參軍林鳳所墾。
林圯埔莊	今雲林沙連堡，爲參軍林圯所墾；林內亦同。
統領埔莊	今恆春興文里，爲統領某所墾，在柴城近附。

臺灣撫墾局管轄表

撫墾總局	光緒十二年設，駐大嵙崁，隸巡撫，總理全臺撫墾事務。
大嵙崁撫墾局	隸總局，掌理該管撫墾事務，下設分局：
雙溪分局	
三角湧分局	
咸菜甕分局	
五指山分局	

南莊分局	
東勢角撫墾局	
大湖分局	
馬鞍龍分局	光緒十四年裁。
大茅埔分局	光緒十四年設。
水長流分局	同上。
北港分局	同上。
埔裏社撫墾局	
蜈蚣崙分局	
木屐蘭分局	
叭哩沙撫墾局	
阿里央分局	
蘇澳分局	
林圯埔撫墾局	
蕃薯寮撫墾局	
隘寮分局	
枋寮分局	
恆春撫墾局	
臺東撫墾局	
璞石閣分局	
花蓮港分局	

臺灣撫墾局局制表

總辦一員	以三品文員任之，總理局中一切事務。
委員一員	以七品文員任之，或以營官兼任，掌理撫墾事務。
幕賓	總局四員，局二員，隨時聘用，處理文案等事。
司事	二名或四名，分辦庶務會計。
通事	人數不等，分任通譯。
局勇	人數不等，保護墾務並監督隘勇。
醫生	各局置一、二名，以任醫務。
教讀	各社置一名，以教番人讀書。
教耕	各社置一名，以教番人耕田。

譯文

張崑將、張溪南・注譯

連橫說：臺灣原本是原住民賴以生存的土地，後來有我中華民族先民進來拓墾，綿延子孫、開枝散葉，維繫到現今。所以從開拓闢建以後，官府衙門所經營擘畫者，百姓們想方設法的，無不以安撫、教化原住民爲重要任務。大致上來說，臺灣的原住民，生性並沒有中國西北邊境外的野蠻民族那般狡詐；渾然粗獷、野蠻未開化，沒有經過仁義禮智的先賢教化；居住於山谷洞穴中，不會築城造牆來防衛；有射飛禽、追走獸的本領，但沒有槍炮軍火的新式武器；他們的盤踞地雖然南北隔斷不通，卻會互相侵略併呑，欠缺統一指揮管制的軍隊；所以當他們依恃險要地勢而粗暴強橫時，必須派遣軍隊前往征伐；若能不戰而自行歸附的，那就施行政務加以整訓，這誠然是臺灣安撫、教化原住民的基本策略。但清朝政府守舊短視，看不出大勢所趨，曾經頒行禁止越界的政令（禁止漢人進入山區，也禁止山區原住民下山）。而我先民仍然冒險前進，鏟除荊棘，歷經艱難困苦，闢建田地，形成繁榮的都會聚落，爲子孫建立影響深遠的百年基礎，這樣的功勞事蹟豈能被抹滅呢！屛東恆春牡丹社事件之後，船政大臣沈葆楨被派來臺灣巡視軍備後，便向朝廷上奏建議開闢原住民盤踞的山野，經營新地區。到了劉銘傳擔任臺灣巡撫時，更加急切於原住民的安撫與教化工作，成立撫墾總局，專門負責治理原住民的一切事務，這時臺灣的原住民政策才受到重視而蓬勃發展。臺灣的原住民，不能只用禁制的方式治理；得到他們的土地可以增加農耕，他們的人才也能爲我所用，蘊藏其內的天然利益，可說是取之不盡的。治理者若能發揮賢能的效用，便可開啓原住民地區幽密、精深之處。所以安撫教化原住民的事務，是臺灣的重大政務，成功和失敗的變化機宜，嚴重影響全局。我特地論述其前後發展的過程，讓將來的人能明白了解，作爲是非成敗的借鏡。

荷蘭占領臺灣後，曾經召集歸順的原住民並且善加安撫，規畫繳納田賦的王田制度，設立學校，召開會議，訂下約定管束的條款，照顧、教育他們，原住民因此甘願爲其效命而不敢違抗。所以荷蘭統治臺灣期間從頭到尾，原住民沒有人作亂。在那時候，西班牙人也占據臺灣北部，施行政治與教化來安撫原住民，卻常常遭到原住民的殺害，即使懲罰誅殺也不怕。因此北部原住民較強悍，不像南部原住民那般溫和，西班牙人也費盡心思經營，不過後來也被荷蘭人趕出臺灣。

明永曆十六年（一六六二），延平郡王鄭成功（一六二四—一六六二）既已收服臺灣，便巡視投降歸順的原住民各社加以撫慰。隔年春天，派部將十人管理原住民各社事務，當時南部原住民分爲新港（約在今臺南市新市區附近）、目加溜灣（約在今臺南市善化區附近）、蕭壠（約在今臺南市佳里區附近）、蔴荳（約在今臺南市麻豆區附近）四大社，徵收鹿皮，和他們買賣往來。永曆十八年（一六六四）冬天十二月，臺灣中部大肚社頭目呵狗讓率族人反抗[1]，鄭成功派黃安（？—一六六五）率領精銳部隊前往平定。永曆十九年（一六六五），諮議參軍陳永華（一六三四—一六八

---

1 指臺灣中部巴布拉族大肚社（Dorida）重大抗變事件，鄭成功部下楊高剝削大肚社社民，首領「呵狗讓」殺死楊高後叛變，而且打算出兵協助荷蘭，鄭成功派出黃安、陳瑞等精銳部隊圍剿，才弭平叛亂，卻也造成鄭軍在此叛變中被殺士兵高達一千四百餘人的重大損失。但此事件是發生於明永曆十五年（一六六一）六、七月間，此處將時間誤植為永曆十八年（一六六四）十二月，且派兵者應是鄭成功，非鄭經。

〇）建請鄭經（一六四二—一六八一）開辦屯田制度，以便能拓墾原住民地區的土地，鄭經應允所請。於是臺灣從最南端的琅璠（今屏東縣恆春鎮），到最北端的雞籠（今基隆市），都有漢人的足跡，原住民抵擋不了，紛紛逃竄到深山裡，挖築土牛溝[2]來作爲界線。當時，明寧靖王朱術桂也自請到竹滬（今高雄市路竹區）的田野拓墾，每年都能大豐收，人民都能富足王國逐漸富強。永曆二十二年（一六六八），臺灣中部水沙連[3]原住民作亂，殺了來此拓墾的將領林圯，林圯部下也大多被殺害。漢人並不因而退卻，仍然前仆後繼前往這地區開墾，就是現今的林圯埔（今南投縣竹山鎮）。永曆二十四年（一六七〇），沙轆社[4]原住民也發生亂事，明鄭左武衛劉國軒（一六二九—一六九三）分派到半線（今彰化縣彰化市光南里一帶）拓墾，便率領軍隊前往征討，原住民抗拒而戰鬥，聚落被燒毀，全社幾乎被殺光，只剩下六人逃往海口藏匿。鄰近的大肚社[5]原住民相當恐慌，將族人遷移到埔裏社。劉國軒的軍隊追趕原住民到北港溪，一路展示軍威後才北返。不久斗尾龍岸[6]原住民又生

2 清治初期為區隔漢人與原住民的邊界，在交通要衝而山川不明顯的地方以「挖溝推土」方式構築新的原漢界線，土堆俗稱「土牛」，加上深溝，故稱為「土牛溝」。

3 水沙連是以日月潭為中心的南投、彰化一帶的地理名稱，是原住民部族的居住區，清代設置有水沙連堡的行政區域，範圍包括今天的竹山鎮、鹿谷鄉、名間鄉、集集鎮、水里鄉、信義鄉、國姓鄉、埔里鎮、魚池鄉、仁愛鄉等地。

4 沙轆社為中部平埔族拍瀑拉族（**Papula**）的一支，拍瀑拉族早期分布於今臺中市大肚區、大甲區、沙鹿區、龍井區、梧棲區、南屯區和清水區一帶的海岸平原，建有大肚王國。沙轆社的生活區域即今臺中市沙鹿區一帶。

5 大肚社是大肚王國拍瀑拉平埔族之一支，分布在今臺中市大肚區一帶。

6 斗尾龍岸是大肚王國社拍瀑拉平埔族之一支，原居地在今臺中市后里區，大甲溪北岸，後南移至潭子、豐原、神岡一帶。

亂，鄭經還親自帶兵征討。斗尾龍岸社的原住民，居住在大甲溪的北岸，地勢險阻，生性強悍，臉部刺青、塗墨，全身皮膚刺染各種圖案，如魔鬼般，以殺人自豪，殺人後還把頭割下當作飲酒的器具，附近的原住民各社都懼怕他們。鄭經率軍往北路視察，聽聞有這麼個原住民部落，便好奇的親臨其地一探究竟，卻不見半個人影，當時正值正午時刻非常炎熱，士兵們都很口渴，紛紛砍取甘蔗來吃，劉國軒正好趕到，見此場面後大聲驚呼：「您們怎會來到這裡！」急忙命令士兵們速速割草作爲防護的掩體。果然沒多久斗尾龍岸原住民攻打過來，大約五百人，到處放火，火焰燃燒猛烈，凶惡如野獸般到處奔竄攻擊，氣勢頗爲凶猛。鄭軍守在掩體後奮戰，原住民見狀有些怕了，鄭軍趁機反守爲攻擊退他們，燒毀他們的聚落。鄭經於是登上鐵砧山[7]，留下一百士兵在此屯田，以防範大甲溪流域的蓬山社[8]原住民。永曆三十六年（一六八二），春天三月，竹塹[9]（今新竹縣市地區）原住民又發生亂事。

早先時候，駐守雞籠的軍隊，若遇到冬季北風強烈吹拂時，船隻無法行駛，就會差遣當地原住民用陸路轉運。沿途被勞役驅使，原住民們本就難以忍受，加上督促搬運的人又嚴厲鞭策，於是共同結伴作亂，殺了通事，搶奪糧食和錢財，竹塹、新港[10]各社原住民紛起響應，混亂情況一度使得路上無

---

7 鐵砧山位於臺中市大甲區的東北角、大安溪下游南岸，海拔二百三十六公尺。

8 蓬山社群，又稱崩山社群，屬臺灣平埔族群道卡斯族，分布在臺中大甲溪流域和苗栗縣沿海一帶。

9 竹塹為新竹的舊稱，最早是平埔族道卡斯族「竹塹社」的活動區域。

10 此處新港社應指新竹舊港附近的平埔族，不是臺南西拉雅族的新港社。

人敢行走。消息傳來，侍衛[11]馮錫範（？—一六八三）向鄭克塽（一六七〇—一七〇七）建言派左協理[12]陳絳率領軍隊前往討伐，宣毅前鎮[13]葉明、左武衛左協廖進擔任副將一併前往。作亂的原住民怕了，逃避到山裡，駐紮平亂的軍隊不敢離開。吏官洪磊言於是建言：「原住民會生變作亂，乃被情勢所迫出於無奈，出動大軍長途跋涉前往征討，似乎不太妥當。原住民就像野獸那般，藏匿在深山裡，很難尋到其住處進行攻擊，不如改以寬厚政策來招撫他們，讓其懷念恩德即使再遠的化外之民也會來歸附，妥善加以管控，原住民自然就會順從馴服。況且目前國家正面臨一些狀況，更加不宜過度震盪刺激，以免惹來外部敵人的侵擾。」鄭克塽聽從他的建言，派遣原住民各社的通事前往招撫。又命葉明、廖進帶領兵馬守在各個山谷隘口，進剿和招安同時進行。原住民嚇得不敢出山，還是會經常趁守備空虛時進行搶奪殺人，於是便建立柵欄來加以圍困。原住民得不到食物，窮困窘迫後終於投降。鄭克塽諭告歸降的原住民各社，必須聽從約定管束，然後調回平亂的部隊。當時有同安人王世傑從軍職人員轉爲督工運送軍糧，請求准許在竹塹一帶開墾，上級同意其所請。永曆三十七年（一六八三），春天正月，有消息傳出清朝將派兵攻打臺灣，明鄭王朝緊急加強防務，四處徵集軍用的器械及糧食，但是軍方的錢糧依舊短缺。五月，上淡水社的[14]通事李滄陳請採探金礦富裕國庫，安撫司[15]林雲向上

11 明鄭的軍隊編制分親軍系統和非親軍系統，親軍系統以勇衛、侍衛的衛鎮地位最高，左右武衛次之，左右虎衛又次之。
12 明鄭軍隊編制以五軍戎政為最高官職，戎政之下，為提督，提督之下設有左右協理各一人。
13 宣毅鎮為明鄭陸軍單位，屬非親軍系統，分前、後、左、右、中五鎮。
14 上淡水社早期分布在北屏東一帶，約在今屏東縣萬丹鄉社皮村附近。
15 「安撫司」乃明鄭時期的地方行政機關，負責掌管軍隊屯墾與平埔族事務。

轉達其意，便派監紀陳福率領宣毅鎮的士兵前往，用原住民作嚮導，曾到卑南（今臺東縣）地區探尋，沒找到金礦敗興而歸，不久明鄭王朝也滅亡了。

清康熙二十二年（一六八三），秋天八月，清朝入主臺灣，招撫原住民各族社，設置土官[16]來治理，徵收糧餉的情形和以前一樣。蔣毓英[17]是清朝派任臺灣府的首任知府，治理並劃分三縣（譯者按：臺灣縣、諸羅縣、鳳山縣）的疆域，將一些地痞和不良分子強力聚合起來，前往荒地拓墾，安定和睦原住民諸社，教授耕種增產的農技。康熙三十二年（一六九三），有淡水人陳文、林侃乘船遭強風漂流到奇萊（今花蓮縣），開啓漢人和臺東原住民之間的貿易。過了二年，賴科也從雞籠翻越山嶺來到崇爻[18]（譯按：今花、東地區的舊稱），於是臺東廣闊的山野，逐漸有漢人的足跡。康熙三十六年（一六九七），浙江省仁和縣的附學生員郁永河（一六四五—？）自動請命到臺灣採探硫磺，從臺南府城一路來到北投，所到之處都有原住民爲他準備乾糧，背負弓箭護衛，歷經兩個月時間才抵達。郁永河的著作當中，有很多關於原住民的記載，他的文章提到：「原住民生來較爲愚駑，又畏懼法令。如果能用禮義來教化，以詩書陶冶，教導他們儲蓄以備荒年的觀念與習慣，訂定穿著、用餐、

16 清朝的土官制度，是在於原住民部落中遴選可負責協調的首腦人物，充當溝通管道，土官設有正、副，副土官大社有多到六、七人。

17 蔣毓英，清康熙二十三年（一六八四）調任臺灣府首任知府，隔年改建臺南孔子廟為臺灣府學，任內興建義學，編著有《臺灣府志》，康熙二十八年（一六八九），升調湖南鹽驛道。

18 崇爻原為阿美族語，意思是猿猴，因阿美族居住在平地，見到花、東山區的泰雅族人身手靈活，便稱其為「崇爻」，後來崇爻遂成為花、東山區的代名詞。

成年禮及婚禮、喪祭的相關禮儀，最遠百年，最快三十載，將可見到他們改變野蠻的習性、遵循禮法的功效，到那時，他們和中國的百姓們又有何差異呢？」在那個時候，荒蕪的土地剛剛開闢，有很多田地可供農耕，到原住民土地爭相拓墾的情形還沒開始，所以原住民還不會仇視外人，對郁永河這般的旅行還不致施加傷害。但是後來漢人逐漸入墾，拓殖的地區越來越廣，如楊志申、吳洛、施世榜等人，先後到半線，開闢土地成良田，興築水利設施，奠定彰化今日開發的規模，這些人的功業頗大。康熙三十八年（一六九九），吞霄（今苗栗縣通霄鎮）原住民終於又爆發亂事。

當初，通事黃申負責承包原住民賦稅制度下的工作管理與經營，天天徵用分派沒得休息，吞霄原住民難以忍受，其頭目卓个、卓霧、亞生等人生性勇武凶悍，密謀相約反叛。二月，吞霄原住民將要出獵，黃申命令他們必須繳納稅賦後才要放行出獵，原住民們本就對黃申心生怨恨，便將其殺害，同夥數十人也一起被殺。消息傳出，臺灣鎮總兵張玉麒及福建分巡臺廈兵備道王之麟派人前往曉諭招降，卻無法進入，於是徵調北路參將常泰率領兩團士兵前往征伐，並調來新港、蕭壠、蔴荳、目加溜灣四社的原住民作為先鋒。吞霄原住民英勇抵抗，四社的原住民死傷慘重，向常泰建議說：「聽說岸裏社（在今臺中市神岡區一帶）人很勇猛矯健，擅長翻山越嶺橫渡溪流，想要捉拿作亂的頭目，非他們不可。」當時岸裏社還沒有歸附清朝，便請當地通事居間傳達，用牛隻和美酒作為犒賞，岸裏社原住民於是願意效命。八月，岸裏社勇士從山後襲擊吞霄社，官兵也從正面夾擊進攻，吞霄社潰敗困乏，正準備逃竄入深山時，又遭攔截，卓个、卓霧、亞生三人被岸裏社擒獲獻給清軍，被押送到臺南府城處決，並公告警示原住民各部落，但前往平亂的官兵們因瘴癘而罹病死亡者多達數百人。正當呑霄社作亂之際，北投社（在今臺北市北投區一帶）原住民也發生了亂事。北投社盤踞在上淡水溪[19]畔，雖然表面上歸順清政府，但還是動輒殺人。土官名爲冰冷，孔武有力，他的親屬的女兒許嫁給名爲金賢的通事，不久金賢便要來聘娶，因女兒尚年幼不答應。金賢大怒鞭打女孩父親，女孩父親向冰冷投訴，冰冷於是殺了金賢叛變，並派人向呑霄社通報請求協助，恰巧被淡水的水師把總的巡邏哨兵發覺，偷偷將兵船停靠港口，召募其他原住民設計假裝要買賣貨物，冰冷被誘騙來到船上後猝不及防被擒，隨即遭殺害，清朝地方官員於是請通事居間傳達，安撫各原住民社，將事件平息。康熙四十年（一七〇一），諸羅縣（今嘉義縣）劉卻舉旗發動民變，北路擾亂不已，原住民各社也趁虛騷亂，經常殺人，出兵平亂後才停歇。

初期，歸附的原住民各部落按例都有設置通事，後來又有專門在原住民村社間從事買賣的商人把持他們的民生經濟。原住民部落之間的商業活動，往往被這些商人控制，經常被剝削搜刮，通事和商人彼此勾結做壞事。而漢人之侵占原住民耕地的情形，到處都有，原住民無處可求救控訴。福建分巡臺灣兵備道[20]王敏知悉後，嚴厲訓誡轄下官員，凡是准許到原住民地區拓墾者必須先申請官府訪查勘驗，再決定准或不准。又懲戒查辦了好幾位通事、社商人以收嚇阻作用，原住民被剝削和侵占的情形稍微收斂。

康熙四十七年（一七〇八），泉州人陳章[21]申請到大佳臘（又作大加蚋，今大臺北地區）的荒野

19 即今淡水河，古之所以稱「上淡水河」，乃與南部的下淡水溪（今高屏溪）相對。

20 巡道為清朝臺灣早期最高官職，全稱為福建分巡臺灣道，前身為福建分巡臺灣廈門道，又稱為臺道、臺灣道、分巡臺灣道。

21 陳章，應為陳賴章，是指泉州人陳逢春、賴永和、陳天章、陳憲伯和戴天樞等於清康熙年間為了合股開墾大佳臘而成立的團體，陳

開墾，當時擔任諸羅知縣的宋永清派遣社商、通事與土官一起會勘，核定許可，目前已是臺北最高行政官署的所在地。從此移民紛紛到來，過了二年開始設置淡水廳並有軍隊駐守。但是這些地方有不少瘴氣病毒，南崁（舊時桃園平原的總稱）以北地區，山谷幽深沉聚，一年到頭陰霧籠罩，很少放晴明朗，生活其間的人很多病死，駐守的士兵生還者不到十分之三。康熙五十二年（一七一三），北路營[22]參將阮蔡文親自到北路視察，經過大肚（今臺中市大肚區一帶）、牛罵（今臺中市清水區）、吞霄、竹塹等原住民部落，所到之處便召集各部落原住民加以安撫慰問，他們都歡欣鼓舞。

康熙五十三年（一七一四），諸羅縣知縣周鍾瑄（一六七一—一七六三）認爲向原住民課徵的稅糧重了一些，便以書信向總督覺羅滿保（一六七三—一七二五）請准減輕其負擔。書信內容大概：「原住民生活習俗淳厚質樸，有上古時代的遺風。自從漢人混雜進入後，勢力強大的會欺壓原住民，聲勢較弱的便討好逢迎，這是治理地方的隱憂，沒有比這更嚴重的了。經查原住民課徵的稅糧這件事，鳳山、淡水一帶八個原住民部落所課徵的米糧，在鄭氏治理時原來的數量是五千九百三十三石八斗[23]，後來酌量減爲四千六百四十五石三斗。而諸羅社原住民所課徵的稅糧竟高達七千七百零八兩很奇怪，從沒有被列入裁減賦稅，以往所有土地都屬於原住民，生產量多，還可負擔支撐，但近年以來，流亡到原住民地區的漢人漸多，以一定面積的土地，要安頓日益增加的流民，經月累年時間一長，日日消耗剝削，原住民世代依賴生存的土地和財產，竟自己存用不到千百的十分之一，且每年正

賴章是墾號名稱，並非人名。

22 臺灣北路營設置於清治時期，是臺南以北的軍事機構，官署設於諸羅，主官為參將。

23 石、斗為古代容量單位，一石為十斗、一百二十斤，大約等於今時的三十一公斤。

式繳納的稅金高達七千八百多兩，喜慶要負擔的犒賞獎金也要八千多兩，官府命令採買的花崗石又得分攤四千多兩，放行社鹽交易稅又得二千多兩，總計一年要負擔的稅金高達二萬餘兩，而通事和社商假公濟私上下其手的，何只數倍。原住民辛苦所得的積蓄能有多少，難道能無窮盡索求嗎？」當時福建分巡臺灣道[24]陳璸（一六五六—一七一八）正以整飭吏治爲沿海地區首要之務，乃決議酌量減稅，告誡臺灣南北通事必須好好招納對待原住民。於是南路山豬毛（今屏東縣三地門鄉）等十社、北路岸裏等五社，總計四千七百五十三人請前來歸附。總督覺羅滿保將周鍾瑄所述的情形向朝廷稟奏。陳璸也自己準備乾糧，帶著幾位隨身僕從，向北巡視到淡水廳，晚上就睡在原住民的村舍，探詢及關心各原住民部落的民生疾苦，對於親身所見所聞深感嘆息。

康熙五十五年（一七一六），岸裏社土官阿穆請求到貓霧捒（約在今日臺中市一帶）開墾，官府准其所請，墾區東邊一直到山區，西邊靠近沙轆（今臺中市沙鹿區），北邊以大甲溪爲界，南達大姑婆（今臺中市西屯區舊地名）[25]，這一帶便是現在的臺中地區。康熙六十年（一七二一）夏天，朱一貴（一六九〇—一七二二）起兵作亂，游擊將軍周應龍請求前往征討，率領四百士兵，並徵調新港、蕭壟、蔴荳、目加溜灣四社的原住民壯丁一起赴戰，下達命令：殺反賊一名，賞給獎金三兩，原住民

24 臺灣道是清領時期臺灣最高官衙之一，位階在臺灣府之上。臺灣府原是未建省前正式的清代行政區最高長官，「道」屬「省」的派出機構，不算是正式的地方行政官署，清領的中後期，「道」的權力漸增，逐漸成為介於「省」與「府州」之間的準行政機關。其全銜因行政調整先後有：福建分巡臺灣廈門道、福建分巡臺灣道、福建分巡臺灣兵備道、按察使銜分巡臺灣兵備道等，簡稱臺灣道。

25 約在今臺中市西屯區上石牌、下石牌，兩者又合稱「大姑婆」。

生性喜好殺戮，這個命令讓他們濫殺善良百姓，到處放火燒毀房屋，引起許多民眾怨恨而紛紛響應朱一貴民變，全臺幾乎都被攻陷。等亂事平定後，覺羅滿保提議要將臺灣劃定界線進行百姓大遷移的計畫，總兵藍廷珍（一六六四—一七三〇）認爲不可行，回覆說：「鈞長關心沿海地區的經營，殷殷叮囑誠懇眞切，評論改進的見解高明。如果眞能如此，臺灣的文德教化和武備防禦都可有良好的整治，何其有幸啊！只是臺灣地區從北到南長約一千五百多里，居住在深山中和靠山附近的居民十里以內的百姓，沒有經過確切查報的，恐怕有好幾萬戶之多，田園也有好幾萬畝、連各山隘口有多少處也不清楚，應等委員們實地勘驗查核，造冊清楚完整呈報。但天下間要成就重要、偉大的事業，必須要有出類拔萃的人才有辦法完成。廷珍一再謀劃要辦理，卻仍找不更好的辦法，得鈞長明白指導。但想要將數萬戶的百姓遷離，必須得先要有可以容納這數萬戶百姓的房屋的地方。而這數萬戶遷居的百姓又不能不耕作不吃飯，所以還得要找到可供十幾萬人耕種的田地。勘查土地安定百姓，乃當今最緊急的事務了。現今全臺山中的土地若要全部荒棄，近山的平地又荒棄十里，這要加起來共計有三十里，全部一千五百多里被荒棄三十里，截長補短，以長寬來計算，全部被荒棄的土地各有四百五十里（三十×三十＝九百，縱橫各四百五十里，共九百里），這些被遷移百姓的田野和住屋，不知這些田地要從何處撥給？這是要籌謀解決的第一個難題。久居故土、有了情感不肯輕易遷徙是人之常情，這並不能單以戀棧舊地來看待，而且辛苦建造的田園和屋舍，花費是無法估量的，有錢人家屋舍的棟梁和瓦片、木造構件可以拆搬爲新房子所用，但聘請工匠築牆垣也得花費六成的經費，貧窮人家土造的房舍、茅草覆蓋的屋簷是無法遷移的，一經搬遷移動，就必須重蓋一座新的。這些戰亂後遇劫僥倖生存下來、三餐不繼的窮苦百姓，哪裡還能承受綁繩架屋、大興土木的繁重費用！百姓哀嘆之聲若不忍心聽聞，勢必要給予適當的資助，如過以每間房屋補助經費五錢來算，總計所需錢糧也得五、六萬兩，這些經費不知要從什麼項目來動支？這是要籌謀解決的第二個難題。各山隘口不知道有幾處，以羅漢門（今高雄市內門區）這個地方來說，就有三、四條路可入山，這樣全臺灣一千五百里的山區，山隘口就不只百個，建造每個隘口要砍伐、繫運木材，即使一百個勞役也要三、五天才能完成，總計要僱用的勞役沒有三、五萬人是無法完成的，這些雇工不知是要官府自行僱募，或者是直接分派給百姓？這自然是待籌謀解決的第三個難題。一千五百多里長的分界牆，一千五百多里長的溝塹，需要大規模的工程和數量龐大的勞役，沿海之外的地區極少見，總計所要花費的錢糧超過十萬兩，這些經費若要官府自行負擔，卻沒有可動支的項目；若分派給百姓，勢必怨聲四起，立刻會激起民變，這是要籌謀解決的第四個難題。遭逢盜匪作亂、颱風災難之後，百姓已困苦憂患不堪，受創損害極大，正等待彌補救援，就算能平靜安定休養生息，天下太平、五穀豐收，都還不能很快恢復元氣；何況還得承擔拋棄田宅、顛沛流離的憂患？即使有土地供百姓建造房屋，有田地供其開墾，再給五錢的補助，眞能建成房屋的又有幾人？除草拓荒、披荊斬棘，田園能豐收的又有幾人？何況還得承擔沒有資產可依賴、沒有田地可容身的憂患；誰願意在野外生活、艱苦行旅或一起遷移到什麼都沒有的異鄉？若百姓願意遷移，一切還好；假如不肯低頭屈服，理由冠冕堂皇，將任由其不遷移而中止計畫嗎？或者用武力強加威脅嗎？這是要籌謀解決的第五個難題。既然已經再三叮嚀告誡，費盡心力，又任由其不遷移而中止計畫，這會造成政府法令不能貫徹，是變相鼓勵百姓凶狠蠻橫，開啓冒犯上位的風氣，便無法好好治理百姓了。若用武力脅迫他們遷移，那麼百姓會以爲自己將要被殺，抗拒得死，不抗拒也得死，必然會拿起棍棒和官兵爲敵。到了百姓敢反抗爲敵時，也就不能容許不殺他們了；平白無故殺害我們的善良百姓，於心不忍啊；不殺盡這些抵抗的百姓則亂事無法平定，殺光抵抗的百姓又無法服人心，這樣的處置對上既違背朝廷好生之德，對下又失全臺灣數百萬的人心，這是要籌謀解決的第六個難題。

自古以來，治理地方是要將百姓安頓好，而不是要擾亂百姓；要維持秩序、使百姓生活安定，而不是要百姓搬家離鄉；無緣無故要驅使一千五百里的百姓，難道是要他們離鄉背井然後在路邊勉強塡飽肚子？開拓疆域、拓展領土是爲人臣子的我應當的職責，但不可亂政讓國家喪失大片江山，這在《詩經》中早有詩人勸誡[26]。無緣無故要像拋投長帶子那般爲一千五百里的土地劃下界線，是爲百姓著想呢？或是爲國治理地方呢？還是要防制原住民、盜賊呢？若是爲百姓著想，那麼百姓一定大呼冤枉；若是爲國治理地方，那麼這樣做國土已然縮減；若是爲防範原住民殺人，即使劃出一尺界線，他們也必將越界一尺。當作界線的屏牆，可以用作隱匿埋伏，也可抵擋追擊，正好射殺人民，反而可爲盜賊所用，這樣一千五百里那片被遷出的無人土地，有天然屏障的山嶺和可耕種的田地，便是盜賊渾然天成的藏身之處，足以讓他們胡作非爲了。不知這個計畫之外，有無其他之替代方案？凡作任何事必須要求效益，籌謀任何計畫也務求萬無一失，若依照這官府命令行事，是否能有一定的效益呢？就算沒有效益但不引發混亂，勉強還可行；殘害百姓卻能成就國家，也未嘗不可行；但若是能不引發混亂，不殘害百姓，又能成就國家，這樣的謀略更可稱萬無一失了。如果無法這樣，願鈞長對此事能愼思熟慮啊。」覺羅滿保便打消劃定界線進行百姓大遷移的計畫，但還是豎立石碑禁止漢人進入原住民地區。那時，阿里山原住民作亂，康熙六十一年（一七二二），諸羅縣知縣孫魯派人前往招撫。水沙連原住民也歸順，併入阿里山原住民一同獻納錢糧。

---

26 「蹙國百里」源自《詩經．大雅．召旻》：「昔先王受命，有如召公，日辟國百里，今也日蹙國百里。」此詩旨在諷刺周幽王寵幸褒姒、亂政亡國。

早先時候，臺灣知府靳治揚[27]招撫原住民，緊臨都府城郊的原住民部落，都設有不收學費的學堂施予教化，到了巡道陳大輦（？—一七二四）[28]上任時，從這些學堂挑選優秀的學生擔任朝廷或文廟舉行祝典時表演樂舞的童生。清雍正元年（一七二三），知府高鐸又對這些原住民學堂多加獎勵，於是住在平地的原住民（平埔族）[29]漸漸好學接受教化。

在那時候，半線已開墾，人口漸多匯聚成市鎮。而諸羅縣所轄管地區過於遼闊，不容易控制，覺羅滿保便接受藍廷珍的建議，劃出虎尾溪以北至大甲溪的地區，設爲彰化縣。而大甲溪以北到雞籠，設淡水同知轄管，官府設在竹塹，以掌管百姓和原住民的事務。漳州府漳浦縣出身的藍鼎元（一六八〇—一七三三）曾隨軍隊來臺灣，極力陳言開墾竹塹原住民土地的好處和利益，〈與吳觀察論治臺灣事宜書〉[30]文中提到：「彰化土地大多荒草雜生、無人耕作，應該下令百姓前往開墾爲良田，不要讓其閒置荒廢。之前這片土地都劃定爲原住民區禁止漢人入侵闢耕，現在已經設爲縣治所在地，沒有棄置荒廢的道理。若要說是原住民的土地，那全臺灣的土地不都是取之於原住民，要還是還不完的。可以先出告示責令原住民各部落自行開墾，以一年爲限，必須將土地全部開墾爲田園，否則就得任由漢人墾耕，依照朝廷法規案例，可將這些入墾戶視爲土地所有權人，或者讓入墾戶貼補原住民繳納官府的稅糧，換取土地的開墾，這也是兩相便利的方法。」後來繼任掌權者也都採用其建議的方式，頒行

---

27 靳治揚，清康熙三十四年（一六九五）任臺灣知府。

28 陳大輦，清康熙六十一年（一七二二）任福建分巡臺廈道。

29 清領時期，大多以漢化程度的高低來判別熟番、生番，通常熟番是指住在平地的原住民，泛指平埔族。

30 藍鼎元曾隨其堂兄來臺平定朱一貴之亂，撰有《平臺紀略》一書，〈與吳觀察論治臺灣事宜書〉收在附錄中，吳觀察即吳昌祚。

規定和準則，從此開荒墾殖大大躍進。

傀儡[31]社（活動範圍在今恆春半島）原住民生活在深山之中，憑藉地勢險要的地方盤結占據地方，以殺人獵頭爲能事。荷蘭、鄭氏治理臺灣時，多次前往征討仍舊收服不了，直到朱一貴事變後，其餘黨王忠逃入該處山區，總兵藍廷珍調派外委[32]武官鄭國佐和通事章旺前往搜捕，卻抓不到人。秋天，心武里社[33]女土官蘭雷被客家人所殺，同族的八歹社[34]率領加者膀眼社[35]原住民數百人，伏擊東勢庄（今屏東縣內埔鄉東勢村）[36]，殺了當地莊民（客家人）三人。消息傳來，（鳳山知縣楊毓健和參將陳倫炯）親自領兵查辦，擊潰滋事的兩社原住民，並撫慰附近原住民部落後才收兵歸返。雍正四年（一七二六），下詔免除原住民婦人的人口稅；已經受到教化的原住民的人口稅，將一石的穀糧換成徵銀三錢六分，下令以此爲依據之標準。水沙連（以日月潭為中心的南投、彰化一帶的地理名稱）原住民荷摩社[37]原本是歸順清朝的，但卻於朱一貴事變時，趁機作亂。既然已接受招撫，但其土官骨宗

---

31 傀儡是漢人對恆春半島魯凱族及北排灣族等高山族的泛稱。

32 外委，清代正式編制內以外加額的低級武官，也分千總、把總，但薪俸較低，主要掌營、哨汛地。

33 心武里社依黃叔璥《臺海使槎錄．番俗六考》所載，為「傀儡番」二十五社之一，活動範圍在今屏東縣瑪家鄉隘寮溪上游南岸，屬排灣族。

34 八歹社，為舊高燕部落，活動範圍在今屏東縣瑪家鄉隘寮南溪南岸，屬排灣族。

35 加者膀眼社，為舊「好茶部落」，活動範圍在今屏東縣霧臺鄉隘寮南溪北岸，屬魯凱族。

36 原文「東勢社」應為東勢庄，在今屏東縣內埔鄉東勢村。

37 荷摩社在日月潭附近，是邵族水社的一支。

仗著其盤踞地勢艱險阻塞，經常對漢人出草獵人頭，官兵始終未能及時征討遏止。秋天九月，總督高其倬（一六七六－一七三八）徵召巡道吳昌祚至省府，詢問有關臺灣原住民情況，傳授平定的方法和謀略，命其爲總統領，派北路參將何勉爲副統領，又調淡水同知王汧協助征伐。當時巡臺御史[38]索琳在臺南府城，和吳昌祚於斗六門（今雲林縣斗六市）會面，商議進剿的策略。十月，官兵前進到至水沙連。原住民聯合抵禦抗擊，被官兵大敗，各原住民部落震驚恐懼接受招撫。幾天後，官兵再深入前進到水社[39]，活捉骨宗和他兩個兒子，立即處決。從此水沙連原住民二十五社又恢復繳納稅糧。

雍正五年（一七二七），沙轆原住民又生亂事。沙轆社自從在明鄭時期遭遇官兵征剿後，聲勢衰弱，但其地區土地肥沃，漢人爭相購買墾耕。土官嘎即向族人說：「祖宗們留下這塊不大的土地，讓子孫們可耕種也能打獵，提供生活所需，足以捐納徵收的稅糧。現在如果都賣給漢人，一定會受欺侮，我們將無法生存下去。」於是殺害漢人而叛變。彰化縣知縣張縞請求派兵平亂，後來依通事的乞求，允許他們歸降。就在那時候，淡水同知王汧認爲原住民土地逐漸被侵占開墾，有的還以低價賣給漢人，原住民沒有食物可吃，越來越窮困，終究會起爭端廝殺，於是呈上書信向御史尹秦陳述意見，進言建議劃定保留原住民的田地，較大的部落留給水、旱田五百甲，中型的部落給四百甲，小型的部落給三百甲，作爲他們耕種或狩獵的土地，各別豎立界碑，永遠給予保留。分配後剩下的荒地全部發給招徠開墾，並限定三年後必須按照普通田地繳納稅糧。雍正六年（一七二八）冬天，山豬毛原住民作亂，殺了二十三名漢人，隔年春天二月，總督高其倬傳令總兵王郡、巡道孫國璽會合進剿，命令遊

38 巡視臺灣監察御史，簡稱巡臺御史，清領初期臺灣行政區屬福建省臺灣道，設置有巡臺御史。

39 原文「水裏社」應為「水社」之誤。水裏社屬拍瀑拉族，在今臺中市龍井區，和水社距離甚遠。

擊斬光瀚、同知劉浴率領官兵一同前往征討，再調諸羅縣知縣劉良璧從後山圍堵，發動內攸社[40]（今高雄市桃源區、那瑪夏區一帶）原住民截擊。北路營參將何勉也率軍進入楠梓仙山[41]，部隊開拔到邦尉（內攸社另一部落），作亂的原住民就投降了。雍正十一年（一七三三），開始將南路三百位營兵調往山豬毛駐守，從此該地原住民不敢隨意出沒。雍正九年（一七三一），大甲西社（約在今臺中市大甲區一帶）原住民林武力（道卡斯族人，姓名漢化）暗中籌謀作亂，結合樸仔籬（約在今臺中市東勢區附近）等八社，在十二月起事，任意燒殺，淡水同知張宏章倉皇逃走免於難，但當地漢人很多被殺害，臺灣北路動盪不安。總兵呂瑞麟當時剛好在北部巡察，到了淡水，中部亂事消息傳來，便急急趕回貓盂（今苗栗縣苑裡鎮），卻被圍困，瑞麟奮力戰鬥，突圍逃到彰化，向縣府徵調兵勇，多次交戰仍平定不了。雍正十年（一七三二）五月，林武力再度集結沙轆、吞霄等十餘社原住民部落一起反叛，圍攻彰化縣公署所在地，居民逃避，道路上盡是百姓嚎哭聲。張宏章率領鄉勇團練巡守各村莊，經過阿東社（約在今彰化縣和美鎮、彰化市茄冬腳一帶）時被原住民埋伏攻擊，潰敗，有十八位廣東客家人正在附近鋤田耕作，目睹戰況，拿起農具棍棒相救，宏章得救，他們卻都戰死，彰化人事後將他們收屍合葬，稱爲十八義民。六月，總督郝玉麟（？—一七四五）將呂瑞麟調回臺南府城，傳令新任命的福建陸路提督王郡前往彰化征剿。七月，臺灣知府偕同巡臺御史覺羅柏修率領大軍到鹿港，調派參將李蔭越、遊擊黃林彩、林榮茂、守備蔡彬等人，聯合兵力進攻阿東社，原住民抵擋不住，逃竄潛回深山。知府再派參將靳光瀚、遊擊黃林彩、守備林世正等人各率士兵據守山間通行的關口。八

---

40 內攸社即內悠社，又稱內憂社、「美隴社」，是聚居在高雄市桃源區、那瑪夏區一帶的原住民，屬拉阿魯哇族（Hla'alua）。

41 位於高雄市那瑪夏區，海拔一千四百四十六公尺。

月，大軍行橫渡大甲溪，再調度各將領分頭攻擊，林武力退守到山裡，占據險要地形作困獸之鬥，官兵緊緊追擊，過大安（今臺中市大安區），登大坪山，一路抵達原住民地界，有情報說林武力遁逃到南日內山，又再繼續追擊，山路難走，士兵必須攀附他物才能上山。原住民占據在陡峭的山崖上，箭和石頭齊下，官兵以大炮轟擊，炮聲轟隆震撼山谷間。原住民嚇得退散，官兵攻進亂民大本營，叛軍便綁抓林武力歸降，林武力被處決。這場戰役共收捕俘虜一千多人，有的被殺有的被釋放。十二月，平亂的大軍勝利回歸，在彰化東郊（今八卦山）建「鎮番亭」，將大甲社改稱為「德化社」，改牛罵社（約在今臺中市清水區）為「感恩社」，改沙轆社為「遷善社」，而大批漢人也開始入耕這些原住民部落的土地了。雍正十三年（一七三五），眉加臘[42]原住民作亂，官府派兵征討。眉加臘社是彰化地區未經教化的原住民，並沒有歸順納入治理。好幾年來，經常在柳樹楠[43]、丁臺[44]各莊附近出沒，焚燒房舍殺害漢人。十月，北路副將靳光瀚、淡水同知趙奇芳聯合兵力前往征剿，抓到為首的一些人，處決了他們，於是在柳樹楠當地關口設防，臺中地區關口設防就從這地方開始。

乾隆二年（一七三七），朝廷下詔減免受到教化原住民的人口稅，可以依照漢人人口稅的規定，每丁課徵二錢，其他的全部裁減。巡臺御史白起圖上奏提議：「以後漢人不可以隨意娶原住民婦女，原住民婦女也不可以嫁給漢人，違反者必須離婚，漢人則依照漢族、苗族結親的禁例，責打一百下。土官、通事依照漢族、苗族充當結親媒人的禁例俸額減一等，並分別責打九十下。地方官員按照

42 眉加臘社，水沙連北港社群之一，約在烏溪上游和其支流眉溪北岸一帶。

43 柳樹湳，舊地名，位於臺中市霧峰區北部偏西。

44 丁臺，舊地名，位於臺中市霧峰區西南部。

失察漢族、苗族結親禁例，官等降一級調用。之前已經嫁娶且生有兒女者，可安置在漢人區域，但不許再和原住民部落往來，杜絕其煽動鼓惑成爲惹事之禍端。」朝廷下詔准其建議。在此之前，大學士鄂爾泰（一六七七－一七四五）等人認爲臺灣居民已有數十萬，開墾荒地、租地耕作，人人各尋出路維持生活，但因禁止攜帶眷屬來臺，沒有家室的單身漢，另外娶原住民婦女，恐怕會滋生擾亂危害的事情，奏請解除禁令，朝廷答應所請。於是福建、廣東沿海地區飄洋過海到臺灣的人民就更多了，爭相拓墾原住民土地，種植稻禾、甘蔗。生產的稻米和糖的利潤，還可補貼其他省分所用，每年收入各有一百數十萬銀兩，貿易往來興盛，家家戶戶生活富足、衣食充裕，沒有人不規畫美好的將來，爲子孫長遠打算。不料沒多久不准越界墾耕的禁令又頒布了。

乾隆三年（一七三八），總督郝玉麟上奏建議：「臺灣受到教化的原住民與漢人所耕作的土地範圍和界線，應下令查明，其中已有地契可憑證、獻納錢糧也很久的，就該立界碑列管，此後不再准許漢人侵入原住民地界，去承租或買賣原住民的產業。應下令地方官監管土官，劃清界線豎立石碑，讓後世永久流傳。」不過這不准越界墾耕的禁令雖然已頒布施行一定時日了，但官家的莊地範圍卻越來越大。官莊的制度，大致上和鄭氏的屯田制度差不多。地方上文武官員各拿出資金，召募佃農墾耕，作爲自己的產業，而這些佃耕的土地大多在原住民地區。乾隆九年（一七四四），朝廷下詔禁止這種官莊制度。乾隆十七年（一七五二），更在原住民地區立下石碑，禁止出入；如此一來，臺灣的拓墾事業一度受阻。那時，歸化後漸受教化的原住民已逐漸隨依漢人習俗，便要他們剃髮留辮，賜給漢姓，以遵守國家體制。從此以後，漢人、原住民混雜相處，各自在田地裡安分耕作，但是有待協商解決的事情也越來越多。乾隆三十一年（一七六六），奏請增設南北理番同知的官職，北路理番同知駐守彰化，南路理番同知進駐臺南府城，專門掌管漢人和原住民衝突協商的事務。當時南北兩路受到教化的原住民部落共有九十三社，雖歸化但還沒受到教化的原住民有二百數十社，按時繳納課徵的錢糧，安分接受管束，有任務要調遣派用，也能恭敬接受命令。直到發生林爽文事變時，大將軍福康安（一七五四－一七九六）率領大軍來到臺灣，各原住民部落爭相效命，建立不少軍功。乾隆五十三年（一七八八），康安上奏建議仿效內地四川屯練的制度，實施原住民屯兵政策，將全臺灣劃分爲四個原住民大屯兵區，八個原住民小屯兵區，相關資料在本書〈軍備志〉中已有介紹，不再贅敘。又將尚未拓墾的荒地五千四百四十一甲，查扣沒收的田園三千三百八十餘甲，分給屯墾的原住民士兵，作爲其自己耕種、自給自足的策略，相關資料在本書〈田賦志〉中已有介紹，不再贅敘。但是屯墾制度下的原住民士兵有很多人不會種田，大多召募漢人來耕種，這樣其屯田所得並無法供應生活所需，後來再以查扣沒收的田園撥下充當屯兵的糧餉。乾隆五十五年（一七九〇），臺灣土地做了一次詳細的丈量，查出侵墾原住民地區的田園有三千七百三十四甲多，全部沒收。若是將田地租給漢人耕作的，就將其租金充當屯墾區士兵的糧餉，這樣原住民土地的開墾又更進一步了。

蛤仔難[45]（今宜蘭縣）在淡水廳（今雙北地區）的東北部，或稱爲「甲子蘭」，是原住民語。這地區背山面海，土地廣大空曠，溪流交叉錯雜，西班牙人曾經到過這裡，卻被原住民所殺。乾隆三十三年（一七六八），淡水廳有個叫林漢生的人到蛤仔難墾荒，也被原住民殺害，從此就沒有人敢再進入。來自福建省漳州府漳浦縣的吳沙（一七三一－一七九八）住在三貂嶺（今新北市瑞芳區、雙溪區之間的地區），有俠氣樂於助人，能在原住民地區作買賣。他在清嘉慶元年（一七九六），召募分別來自漳、泉、粵三地的居無定所的流民一千數百人，和二百多個地方的武裝兵勇進入蛤仔

45 蛤仔難又稱「葛瑪蘭」，是宜蘭舊稱，是閩南語將當地原住民語音譯而來，原意是「平原之人」。

難。九月，來到烏石港（位於今宜蘭縣頭城鎮東北方約一公里的港區），用土石築成碉堡來居住，就是頭圍（今宜蘭縣頭城鎮）。嘉慶二年（一七九七），吳沙到淡水廳申請允許進入蛤仔難拓墾的執照，官府賜給「義首」戳印，開山砍樹，訂立同行同鄉者共同遵守的規約，在險阻的地方設寮寨防衛，跟隨者越來越多，拓墾的地區前進到二圍（今宜蘭縣頭城鎮西南部，約在今二城里西南半部、中崙里西南部）。吳沙病死[46]，他的姪兒吳化代爲領導拓墾的群眾，繼續前進到五圍（今宜縣縣宜蘭市）。海賊蔡牽（一七六一—一八〇九）擾亂臺灣[47]，其同夥朱濆（一七四九—一八〇八）想盤踞蘇澳（今宜蘭縣蘇澳鎮），吳化配合官兵打敗朱濆，請求將拓墾區納入清朝版圖治理。臺灣知府楊廷理（一七四七—一八一三）曾因征剿朱濆率兵來到此地，熟悉這裡的地理環境，也幫吳化的請求向上級轉達，但是上級高官認爲此地既險阻又偏遠很難治理，生怕以後會有變亂，沒有批准。嘉義縣學教諭謝金鑾（一七五七—一八二〇）曾撰寫〈蛤仔難紀略〉六篇，對此事有所議論：「自古以來擅長經營邊疆的君王，主要目的是將敵人擊退如此而已；至於擴張邊疆領土、奪取其土地財貨之利，並不是聖明君主想做的事。但是這樣的觀念和想法，即使在以前不適用於臺灣，就算到了現在仍然不適用在『蛤仔難』納入版圖一事上，原因何在？因爲情勢有所不同了。臺灣與古代的邊疆地區不一樣，所以要經營臺灣的人，不能再將那樣的觀念和想法用在這裡。古代所謂的經營邊疆，其邊疆地區原本就有部落居住，有部落的首領，自行作主與治理，他們的土地並不是中國的領土，他們的百姓也不是中國

---

46 吳沙病逝於清嘉慶三年（一七九八），安葬在新北市貢寮區澳底，今福隆海水浴場北三里之海濱。

47 蔡牽（一七六一—一八〇九），福建省泉州府同安縣人，為清朝乾嘉年間的一名海賊領袖，一度稱霸於臺灣海峽，屢次騷擾臺灣，曾在滬尾（今淡水）自封「鎮海威武王」，後被清朝水師提督王得祿擊敗於海上後自殺，蔡牽同夥朱濆一度逃往蛤仔難避禍開墾。

的百姓，距離遙遠沒有互相牽連。偶爾會來入侵傷害，往往謹慎防範即可。如果一定要前往征撫而占領他們的土地，就算占領他們的土地而我們的百姓卻不去居住，這平白引來爭奪殺戮的禍端，所以聖明君主是不會這麼做的，若是這麼做就犯錯了。至於臺灣，在以前，從鄭氏來臺灣建立政權之前，曾經被荷蘭人占據過，海盜也曾經居留過。到了鄭氏統治臺灣的時代，便有許多從大陸內地渡海來臺的人定居，開墾荒地建造房舍，修建灌溉溝渠，栽種畜牧很豐足，從福建省漳州、泉州來臺的人發現了臺灣土地肥沃的好處而定居下來的與日俱增。這些百姓本來就是我國的百姓，那麼他們拓墾的土地就是我國的領土。所以當平定臺灣鄭氏政權後，靖海侯施琅（一六二一—一六九六）[48]曾經上書建言臺灣這塊領土不可棄置，於是便設立府、縣來治理。這並不是奪取土地財貨之利，是順應天地自然之理而不相違背罷了。說起從前的臺灣，與大陸內地隔著重重、遙遠的海洋，如黑水溝般的臺灣海峽有著猛烈的風浪和暗礁等凶險海象，幾乎沒有人跡來到，但還沒有被放棄，即使被棄置了也是因爲來往不便之故。至於現在的蛤仔難，更爲緊密接近了，水路和陸路彼此都相連接，沒有相隔遙遠的情況；而且我們的百姓到此定居的多到數萬人，拓墾的土地也廣闊到無法計算，這不免要讓人仰天長嘆，這裡的百姓想成爲太平強盛國家的百姓卻無法如願，這難道合乎人情嗎？何況楊廷理知府進入山區時，百姓們攀上車轅、擋住去路，百般挽留，如眞情至性的人探視父母那般，百姓的願望已大大的流露。官員們拋棄這數萬百姓而不顧，讓他們連同其父母子孫永遠淪爲拖欠逃避稅租、私賣偷運（沒有官府核可保障）的人而不加以垂詢、關懷，這是不應該的，此其一也。拋棄這數百里肥沃的土地、農田房舍和畜牧等產業，竟以爲不值得作爲朝廷的租稅，這也不合理，此其二也。百姓生活有需求，不可能沒

48 施琅，福建省泉州府晉江縣人，曾為鄭成功部將，後降清，領兵平定明鄭的臺灣，封一等靖海侯，故稱「施靖海」。

有爭端，在臺灣這個地方，漳州、泉州兩地人民有不同的民情風俗、閩南和廣東客家也存在不同的民族性，讓他們在此地自相爭鬥砍殺、自生自滅而不聞不問，更加不應該，此其三也。而且在這數萬百姓中，若有個才智聰敏傑出卻傲慢不順從的人出來帶領群眾，經營地方根深蒂固，官府渾然不知這將會成爲我國家領土的災禍，就更危險了，此其四也。蔡牽海賊作亂在沿海等待時機，朱濆曾遁入蛤仔難探尋求助，一旦雙方有合作意願，便會把兵器獻給匪徒一起作亂，不能讓這種事發生，此其五也。就蛤仔難的地理位置來看，向南（陸路）通往淡水、艋舺（今臺北市萬華區一帶）很方便，向西（水路）橫渡到對岸福建的五虎礁[49]、閩安鎮[50]也很快，砍伐樹木構築塞寨自我防守不但堅固也很險要，如果這被亂賊占據，就變成了臺灣的禍害，而這禍害也勢必會影響到中國內地，這就不好了，此其六也。現今這地方官方雖然還沒進行開闢，但是百姓們已然先行開拓，水路陸路都已經有所開通，砍伐屏障的樹林闢爲道路，就只有政府的法令還沒有在此頒行，成了作奸犯科的惡人逃亡躲藏的巢窟，應該有的保障都沒有，這種情形不該發生，此其七也。以上七種情況，有德性的人會有所擔憂，於心不忍；有智慧謀略的人會加籌劃，作出具前瞻性且最有利的明智決定，重點歸納就是棄置這塊土地拋棄這裡的百姓並非上策。有人說：『臺灣雖然已經收歸管轄，但是官府轄管之外的地區，都屬原住民的區域，拓墾之地還給原住民部落也是應該的，若一定要爭奪而占據其土地，這樣會引發地方亂事，很不恰當的。』殊不知現今占地拓墾於蛤仔難的已有數萬人之多，必須得全部將這些土地收回來，讓墾民回歸到大陸內地，並得嚴禁海盜不會再前往盤踞，這樣安排之後才能說確實是將土地還給原住民，

49　五虎即五虎礁，位於福建省閩江口。
50　閩安即閩安古鎮，今福建省福州市臨海的馬尾區。

也才能確保當地不再有亂事。否則地方官府即使想安穩無事，但是墾民與盜賊卻可能不安於室，並非墾民愛惹事生非，而是墾民人口越來越多，放著肥沃的土地不前往拓墾，是不可能的。而盜賊也並非好作亂，我們將土地棄置不顧，盜賊將會去占領，我們將百姓棄之不顧，盜賊將會去搶奪他們。所以說如果現今的蛤仔難可以拋棄，那麼當初的臺灣也應該可被拋棄。當初之所以將臺灣納入版圖，當然是因爲設立了府、縣加以治理，讓我們的百姓可以在這塊土地上豐衣足食，我們的官兵在外圍捍衛防守，原住民有所依靠，盜賊頓失憑藉，所謂生活安定、沒有危險的亂事發生，正是這般，現在的蛤仔難就是如此。又有人說：『蛤仔難的百姓，很久沒有接受天子的教化，他們的心性很難預料，想要在短時間控制他們，恐怕會惹出禍端。』這些話固然有理，但君子當官，就仁與智這二種德行而已；有智慧的人謀思任何事務，不會將眼光只放在短暫的一天而是放眼百年；有仁德的人努力的心思，不會只想到自己的安適而已，而是要爲國家經濟及百姓生活圖謀豐饒。如果爲官者都能敬慎處事愛護人民，那麼蛤仔難的百姓，盡是堯、舜盛世的子民，哪裡會有禍端產生呢？楊廷理知府來到蛤仔難，百姓歡欣鼓舞熱烈歡迎，人人願爲義勇團練的先鋒，服從其領導；緝拿壞人，也會協助綁來奉上，這哪裡像是很久沒有受到天子教化呢？如果只想謀取自身利益，便無法完成當前的重大事務，或者任用不適任官員，讓橫行鄉里的惡勢力和奸詐陰險的官員從中把持、私相授受，那麼災禍的開啓是必然的了。所以蛤仔難的治理沒有才華與品德超群卓越的，是沒有辦法籌辦的。一個地區的開闢，必須要任用有才幹的人居間思考籌劃。已經有明顯的治理成績者，標榜其功勛事業成爲風氣。或者只有建設性的言論，而當時還無法施行，到最後證明其言論歷久不變有遠見，這都可列爲這地區的重要典籍和典故。從靖海侯施琅以後，擅長謀劃臺灣事務的人，沒有人比得上陳夢林（一六七〇—一七四五）[51]、藍鼎元二人，他們稱得上是謀劃臺灣事務的大宗師。在康熙年間時，彰化、淡水都還沒有設官府治理，政令的傳達及地方的巡查防護，北路到斗六門爲止，頂多到半線、牛罵頭（今臺中市清水區），從來沒有超越諸羅縣轄區二百餘里的地方。從半線以北，到雞籠，七、八百里統統將其荒廢棄置，也都交付給原住民。即使是屬臺灣府轄區的羅漢門，鳳山縣轄區的琅璚，都遭遺棄沒有設官府治理。負責這些業務的人猶豫畏縮不敢作決定，心存苟且偷安，經常作出自己設定界限、不求突破的策略，只會規定百姓不可侵犯原住民地區，實際上這是在藏汙納垢。所以陳夢林編纂《諸羅縣志》，志氣昂揚撰述自己的論點，藍鼎元呈送給巡臺御史黃叔璥（一六八二—一七五八）[52]的十首詩裡也有描述。他們所陳述分析的利弊得失，都和現今情況很貼近，都是先見之明的典範。再說規畫和治理地方，全看百姓的需求而已，百姓想前進的地方，不可棄置。肥沃的土地足夠收留很多人，險阻的地方卻是能夠藏匿奸惡不法的人，臺灣的土地情況大概就是這樣。其他地方有和蛤仔難相類似的，還可以比照辦理逐漸改善，這種情形不是只有蛤仔難才會發生。然而從以前到現在，大部分的人習慣於苟且偷安，困苦疲勞勞費心神的事，就留給後世的人來承受，這哪裡是爲了百姓爲了國家社稷呢？」

---

51 陳夢林，字少林，福建漳浦人。清康熙五十五年（一七一六），曾受諸羅縣令周鍾瑄之聘纂修《諸羅縣志》。朱一貴事件後，曾多次向總兵藍廷珍、提督施世驃獻策。

52 黃玉圃即黃叔璥，玉圃為其字，號篤齋，祖籍北京，為首任巡臺御史，著有《臺海使槎錄》，對臺灣早期的文化研究具有重要價值。藍鼎元曾作五言古詩十首組詩贈黃叔璥，題為〈臺灣近詠十首呈巡使黃玉圃先生〉。

清嘉慶十三年（一八〇八），春天，福州將軍賽沖阿（？—一八二八）[53]向朝廷上奏建議在屯墾區駐兵設防，並免去開墾土地的重稅，按一般田地繳稅，朝廷決議不准。十月，少詹事[54]梁上國上奏建議：「臺灣淡水廳所屬的蛤仔難地區，田地平坦遼闊且富足，常常引起海盜非分之想。從前蔡牽、朱濆都曾經想要到此占據拓墾，都被官兵擊退。若能收歸版圖，不但可以絕斷海盜窺探侵擾的禍端，還可獲取沿海地區不盡的利益。」朝廷下詔命令福建總督及巡撫商議並作出決定後回覆，總督阿林保（一七四六—一八一〇）任命臺灣知府徐汝瀾[55]前往實地察看，也主張駐兵防守以治理，不久後即回覆上奏朝廷[56]。嘉慶十四年（一八〇九）春天正月，朝廷下詔表示：「有關阿林保等人實地勘查蛤仔難地理環境和原住民生活情況，建議另外斟酌情形辦理的奏摺提到：居住在蛤仔難北邊一帶的百姓，現今已經匯集有六萬多人。在盜賊窺探侵擾時，又能出力協助防禦，幫忙一同殺賊，深明大義，自然應當收歸版圖，怎能將他們棄置在政令無法施行的地方？況且那地方土地肥美，如果不設官府經營管理，妥善協助防護守衛，一旦讓賊匪占領盤踞，豈不成了他們的巢穴，更是臺灣潛伏的禍患？命該管的總督、巡撫等官員細心謀劃作出決定，應該如何設置官府經營管理，平穩設置廳、縣署衙，哪些地方要任用文職官員，哪些地方要派駐武裝兵營，就其所宜詳加考慮後可決定取捨，希望達到長長久

53 賽沖阿，清乾隆年間曾隨福康安平定臺灣林爽文之亂，嘉慶十一年（一八〇六），赴臺灣平定蔡牽、朱濆之亂，歷任福州將軍、西安將軍、吉林將軍、成都將軍等職。

54 少詹事，清朝中央政府官職之一，正四品，主要輔佐詹事府；詹事府，主要職掌是管理皇后、太子家事。

55 徐汝瀾，生卒年不詳，字鼎三，號文波，清嘉慶十三年（一八〇八）接任臺灣府知府。

56 原文「未復奏」似乎無法連接上下文，疑為「未幾復奏」之誤。

久、越趨完善的治理。」嘉慶十五年（一八一〇），閩浙總督方維甸（一七五九—一八一五）因來自福建漳州、泉州的墾民發生集體持器械打鬥事件，奉旨前往查明原因、予以懲戒，來到艋舺，蛤仔難加禮宛社（Kaliawan）的原住民頭目包阿里等人率領各部落原住民壯漢，叩擊官署請求晉見，要求將蛤仔難地區收歸版圖治理，領有官府許可證的墾戶何繪等人也請求依例免去開墾土地的重稅，按一般田地繳稅。方維甸據實向朝廷上奏，盡說將蛤仔難收歸版圖的好處，派知府楊廷理和巡檢胡桂等人前往蛤仔難勘察，測量土地並劃定城池規模方位，作爲設置官署治理的打算。在那個時候，移民拓墾的百姓，來自漳州的有四萬二千五百多人，來自泉州的有二百五十多人，廣東客家的有一百四十多人，都是成年男子。已納稅並接受教化的原住民有五社九百九十多男丁，已歸附但未納稅和接受教化的原住民有三十三社四千五百五十多的男丁，這地區東西寬約二、三十里，南北長約六、七十里，廣闊宏大可成爲大城鎮。楊廷理到了以後，謀劃辦理花了三個月時間，首先就廢除領有官府墾證、可招佃開墾的田主制度，詳細陳述給省級長官，但巡撫衙門認爲事件複雜不好處理遲遲沒有批核，移交給臺灣道研議後再回覆。閩浙總督汪志伊（一七四七—一八一八）剛上任，馬上行文飭令臺灣道張志緒勘察後回覆。嘉慶十六年（一八一一），總督和巡撫聯合上奏，朝廷下詔命大學士會同中央各行政機關研議後裁示。嘉慶十七年（一八一二）八月，終於將蛤仔難地區的土地收歸國有，設噶瑪蘭廳管轄，派置撫民理番通判爲行政長官，就是現今的宜蘭。那時荒廢的土地還很多，而且原住民愚魯懶惰，沒有農耕能力，通判翟淦（？—一八一七）便決定較大的原住民部落多保留其四周方圓二里多出來的平地，較小的部落保留一里，供給已納稅受教化的原住民學習種植。西勢一帶（今蘭陽溪北岸），劃爲原住民永遠的耕地。東勢（今蘭陽溪南岸）十六個原住民部落的土地，分給來自漳、泉、粵籍貫的漢人開墾，並課徵稅租。從此以後，來此地拓墾的移民紛至沓來，修建田間灌溉溝渠和道路，興築水利設施，連地勢艱險阻塞難行的地方都匯聚人潮，測量土地方位與面積，噶瑪蘭頓時成爲快樂新墾的地方。

在此之前，嘉慶十五年（一八一〇），閩浙總督方維甸認爲臺灣的原住民政策懈怠敗壞到極點，雖然明訂有禁止的政令，但許多人輕忽不遵守。舉凡租地耕種的農民隨意侵占耕作，管理屯田的官吏侵吞公家錢糧，通事肆行壓榨搜刮，官府上下的惡劣慣例，原住民與漢人交界地帶的警衛人力空虛，工匠技師隨意詐取財物，徵糧小吏非法強行索取財務，漢人在原住民部落經營交易如盜匪隨意敲詐，守衛的兵勇員額不足需擴增，無田地可耕作隨處遊蕩的百姓唯利是圖，這都可能造成擾亂原住民地區的原因而形成禍患，頒行告示嚴加禁止，違犯的人嚴加查辦。沒多久，開墾埔裏社的聲浪興起。埔裏社原住民分布在彰化群山峻嶺之中，距彰化縣治有九十多里，群山間有一開展的平原，周圍有三十多里。土地滋養肥厚水質甘甜，適合種植各種農作物。這地方南北兩條溪都起源於深山中，曲折延伸數十里然後注入海洋，可引水供應灌溉的田地有十多萬甲，已經歸附的原住民部落有二十四社，其中以埔裏社、水社[57]兩社比較大，這兩社原住民生性柔順善良，不胡亂殺人。水社分布區域之間有日月潭，這潭有七、八里之大，水質相當清澈，潭中還有座小山稱爲珠嶼[58]，景色極美。清雍正初年，漳浦縣藍鼎元曾經到這地方遊歷，以後就很少有人到過這裡。清乾隆五十三年（一七八八）實施原住民屯兵政策的當時，水社、埔裏社二社總計有原住民兵丁九十名，撥給的屯墾田地有一百多甲，

57 此處「而以埔裏水裏為大」的「水裏」應指分布在日月潭附近的水社，非分布於臺中市龍井區一帶的水裏社。

58 珠嶼即今之拉魯島（Lalu），傳說是邵族最高祖靈的居處，南投縣政府指定拉魯島為邵族祖靈聖地，一度稱光華島，今正名為拉魯島。

留給原住民自己耕種的田地也有一百多甲。清嘉慶十九年（一八一四），水沙連隘寮（漢人和原住民交界警戒區）的管理首領黃林旺貪這地區土地肥沃，和在嘉義、彰化地區的二個同鄉陳大用、郭百年暗中商議要前往拓墾，串通在知府衙門看門傳達的僕役黃里仁，得到其幫助，假扮已經亡故的原住民頭目和通事到官府，聲稱官府積欠原住民屯兵的錢糧，原住民無法生活，願意用祖先留下的水社、埔裏社二社的土地給漢人墾地耕種，官府也答應了。

嘉慶二十年（一八一五）春天，知府衙門下令彰化縣知縣要發給開墾執照，但是這件事並沒有完備傳達，受到通知和執行的僅有水沙連社，其他二十四社並不知情。郭百年既已拿到墾照，擁眾入山，先到水沙連社的社仔地區（今南投縣水里鄉車埕、明潭、新興村等村）私自開墾原住民土地三百多甲，再由社仔侵入水社開墾土地四百多甲。又深入沈鹿社（今南投縣魚池鄉新城村、中明村一帶），用泥塊修築圍牆，再開墾土地五百多甲，三社的原住民勢力不強，不敢抵抗任由開墾。郭百年再假扮高級官員，威赫盛大、虛張聲勢，率領體格壯碩的佃農一千數百多人到埔裏社，用袋子裝土為包壘築成土城，在城上豎起紅色的旗幟，上頭寫著「開墾」的大字，埔裏社原住民不服氣，和他們對峙僵持一個多月。郭百年使詐假騙說要撤墾，但要原住民的壯丁到深山獵取鹿茸獻出作為撤退的條件，郭百年趁部落壯丁們不在時，派人闖進部落恣意焚燒殺戮。原住民無法抵擋，生還者逃入深山空谷中，族人聚合後號哭長達半月。郭百年一行搶獲熟牛（已穿鼻馴服的牛）、生牛（未穿鼻馴服的牛）數千隻、稻穀數百石、還有多到無法算的器物。原住民習俗會用器物陪葬，於是郭百年又命人將原住民的墳墓挖開百餘座，得到刀、槍共一百數十把。既已奪下原住民土地，便在此修築十三座土造堡壘，一座木柵城堡，召來更多的漢人佃耕。劫後餘生的埔裏社原住民沒有地方可去，出逃到北邊的眉社[59]避難，並在眉溪旁赤崁臺地[60]定居。

郭百年這批墾民和埔裏社原住民為耕地爆發衝突僵持不下一事，臺灣道官員已稍有聽聞，派人前往偵察，調查後竟然回報說：「這是住在深山為歸附的原住民和當地已經歸附的原住民之間的爭鬥罷了，當地歸附的原住民不熟悉耕種，召募漢人代為耕種換取糧食生活，他們人少力量薄弱，就向當地漢人求援，漢人便幫助他們，被殺害的都是深山裡未歸附的原住民。」

嘉慶二十一年（一八一六）冬天，臺灣總兵武隆阿（？—一八三一）到北路巡視，知道了這件事，對轄管的府縣嚴厲責問，彰化知縣吳性誠（？—一八二六）便下令要將入墾的漢人佃戶驅逐，但是墾戶們卻仗著擁有臺灣知府衙門的墾照，不願離開，也串通知府衙門裡幫他們辯解說：「租墾的漢人已有一萬餘人，所投入的人力和建設非常多，一旦將他們驅逐，恐怕會滋生變亂。」吳性誠於是向臺灣道上書說明：「埔裏社的地理位置靠近深山，道路多而雜亂，林木茂盛繁密，一旦准予開墾，勢必湧入大量人群，到時會有一些不肖分子渾水摸魚趁機混入，如果這些人聚在一起不顧性命而作奸犯科，到處為非作歹，到時恐怕很難對付。而現在漢人所開墾的土地原本是深山裡未歸附原住民捕鹿的獵場，就算是開墾後劃定區域明定界限，仍然狡猾邪惡、貪得無厭的墾戶，久而久之勢必會私自越界逐漸侵墾，而原住民雖然不很聰明，卻很凶悍，一旦被逼到沒有地方可以居住生活，一定會被逼迫採

---

59 埔裏社和眉社都位於今天的埔里盆地，並以眉溪為分界：埔裏社在眉溪南邊，有說屬布農族，也有說屬邵族支系。眉社則分布在眉溪北邊，屬於泰雅族的系統。

60 赤崁臺地位於埔里盆地西北邊眉溪及其兩支流——史港溪和油坑溪之間，今屬於臺糖公司的農場用地，是中段高位臺地面，海拔約五百公尺。

取冒險行動或不正當的行爲，這會引發邊境上無限的爭端。不如趁漢人墾佃還沒有深入該地區，將他們全部驅離出境，如此還能消除尚未發生的災難。」臺灣道聽從其建議，下令知府衙門必須撤墾還給原住民土地。嘉慶二十二年（一八一七）年六月，傳喚相關人等到知府衙門會同偵訊，將郭百年逮捕戴上枷鎖並罰以杖打，其他人則被釋放。北路理番同知張儀盛和吳性誠知縣親自前往沈鹿社地區，拆除墾民所圍築的土疊城牆，並將漢人墾戶驅離，埔裏社原住民才回歸故里，官府還在水沙連南北兩個入口烏溪、集集豎立石碑明訂漢人禁入，從此埔裏社地區的土地再度回復爲原住民所有。但是水沙連二十四社的原住民部落日漸衰微，漢人也就逐漸再入墾，社仔社被迫遷出併入頭社（在今南投縣魚池鄉西南部，約頭社村、武登村東北半部一帶），而貓蘭社（在今南投縣魚池鄉的中部，約中明村一帶）也併入了水社；而多咯唧（即哆咯社，在今南投縣仁愛鄉干卓萬山附近）、福骨（在今南投縣仁愛鄉發祥村一帶，日人稱白狗社）二社與沙里興社（約在今臺中市石岡區，未歸附的原住民，很凶悍）相鄰，便依順到這個較野蠻的原住民部落。眉裏、致霧、安里萬三社（這三社分布在埔裏社的西部和北部）也常常和凶悍野蠻的沙里興社來往以鞏固自己地盤。埔裏社因郭百年事件後人丁稀少，雖然和水社頗親近，不但無法給予救援幫助，自己部落也岌岌可危。清道光三年（一八二三），萬斗六社（約在今臺中市霧峰區南部及東南部，範圍大致包括今六股里、舊正里部分）的通事田成發因出事被革職，便狡詐和埔裏社原住民商議，要他們召募其他原住民部落來幫忙防衛，提供土地供他們耕種，埔裏社原住民聽從其計策。田成發於是夥同北投社被革職的管理屯田小吏乃貓詩、被革職的通事余貓尉等人召募埔裏社附近已受教化的原住民，偷偷到埔裏社地區恢復墾佃，漢人也在暗中操持。後因田成發的同夥和水沙連社的屯丁首領蕭長發有仇怨，蕭長發便向官府揭露田成發等人的陰謀。道光三年（一八二三）九月，北路理番同知鄧傳安（一七六四—？）帶著營兵深入埔裏社調查，一番安撫、慰問後返回，鄧傳安很有要開墾此地的想法和念頭。馬峨士，來自浙江省紹興縣，在臺灣居住很久，聽聞埔裏社地區土地豐饒，便到了福州，遊說商人林志通前往開墾，閩浙總督趙愼軫（？—一八二五）將此事向前臺灣知縣姚瑩（一七八五—一八五三）詢問，姚瑩回答說：「臺灣的人口越來越多，無所事事的人也不少。山前（臺灣西部）平原已經沒有荒廢的土地，原住民不夠強大沒辦法擁有土地，不到百年，山後（臺灣東部）將會全部歸入大清版圖，不只是水社、埔裏社這個二社地區。到那時會有前往開墾的時機，現在前往還太早。」道光四年（一八二四）五月，福建巡撫孫爾準（一七七二—一八三二）到臺灣，想商議這件事，鄧傳安便盡力陳述開墾埔裏社的好處。孫爾準有些心動，想依照噶瑪蘭納入版圖治理的模式來處理，以此向臺灣知府方傳檖（一七七五—？）探詢，當時姚瑩在臺灣，方傳檖前往拜訪並請教，姚瑩說：「如果一定要開墾水社、埔裏社二社土地的話，有八件重要的事要辦，你得跟他說。」方傳檖問：「是哪八件事？」姚營說：「回顧以前噶瑪蘭的開發，乾隆年間就有漢人偷偷前往開墾，嘉慶元年時吳沙帶領大批墾民入山，強占奪取原住民土地，雙方互相攻擊殺戮，歷經十幾年。楊廷理知府前往開墾經營時，大局已經底定，所以所有原住民部落願意將土地獻納，任由朝廷設立官府治理。但是新就任的官員在督導開墾之初，噶瑪蘭東勢地區的原住民都還僵持不歸附，強力徵收後才同意。現今原本在埔裏社開墾的漢人已經被驅離，當地的原住民又沒有降服之意，之前漢人在此燒殺擄掠的仇怨猶未忘記，如果要前往開墾設官，一定要先和原住民打好關係、和善相處，這是第一件重要的事。漢人和原住民語言不通，撫慰原住民的事必須由通事來做，而通事大多是奸詐狡猾的惡人，他們不會用代表朝廷來安撫的立場和原住民對話，反而危言聳聽加以恐嚇，原住民們表面因害怕而順從，實際上內心很不服氣，容易造成出人意料的謀叛，大大損害國家的顏面和主權。況且在開墾設官的當下，雙方要協商解決事很多，只要一個小小的毆打爭鬥事件，都可能釀成大亂，所以任命通事一定要是良善之人，這便是第二件重要的事。水社的土地在較外圍，其中社仔社、沈鹿社的土地已經被漢人占墾的不說，較平坦的土地周圍數十里，原住民自己墾種成功的僅有一、二成，其餘都是荒地。現在當地從外頭來此開墾地已受教化的原住民也才二百多人，官方開墾便要招來漢人租耕，所需費用龐大，到時哪些地方要劃爲原住民的田地，哪些地方屬於官方的墾租地，官方墾租地的課稅和原住民土地的租稅，不可以混淆，這是第三件重要的事。埔裏社東北邊順著山邊的其他原住民各部落，並不是屬於埔裏社的土地，這些部落在深山空谷間是否也要一併開墾，或者墾區以山爲界線就好，要知道這些山嶺之外可通噶瑪蘭及奇萊（指今花蓮平原）、秀姑巒（指今花蓮縣瑞穗鄉山區一帶）等地，開後之後會有人民私自跨界往來其間，到時候這些地區的土地分界處如何管制通行？這是第四件重要的事。之前漢人到原住民地區開墾，都各自會有領頭的人出面申領墾照，其用意是想成爲可招佃開墾的田主，這時候埔裏社開墾必然會有人搞小聰明重施故技，所以設置領有官府墾證、可招佃開墾的田主制度，其害處是無窮盡的。其所徵收的租金稅銀，拖欠金額動輒十萬兩，一旦敗壞或被揭露，想要將其更換就很難了，不如官府自行召募租耕，將領有官府墾證、可招佃開墾的田主制度永遠廢除，這是第五件重要的事。埔裏社地區土地有數百里，可供開墾的田地有數千甲，要召募的佃農大概也要上萬人，這些多而亂且倉卒聚合、無嚴整紀律的人群，如果沒有可靠的人來統領治理，不但無法管束，且所需的成本和費用如何籌措。以前荷蘭人的方法，是將數十個租耕的農戶合爲一結，以明白事理和資金較充裕的當領袖，稱爲「小結首」。再將數十組小結首合併，推舉一個富強有力且能讓眾人信服的人爲「大結首」，遇到有事情發生時，官府找他來詢問即可，這樣墾戶之間就能條理分明而不紊亂，可以依照人數的多寡來分配墾地，眾人開墾整片後再合理分配，擔任結首的人可以加倍分配給他墾地，或者給予數倍也沒關係，看他的資金和能力而定。現在要開墾這塊平原，也應當約略參考這種制度來施行，這是第六件重要的事。噶瑪蘭地區南、北有一百多里，連山區土地一併計算有二倍大，東、西靠近中心較精華地帶也有四、五十里，這樣的範圍還不足以設縣以治，所以只設一個廳來管理。現在埔裏社這地區長寬才三十多里，連同水社的山埔一起合算，差不多一百多里，似乎還不到一個廳、縣的大小。但是這地方在許多崇山峻嶺之中，南到集集（今南投縣集集鎮），北迄烏溪，南北兩路進入這山區間，都非常迂迴而艱險，再往內部深山去迫近凶狠未受教化的原住民區域，再往後山（臺灣東部）去可通噶瑪蘭、奇萊等地區，可說是整個臺灣非常重要的地方，前、後山（臺灣東、西部）的關鍵區域。而且距離彰化縣城又很遼遠，眞發生事情不是一般小官小吏所能鎮壓安撫，不得不要設有大約如廳、縣規模的官署。這樣一來文武各項職務官吏的薪俸和兵士們的糧餉，要如何籌募發給，不能不及早爲之設想，這是第七件重要的事。當地田園日漸開闢，人口繁殖越來越多，不只商販要來進行貨物流通有無，當地所生產的米糧、稻穀等食物也必然要出這山區進出買賣，其地南邊由深山空谷進入水社，崇山峻嶺，看起來是行不通的，唯有北路烏溪水道可通行；但是烏溪上游的水流很淺，山路亂石滿布、高突光滑，也應當要開通，以便能夠讓船隻航行，這是第八件重要的事。」方傳穟將姚瑩的意見陳報，巡撫孫爾準看了以後便覺得埔裏社開墾一事頗難施行。當時吳性誠擔任淡水同知，呂志恆（？—一八三二）身爲噶瑪蘭通判，方傳穟更邀集他們一起商議，吳性誠、呂志恆都主張禁墾，鄧傳安也轉變態度沒有堅持以前意見，也同意禁墾，方傳穟於是報請上級將埔裏社地區仍如以前禁墾。

早先時候，竹塹沿海各地區已陸續開墾，靠近山裡原住民的地區土地廣大且肥沃，漢人遂逐漸入侵墾耕。清嘉慶末年時，有廣東客家人名喚黃祈安的獨身來臺，到斗換坪（也稱斗煥坪，今苗栗縣頭份市東部，其範圍大致包括斗煥里、新華里、流東里西南端）和原住民生意往來，賺了不少錢，於是便隨了原住民的習俗，將名字改爲「斗乃」，娶原住民女孩爲妻，生有二個兒子。不久之後也招請同鄉的張大滿、張細滿等人入山，結拜爲兄弟，也都分別娶了原住民女孩，和原住民密切往來，便在南莊（今苗栗縣南庄鄉）一帶開墾。清道光六年（一八二六）夏天四月，彰化地區發生福建、廣東不同省籍間墾民的持械打鬥事件，蔓延數十個莊社，大甲（今臺中市大甲區）以北地區也紛紛牽連加入，客家人單勢薄，很多人竄逃到南莊，斗乃於是慫恿鼓動原住民，率領他們出部落對抗，卻任意殺人搶奪，所到之處擾亂不安。八月，閩浙總督孫爾準到臺灣查辦此事，派兵征討，對陣時就斬殺原住民七人，擒獲斗乃等二十一人，全部處決，事件平息後，便在南莊設隘站防守，設置屯兵把總一員，屯田兵勇六十員，以防範原住民的傷害。道光十四年（一八三四）年冬天，淡水同知李嗣業認爲南莊開墾事務既然已開了頭，當地東南山區土地還沒開拓，於是便命令姜秀鑾、周邦正召集閩籍、粵籍客家人，合作開設金廣福墾號[61]，從事拓墾、開闢山林的工作，從樹圮林（今新竹縣竹東鎮）一直到北埔（今新竹縣北埔鄉），幾年之間，開墾的田地竟有好幾千甲，但時常和原住民發生爭鬥，不久之後，李嗣業向臺灣道稟告詳情並請向朝廷上奏，頒給金廣福墾號鐵印，每年再多加費用四百圓，委以開墾國土的重責大任，權責位階在守備[62]之上，從此竹塹一帶的東南部原住民地區逐漸開發了。在那同時，淡水廳有個叫吳全的人也召募墾民到臺灣部東開墾，修築土石堡壘定居，就是現今的吳全城（今

---

61 金廣福墾號於清道光十五年（一八三五）由粵籍姜秀鑾及閩籍周邦正等人成立的武裝拓墾組織，以金字起頭，取其發財多金之意，「廣」即廣東，「福」代表福建，為臺灣閩粵族群之合作立下典範，其拓墾範圍包括今日新竹縣北埔鄉、寶山鄉、峨眉鄉和苗栗縣南莊鄉、三灣鄉一帶。

62 守備，清朝武官名，是指管理軍隊總務、軍餉、軍糧職務的官員，軍階在都司之下、千總之上。

花蓮縣壽豐鄉志學村與平和村吳全社區）。時運際會大勢所趨，墾荒的風潮無法壓制阻止，但是前山（臺灣西部）那些老耕地，漸漸因人多了起來造成許多問題和麻煩，不得不轉而向原住民地區探尋，所以過沒多久，開墾埔裏社的話題再度被討論。

埔裏社自從將租耕的漢人驅逐後，經常受到埔里盆地北面野蠻凶悍的原住民的攻擊，部落勢力衰退無法生存，於是招請嘉義、彰化西部平原已受教化的平埔族群進入開墾，一方面也想引進他們協助抵禦外侮，前前後後入墾的有七十二社，通力合作以抗拒漢人入墾。清道光二十一年（一八四一），給事中[63]朱成烈上奏說：「臺灣荒廢的土地很多，應該允許開墾拓荒。」朝廷下詔命令閩浙總督顏伯燾（一七九二－一八五五）[64]斟酌討論後回覆。當時臺灣總兵武攀鳳、福建分巡臺灣兵備道熊一本（一七七八－一八五三）和臺灣知府仝卜年（一七八〇－一八四八）到山裡實地查探，都回報述說開墾埔裏社的好處，但是總督顏伯燾卻認爲這樣做無異和原住民爭奪利益，很難防範以後的禍患，上奏朝廷建議比照過去禁止拓墾。但是臺灣民間對於開墾埔裏社的呼聲，前呼後應，臺灣縣、嘉義縣、彰化縣三個地區已經取得官府墾照的地主同意捐助開墾費用十八萬圓，和可供耕耘的田地七千甲。紳士王朝綸、王雲鼎等人早就想到內國姓、外國姓（今南投縣國姓鄉）和長鹿埔等處開墾，是因爲有劃定界線封鎖禁墾的命令，一直等到今天還沒有前往。清道光二十六年（一八四六）春天正月，北路

---

63 清朝官名，清初設都、左、右給事中，滿、漢各一員，雍正初為加強皇權，六科併入都察院，給事中與監察御史合稱「科道」，同為言官，職掌抄發題本，審核奏章等。

64 原文為「顏伯壽」，應為「顏伯燾」，道光二十年（一八四〇）農曆九月被道光帝任命為閩浙總督，道光二十一年七月（一八四一年八月），英艦突侵廈門，廈門失守，被革職遣回原籍。

理番同知史密會同北路協副將葉長春、南投縣丞冉正品率領通事、土目一行人來到埔裏社山區，埔裏社頭目「督律」與水社頭目「毛蛤肉」、田頭社（即頭社）頭目「擺典」、貓蘭社番目「六改二」，沈鹿社頭目「排搭母」、眉裏社頭目「改努」等各部落首領，帶領六社原住民共計六千六百六十三人請求歸附朝廷。史密詳細調查原住民田地，埔裏社可墾耕四千多甲，但部落裡原住民才二十七人，生活陷入困難窮苦，而埔裏社南部的土地，已經被受教化的原住民私自開墾的大約有一千甲，這批人已有二千。水社可供墾耕的土地有三百多甲，部落民眾有四百三十四人。田頭社可供墾耕土地有八百多甲，部落民眾有二百八十八人。貓蘭社可供墾耕的土地有七百多甲，部落民眾有九十五人。沈鹿社可供墾耕的土地四千多甲，部落民眾有五十二人。眉裏社可供墾耕土地有二千多甲，部落民眾有一百二十四人。這地區總計可供墾耕的土地大約有一萬三千甲，如果以每甲課徵穀糧一石，那麼每年官方可徵收的穀糧有一萬三千石，用來充當設置官府、衛戍兵勇的經費，綽綽有餘。史密想私自捐出二千甲墾地的招佃經費，向上級請求能比照噶瑪蘭開墾的先例，爲漢人入墾起帶頭作用。巡道熊一本、知府仝卜年將詳情轉呈給閩浙總督知悉，總督劉韻珂（一七九二－一八六四）[65]很高興，垂問埔裏社開墾可能面臨的問題和需要關注的七件事，熊一本一條條回覆籌謀辦理情形，大力主張該地區應開墾設治。

十月，劉韻珂將相關情事上奏朝廷，內容大致說：「臺灣孤立在海外，民情浮躁不定，不得志的壞人，經常持械打鬥，甚至謀劃不法叛逆的事。等到兵勇衙役要查緝搜捕，匪徒就會認爲水沙連一

65 劉韻珂，清道光二十二年（一八四二）迄道光三十年（一八五〇）任閩浙總督。道光二十七年五月十二日（一八四七年六月二十四日），劉韻珂親自與部屬淡水同知曹士桂、鹿港同知史密、臺灣北路協副將葉長春等人前往臺灣水沙連（日月潭附近）一帶視察。

帶的深山是很難查緝搜捕的地區，互相帶引逃竄入山，深深躲藏起來。如果能開墾闢荒，則土地歸入版圖劃定界線，建立管理的廳署、設置管制的營汛，如星星、棋子般布列繁密，匪徒便無所遁形，地方也可保平安無事，這是開墾埔裏社能去除的第一個弊端。臺灣平原上向來沒有原住民的蹤跡，大多是來自福建、廣東的漢人。以前這些地方地方廣大人煙稀少，物產豐富，只要努力耕作經營，都可謀生塡飽肚子。現今人口逐漸繁多，耕作生產欠缺有效的技術，遊手好閒的人越來越多，他們沒有固定的田產，大多會淪爲盜賊的。如果能開墾闢田就能驅策這些人努力耕田，彼此耕田供食、掘井飲水，生活舒適平穩，自然能消弭禍患於未然，這是開墾埔裏社能去除的第二個弊端。水沙連這一帶土地肥美，勝過全臺灣其他地方，雖然訂有禁墾的條例和不得私自越線的規定，但是小老百姓趨附利益會像成群的鴨子那麼多，很難保證沒有私自越界開墾的人。即使加強並謹慎巡防，三番兩次增加嚴厲的禁令，也很難保證不會有官府來查禁時就離開避風頭、官府撤離時又越界開墾的弊端，若開墾闢田就按照戶數實際授予田地，奸詐的人便無法混雜在群眾中而不露行跡，就不會發生料想不到的隱憂，這是開墾埔裏社能去除的第三個弊端。沙里興等社[66]是野蠻凶悍的原住民，繼水沙連各社之後，一些不守法令爲非作歹的人，也轉而引誘勾搭他們暗中做出擾亂危害的事，但是兵勇衙役不能深入其地調查緝拿，以致他們依恃險要的地勢頑強抵抗，毫無顧忌。如果當地能進行開墾闢田，那麼原住民部落都歸我們管轄，選取重點地方加強防守，這樣奸詐的人既無法私自闖入勾搭，未歸化的野蠻原住民也不敢越界擾亂，這便是開墾埔裏社能去除的第四個弊端。水沙連各部落未歸化納餉的原住民以前是以抽取

66 此處原文寫為「佳里興等社」，應為「沙里興等社」之誤，因為「佳里興」遠在臺南市佳里區，當時該區的平埔族是蕭壠社，不是佳里興社。沙里興設約在今臺中市石岡區，未歸附的原住民，很凶悍。

藤皮（作藥材或編織材料）、捕鹿取鹿皮維持生計，不熟悉犁田除草等農耕。現在因封鎖禁墾時間很久，部落的土地都荒廢而雜草叢生，沒有經濟來源應付生活，所以誠摯請求歸順依附我朝。如果不應允他們的請求，既已被官府拒絕，勢必會轉而和已歸化納餉的原住民串通謀叛。即使已歸化納餉的原住民不和他們串通謀叛，奸詐的漢人必然會有暗中誘惑他們的方法。這些未歸化納餉的原住民雖然一開始不和附近已歸化納餉的原住民、奸詐漢人勾結而來求助官府，到最後還是要被逼勾結附近已歸化納餉的原住民、奸詐漢人來和官府對抗了。如果當地能進行開墾闢田，那麼原住民們生活必然安穩，不但可杜絕越來越多的私墾紛擾，已歸化納餉的原住民、奸詐漢人也就沒有辦法串通謀劃勾結，這便是開墾埔裏社能去除的第五個弊端。臺灣地區一向殷實富足，近來因物資與人力有限，住戶人口頻頻增加，以致越來越衰敗困苦。如果這地區能開墾闢田，將會有廣大的好處，每年可生產穀糧百萬石，而木料、樟腦、藥材等物資更有不少，勞動生產能夠流通並帶動貿易往來，造就臺灣民間蓬勃的旺盛活力，這樣衰敗的元氣可以逐漸恢復，這是開墾埔裏社能創造的第一個利益。臺灣官兵的俸銀必須由大陸內地調度解送相助，不只浪費長途解送的費用，而且遠渡重洋，可能造成的疏忽缺失令人憂慮。如果這地區能開墾闢田，則每年能提供的稅賦有數萬石，即可就地斟酌情形撥付。在臺灣多一分官兵的俸銀，則大陸內地就可少一分相助的銀兩，這是開墾埔裏社能創造的第二個利益。臺灣是海外偏遠險要的地方，倉庫裡所儲存的糧食、物資不可以不充裕。如果這地區開墾闢田之後，法定稅賦就會有盈餘，而北路理番同知史密所捐助的二千甲墾地，只要種植成熟收割，又可酌量提撥繳納於官署，從此倉庫裡儲存的糧食、物資逐漸充裕，就能爲地方緩解危急需要時所用，這是開墾埔裏社能創造的第三個利益。臺灣北路以往設置屯田兵勇有三千多名，每年所給付的俸銀，根本不夠他們生活所需。如果這地區能開墾闢田，就能徵調沒有工作的原住民壯漢，酌量分配荒田和農具，命令他們自行耕作，再由官府撥給武器，隨著營隊操練演習，讓他們的生活富裕充足，沒有亂事時就近保衛水沙連地區，有亂事發生時便可協助兵力，這是開墾埔裏社能創造的第四個利益。水沙連地區的內部深山正面可控制嘉義、彰化兩縣，背面鄰近噶瑪蘭廳，可說是全臺灣正面、背面之間的重要地方，如果這地區能開墾闢田，臺灣正面、背面命運相連，可幫助全臺灣聲勢相連、配合應敵，這是開墾埔裏社能創造的第五個利益。去除弊端共五點、創造利益也有五點，如上所述，如果最後過分違背原住民民情歸向，拒絕而不接受他們，免不得要白白錯失做事的時機。臣細細思量：國家太平盛世已持續相承二百多年，百姓得到深厚的仁愛和恩惠，遠近歸心，擴展領土、開拓疆域，到處都有，而且很多，即使是遠方的異族之地，沒有不列入國家的疆域。現今水沙連各部落雖然只是角落裡一塊小小的地方，但是該地區未歸化納餉的原住民住在隱匿的崖谷中，生性如狗、羊般，忽然有一天能被高深的仁德恩惠所感召，剃髮歸順改穿滿服，獻上領土地圖歸降並繳納稅銀，率領如野獸般橫行於草木叢林間的族人，依序行走在廣大平坦的道路上，這也未嘗不是太平時代偉大的事蹟。」劉韻珂上了奏章以後，朝廷便下詔要大學士和軍機大臣們研議後上奏，仍決議不可行，但又命令劉韻珂渡臺實地探查，謀劃能長治久安的方法。北路理番同知史密卻認爲時機已成熟，不能停止埔裏社和水沙連地區的開墾，向臺灣道、臺灣府會商後，決議讓官方先試墾，以安定原住民們的心情，於是各級大小官吏都捐出墾耕的佃租成本召募農民耕種，巡道熊一本也捐出一千甲墾地的招佃經費，會同營鎮二百名兵勇隨行前往鎮壓，在道光二十六年（一八四六）十二月進入埔裏社山區。後來接到大學士和軍機大臣們研議後回覆的奏文，史密唯恐埔裏社開墾的形勢又起變化，隔年（道光二十七年）二月，再度上書給閩浙總督劉韻珂寫說：「臺灣的原住民和其他省分的不一樣，早已獻上領土地圖歸降並開墾闢地，不是從現在才開始。全臺灣原本沒有一塊地不是原住民的，一府（臺灣府）數縣（臺灣縣、嘉義縣、鳳山縣、嘉義縣）的土地都是從原住民的貢獻接收而來。由諸羅縣（嘉義縣舊稱）擴大再分設彰化縣，由彰化縣擴大再分出而淡水廳（淡水同知衙門），接收他們的土地開闢疆土，百多年來，平安無事。即使遠在後山的噶瑪蘭廳，開墾以來，四十多年來也不曾聽聞有原住民危害地方的事發生。大致來說，臺灣的原住民之所以和其他地方不一樣是有緣故的。凡是原住民會有鬧事的情況出現，大多是想得到錢財布疋和牲口家畜等獵物，才會發生搶劫擄掠和拒捕的事態，但是臺灣原住民很愚鈍，沒有要謀取的東西，既然生平沒有大志向，怎會有重大事件發生？這就是臺灣原住民的心理狀態。原住民和邊境少數民族要想製造亂事，必須要憑藉精細巧妙的武器、方便厲害的炮火，才能發揮效果。而臺灣原住民以打獵為生，所使用的武器是竹箭、投擲的長矛，很少用火藥，一聽到火銃的聲響，遠遠就逃竄到無影無蹤。原住民頭目經常用吶喊的聲音來互通訊息，這樣較容易集結成群。但是他們分散居住於四處的山頭，各自獨立營生，絕不相互隸屬。雖然有很多不同的部落名稱，但每個部落最多才數百人而已，彼此之間不敢往來，不通聲氣，沒有任何瓜葛，這就是臺灣原住民的外部狀態。臺灣原住民的心理和外部狀態就是如此，這也是他們和其他省分的原住民不同的地方，且絕對不會有大的禍患。何況綜觀所有臺灣原住民大概，沒有比已歸附受教化的埔裏、水社等水沙連六社的原住民的狀況更為可靠的。此地區靠近山的外圍，經常和漢人交往接觸，平和柔順、明白事理，附近六社原住民的民情和埔裏社、水社的差不多，而且各部落的氣勢都已衰弱，這十二社的人口總共才一千六、七百人，除婦女老幼之外，年輕強壯的原住民只有七、八百人，分散於各部落間，其貧乏困苦的情況令人同情。他們看到官府來治理經營，如同小嬰兒見到母親那般，希望投其懷抱得到餵食都來不及了，哪裡還敢惹事生非？又有何能力惹事生非？官府已在此安撫多年，調派人員多方努力奔波，他們已漸漸成為歸附受教化的原住民。原住民生性最爽快，又很遵循剃髮歸順的儀式，全臺灣十幾萬歸順受教化的原住民，其當初哪一個不是野蠻凶猛、又有哪一個不是難以捉摸的？這就是將野蠻凶猛的原住民改變成歸順受教化的原住民完全不用擔憂的實際情況。然而在開田闢地之初，往往得有萬全的謀劃，在沒有可擔憂之中，必定還存有一絲令人擔憂的心，來作通盤籌劃，在禍患還沒發生前就加以防備。查水沙連六社以外或遠或近的野蠻原住民部落，已經陸續獻地歸附受教化的有八十多社，照例應該增設大小不一的屯兵組織，挑選壯丁充任，大的屯田區需四百人，小的屯田區需三百人，並增設屯田區的官員加以管理約束，所有千總、把總、外委、屯目、土目、通事等職務，就選用他們部落裡強大且能力好的首領來擔任，委以重任，讓他們自己管理自己，要求完成任務並限制約束，數百里大的地區也能如手臂指揮手指那般得心應手，這便是控制原住民的良方。每個屯丁照例撥給無人耕作的田地二甲，野蠻未受教化的原住民既然已成爲歸順受教化的原住民，如果仍然不熟悉耕作，就租給別人耕作換取錢糧八圓，若原住民不需要錢，准予用鹽、布來折算，再按照開墾田地的大小，核定要撥給的穀糧。原住民本就不聰明，認爲既已歸附獻上土地，便能領到租銀，苦苦等了多年，今年千萬不能不撥給穀糧，讓他們失望。因爲沒有招設業戶（領有官府許可證的墾戶），不得不由官府先行試墾，以慰藉原住民殷殷期盼之情，這便是安撫原住民的良方。調派工作時分開差遣，驅策他們爲官府所用，並將未受教化的原住民混雜於受教化的原住民中，使他們逐漸感染好的習性變得更加順服，逐步知曉禮節和法度。更可以調遣強壯的原住民，以牽制全部的原住民，讓他們不敢亂來，這便是統治原住民的良方。將本地區東、南、北三面靠近山裡的大樹叢林、茂盛繁密的雜草全部砍除，平坦的土地一望無際，想埋伏躲藏都沒辦法。可分派原住民駐守各隘寮要塞的炮臺，召募原住民在險阻地方設防守據點，駐守據點的兵勇多用已受教化的原住民，用原住民防守原住民，這便是防禦原住民的良方。誠心來歸順的，都是歡欣喜悅等待塡飽肚子的原住民，但必須要適當安置，讓其生活有所依靠，這樣他們便能成爲安分守己的百姓，第一重要籌辦的事就是設駐防區並挑選壯丁衛戍，讓他們自行相互制衡約束，從一個原住民甚至到萬個原住民，像細的網線維繫在粗繩上，雖然很多又何必擔憂？這事已在此地區試辦了一年多，且有經過臺灣道、臺灣知府衙門一再的商議籌備，事關重大，謹慎再謹慎，如果不是心中已有全盤考量，如何敢輕率進行？從去年正月到現在，整個情勢已完成，各項安排也都確立；到山裡試辦，又歷經幾個月，漢人和原住民相安無事，並無任何糾紛發生，所以若能准許辦理墾耕那麼一切就能如此平順發展，否則這裡的情勢勢必馬上不一樣。不明白這裡情況的人會認為貿然進行墾耕日後將會招致憂心的事發生，明曉這裡情況的人則認為不馬上辦理墾耕眼前就即將有憂心的事情發生。窮困的原住民沒辦法自行謀生，苦苦找不到生活的途徑，一旦誠心降服剃髮歸順，請求改變成為受教化的原住民，天下沒有不准許他們歸服、不准許他們為治下百姓的道理。嚴厲拒絕、忽然絕斷，所有希望都落空，便會刺激他們轉而憤怒，不用明智的人都能判斷得出這將會有變亂發生。自古以來有眞心誠意想要歸順依附的，沒有不安撫收留並給予安置，何況合於規定登錄在案的歸服案件，雍正、乾隆朝中都曾經辦理過且有案可查。受教化的原住民都是從野蠻未受教化的原住民改變而來，設立屯兵駐防需要籌措糧餉，便不能有閒置的墾田（所以要召募漢人入墾），那麼依照律例安置漢人的地方，要如何處理呢？所以讓原住民歸順與召募漢人入山開墾原係兩件事，但因沒有其他荒廢的土地，不得不併案來一起辦理。」（道光二十七年，一八四七）四月十五日，劉韻珂搭船到鹿港，命令淡水同知曹士桂（一八〇〇—一八四八）、北路協副將葉長春、參將呂大陞及北路理番同知史密等人隨行。五月十三日，從南投入山，經過田頭、水裏（水社）、貓蘭、沈鹿、埔裏、眉裏等社，原住民們聽到閩浙總督到來，扶老攜幼，在道路兩旁群集歡呼，紛紛有人獻上鹿皮、織布、雞蛋、麵食，韻珂以鹽、布犒賞他們後便離去。而屬北投社（今南投縣草屯鎮一帶）的平來萬社[67]、南港[68]的丹社[69]、吻吻社等，是野蠻未歸化的原住民，也先後前來獻上物品表示降服。在此之前，有已歸化納餉的原住民徐戇棋侵占原住民土地發動開墾，還挖掘原住民頭目改努的姪兒墳墓，倚仗強權到處燒殺搶劫，原住民們都怕得不敢正視他。劉韻珂知悉徐戇棋惡行，傳檄文飭令將其祕密逮捕並斬首示眾。二十日，從內木柵（今南投縣草屯鎮土城里）出山林回到彰化。八月十六日，又向朝廷呈上疏文奏稱：「我國家開拓疆域、擴展領土已有二百多年，聲威教化廣爲傳布，不論東、西方逐漸擴展，即使偏僻荒遠的地方，沒有不全部收歸國家疆域，國家領土之廣大，是從漢朝、唐朝以後未曾有過。現在水沙連六社原住民土地，不過是角落裡很小的一塊，不論禁墾或開墾，本來就無關是非成敗。不一樣的是尚未歸順、未受教化的原住民率領其族人要來歸附，由於不懂農田耕作的事，生活一天比一天緊迫，而招來租地耕種的那些已歸順納餉的原住民，又都剋扣租金加以欺騙，他們之所以想得到官府的安撫治理，實際上便是要藉此作爲保護身家的打算。若不順應原住民渴望之情，那麼居住在本地未歸順的原住民將會一天比一天窮困，那些由別處來此租耕已歸附的原住民會逐漸橫蠻胡來，情勢發展到最後他們的生命會被傷害，他們的土地也會被吞併，久而久之招來同類黨羽，越聚越多，放蕩撒野的人、負有罪責的逃犯，也得以因沒有官府查察，到這地區逃遁藏匿，從此形成不同派系，到最後會導致有人憑藉強權來欺凌弱小，附

---

67 此處「北投」係指水沙連二十餘社中的北投社，約分布於今南投鎮草屯鎮一帶。平來萬社又稱「平了萬社」。

68 黃叔璥《臺海使槎錄．番俗六考》將水沙連二十餘社以南、北兩流域：濁水溪的中上游部分、烏溪（大肚溪的中上游）歸納為南港、北港兩大範圍。

69 丹社，屬布農族，分布在今南投縣信義鄉地利村和花蓮縣萬榮鄉馬遠村一帶。

從爲惡的黨徒既已眾多，更恐怕會抗拒逮捕且不順從官府，有了逃亡躲避的地方，占據地勢險要的地方圖謀不軌，留下的後患很難預測。縱使那些已來租地耕種的別地區的原住民不難驅逐，但是利字當頭，每個人都想追逐擁有，即使現在禁得了不讓他們來，也難保他日不會再來。從前對於原住民地區曾經豎立石碑劃定界線，在險阻地方駐兵分別防守，立下的律法也並非不周密，但是前往私自拓墾的仍然有二千人之多。禁令雖然嚴厲，但很難保證時間一久不會產生弊端。將私自拓墾的驅逐之後，嚴厲的禁令屢次增添，他們或許不敢再有越界的行爲，但是那些被驅逐的來此租耕的別地區原住民人數差不多有二千人，他們回不去原本的部落，又沒有田地和房舍可安家，飢寒交迫，勢必會淪落爲盜匪，臺灣土地狹小但是人口稠密，本來就不太安寧，又如何能再承受增加這二千名流動的盜匪呢？如果能立即允許開墾，馬上可以釐定區域劃分界線，計算出田地大小授予耕種，本地未歸順的原住民將可收取土地的租金，從別處來此租耕的已歸順原住民也得以盡力農耕。有文武官員來安撫管控，又有兵勇衙役往來查看巡防，這樣所有放蕩撒野的人、負有罪責的逃犯，更加沒有立足之地。之前有人議論說臺灣地區民士風情浮躁不定，經常豎起反動旗幟號召群眾持器械搏鬥，接連出現、沒完沒了，如果再開墾原住民土地，將來大陸內地的匪徒，直接和原住民部落們勾結連成一氣，要查辦消滅他們必然更加麻煩。殊不知匪徒與原住民本來就不互通氣息，往前回查歷年檔案，只有官兵不足派遣撥交、考量調派屯田兵丁協助征剿的案子，沒有匪徒與原住民勾結、一同附和作亂的案例。或許又有人說未歸順的野蠻原住民世代都生長在政令教化施行不到的地方，不懂法律和制度，現在雖然因困苦前來歸附，等到有天生活豐足富裕，便沒有任何顧慮，如何曉得他們不會一開始假裝歸順到最後背離反叛？其實奸巧漢人弄虛作假、僞裝假冒的花樣很多，每每狡猾反覆、瞻前顧後，而未歸順的野蠻原住民就只是純樸、沒有知識，絕不會耍弄詭詐心機。即使他們性情怪異多變，但平常需用的器械和所學習的技能，沒有一樣可依仗，要征剿搜捕他們相當容易。況且臺灣從明鄭滅亡後，就成爲中國的領土，陸續開墾，沒有一處不屬於原住民們的土地，一百多年來，蒙受聖上恩澤滋潤，共同享受農耕的安詳生活，不曾聽說有未歸附的原住民造成禍害，還徵調軍隊前往征剿的舉動。或者還有人說臺灣這島嶼本來就屬於外海，現在福建省有兩個通商港口（指廈門、福州）[70]，洋人的情況有時難以預料，如果水沙連六社原住民土地一旦開放拓墾，土地廣大且財貨賦稅豐富，外國人會更想貪婪取得。這是不知內情的外行見解，其實洋人想要的就只是通商，並不貪圖土地。何況水沙連六社位處深山偏僻角落，距離海口很遠，外國人斷無想要貪取的道理。如果單單因爲外國人想貪取這個理由，就來判定水沙連六社開墾之不可行，臣著實不能相信這種看法。臣自認才能與識見愚昧，並非不明白爲政的重點在多一事不如少一事，推卸事務就是讓自己更有利的方法，但還是要強調水沙連六社原住民地區，進行開墾就容易成功，禁止開墾到最後會很難消弭禍患。依臣愚見，不如查照我之前所奏的辦法，仍然按照淡水廳、噶瑪蘭廳這兩個地方廢除原住民的土官制度、由中央指派流官來治理的例子，作整體性的開墾，設置官府來安撫治理，使水沙連六社尚未歸附的原住民能在聖明的天下裡悠閒安定生活，並將他們都編入戶籍，以彰顯昌明的政治。」疏文上奏以後，大學士穆彰阿（一七八二—一八五六）等人仍堅持不准開墾該處，並向朝廷上奏請求遵循以往規定限制並禁墾。埔裏社開墾設官的建議又被攔阻。

清道光二十八年（一八四八），徐宗幹（一七九六—一八六六）被派任臺灣巡道，劉韻珂命他妥善處理有關埔裏社拓墾所遺留下來的問題。水沙連六社原住民頭目都來到巡道衙門，一群人圍著徐

70 清道光二十二年（一八四二）年清朝於鴉片戰爭失敗後簽訂中英《南京條約》，將五個沿海城市：廣州、廈門、福州、寧波和上海闢為通商口岸，稱「五口通商口岸」，「閩省兩口通商」即是廈門、福州。

宗幹苦苦哀求能開墾設官及歸附接受政教，態度誠懇眞切久久捨不得離去。徐宗幹於是上書向朝廷報告，建議召募人丁進行屯田，大致這樣說：「臺灣地區的情況和其他省分不一樣，只要經過歸順教化，原住民就是我們的子民，他們的土地就是我們的領地，而原住民地區會成爲日後禍患的，是漢人而不是原住民。漢人聚集日益增多，稽核盤查不到的地方，小問題是發生爭搶鬥毆事件，大狀況就會釀成侵奪搶占。幾十年來，由彰化縣往北開墾增設淡水廳，再由淡水廳開墾增設噶瑪蘭廳，開墾的軌跡看起來好像是在開拓疆域，實際上是在除去禍害。現今的水沙連六社，就是以前的淡水、噶瑪蘭。禁墾就必然會產生事故和糾紛，不禁墾便可轉而安撫平定地方。故進行屯田的建議，也是出於不得已，不希望如目前般停滯不前。而屯田的建議是以原住民供養原住民，用原住民來防範原住民，不需要創造新建、也就不會有浪費的煩憂，也沒有派兵戍守滋生弊端的憂慮。」劉韻珂也表示贊同，埔裏社開墾的事務才沒有廢弛。

琅璚在臺灣的最南邊，也稱作「郎嶠」，是原住民的語言。歸順受教化的原住民部落有十八社。清雍正初年，曾經禁止越界拓墾，林爽文事變時，莊大田在鳳山縣起兵響應，大將軍福康安曾在柴城（今屏東縣車城鄉）駐紮軍隊，以剿滅殘留的黨羽。但是這地區仍然荒蕪，從福建、廣東來臺的墾民互相帶引來開田闢地，鳳山縣地區歸順受教化的原住民也亦常常遷移族人來此，造成漢人和原住民互相衝突，於是日子一長，地方官員依舊將其當作政令教化達不到的野蠻地方。海上交通暢通以後，外國船舶經常往來，琅璚南邊的外海，又是東、西方海上交通的要道，船隻在此遭遇風浪會漂流到此地，經常必須得協商解決相關問題。清同治五年（一八六六），英國船艦篤甫號漂流到鵝鑾鼻（臺灣最南端霞岬角，今屏東縣恆春鎮），被原住民攻打。隔年，美國船隻那威號（Rover，又譯稱羅發號）也漂流到這地方，亦爲科亞爾社[71]番所殺，這個事件詳見本書〈外交志〉。於是福建巡撫李鶴年（一八二七—一八九〇）奏請朝廷應對此地進行開拓，並設置官府派兵駐守，通令福建省司道[72]及臺灣總兵、分巡兵備道等單位通盤考量謀劃。福建臺灣鎮[73]總兵劉明燈（一八三八—一八九五）主張應進行開拓設官，前任臺灣鎮總兵曾元福（一八一〇—一八七八）[74]請照例封禁，而分巡臺灣兵備道吳大廷（一八二四—一八七七）[75]則保留兩種論點擷取折衷看法，認爲應在枋寮（今屏東縣枋寮鄉）設置官府派兵駐守，瑯嶠、柴城分別召募人丁進行屯田，選任福建、廣東的大墾戶爲總理，賦予防禦未歸順的原住民番並保護遭遇船難的外國船隻的責任，至於丈量土地課徵田賦問題，可容以後再商議。於是臺灣鎮總兵（吳大廷）和分巡臺灣道梁元桂（一八一四—？）等人多次會商，陳述其大概的主張。福建省司道也對此事有所討論，認爲還不很適當，於是命令原本任職平潭同知的鄭元杰等人前往實地查看，並繪製地圖陳述意見，廣泛採納大家的意見，認爲瑯嶠這地區的柴城、風港（楓港舊地

71 科亞爾社（Kulaliuc），又稱龜仔律社、龜勝律社或龜仔角社，約在今屏東墾丁國家森林遊樂區旁的社頂部落。

72 司道，清朝時期隸屬於巡撫的專設機構，歸巡撫管轄。

73 臺灣鎮，又稱福建臺灣鎮，初設於清康熙二十三年（一六八四），為清朝時期的臺灣統治區最高軍事單位，主官是臺灣鎮總兵，受臺灣道分巡兵備道（建省前）及臺灣巡撫（建省後）節制。

74 曾元福，清咸豐十一年（一八六一）接任臺灣鎮總兵，同治元年（一八六二）戴潮春事件爆發，曾元福征剿有功，升任一品的水師提督。同治三年（一八六四）曾元福再接臺灣鎮總兵，克彰化收復斗六門。同治五年（一八六六）因福建候補縣丞余辰一案保舉不當，遭罷官。

75 吳大廷，先後追隨胡林翼、曾國藩、左宗棠等人，清同治五年（一八六六）由左宗棠推薦奉旨擔任分巡臺灣兵備道，期間中美發生羅發號事件。

名，今屏東縣枋山鄉南部），漢人和原住民混雜相處，設官治理不便，建議依照以前的辦法，沿著山嶺間通行的各個關口，設立寮寨，分段駐兵防守。而枋寮較偏僻並靠原住民地區，建議將鳳山縣的興隆里巡檢遷移到此地駐守。又從臺灣道的標營撥派千總[76]一員、士兵五十名，加上南路的營兵五十名，一同前往駐紮，以防衛地方安全。來自福建的墾民大多居住沿海地方，來自廣東的墾民大多安頓在山的邊緣地區，山裡就大多是原住民了，建議在這三類百姓當中，各選出正、副總理二人，賦予隘首（把守通行關口的首領）的職務並設置隘丁（把守通行關口的壯丁）各五十名，分別防守重要的地方。而風港另外再選出正、副隘首二名，隘丁五十名，都歸屬千總管轄指揮。至於千總、巡檢每年額外貼補餉銀二百銀兩，兵丁除加薪餉外，每月給加菜金四錢，每三年輪調。正隘首每年發給薪俸八十圓、副隘首發給六十圓、隘丁發給八圓，總計每年增加的軍事相關俸給八百八十兩、把守隘寨相關費用二百二十圓，都可以從臺灣府叛匪充公的財產所衍生的利息按季支付。鄭元杰的這些建議被採納施行。

清同治十年（一八七一），琉球人的船遭遇颱風漂流到臺東地區[77]，倖存上岸的人被牡丹社（牡丹部落，位於今屏東縣牡丹鄉牡丹村）原住民所殺。隔年，有日本小田縣（今日本岡山縣小田郡）漁民的船也遇風災漂流至臺東卑南的馬武窟（今臺東縣東河鄉）被劫殺。同治十三年（一八七四）夏季、四月，日本出動軍隊來討伐，清朝政府派福建船政大臣沈葆楨（一八二〇—一八七九）到臺

76 千總、把總是清朝武官中的下級職稱，在守備之下。千總統領人數約五百—一千人左右、把總約一百人左右，從人數上看相當於現在軍隊的營、連級幹部。

77 漂流的地點應是臺灣東南部尾端的八瑤灣（即今屏東縣滿州鄉的九棚灣），故牡丹社事件又稱八瑤灣事件。

灣督導軍事相關事宜。事件平息後，朝廷下詔命沈葆楨留在臺灣謀劃並處理遺留下來的問題。十一月，沈葆楨上奏建議朝廷解除原住民地區的禁墾令，內容大概說：「全臺灣後山（東部）除原住民部落外，都是荒蕪的土地。近來南北各路雖然逐漸開通，但幽深的山谷、荒涼的平原，人的足跡很少到達；有可以耕種的土地，卻沒有前往耕種的人民，草木叢生繁亂，有毒的瘴氣如雲霧般籠罩，凶狠的原住民藉以隱匿埋伏伺機突襲，縱使開拓有小路，到最後因險惡可怕，沒有敢前往。久久不開發，茅草將蔓生塞住山徑。近日以來曾召募墾戶前來，應募的人很少。臺灣地區土地廣大但人口稀少，山前（西部）大片土地，雖然經百多年的繁衍生長，人口還沒有很充足，大陸內地的百姓一向是不准偷渡來臺。近來雖然文書法令有稍微寬鬆，但是解除禁令還沒有正式發布公文書。地方官員想盡辦法要招納收容，常常怕不符合朝廷規定。現今想要開發山地，若不先行招民墾耕，那麼道路雖然已開通到最後仍然會阻隔不通；想要招民墾耕，若不先行解除禁令，那麼百姓也會有所顧忌不往前行。臣等查閱以前的法令，大陸內地百姓不准偷渡到臺灣地區，如捕獲偷渡的船隻，將船家等分別按法律懲罰，文武官員交吏部給予懲處，士兵衙役就直接按律懲處。又如有充做「客頭」（專做移民生意、協助偷渡的人），在沿海地方引誘偷渡的百姓，帶頭的人發送邊疆服役，跟隨犯案的人罰以棍打一百下，拘禁三年；有互保關係的船家和安排住宿知情不報的人罰以棍打一百下、上枷鎖一個月，偷渡的人罰以棍打八十下，遣送回原籍貫地；文武官員疏忽沒有盡到督察責任的分別交吏部給予懲處。又大陸內地的商人要買賣貨物到臺灣，得由原籍貫地發給證照；如來不及回到籍貫地請照，就由廈門海防廳查明，請人具保後發給證照。如果廈門海防廳濫發證照，官員降三級調用。沿海村鎮有引誘移民到臺灣、人數達三十人以上的，年輕力壯的人發配到新疆當奴隸，年老的人發配到邊境充滿瘴癘之氣的地方充軍。要前往臺灣的大陸內地百姓，須經過地方官員核發證照並仔細盤查檢驗出關，沒有節制隨便亂發照的，按次數多寡，以停俸或降調懲罰。有沒持證照的百姓偷渡到臺灣，在港口疏忽沒有盡到督導責任的官員，按偷渡人數的多寡以降調懲處，隱瞞不報者革職查辦。以上六條法令，都是嚴禁大陸內地百姓渡臺的舊法令。又規定百姓私闖原住民地區的人罰以棍打一百下；如果在靠近原住民地方抽取藤皮、捕鹿、砍伐樹木、盜採山棕纖維的人罰以棍打一百下、拘禁三年。臺灣南勢[78]一帶的入山口，刻石立碑特別將原住民地區分開，如果發生偷偷越界運輸貨物的情形，沒有盡到督導責任的專門管理的官員以降調懲處，其上司罰停俸一年。還規定臺灣地區百姓不能和原住民結婚，違反者不但得離婚還要依法懲罰，地方官員酌量處罰；若是之前就已婚娶原住民的，不准再往來原住民部落，違反的人依法懲罰。以上三條，都是嚴禁臺灣百姓不得私自闖入原住民地區的舊法令。在開發山地正當開始的時刻，召募墾荒也正蓬勃發展，臣等審慎評估時勢所趨，祈請皇上賜下恩澤，能將一切舊禁令，全部解除，以擴大吸引、招納，使這些事務推展起來沒有後顧之憂。」朝廷應允他的建議。於是沈葆楨接著上奏明白建議要開發臺灣前、後山（臺灣西部、東部山區），並請將福建巡撫移往臺灣駐守，調派臺灣府海防捕盜同袁聞柝（一八二一—一八八四）率領三營士兵，分成二路，一路從鳳山的赤山（今高雄市鳳山區熱帶園藝試驗所及文山高級中學一帶）一直到卑南（泛指今臺東地區），由袁聞柝領軍駐防，總計路程長達一百七十五里；另外一路從射寮（今屏東縣車城鄉射寮村）也翻山到卑南，由總兵張其光[79]領軍駐防，路程總共有二百一十四里，這是臺灣開山南路部分；調派總兵吳光亮

78 臺灣桃園、苗栗、彰化、臺南、屏東等地都有南勢的地名，也有「南勢坑」（在今南投縣名間鄉萬丹村附近）。

79 張其光，清同治十二年（一八七三）擔任臺灣鎮總兵。

（一八三四—一八九八）[80]率領三營士兵，從西部的彰化縣林圮埔（今南投縣竹山鎮）翻山到東部的璞石閣（今花蓮縣玉里鎮），總共二百六十五里路程，是爲臺灣開山中路；調派福建陸路提督羅大春（一八三三—一八九〇）[81]率領十三營士兵，從噶瑪蘭的蘇澳到奇萊（今花蓮港北岸地區），總共二百零五里路程，是爲臺灣開山北路。軍隊經過時，沿途凶野的原住民雖有埋伏突擊，以阻止隊伍前進，但是沿途有的剿滅有的招撫，建立堡壘駐紮兵勇，用以警戒守衛。才一年時間，竟然成功，從此臺灣東、西部之間的道路開通了。臺灣東部肥沃的原野有數百里之廣，可設置一府三縣的規模。沈葆楨認爲建府城的地方，應選在奇萊，其他像新城（今花蓮縣新城鄉）、三層[82]、馬鄰（即瑪璘，今宜蘭縣礁溪鄉東南部）、鯉浪（美崙之舊稱，今花蓮縣花蓮市民政、民勤、民德等里）這些地區僅僅可作爲軍隊的駐防地，重要的是必須以大清水溪[83]爲界，以南地區歸屬奇萊轄管，以北地區歸大南澳（今宜蘭縣蘇澳鎮南強里、朝陽里等地區）轄管，這樣才能有效控制。同治十三年（一八七四）十二月十三日，沈葆楨率領臺灣府知府周懋琦（一八三六—一八九六）、前任臺灣鎮總兵曾元福至琅璚，進駐柴城，實地踏訪察看地理環境。將柴城以南十五里的猴洞山旁（今屏東縣恆春鎮石牌公園），作爲建造縣城的地方，打算取名爲「恆春」，因爲這地方經常溼熱。分巡臺灣道夏獻綸（？—一八七九

80 吳光亮，清光緒三年（一八七七）接張其光擔任臺灣鎮總兵。

81 羅大春，原為福建陸路提督，清同治十三年（一八七四）七月至清光緒元年（一八七五）八月代理臺灣兵備道夏獻綸所負責之北臺灣防守及開山撫番事務，並協助設立臺北府，後調任為湖南提督。

82 三層城為羅大春所建，又名順安城，其位置應該在花蓮縣新城鄉三棧溪北側順安村一帶。

83 大清水溪位於花蓮縣秀林鄉小清水溪與良里溪之間，過蘇花公路清水橋與北迴線鐵路橋後注入太平洋，出海口有聞名之清水斷崖。

年）向朝廷稟告建議南、北兩路的理番同知，都應該遷移到原住民地區駐守，相關官員也都有上奏建議，朝廷中央各部會商後核准。清光緒元年（一八七五），朝廷下詔臺灣增設臺北府，並設立卑南、埔裏社兩廳，將臺灣府南路理番同知駐守卑南，北路理番同知改為臺灣府中路理番同知並將駐地移往埔裏社，官銜各加上「撫民」兩字，專門辦理漢人和原住民協商、解決衝突等情事。再增設恆春、淡水兩縣，將淡水廳部分領地改設新竹縣，噶瑪蘭廳升格為宜蘭縣。令福建巡撫春、冬兩季駐守臺灣，將疆域領土細分並增派官員，撫民和拓墾同時進行，治理原住民政策有了一番新氣象。當開發臺灣前、後山的同時，也召募墾民一同隨往，分配田地讓他們耕種，於是便設置有撫墾委員，將臺灣東部分成三路，派總兵吳光亮督導辦理；南路是卑南（今臺東）一帶，中路是璞石閣（今花蓮縣玉里鎮）一帶，北路在花蓮港附近。而恆春就另外設立一個單位，以知縣兼任。又在大陸廈門、汕頭、香港等處分別設立招墾局，訂立辦法和規則，給予保護。只要來接受召募的人就給予方便和好處，每天發給所需的糧食，每人分配田地一甲，協助取得耕種所需的牛隻和農具，三年之後，才課徵田租。在那個時候，福建、廣東沿海的百姓大多會前往南洋，甚至遠到澳洲，都說到那邊可馬上賺到很多錢財，所以來臺灣的人較少。恆春知縣黃延昭便向朝廷稟明說：「臺灣開拓後山，到現在已有三年，未歸附的原住民已逐漸接受招安，但是召募墾更至今還沒有具體成效。現今大軍分別駐守在後山（臺灣東部），需求的糧食較多，米糧價格昂貴，運輸也很困難，應該擴大召募農民，以開墾荒涼的土地。」朝廷答應了他的建議。於是便大張旗鼓召集臺灣百姓，配發耕種的農具，每人每月發給生活費用六兩，開墾完成的土地，三年免課租稅，作為鼓勵。然而臺灣東部土地雖然肥沃，但是因瘴氣而生病的人很多，前往居住生活的人不少因病死亡，所以開墾農耕的事還沒有廣大開展。

之前，日軍撤出恆春半島時，獅頭社（分布在今屏東縣獅子鄉一帶）原住民趁守備空虛時出山侵擾，殘殺官兵和百姓。清光緒元年（一八七五）二月，沈葆楨上奏請求前往征討，派陸路提督唐定奎（一八三三—一八八九）統領淮軍[84]，兵分三路攻入，另外又召募鄉勇一千多人修築山路，順著山路砍伐樹木。二月二十日，中軍提督周志本、副營提督章高元（一八四三—一九一二）率兵深入這山區，原住民在險阻地方埋伏抗拒，官兵無法進擊。二月二十二日，周志本率領所轄的部隊，從南勢湖（今屏東縣車城鄉南勢湖一帶）挺進，左邊是高峻的山崖右側是溪谷，道路狹窄難以通行。原住民五百多人突然出現攻擊，官兵翻山越嶺而上，和獅頭社原住民激戰兩個時辰，原住民被擊敗，長驅直入攻克草山社（今屏東縣獅子鄉南世村草山部落），燒毀其部落，對陣中斬殺十多人，官兵副營左哨官遊擊束維清也戰死。三月十七日，唐定奎進攻竹坑社（今屏東縣獅子鄉獅子村，位於楓港溪與枋山溪之間），這是獅頭社出外與入內的主要途徑。再命令提督張光亮率領武毅左軍[85]負責中路進擊，左軍遊擊陳有元、何迪華負責左側進擊，右軍副將宋先聘負責右側進擊。又調派武毅營總兵章高元、候補知府田勤生繞到竹坑山後（位於今屏東縣獅子鄉東邊），攻其背面要害，殺死原住民數十人，破下竹坑社，進攻龜紋社（又稱龜文社，分布地區約南從屏東縣楓港東邊北到枋寮東側），宋先聘派兵鎮守山巔，以阻絕龜紋社的援助。將近二十天沒下雨，天氣非常炎熱如在蒸籠裡，張光亮於是病死，德成、高元也在病榻上無法起身。四月十五日，唐定奎親自率領各隊兵馬，直攻內獅頭社，接連攻破原住民的防線。龜紋社派二百多人來援助，遭遇官兵埋伏被擊潰，斬殺原住民酋長的弟弟。另一方面提

---

84 清咸豐年間，李鴻章受命回安徽合肥辦理團練，因合肥位於江淮之間，便稱其為「淮軍」，多次與太平軍作戰，歷經捻軍、甲午戰爭、義和團運動等戰役。

85 武毅軍屬淮軍系統，分前、後、左、右、中五軍。

督周志本率領副將劉朝林，用中軍前營進攻外獅頭社，提督梁善明從左側進擊，總兵余光德從右翼進攻，三路一起會攻擊敗原住民，各路都有斬殺、俘獲敵人的戰績。原住民已無退路請求接受投降，唐定奎同意了，但要他們遵守七個約定：剃髮表達歸順，需查編戶口，交出違法殺人的凶犯，禁止因私仇而殺人，重新選立總土目，允許開墾原住民土地，開辦原住民社學。於是立龜紋社酋長野艾爲總土目，期許他領導原住民們。並將竹坑社社名改稱爲永平社，本武社改稱永福社，草山社改稱永安社，內、外獅頭社改稱內、外永化社。六月，軍隊勝利回歸。朝廷下詔在鳳山縣建立昭忠祠，以祭祀陣亡將士們。

同年（清光緒元年，一八七五），北路統領羅大春帶兵通往奇萊，屢屢和原住民交戰。到大南澳時，原住民抗拒阻攔，經常出沒殺死過往行人，於是另外開闢一條道路，轉由另一邊通往新城，以避開海邊懸崖，也是阻隔凶惡的原住民所分岔出來的一條路。十一月，命令千總馮安國率領士兵要渡溪，原住民突然出現攻擊，人數眾多將近有千人，官兵奮力作戰，擊殺了數人後，原住民才退去，官兵也稍有死傷。十一月十五日，行軍到至山谷中，兩邊高山峭壁，忽然聽到銃聲，原住民大聲呼嘯而來。激戰了兩個時辰，原住民卻越聚越多，守備黃明厚向馮安國說：「他們幾乎全部出動了，部落裡必定空虛沒有防備，可領兵前往攻取。」於是調撥一隊官兵直接攻擊他們的部落，果然靜寂沒有人，只有看見架子上滿滿死人的頭骨，便燒毀部落。原住民遠遠望見火勢，像鳥獸般一哄而散。千總吳金標也沿途招撫木瓜社[86]、大巴蘢社[87]等二十九社，收服原住民壯丁一萬七千七百一十九人，其中以木

86 花蓮木瓜社是指分布於木瓜溪上游的原住民，有紋面習俗，其遠祖是屬於泰雅族（Atayal）的東賽德克群，後來太魯閣社的部分族人擴張到木瓜溪上源的巴都蘭溪，形成「巴都蘭番」，常與木瓜社發生衝突，木瓜社被迫遷到木瓜溪之南的木瓜山一帶。

87 大巴蘢社，應為太巴塱社，臺灣阿美族最大部落，位於花蓮縣光復鄉東邊。

瓜社（約在今花蓮縣秀林鄉文蘭村、銅門村一帶）最凶悍，被逼到絕境才肯歸順。羅大春於是派宣武左右兩軍，分別戍守東澳（今宜蘭縣蘇澳鎮南方東澳里）、大南澳、大濁水（今花蓮縣秀林鄉和平村附近）、得其黎[88]、新城、加禮宛（今花蓮縣新城鄉嘉里村）[89]、花蓮港、吳全城等地，以防備有料想不到的意外事件發生。只有中路這一支軍隊較少受到原住民的侵害。

清光緒二年（一八七六），太魯閣原住民[90]作亂，羅大春（一八三三—一八九〇）出兵討伐。太魯閣社爲臺灣東部野蠻的原住民，憑藉所在地艱險阻塞，經常出動殺人。羅大春帶兵進擊攻破他們的部落。原住民埋伏在山上，投下大石頭，幸好閃避得及沒什麼死傷。於是築城壘將率領的官兵戍守在三棧溪畔，名爲順安城（今花蓮縣新城鄉三棧溪北側順安村），打算長久駐守。原住民被逼無家可歸，請通事居間協調並請求接受投降，羅大春答應了，緝拿三名首惡，解送到臺北府執行死刑。光緒三年（一八七七），奇密社（活動範圍在今花蓮縣瑞穗鄉奇美村附近）原住民殺了總通事林東涯後叛亂。八月，總兵吳光亮（一八三四—一八九八）徵召林福喜前往征討，沒有成功。於是親自率兵進擊，聯合孫開華、羅魁、林新吉的軍隊一起前往征伐，原住民降。約定明年春天由部落年輕人各自獻

---

88 得其黎為太魯閣族語，意思為漁產甚多之地。位於花蓮縣秀林鄉崇德村附近，日據時代改稱為「立霧」，光復後又改為崇德。

89 加禮宛人（Kaliawan）為撒奇萊雅族及南勢阿美族對花蓮地區噶瑪蘭原住民的統稱。十九世紀初，加禮宛人從宜蘭平原移居到後山的加禮宛（今花蓮縣新城鄉嘉里村）。

90 據說太魯閣族本來深居於在中央山脈的白石山腰，約三、四百年前才開始陸續翻越中央山脈而至東部的立霧溪、木瓜溪、陶賽溪等地，亦就是現在的太魯閣國家公園範圍。Truku（太魯閣）為其族語，意為：「山腰的平臺」、「可居住之地」、「瞭望臺之地」。日據時期，一九一四年五月十七日至八月二十八日曾爆發日軍與太魯閣族的重大戰爭。

出米糧一擔，到了約定的期限果然到齊。吳光亮竟命令士兵關門，進行殘酷屠殺，鮮血四濺哀號聲四起，被殺死的原住民年輕人一百六十五人，只有剩下五人僥倖逃脫，奇密社從此便衰弱不起。

紅頭嶼（今臺東縣蘭嶼鄉，位於臺東縣東南外海）在恆春縣外海中，距離縣城東邊有八十里，島上有原住民居住，性情溫順善良，會在山中放飼羊群，羊隻用剪耳朵作爲記號，不會相互爭鬥詐騙。土地肥沃，島上很多椰子樹，種植甘薯、芋頭等雜糧，以捕魚和畜牧作爲生計。全島周圍一圈差不多有六十多里，山脈高有五、六十丈。共有七個部落，分散居住在四處，男女總共不到千人。所說的話聽起來大致像西洋話，實在無法推想他們語言的源頭。之前漢人曾來和他們做買賣，但是未曾歸入國家領土。同年（光緒三年，一八七七）恆春知縣周有基率領船政學生游學詩、汪喬年等人首次來到這島上，實施招撫。又有火燒嶼（今臺東縣綠島鄉，位於臺東縣東方外海），全島長寬二十多里，和紅頭嶼並立相對，距離卑南六十里，島上居民有五百多人。過往商船爲了躲避颱風，偶爾會到這裡。

清光緒四年（一八七八）春天、正月，商人陳文禮到臺灣東部加禮宛社地區（花蓮縣新城鄉嘉里村）拓墾時，被原住民殺害，當地負責武備的官員要求原住民要有抵銷罪過的實際行動，他們不但不答應，還殺了執法的兵勇，加禮宛社便和與竹篙宛社[91]聯合叛變。消息傳來，六月，陳得勝率領駐紮新城的士兵前往征討，並不順利。吳光亮親自帶兵前往，分別調派張兆連從花蓮港、劉風順從吳全城、吳乾初從六合莊、吳孝祿從農兵莊（今花蓮縣花蓮市國民里附近）、劉國志從大濁水營等部隊從不同地方聯合進剿。七月二十六日，進攻並擊敗竹篙宛社，乘勝利的氣勢再攻擊加禮宛社。原住民兵

---

91 竹篙宛社，屬撒奇萊雅族，文獻又稱「巾老耶社」、「筠耶耶社」，世居於花蓮奇萊平原，勢力範圍約在立霧溪以南，木瓜溪以北。

力支撐不住，逃竄到部落北邊的東角山，又遇到大風雨的壞天氣，很多人餓死。老一輩的加禮宛社原住民請求接受投降，吳光亮接受了，用酒和布買下他們的土地，東邊到加禮宛溪，西邊至山區，南至荳蘭社（約今花蓮縣吉安鄉南昌村、宜昌村、北昌村等地），北至加禮宛山，將全部荳蘭溪（今吉安溪）以北的地區劃爲官方的土地，溪以南地區劃爲原住民的居住地，各別進行開荒墾田的工作，約定不可相互侵擾欺凌。並將加禮宛社改稱爲佳落社，竹篙宛社改稱爲歸化社，本地原住民便馴服官方的管束了。十年後，臺灣西南部的率芒社（屬排灣族，日據時日本將原率芒社及其附屬部落遷移至今屏東縣春日鄉春日村西側）原住民又生亂，官方派兵征討。

中法戰爭[92]期間，劉銘傳（一八三六—一八九六）到臺灣督辦軍事相關業務。戰爭平息後，留在臺灣經營籌劃並處理後續問題，向朝廷上書進言辦防（辦理防務）、練兵、清賦（清查賦稅）、撫番四件事，詳細內容見本書〈劉銘傳列傳〉。劉銘傳認爲要經營建設臺灣，必須開拓疆域、擴展領土，從各方招聚百姓，如此才能升格自立爲一個省。朝廷於是下詔設臺灣府於臺中，將臺灣縣改爲安平縣，另外增設雲林、苗栗兩縣，將臺東廳升格爲直隸州，基隆通判升爲北路撫民理番同知。光緒十二年（一八八六）四月，劉銘傳就任臺灣省首任巡撫，上書進言需增設臺灣撫墾大臣，朝廷准其建議，臺灣撫墾大臣便由巡撫兼任，並任命臺灣本地人林維源（一八四〇—一九〇五）以太僕寺正卿身分擔任幫辦臺灣撫墾大臣，將撫墾總局設於大嵙崁（今桃園市大溪區，最早地名稱大姑陷），並將全臺原住民地區分爲三路，從埔裏社以北到宜蘭是劃爲北路，埔裏社以南到恆春劃爲南路，臺灣東部一帶劃

92 中法戰爭又稱清法戰爭、中法越南戰爭，發生在清光緒九年十一月至十一年二月間（一八八三—一八八五），是清朝政府為了保護越南而與法國發生的戰爭。

爲東路，也都分別設置有撫墾局和其分局。撫墾局下又設置番市司事，負責管理原住民和漢人間的貿易，使茶和樟腦的生意興盛起來，充當撫墾的經費。於是拓墾的土地越來越多，課徵的租稅也迅速增加，臺灣局面有了一番新氣象。

最先，臺灣前後山開墾後，臺東、埔裏社、恆春和鳳山等地都開設了不收學費的學堂，專門教導原住民孩童，並頒布教化原住民通俗易懂的語言和文字，使他們能夠朗誦學習，希望能夠陶冶並磨練他們粗暴的性格。而吳光亮也撰寫了教化原住民通俗易懂的文字三十二條，每一條緊密連接共有數千字，訓令通事們要時常爲原住民講解，使他們能同化於漢文化中。後來又頒布教令和法規，教導五項內容：第一項有關曆法，第二項有關固定的產業，第三項有關國家組織和制度，第四項有關法令規章，第五項有關修養善良品行。嚴禁五項行爲：一、聚眾飲酒，二、互相仇殺，三、爭鬥侵占，四、佩刀帶箭，五、遷移躲避。在臺北府城（今臺北市）設置原住民學堂，選用土目的弟弟擔任教導。所有教化和風俗都朝一定軌道前進，逐漸革除頑劣鄙陋的習俗，有不順服的就出動官兵前往征討。征討和安撫雙頭並行，各項事務都得到適當的安置。

當開墾罩蘭（今苗栗縣卓蘭鎮）的時候，移居的百姓與日俱增，砍伐樹林整治田地，常常遭遇原住民的殺害。光緒十一年（一八八五）年四月，統領林朝棟（一八五一－一九〇四）率領棟軍三營兵勇，以鄭以金爲副將，統領柳泰和也率領所管領部隊二營兵勇，進入罩蘭駐紮。派人說服蘇魯社（原居大安溪上游左岸山麓，今苗栗縣卓蘭鎮坪林里）、馬䊓邦社（分部在大安溪上游松永山南麓，今苗栗縣泰安鄉士林村）兩社原住民歸順，但他們卻不歸順，還結合東勢角（今臺中市東勢區）、大湖（今苗栗縣大湖鄉）各原住民部落反抗官兵。五月，林朝棟分兵三路進入當地征討，雙方對立僵持不下有數月之久，因地勢險惡無法進擊。隔年七月，林朝棟揮兵前進卻被圍困。消息傳來，劉銘傳親自率領百名部屬和兵勇、屯丁九千五百人，大規模出兵前往征剿，原住民嚇得四處逃竄。劉銘傳將指揮部駐紮於埋伏坪（今臺中市和平區自由里），在大隙山（疑為今苗栗縣境內之大克山）、什隻屋山山上制高點各建有炮臺，作爲四面包圍的打算。但是原住民經常藏身樹林裡，等待時機埋伏突襲，官兵死傷不少。九月，劉銘傳率兵進擊，攻進原住民部落，卻不見人影，歸返的路上途遭遇埋伏，又損失數百名官兵。於是決定留下三百五十名士兵加強防衛，斷絕原住民可能來往的路徑，因此被圍困沒有糧食可吃，便請老屋峨社[93]土目居間調停。十月，調停成功，官兵終於撤兵，劉銘傳以土目調停有功，授以六品銜的官職，並賜土目（Wayun.Mahung）姓名爲「白廝鳳」。之前，屈尺（今新北市新店區屈尺里）一帶的「汙來社」原住民（即烏來社，分布於新店溪支流南勢溪流域，今新北市烏來區一帶），也經常發生殺人事件，光緒十一年（一八八五）九月，統領劉朝佑率領銘軍[94]三營前往征討，烏來社投降。十二年春天正月，大嵙崁（桃園市大溪區）原住民又生亂，劉銘傳親自率領三營兵勇，到甘指坪（今桃園市復興區石門水庫附近）征討，原住民怕了請求接受投降，劉銘傳賜給衣物和糧食後並安定招撫。不久，盡文坪（今桃園市復興鄉枕頭山附近）的原住民又叛亂，八月，甘

93 據林志宏，〈臺中市和平區大安溪部落廚房社會空間之研究〉（臺中教育大學區域與社會發展學系碩士論文，二〇一一，六月）文中指出，老屋峨社相傳從大霸尖山遷至后里一帶，再牽至新社、卓蘭，幾經遷徙後定居於東勢與三叉坑之間的牛欄坑，社下有雙崎、烏石坑、竹林、達觀、雪山坑等五個部落。日據時期往大安溪上游前進，定居烏石坑，後因日軍討伐連番避難到摩天嶺高地，雖族人奮勇抵抗，但因糧食不足而歸順於神古山。約於一九一三年族人再遷至竹林部落，後又因日警暴政起而反抗，再遷至眼鏡山一帶（達觀部落後方高山）。

94 太平天國之亂時，十八歲的劉銘傳在安徽合肥故鄉組織團練自衛，屢立戰功，清同治元年（一八六二）五月，時任江蘇巡撫的李鴻章召募淮勇，延攬劉銘傳為管帶，每戰必勝，深受李鴻章器重，成立「銘軍」，成為日後中法戰爭和防衛臺灣的重要軍旅。

指坪地區的原住民也有騷動，不太受管束，於是官府謀劃前往征剿，兵分兩路，一路從水流東（今桃園市復興區三民里）往攻盍文坪，一路從甘指坪進擊竹頭角（今桃園市復興區長興里）。宜興社（分布於水流東附近）土目聯合附近原住民各部落，全力抵抗。由於山路陡峭危險，瘴氣毒霧濃密，不利行軍打仗，官兵戰死、病死的人有數百人，雙方對峙僵持了四個月之久，最後通告原住民議和，官兵便撤退而去。十月，分巡臺灣道陳鳴志、統帶鎮海後軍副將張兆連前後相繼稟明並建議：臺灣東部原住民各社還有很多沒有接受招撫，南到卑南、恆春，北抵蘇澳、奇萊，如果從中部地區，和臺灣西部的彰化縣之間開通一條道路，便可橫貫東西、互通聲息，可先從招撫東部中路原住民開始，這樣南、北原住民便能觀察風采歸順服從；否則招撫了這個部落之後，其他部落仍然阻隔不通，徒然浪費經費，很難有實質效益。劉銘傳接受其建議，便傳令臺灣鎮總兵章高元率領配有大炮的部隊，連同鎮海中軍前營、定字左營及訓練有素的士兵七百人，另外再加上工人，從集集（今南投縣集集鎮）向東部開鑿山路。張兆連由東部的水尾（今花蓮縣瑞穗鄉）向西部開鑿，約定日期會同辦理。章高元於是從拔埔社（應為拔社埔，今南投縣水里鄉東部民和村、頂崁村東南端）開鑿到丹社嶺（今南投縣信義鄉丹大山），總計路程長一百二十二里，張兆連也從東部開鑿過來，總計路程長六十里，從冬天到春天，兩邊同時開拓闢建。在那時候，張兆連以管帶[95]黃定國、畢寶印招撫水尾南、北兩溪流域（今秀姑巒溪、富源溪）、丁仔老（又稱丁仔漏，屬阿美族，今花蓮縣豐濱鄉的豐富部落）地區二十四社原住民部落，接著再由花蓮港至蘇奇沿山一帶，又招撫他良等十二社原住民部落。張兆連認爲太魯閣社、木瓜社等原住民的勢力最強大，如果能讓他們先歸順，其他原住民的部落將會跟著順從。於是率

95 清朝武官職稱，相當於現今軍隊編制的營、連長。

領三營兵勇，前往駐紮在太魯閣社和木瓜社的山口，說服他們歸降，否則就要開炮攻擊。兩社的土目怕引發戰亂便請求願意接受招撫，而大馬鞍[96]、大巴壟（約在今花蓮縣光復鄉東富村、西富村、南富村、北富村等地）等五十三社也就跟著歸順接受招撫。張兆連將軍隊轉移到卑南，先後出動前進。東部平原以南的地區，以呂家旺社（即利嘉部落，活動範圍在今臺東縣卑南鄉利嘉村）最爲強大，憑藉他們人多勢眾，抗拒不接受招撫，附近各原住民部落也跟著抱持觀望態度。張兆連便揮兵前進到呂家旺社的山腳下，派通事米清吉前往譴責，土目明白贏不了官兵，便接受招撫，並約附近巴六凡社[97]二十六社歸順，而八栳社等十三社也來歸順。卑南地區與鳳山縣、恆春縣土地緊鄰連接，高峻的山峰層層重疊，荒涼偏僻很少有人來過，野蠻未受教化的原住民便在這些地區占據盤結。在鳳山縣的原住民以三條崙地區[98]的勢力較大，在恆春縣的原住民以牡丹灣社（即旭海部落，活動範圍約在今屏東縣牡丹鄉旭海村）較凶悍。張兆連命令鳳山營都司藍鳳春、管帶林維楨兵分兩路前往，招撫六儀社（分布約在今屏東縣春日鄉具馬奴山附近）等十五社，阿眉社（即老佛阿眉社，屬阿美族，活動區域約在今屏東縣滿州鄉老佛山與港口溪附近）等二十二社，中心崙社（分布約在今屏東縣獅子鄉獅子村北方）等四十二社。管帶黃定國、畢寶印也招撫大蘭大社、打臘社（疑為「阿臘打蘭社」，即卡拉達蘭部落，分布於今臺東縣太麻里溪中游附近）等十二社，該地區很深入且隱密，都在高山上，住在這裡

96 大馬鞍即馬太鞍部落，屬阿美族原住民，分布在今花蓮縣光復鄉馬錫山山腳下，活動範圍包含大同、大馬、大平、大華、西富村、大全、大興等六個村，是阿美族最大的部落之一。

97 疑為卑南族大巴六九部落，活動範圍在今臺東縣卑南鄉泰安村一帶。

98 應指三條崙古道上的「力里社」、「歸化門社」等原住民部落。

的原住民一向不和人來往，官兵到了這裡後才開始出山受撫。之前，劉銘傳也傳令要統帶鎮海前軍副將陶茂森招撫位處鳳山縣的原住民部落，於是沙摩溪社等六社、柏葉社（應為今三地門青葉部落，屬魯凱族，分布在今屏東縣三地門鄉青葉村）等十八社、粪箕社等四社都願意歸順。當章高元在開鑿臺灣東、西部山路的時候，自水底寮[99]（今臺中市新社區）至埔裏社，沿途招撫水沙連北港社、萬霧社[100]等五大社、眉加臘（眉加臘社，水沙連北港社群之一，在今烏溪上游和其支流眉溪北岸一帶）、吻吻社（水沙連南港社群之一）等四十四小社。又從拔埔（今南投縣水里鄉拔社埔）至丹社嶺（今南投信義鄉丹大山）時，也招撫了卓大社、意東社[101]等六十一社。嘉義縣、彰化縣交界處也有原住民盤踞，斗六門縣丞陳世烈在雲林坪[102]設撫墾局，郡社群[103]、巒社群[104]、丹社群[105]等五十三社也都接受招撫

99 此水底寮非指屏東縣的水底寮，是今臺中市新社區東南部的一個傳統地名。

100 致霧社（霧社，屬賽德克族，在今南投縣仁愛鄉大同村）與「平來萬社」的萬大社（屬泰雅族，在今仁愛鄉親愛村的萬大社區）合稱「萬霧社」。

101 卓大社是布農族最北的社群，分布區域在今濁水溪上游區左岸與干卓萬山之間，建立有許多小社，意東社應是其間的一個部落名稱。

102 雲林坪在今雲林縣竹山鎮，臺灣建省之初原為雲林縣的縣城所在地，由准知縣，也就是當時的斗六門縣丞陳世烈來負責築城相關事宜。陳世烈於清光緒十二年（一八八六）十月於雲林坪設「雲林城工總局」與「雲林撫墾局」來處理築城與撫墾事宜。後來因此地位於清水溪與濁水溪流域，容易氾濫成災，繼任巡撫的邵友濂於光緒十九年（一八九三）將縣治移到斗六，並建新縣城。

103 郡社群原住民原居地在今嘉義山區、雲林縣斗六市和南投縣竹山鎮一帶。

104 巒社群原住民原居地在大肚溪以南彰化、鹿港一帶。

105 丹社群原住民是由巒社群中分離出來，向更深山的丹大溪流域及太平溪流域中游區發展所建立的部落。

歸順，剃髮以表達降服的眞誠，這些原住民算是最凶悍的族群，活躍於臺灣中路的山谷中偶爾會有小狀況。分巡臺灣道陳鳴志傳令鎮標中軍易豫俊前往招撫大喃（應為大湳社，在今苗栗縣南庄鄉蓬萊村）等二十四社，又派遊擊劉智坤接續前往招撫大武壟社[106]等內攸[107]四社。只有新竹縣五指山[108]原住民憑其地勢險要阻塞，很不接受官府管束，經常傷害前往拓墾的農戶，大家齊聲要求官府前往征討。十二月，劉銘傳傳令統領林朝棟從十八兒社（十八兒社即今之五峰部落，在新竹縣五峰鄉大隘村）入山往南攻打石加碌（即今之石鹿部落，在新竹縣五峰鄉桃山村），營官鄭有勤率領另一營隊向北進攻，兩路兵馬分別任用已歸附受教化的原住民爲嚮導，深入七十多里，開鑿山路設立關卡，以兵力強力壓制。石加碌五社及哇西熬（又稱西熬社，今茅圃部落，新竹縣五峰鄉大隘村，在上坪溪左岸）等十七社都請求接受投降，並招撫密拿栳[109]等二十四社後撤回官兵。光緒十三年（一八八七），劉銘傳向朝廷上奏說明：「臣從去年十月起，親自督率大批軍隊，征剿招撫臺灣中、北兩路野蠻未歸順的原住民，他們歸順後，現在數月之間，所有臺灣東部各路野蠻未歸順的原住民部落共計二百一十八社，原住民壯丁五萬多人，全部歸順官府管轄。臺灣西部各路接續招撫野蠻未歸順的原住民達二百六十多社，原住民壯丁剃髮表達降服的高達三萬八千多人。水尾、花蓮港、雲林、東勢角等地方，可耕作的水田、旱田總計有數十萬畝，這不只是達到開拓疆域、擴展領土的效益，還可免除漢人和原住民因爭

106 大武壟社原居地在臺南玉井盆地，現今主要分布在臺南、高雄兩地區的丘陵和河谷地帶。

107 內攸四社是芒仔芒社、加拔社、大武壟社和頭社的統稱，分布於臺南玉井附近山區的原住民。

108 五指山位於北埔、竹東、五峰三鄉鎮的交界，山峰連綿起伏，狀如五指，因而得名。

109 密拿栳疑為今新竹縣五峰鄉、尖石鄉一帶的原住民羅部落。

土地而互相仇視殘殺的禍端。這都是因爲朝廷聲威顯耀，傳播到如此邊遠荒僻的地方，於是讓深居在人煙罕至的高山深谷中、還野蠻連毛帶血生食的原住民，都能歸順服從接受仁德的統治，革除野蠻原始的習性過著太平安居的文明生活，實在不是臣所敢預料的。只是撫招的原住民越多，所需經費就越龐大。此時各方捐納財物都已截止，經費仍嚴重不足。已訓令各部隊仍舊回到駐防的地方，謀劃設置官府分區治理。等到有經費時，再繼續進行招撫的任務，期望全臺灣未接受教化的原住民能全部歸順。」

之前，北港溪[110]流域的原住民接受招撫後，許多漢人便前往開墾，而林朝棟也分配墾區在內國姓（今南投縣國姓鄉國姓村）、乾溪灣（今南投縣國姓鄉乾溝村）和抽藤坑（今臺中市新社區南部地區）等幾個地區，讓招撫原住民和耕種同時進行，可開闢的田園有數百甲。然而阿冷、白毛兩社[111]原住民經常出來殺害漢人，官府向他們勸止，不遵從，朝棟便請求前往征討。八月，率領士兵二千五百人兵分四路進入，首先控制重要出入口，在這些地方都修築炮臺，原住民怕得不敢隨意出沒，潛伏在雜亂的草叢間偷襲，雙方多有死傷。稍來社[112]土目便出面居間調解，阿冷、白毛兩社原住民表明願接受官府管束，十月，朝棟便撤兵歸返，但在險要的山路口設立隘寨，並派有兵勇駐守。這一年，埔

110 此北港溪並非指嘉義縣和雲林縣的那條分界河，而是南投縣國姓鄉境內烏溪上游的支流北港溪。

111 阿冷社和白毛兩社即今之南勢部落，位於今臺中市和平區南勢里。南勢部落以大甲溪支流打鐵坑溪為界分成兩個聚落，位於東方臺地上的稱為南勢，溪邊的則稱為稍來社。南勢的白毛社與阿冷社族人原本住在南勢對岸的山地以及山谷中，日據時被迫遷下山來，到支流白毛溪居住，後因用水不足遷到對岸的南勢，形成聚落。

112 稍來社位於今臺中市和平區南勢禮，原本是住在打鐵坑溪的中游山腹。

裏社已歸順受教化的原住民和水社、田頭社、貓蘭社、沈鹿社與卓大社等部落的原住民聯合起來叛亂，戍守的官兵抵擋不住，退出駐防處所，造成臺灣中路的山區，交通往來暫時斷絕。光緒十四年（一八八八）六月，臺東平埔原住民大社[113]因地方官員強橫斂取財物，憤而謀劃叛亂。水尾溪（今花蓮縣秀姑巒溪及其支流富源溪）南北各部落也都隨之叛變，大巴壟社、馬太鞍社（在今花蓮縣光復鄉馬錫山山腳下）等各原住民也紛紛響應，聲勢相當盛大而放肆，於是集結進逼駐紮花蓮港營寨的官兵，李得勝攔阻突擊，原住民潰敗逃走，前往投靠同族的七腳川（位於今花蓮縣吉安鄉太昌村）、薄薄（即簿簿部落，位於今花蓮縣吉安鄉仁里村）二社。這二社原住民早已歸順官府，假意收留，趁他們喝醉酒時誘殺，獻上他們的頭顱表功。過了二天，平埔原住民聯合亞米士族（今阿美族，主要分布於花東縱谷平原與海岸平原地區）的部落，人數多達數千人，大隊人馬前往卑南，包圍攻打臺東直隸州的辦公衙門。統領張兆連率領官兵迎戰，堅守了半個月之久，原著民們仍不退去。恰巧有從臺北駛往臺東的軍艦，開炮攻擊圍攻的原住民，並派兵登陸助戰，原住民抵擋不住，終於解圍而去。八月，統領劉朝祐[114]率領四百名士兵，從宜蘭小坡塘坑[115]進入山區開鑿山路，到了凍死人坑（今

113 此「大社」疑為今花蓮縣富里鄉新東里的「新大庄部落」，原來居住在臺南、高雄一帶，被迫由原居地遷移到臺灣東部，最初遷入臺東平原居住，後受到卑南族的壓迫，來到秀姑巒溪中游西岸建立大庄部落（玉里鎮長良里），到了清道光二十二年（一八四二），聯合卑南族力量，擊敗在地的阿美族，而在秀姑巒溪中游東岸建立新大庄部落（富里鄉東里村），是富里平原原住民最大力量。

114 應為「劉朝帶」，是劉銘傳之姪，在此事件中被原住民襲擊身亡。

115 今宜蘭縣冬山鄉小南澳附近叫「小埤塘」的舊地名。

宜蘭縣冬山鄉寒溪一帶），被南澳原住民老狗社[116]襲擊，奮力戰鬥後仍然壯烈犧牲[117]。光緒十五年（一八八九），劉銘傳商討後決定要前往征剿，便從福建調來軍艦支援，派同安水師副將傅德高爲先鋒，船艦停泊在蘇澳，大批士兵接著上岸，遊擊王冠英率領鎮海前營從小南澳（今宜蘭縣冬山鄉大進村附近）登陸，攻擊老狗社的背面，總兵竇如田調派銘字各營的士兵從正面牽制攻擊，定海、永保兩艘船艦是運送補給的船艦，由靖遠號護持，在海上巡邏、偵察敵情，隨時準備支援作戰。劉銘傳親自坐鎮指揮全軍，駐紮蘇澳。傅德高派出數人前往偵察，被原住民殺害。竇如田率領二千名士兵，深入原住民山區，原住民嚇得四處逃竄，藏匿在荒山野谷中，不敢貿然出來。對峙僵持了兩個月，官兵很多人因瘴氣毒霧致病而痛苦，便將部隊調回，留下鎮海前營駐防蘇澳。是時呂家望社（在今臺東縣卑南鄉利嘉村）亦亂，張兆連討之。九月，大嵙崁（今桃園市大溪區）的馬速社（即馬學社，位於今新竹縣橫山鄉）殺了在隘寮駐防的兵勇二十多人，劉銘傳派兵征剿，原住民便投降了。光緒十六年（一八九〇）三月，牡丹社土目帶領原住民壯丁數人到田中央莊（今屏東縣車城鄉興文里），暗中殺害三名莊民，莊民也殺了原住民，還殘忍的烹煮他們。牡丹社原住民大怒，聯合高士滑社（高士部落，又稱高士佛，今屏東縣牡丹鄉高士村）、加芝來社（位於今屏東縣牡丹鄉大梅溪下游一帶）等部

---

116 今宜蘭縣「流興社部落」，位於宜蘭縣南澳鄉金岳村，由武塔社（Buta）及利有亨社（Leyoxen）兩社的族人遷入組成，以前曾稱鹿皮部落。

117 劉朝帶事件始末詳見：劉銘傳，《劉壯肅公奏議》〈副將開山戰沒摺（十五年九月二十四日）〉（臺北市：臺灣銀行經濟研究室，一九五八），頁二三四—二三五。（臺灣文獻叢刊二七）據此文獻所載，此事件中所有官兵全部陣亡，無人生還，故「力戰皃」之「皃」字疑為「死」字之誤。

落有五、六百人，攻打柴城、田中央二莊。莊民也群起抵抗，激戰了好幾天。恆春縣知縣呂兆璜接獲消息，命柴城把總派兵前往鎮壓。原住民不但不遵從，還殺官兵，呂知縣便請上級支援前往征剿。十二月，臺灣鎮總兵萬國本（一八三四－一九〇二）率兩營士兵前來，大張旗鼓說要大規模進兵，卻按兵不動，稍後派遣通事居間協調，和原住民達成和解約定，以後和漢人之間不得再發生仇殺事件。光緒十七年（一八九一）春天、正月，萬國本撤兵後，原住民又傲慢強橫起來，便再請求派兵前往征剿。萬國本調派一千多名士兵，駐防在牡丹山下，不敢進入山區，幾個月後，再派通事前往協調並重申之前的約定，便撤兵而去。光緒十八年（一八九二）年六月，射不力社（分布於今屏東縣楓港溪北岸至牡丹鄉之間）原住民殺害楓港（今屏東縣枋山鄉南部）的莊民，莊民也殺原住民，原住民於是發動夜間襲擊，人數高達一千多人。楓港莊民獲悉消息後加強警戒，並全力抵抗戰鬥，還派人緊急趕往恆春縣府求救。知縣高晉翰與恆春營遊擊張世香連忙率領士兵趕到現場，下令雙方和解，原住民不依順。高晉翰突然生病返回縣城，不久竟病死。張世香請求征剿，總兵萬國本率領一千多名士兵前來，分別駐守在各地，命令通事深入山區向射不力社原住民勸降，他們仍不依從。於是先出兵攻打老佛社（即老佛阿眉社，活動區域約在今屏東縣滿州鄉老佛山與港口溪附近）、巴士墨社（屬排灣族的斯卡羅族系，約在今屏東縣滿州鄉永靖村附近）這二社原住民，攻下後，燒毀它們的屋舍。又召募楓港莊民六十人當嚮導，進攻其他原住民部落。汛官汪斌一向孔武有力，帶領幾名壯士先殺入部落內，突擊並擒獲土目而出，將他斬首示眾以收嚇阻作用。八月，狂風暴雨來襲，山洪暴發，無法紮營，新任知縣陳文煒便向總兵萬國本建議說：「將軍隊駐紮在長遠的深山且拖延不決，將白白消耗我們軍隊的戰力，不如暫且和他們協議和解，等待時機然後再發起軍事行動。」於是便派通事，邀集各部落土目，和附近漢人莊民達成協議。但是等到萬國本撤兵回去後，漢人和原住民仍然互相仇殺。就在那時，劉銘傳卻因故辭官告老還鄉，邵友濂接任臺灣巡撫，很多籌辦或進行的事物全部停頓荒廢。但是百姓之墾番地者，不論先後卯足全力前仆後繼，再接再厲，同心合力、團結一致，在各地紛紛開發成城市和聚落。光緒二十年（一八九四），將淡水縣分出增設南雅廳，廳治設於大嵙崁。光緒二十一年（一八九五）春天、正月，臺東直隸州觀音山莊（今花蓮縣玉里鎮觀音山）平埔族原住民又生亂事，殺害大莊總理宋梅芳。十五日，花蓮港營官邱光斗率領官兵將事件平定。

鄭氏各鎮屯田表

參軍莊	今鳳山長治二圖里，為參軍陳永華所墾。（地點在今高雄市湖內區南部及路竹區西部地區）
前鎮莊	今鳳山大竹里，為中提督前鎮所墾。（地點在今高雄市前鎮區附近）
前鋒莊	今鳳山仁壽上里，為前鋒鎮所墾。（地點在今高雄市岡山區西南部）
後勁莊	今鳳山半屏里，為後勁鎮所墾。（地點在今高雄市楠梓區錦屏里、玉屏里、金田里、稔田里和瑞屏里地區）
後協莊	今鳳山仁壽上里，為先鋒鎮後協所墾。（地點在今高雄市岡山區後協里）
右衝莊	今鳳山半屏里，為右衝鋒鎮所墾。（地點在今高雄市楠梓區西部右昌一帶）
中衝莊	今鳳山仁壽上里，為中衝鎮所墾。（地點在今高雄市岡山區）
援剿中莊	今鳳山觀音上里，為援剿中鎮所墾。（地點在今高雄市燕巢區東燕里、西燕里和南燕里）
援剿右莊	今鳳山觀音里，為援剿右鎮所墾。（地點在今高雄市燕巢區安招里）
中權莊	今鳳山小竹下里，為中權鎮所墾。（地點在今高雄市林園區小竹里）
角宿莊	今鳳山觀音上里，為角宿鎮所墾。（地點在今高雄市燕巢區角宿里）
仁武莊	今鳳山觀音下里，為仁武鎮所墾；而嘉義鐵線橋堡亦有仁武埔，與查畝營莊相近。（地點在今高雄市仁武區）
北領旗莊	今鳳山維新里，為侍衛領旗協所墾，並有水圳。（地點在今高雄市路竹區北嶺里）

三鎮莊	今鳳山維新里，爲戎旗三鎮所墾。（地點在今高雄市路竹區）
左鎮莊	今鳳山興隆外里，爲宣毅左鎮所墾。（地點在今高雄市左營區）
營前莊	今鳳山長治一圖里，必爲某鎮營前，故名；營後亦同。（地點在今高雄市路竹區）
營後莊	今鳳山長治一圖里。（地點在今高雄市路竹區）
五軍營莊	今嘉義赤山堡，爲五軍戎政所墾。（地點在今臺南市柳營區北部，大致包括太康里北端、重溪里西半部、大農里西北端）
查畝營莊	今嘉義鐵線橋堡，爲清查田畝之地。（地點在今臺南市柳營區）
果毅後莊	今嘉義果毅後堡，爲果毅後鎮所墾。（地點在今臺南市柳營區的果毅後、新厝、大腳腿、小腳腿、山子腳等地區）
新營莊	今嘉義鐵線橋堡，鎮名未詳。（地點在今臺南市新營區）
舊營莊	今嘉義鐵線橋堡，鎮名未詳。（地點在今臺南市鹽水區三明里舊營）
中營莊	今嘉義茅港尾西堡，鎮名未詳。（地點在今臺南市下營區茅營里中營）
後營莊	今嘉義蔴荳堡，鎮名未詳。（地點在今臺南市西港區後營里）
下營莊	今嘉義蕭壠堡，鎮名未詳。（地點在今臺南市下營區）
大營莊	今嘉義新化北里，鎮名未詳。（地點在今臺南市新市區大營里）
二鎮莊	今嘉義赤山堡，爲戎旗二鎮所墾。（地點在今臺南市官田區二鎮里）
左鎮莊	今嘉義外新化南里，爲折衝左鎮所墾。（地點在今臺南市左鎮區）
中協莊	今嘉義赤山堡，爲左先鋒鎮中協所墾。（地點在今臺南市官田區官田里中協）
林鳳營莊	今嘉義赤山堡，爲參軍林鳳所墾。（地點在今臺南市六甲區中社里林鳳營）
林圯埔莊	今雲林沙連堡，爲參軍林圯所墾；林內亦同。（地點在今南投縣竹山鎮）
統領埔莊	今恆春興文里，爲統領某所墾，在柴城近附。（地點在今屏東縣車城鄉統埔村）

臺灣撫墾局管轄表[118]

撫墾總局	清光緒十二（一八八六）年設，駐在大嵙崁（今桃園市大溪區），隸屬於巡撫衙門，總理全臺撫墾事務。
大嵙崁撫墾局	隸屬於總局，掌理該管撫墾事務，下設分局： 雙溪分局（今新北市雙溪區） 三角湧分局（今新北市三峽區） 咸菜甕分局（今新竹縣關西鎮） 五指山分局（今新竹縣北埔鄉） 南莊分局（今苗栗縣南庄鄉） 東勢角撫墾局（今臺中市東勢區） 大湖分局（今苗栗縣大湖鄉）
馬鞍龍分局	光緒十四年（一八八八）裁。
大茅埔分局	光緒十四年（一八八八）設。（今臺中市東勢區下城里西南部、慶東里、慶福里，以及和平區南勢里西部）
水長流分局	（今南投縣國姓鄉）
北港分局	（今南投縣烏溪上游附近）
埔裏社撫墾局	（今南投縣埔里鎮）
蜈蚣崙分局	（今南投縣埔里鎮蜈蚣里）
木屐蘭分局	（今南投縣南投縣魚池鄉）
叭哩沙撫墾局	（今宜蘭縣三星鄉）
阿里史[118]分局	（今宜蘭縣蘇澳鎮蘇西里）

118 原文為阿里「央」，應為阿里「史」之誤。

蘇澳分局	
林圯埔撫墾局	（今南投縣竹山鎮）
蕃薯寮撫墾局	（今高雄市旗山區）
隘寮分局	（今屏東縣內埔鄉隘寮村）
枋寮分局	
恆撫墾局	
臺東撫墾局	
璞石閣分局	（在今花蓮縣玉里鎮）
花蓮港分局	

卷十六　城池志

《易》曰：「王公設險，以守其國。」是故有百里之封者，必有十里之城；有五十里之封者，必有三里之城，所以駐軍旅而衛人民也。連橫曰：臺灣之建城古矣。澎湖虎井嶼之東南，有沈城焉，天空浪靜，望之在目，繚（ㄌㄧㄠˊ，圍繞）垣相錯，周可數十丈，漁者常得其磚，色紅堅若鐵。然當沒水鑿之，上生蠣蚌，似千數百年物。或曰：隋代之所建也，而文獻無徵，搢紳之士難言之。明嘉靖末年，海寇林道乾亂，據澎湖，都督俞大猷征之，乃駐偏師，築城暗澳，其址猶存。天啓二年，荷人來此，築城媽宮，周百二十丈，役死者千三百人；外建炮臺，分守海道，臺人謂之「紅毛城」。四年八月，入臺灣，築城於一鯤身，俯瞰大海。基廣二百七十六丈有六尺，高三丈有奇（ㄐㄧ，餘），為兩層，四隅各置巨炮，駐兵以守。曰「熱蘭遮」。六年五月，西班牙人入雞籠，築山嘉魯城；嗣入淡水，築羅岷古城，各戍兵犄角（犄音ㄐㄧ。犄角，相互支援）。已而荷人逐之。永曆十五年，延平郡王克臺灣，就荷蘭城以居，改建內府，臺人謂之「王城」。別闢一門曰「桔柣」，以春秋鄭國有此門也。官署市肆別建於永康下里，則今之臺南郡治。當是時統治僅在承天，而雞籠、淡水尚荒蕪。三十七年，聞清軍有伐臺之舉，三月，命左武衛何祐城淡水，增戍兵。六月，清軍破澎湖，克塽降，改承天府為臺灣，設縣三，尚未築城也。朱一貴之役既平，總督滿保議築城，僅圍衙署倉庫於中。總兵藍廷珍以為不可，覆之曰：「夫設兵本以衛民。而兵在城內，民在城外，彼蚩蚩者（蚩蚩，敦厚老實。此指人民）不知居重馭（ㄩˋ，統御）經之意，謂出力築城衛兵，而置室家婦子於外，以當蹂躪。夜半賊來，呼城門而求救無及矣。理宜包羅民居為是。北從總兵大營後圍起，環臺灣縣署而東，跨溝為水門，遂包東嶽廟、臺灣縣學、鳳山公館，南包郡庠、防廳、臺廈道公署，西包天后宮，而北環左營游擊署，計一週不過十里。北跨高坡，南瞰鬼子山，西俯海岸，東北當北路要衝，東南控南、中二路，方得建郡形勝。幸即具題請旨，開輸磚石城工事例，諸羅、鳳山皆可剋日行之。不然道旁築舍，偷安目前，實非經國安邦之道也。」書上，不行。雍正十一年，巡撫鄂彌達奏請築城，旨下大學士等議覆。總督郝玉麟等奏言：「臺灣城工浩繁，或可因地制宜，先於城基之外，栽植刺竹，可資捍衛。再於刺竹圍內，建造城垣，工作亦易。」奉旨以郝玉麟等所奏，「不過慮其地濱大海，工費浩繁，故有茨（ㄘˊ，茅草）竹藩籬之議。殊不知城垣之設，所以防多患。如必當建城，雖重費何惜。而臺灣變亂，率皆自內生，非禦外寇比。不但城可以不建，且建城實有所不可。臺郡門戶曰鹿耳門，與府治近，號稱天險。內設炮臺，可恃為固，其法最善。從前平定鄭克塽、朱一貴，皆乘風潮舟行入港，故旬日可克。向使有城可據，收其府庫人民以自固，攻之不拔，坐守安平，曠日相持，克敵不易。蓋重洋形勢與內地異，固未可輕議建制也。今郝玉麟等所奏，因地制宜，甚有裨益。其淡水各處炮臺，務須建造，各屬並應增修，不可惜費。」於是植竹為城。洎（ㄐㄧˋ，及）林爽文之役，再議建築，是為今日之臺南城。先是乾隆四十年，知府蔣元樞以府城未建，而各屬之城易圮，乃率廳縣公捐一萬二千圓，分交四縣，各三千圓，置田收息，歲得租穀可八千石，以備修繕之費，謂之「城租」。然遇有大繇役，則由紳富捐出，或奏發國帑，以為之用。光緒十一年建省，擇地於東大墩之麓，命棟軍（林朝棟所組土勇營）築之，以控制南北。而各縣亦以時建造，故得記其工事，次於篇。

臺灣府城（附郭安平）：雍正元年，臺灣縣知縣周鍾瑄始建木柵，周二千六百六十有二丈，建七門。正東倚龍山寺，曰大東門。南抱山川壇，曰小南門。度南拱文廟之前，曰大南門。自東以北亙右營廳，曰小東門。北近城守營，曰大北門。西北逼烏鬼井，曰小北門。迤（ㄧˇ，斜行延伸）西外逼船廠，南折跨溝，為水門。過媽祖樓之西而終焉，獨缺其西。十一年，巡撫鄂彌達奏請植竹為城，乃自小北以至大南，計植一萬七千九百八十有三株，亦缺其西。而於小北、小西兩門，各建炮臺一座，並設敵臺城門望樓焉。乾隆元年，發國帑，斲（ㄓㄨㄛˊ，砍鑿）石建七門，護以女牆。每門周二十五丈，高二丈八尺，又建窩鋪十五座。二十四年，知縣夏瑚增植綠珊瑚為外護。四十年，知府蔣元樞修之，且建小西門於土墼（ㄐㄧˊ，未燒製的瓦，見〈工藝志〉）埕西。五十三年，大學士福康安、工部侍郎德成、巡撫徐嗣曾等會奏，改築磚城。以臺未燒磚，用土。進士鄭光策以臺地多震，不宜築城，請仍舊制，加鑿濠溝，足以為守。不從。是年十月二十七日起工，東南北三方，悉用舊址，唯西方近海，內縮一百五十餘丈，畫自小北以至小西，狀如半月沈江，故謂之半月城。壁高一丈八尺，頂廣一丈五尺，基廣二丈。新建大西門樓。凡八門：東曰迎春，西曰鎮海，南曰寧南，北曰拱辰。置窩鋪十六座。以五十六年四月十一日告成，計費十二萬四千六十餘兩。蔡牽之亂，郡治戒嚴，郊商多在西城外，乃捐建甕城於新港墘（ㄑㄧㄢˊ），以防海道。道光四年許尚之變，十二年張丙之變，南北相擾，官紳議建外郭，不許，僅築東郭之門，旁植刺竹，設仁和、永康二門以出入之。同治元年五月十一日，地大震，城壁多壞，修之。光緒元年，欽差大臣沈葆楨又發國帑，大修之。十三年，移臺灣府縣於臺中，改稱臺南，而縣曰安平。

嘉義縣城：康熙二十三年，置諸羅縣於佳里興堡，則昔之諸羅番社。四十三年，遷今治，知縣宋永清始設木柵。周六百八十丈，建四門。雍正元年，知縣孫魯改築土城，周七百九十五丈有二尺，壁基厚二丈四尺，上廣一丈四尺，池深一丈四尺，闊二丈四尺，周八百三十五丈有五尺。五年，知縣劉良璧建城樓，東曰襟山，西曰帶海，南曰崇陽，北曰拱辰，各門置二炮。十二年，知縣陸鶴又於城外環植刺竹，用以為固。林爽文之變，環攻數月，死守不下。事聞，詔改嘉義。其後屢遭兵燹（ㄒㄧㄢˇ，戰亂所造成的焚燒、破壞等災害），城半傾圮。道光十三年，紳士王得祿等捐款重修，並築炮壘。以九月起工，十六年二月告竣，用費十一萬九千三百六十兩。同治九年，大震復圮。光緒十五年，知縣包容與紳士林啓東等重修。

鳳山縣城：前在興隆內里前鋒莊，康熙二十三年建，以其地有鳳山故名。六十一年，知縣劉光泗始築土城，周八百有十丈，高一丈三尺，建四門，左倚龜山，右連蛇山，池廣一丈，深八尺。雍正十二年，知縣錢洙奉命環植刺竹。乾隆五十一年林爽文之變，莊大田應之，城破，文武多死，乃移於埤頭店，環植刺竹。嘉慶十一年蔡牽之亂，吳淮泗陷新城。將軍賽沖阿議復舊城，且建石，嗣以費大而止。道光三年，總督趙慎軫議建，飭知府方傳穟查復。翌年，巡撫孫爾準巡臺，奏請再建。而是時適有楊良斌之變，潛入新城，其議遂定。十一月，傳穟謀於紳民，捐款十四萬兩。五年七月起工，以知縣杜紹箕為監督，紳士黃化鯉、吳尚新、黃名標、劉伊仲等為董事。擴其舊址，內包龜山，外接蛇山，壘石為之，高一丈有二尺，廣一丈有五寸，上建雉堞（ㄉㄧㄝˊ，城上的短牆），闢四門，東為鳳儀，西為奠海，南為啓文，北為拱辰。四隅各築炮臺。計費九萬二千一百兩。六年八月竣工，擇吉告遷，而紹箕忽死，眾以為不祥，無敢移者。衙署漸就荒廢，於是乃建新城，積土以築，略具規模，則今之縣治也。

恆春縣城：同治十三年，欽差大臣沈葆楨至瑯嶠，奏建縣治。擇地於猴洞，山勢迴環，左趨海岸，而右廓平原，似為全臺收局。名曰恆春，以其地為極南，四時皆春也。光緒元年起工，翌年告竣。城高二丈有八尺，周九百七十二丈，用土石築之，建四門。

臺灣府城（附郭臺灣）：光緒十三年建省，移臺灣府於此，附郭亦曰臺灣。先是巡撫岑毓英來巡，擇地於藍興堡東大墩之麓，劉銘傳亦以為可。十五年起工，先建八門四樓。東為靈威，樓曰朝陽。西為兌悅，樓曰聽濤。南為離照，樓曰鎮平。北為坎孚，樓曰明遠。而小東為艮安，小西為坤順，小南為巽正，小北為乾健。十六年，檄（ㄒㄧˊ，文告飭令）棟軍統領林朝棟督勇築城，以紳士吳鸞旂等董工。十七年二月略成，周六百五十丈，費款二十一萬五千兩。而銘傳一去，其事遂止。

彰化縣城：雍正元年建縣治於半線。十二年，知縣秦士望環植刺竹，建四門。林爽文之役，剪伐殆盡。嘉慶二年，知縣胡應魁再植。十四年，總督方維甸巡臺，紳士王松、林文濬等捐建。以城東倚八卦山，形勢不利，議包圍之。而工巨，乃仍舊址，別建炮臺於山上。知縣楊桂森先捐款，眾從之，計得十四萬餘兩。以十六年起工，二十年告竣。周九百二十二丈二尺有八寸，高一丈五尺，雉堞高三尺，基寬一丈五尺。為門四：東曰樂耕，西曰慶豐，南曰宣平，北曰拱辰。樓二層，高三丈九尺，炮臺十二，水洞六，堆房十六。先是林爽文之役，陽湖趙翼從軍，議移治鹿港，其後陳震曜亦有鹿港建城之議，皆不行。以城在山下，每攻必破也。

雲林縣城：光緒十三年建縣，擇地林圯埔之雲林坪，固鄭氏部將林圯所闢也。翌年二月，知縣陳世烈奉命築城，周一千三百丈有奇，寬六尺，多植竹三重。既成，建旌義亭，以志工事，題曰「前山第一城」。然其地當濁水、清水兩溪之域，每逢汎濫，往來杜絕。十九年，知縣李烇請移治斗六，築城以居，周一千一百六十丈，高五尺，廣八尺，外植刺竹，闢四門。竹多環池，深七尺，寬八尺。

苗栗縣城：未建。

臺北府城（附郭淡水）：光緒元年，欽差大臣沈葆楨奏建府治，擇地於大佳臘堡。四年，知府陳星聚謀於紳士，捐款二十餘萬兩，以五年正月起工，八年告竣。壘石為之，周一千五百有六丈，池略大之。闢五門：東曰照正，西曰寶成，南曰麗正，北曰承恩，小南曰重熙，而東、北兩門又築一郭，題曰「巖疆鎖鑰」。既成，聚者漸多，其後復建巡撫衙門，遂為省會。

新竹縣城：雍正元年，設淡防廳於竹塹埔，固番社也。十一年，同知徐治民始植竹，周四百四十餘丈。闢四門，建樓。嘉慶十一年蔡牽之亂，城民增築土垣。十八年，同知查廷華擴之，周一千四百有四丈，高廣各一丈，池深一丈。董事林超英、吳國步等亦改建四門，且增窩舖。道光六年，總督孫爾準巡臺，同知李慎彝從紳士鄭用錫之議，稟請改建，砌石為之，周八百六十丈，高一丈五尺，堞三尺，基廣一丈六尺，上廣一丈。雖較舊略小，而既高且固。仍闢四門：東曰迎曦，西曰挹爽，南曰歌薰，北曰拱辰。樓二層，高一丈九尺，各建炮臺。以七年六月起工，九年八月告竣，計費十四萬七千四百九十八兩，均為官民捐出。是役巡道孔昭虔親勘其地，紳士鄭用錫、林國華、林祥麟等各董其事。其後疊圮疊修。光緒十九年四月，知縣葉意深再發國帑重修，凡支三千八百二十四兩。先是道光十九年，巡道姚瑩命同知龍大惇別建一城於西門之外為犄角，以地當港口，用以防海也。二十年英軍之役，同知曹謹乃擴之，周四百九十五丈，高一丈。建四門樓，東為賓暘，西為告成，南為解阜，北為承恩。又闢四小門，小東曰卯耕，小西曰觀海，小南曰耀文，小北曰天樞。城多植竹甃池，廣二丈，深一丈五尺。紳士鄭用錫等董之。二十三年修。同治九年，增建炮臺，今圮。

宜蘭縣城：宜蘭故蛤仔難也，嘉慶十五年建噶瑪蘭廳，擇地五圍。委辦知府楊廷理始築土城，周約三里，長六百四十丈，東西互均，南北相距一百八十丈，垣高六尺有奇，環種九芎，故曰「九芎城」。十七年，通判翟淦增植刺竹，並建四門，各以方向名之。二十四年，通判高大鏞重建。

道光十年，薩廉修之。城內舊有水圳兩道，自西而東，乃引以為池，深七尺，寬一丈五尺。光緒元年，改為宜蘭縣。

臺東直隸州城：未建。

埔裏社廳城：光緒四年，改北路理番同知為中路撫民理番同知，駐埔裏社。總兵吳光亮以官帑四千圓，建築廳署，壘土為城，多植刺竹，為四門，周二里許，曰「大埔城」。

基隆廳城：未建。

南雅廳城：未建。

澎湖廳城：鄭氏之時，置安撫司，駐暗澳舊城。歸清後，設巡檢，而城已圮。康熙五十六年乃築小城，稱「新城」。雍正五年，改廳，猶未建也。光緒十一年法軍之役，城陷。十三年十二月，總兵吳宏洛乃發兵築城，十五年十月告竣，周七百八十九丈有二尺二寸，高一丈五尺，堞高三尺，凡五百七十，基深三尺五寸，寬二丈四尺。闢四門，西南各增一門，皆建樓壯麗。東南臨海，西接金龜頭，北浚護濠。計費二萬三千五百三十七兩，為臺灣善後局支辦。是年，移廳署於今治。

衙署

延平郡王府：在安平鎮王城內，今圮。

東都總制府：在承天府治西定坊下大埕，土名統領巷。同治間，陳氏子孫以陳永華曾為總制，改建宗祠。

承天府：在府治東安坊南向。歸清後，改為臺灣府署。

天興縣：在府治鎮北坊米市，今廢。

萬年縣：在興隆里，即鳳山舊城，今廢。

臺灣巡撫衙門：在臺北府治撫臺街，光緒十三年，巡撫劉銘傳建。

臺灣布政使衙門：在臺北府治，舊為巡撫行臺，光緒十三年，布政使沈應奎建。

滿漢兩察院：在臺南府治東安坊，雍正元年建，今圮。

臺灣撫墾大臣衙門：在南雅廳治，光緒十二年，幫辦撫墾林維源就其別莊暫用。

分巡臺澎道署：在臺南府治西定坊，康熙二十三年，巡道周昌建。

臺南府：在府治東安坊，原臺灣府署。雍正七年，知府倪象愷就明承天府改建。

經歷司：在府署東南。

臺北府：在府治，光緒四年，知府陳星聚建。

經歷司：在府署之南。

臺灣府：未建，暫設彰化縣治，以舊時北路理番廳署充用。

經歷司：在府署。

臺東直隸州：光緒十三年，南路撫民理番同知袁聞柝建。十四年秋，番亂被燬。十二月，知州吳本杰乃就故址之南畔詳請築壘，四圍各寬三十丈。

臺灣海防廳：舊在鹿耳門。雍正八年，移建臺南府治西定坊。光緒十一年裁。今廢。

淡水海防廳：原在竹塹士林莊。雍正二年，同知王汧建。乾隆二十一年，同知王錫縉移建於廳治。光緒元年，裁，暫充臺北府署。

澎湖海防廳：原巡檢署，在大山嶼西澳，康熙二十三年建。

北路理番廳：原在彰化縣治。乾隆五十三年，移鹿港。嘉慶二年，同知汪楠建於粟倉南畔。光緒九年，裁。

中路理番廳：在埔裏社大埔城。光緒四年，總兵吳光亮建。

基隆海防廳：原基隆通判署。

南雅理番廳：在大嵙崁莊，光緒二十年建。

噶瑪蘭通判署：在廳治東街。嘉慶十八年，通判翟淦建。光緒元年，改為宜蘭縣署。

基隆通判署：在廳治。光緒元年建。十三年，改為海防同知署。

卑南州同署：在卑南莊，寄治於安撫軍營內。

花蓮港州判署：未建。

安平縣署：原臺灣縣署，舊在臺南府治東安坊。乾隆十五年，知縣魯鼎梅移建鎮北坊。

典史署：在縣署之右。

鳳山縣署：原在舊城。康熙四十三年，知縣宋永清建。乾隆五十三年，移建今治埤頭街。

典史署：原在舊城，後移今治縣署之右。

嘉義縣署：原在佳里興。康熙四十三年，移駐今治。四十五年，攝縣事同知孫元衡建。乾隆二十七年，知縣衛克堉重建。

典史署：在縣署之右，雍正二年建。

恆春縣署：在縣治。光緒元年，知縣周有基建。

典史署：在縣署之右。

淡水縣署：在臺北府治，光緒四年建。

典史署：在縣署之右。

新竹縣署：在縣治，光緒元年建。

典史署：在縣署之右。

宜蘭縣署：原噶瑪蘭廳署。

典史署：在縣署之右。

臺灣縣署：在府治新莊仔莊，光緒十四年建。

典史署：在縣署之右。

彰化縣署：在縣治之中。雍正六年，知縣湯啓聲建。林爽文之役，燬。乾隆五十三年，知縣宋學灝重建。戴潮春之役，復燬。同治十二年，知縣孫繼祖再建。

典史署：在縣署之右。乾隆十二年，典史朱江重建。

雲林縣署：原斗六門巡檢署。

典史署：在縣署之右。

苗栗縣署：在縣治，光緒十四年建。

典史署：在縣署之右。

羅漢門縣丞署：乾隆二十七年建，五十四年改為巡檢署。

萬丹縣丞署：乾隆二十六年，移駐阿里港。

笨港縣丞署：原在笨港。雍正十一年，移建於坂頭厝。

下淡水縣丞署：原下淡水巡檢署。

頭圍縣丞署：嘉慶二十五年，縣丕朱懋移建於烏石港之南。

南投縣丞署：乾隆二十四年，縣丞張成器建。林爽文之役，燬。五十三年，縣丞徐英重建。

新莊縣丞署：乾隆五十五年建，後移駐艋舺。

大武隴巡檢署：康熙間建。

佳里興巡檢署：雍正十年建。

新港巡檢署：康熙間建。

斗六門巡檢署：乾隆二十六年建，後改為雲林縣署。

鹿仔港巡檢署：雍正六年建。

大甲巡檢署：嘉慶十四年建。

貓霧捒巡檢署：在犁頭店，雍正十年建。乾隆五十三年重建。今廢。

葫蘆墩巡檢署：光緒十一年建。

枋寮巡檢署：光緒元年建。

竹塹巡檢署：乾隆二十一年建。

八里坌（ㄅㄣˋ）巡檢署：雍正十一年建，乾隆十五年風災圮，移駐新莊。

羅漢門巡檢署：原縣丞署。

八罩巡檢署：光緒十一年建。

鎮守臺澎總兵官署：在臺南府治鎮北坊。康熙二十五年，總兵楊文魁建。乾隆五年，總兵何勉添築土城，高一丈一尺，周三百三十丈，闢東西兩門。

中營游擊署：在臺南府治鎮北坊。

左營游擊署：在臺南府治鎮北坊。光緒元年，移駐恆春。

右營游擊署：在臺南府治鎮北坊。光緒元年，裁。

城守營參將署：在臺南府治鎮北坊。

道標營都司署：原鎮標右營游擊署。

南路營參將署：在鳳山縣治。

北路營副將署：在彰化縣治縣署之東。雍正十一年建，乾隆五十三年重建。

噶瑪蘭營都司署：在宜蘭縣治。原守備署，嘉慶十八年，守備黃廷耀建。

鎮守澎湖水師總兵官署：在媽宮城內，原水師副將署。

左營游擊署：在媽宮城。

右營游擊署：在媽宮城。

安平水師副將署：在安平鎮，乾隆五年，副將王清建。

中營游擊署：在安平鎮。

左營游擊署：原在安平鎮。乾隆五十三年，移建鹿港北頭。六十年，燬，改建於土城內。

右營游擊署：在安平鎮。

艋舺水師參將署：在艋舺。原淡水營都司署，嘉慶十三年建。

局所

全臺團練總局：在臺南府治。咸豐三年設。自後凡有軍事，則開辦焉。法人之役，臺北亦設，各廳縣皆設分局。

培元總局：光緒七年，臺灣道劉璈改團練總局為培元總局，仍委紳士理之，以辦地方公事。法人之役，復為團練。

全臺籌防總局：一在臺北府治，一在臺南府治，均光緒十年設，二十年復設。

保甲局：各府廳縣皆設，無事之時則辦冬防。

臺灣通商總局：在臺灣道署。咸豐九年設，以辦通商事務。光緒十三年，臺北亦設此局，歸布政使督辦。

全臺清賦總局：一在臺南府治，一在臺北府治，均光緒十二年設。各廳縣皆設分局，十八年事竣，裁撤。

全臺撫墾總局：在淡水縣轄大嵙崁。光緒十二年設。各地多設分局。

轉運局：在上海。光緒十年設，委蘇松太道辦之，以理臺灣軍械餉項轉運之事。

支應局：在臺北府治。光緒十一年設，由布政使督辦，而臺南設分局。

捐輸局：在臺北府治。光緒十一年設，由布政使督辦，而臺南設分局。

善後局：在臺北府治。光緒十二年設，由布政使督辦，以理戰後之事。

招墾局：光緒元年設於廈門、汕頭、香港，以辦閩粵人來臺開墾之事。

招商局：光緒十二年設於新嘉坡，以辦南洋華僑來臺經營之事。

鑄錢局：在臺南府治東安坊，康熙二十四年設，後裁。

官銀號：同治二年設於滬尾，以收解關稅。其後旗後、安平、雞籠以次開辦。

官銀局：在臺北府治，光緒十六年設。

臺南官票局：在臺南府治，光緒二十一年設。

法審局：在臺北撫署內，光緒十二年設。

官醫局：在臺北考棚內，光緒十二年設，十七年裁。

軍器局：在臺北大稻埕，光緒十一年八月設，翌年十月竣工，費款十二萬餘圓，以記名提督劉朝幹為總辦，聘德國工師以製軍器。

電報總局：在臺北府治，光緒十二年設，各地多設分局。

釐金總局：在臺北府治，由布政使督辦。先是通商之後，奏設釐金局於滬尾、安平，以徵各貨釐金。其後各處添設，計有三十八分局。

烙號局：同治五年設於滬尾、安平，以烙阿片之號，而徵其釐，歸道督辦，其後改由商人攬辦。

金沙局：在基隆廳轄瑞芳，光緒十七年設。而暖暖、六堵、七堵、四腳亭、頂雙溪各設分局。

腦磺總局：在臺北府治，光緒十三年設，由巡撫督辦。而大嵙崁、彰化、恆春、宜蘭各設分局。其外又設支局。十七年，改歸撫墾局兼辦。

煤務總局：在基隆，光緒五年設，聘用西人，以機器開採煤炭。

磺油局：在苗栗縣治，光緒十三年設，十七年裁。

鐵路總局：在臺北府治，光緒十三年設。

軍裝局：在臺北府治，光緒十一年設，而臺南設分局。

火藥局：在臺北大隆同莊，光緒十二年設；而臺南在小北門外。

水雷局：一在滬尾，一在基隆，均光緒十二年設。

硝藥局：在臺北大稻埕，光緒十二年設，歸軍器局兼辦，以自製火藥。

伐木局：在臺北大稻埕，光緒十二年設，歸軍器局兼辦，以機器切鋸材木，配售上海，並為鐵路枕木之用。

蠶桑局：在臺北大稻埕，光緒十六年設。

臺北通商局：在臺北東門外，光緒十三年設，以辦建築城內鋪屋之事。

清道局：光緒十三年設。凡臺北及通商口岸各設一局，以清街道。十七年裁。

郵政總局：在臺北府治，光緒十四年設。各地多設分局。

通志局：在臺北登瀛書院內，光緒十七年設。各廳縣皆設採訪局，以編纂《臺灣通誌》。

臺南樂局：在臺南府治奎樓內，由紳士辦之，以司文廟祀典，歲收租穀數千石。

譯文

李文容・注譯

《易經》上說：「天子與諸侯興築險要工事，用以守備其都城。」因此，有方圓百里疆域的國度，都會築有十里見方的都城；有方圓五十里疆域的國度，必築有三里見方的都城；用來駐紮軍隊，而護衛百姓。

連橫說：臺灣建城的歷史相當古遠。澎湖虎井嶼的東南方，有座沉於海底的城池，當天色晴朗浪濤平靜時，肉眼便能望及，圍繞的牆垣相互交錯，城牆周長大約數十丈，捕魚人常網獲城磚，顏色赭紅，堅硬如鐵，然而當人潛水打鑿城牆時，上頭生滿牡蠣蚌殼，如同是上千年、幾百年的舊物。有人傳言，城牆是隋代時所興建，然而文獻上卻無可考察徵信，當地的世族賢達也難以說得明白。

明朝嘉靖末年，海盜林道乾作亂，以澎湖為根據地，身後追贈左都督的俞大猷（一五〇三—一五七九）率兵征剿，隨即派分遣部隊駐紮，於暗澳（今澎湖縣馬公市文澳一帶）興築城池，其遺址今日尚在。天啓二年（一六二二），荷蘭人來據此地，在媽宮（今澎湖縣馬公市）建城，城牆周長一百二十丈，築城服工役而死亡的人達一千三百人；城外建置炮臺，分駐守備海上航道，臺灣百姓稱為「紅毛城」。天啓四年（一六二四）八月，荷蘭人入據臺灣，在一鯤鯓建城，俯視看守大海。基地周長廣達兩百七十六丈又六尺，高達三丈餘，城樓為兩層，四角落各設置大炮，派駐士兵防守，取名為「熱蘭遮」。

天啓六年（一六二六）五月，西班牙人入據雞籠，興築山嘉魯城（聖薩爾瓦多城）；後來攻占淡水，建築羅岷古城（聖多明哥城），兩城各自駐兵形成犄角之勢。不久荷蘭人驅逐西班牙人。永曆十五年（一六六二），延平郡王鄭成功（一六二四—一六六二）戰勝收納臺灣，占據舊有荷蘭城入駐，改建爲郡王王府，臺灣人便稱作「王城」。另闢一座城門稱爲「桔柣」，這乃是因爲春秋時代鄭國國都有同名城門。官衙市集商號另外建在當時的永康下里，就是今日臺南州州役所所在之處。

當時統轄治理僅在承天縣一帶，而雞籠、淡水還處於荒涼蕪廢，永曆三十七年（一六八三），聽聞清朝軍隊將有攻打臺灣的行動，當年三月，下令何祐（一六四三—一七一八）在淡水修城，增加戍守軍士。六月時清軍攻破澎湖，鄭克塽（一六七〇—一七〇七）投降，清廷改承天府爲臺灣府，設置三個縣（臺灣、諸羅、鳳山），而當時尚未興築府城。

朱一貴（一六九〇—一七二二）興兵的戰役平定之後，閩浙總督覺羅滿保（一六七三—一七二五）倡議興築臺灣府城，規畫僅將府衙、倉庫等環圍在其中。時任福建臺灣鎮總兵官藍廷珍（一六六四—一七三〇）認爲不可行，回覆表示：「設置軍隊本爲了護衛百姓，若將軍隊駐紮在城內，百姓居住在城外，這些樸厚單純的百姓無法了解爲君者統御時取捨關鍵的用意，會以爲由百姓出勞力興築城池駐紮軍隊防守，卻將人民的家庭妻兒捨棄在城外，用來抵擋盜賊的侵擾踐踏。屆時如果夜半時有賊兵前來，向城門呼喊、求援便來不及了。因此理應將民家涵蓋在城池護衛中。北邊從總兵大營後方開始築牆，環繞臺灣縣縣衙往東，跨過溝圳設置爲水門，於是可以將東嶽廟、臺灣縣學、鳳山公館等處圍繞，往南環繞住郡學、防廳、臺廈道公署等處，西邊繞圍天后宮，而北面環繞左營遊擊署，如此總計整圈城墻方圓不超過十里。在北邊跨上高聳的坡地，南方俯瞰鬼子山，西面俯視海岸，東北面可以承擔起北方軍事要害之地，東南邊則可掌握控南部、中部兩方向，才能眞正建立起臺灣府城險要的形勢。希望總督大人能依此宗旨奏請皇上下旨，開設民間捐輸磚石用料、築城人工等事務條例，諸羅縣城、鳳山縣城皆可縣訂好期限著手推動。否則如今形同在路旁建屋，卻與途經路人商量一般，眾說紛紜，莫衷一是，苟且貪求眼前一時的安逸，實在不是經略國事安定家邦的方法啊！」

奏摺呈上後，朝廷未允許。雍正十一年（一七三三），廣東巡撫鄂彌達（一六八五—一七六一）奏請興築臺灣府城，皇帝下令內閣大學士商議後回覆旨意。福建總督郝玉麟（？—一七四五）等人上奏表示：「臺灣府城工程浩大繁雜，或許可以依照當地情況採取適合的做法，先在規畫的城池範圍外，栽種刺竹，可以藉以防守，而後在刺竹牆籬內，建造起城牆，施工造作也會便利許多。」

而後臣下承接世宗皇帝旨意，認爲福建總督郝玉麟等人所奏請，「僅只考量臺灣當地濱臨大海，公費耗費龐大繁雜，所以才有以刺竹搭建圍籬的奏議。竟然不知設置城牆的目的，用來防備各種禍患。假使定然應該興築城池，即使需要繁重的費用，又何可吝惜。然而臺灣歷來的事變動亂，大體都是由內部萌生，不能與抵禦外來賊寇的情況相比較。因此不只城池能夠不見，甚至建城池之事實在有不可行的原因。臺灣府的出入門戶是鹿耳門，與府治相鄰近，號稱爲天然險要之地。在鹿耳門內陸架設炮臺，便可倚恃爲固守根據，此等做法最好。過往平定鄭克塽、朱一貴等勢力時，都趁著風向潮汐以船舶攻入港口，所以十日內便可平定。之前假使建有城池可以據守，徵收財稅、民力，據此以爲自身防守的根據，朝廷征伐就難以攻取，對方單只要據守在安平，磨耗時日相互抗衡，朝廷要戰勝敵方便極不容易。遠隔千里海洋之地，攻守的形勢與大陸內地不同，本就不可輕率決議興築城防。而今郝玉麟等人奏請所說的，要因應地方情勢擇取適合手段，很能輔助參考。臺灣所轄淡水等各處炮臺，一定要動工興築。各自轄下的縣城都應增建修築，不可吝惜費用。」

因此便栽植刺竹作爲城防。直到了林爽文事變時，清朝官方再度商議興建城池，這便是今日的臺南城。在事變前的乾隆四十年（一七七五）時，臺灣府知府蔣元樞（一七三八—一七八一）認爲臺灣府城尚未興築，而各轄屬的縣城容易傾壞，於是率同屬下廳、縣官吏共同捐輸一萬兩千銀圓，分別交付（彰化、諸羅、臺灣、鳳山）四縣，各三千銀元，置買田地收納佃租，每年可收繳佃租糧食八千石，用以預備作修繕城池的費用，稱爲「城租」。然而如果逢上徵調龐大民力興築工事，就由仕紳豪富捐輸出資，或者奏請朝廷發用國家公帑。以作爲用度。光緒十一年（一八八五）建省，擇定省城之地落在當時彰化縣東大墩（今屬臺中市）的山腳，命令林朝棟（一八五一—一九〇四）麾下的「棟」字營團練負責興築，用以控制臺灣南北形勢要道。而各縣也依此時機建造，所以得以記載工程事蹟，依序編寫此篇。

臺灣府城（後改稱臺南府。安平縣治附設於府城）：雍正元年（一七二三），臺灣縣知縣周鍾瑄（一六七一—一七六三）最初搭建木造城柵，環圍兩千六百六十二丈，建制七個柵門。正東方鄰近臺南龍山寺，稱爲大東門。南面環繞山川壇，稱作小南門。往南拱衛於文廟之前，稱作大南門。從東往北橫亙於右營廳衙署一帶，稱爲小東門。北面鄰近城守營，稱作大北門。西北方鄰近烏鬼井，稱爲小北門。延伸到西面逼近船廠該處，轉向南面，跨越圳溝，設置爲水門。城牆經過媽祖樓的西面而止，獨獨沒有西牆。雍正十一年（一七三三），巡撫鄂彌達上奏請旨栽植刺竹作爲城防，於是從小北門到大南門，總計種植一萬七千九百八十三株，同樣缺乏西邊圍籬。而在小北門、小西門兩處城門，各自建置一座炮臺，並建設偵測敵情的敵臺、城門、望樓等附屬建築。

乾隆元年（一七三六），朝廷撥付公帑，裁切石材建造七座城門，設置短牆以供守護。每座城門周長二十五丈，高度二丈八尺，又建十五座供兵士安歇的窩鋪。乾隆二十四年（一七五九），臺灣知縣夏瑚增種綠玉樹，以作爲城外防護。乾隆四十年（一七七五），臺灣府知府蔣元樞整修府城，並在土墼埕西面增設小西門。乾隆五十三年（一七八八），協辦大學士福康安（一七五四—一七九六）、工部侍郎德成、福建巡撫徐嗣曾（？—一七九〇）等人偕同上奏，改建爲磚造城牆。因當時臺灣未有窯場燒製用磚，所以就用土造。出身福建的進士鄭光策認爲臺灣當地多地震，不應興築專城，上奏請求依循舊有形式，增添挖鑿濠溝，已足夠提供守備。朝廷不同意鄭氏奏請。於同年十月二十七日動工，東面、南面及北面三邊，都襲用舊日城牆位置，唯獨西方濱臨海口，往內退縮一百五十多丈，城牆從小北門而連到小西門，形狀如同半個月亮沉落江底，所以稱爲半月城。城壁高一丈八尺，城牆厚度達一丈五尺，基地長度達到二丈。新建立大西門城樓。總計爲八個城門：東門是迎春門，西門稱作鎮海門，南門名爲寧南門，北門稱爲拱辰門。設置兵士安歇的窩鋪共十六座。在乾隆五十六年（一七九一）四月十一日宣告完工，總計花費十二萬四千六十多兩。蔡牽之亂時，府城採取軍事管制措施，商業公會的成員商號多開位在西城門外，於是捐輸經費，在新港墘一帶增建城外的小城圍，用來防守海上航道來的侵擾。

道光四年（一八二四）發生許尚之變，十二年（一八三二）發生張丙之變，南北交相擾亂，官方與仕紳倡議營築府城外郭城牆，朝廷不允命，僅築起東面外城的城門，周邊種植刺竹，設置仁和、永康兩個城門以供出入東郭。同治元年五月十一日，發生大地震，城牆多所毀壞，加以修葺。光緒元年（一八七五），受派欽差辦理臺灣等處海防兼理各國事務大臣沈葆楨（一八二〇—一八七九）再度撥發朝廷公帑，大規模整修。光緒十三年（一八八七），將臺灣府改置於臺中，而原臺灣府改稱臺南府，而原臺灣縣也改稱安平縣。

嘉義縣城：康熙二十三年（一六八四），在佳里興堡設置諸羅縣縣治，此處原是舊時諸羅縣番社。康熙四十三年（一七〇四）遷往今日縣治所在（今日嘉義市），代理嘉義縣知縣宋永清開始設置木造城柵。城圍六百八十丈，設置四個城門。雍正元年（一七二三），知縣孫魯將木柵改爲土造城池，城圍七百九十五丈又兩尺。城牆地基厚達兩丈四尺，上部城牆厚達一丈四尺，護城溝池深達一丈四尺，溝寬兩丈四尺，環圍八百三十五丈五尺。

雍正五年（一七二七），知縣劉良璧興建城樓，東門稱爲襟山，西門稱作帶海，南門名爲崇陽，北門名作拱辰，各城門都設置兩門大炮。雍正十二年（一七三四），知縣陸鶴又環繞城池外圍種植刺竹，用來鞏固防衛。林爽文事變時，起事民兵包圍城池攻打數月，城中拚死防守未遭攻下。情事傳達朝廷，皇帝下詔將諸羅縣改名爲嘉義縣。後來嘉義縣城屢屢遭受兵禍，城牆大半都傾頹。

道光十三年（一八三三），嘉義士紳王得祿等人捐款重新整修，並建築炮臺。從九月動工，道光十六年（一八三六）二月宣告完工，所用經費十一萬九千三百六十兩。同治九年，因大地震又再度傾頹。光緒十五年（一八八九），知縣包容與仕紳林啓東等人協力重新修葺。

鳳山縣城：舊日座落在興隆內里前鋒庄（位於今日高雄市左營區），於康熙二十三年（一六八四）建造，因該地有座鳳山因此而取名。康熙六十一年（一七二二），署理鳳山知縣劉光泗開始興築土造城牆，城圍八百一十丈，高度一丈三尺，建有四座城門，左面倚靠龜山（高雄市左營區龜山，又名龜峰嶺），右面與蛇山相連（高雄市壽山尾端），護城池寬一丈，深達八尺。

雍正十二年（一七三四），鳳山知縣錢洙奉令圍繞縣城種植刺竹。乾隆五十一年（一七八六）林爽文之變，莊大田起兵響應，縣城遭攻破，文武官員多半死難，於是縣城改移到埤頭店（今高雄市鳳山區），環圍栽植刺竹。嘉慶十一年（一八〇六）蔡牽之亂，同黨吳懷泗攻下鳳山新城。奉命欽差征討的廣州將軍賽沖阿（？—一八二八）提議復建原本的舊城，且改修爲石城，後來因經費據大而停息此議。道光三年，閩浙總督趙愼軫（？—一八二五）倡議重新修築舊縣城，要求臺灣知府方傳穟

（一七七五—？）核實考察情況後回覆上級。

隔年，福建巡撫孫爾準（一七七二—一八三二）前來臺灣巡察，奏請朝廷再度興建鳳山舊縣城。而此時正逢發生楊良斌之變，黨徒暗中進入鳳山縣新城，重建舊縣城的提議便就此確定。道光四年（一八二四）十一月，方傳穟向仕紳百姓情商資助，捐得款項十四萬兩。道光五年（一八二五）動工，由知縣杜紹箕負責工程監督，紳士黃化鯉、吳尚新、黃名標、劉伊仲等擔任主管工程事物的董事。擴大舊有城址的範圍，城內環抱龜山，往外延伸與蛇山連接，堆砌石材建起城池，高有一丈二尺，厚一丈又五寸，城上造有防守的短牆，闢建出四個城門，東門是鳳儀，西門稱作奠海，南面是啓文門，北面名爲拱辰門。四角落各建有炮臺。總計花費九萬兩千一百兩銀子。道光六年（一八二六）八月完工，擇定遷徙吉日祭告天地即將搬遷，而知縣杜紹箕突然過世，眾人認爲徵兆不吉，沒有人敢作主遷移治所，而所建的衙署逐漸趨於荒廢，因此就修築新縣城，堆土而建成，稍稍具備城池的基本格局，就是今日縣治所在地。

恆春縣城：同治十三年（一八七四），負責處理牡丹社事件的欽差大臣沈葆楨前來琅璚（今屏東縣恆春鎮），奏請建築縣治城池。擇定地點座落在猴洞（今屏東縣恆春鎮猴洞山），山嶺形勢迴繞環抱，左面濱臨海岸，而右面開展爲廣闊平原，似乎作爲全臺灣地理形式收攏之地。命名爲恆春，因爲該地爲臺灣最南端，四時節候都如春季。光緒元年（一八七五）動工，隔年宣告完工。城牆高度兩丈八尺，城圍長度九百七十二丈，採用泥土建造，設置四個城門。

臺灣府城（臺灣縣附設於府城）：光緒十三年（一八八七）臺灣建省，將臺灣府改設於此地，附郭縣也名爲臺灣縣。在建省前福建巡撫岑毓英（一八二九—一八八九）前來巡視，擇定在藍興堡東大墩山下，劉銘傳（一八三六—一八九六）也認定可行。光緒十五年（一八八九）動工，先建起八座城門、四座門樓。東面爲靈威門，城樓稱作朝陽。西面爲兌悅門，城樓名爲聽濤。南面是離照門，城樓稱爲鎮平。北面爲坎孚門，城樓稱作明遠。至於小東門名爲艮安門，小西門稱爲坤順門，小南門稱作巽正門，小北門名作乾健門。光緒十六年（一八九〇），以軍書傳令棟字營統領林朝棟督率團練民勇興築府城，由紳士吳鸞旂等人董理工程事務。光緒十七年（一八九一）二月初步完成，城圍六百五十丈，耗資二十一萬五千兩銀子。而劉銘傳離開轉赴臺北府後，這項工程就停歇了。

彰化縣城：雍正元年（一七二三）在半線建立縣治。雍正十二年（一七三四），彰化知縣秦士望環繞縣治所在種植刺竹，建立四座城門。林爽文之役時，遭到剪除砍伐幾近清除。嘉慶二年（一七九七），彰化縣知縣再度栽植刺竹。嘉慶十四年（一八〇九），閩浙總督巡視臺灣，紳士王松、林文濬等人捐資興建縣城。以原縣城東面倚靠八卦山，攻守形勢有所不利，商議將山嶺環繞在城中。然而工程巨大，依然依循舊有的範圍，另外建築炮臺在八卦山上。彰化知縣楊桂森率先捐輸款項，眾人跟隨響應，總計收得十四萬餘兩銀子。從嘉慶十六年（一八一一）起工，嘉慶二十年（一八一五）宣告竣工。城圍九百二十二丈又二尺八寸，城高一丈五尺，城上短牆高度爲三尺，城基寬一丈五尺。建立四座城門：東門爲樂耕門，西門是慶豐門，南門稱宣平門，北門則是拱辰門。城樓爲二層，高三丈九尺，設置十二座炮臺，六門水洞，十六座儲藏物品的堆房。在建城之前林爽文之役期間，江蘇陽湖趙翼（一七二七—一八一四）跟隨官軍到此，提議將縣治遷移到鹿港，而後陳震曜（一七七九—一八五二）也有適鹿港建縣城的提議，朝廷皆未允許。因爲設城於八卦山下，每逢敵軍攻城必遭攻破。

雲林縣城：光緒十三年（一八八七）雲林設縣，選擇縣治位在林圯埔雲林坪（今南投縣竹山鎮內），本就是明鄭部將林圯率部眾開闢之地。隔年二月，雲林縣知縣陳世烈奉命建築縣城，城圍一千三百丈多，城厚六尺，大多栽植刺竹到三層之多。縣城建好後，建立旌義亭，用以記錄築城工事的過程，城門題名為「前山第一城」。然而縣城所在地正處在濁水溪、清水溪兩溪流域，每次遭遇溪水氾濫，人車交通往來斷絕。光緒十九年（一八九三），代理雲林知縣李烇奏請將縣治遷移至斗六，興築城池以供駐守，城圍一千一百六十丈，高五尺，寬八尺，城外種植刺竹，開闢四座城門。刺竹多數環圍護城河而栽種，池深七尺，寬八尺。

苗栗縣城：未曾興建。

臺北府城（淡水縣衙設於府城內）：光緒元年（一八七五），欽差大臣沈葆楨奏請朝廷建置府治，選擇城址在大佳臘堡（大加蚋，今臺北市內）。光緒四年（一八七八），臺北府知府陳星聚請求仕紳支援，捐輸款項二十多萬兩，從光緒五年（一八七九）一月動工，光緒八年（一八八二）宣告竣工。堆疊石材建成，城圍一千五百零六丈，護城河比城圍稍大。開闢五座城門：東為照正門，西為寶成門，南為麗正門，北是承恩門，小南門名為重熙門。而東、北兩門又興築外郭，門額題字為「巖疆鎖鑰」。臺北府城建成後，聚居百姓日漸增多，後來又興建巡撫衙門，於是設為臺灣省都城。

新竹縣城：雍正元年（一七二三），在竹塹埔設置淡水分防廳廳治，本來是番社之地。雍正十一年（一七三三），臺灣府淡水撫民同知徐治民開始栽植刺竹，城圍四百四十餘丈。闢四門，建立城樓。嘉慶十一年（一八〇五）時蔡牽之亂，城中百姓增建為土牆。嘉慶十八年（一八一二），淡水同知查廷華擴大城池規模，城圍一千四百零四丈，高與寬各達一丈，護城河深達一丈。掌理工程事務的林超英（一七八四—一八二七）、吳國步（一七七八—一八二七）等人，也改建四座城門，更增設兵士歇息的窩鋪。道光六年（一八二六），福建總督孫爾準巡視臺灣，淡水同知李慎彝（一七七七—一八五五）聽從紳士鄭用錫（一七八八—一八五八）所提議，稟報上級請求改建縣城，以堆砌條石建成，周長共八百六十丈，高達一丈五尺，城上短牆高三尺，城基寬達一丈六尺，上方城牆厚一丈。雖比舊有縣城規模稍小，然而不但更爲高大且更爲堅固。依舊闢建四座城門：東門名爲迎曦門，西門稱作挹爽門，南門爲歌薰門，北門名爲拱辰門。城樓有二層，高度一丈九尺，各門建築炮臺。自道光七年（一八二七）六月開工，道光九年（一八二九）八月宣告落城，總計花費十四萬七千四百九十八兩銀子，都由官吏、民間一同捐出。這次工事，由按察使銜分巡臺灣兵備道孔昭虔親自勘察城址，紳士鄭用錫、林國華、林祥麟等人各自掌理建城事務。而後又經屢次傾頹，屢次重修。

光緒十九年（一八九三）四月，淡水現知縣葉意深撥付朝廷公帑再度重修，總計支出三千八百二十四兩。在此次重修前，道光十九年（一八三九），分巡臺灣兵備道姚瑩（一七八五—一八五三）命令淡水同知龍大惇另在西門外建造一座城池，與廳城相互爲犄角形勢，乃是考量此地面對港口，準備用此城防備海上敵人侵擾。道光二十年（一八四〇）清英鴉片戰爭爆發，淡水同知曹謹（一七八七—一八四九）因而擴增城池規模，城圍四百九十五丈，城牆高一丈。建立四座城門樓，東面爲賓暘門，西面稱告成門，南面名爲解阜門，北門稱作承恩門。另闢築四座小門，小東門爲卯耕門，小西門爲觀海門，小南門爲耀文門，小北門是天樞門。城外栽植種多刺竹，開鑿護城河，寬爲兩丈，深達一丈五尺。由紳士鄭用錫等人主管工程事務。道光二十三年（一八四三）整修。同治九年（一八七〇），增建炮臺，今日都已頹壞。

宜蘭縣城：宜蘭，就是舊稱蛤仔難之地，嘉慶十五年（一八一〇），設置噶瑪蘭廳，選擇五圍（今宜蘭縣宜蘭市）爲廳治。委辦臺灣知府楊廷理（一七四七—一八一三）開始興築土造城牆，城圍約有三里，城面長達六百四十丈，東西兩邊同等長度，而南北相距離一百八十丈長，牆高六尺有餘，環繞城牆栽種九芎樹，所以稱爲「九芎城」。嘉慶十七年（一八一二），噶瑪蘭廳通判翟淦（？—

一八一七）增種刺竹，並且建造四座城門，各自以所在方位命名。嘉慶二十四年（一八一九），通判高大鏞重新建築廳城。道光十年（一八三〇），署理通判薩廉整修城垣。城內原有兩條水圳，從西向東，於是引鑿水道作爲護城河，深約七尺，寬達一丈五尺。光緒元年（一八七五），改置爲宜蘭縣。

臺東直隸州城：未曾建造。

埔裏社廳城：光緒四年（一八七八），將原有的臺灣府北路理番鹿仔港海防捕盜同知（俗稱鹿港廳），改設爲臺灣中路撫民理番同知，駐所位在埔裏社。臺灣鎮總兵吳光亮（一八三四—一八九八）用公費四千銀元，興建廳治衙門，堆疊泥土爲城牆，栽植許多刺竹，建立四城門，牆圍長達二里左右，稱作「大埔城」。

基隆廳城：未曾興建。

南雅廳城：未曾興建。

澎湖廳城：明鄭時代，設置澎湖安撫司，治所駐在媽宮暗澳舊城。歸屬清朝統治後，設澎湖巡檢司，而原有城池已頹壞。康熙五十六年（一七一七），才建築小型城池，稱爲「新城」。雍正五年（一七二七），改設澎湖廳，仍然尚未建立廳城。光緒十一年（一八八五）清法戰爭，新城遭法軍攻陷。光緒十三年（一八八七）十二月，福建澎湖鎮總兵吳宏洛（一八四三—一八九七）才派遣兵士興築廳城，光緒十五年（一八八九）十月宣告完工，城牆周長七百八十九丈二尺二寸，高度一丈五尺，城上短牆高三尺，總計五百七十個，城牆基礎深達三尺五寸，厚二丈四尺。闢建四城門，西面與南南各增建一城門，都建造城樓，形勢宏偉麗秀。東南面濱臨海洋，西面連接金龜頭岬角，北面挖掘疏濬護城濠溝。總計耗費二萬三千五百三十七兩銀子，由臺灣善後局支應籌辦。當年，將澎湖廳衙官署遷移到今日治所。

衙署

延平郡王府：在安平鎮王城（即今日安平古堡）之內，今日已頹壞。

東都總制府：在承天府府城西定坊下大埕，在地俗稱爲統領巷，同治年間，陳氏後代因先祖陳永華（一六三四—一六八〇）曾經擔任東寧總制，將舊日總制府改建爲陳氏宗祠。

承天府：在承天府城東安坊，朝向南方。納入清朝統治後，改設爲臺灣府官衙

天興縣：在承天府府城鎮北坊米市之地，今日已荒廢。

萬年縣：位在興隆里，便是鳳山縣舊縣城所在，今日已荒廢。

臺灣巡撫衙門：位在臺北府城撫臺街，光緒十三年（一八八七），福建臺灣巡撫劉銘傳所建造。

臺灣布政使衙門：位處臺北府城，原本是福建臺灣巡撫視察時的臨時辦公處，光緒十三年（一八八七），署理福建臺灣布政使沈應奎所興建。

滿漢兩察院：在臺南府府城東安坊，雍正元年（一七二三）所建造，現今已頹壞。

臺灣撫墾大臣衙門：在南雅廳治所（今新北市板橋區），光緒十二年（一八八六），幫辦臺灣撫墾大臣林維源（一八四〇—一九〇五）在他私人的別墅園林暫時借爲辦公處所。

分巡臺澎道署：位在臺南府城西定坊，康熙二十三年（一六八四）時，福建分巡臺灣廈門道周昌所建造。

臺南府：在臺南府城東安坊，原爲臺灣府衙門，雍正七年（一七二九）時，臺灣府知府倪象愷利用明鄭時承天府衙署所改建。

經歷司：位在臺南府衙東南方。

臺北府：在臺北府城內，光緒四年（一八七八），由臺北府陳星聚（一八一七—一八八五）建造

經歷司：位處臺北府府衙南面。

臺灣府：未建府衙，暫時設置於彰化縣縣城，利用舊日北路理番廳官衙權充使用。

經歷司：位在臺灣府府衙內。

臺東直隸州：光緒十三年（一八八七），臺灣南路撫民理番同知袁聞柝建造。光緒十四年（一八八八）秋季，因原住民抗爭起事遭到燒毀。十二月臺東直隸州知州才在遺址南邊，詳細奏請上級建築防備工事，四邊各寬達三十丈。

臺灣海防廳：原本位在鹿耳門。雍正八年（一七三〇），遷移到臺南府城西定坊建造。光緒十一年（一八八五）裁撤，今日衙舍已廢棄。

淡水海防廳：原位在竹塹士林莊。雍正二年（一七二四），由淡水同知王汧建造。乾隆二十一年（一七五六），淡水同知王錫縉遷徙到廳城所在建造。光緒元年（一八七五），裁撤淡水廳，暫時充作臺北府衙使用。

澎湖海防廳：原爲澎湖巡檢司衙門，位在大山嶼西澳，於康熙二十三年（一六八四）建造。

北路理番廳：原位在彰化縣縣城。乾隆五十三年（一七八八），遷徙到鹿港。嘉慶二年，鹿港同知汪楠（一七五五—一八二〇）在穀倉南邊建造。光緒九年，裁撤理番廳。

中路理番廳：位在埔裏社大埔城。光緒四年（一八七八），由臺灣鎮總兵吳光亮所建。

基隆海防廳：利用原基隆通判官衙。

南雅理番廳：位在大嵙崁莊（今桃園市大溪區），於光緒二十年（一八九四）建造。

噶瑪蘭通判署：在噶瑪蘭廳城內東街。嘉慶十八年（一八一三），噶瑪蘭通判翟淦建造。光緒元年（一八七五），改爲宜蘭縣衙門。

基隆通判署：位在基隆廳治。光緒元年（一八七五）建造。光緒十三年（一八八七），改爲海防同知衙門。

卑南州同署：位在卑南莊（今臺東縣卑南鄉），借用安撫軍營內設置治所。

花蓮港州判署：未曾建造。

安平縣署：原爲臺灣縣衙門，舊日位在臺南府府城東安坊。乾隆十五年（一七五〇），臺灣知縣魯鼎梅移往鎮北坊建造。

典史署：位在安平縣衙門右面。

鳳山縣署：原位在鳳山縣舊縣城。康熙四十三年（一七〇四），鳳山知縣宋永清建造。乾隆五十三年（一七八八），遷移至今日縣城所在埤頭街。

典史署：原位在鳳山舊城，後來移往今日縣衙右邊。

嘉義縣署：原位在佳里興。康熙四十三年（一七〇四），遷移至今縣城。康熙四十五年（一七〇六），代理管理縣務的諸羅縣同知孫元衡（一六六一—？）建造。乾隆二十七年（一七六二），諸羅縣知縣衛克堉重新修建。

典史署：在嘉義縣衙門右邊，於雍正二年（一七二四）所建。

恆春縣署：位在恆春縣城。光緒元年（一八七五），恆春知縣周有基建造。

典史署：在恆春縣縣衙右面。

淡水縣署：位在臺北府府城，光緒四年（一八七八）建造。

典史署：在淡水縣縣衙右面。

新竹縣署：在新竹縣縣城，光緒元年（一八七五）建造。

典史署：在新竹縣縣衙右面。

宜蘭縣署：原本噶瑪蘭廳廳衙。

典史署：在宜蘭縣縣衙右面。

臺灣縣署：在臺灣府城新莊仔莊（今臺中市南屯區），光緒十四年（一八八八）建造。

典史署：在臺灣縣縣衙右面。

彰化縣署：在彰化縣城內。雍正六年（一七二八），彰化知縣湯啓聲建造。林爽文事變時，遭到焚毀。乾隆五十三年（一七八八），彰化知縣宋學灝重新興建。戴潮春事變時，又遭燒毀。同治十二年（一八七三），彰化知縣孫繼祖再次建造。

典史署：在彰化縣縣衙右面。乾隆十二年（一七四七），彰化縣典史朱江重新興建。

雲林縣署：原爲斗六門巡檢衙門。

典史署：在雲林縣縣衙右面。

苗栗縣署：在苗栗縣治所在地，光緒十四年（一八八八）建造。

典史署：在苗栗縣縣衙右面。

羅漢門縣丞署：乾隆二十七年（一七六二）建造，五十四年（一七八九）改爲巡檢衙門。

萬丹縣丞署：乾隆二十六年（一七六一），遷移安置於阿里港。

笨港縣丞署：原位在笨港。雍正十一年（一七三三），遷移建造於坂頭厝（今嘉義縣新港鄉板頭村）。

下淡水縣丞署：原爲下淡水巡檢衙門。

頭圍縣丞署：嘉慶二十五年（一八四五），縣丞朱懋遷移建造於烏石港南部。

南投縣丞署：乾隆二十四年（一七五九），縣丞張成器建造。林爽文事變時，遭焚毀。乾隆五十三年（一七八八），縣丞徐英重新建造。

新莊縣丞署：乾隆五十五年（一七九〇）建造，後來遷移設置於艋舺。

大武隴巡檢署：康熙年間建造。

佳里興巡檢署：雍正十年（一七三二）建造。

新港巡檢署：康熙年間建造。

斗六門巡檢署：乾隆二十六年（一七六一）建造，後改設為雲林縣衙門。

鹿仔港巡檢署：雍正六年（一七二八）建造。

大甲巡檢署：嘉慶十四年（一八三四）建造。

貓霧拺巡檢署：位在犁頭店（臺中市南屯區），雍正十年（一七三二）建造。乾隆五十三年（一七八八）重新建造。今日已廢棄。

葫蘆墩巡檢署：光緒十一年（一八八五）建造。

枋寮巡檢署：光緒元年（一八七五）建造。

竹塹巡檢署：乾隆二十一年（一七五六）建造。

八里坌巡檢署：雍正十一年（一七三三）建造，乾隆十五年（一七五〇）因遭風災傾倒，遷移往新莊設置。

羅漢門巡檢署：原為羅漢門縣丞衙門。

八罩巡檢署：光緒十一年（一八八五）建造。

鎮守臺澎總兵官署：位在臺南府府城鎮北坊。康熙二十五年（一六八六），臺灣鎮總兵楊文魁建造。乾隆五年（一七四〇），總兵何勉添建築土造城牆，高度一丈一尺，周長三百三十丈，闢東、西兩座城門。

中營遊擊署：在臺南府府城鎮北坊。

左營遊擊署：在臺南府府城鎮北坊。光緒元年（一八七五），遷移往恆春設置。

右營遊擊署：在臺南府府城鎮北坊。光緒元年（一八七五），裁撤。

城守營參將署：在臺南府府城鎮北坊。

道標營都司署：原爲鎮標右營遊擊衙門。

南路營參將署：在鳳山縣縣城。

北路營副將署：在彰化縣縣城縣衙門東側。雍正十一年（一七三三）建造，乾隆五十三年（一七八八）重新修建。

噶瑪蘭營都司署：在宜蘭縣縣城。原爲守備衙門，嘉慶十八年（一八三八），噶瑪蘭守備黃廷耀建造。

鎮守澎湖水師總兵官署：位在媽宮城內，原爲水師副將衙門。

左營遊擊署：位在媽宮城。

右營遊擊署：在媽宮城。

安平水師副將署：位在安平鎮，乾隆五年（一七四〇），副將王清建造。

中營遊擊署：位在安平鎮。

左營遊擊署：原位在安平鎮。乾隆五十三年（一七八八），遷移建造在鹿港北頭。乾隆六十年（一七九五）燒毀，改建在土城內。

右營遊擊署：位在安平鎮。

艋舺水師參將署：位在艋舺。原爲淡水營都司衙門，嘉慶十三年（一八三三）建造。

局所

全臺團練總局：在臺南府府城。咸豐三年（一八五三）設置。從此凡有軍事需求，便開辦團練。清法戰爭發生，臺北府也開設，各廳、縣都設置團練分局。

培元總局：光緒七年（一八八一），臺灣兵備道劉璈（？—一八八九）將原本團練總局改設爲培元總局，仍委託地方紳士掌理工作，用來承辦地方公共事務。清法戰爭，恢復爲團練總局。

全臺籌防總局：其一位在臺北府府城，另一位在臺南府府城，都是光緒十年（一八八四）設置，光緒二十年（一八九四）再度設立。

保甲局：各府、廳、縣都有設立，無戰爭時則辦理過年前的防衛治安工作。

臺灣通商總局：位在臺灣兵備道衙門。咸豐九年（一八五九）設置，用以辦理通商事務。光緒十三年（一八八七），臺北府也設置此一部門，歸由福建臺灣布政使督導辦理。

全臺清賦總局：一在臺南府府城，一在臺北府府城，都於光緒十二年（一八八六）設立。各廳、縣皆設有分局，光緒十八年（一八九二）業務完結，裁撤。

全臺撫墾總局：設置在淡水縣轄下大嵙崁。光緒十二年（一八八六）設置。各地多設有分局。

轉運局：設置於上海。光緒十年（一八八四）設立，委託江蘇分巡蘇松太倉兵備道兼管水利衙門辦理，用以掌理臺灣武器、糧餉事項轉運工作。

支應局：在臺北府府城。光緒十一年（一八八五）設立，由福建臺灣布政使督導辦理，而在臺南設置分局。

捐輸局：在臺北府府城。光緒十一年（一八八五）設立，由福建臺灣布政使督導辦理，而在臺南設置分局。

善後局：在臺北府府城。光緒十二年（一八八六）設立，由福建臺灣布政使督導辦理，用來掌理戰爭後清理重整工作。

招墾局：光緒元年（一八七五）設置於廈門、汕頭、香港，用來辦理福建、廣東人前來臺灣開墾業務。

招商局：光緒十二年（一八八六）設於新加坡，用以辦理南洋華僑前來臺灣經營產業等事務。

鑄錢局：位在臺南府府城東安坊，康熙二十四年（一六八五）設立，後來裁撤。

官銀號：同治二年（一八六三）設立於滬尾（今新北市淡水區），用來收入與解出海關稅銀。後來旗後（位於今日高雄市旗津區）、安平（今臺南市安平區）、雞籠（今基隆市）相繼開設辦理。

官銀局：位在臺北府府城，光緒十六年（一八九〇）設立。

臺南官票局：位在臺南府府城，光緒二十一年（一八九五）設立。

法審局：位在臺北巡撫衙門內，光緒十二年（一八八六）設立。

官醫局：位在臺北考棚行署內，光緒十二年（一八八六）設立，光緒十七年（一八九一）裁撤。

軍器局：位在臺北大稻埕，光緒十一年（一八八五）八月設立，隔年十月完工，耗費款項十二萬多圓銀圓，以記名提督劉朝幹（一八三一—一八八九）擔任總辦，聘請德國工師來製造軍事武器。

電報總局：位在臺北府城，光緒十二年（一八八六）設立，各地多設有分局。

釐金總局：位在臺北府城，由福建臺灣布政使督導辦理。在此之前，開放港口通商之後，奏請設立釐金局於滬尾、安平，用來徵收各種貨物釐金。此後在各地增設，總計有三十八個分局。

烙號局：同治五年（一八六六）設立在滬尾、安平，用以烙印鴉片上的印記，再徵收釐金，歸由臺灣兵備道督導辦理，後來改由商人承攬辦理。

金沙局：位在基隆廳所轄的瑞芳，光緒十七年（一八九一）設立。而暖暖、六堵、七堵、四腳亭、頂雙溪（位於今新北市雙溪區）各自設立分局。

腦磺總局：位在臺北府城，光緒十三年（一八八七）設立，由福建臺灣巡撫督導辦理。而大嵙崁、彰化、恆春、宜蘭各設立分局。此外又設立支局。光緒十七年（一八九一），業務改歸屬撫墾局兼爲辦理。

煤務總局：位在基隆，光緒五年（一八七九）設立，聘用西洋人，用機器開採煤炭。

磺油局：位在苗栗縣治所在地，光緒十三年（一八八七）設立，光緒十七年（一八九一）裁撤。

鐵路總局：位在臺北府城，光緒十三年（一八八七）設立。

軍裝局：位在臺北府城，光緒十一年（一八八五）設立，另外臺南設有分局。

火藥局：位在臺北大隆同莊（即大龍峒），光緒十二年（一八八六）設立；至於臺南設在小北門外。

水雷局：其一在滬尾，其一在基隆，都是光緒十二年（一八八六）設立。

硝藥局：位在臺北大稻埕，光緒十二年（一八八六）設立，歸屬軍器局兼爲辦理，用以自行產製火藥。

伐木局：位在臺北大稻埕，光緒十二年（一八八六）設立，歸屬軍器局兼爲辦理，採用機器切鋸木材，運送往上海出售，並提供鐵路枕木所需。

蠶桑局：位在臺北大稻埕，光緒十六年（一八九〇）設立。

臺北通商局：位在臺北東門外，光緒十三年（一八八七）設立，用以辦理建築城內鋪屋的業務。

清道局：光緒十三年（一八八七）設立。臺北及通商口岸都各設有一局，負責清理街道。光緒十七年（一八九一）裁撤。

郵政總局：在臺北府城，光緒十四年（一八八八）設立。各地多設置分局。

通志局：位在臺北登瀛書院內，光緒十七年（一八九一）設立。各廳、縣都設有採訪局，提供編纂《臺灣通誌》所需。

臺南樂局：位在臺南府城奎樓內，由地方紳士負責管理，用來負責文廟祭祀儀典，每年收繳佃租糧食好幾千石。

卷十七　關征志

昔禹平洪水，畫九州，任土（依憑土地）作貢，賦稅之義始此。賦以足兵，稅以足食，國用既足，民亦安寧。而暴君污吏以天下為私有，橫征倍斂，吸食脂膏，兆民怨怒，起而逐之，國亡身戮，為天下笑。連橫曰：明以前尚矣。臺灣遠隔海外，為古荒服，土番所處，海寇所踞，未有先王之制也。明季，荷蘭人始闢斯土，以通東洋貿易之途，設官行政，制王田，募民耕之，而納其賦，語在〈田賦志〉。是時歸附土番歲納鹿皮，視社之大小為差。其後因之，每年五月初二日，主計官集公所，召民贌社（贌社，漢人商賈與原住民貿易的租稅制度），眾環視之。官歷舉各社餉銀之數，高呼於上，贌者應之，至最多者而畀（ㄅㄧˋ，給予）之。乃具姓名及社餉於冊，取殷戶為保，以四季分納，謂之「社商」。社商時率夥記至番社貿易。夥主財物，記任會計，而社商領之。凡番耕獵之物悉與社商，而以布帛、鹽鐵、煙草、火藥易之。其令嚴密，番不敢私。社餉之入，大社數千金，小亦數百，是為雜稅之一。當是時，土地初闢，地廣而腴，一歲三熟，閩、粵沿海之氓（民）相率而至，以逐什一之利，歲率數千人。荷人課其丁稅，每丁年納四盾。領臺之初，歲收三千一百盾。其後二十年，增至三萬三千七百盾。蓋移殖者眾，而歲入亦多也。臺灣之山多麋鹿，獵者領照納稅，月課一盾。逐犬入山，肆其捕殺。於是麋鹿漸少。其後增至十五盾，歲入三萬六千盾，少亦二萬餘盾。其脯（ㄈㄨˇ，肉乾）皮販運中國、日本，歲率十餘萬金。設關榷稅，以稽市物，歲亦十餘萬金。若夫山林川澤之利，工之所計，虞衡（掌山林川澤之官）之所入，莫不權其輕重，以佐行政之費。荷官俸養所入，歲不足用，各自私賈，以罔市利。暴待細民，侵奪田宅，上下交爭，賄賂成習。甲螺郭懷一因民之怨，糾合同志謀逐之，事敗被殺，株連數千人。亡命之徒，轉相嘯聚，以與抵抗。又聞延平郡王將興光復之師，荷人懼，乃請爪哇總督增兵戍臺，多課雜稅，以助兵食，而內訌不息，搶攘（紛亂）昏墊（災害），以至於亡。夫國以民為本，富則國富，貧則國貧。故曰：「不患寡而患不均，不患貧而患不安。」今荷人之有臺灣也，肆其橫暴，剪食我土地，侮虐我人民，剝奪我權利。而世之論者曰，是殖民之策也，烏乎（烏乎，通「嗚呼」）痛哉！

延平入臺，國用不足，多沿荷人舊制。及經嗣位，諮議參軍陳永華乃籌長治之策，盡心經畫，建保里之方，布屯田之制，開魚鹽之利，伐林木之材，內課農桑，外興貿易。十數年來，移民大至，多至數十萬人，拓地遠及兩鄙。臺灣之人以是大集。孔子曰：「道千乘之國，敬事而信，節用而愛人，使民以時。」故民皆勤功樂業，先公而後私。故曰：「衣食足而知榮辱，廉讓生而息爭訟。」夫自延平入臺以來，與民休息，而永華又咻噢（ㄒㄩˇ ㄩˇ。噢咻，痛苦而發出的呻吟聲）之，道之以政，閑之以誼，教之以務，使之以和，漸之以忠，厲之以勇，勸之以利，嚴之以刑，民於是乎可任也。二十年間，臺灣大有。取其有餘，以供國用，民亦樂輸不怠。善乎德化之入人深也！洎（ㄐㄧˋ，及）永華亡，政教偷薄（不敦厚），而雜稅之徵濫矣。

清人得臺之際，議遷其民而墟（毀壞、荒廢）其地。靖海將軍施琅力陳不可，乃設一府、三縣。田賦之制略同行省，而雜稅仍舊，或更立之，名目繁多，變本加厲。其設於陸者曰陸餉，麗於水者曰水餉。厝餉始於荷人，大小有差，歲徵銀一千四百六十六兩有奇（ㄐㄧ，餘）。雍正元年五月，有司查驗府治家屋，除破壞者，凡得大厝七千七十四間，間徵一錢五分一釐九毫，小厝一千七百零三間，徵半之。按戶給照。納餉後有倒壞者，許繳照註銷，而新建者餉亦如之，著為例。磨餉者，鄭氏所立也，一首徵銀五兩六錢。蔗車者，新餉也，一張亦徵銀五兩六錢。當鋪者，以權子母者也，年徵五兩，謂之官典，官保護之，雖收贓不罪。然多勢豪所設，而地方官稍分潤焉。不徵餉者為小典，則武營弁（低階武官）兵以薄資而弋（取得）重利者也。瓦窑也，菜園也，檨（ㄕㄜ，芒果）宅也，檳榔宅也，亦以大小徵餉，其稅微不足道。此陸餉之大略也。塭養魚也，潭亦養魚也，而塭之出息優於潭。其後塭視下園徵稅，而編於田賦焉。澎湖產魚盛，以海為田。琅入臺後，據為私有，歲收規費千二百兩。及許良彬至，奏請歸官，以充提督衙門公費。而行家任意苛求，漁民多受剝，深以為苦。乾隆二年，下諭禁革。命總督郝玉麟飭地方官照例，編列魚舟號數，以時稽查。夫魚舟有大小，計擔徵餉，每擔七分七釐。次曰尖艚，每隻八錢四分。次曰杉板，每隻四錢二分。網一張則三兩五錢，小者一兩七錢五分。箔者，削竹如簾，長十餘丈，立海坪，乘潮汐以捕魚也，每張一兩二錢六分。滬者，築土圍，高尺餘，缺其門以入潮水，而置網以捕魚也，每口八錢四分。繚，垂餌以釣也，每條五兩八錢八分。縺亦釣也，餉與繚同。罟（ㄍㄨˇ，漁網總稱）也，䍅（ㄌㄧㄥˇ，固定式的長網）也，罾（ㄗㄥ，用竹竿或木棍做支架的方形魚網）也，均用以捕魚，而得魚之多少不同，故徵餉之輕重亦別。罟一張十一兩七錢六分，䍅五兩八錢八分，罾四兩二錢。烏魚旗者，亦謂之藏。每冬至前，烏魚自北而南，多以萬計。漁戶先時領旗，旗徵餉一兩二錢，鈐蓋縣印，列號備查。鳳邑最多。此水餉之大略也。

同治十三年冬十二月，欽差大臣沈葆楨奏言：「舊例：臺灣鼓鑄鍋皿農具之人，須向地方官舉充，由藩司給照。通臺祇二十七家，名曰鑄戶。其鐵由內地漳州採買。私販者治罪。邇來海口通商，鐵觔（ㄐㄧㄣ，通「斤」）載在進口稅則。昔杜（杜絕）內地之出，今自西洋而來，情形迥異。而不肖兵役人等，往往藉端勒索。該鑄戶亦恃官舉，任意把持，民甚苦之。又臺產竹竿，向因洋民不靖，恐有接濟，因禁出口，以致竹竿經過口岸，均須稽查。不知海船蒲布皆可為帆，無須用竹。立之厲禁，徒為兵役留一索詐之端，民間多一受害之事。應請無庸查禁。」詔可。光緒三年春，巡撫丁日昌既視臺灣，親見雜稅之苦，奏請蠲（ㄐㄩㄢ，免除）除。其言曰：「查臺郡當鄭克塽歸誠時，僅有臺灣、鳳山、嘉義三縣之地。其彰化縣、淡水、噶瑪蘭兩廳，皆係後闢之土。東至內山，西至海，地皆淺狹，唯南北袤（ㄇㄠˋ，土地南北長度）長。計臺、鳳、嘉三縣合長二百九十里，共額徵供穀十三萬餘石。而後闢之一縣、兩廳合長五百八十里，僅徵供穀五萬六千餘石。核計彰、淡、蘭之地，比臺、鳳、嘉幾多一半，而所徵之穀，反不及一半。何也？蓋臺、鳳、嘉開闢之地較早，所徵稅則皆沿鄭氏之舊，而彰、淡、蘭新墾之地，則由朝廷新定科則，故賦課較輕也。然其為民累者，則莫如雜餉。查雜餉名目繁多，內如歸化生番，無畝可計，無糧可科，以納鹿皮為餉。而所謂塭餉者，則徵於畜魚之所。所謂廍（ㄅㄨˋ，糖廍，製糖廠）餉者，則徵於熬糖之所。雖謂苛細，而稽其贏利，酌取一、二，以益正供，於民尚無大損也。他如海水支流曰港，窪深積水曰潭，凡可養魚之所，則如塭餉徵收。而小道可通之處，竹筏小艇運貨往來，亦按照徵收。又如建屋之基，磨麪之場，瓦窑、菜園、檳榔、番樣之類，莫不按數徵餉。若其徵諸漁戶者，曰罟、曰罾、曰䍅、曰縺、曰箔、曰縗、曰網、曰滬、曰烏魚旗，吏役勒索，橫取窮民。而傭戶漁人又多去來無定，官役不能盡悉，假手土豪，出為攬辦。豫納承充之費，壟斷浮收，舐糠及米（得寸進尺），輸於官者十，取於民者百。民奈何而不困耶？臣到臺後，查悉各弊，則擬稍為釐剔，而各項名目瑣碎，影射牽連，非盡斷葛籐，終難以絕弊竇。除番餉、塭餉、廍餉之外，其港潭等項雜餉，統計各屬共徵銀五千二百二十三兩九錢六分五釐，均應豁免，以除民累。伏查臺、鳳、嘉三縣正供，徵稅既重，而雜餉名目猶繁。小民終歲勤勞，所得無幾。而一經吏役隳突（隳音ㄏㄨㄟ。隳突，騷擾）叫囂，遂有枷（刑具）棒在手，雞犬無聲之歎（歎，通「嘆」）。民困何由而蘇，元氣何由而復乎？且此項雜餉徵收不過數千餘兩，就地支發，歸入奏銷。臺灣近年出產茶葉、樟腦等，釐稅均屬新徵，較此多至數倍。而臺北現議開鑛，則地利更可勃興。謹將前項雜餉查列清單，請自光緒三年起，永遠一律蠲除。」詔可。臺人大說，至今猶稱頌焉。

契稅為入款之一，亦雜稅也。舊例：每百圓繳稅並費共十三圓，人民以為過巨，多不投稅。光緒二年，郡紳蔡霞潭囑御史某出奏，旨下部議。定自三年起，減為一半，即百圓徵稅六圓五角，外費悉裁。然經辦者猶不能盡廢，每宗加繳司單六角。若在千兩以上者，由縣送府加印，或由業戶自送，每宗規費二、三十圓。而稅額之中，以三圓解府轉藩，知縣例得一圓八角，餘由書吏、家丁、房總、差役分肥。故知縣下車之後，則示民稅契，按期輪比，而私其利。多者數萬圓，少亦數千。已稅之契曰紅契，未稅者白契，眾不以為憑，故人民亦自知為要也。

安平為府治通商之口，向由臺防同知管理，徵收船費，謂之文口，派員查之。凡內地商船來臺者，應驗牌照。出口之時，船上須掛紅旗。巡丁到船，丈量擔位，報明無差，乃由委員給照收費，每百擔五圓六占六瓣，歲約五千餘圓。不換照者以為走私，船貨充公。光緒元年，臺防同知移駐卑南，仍歸收費。至十四年，改由安平縣收之，以抵津貼一半之額。其時帆船漸少，歲約三、四千圓，而輪船則由海關收之。又有武口，歸安平水師副將管理，亦派弁兵以驗出入，詰盜賊，每船徵費二圓，歲約二千餘圓。天津之約，許開臺灣互市。咸豐九年，兩江總督何桂清奏准美國先在潮州、臺灣通商，福州將軍東純、閩浙總督慶端、福建巡撫瑞璸會奏在臺開設海關。已而英、法兩國請照美國徵稅，復奏准一律辦理。其稅項仍解關庫，歸將軍督辦，統併南臺、廈門兩口奏銷。十年，奏派道員區天民會同臺灣鎮林向榮、兵備道孔昭慈、知府洪毓琛等商辦。議以淡水八里坌（ㄅㄣˋ）為通商碼頭，而於對岸滬尾設關。其北路之雞籠、香山、後壟、中港，南路之鹿耳門、打鼓，大小各口，一律禁止洋船貿易。同治元年六月二十二日，滬尾開關徵稅。二年正月，奏派道員馬樞輝接辦。適彰化亂，各地俶擾（俶音ㄔㄨˋ。俶擾，騷亂），未到，乃委淡水同知恩煜代之。恩煜請設關渡驗卡，以查洋商進出，巡邏仍用關船。稅務司又稟總理衙門，請於雞籠、旗後、安平三處，照例通商。部議許之。八月十九日，雞籠開口，派副稅務司以辦。三年四月，安平、旗後亦開辦。以滬尾為正口，雞籠、安平、旗後為外口。徵稅銀冊，均由總口轉繳關庫，歸福州將軍督辦。四年春二月，旗後稅務司以安平徵收洋稅，遞年加多，各商赴旗完納，諸多不便，請於安平添設銀號，管出入。將軍慶麟調查原案，以安平僅為驗口，祇准洋船寄碇（寄啶，暫時停靠）起貨，不許開設。而打鼓委員德協領復以此舉實為華商之便。嗣經戶部核准，以六年十月開辦。既又設船政廳，理港務，徵船鈔。其時貿易未盛，稅項亦少，蓋以中國協定稅率甚輕，而土貨之往來者別課釐金。

釐金之設，始於道光之季。時當軍事旁午（旁午，事務繁雜），徵賦為難，故為權宜之計，取以助軍。凡貨物出入，照擔徵收，不論粗細，故謂之釐。咸豐十一年，知府洪毓琛奉飭遵辦，省中亦派候補知府程榮春至淡水，設局開徵，以阿片為大宗。分局之外又有驗卡（驗卡，稽查貨物以收稅的部門），徵釐如前。而胥吏舞文弄弊，格外苛求，以飽私囊，商賈病之。夫釐金之設，為救一時之急，而非可以永遠也。故自事平之後，士大夫多請裁撤，歸併海關。而清廷不聽。然自通商以來，地利日闢，物產日興，糖、米、茶、腦之出口，歲率數百萬圓。米為民食之本，供給福建，故無釐。糖每擔二錢，以天津、上海為銷路，香港、日本次之。茶別徵釐，設局於大稻埕。樟腦之利，或歸官，或歸民，其釐較多。而煤炭、金沙之利，前後以興，故其詳可得而聞焉。

光緒十八年，旗後商人以波羅麻一宗，每百斤徵釐六角，合銀四錢三分二釐，而海關向徵稅銀七錢。自十六年三月，併入苧麻類，一律改徵，減為三錢五分。是前本稅重釐輕，今反稅輕釐重，故請核減。波羅麻者，即鳳梨絲，配至汕頭，以績（紡織）夏布，其額頗多，全臺釐金局以為出口貨物。

如土茯苓百斤，洋關稅徵銀一錢三分，釐金定章為一圓；牛皮膠百斤，洋關一錢五分，而釐金為五角；此稅輕而釐重也。又如芝麻百斤，洋關徵一錢三分五釐，而釐金為一角四瓣；樟腦洋關徵七錢五分四釐，而釐金為五角五瓣；此稅重而釐輕也。是則關稅之與釐金，原有參差，不得以百貨釐金俱照關稅減半徵收。其子口半稅，原指洋商請領之三聯票，運貨到最後子口，完納半稅而言。若華商則逢關納稅，遇卡抽釐，何得援出口半稅為例。但該商人近來市景蕭條，銷路尤滯。旗後波羅麻出口，每年徵釐約二、三百金，為數甚少，姑准核減，併入苧麻章程，每百斤改徵四角二瓣，合銀三錢二釐，以恤商艱。

夫稅釐之設，所以供國之用也，而民間亦有私徵。城廂（城內及靠近城的地方）之市，村落之墟，牛豚之畜，蔬果之場，凡至此販者，每收其費，以充廟祀義舉之款。然必稟官出示，以杜分爭，故人肯樂輸也。初，道光間，郡中商務繁盛，牛車入城，日數百輛。城兵欺其鄉愚，勒索規費，每輛收錢百文，多至數百文。鄉人不堪其苦，群籲郡紳。鎮道合示禁止，違者治罪，而弊稍革矣。

鄭氏徵收雜稅表

厝稅	每間六錢二分，凡六千二百七十間半，年徵三千八百八十七兩七錢一分。
贌社	凡二十七所，年徵三千六十兩。
港潭	年徵一萬九千三百八十八兩。
樑頭牌	每擔一錢一分，凡一萬三千六百三十七擔，年徵一千五百兩七分。
澎湖船隻	凡一百十一隻，年徵七十三兩八錢。
安平鎮渡船	凡三十四隻，年徵四百兩。

牛磨	每首二十四兩，凡二十七首，年徵六百四十八兩。
蔗車	凡一百張，年徵一千九百七十六兩。
大小網箔	凡八十張，年徵二百零八兩四錢。
罟罾縺縍等	年徵八百四十兩。
烏魚旗	凡九十四枝，年徵一百四十一兩。
入港貨稅	年徵一萬三千兩。
出港鹽稅	年徵二百兩。
僧道度牒	僧每名二兩，道士五兩，年徵二百兩。

清代陸餉徵收表（據乾隆二十九年《臺灣府志》）（終位：釐）

款目＼廳縣	臺灣	鳳山	諸羅	彰化	淡水	澎湖
厝餉	一、二五六、一九三		二〇〇、五〇〇			
牛磨	二二五、二〇四			一〇〇、八〇〇	五、六〇〇	
蔗車	二七四、四〇〇	五六二、八〇〇	八七一、九〇〇	三四七、二〇〇	一一、二〇〇	
檨宅	七〇、〇〇〇	六、〇〇〇				
檳榔宅			六〇、〇〇〇			
菜園			三、〇〇〇			
瓦窰			一二、五〇〇			
當舖	五〇、〇〇〇	五、〇〇〇	一一五、〇〇〇			

清代水餉徵收表（據乾隆二十九年臺灣府志）（終位：釐）

款目＼廳縣	臺灣	鳳山	諸羅	彰化	淡水	澎湖
漁船	六四五、六四一	三八七、九二六	二二六、六六九	一五五、八八五		二二三、〇二〇
渡船		七六、一五三				
港潭	四二五、六二四	四四二、九七四	三五一、四一七	四四、五三八		
魚塭	一六、五〇〇		一〇〇、〇〇〇			
大小網						一五四、〇〇〇
箔		一一、七六〇				三、一五〇
滬						三二、一三〇
罾	三二、四〇〇	八、四〇〇	八、四〇〇			二八、五六〇
罟	七〇、五六〇	一二九、三六〇	五、八八〇	五、八八〇	一一、七六〇	
零	一七、六七〇	五、八八〇				
縺	五二、九二〇	六四、六八〇	二九、四〇〇			
蠔	五二、九二〇	四七、〇二〇	四七、〇四〇			
繚			一一、七六〇			
烏魚旗		九八、七〇〇				

臺灣海關徵收稅鈔表

年分	淡水及基隆（兩）	安平及旗後（兩）	合計（兩）
光緒七年	三二〇、四六九	二一八、三九五	五三八、八六四
八年	二八五、三三〇	一八六、九六一	四七二、二八一
九年	二九六、九三一	一九四、八九五	四九一、八二六
十年	二九七、八七九	二一〇、二一四	五〇八、〇九三
十一年	三七二、七二〇	一五二、三七五	五二五、〇九五
十二年	三八二、一五六	一五四、〇八八	五三六、二四四
十三年	五三四、五二三	三三七、五七六	八七二、〇九九
十四年	五九八、三八三	四〇四、二〇五	一、〇〇二、五八八
十五年	五九〇、九四四	三九九、二〇二	九九〇、一四六
十六年	五八四、二四一	四六一、〇三一	一、〇四五、二七二

臺灣海關徵收船鈔表

年分	淡水及基隆（兩）	安平及旗後（兩）	合計（兩）
光緒八年	一、八九七	五、〇六七	六、九六四
九年	二、二八三	四、九三九	七、二二二
十年	一、九六一	五、四九一	七、四五二
十一年	六五六	二、五四八	三、二〇四
十二年	一、四四二	二、四一五	三、八五七

年分	淡水及基隆（兩）	安平及旗後（兩）	合計（兩）
十三年	七〇七	二、四七五	三、一八二
十四年	四、八六九	三、四二三	八、二九一
十五年	三、一九二	二、七二四	五、九二三
十六年	一、六三〇	四、〇五九	五、六八九
十七年	二、〇六五	一、七二七	三、七九二

譯文

吳昆財・注譯

昔日大禹治平洪水，劃天下為九州，依照土地的肥瘠，繳納田賦，賦稅的意義從此開始。賦用來養兵，稅用來養民，國家之用既然足夠，人民就會安寧。而暴君汙吏將天下視為己有，橫徵暴斂，吸食民脂民膏，民怨民怒大作，百姓起而驅逐，最後國滅身亡，成為天下的笑柄。連橫說：明朝以前的故事是很久了。臺灣遠隔在海外，自古就是一個邊遠的地方，是為原住民所居之地，海寇們所盤踞，沒有先王先聖的制度。明朝末年，荷蘭人才開始開闢這塊土地，作為與東洋進行貿易的中途站，設置官府作為行政，制定王田，召募民眾耕作，從而徵納稅賦，故事在〈田賦志〉。當時歸附的原住民每年繳納鹿皮，端看原住民社的大小有所差異。之後就成為定例，每年五月二日，主計官員集合在公所，召集眾人，將轄下原住民村社的交易權公開招標，稱為「贌社」。官員舉出原住民各社應繳交的俸給數目，公開的高喊出來，再由商人喊價，最終由出最高價的人得之，商人得標後即可獨占村社的所有交易。接著將得標者姓名與原住民的社餉（應繳的錢糧）記載於冊，由殷實戶作為具保人，分成四季繳納，稱之為「社商」。社商時常會率領夥計來到原住民社進行貿易。由夥計負責財產與物品，把它們記載在冊子，其後再由社商領走。凡是原住民耕獵所得的物品都給社商，而以布帛、鹽鐵、煙草、火藥交換。這些法令非常的嚴密，原住民不敢私藏。社餉的收入，大社數千金，小的也有數百，這是屬於雜稅的一種。當時，土地才開始拓墾，土地廣而且肥沃，一年三收，福建、廣東沿海的失業百姓紛紛相約來到臺灣，以追求十分之一的利益，每年皆有數千人之多。荷蘭人課徵他們的人口稅，每個男人年繳四個荷蘭盾。統領臺灣之初，每年收入有三千一百盾。其後的二十年，增加到三萬三千七百盾。大概是因爲移民者越來越多，歲入也跟著增多了。臺灣的山有非常多的麋鹿，捕獵者必須領照納稅，每月繳交一盾。牽獵犬入山，進行肆虐性的捕殺。於是麋鹿逐漸減少。其後增加到十五個盾，歲入三萬六千盾，少的也有二萬多盾。鹿肉乾鹿皮販賣到中國、日本，歲入大約十多萬金。設置關卡收稅，用以稽查市面的物品，歲入也有十多萬金。至於山林川澤的利益，生產的人所籌算的，主掌山林川澤官員們所收入的，無不權衡輕重，拿來補助行政的費用。荷蘭官員俸養的收入，每年還是不夠使用，所以各自私下做生意，以謀取利益。粗暴對待一般小民，侵奪田宅，上下交相爭利，賄賂成爲習慣。甲螺（角頭）郭懷一因爲人民有怨，糾合同志企圖驅逐荷蘭人，事蹟敗露被殺，株連數千人。亡命之徒，轉爲相互呼嘯聚集，與荷蘭人相對抗。又聽說延平郡王鄭成功（一六二四—一六六二）準備建立光復之師，荷蘭人恐懼，請爪哇總督增兵防守臺灣，再多加徵課雜稅，以協助士兵的食糧，從而造成內訌不斷，人禍天災，導致滅亡。國家以人民爲本，人民富則國家富，人民貧則國家貧。所以說：「不患寡而患不均，不患貧而患不安。」今天荷蘭人之有臺灣，恣意妄爲橫暴無理，侵食我們的土地，侮辱虐待我們的人民，剝奪我們的權利。這是世界上所論說的，就是殖民政策，嗚呼哀哉！

延平郡王進入臺灣，國家財政不足，大多沿襲荷蘭人的舊制度。等到鄭經（一六四二—一六八一）繼位，諮議參軍陳永華乃籌劃長治久安的策略，盡心地經營規畫，建立保里方法，布建屯田制度，開闢魚鹽之利，砍伐林木之材，對內督導農桑，對外興起貿易。十多年來，移民大增，多達數十萬人，拓展的土地遠及於荒邊之地。臺灣人於是大大的增加。孔子說：「治理國家應該事事認眞，時時誠信，處處節約，關心群眾，及時抓住發展機遇。」所以人民都能勤勞工作並愉快的從事本業，先公而後私。所以說：「衣食都滿足了而後知道榮辱，清廉遜讓產生了而後爭訟就會停止。」自從延平郡王來到臺灣後，讓人民休息，而後陳永華（一六三四—一六八〇）又繼續安撫百姓，以政策來導正，以義理來規範，以務實來教導，以和來使喚，以忠來影響，以勇來激勵，以利來勸說，以刑來警惕，人民於是可以信任了。二十年之間，臺灣大大的進步。拿出所剩餘的，以供給國用，人民也樂意捐輸而不怠慢。以品質淳厚的德業感化誘導眞是深入人心啊！但自從永華去世後，政治與教化不再敦厚，雜稅就開始出現浮濫了！

清人取得臺灣之際，有人建議將人民遷走而後把臺地變成廢墟。靖海將軍施琅（一六二一—一六九六）力陳不可如此，所以設立了一府、三縣。田賦制度與一個行省大略相同，但雜稅仍然依舊，或者重新更改，名目非常多，甚至變本加厲。設置在陸地上的稱爲「陸餉」，附屬在水上的稱爲「水餉」。「厝餉」（房屋稅）從荷蘭人時期開始，大小有所差異，每年可徵稅銀一千四百六十六兩多。雍正元年（一七二三）五月相關官員查驗臺灣府治的家屋，除了遭到破壞的，共計大厝七千七十四間，每間課徵一錢五分二釐九毫，小厝一千七百零三間，課徵大厝的半價。按照每戶給予執照。納餉稅後再傾倒毀壞的，註銷繳稅執照，新建的家屋比照處理，成爲規範。磨餉（指石臼稅），鄭氏所創立的，一粒石磨課徵五兩六錢銀子。蔗車，是新稅，一張車也要課徵五兩六錢銀子。當舖業者，以其因依靠資本借貸生息，年徵五兩銀子，稱爲官典（低級官吏），受到官方保護，雖然收到贓物也沒有罪。然而大多是權勢強大的豪門大家所開設，而地方官員則從中分享利潤。不課徵稅的稱爲小典，則是那些軍中低級士兵因待遇微薄而當作爲截取重利者。瓦窯、菜園、芒果園、檳榔園，也依據大小而徵稅，其稅率則微不足道。這是陸餉的大概情況。魚塭養魚，水潭也養魚，但魚塭的利潤多於水潭。其後魚塭比照下等園徵稅，編入於田賦。澎湖盛產魚類，以海爲田。施琅入臺後，據爲己有，每年收規費一千二百兩。等到許良彬（一六七〇—一七三二）來到，奏請歸回於官府，以便充作提督衙門的公費。但從中代客買賣，收取佣金的人，卻任意苛求，漁民大多受到剝削，深以爲苦。乾隆二年（一七三七），下旨諭禁止。命令總督郝玉麟（？—一七四五）整頓地方官的慣例，編列魚舟數量號碼，以便經常稽查。魚舟有大小，根據每一擔數課徵餉稅，每擔是七分七釐。其次是尖艚，每艘八錢四分。再其次是杉板，每艘四錢二分。每一張網則是三兩五錢，小的是一兩七錢五分。箔，就是用竹子削編而成的竹簾，長十多丈，立在平坦的海灘上，再趁著潮汐捕魚，每張一兩二錢六分。滬，就是築成土圍，高一尺多，空出一個門以便讓潮水進入，再放置漁網捕魚，每一口滬課稅八錢四分。繚，就是釣餌，每條五兩八錢八分。縺也是釣餌，餉稅也和繚相同。罟、罾、䍡，都是用來捕魚，而捕得魚的多寡並不相同，所以課稅的輕重也不相同。罟一張十一兩七錢六分，罾是五兩八錢八分，䍡是四兩二錢。烏魚旗者，也稱爲藏。每年冬至前，烏魚從北而南，多以萬條計。漁戶先是要領旗，每面旗子徵稅一兩二錢，蓋上縣府大印，列號以備查驗，鳳山縣最多。這是水餉的大概。

同治十三年（一八七四）十二月，欽差大臣沈葆楨（一八二〇—一八七九）上奏表示：「舊例：臺灣凡是鑄造鍋具農器的人，都必須向地方官提出說明，由負責財政的藩司給予執照。全臺灣只有二十七家，名爲『鐵戶』。鐵的來源由內地漳州採買。私下販賣者要治罪。近來海口通商，鐵已經記載在進口稅則裡。昔日杜絕內地的運出，如今可自西洋而來，情形已不相同。而不肖的士兵等，往往假藉事端勒索。那些鑄戶也仗恃著官方的推舉，任意把持特權，百姓深受其苦。又臺灣出產竹竿。向來因爲外國人並不安定，恐怕接濟他們，因而禁止出口，以致竹竿經過的口岸，都必須稽查。卻不知海船的菖蒲布都可以做成船帆，無須使用竹子。嚴厲禁止，只是徒留給士卒們敲詐勒索的藉端而已，民間多了一件受害的事。應該請准無須查禁。」朝廷許可。光緒三年（一八七七）春，巡撫丁日昌（一八二三—一八八二）巡視臺灣，親眼目睹雜稅之苦，奏請免除。他說：「調查了臺灣郡在鄭克塽（一六七〇—一七〇七）歸誠之時，僅有臺灣、鳳山、嘉義三縣之地。其彰化縣、淡水縣、噶瑪蘭廳之地，都是後來開闢的土地。東至內山，西至海，地方短淺而狹窄，只有南北較為袤長。共計臺、鳳、嘉三縣合長為二百九十里，徵稅額度共是十三多萬石穀子。而後開闢的一縣、兩廳合長五百八十里，僅能課徵五萬六千餘石的穀子。核計彰、淡、蘭的土地，比臺、鳳、嘉幾乎多出一半，但所徵的穀子，反而不到一半。為何？大概是因為臺、鳳、嘉開闢的土地較早，所課徵稅則都沿襲自鄭氏的舊例，而彰、淡、蘭新開闢的土地，則是由朝廷制定新的稅則，所以賦稅較輕。然而最讓百姓疲累的，莫如雜稅。訪查了雜稅名目繁多，內如已歸化的生番（當時用語），無田畝可核計，無穀糧可以繳納，則繳交鹿皮為稅。而所謂塭餉者，則是對養魚場所的課稅。所謂廍餉者，則是對熬糖場所的課徵。雖說苛刻細微，而稽查這些營業所得的利益，酌收一、二，以幫助法定的賦稅，對於百姓尚無太大的損失。其他如海水支流稱為港，窪深積水稱為潭，凡是可以養魚的場所，則與塭餉相同徵稅。而小道路可以通行之處，竹筏小艇運貨往來，也要按照徵稅。又如建屋的地基，磨麵粉的場所，瓦窯、菜園、檳榔、芒果之類，無不按照數量徵稅。對漁戶的課徵，例如：罟、罾、罟、縺、箔、縗、網、滬、烏魚旗等稅，讓小吏勒索，向窮人橫加奪取。而受傭做事者與漁人又大多是來去不定，官差們也不能完全掌握，於是假手土豪，代為承攬辦理。預先繳納稟辦的費用，接著壟斷浮濫收稅，再逐步侵蝕，得寸進尺，輸送給官府的是十，卻向人民收取一百。人民怎能不窮困呢？臣到了臺灣後，查明各項弊端，準備稍微清理剔除，各項名目非常的瑣碎，若不澈底斬斷糾纏不清的關係，終究是難以杜絕弊害的漏洞。革除番餉、塭餉、廍餉之外，其港潭等項的雜稅，統計各單位共計課徵了銀五千二百二十三兩九錢六分五釐，都應該豁免，以掃除對人民的傷害。調查臺、鳳、嘉三縣法定賦稅，課稅已經很沉重，但雜稅名目還是繁多。小老百姓終年勤勞，所得也沒有多少。但一經小吏們騷擾叫囂，就會生出了枷鎖在手，雞狗無聲的感嘆。百姓的窮困如何緩解，元氣如何復甦？而且這種雜稅所徵收的不過是數千兩，就地撥付發給，再歸入報銷。臺灣近年來出產茶葉、樟腦等，釐金稅都屬於新課徵的稅，比起這些雜稅多出了數倍。而臺北現在討論開礦事宜，土地的利益更可謂是蓬勃發展。謹將前項的雜稅查清且列妥清單，請自光緒三年起，永遠一律免除。」朝廷許可。臺灣人大悅，至今仍然在稱頌啊！

契稅是收入的款項之一，也是雜稅。舊例規定：每百圓繳稅十三圓，人民認爲太高了，大多不願意交稅。光緒二年（一八七六），郡裡的仕紳蔡霞潭囑託某位御史上奏，朝廷下旨戶部商議。決定自三年（一八七七）起，減爲一半，就是每百圓徵稅六圓五角，其他費用都裁撤。然而經手辦理的人仍然不能夠全部廢除，每件加繳納六角。若是在一千兩以上的，由縣送至府加印，或者由戶自己送達，每件規費二、三十圓。而稅額之中，三圓由府轉給藩司，知縣每件取得一圓八角，其餘由書吏、家丁、房總、差役也能分別取得利益。所以知縣下車之後，就對民眾出示稅契，按照稅率每期進行徵收，從而圖謀自己的私利，多的有數萬圓，少的也有數千。已經課稅的奏稱「紅契」，尚未課徵的稅「白契」，民眾不認爲這是證據，所以人民也須自知爲要。

安平爲臺灣府治的通商之口，向來是由臺防同知管理，徵收船費，稱爲「文口」，派員查驗。凡是內地商船來臺灣的，應勘驗牌照。出口之時，船上必須掛著紅旗。巡丁來到船上，檢查擔數，驗明無誤後，由委員發給執照收取費用，每擔是五圓六占六瓣，每年約五千多圓。不換執照者就是走私，船隻貨品都充公。光緒元年（一八七五），臺防同知移駐卑南，仍然收取船費。至十四年

（一八八八），改由安平縣收取，以抵銷一半的津貼。當時帆船已經漸漸減少，每年約有三、四千圓收入，而輪船則由海關徵稅。又有「武口」，歸安平水師副將管理，也派士兵查驗出入，盤詰盜賊，每艘船徵稅二圓，每年約有二千多圓收入。《天津條約》，允許開放臺灣互市。咸豐九年（一八五九），兩江總督何桂清（？—一八六二）上奏准許美國先在潮州、臺灣通商，福州將軍東純、閩浙總督慶瑞、福建巡撫瑞璸（一八〇一—一八六二）合奏請准在臺灣開設海關。過了不久英、法兩國請求依照美國來徵稅，朝廷同意一律辦理。稅款仍然解送到海關庫房，歸由將軍督導辦理。統一併入南臺、廈門兩口上奏報銷。十年（一八六〇），奏請派遣道員區天民會同臺灣鎮林向榮（？—一八六二）、兵備道孔昭慈（一七九五—一八六二）、知府洪毓琛（一八一三—一八六三）等商議辦理。建議以淡水、八里坌爲通商碼頭，而在對岸滬尾設立海關。北路的雞籠、香山、後壠、中港（今基隆市、新竹市香山區、苗栗縣後龍鎮、臺中市龍井區），南路鹿耳門、打鼓（今高雄市鼓山區），大小各口，一律禁止外國船隻貿易。同治元年（一八六二）六月二十二日，滬尾開啓關口徵稅。二年（一八六三）正月，奏請派遣道員馬樞輝接辦。適逢彰化有亂事，各地騷動擾亂，並未到任，乃委由淡水同知恩煜代理。恩煜建請設置關渡查驗卡，以檢查外國商船進出，巡邏時仍使用關船。稅務司又稟告總理衙門，建請在雞籠、旗後（今高雄市旗津區）、平安（今臺南市安平區）三處，依照規定進行通商。戶部允許。八月十九日，雞籠開通商口岸，派副稅務司辦理。三年（一八六四）四月，安平、旗後也接著開辦。以滬尾爲正口，雞籠、旗後、平安爲外口。徵稅銀兩的冊子，都由總口轉繳交海關庫房，歸由福州將軍督導辦理。四年（一八六五）二月，旗後稅務司以安平徵收洋稅，逐年增加，各個商人都要趕赴旗後繳納，諸多方便，奏請在安平添置銀號，管理出入。將軍慶麟調查此案，認爲安平只是作爲查驗口，只准許外國船隻載送貨物，不允許開設銀號。而打鼓委員德協領又認爲這是有利於中國商人的便利。之後經由戶部核准，以六年（一八六七）十月開辦。不久又設置船政廳，管理港務，課徵船稅。當時貿易不太興盛，稅項也少，大概是因爲中國協定稅率非常輕，而且土貨的往來另外課徵釐金。

釐金的設置，開始於道光末年。當時是因軍事紛繁，課稅困難，所以是權宜之計，收取釐金以幫助軍事。凡是貨物進出，依照擔的數量徵收，不論精細，所以稱爲釐。咸豐十一年（一八六一），知府洪毓琛奉令遵照辦理，省裡也派任候選知府程榮春來到淡水，設局開徵，以阿片爲大宗。分局之外有驗卡，徵收釐金和前述相同。而文書小官們舞文弄弊，格外地苛求，以便求中飽私囊，商人們爲其所苦。釐金的開設，主要是爲救一時之急，而不是永遠可行的。所以自從平亂之後，士大夫大多建請裁撤，歸併到海關。但清廷不接受。然而自通商以來，土地的利用日漸開闢，物產日漸興起，糖、米、茶、腦的出口，每年達數百萬圓。米糧爲人民食用的根本，供給福建，所以沒有釐金。糖每擔二錢，以天津、上海爲銷路，香港、日本居次。茶另外課徵釐金，在大稻埕設局（今臺北市大同區）。樟腦之利，或歸於官府，或歸於百姓。而煤炭、金沙之利，前後興起，所以詳細內容是能夠得知。

光緒十八年（一八九二），旗後商人以一宗的波羅麻，每百斤課徵釐金六角，合銀四錢三分二釐，而海關則徵稅銀七錢。自十六年（一八九〇）三月，波羅麻併入苧麻類，一律改變課徵，減爲三錢五分。如此造成了之前的本稅重釐金輕，如今反而是本稅輕釐金重，所以建請核准減少。波羅麻，就是鳳梨絲，配售到汕頭，用以織成夏布，數量非常多，全臺釐金局認定它是出口貨物。如一百斤土伏苓，洋關稅課徵一錢三分銀，釐金定規章是一圓；一百斤牛皮膠，洋關稅是一錢五分，而釐金是五角；這是本稅輕而釐金重。又如一百斤芝麻，洋關課徵一錢三分五釐，而釐金是一角四瓣；樟腦洋關課徵七錢五分四釐，而釐金是五角五瓣；這是本稅重而釐金輕。所以關稅與釐金，原本就有所差別，不能夠以百貨的釐金都要比照關稅減半徵收。子口半稅，原本指的是外國商人所請領的三聯票，運送貨物到了最後的子口，繳納半稅而言。如果是華商則是逢海關納稅，遇關卡則抽釐金，怎可援用出口的一半稅額爲例。但是該商人近來市況蕭條，銷路尤其滯礙不順。旗後波羅麻出口，每年徵釐金約二、三百金，爲數甚少，姑且准許降低，併入苧麻章程，每百斤改課徵四角二瓣，折合銀三錢二釐，以體恤商業的艱難。

課稅與釐金的設置，是爲了供給國家使用，而民間也有私自課徵。城市之內，村落之墟，牛豬之畜養，蔬果栽培的場所，凡是到此做買賣的，都會收取費用，以充做寺廟祭祀從事善舉的款項。然而必須稟告官府出具證明，以杜絕糾紛，所以百姓才肯樂於捐輸。當初，道光年間，臺南郡商務繁盛，牛車入城，每天有數百輛。城裡士兵欺負鄉民愚昧，勒索規費，每輛收錢一百文，多的甚至數百文。鄉人不堪其苦，乃群起呼籲郡紳。臺灣道乃出告示禁止，違反者治罪，弊端才稍微革除。

鄭氏徵收雜稅表

厝稅	每間六錢二分，凡六千二百七十間半，年徵三千八百八十七兩七錢一分。
贌社	共二十七所，年徵三千六十兩。
港潭	年徵一萬九千三百八十八兩。
樑頭牌	每擔一錢一分，共計一萬三千六百三十七擔，年徵一千五百兩七分。（對運輸船徵稅的名目）
澎湖船隻	共一百十一隻，年徵七十三兩八錢。
安平鎮渡船	共三十四隻，年徵四百兩。
牛磨	每首二十四兩，共二十七首，年徵六百四十八兩。

蔗車	共一百張，年徵一千九百七十八兩。
大小網箔	只八十張，年徵二百零八兩四錢。
罟罾縺縩等	年徵八百四十兩。
烏魚旗	共九十四支，年徵一百四十一兩。
入港貨稅	年徵一萬三千兩。
出港鹽稅	年徵二百兩。
僧道度牒	僧每名二兩，道士五兩，年徵二百兩。

清代陸餉徵收表（據乾隆二十九年《臺灣府志》）（終位：釐）

款目＼廳縣	臺灣	鳳山	諸羅	彰化	淡水	澎湖
厝餉	一、二五六、九三		二〇〇、五〇〇			
牛磨	二二五、二〇四			三四七、二〇〇	五、六〇〇	
蔗車	二七四、四〇〇	五六二、八〇〇	八七一、九〇〇	三四七、二〇〇	一一、二〇〇	
檨宅	七〇、〇〇	六、〇〇〇				
檳榔宅			六〇、〇〇〇			
菜園			三、〇〇〇			
瓦窯			一二、五〇〇			
當鋪			一一五、〇〇〇			

清代水師餉徵收表（據乾隆二十九年《臺灣府志》）（終位：釐）

款目＼廳縣	臺灣	鳳山	諸羅	彰化	淡水	澎湖
漁船	六四五、六四一	三八七、九二六	二二六、六六九	一五五、八八五		
渡船		七六、一五三				
港潭	四二五、六二四	四田二、九十山四	三五一、四一七	四四、五三		
魚塭	一六、五〇〇		一〇〇、〇〇〇			
大小網						一五四、〇〇〇
箔		一一、七六〇				三、一五〇
滬						三三、一三〇
罾	三三、四〇〇	八、四〇〇	八、四〇〇			二八、五六〇
罟	一七、六〇〇	一二九、三六〇	五、八八〇	五、八八〇	一一、七六〇	
䍐	一七、六七〇	五、八八〇				
縺	五二、九二〇	六四、六八〇	二九、四〇〇			
蠔	五二、九二〇	四七、〇二〇	四七、〇四〇			
綾			一一、七六〇			
烏魚旗		九八、七〇〇				

臺灣海關徵收稅鈔表

年分	淡水及基隆（兩）	安平及旗後（兩）	合計（兩）
光緒七年	三二〇、四六九	二一八、三九五	五三八、八六四
八年	二八五、三二〇	一八六、九六一	四七二、二八一
九年	二九六、九三一	一九四、八九五	四九一、八二六
十年	二九七、八七九	二一〇、二一四	五〇八、〇九三
十一年	三七一、七二〇	一五二、三七五	五二五、〇九五
十二年	三八二、一五六	一五四、〇八八	五三六、二四四
十三年	五三四、五二三	三三七、五七六	八七二、〇九九
十四年	五九八、三八三	四〇四、二〇五	一、〇〇〇、五八八
十五年	五九〇、九四四	三九九、二〇二	九九〇、一四六
十六年	五八四、二四一	四六一、〇三二	一、〇四五、二七二

臺灣海關徵收船鈔表

年分	淡水及基隆（兩）	安平及旗後（兩）	合計（兩）
光緒八年	一、八九七	五、〇六七	六、九六四
九年	二、二八三	四、九三九	七、二二二
十年	一、九六一	五、四九一	七、四五二
十一年	六五六	二、五四八	三、二〇四
十二年	一、四四二	二、四一五	三、八五七

年分	淡水及基隆（兩）	安平及旗後（兩）	合計（兩）
十三年	七〇七	二、四七五	三、一八二
十四年	四、八六九	三、四二三	八、二九二
十五年	三、一九二	二、七二四	五、九二三
十六年	一、六三〇	四、〇五九	五、六八九
十七年	二、〇六五	一、七二七	三、七九二

卷十八　榷賣志

連橫曰：昔者太公治齊，官山府海，以殖其利，管仲因之，齊以富強。故能霸諸侯，攘夷狄，功傳數世。漢興，至武帝時，拓地用兵，軍旅歲動，國計不足，設鹽鐵之官，榷（ㄑㄩㄝˋ，專賣）酒酤之稅。文學之臣以為聚斂，而功利者且以為富國焉。臺灣榷賣之制，始於清代。初理鹽、磺，後及煤、腦。蓋此為天地自然之利，苟振興之，足以裕國而益民焉。先是臺灣鼓鑄（鼓鑄，冶煉鑄造）鍋皿農具之人，例由地方官舉充，藩司給照，而納其稅。全臺定二十有七家，名曰鑄戶。其鐵由漳州採辦，私販治罪。蓋以臺灣孤立海上，慮造兵器，故官督之。然自通商以來，洋鐵入口，載在稅則，而舊例遂成虛文。同治十三年，欽差大臣沈葆楨奏請廢止，用者便之。夫榷賣之制，各國皆有，大小輕重，或有不同。而臺灣之所行者則此。《記》曰：「百姓足，君孰與不足。」旨深哉！

鹽

臺灣濱海之地，煮水為鹽，其利甚溥。前時鹽味苦澀，不適於用，多自漳、泉運入。永曆十九年，諮議參軍陳永華始教民晒鹽，擇地於天興之南，則今之瀨口也。其法築埕海隅，鋪以碎磚，引水於池，俟其發滷，潑而晒之，即日可成，色白而鹹，用功甚少。許民自賣，而課其稅。歸清以後，鹽戶日多，銷路愈廣；爭晒競售，市價不一。雍正四年春，奏歸官辦，由府管理。分設鹽場四處：曰州南，曰州北，為臺邑武定里；曰瀨北，為今附郭之鹽埕莊；曰瀨南，則鳳邑之大竹里，而毗（ㄆㄧˊ，連接）於打鼓山麓也。每場設管事一名，巡丁十人，或八人、或六人，視其大小，以防私漏。鹽戶晒鹽，例於春冬，春曰大汎，冬曰小汎，以夏秋多雨也。鹽成運納於場，而發其價。每石時銀一錢二分。瀨南稍遜，減二分。歲收約九萬石，或至十萬石。府中設總館一，市鎮各設分館。販戶赴館繳課，領引而出。其鹽石銀三錢。水運陸載，視路遠近，以定市價，故各地不均。鹽課所入，每月支發鹽戶及經費外，悉存府庫，造冊申報，以充兵餉。乾隆二十年，增設瀨東，為嘉邑之井仔腳。而布袋嘴、北門嶼亦先後分設。蓋以彰、淡設治，墾戶日進，故由此給之。五十五年，議定臺灣定額之外，所有埕底泥鹽，歲約二萬石，分撥各廳銷售。每年徵課一千八百十八兩餘，入冊奏銷。嘉慶十五年，設噶瑪蘭廳。鹽用瀨北，歲銷七千石，歸廳採運。每石售銀三錢三分，共徵二千三百十兩。除原價及折紋銀外，可得盈餘紋銀一千三百三十七兩。先是興化、惠安魚船，每當春夏之交，遭風收泊蘭屬，運鹽散賣，斤錢七、八文。間有收積居奇，至秋冬時，價至二、三十文。及設官後，禁私販，議照汀州行銷廣潮鹽引，募雞籠小船，給照至蒲田、惠安就場購運，以資民食。蓋以蘭地僻處北東，府鹽運至淡水，又須待風而入，費大時久，或虞斷絕，故其價昂。而司道不許。以蘭為臺屬，行銷府鹽，可杜私販，且緩急足濟，乃議定歸廳。自十八年三月為始，每斤價十六文，用者便之。道光四年閏七月，省議以南靖、長泰二縣鹽引阻滯，奏請臺灣代銷。於是歲課一萬七千石，合以臺灣自晒者十三萬石，入款頗巨。自是以來，北鄙日闢，淡屬住民幾數十萬，而仍行銷府鹽，採配不便。咸豐中，始許於虎仔山自晒。一時私鹽充斥，課項銳減。同治六年二月，改歸道辦，嚴緝捕。虎仔山場亦歸官，七年移府，九年二月復歸道，十年仍歸府辦。而鹽引愈多矣。

澎湖四面皆海，小島錯立，其地斥鹵，可以自晒。仍銷府鹽，每銀一圓售八十斤，色灰稍苦。澎人以海為田，需鹽較重，一旦不至，人受其病。光緒初，議設鹽場，不許。十一年建省，十四年整飭鹽務，南北兩府各設總局，以攬其事。南歸兵備道，而北歸布政使。基隆、艋舺、宜蘭、新竹、大甲、鹿港、嘉義、鳳山、恆春、澎湖各設總館，各地仍置小館，由民攬辦。其館主多鄉紳宦戚，獲利不少。大者歲盈萬金，小亦一、二千圓。臺灣銷鹽約按人口，每人日用三錢，年須六斤十二兩。以三百萬人計之，則當鹽二千二十有五萬斤。斤勻銀一分，為二十萬二千五百兩，實歲入之一大宗也。

生番渾噩，僻處內山，茹毛飲血，需鹽孔亟。其歸化者由官給之，或以互市。而舊《志》載崇爻山有鹹泉，掘地汲之，編竹為鑊，內外塗泥，煮之成鹽。若中壢、後壠各地熟番，有以挑沙瀝鹵自煮者，官不徵課。蓋歸化時，曾經奏准者也。

硫磺

硫磺產於淡水，為今北投之地。當西班牙人據臺時，曾掘取之。而瘴毒披猖，蟲滋水惡，工人多病。歸清後，康熙三十五年冬，福州火藥局災，典守者負償，欲派吏往，無敢至。仁和諸生郁永河適在省，慨然請行。三十六年春二月至郡，四月北上，先命淡水社通事張大入北投築屋。既至，集番酋飲，告以採磺事，與約一筐易布七尺。番喜，各負磺至，命工煮之。磺有黃、黑二種，質沉有光，以指撚之，颯颯有聲者佳，反是則劣。先碎為粉，暴日極乾。鑊中置油，徐入土，以兩人持竹桿攪之。土既得油，則磺自出。油土相融，而後成物。一鑊可得四、五百斤，或一、二百斤，唯視火候之純疵爾。產磺之地為內北投，石作藍靛色，有沸泉，草色萎黃，無生意。山麓白氣縷縷，如雲乍吐，是為磺穴。風至，磺氣甚惡。更進半里，草木不生，地熱如炙，白氣五十餘道，皆從地底騰激。怒雷震撼，地岌岌欲動。所以不陷者，熱氣鼓之爾。穴中毒焰撲人，觸腦欲裂。左傍一溪，聲如倒峽，即沸泉所出源也。永河著《稗海記游》，其所言略如此。當是時，淡水未闢，而北投又在番境，奸宄（ㄍㄨㄟˇ，壞人）潛至，私製火藥。乾隆中，出示禁止，嗣命屯丁守之。每年四季，北路營副將派弁入山，焚燬草木，以杜私煮。同治二年，福建巡撫徐宗幹奏請開採，以俾軍務。六年，淡水同知嚴金清稟請不可，以採之有四可慮。八年，盧璧山奉南洋通商大臣之命，來臺採辦，募工煮之。既而閩浙總督英桂飭總兵楊在元、兵備道黎兆棠派員會勘。蓋以其時整軍經武，多用火藥，故議開採。然以所產未巨，恐耗經費，九年，復封。及劉銘傳任巡撫，謀殖地利，光緒十三年，奏設腦磺總局，與樟腦皆歸官辦。而所產日盛，以至於今。

煤

煤為礦產大宗。臺灣多有，而基隆最盛。當西班牙據北時，則掘用之，其跡猶存，為今之仙洞。歸清以後，仍事採掘。乾隆中，移民漸眾，以其有傷龍脈，請官禁止，然尚有私掘者。道光十五年，淡水同知婁雲再示禁。十七年，同知曹謹復禁。而是時海通已啓，東西往來，以臺為徑，各國遂多注目。禁煙之役，英艦窺基隆。及平，英人輒來臺灣，謀通商。二十八年，英國水師游擊吳倫至基隆，查勘煤層，歸報其國。三十年，英公使請准英人開採，不許。咸豐四年，美國水師提督彼里亦來勘，以煤層豐富，謀據此地，建軍港，以開美國貿易之途，而臺人不知也。天津之約，許開基隆通商。同治三年，福州稅務司上書，陳採煤之利，請准英商租地開辦。淡水稅務司亦為是言。巡撫徐宗幹奏言不可。而紳民亦立公約曰：雞籠山一帶，為合境來龍，靈秀所鍾，風脈攸關。近有沿海奸民，訛言山根生有煤炭，難保無人偷掘。一經損傷，全臺不利。如遇偷挖，即行圍捕送官。倘敢抗拒，格殺勿論。有不遵者，公議懲罰。然其後私掘愈多，勢不能禁。九年春正月，總督英桂命署道黎兆棠派員查勘，乃委江蘇候補道胡斌與淡水同知會勘。據復海港東邊之深澳、八堵、土地公坑、竹篙厝、偏坑、田寮港、后山、石梗港、暖暖、四腳亭、大水堀等處，皆屬旁山，無礙正脈；遠隔民居，且於田園廬墓亦無妨礙。計得九十二洞。閉歇者二十三洞，其煤已竭，地歸山主。停辦者二十一洞，以價賤滯銷，流淺難運。現開者四十八洞。而中如四腳亭四洞，夏秋之間亦流淺難運，俟八、九月方可配出。於是傳集山主及鄉人士，妥定開採章程，立石為界，不許租與外人，並私相典賣。各洞相距，南北二十五里，東西五、六里。閉者不得再開，以七十洞為限。而煤戶須本地人又有親族廬墓者，互相環保，其曾為洋行辦事者不許。煤工亦須土著，家在五十里以內者方可用。每洞不得過二十人。煤戶具保，所出之煤投行仲賣，官為督辦。違者照罰。禁約雖開，而約束尚嚴也。當是時，基隆、滬尾已為通商之口，輪船出入，用煤日多，或運至福州、廈門、每年出產多至三、四十萬擔，少亦十餘萬擔。其煤三等：上曰角煤，擔值錢二百；次中煤，稍降；又次煤粉，最賤，僅得五、六十文。此為在山之價，若運出市上，則視路之遠近而差。照例每擔徵稅五釐，唯船政局採用者豁免，而煤戶亦無稅。

光緒元年，欽差大臣沈葆楨奏言：「臺灣之地，病於土曠。而土曠之病，由於人稀。重洋遠隔，勢必獲利三倍，而後內地力食之眾，不召而來。然墾田之利微，不若開煤之利鉅；墾田之利緩，不若開煤之利速。南北各省按日以煤炊爨（ㄘㄨㄢˋ，爐灶），入冬以煤禦寒。若出口暢旺，煤價必昂，於民開不無窒礙。而臺灣則炊爨禦寒均無需此，除出口外，別無銷路。雖其煤質鬆脆，不敵西洋之產；而較之東洋，尚去不遠。然臺煤雖富，年來開採仍不甚旺，其故由於滯銷。西洋之煤，金山最夥。從前船隻皆繞金山而來，貨物之外，以煤壓載，煤佳價平，固非臺煤所能敵。自埃及紅海開通以後，洋船無須繞道金山，而金山之煤遂稀，價亦日昂。而臺煤仍不暢銷，則必減輕稅率，以廣招徠。此後稅率雖減，而入款仍不懸殊，則於民間生計當有起色。至船局所用臺煤，向係免稅，不在定則之內。今擬將出口之煤，每噸減為稅銀一錢。如蒙天恩允准，伏懇飭下總理各國事務衙門，札行總稅務司，言明臺煤無關民間日用，為洋船所必需，是以減稅惠商。南北洋各口均不得援以為例。」詔可。三年，聘英人臺札為礦師，並購機器裝置八堵，大為開採，出口亦多。而經費繁雜，不敷開用。委員浮冒，積弊日深。八年二月，臺灣道劉璈稟請督撫，略曰：「臺北煤務為臺灣漏卮（ㄓ。漏卮，漏洞），中外疑議，已非一日。職道履任以來，亟思設法整頓，以期除弊興利。蓋以煤務事屬創辦，職道又未親履其地，遠觀懸揣，漫議章程，失刻失疏，均虞未協。然屢奉鈞批，又不敢以月耗巨帑責歸臺防之事，置諸後圖。從前張升道深知其難，請由船政主辦，實由於此。嗣後黎星憲復稱統歸船政辦理。蓋以煤務之壞，壞於歷辦不得其人。浮費過多，成本過重，隨處浮冒，任意報消爾。鄭倅接辦以來，自稟牘觀之，較前諸員似有把握。然以冊報論之，似其不實不盡之處，仍所不免。八堵以總炭一萬九千八百五十餘石起解，基隆祇收一萬六千五百五十餘石。十餘里間，少去三千三百餘石，已屬不解。而八堵以粉炭九千零十石起解，基隆僅收三千四百三十石，竟少去五千一百八十石。基隆收發之時，又各有失耗，大較又去一成。既減成色，又失斤重。一轉移間，一月之內，耗至八千餘石。揆之於理，似欠圓通。又工匠等聽燒官煤，月至數千石。洋人三名，月燒官煤九千斤。路旁三燈，月燒官煤四萬斤。其間不應濫支之處，不可勝數。此煤斤濫耗之情形也。至於銀錢數目，採煤工價，浮於所收之額，多至三千四百餘石。車運之價，亦難實按。種種糜費，悉難枚舉。今擬委補用同知史悠棻、候補通判李嘉棠會同辦理，不過欲於臺灣漏卮稍求補苴（ㄐㄩ。補苴，彌補漏洞）爾。」於是妥定章程八條，竭力整飭。時有畢德衛洋行攬消總炭，船局以為不可。乃於上海自設臺灣煤務分局，又於汕頭、香港、廈門託商代售。統計每年出煤一百四、五十萬石，可得二十餘萬圓，而局費不過數萬圓，入多出少，漸有起色。若能擴充銷路，尤足以興其利也。法人之役，基隆失守，煤局被燬。及平，巡撫劉銘傳奏設煤務局，委張鴻祿辦之，投資四十餘萬兩，新置機器，又聘外國礦師，召工開採。至十三年，每日出煤可百噸，而辦理未得其宜。銘傳委用粵商代辦，眾多訾（ㄗˇ，詆毀）議，部議以為不可，復歸官辦。及邵友濂至，遂裁撤之。

煤油

煤油或稱石油，其利溥，而前人未知也。臺人燃燈多用豆油，及西人發見煤油以來，運入臺，其始僅見於城市，不十數年遍村野，以其價廉而光倍也。煤油之用，以美國彗星標者為最多，次為俄墺之產，歲率數十萬圓。然臺自有煤油，而未知採法，為足惜爾。咸豐末年，粵人邱苟，通事也，勾引生番殺人，官捕之急，遁入山。至貓裏溪上流，見水面有油，味殊惡。時乏燭，燃之絕光。竊喜，以告吳某。某以百金贌（ㄆㄨˊ，承包）之，而不知用。苟復贌寶順洋行，歲得銀千餘兩。遂互爭權，集眾械鬥，久不息。九年二月，淡水同知逮苟治罪。又以外商無在內地開礦之權，封之。及沈葆楨巡臺，聞其事。光緒四年，聘美國工師二人勘驗，以後壟油脈最旺，乃購機器取之。其始多鹽水，堀至百數十丈，達油脈，滾滾而出，日得十五擔。久之工師與有司不洽，竟辭去，遂廢。光緒十三年，巡撫劉銘傳乃設煤油局，委棟軍統領林朝棟兼辦，而出產未多，入不敷出。十七年，巡撫邵友濂撤之。聞礦學家謂臺灣油脈甚長，自苗栗而至安屬之噍吧哖，蜿蜒千里，如能取之，足以供用而有餘。又臺多火山，間有瓦斯，質若炭，光勝於煤，其用尤宏。

樟腦

樟腦為臺灣特產，當鄭芝龍居臺時，其徒入山開墾，伐樟熬腦，為今嘉義縣轄，配售日本，以供藥料。其法傳自泉州。歸清以後，封禁番地，犯者死。康熙五十九年，曾逮熬腦者百數十人治罪，其業漸廢。而山麓細民猶有私熬者。雍正三年，閩浙總督滿保奏准臺澎水師戰船，令於臺灣設廠修造，以臺道臺協監督。於是南北二路各設軍工料館，採伐大木，以為船料，而檄匠首任之。臺灣產樟北路較盛。樟有兩種：香者可熬腦，臭者僅為器具。故匠首率眾入山，並許熬腦，以私其利，而他人皆禁也。道光五年，始設軍工廠於艋舺，並設軍工料館，兼辦腦務。內山所熬之腦皆歸所收，而後配出。禁煙之役，英船輒至雞籠，潛以阿片易腦。奸人牟利，私熬日盛，法令幾不能禁。咸豐五年，英商德記洋行始與臺灣道訂約購腦，每擔價十六圓，配赴歐洲。而發腦戶僅八圓，利入道署。十年，臺灣開港，外商漸至。樟腦為出口之貨，歲約二十萬圓。臺灣道陳方伯議歸官辦，設局收之。同治二年，艋舺料館改為腦館，竹塹、後壟、大甲等處均設小館，以理其事。其時艋舺、大甲所出特多，歲各一萬二、三千擔，竹塹、後壟亦各有一、二千擔，而噶瑪蘭、彰化之內山且有熬者；消用日廣。然為官辦故，外商不能獲利。五年，安平英領事請歸民辦，兵備道吳大廷不許。駐京英公使以為有阻通商，遂向總理各國事務衙門交涉。六年，閩浙總督派興泉永道曾獻德至臺，與英領事議。八年，廢官辦，新立購腦章程。凡外商入內地採腦，須先向總稅務司請給護照，填明行號姓名，完納出口稅之半，以代內地稅。運至口岸，報明海關，照章納稅，而後出口。若無護照者，將腦充公，人亦治罪。然非通商口岸，外國商船不得入泊，亦不得私自貿易。九年，始設釐金局，徵收腦釐，每百斤課銀五錢。初由商人攬辦，其後歸局。光緒十三年，巡撫劉銘傳奏言：「樟腦一項，近來日本出產甚多，而香港腦價日落。如歸官辦，每石可獲利二、三圓。臺灣產腦每年約出萬石。硫磺則臺產最佳，前兩江督臣沈葆楨奏請開禁，採備官用，歷年辦有舊章，每石成本洋一圓，官買每石洋三圓，每年出產六、七千石。上等硫磺每年祇出千石，均歸官用。其次積聚三千餘石，官既不用，商禁未開，不能出口，日久月聚，愈積愈多，不獨糜費棄置可惜，且香港年銷硫磺至萬餘石，運至江南、天津一帶，薰炙葵扇草帽，蒸炊餑餑（ㄅㄛ ˙ㄅㄛ，糕點或饅頭一類的食品），製造爆竹，銷路甚廣。臺灣硫磺既佳，奸民私熬販運，出口不少。夫以自採之磺，禁不出口，既聽日本暢銷，又不能禁止私熬；若設法經理，獲利雖尚未多，而於撫番經費不無少補等因。臣查樟腦、硫磺兩項，民間私熬私售，每多械鬥滋事，墾請歸官收買出賣，發給執照出口。以目前情形而論，年可獲利三萬餘圓。以後若能出產較多，銷路較暢，經理得人，日漸推廣，以自有之財，供無窮之用，實於國計民生，兩有裨益也。」詔可。乃設全臺腦磺總局，隸巡撫。而於北路之大嵙崁，中路之彰化，各設腦務總局。若南莊、若三角湧、若雙溪、若罩蘭、若集集、若埔裏社，皆設分局，以委員辦之，又有司事、執秤、查竈（灶）、勇丁分任其職。而宜蘭、恆春別設總局，以獎勵腦務。按照竈數，徵收防費，以充撫番之款；製出之腦悉歸官局，每擔八兩，售之商人為十二兩，年可獲利百餘萬兩。時為臺北德商公泰洋行攬辦，配赴香港，每擔可售二十兩，多至二十餘兩。十六年五月，臺北改歸蔡南生，而彰化由林朝棟，繳價三十圓，釐金防費在內。以十二圓給腦戶，餘入官。是年出口六千四百八十餘擔。十七年為一萬五千九百八十餘擔。十八年為一萬三千一百二十餘擔。而腦價亦漸起。蓋以歐美市場消用愈巨，化學日精，藉以製器合藥也。

初，德人晦實祿在南，開設瑞興洋行，先至集集設館熬腦，自配香港。數年之間，獲利不貲。及歸官辦，頓失其益，去之汕頭，以腦業交英商怡記洋行承辦。十六年五月，怡記自集集運腦七百餘擔至鹿港，九月又運五百四十擔，彰化局丁以為走私，要而奪之。安平英領事照會巡撫索還，不聽。彼此相持，勢將決裂。駐京英公使乃與總理各國事務衙門交涉，而各國亦以有礙通商，請撤官辦。旨下戶部議覆，奏曰：「熟考古今律例，鹽、硝、硫磺均歸官辦，嚴禁私販。除此三項之外，未嘗別有所禁也。臺灣內山今以出產樟腦之多，奸商夤緣（夤緣，攀附權貴）賄賂，挾謀其間，不准他人售賣，實屬無謂。今英商收腦數萬斤，為巡察委員所沒，是則奸商之故意而後至此，即臺灣巡撫亦難辭其責。況樟腦一物，原係藥材，未可禁止私販。如英國地多蟲蟻，以腦薰屍，可免蟲蝕，此消用之所以較多也。此後各省新出，不論利益多寡，應先奏明而後舉辦，方為得策。伏乞諭飭臺灣巡撫劉銘傳，即將樟腦一項改為民辦，官府但可徵稅。」詔可。十一月，廢官辦，撤防勇。生番乘隙出草，燬寮殺人，沿山紛擾，腦務大損。於是請設隘勇而納防費，凡腦百斤徵稅八圓，腦丁每竈一粒月徵八角，以十竈為一份。其出口者則海關稅一圓一角五分五釐，釐金五角五分，所入仍屬不少。十七年，改腦磺事務隸布政使司，仍於北路之大嵙崁、中路之彰化，各設腦務稽查總局，下設分局，悉以撫墾分局委員兼之，以其事相關連也。二十一年，裁竈費，每百斤改徵釐金四圓。其時外國消用愈宏，香港每擔至七、八十圓，或至百圓。

沙金

臺灣採金始於三百年前。舊《志》稱鄭氏末葉，遣官陳廷輝往哆囉滿採金，老番訝之曰：「臺其有事乎！」或問之，曰：「日本採金而荷蘭來，荷蘭採金而鄭氏至。今鄭氏又採，其能晏然耶？」已而清軍果入臺。語雖不經，亦足以知採金之古。《海上事略》曰：「鄭氏時，上淡水通事李滄請取金自效，監紀陳福偕行。至淡水，率宣毅鎮兵，將至卑南覓，土番伏莽以俟。曰：『吾輩以此為生，漢人來取，必死戰』。福不敢進。歸至半途，遇土番泛舟販。福攻之，禽其酋，獲金二百兩。令道取，不從。」又曰：「金出山後，其番為傀儡種，人跡罕至。自淡水乘蟒甲，自西徂東，返而自北而南，溯溪進，匝（滿）月方至。土番善泅者從水底取之，如小豆，藏之竹簏（竹簏，竹簍），或秘之瓿甊（ㄆㄡˇ　ㄌㄡˇ，小陶甕）。間出交易。」《番境補遺》曰：「哆囉滿產金，淘沙出之，與瓜子金相似。土番鎔成條，藏巨甓（ㄆㄧˋ，磚）中，客至每開甓自炫，然不知所用。近歲始有攜至雞籠、淡水易布者。」《臺灣志略》曰：「港底金在蛤仔難內山。港水深且冷，生番沉入，信手撈之。亟起，口噤不能言，爇（ㄖㄨㄛˋ，焚燒）火良久乃定。金如碎米。」據此數說，則臺之產金已久，而多在東北。乾隆三十六年，波蘭人麥禮荷斯奇謀拓臺東，與馬波奧時科番戰。番降，獻金二十斤、銀八百斤，皆此地之產。其地為今之瑞芳附近。然則臺之產金早為外人所涎矣。光緒十一年，法事已平，巡撫劉銘傳築鐵路。十五年，架八堵車站之橋。工人入水造礎，偶見沙中有金，取出淘之。其時造橋監督為都司李家德，廣東順德人，曾游美國。而路工亦多閩、粵人，有至新舊金山者。聞之爭取，居民亦從之，各獲利，每兩易銀八兩。十六年九月，採者三千餘人，地亦日廣。十七年八月，出示禁止，而逐利之徒昏夜偷取，犯者多。基隆同知黎景嵩議歸官，巡撫邵友濂許之。十八年二月，奏准開辦，設金沙總局於基隆。瑞芳、暖暖、四腳亭、六堵、七堵、頂雙溪各設分局，派員理之。採者領照納稅，駐勇彈壓。是年冬，商人金寶泉稟請承辦，每年認繳二萬兩，一切費用及勇餉悉由支理。許之。以十九年起，撤局歸商。而自十八年二月至歲終，計收釐金二萬七千一百十二兩餘，除開局費一成並新勇一哨薪糧衣器帳房等款，實剩一萬七千六百六十二兩餘。以此劃入海防費內，奏明存案。未幾，金瓜石、大石坑亦發見金苗，採者日盛。時金價頗廉，每兩在山易銀十八圓。後漸貴，歲可值銀一百數十萬圓。而臺東之新城、秀姑巒、花蓮港、得其犁、宜蘭之蘇澳、叭哩沙等，橫亙六十餘里，亦有金苗。然以開闢未久，野番出沒，居民輒遭害，取之尚少。

阿片釐金

臺灣之阿片，始於荷蘭之時。荷人貿易以此為巨，消售閩、粵兩省，漸乃及於內地。當明之際，華人已有吸用，然僅以為藥，故《本草綱目》謂之「合敷融」，或曰「阿芙蓉」，則以罌粟實之漿而熬之也。阿片出於印度，以此為國課之大宗。而突厥、埃及、波斯皆有產。上者曰「公班」，則黑土也，味濃力大；次曰「白皮」；又次曰「金花」，則紅土也。臺灣之銷阿片，其始多用黑土，繼乃合用紅土，價較賤，故吸之者眾。乾、嘉以來，宇內無事，上自士夫，下至走卒，莫不以此為樂。及道光十八年，下詔禁止，以林則徐督兩粵，燬英人阿片一萬三千六百餘箱。英人不服，遂至搆兵。臺灣道姚瑩亦奉旨禁止，初犯者刑，再犯死，一時阿片幾絕。然英人輒以夾板至雞籠，潛與奸民授受，而易樟腦，山陬（ㄗㄡ，山腳）海澨（水邊）猶有吸者。及媾和（媾音ㄍㄡˋ。媾和，和議停火）後，徐宗幹任兵備道，著〈防夷論〉，又謀禁止。其言曰：「銀何以日少？洋煙愈甚也。民何以日貧？喫煙愈多也。以每日每人約計之，須銀二錢，就臺地富貴貧賤良莠男女約略喫煙者不下數十萬人，以五十萬計之，每日耗銀十萬兩矣。」而臺人亦自立禁煙公約，吸烟者幾不以人齒。雷厲風行，一時殆盡。咸豐元年，洋商始來貿易，照例徵稅。十一年，設釐金局，以阿片為大宗，謂之「洋藥」。同治五年，淡水同知王鏞詳請入口阿片，不論內地已徵與否，每箱徵釐五十圓，大吏許之，歲率十餘萬兩。而安平之入款亦如之。光緒五年，改歸道署，召殷商攬辦。各地設局，按枚烙號，始得出售市上。否則以私貨論，充公而重罰之。然走私者時有所聞，而局員防不勝防也。十年法人之役，南北禁港，商船杜絕，阿片不至，市價日昂，每箱漲至千圓。兵備道劉璈奏言：「臺灣通商，以洋藥為大宗，每年進口售銀四、五百萬兩。今法人封口，洋藥不通。曾經紳耆公請，從權劃出官莊，准民自種，照例納稅。」於是嘉、彰各屬多有種者，其味較淡。而雲南、四川、福建亦有產。然臺灣銷者以印土為多，洋人運來易貨，臺商亦自採辦。臺南販土之商合設一會，曰「芙蓉郊」，輪年值理，每箱徵費二圓，以充義舉。售煙者曰「芙蓉舖」，亦有公會。銷用之廣，幾於粟米麻絲矣。先是商人陳郁堂攬辦臺南阿片釐金，欠款四萬六千兩。防務之時，軍費浩大，疊催不繳。巡撫劉銘傳札飭撤辦，提轅（轅，官署）訊究，而璈仍任之。銘傳大怒，以其通同作弊，奏請革職。璈遂以此獲罪。

臺灣阿片進口表

年分	滬尾及基隆（箱）	安平及旗後（箱）	合計（箱）
光緒四年	一、八四八	二、八五三	四、七〇一
五年	二、一六五	三、三八七	五、五五二
六年	二、一四九	三、六四七	五、七九六
七年	二、一四二	三、七三九	五、八八一
八年	一、五八四	三、〇一二	四、五九六
九年	一、二六五	二、七五二	四、〇一七
十年	一、二七〇	二、三〇八	三、五七八
十一年	一、四三六	二、三三九	三、七七五
十二年	一、六三三	二、九一三	四、五四六

年分	滬尾及基隆（箱）	安平及旗後（箱）	合計（箱）
十三年	一、六二二	二、六二六	四、二四八
十四年	一、九七四	二、六七二	四、六四六
十五年	一、九八三	二、七五二	四、七三五
十六年	一、九六七	三、〇七六	五、〇四三
十七年	二、一八一	三、四〇一	五、五八二
十八年	二、一〇三	三、〇三六	五、一三九

臺灣徵收阿片釐金表

年分	滬尾及基隆（兩）	安平及旗後（兩）	合計（兩）
光緒十三年	一三一、二八〇	一六八、〇〇八	二九九、二八八
十四年	一五七、九五七	二一三、六〇八	三七一、五六五
十五年	一五八、八〇九	二一九、九〇三	三七八、七一二
十六年	一五七、六〇三	二四六、二〇〇	四〇三、八〇三
十七年	一七四、五五三	二七二、〇八七	四四六、六四〇
十八年	一六九、一五八	二四二、九〇二	四一八、〇六〇

譯文

吳昆財．注譯

連橫說：昔日太公治理齊國，由官方辦理有關山海事業，以產生利益，管仲因襲這種方法，齊國得以富強。所以能在諸侯中稱霸，抗拒夷狄，功業傳承數個世代。漢朝興起，到了武帝時，拓展土地運用兵力，每年調動軍旅，國家財政不足，所以設立鹽鐵官吏，徵收酒稅。在朝當官的士大夫認爲這是斂財，而功利者則認爲這是富強國家。臺灣專賣制度，開始於清代。最初是辦理鹽、硫磺，後來兼及煤、樟腦。大概因爲這是屬於天地自然的利益，如果能加以振興，足夠富國而益民。之前臺灣鑄造鍋具農器的人，照例都是由地方官推薦充當，再由布政司發給執照，繳納稅金。全臺共有二十七家，所以名爲「鑄戶」。鐵都由漳州採辦，私下販賣者要治罪。大概因臺灣孤懸在海上，擔心製造兵器，所以由官方督導。然而自從通商以來，外國鐵的進口，也記載在稅則上，舊例就形同虛文。同治十三年（一八七四），欽差大臣沈葆禎（一八二〇—一八七九）奏請廢止，讓使用者非常方便。專賣制度，各國皆有，大小輕重，或許有所不同。而臺灣之所推行的則在此。《禮記》說：「百姓如果富足，國君怎會不足。」（應是語出自《論語》）意旨深遠啊！

鹽

臺灣濱海的地方，煮水可以出鹽，利潤非常豐厚。早時候因鹽味苦澀，大部分從漳州、泉州輸入。永曆十九年（一六七五），諮議參軍陳永華（一六三四—一六八〇）開始教導百姓晒鹽，就在天興以南，也是今天的瀨口進行（今臺南市）。晒鹽方法是在海邊築出廣場，鋪上碎石磚，引入海水進入池子，等到發成滷水後，再把它們潑灑日晒，當天就可成鹽，顏色白而且鹹，不必太過費力。准許人民自行販賣，課徵稅收。歸服清朝後，鹽戶日益增多，銷路也越來越廣，大家爭著晒鹽販售，市價也各不相同。雍正四年（一七二六）春，請歸給官辦，由政府管理。分設四個鹽場：州南，州北，位於臺灣府武定里（今臺南市安南區等）；瀨北，位於今天府城郊外的鹽埕莊（今臺南市南區鹽埕）；瀨南，則是今天鳳山大竹里，非常接近打鼓山麓（今高雄市鹽埕區）。每個場設置管事一人，巡丁十人，或八人、或六人，以大小場爲決定，以防止鹽的私自流出。鹽戶晒鹽，多在春季和冬季，春季是爲大汛，冬季爲小汛，乃因夏秋季多爲雨季。晒鹽完成後運到鹽場，接著開出價格。當時每石是一錢二分。瀨南稍微差一些，減價二分。每年約產鹽九萬石（石大約一百二十斤），或達十萬石。臺灣府設置總館，市鎮分別設分館。買賣鹽的人赴館納稅，換取鹽引。每石鹽價是三錢。並由水陸運送，端視路途遠近，以決定市價，所以各地價格不一。鹽稅的收入，每個支付鹽戶以及相關費用外，全部存於府庫，造冊申報，作爲軍費。乾隆二十年（一七五五），增設瀨東場，位於嘉義的井仔腳（今臺南市北區）。而布袋、北門嶼也先後分設鹽田。主要是因爲彰化、淡水設立縣治，墾田戶日益增多，所以由此地供給。五十五年（一七九〇），除了議定臺灣產鹽的定額外，所有埕底泥鹽，每年約二萬石，分別撥給各廳銷售。每年徵課一千八百十八兩多，收入稅冊奏請報銷。嘉慶十五年（一八一〇），設立噶瑪蘭廳。它使用瀨北的鹽，每年銷售七千石，歸由廳府採購運送。每石售價三錢三分，共徵二千三百十兩。除了成本以及耗損的銀子外，可有盈餘一千三百三十七兩。在此之前，興化、惠安漁船，每當春、夏之交，因天候問題靠泊在噶瑪蘭境，運送鹽巴散賣，每斤價格七、八文錢。中間有人屯積居奇，到了秋冬時，價格漲到二、三十文。等到噶瑪蘭設官後，禁止私自販賣，決議依照汀州行銷廣潮的鹽引，召募雞籠小船，給予執照到蒲田、惠安的鹽場購買運送，以供給百姓食用（今福建省莆田、惠安）。大概是因噶瑪蘭位於臺灣東北僻偏處，由臺灣府城鹽運送到淡水，又必須等待風向才能進入，費時太久，或者害怕食鹽斷，所以價格高昂。但司道（鹽法道，歸巡撫管轄）不准。認爲噶瑪蘭屬於臺灣府，行銷府鹽，可以杜絕私鹽，而且無論快慢都是可行的，所以議定由噶瑪蘭廳負責。自十八年（一八一三）三月開始，每斤價格十六文，消費者非常方便。道光四年（一八二四）閏七月，福建省決議因南靖、長泰二縣的食鹽滯銷，奏請由臺灣代爲銷售。於是年再課一萬七千石，加上原來臺灣所自晒的十三萬石，收入非常豐富。從此以後，臺灣北部日漸開拓，淡水廳百姓有幾十萬人，仍依然行銷府鹽，採購與配銷不方便。咸豐時期，開始准許在虎仔山（今基隆市）自己晒鹽。一時之間，私鹽猖獗，鹽稅收入銳減。同治六年（一八六七）二月，改歸鹽法道辦理，嚴格緝捕私鹽，虎仔山鹽場也收歸官辦，七年（一八六八）移到臺灣府，九年（一八七〇）二月再歸回鹽法道，十年（一八七一）再回到臺灣府。但鹽引執照日益增多。

澎湖四面環海，小島林立，土地也多有鹽味，可以自晒。仍然要銷售府鹽，售價是八十斤銀一圓（二千錢），灰色較苦澀。澎湖人以海爲田，需要較多的鹽，一旦不夠，人容易生病。光緒初年，建議設置鹽場，但政府不准。十一年（一八七二）建省，十四年（一八七五）整頓鹽務，南北兩個府各自設立總局，以總攬鹽務之事。南部歸由兵備道，而北部則歸於布政使。基隆、艋舺、宜蘭、新竹、大甲、沙鹿、嘉義、鳳山、恆春、澎湖各設總館，各地方仍設置小館，由百姓承辦。其中的館主多是鄉紳和官員的親戚，獲利不少。大賺的年收入萬兩，小賺的也有一、二千圓。臺灣銷售鹽約按人口計算，每人每天食用三錢，一年需要六斤十二兩。以百萬人計算，則需用鹽二千二五萬斤。每斤平均一分（十錢），爲二十萬二千五百兩，這也是一樁大的年收入。

未經教化的原住民，居住在偏僻的內山（泛指臺灣無人居住的山地），不會用火，連毛帶血地生吃禽獸，他們非常需要食鹽。其中歸化的人由政府供給，或者進行買賣。舊《志》上記載崇爻山（崇爻在今天的花蓮，崇爻是阿美族語，猴子之意）有鹽泉，掘挖土地汲取，再以竹子編成大鍋，內外塗上泥土，煮成食鹽。其他如中壢、後壟（今苗栗縣後龍鎮）各地方接受教化的原住民，有的挑沙子自己煮鹽，官府並不課稅。大概是因爲他們歸化時，曾經奏准而取得同意的。

硫磺

硫磺在淡水出產，就是今天的北投。當西班牙人占據臺灣時，曾經挖掘取用。而北投則是瘴癘之毒猖獗，害蟲肆虐，惡水遍地，工人多會生病。歸順清朝後，康熙三十五年（一六九六）冬，福州火藥局發生災變，看守的人必須承擔賠償之責，想要派吏員前往淡水，不過卻無人敢來。福建仁和有位儒生郁永河（一六四五—？）正好在省城，激動地自請前去臺灣。三十六年（一六九七）春二月抵達，四月北上，先命令淡水社通事張大進入北投建築屋宇。到了之後，郁永河集合原住民酋長飲宴，告知他們採集硫磺的事，約定一筐硫磺交換七尺布料。原住民高興，個個背著硫磺而來，下令工人煮硫磺。硫磺有黃、黑兩種。質地沉重有光澤，用手搓揉，如果發出颯颯聲音的爲佳，反之則是較差。硫磺先敲碎成粉，曝晒到極爲乾燥。大鍋裡倒入油，慢慢放入硫磺土，以兩個人拿著竹桿子攪拌。土就能流出油，硫磺就會自己出現。油土相互融合，即爲成品。大一鍋可取得四、五百斤，或者一、二百斤，主要是根據火候的純熟度與否。出產硫磺的地方在內北投，石頭是藍靛色，有滾燙的泉水，草本顏色皆呈萎黃，沒有什麼生命力。山麓一縷縷白色霧氣，如同白雲乍吐，就是硫磺洞穴。一有風吹，硫磺味道非常惡臭。再進半里路，就是草木不生，地上熱如燒烤，五十多道白氣，都是從地底下急遽升騰。如同怒雷般的震撼，土地急急地想要翻動，之所以不會陷落，乃是因為地熱鼓譟而已。洞穴中，毒火焰迎面撲而來，接觸腦袋令人有撕裂之感。左邊有一條溪，聲音如江水傾峽而出，就是滾燙泉水的源頭處。永河所寫的《稗河記游》，文中所言大概如此。當時，淡水尚未開闢，而北投又是原住民活動區域，奸賊偷偷潛入，私製火藥。乾隆時期，政府出面禁止，接著下令屯兵防守。一年四季，北路營副將派兵入山焚毀草木，以杜絕私煮硫磺。同治二年（一八六三），福建巡撫徐宗幹（一七九六—一八六六）奏請開採，以便對軍事有所助益。六年（一八六七），淡水同知嚴金清以有四項可慮之處，建議不可開採硫磺。八年（一八六九），盧璧山奉南洋通商大臣的命令，來臺採辦，召募工人煮硫磺。不久閩浙總督英桂（一八〇一—一八七九）飭令總兵楊在元、兵備道黎兆棠派人會勘。大概因當時整軍經武，使用非常多的火藥，所以提議開採。然而以產量不多，恐怕消耗經費，九年（一八七〇），又再禁止開採。等到劉銘傳（一八三六—一八九六）擔任臺灣巡撫，謀求經營土地的利益，光緒十三年（一八八七），奏請設置腦磺總局，與樟腦都歸由官辦。而所產硫磺日漸旺盛，直到今天。

煤

煤是大礦產。臺灣多有煤，而以基隆最興盛。當西班牙占據北臺時，挖掘取用，其遺跡仍然存在，就是今天的仙洞。歸從清朝以後，仍然在開採。乾隆時期，移民漸多，以其因為有傷龍脈，建議官方禁止，然而還是有私自開掘的人。道光十五年（一八三五），淡水同知婁雲（一七九一—一八三九）再出面禁止。十七年（一八三七），同知曹謹（一七八七—一八四九）又再禁止。當時，海洋已經開啓，東西方往來，以臺灣爲通道，各國也非常關注臺灣。中英鴉片戰爭，英國艦隊窺伺基隆。等到戰爭結束，英國人就來到臺灣，圖謀通商。二十八年（一八四八），英國水師遊擊吳倫到基隆，勘察煤礦，回去後報告給英國。三十年（一八五〇），英國公使請准許英國人開採，清廷不同意。咸豐四年（一八五四），美國水師提督彼里（Matthew Calbraith Perry，一七九四—一八五八）也來勘察，以煤礦豐富，試圖占據此地，以建軍港，作爲美國貿易的中途站，但臺灣人不知道啊！《天津條約》，允許基隆通商。同治三年（一八六四），福州稅務司上書，陳述採煤的好處，請准許英國商人租地開辦。淡水稅務司也同意。巡撫徐宗幹奏請表示反對。而士紳百姓也訂立公約指出：雞籠山一帶，全境都是龍脈，鍾靈毓秀，攸關風水地理。近日來有沿海奸民，謠傳山裡有煤炭，這非常難以保證沒有人會偷挖煤礦。一旦損傷，是不利於全臺。如遇到偷挖者，應立即進行圍捕送交官府。倘若有敢抗拒者，格殺勿論。有不遵守者，公開議論給予懲罰。然而其後私自挖掘的人越來越多，情勢已經無法禁止。九年（一八七〇）春正月，總督英桂命令署道黎兆棠派人查勘，乃委由江蘇候補道胡斌與淡水同知會同勘察。據以回報是海港東邊的深澳、八堵、土地公坑、竹篙厝、偏坑、田寮港、后山、石梗港、暖暖、四腳亭、大水堀等處（大部分位於今新北市瑞芳區、基隆市等地區），都屬旁邊的山脈，對於正脈不會有所妨礙；與民居也是遠隔，而且對於田園廬墓也無傷害。共計取得九十二處煤洞。關閉二十三處，因煤產量已枯竭，土地歸還地主。停辦有二十一處，因煤價低賤滯銷，水深低淺難以運送。現有四十八洞在開採煤礦。而其中如四腳亭四洞，夏季與秋季之間也是水流低淺難以運送，必須等到八、九月才能配發出去。於是集合山主人和鄉里人士，制定妥適的章程，奠立石碑爲界，不准租給外人，也不准私下相互買賣。各洞距離，南北有二十五里，東西五、六里。關閉的不能再開啓，以七十洞爲上限。而煤戶必須是本地人又有親族廬墓者，相互保證，若是曾爲洋行辦事的人不准經營煤礦。煤工也必須是本地原住民，家在五十里以內才可以聘用。每個洞不得超過二十人。煤戶具結保證，所產出的煤必將其投入到煤行仲介買賣，由官方督辦。違反者要接受處罰。雖然煤礦的開採解禁了，不過約束仍然非常嚴格。當時，基隆、滬尾已成爲通商口岸，輪船的進出，用煤量日益增多，或者運到福州、廈門，每年生產三、四十萬擔（一擔為百斤），少的也有十多萬擔。煤分爲三等：上等爲角煤，每擔值二百錢；次等爲中煤，價格稍低一些；最下等爲煤粉，價格最賤，只有五、六十文錢。這是在煤礦場的價格，若是在市場上販賣，則端視路途的遠近而有所差別。依照稅則每擔徵收五釐（百分之五），但是由船政局採購的則豁免稅收，而煤戶也不必繳納稅。光緒元年，欽差大臣沈葆楨（一八二〇—一八七九）上奏表示：「臺灣這塊土地，問題在於土地荒廢。而土地的荒廢又起因於人口稀少。遠隔大海，勢必能獲利三倍，而後內地想工作的眾多人力，就會不請自來。然而開墾田地的利潤微薄，遠遠不如開採煤礦所得利益的豐厚；開墾田地獲利速度緩慢，也不如採煤獲利之快速。南北各省依照每天用煤炊煮，冬天燒煤取暖禦寒。假如出口暢旺，煤的價格必然高漲，對於百姓開銷必產生阻礙。而臺灣百姓的炊煮禦寒都不需要用煤，除了出口外，沒有另外的銷路。雖然它的煤質鬆脆，不如外國的煤；但與日本的煤比較，也不會差太遠。然而臺灣的煤雖產量豐富，這幾年來的開採卻仍不暢旺，主要原因還是在於滯銷。外國的煤，以舊金山的最多。從前船隻都必須繞道舊金出而來，船上除了一般的貨物外，都會使用煤來壓底載運，導致煤的品質佳價格平穩，當然不是臺灣煤所能抗衡。自從埃及蘇伊士運河開通後，外國船隻不需要繞道舊金山，而金山的煤逐漸稀少，價格日益昂貴。但臺灣煤仍然不能暢銷，則必須要減輕稅率，以便招攬更多的煤產量。這之後雖然稅率減少了，不過收入的金額與原來相較不會太過懸殊，但民間的生計會有所起色。至於船政局所採用的臺煤，向來就是免除稅率，並不在定則之內。今天準備將臺煤的出口稅，每噸減稅一錢。如果承蒙天恩准許，俯身懇請下令總理各國事務衙門，行文總稅務司，公開說明臺灣煤與民間日用無關，乃爲外國船舶所必須使用的，所以減少稅率以加惠商業。南北洋各口岸都不得要求援引爲原則。」清廷准許了這份奏書。光緒三年（一八七七），聘請了英國人臺札爲煤礦工程師，並且購買了機器在八堵裝置，大量開採煤礦，從此出口也增多。但經費使用巨大，不夠開銷。開礦委員虛報冒充，積弊是越來越深。八年（一八八二）二月，臺灣道劉璈（？—一八八九）向督撫稟告：「臺北煤務爲臺灣利益外溢的漏洞，國內外多有所疑慮，這已經不是一朝一夕的事。卑職自任臺灣道以來，極力思考設法整頓，以期望能興利除弊。大概因煤礦屬於創辦的事業，卑職又未能親自到這個地方，僅能從遠距離揣測，漫不經心的建議章程，未能仔細權衡而有所疏失，思慮不夠周延。然而我又經常接到長官們的批示，又不敢將每個月耗費的巨資，把它歸咎於臺灣防務之事，作爲日後的打算。從前的張升道深深了解這件事的困難，所以建請由船政局主辦，原因也就在此。之後黎星憲又再表示統歸由船政局辦理。大概是因煤務的敗壞，壞在歷來辦理就是不得其人，浮報浪費太多，成本過重，到處都有浮濫，任意報銷經費。鄭倅接辦煤務以來，從他呈給上級的文書觀察，似乎較前面的幾位有把握，然而從報冊上討論，又好像是有些不確實之處，這也是在所難免的。八堵以總炭量一萬九千八百五十餘石運出，基隆只有一萬五千五百五十餘石的煤炭量。十多里的距離，少了三千多石，已是令人不解。而八堵的粉炭是九千零十石運出，基隆卻只有三千四百三十石，竟然少了五千一百八十石（原書誤算，實際應是少了五千五百八十石）。基隆收集與發送煤炭時，又各自有耗損，大概又要減少一成。既是減了成色，又少了重量。在轉移之間，一個月之內，竟然耗損了八千多石。以道理而論，似乎有點說不過去。又工匠等燒官煤，每個月數千石。三名外國人每個月燒官煤是九千斤，路旁三盞燈，每個月燒了四萬斤。這其間不應該浮濫支出之處，不可勝數。這就是煤斤浮濫耗費的情形。至於銀錢的數目，開採煤礦工人的工資，超出所收的金額，多達三千四百餘石。運煤費用，也難按實際計算。種種的浪費，不勝枚舉。今天準備委由補用同知史悠棻、候補通判李嘉棠會同辦理，不過就是想要臺灣利益外溢的漏洞，能稍爲堵住而已。」於是妥適地訂定八條章程，竭盡全力整頓。當時有畢德衛洋行總攬銷售所有煤炭，船政局不同意。乃在上海自行設立臺灣煤務分局，又在汕頭、香港、廈門委託商人代售。統計每年出產煤碳炭一百四、五十萬石，可得款二十餘萬圓，而船政局費用不過數萬圓，收入多支出少，漸漸有了起色。假如能擴大銷售通路，更足以創造利潤。中法戰爭，基隆失守，煤礦局被毀壞。等到戰爭平息，巡撫劉銘傳奏請設煤務局，委由張鴻祿（一八五〇—一九一九）辦理，投資了四十餘萬兩，新購置機器，又聘請外國煤礦工程師，召募工人開採。至光緒十三年（一八八七），每天可以生產百噸煤，但辦理並不得宜。銘傳委用廣東商人代辦，導致許多的指責與批評，朝廷也認爲不妥，再歸由官方辦理。等到邵友濂繼任，才將煤務局裁撤。

煤油

煤油或者稱爲石油，利潤非常的豐厚，只是前人不知道而已。臺灣人點燈通常使用植物類的豆油，等到西方人發現煤油以後，運入臺灣，才開始僅見於城市，不過十多年就遍布於村野，主要原因是價格低廉而且亮度加倍。煤油的使用，以選擇美國慧星商標的爲最多，其次是俄國產品，每年銷售數十萬圓。然而臺灣也自己產煤油，但不知如何開採，實在可惜。咸豐末年，廣東人邱苟，是一位通事，勾結未受教化的原住民殺人，官方追捕緊急，乃逃入山裡。到了貓裏溪上游，看見水面上有油，味道非常惡臭。當時沒有蠟燭，燃燒非常的光亮。邱苟暗自竊喜，告訴了吳某人。吳某以一百金租賃，但不知道使用。邱苟又租給寶順洋行，每年取得一千多兩。後來相互爭奪權利，糾集群眾械鬥，久久不能平息。咸豐九年（一八五九）二月，淡水同知逮捕邱苟治罪。又以外國商人沒有在內地開採礦產的權利，將它封閉。等到沈葆禎巡視臺灣，聽到這件事。光緒四年（一八七八），聘請二位美國工程師探勘查驗，認為後壟油源最旺，於是採購機器挖掘煤油。剛開始多是鹽水，等開挖到一百多丈時，抵達油脈層，煤油滾滾而出，每天可取得十五擔。時間一久工程師與官方不合，竟然掛冠求去，最後廢置了。光緒十三年（一八八七），巡撫劉銘傳設置煤油局，委由棟軍統領林朝棟（一八五一—一九〇四）兼任辦理，但產量不多，入不敷出。十七年（一八九一），巡撫邵友濂（一八四〇—一九〇一）裁撤。聽聞礦學專家指出臺灣油脈非常的長，從苗栗到噍吧哖（今臺南市玉井區），蜿蜒千里，如果能探取，是足夠供給使用而且還有剩餘。加上臺灣多火山，當中有瓦斯，質性和炭相似，光亮勝於煤，用途尤其是宏大。

樟腦

樟腦是臺灣的特產，當鄭芝龍（一六〇四—一六六一）居住在臺灣時，他的同黨曾進入山裡開墾，砍伐樟樹熬煮成腦，地點在今天的嘉義縣轄地，配售到日本，成為中藥材料。熬煮樟腦的方法來自泉州。臺灣歸從清朝後，禁封了原住民土地，凡是違反規定者處死。康熙五十九年（一七二〇），曾經逮捕一百多名熬煮樟腦的人將他們治罪，樟腦事業於是漸漸荒廢了。但是山腳下仍然有私下熬煮樟腦的小老百姓。雍正三（一七二五）年，閩浙總督滿保（一六七三—一七二五）上奏准許臺澎水師戰船，命令在臺灣設置造船廠修造船隻，並以臺灣道臺協助監督。於是南北二路各自設立軍工備料館，採伐大樹木，作爲船料，徵召工匠帶頭者擔任。臺灣樟樹產量以北部較爲興盛。樟樹有兩種：比較香的可以熬煮成樟腦，比較臭的只能製成器具。所以工匠帶頭者率領工人入山，並且允許熬煮樟腦，也多給予私人利益，其他人是被禁止的。道光五年（一八二五），才在艋舺設立了軍工廠，並設置軍工料館，兼之辦理樟腦事務。內山所熬煮的樟腦都由其收購，之後再分配售出。鴉片戰爭之役，英國船艦就來到雞籠，暗中想要以鴉片交換樟腦。於是奸邪之人爲牟取利益，私下熬煮樟腦的越來越盛，法令已經幾乎不能禁止。咸豐五年（一八五五），英商德記洋行開始與臺灣道訂立契約購買樟腦，每擔價格十六圓，配銷到歐洲。而發給樟腦戶只有八圓，其餘利潤歸入臺灣道。咸豐十年（一八六〇），臺灣開港，外國商人漸漸來到。樟腦作爲出口的貨品，每年約二十萬圓。臺灣道陳方伯建議歸由官府辦理，設置樟腦局。同治二年（一八六三），艋舺料館改爲樟腦館，竹塹、後壟、大甲等地都設立小館，以處理樟腦事務。當時艋舺、大甲產量特別多，每年各有一萬二、三千擔，竹塹、後壟也各有一、二千擔，而噶瑪蘭、彰化的內山也有熬煮樟腦的人；消費使用樟腦越來越廣。然而因屬官方辦理的緣故，外國商人不能獲利。五年（一八六六），安平英國領事請求歸回民間辦理，兵備道吳大廷（一八二四—一八七七）不同意。駐北京英國公使認爲這是阻礙通商，於是向總理各國事務衙門交涉。六年（一八六七），閩浙總督派興泉永道曾獻德來臺灣，與英國領事進行商議。八年（一八六九），廢除官辦訂立新的購買樟腦章程。凡是外國人到內地採購樟腦，必須先向總稅務司請辦護照，填寫公司行號姓名，完成繳納出口稅的一半，以取代內地稅。運到通商口岸，向海關申報，依照規章納稅，而後出口。假如沒有證照的人，就將樟腦充公，人也要治罪。非通商口岸，外國商船不得進入，亦不得私自進行樟腦貿易。九年（一八七〇），才設置釐金局（清朝政府在國內水陸要道設立關卡課税），徵收樟腦稅金，每百斤課五錢。最初由商人承攬辦理，之後歸由釐金局接手。光緒十三年（一八八七），巡撫劉銘傳上奏表示：「樟腦這一項，近來日本出產很多，而香港樟腦價格不斷下跌。如果歸由官方辦理，每石可獲利二、三圓。臺灣生產樟腦每年約有一萬石。硫磺則臺灣的品質最好，前兩江總督沈葆禎奏請開採硫礦，準備能讓官方使用，歷年來都有舊的規章辦理，每石成本洋錢一圓，官方購買每石洋錢三圓，每年生產六、七千石。上等硫磺每年只有一千石產量，全部歸官方使用。次等的累積有三千多石，官方既不使用，商業禁止也未開放，不能夠出口，日積月累，越積越多，不但是浪費也棄置可惜，而且香港每年可銷售一萬多石的硫磺，運送到江南、天津一帶，薰灼葵扇草帽，蒸炊饅頭，製造炮竹，銷路非常廣。臺灣硫礦品質既然好，奸邪之人私自熬煮販賣，出口不少。以自己開採的硫礦禁止不出口，一方面看著日本暢銷，另一方面又不能禁止私熬硫礦；假如設法經營辦理，獲利雖還不太多，但對於安撫原住民等的經費是不無小補。臣查樟腦、硫礦兩項，民間因私熬私賣，經常發生械鬥鬧事，懇請歸由官方統籌買賣，發給執照出口，以目前情形而論，每年可以獲利三萬多圓。以後若能增加生產量，銷路較爲旺盛，也有優秀的經辦者，日漸推廣，以自有之財，供給無窮之用，對於國計民生，兩者都有所幫助。」清廷許可。所以設立了全臺腦磺總局，隸屬於巡撫。而在北路的大嵙崁（今桃園市大溪區），中路的彰化，各設立腦務總局。南莊（今苗栗縣南庄鄉與卓蘭鎮）、三角湧（新北市三峽區）、雙溪（新北市雙溪區）、罩蘭（苗栗縣卓蘭鎮）、集集（南投縣集集鎮）、埔裏社（南投縣埔里鎮），皆設立分局，以委員辦理，又設有司事、執秤、查灶、勇丁等任職。而宜蘭、恆春另外設立總局，作爲獎勵樟腦業務。按照灶的數量，徵數防務費用，以充用安撫原住民的款項；製造出來的樟腦全部歸給局裡，每擔八兩，賣給商人爲十二兩，每年可獲利一百多萬兩。當時臺北德商公泰洋行承攬辦理，配銷香港，每擔可販售二十兩，最多可有二十多兩。光緒十六年（一八九〇）五月，臺北改歸於蔡南生，而彰化則由林朝棟，繳價三十圓，包括釐金防務費用在內。十二圓給腦戶，其他都歸入官方所有。當年出口六千四百八十多擔。光緒十七年（一八九一）爲一萬五千九百八十多擔。十八年（一八九二）爲一萬三千一百二十多擔，而樟腦價格漸漸增加。大概是因爲歐美市場消費甚多，化學技術日益精進，藉以製成藥品。

當初，德國晦實祿在南邊（今臺南市安平區），開設了瑞興洋行，先到了集集設館熬煮樟腦，自己配銷到香港。數年之間，獲利非常多。等到歸回官辦後，突然間失去了利益，離開臺灣前去廣東汕頭，將樟腦事業交給英國商家怡記洋行承接辦理。光緒十六年（一八九〇）五月，怡記從集集運送七百多擔的樟腦到鹿港，九月又運五百四十擔，彰化腦務局官員認爲是走私品，要求留下樟腦。安平英國領事館於是照會巡撫索討歸還，但清廷不接受。彼此相持不下，情勢快要決裂。英國駐北京公使乃與總理各國事務衙門進行交涉，同時各國也認爲有礙通商，請清廷撤除官辦。清廷乃下令吏部商議，上奏說：「詳細考察古今的律例，鹽、硝、硫磺都歸由官方辦理，嚴格禁止私下販售。除了這三項之外，不曾對於其他物產有所禁止。臺灣內山今天生產許多樟腦，奸商攀附權貴拉攏關係進行賄賂，從中間謀利，不准他人售賣，實在不需如此。今天英國商人收購數萬斤的樟腦，但爲巡察委員所沒收，乃是因爲奸商故意撥弄而導致的結果，就算臺灣巡撫也是難辭其責的。況且樟腦這一物品，原本就是屬於藥材，不應該禁止販售。例如：英國當地有許多蟲蟻，以樟腦煙燻蟲屍，就能免除蟲蟻的侵襲，所以樟腦的銷路就會較多。以後各省新製出的，無論利益多寡，應該先奏明朝廷而後再舉辦，才是上策。懇請下令臺灣巡撫劉銘傳，立即將樟腦一項改由民間辦理，但官方可以徵稅。」清廷同意。一一月，廢除官辦，撤除士兵防守。未受教化的原住民於是趁機出草，燒毀樟腦寮與殺害民眾，沿山一帶紛擾不堪，樟腦事務大大受損。於是請求壯丁駐守隘口，並繳納防守費用，一百斤樟腦徵稅八圓，製作樟腦工人每個月一粒灶徵收八角，以十灶爲一份。出口的樟腦則由海關課關稅一圓一角五分五釐，關卡稅是五角五分，收入仍是不少的。十七年（一八九一），改爲腦磺事務隸屬布政使司，仍然在北路大嵙崁、中路彰化，各設腦務稽查總局，其下設立分局，以撫墾分局委員兼辦，乃因這種事務是有相互關聯。二十一年（一八九五），裁撤徵收腦灶稅，每一百斤改徵收四圓的關卡稅。當時外國樟腦使用範圍越加廣泛，香港每一擔已有七、八十圓，甚或達到百圓。

沙金

臺灣開採沙金開始於三百年前。舊史書指稱鄭氏末期，派遣官吏陳廷輝前往哆囉滿（今花蓮縣立霧溪與秀姑巒溪之間的縱谷地區）開採沙金，老一輩的原住民驚訝地說：「臺灣將會有事情要發生了！」有人問緣由，說：「日本人採金而荷蘭人來，荷蘭人採金而鄭氏來。今天鄭氏又來採金，難道能安然無恙嗎？」其後清軍果然進入臺灣。這個話雖然荒誕不經，但也顯現出採金是非常古老的事情。《海上事略》（郁永河著）說：「鄭氏時期，上淡水（今屏東縣北邊）通事李滄請求自己貢獻力量採金，監紀陳福一同前行。到了淡水，率領宣毅鎮士兵，準備到臺東卑南尋找沙金，不過當地原住民卻埋伏在路旁等候。說：『我輩乃是以此維生，漢人如果來採取，必然跟他們決一死戰。』於是陳福不敢前進。半途而返，卻在路上遇到原住民駕著小船做小買賣。陳福攻擊他們，擒獲酋長，取得贖金二百兩黃金。陳福還要原住民帶領採取沙金，但原住民不同意。」又說：「沙金出山後，原住民是傀儡種，那是很少有人到達的地方。從淡水乘著獨木舟，自西往東，回程由北往南，循著溪流前進，滿一個月才能達到。原住民善於游泳從水底下採取，像個小豆，將它藏在竹箱子，或者是小罐子。再拿出來交易。」《番境補遺》說：「哆囉滿出產沙金，淘沙現出金子，與瓜子金相似。原住民把他鎔鑄成金條，藏在大磚頭裡，有客人來就打開磚頭炫耀一番，然而卻不知如何使用。近年來才開始拿金條到雞籠、淡水交易布匹。」《臺灣志略》說：「港底金在哈仔難內山。港水深而且冷，未受教化的原住民沉入，隨手撈取。快速浮起，嘴巴不能說話，燒火許久才告完成。金子如同碎米。」根據上述幾種說法，則臺灣產金已很久了，大多在東北部。乾隆三十六年（一七七一），波蘭人麥禮荷斯奇圖謀開拓臺東，與馬波奧時科原住民發生戰鬥。原住民投降，獻出黃金二十斤、銀八百斤，都是此地所產。這個地方就是今天的瑞芳附近。然則臺灣產金早已爲外國人所垂涎。光緒十一年（一七八五），中法戰爭結束，巡撫劉銘傳築鐵路。十五年（一七八九），架設八堵車站橋梁。工人引水建造基礎，偶然間發現沙子中有金，取出來淘洗。當時造橋監督是爲都司李家德，廣東順德人，曾經遊歷過美國。而築路工人也多是福建、廣東人，有人曾到過新、舊金山。聽到消息爭相奪取，居民也是跟著而來，各有獲利，每兩金子換得白銀八兩。十六年（一七九〇）九月，採金者達三千多人，採金之地也日益增廣。十七年（一七九一）八月，出告示禁止開採，但想要追求利益之人依然趁黑夜偷取，違反禁令的很多。基隆同知黎景嵩建議歸由官府，巡撫邵友濂允許。十八年（一七九二）二月，奏請准許開辦，在基隆設置了金沙總局。瑞芳、暖暖、六堵、五堵、七堵、頂雙溪（今新北市雙溪區）各設分局，派員辦理。開採之人領取執照並且納稅，派士兵駐守壓制。該年冬天，商人金寶泉稟請承辦業務，每年繳納二萬兩，一切費用和駐守士兵的糧餉都由他支付。政府准許。從光緒十九年（一七九三）起，撤除金沙局改爲民營。從十八年（一七九二）二月至年末，共計收了釐金二萬七千一百十二多兩，除金沙局局內的開銷一成，加上駐兵糧餉衣服器等款外，實際剩餘一萬七千六百六十二多兩。並將這些餘款納入海防費用之內，奏明存檔。不多久，金瓜石、大石坑（皆在今新北市瑞芳區）也發現了金礦，開採者越來越多。當時金價很低廉，每兩在山裡可換得十八圓。其後漸漸昂貴，一年可達一百多萬圓。而臺東的新城、秀姑巒、花蓮港、得其犁（今花蓮縣秀林鄉）、宜蘭的蘇澳、叭哩沙（今宜蘭縣三星鄉）等，棋亙六十多里，也有金礦。然而因開闢不久，有未受教化原住民的出沒，居民經常遇害，開採仍然不多。

阿片釐金

臺灣的阿片，開始於荷蘭時期。荷蘭人以阿片為巨額的貿易，在福建、廣東兩省銷售，其後漸漸擴及到內地。當在明朝之時，華人已經有人在吸食，不過僅作為藥用，所以《本草綱目》稱它為「合敷融」，或是「阿芙蓉」，就是以罌粟果實的漿熬煮而成的。阿片產自於印度，以此作為印度國家稅收的大宗。而突厥、埃及、波斯都有生產。上等的是「公班」，就是黑土，味道濃效果大；其次是「白皮」；再其次是「金花」，是為紅土。臺灣阿片的銷售，開始多是黑土，之後乃使用紅土，因為價格低廉，所以吸食者眾多。乾隆、嘉慶以來，國內沒發生大事，上自士大夫，至販夫走卒，無不以吸食阿片為樂。等到道光十八年（一八三八），下詔禁止阿片，以林則徐（一七八五—一八五〇）擔任兩廣總督，燒毀一萬三千六百多箱阿片。英國人不服，最後出兵。臺灣道姚瑩（一七八五—一八五三）也奉旨禁止吸食，初犯者處以徒刑，再犯者處死，一時間阿片幾乎絕跡。然而英國人經常走私到雞籠，私下與奸民進行交易，以換取樟腦，再荒遠的地方都有人在吸食。等到中英兩國講和後，徐宗幹擔任兵備道，撰寫〈防夷論〉一文，又謀求禁止阿片，他說：「白銀為何越來越少？乃是西洋阿片越多的緣故。百姓爲何越來越窮?吃煙多的緣故。以每天每人計算,需要二錢,臺灣地區富貴貧賤良莠的男女約略吸煙者不下數十萬人,以五十萬人計算,每天就耗費銀子十萬兩了。」而臺灣人也自己訂立禁煙公約,吸煙者幾乎爲人所不齒。雷厲風行,吸煙者一時間幾乎消失不見。咸豐元年(一八五一),外國商人開始來貿易,依照規例課徵稅金。十一年(一八六一),設立釐金局,以阿片爲大批貨品,稱它爲「洋藥」。同治五年(一八六六),淡水同知王鏞上報請示進口阿片,不論內地徵稅與否,每箱課徵釐金五十圓,督撫允許,每年約有十多萬兩收入。而安平的入款也差不多如此。光緒五年(一八七九),阿片改歸回道署,召募殷實商人承攬。各地設立煙局,按照數量烙上記號,才能在市面上販售,否則就以私貨論處,充公而且重重處罰。然而走私之事仍然時有所聞,煙局局員眞是防不勝防。十年(一八八四)中法戰爭,南北都港口都封閉,商船澈底制止,阿片無法送抵臺灣,市面價格日益昂貴,每箱漲到一千圓。兵備道劉璈上奏說:「臺灣通商,以洋藥爲大批貨物,每年進口銷售金額達四、五百萬兩。今天法國人封了港口,洋藥到不了。經由士紳耆老公開請求,權宜之計就是劃出來官莊,准許民間自種,照例繳納稅金。」於是嘉義、彰化各地多有種植,味道較淡。而雲南、四川、福建也有生產。但是臺灣銷售以印度阿片居多,外國人運來交換貨品,臺商也自己採辦。臺南販賣阿片的商人聯合設立一個會,稱爲「阿芙郊」,每年輪值來辦理,每箱徵收二圓,作爲行公益的費用。售煙的店家喚作「芙蓉鋪」,也有公會。阿片銷用之廣,幾乎等於粟米麻絲了。在此之前,商人陳郁堂承攬辦理臺南阿片釐金,欠下四萬六千兩的款項。防務之時,因爲軍費浩大,屢次催款都不繳納。巡撫劉銘傳下令撤除陳郁堂的攬辦,捉拿審訊,但劉璈仍然留任他。銘傳大怒,以劉璈和陳郁堂共同作弊,奏請將劉璈撤職。劉璈也因此而獲罪。

臺灣阿片進口表

年分	滬尾及基隆（箱）	安平及旗後（箱）	合計
光緒四年	一、八四八	二、八五三	四、七〇一
五年	二、一六五	三、三八七	五、五五二
六年	二、一四九	三、六四七	五、七九六
七年	二、一四二	三、七三九	五、八八一
八年	一、五八四	三、〇一二	四、五九六
九年	一、二六五	二、七五二	四、〇一七
十年	一、二七〇	二、三〇八	三、五七八
十一年	一、四三六	二、三三九	三、七七五
十二年	一、六三三	二、九一三	四、五四六
十三年	一、六二二	二、六二六	四、二四八
十四年	一、九七四	二、六七二	四、六四六
十五年	一、九八三	二、七五二	四、七三五
十六年	一、九七六	三、〇七六	五、〇四三
十七年	一、一八一	三、四〇一	五、五八二
十八年	二、一〇三	三、〇三六	五、一三九

臺灣徵收阿片釐金表

年分	滬尾及基隆（兩）	安平及旗後（兩）	合計
光緒十三年	一三一、二八〇	一六八、〇〇八	二九九、二八八
十四年	一五七、九五七	二一三、六〇八	三七一、五六五
十五年	一五八、八〇九	二一九、九〇三	三七八、七一二
十六年	一五七、六〇三	二四六、二〇〇	四〇三、八〇三
十七年	一七四、五五三	二七二、〇八七	四四六、六四〇
十八年	一六九、一五八	二四二、九〇二	四一八、〇六〇

卷十九　郵傳志

連橫曰：臺灣海國也，四面皆水。荒古以來，久不與世接矣。而高山摩漢（摩漢，迫近雲天），平野生雲，獸蹄鳥跡之交，為土番盤踞者又不知幾千載。夫臺與閩、粵比鄰，順風揚帆，剋日可至。隋代既鎮撫東番，宋人又從而貿易，而皆不隸版圖，則以交通未便也。明季，葡船發見此土，荷、西二國遂分據之，各主其地。中間數百里，抑未有往來者焉。當是時，臺灣之名遠播歐土，而日本之八幡船亦出沒海上，瀛壖（瀛，海洋。壖，音ㄖㄨㄢˊ，水邊之地）片壤，遂為東、西洋人交接之區矣。延平相宅，萬眾偕來，閩、粵之人扶攜而至。閩居近海，粵處山陬（ㄗㄡ，山邊），守望相助，出入相友，而交通闢矣。歸清以後，拓地日廣，南船北馬，昔昔（夜夜）往來，而陸輸海運仍從舊轍，尚未足以促群治之進也。及劉銘傳任巡撫，乃立富強之策，購輪船，築鐵路，設郵遞，通電線，經營布置，面目一新。惜功未全成，而解任去，寧不可恨？然銘傳之功，固宜特書而不容泯者。《記》曰：「登高自卑，行遠自邇（ㄦˇ，近）」，今試著於篇，曰陸運，曰海運，曰郵電，而燈臺附焉。

陸運

臺灣當鄭氏之時，統治僅及承天，半線以北尚委荒蕪，唯巡防一至而已。清人得臺，沿用舊法，置驛戍兵，漸及北鄙。康熙三十六年，仁和郁永河始至北投採磺。其時斗六門以上，猶是未闢之地也。中葉以後，至者日多，南達瑯嶠，北及三貂，而臺東之遠且有至焉。然自極南以至極北，計程幾八百里，行者須十三、四日，急亦八、九日。而溪流廣漠，每逢大水，阻遏不前，或至浹旬（浹音ㄐㄧㄚˊ，循環一周。浹旬，一個月）不渡。且臺之陸運僅藉人力，未曾以車馬往來。其駕牛車者，但為載糖輸穀之用，日行二、三十里。牛車之制，夾以兩輪，輪徑幾二丈，每輛可載十石，笨重難行。其有溪流者，則多用筏焉，臺人謂之渡。曰官渡，由官司之，不取其賃（ㄌㄧㄣˋ，租金）。曰義渡，由鄉司之，而收其稅，以充善舉，或為寺廟香火。請官准給，曰私渡，由民司之，以載客貨，而時有勒索之弊。有司示禁，其風稍息。溪之小者多架竹橋，或積石為杠（ㄍㄤ，小橋）。深山大谷中，則多縛籐橋，兩旁繫於巨樹，長十數丈，人行其上，如步虛空，搖蕩殊甚，懦者至不敢過。然山居谷飲之民，趫之若夷（平地），習險故也。近則多附鐵線，行者便之。臺地無車，故用轎。轎制略同漳、泉，日行可五、六十里。《漢書》淮南王諫伐南粵，謂乘轎踰嶺。其時南粵之道路未治，猶臺灣也。

同治十三年，欽差大臣沈葆楨奏請開山撫番，以總兵吳光亮帥中軍、同知袁聞柝帥南軍、提督羅大春帥北軍，分兵三路而入。自前山以達後山，測地繪圖，建標計里，而獸蹄鳥跡之區，始為行旅往來之道矣。葆楨之疏曰：「南路一帶，自九月間袁聞柝率綏靖一軍越崑崙坳（ㄠ，低窪處）而東，張其光隨派副將李光領前隊繼之。十月初一日，李營至坳東，袁聞柝乃拔營前進，自崑崙坳至諸也葛，計程不過數十里，而荒險異常，上崖懸升，下壑（ㄏㄨㄛˋ，溪谷）眢（ㄩㄢ，枯暗）墜，山皆北向，日光不到，古木慘碧，陰風怒號，相顧失色，不能不中途暫駐，以待後隊之來。當袁聞柝駐營諸也葛之日，正張其光內埔辦理兇番之時。有老鴉石者，崑崙坳之西境也。初八日，張其光左營有勇丁五人暮經該處，突有數番殺傷二人。都司張欣、守備周思培等即派隊追趕，該番逃散無蹤。隨傳內埔社頭人（頭人，首領），查係七家蛋社兇番。二十四日，參將周善初出哨雙溪，途見無首勇丁橫臥血漬。旋見兇番多人，執械狂竄。麾勇追之。適周恩培出哨，橫截坡前，鎗斃其一，擒其三，餘悉散走，俱為陳阿修社番，即將三人就地正法。二十日，都司張朝光率兩哨營於大石巖，都司張天德亦率隊至諸也葛。袁聞柝乃得拔營前赴卑南。諸也葛以下，地略平坦，然榛蕪（雜草叢生）未剪，焚萊（雜草）伐木，頗費人功。聞柝露宿空山，染病甚重，輿疾率旅，逕抵卑南。張天德一軍亦已趨紮大貓裏，與之犄角（犄音ㄐㄧ。犄角，成支援之勢）。辰下卑南一帶，業已開通。崑崙坳左近，雖有兇番出沒，已分別懲儆，諒無敢生心。唯山道險遠，糧運殊艱。而卑南一帶海口，波濤拍岸，船不能泊。自內埔至卑南，均已派營分布，聲勢尚能聯絡。此南路近日開山之情形也。臺北一帶，提臣羅大春自九月十八日派都司陳光華為首隊，守備李英、千總王得凱為次隊，游擊李得升為三隊，前赴新城。別遣軍功陳輝煌率兩哨赴大清水溪，總兵戴德祥以三哨紮大南澳、二哨紮大濁水溪。時正風雨連山，諸軍阻不能進。二十五日天晴，陳輝煌先至大濁水溪。旋有兇番抗拒。擊斃二人，遂即走散。李得升、李英、陳光華等踵至，會勘形勢。近溪荒壤，周圍約寬數十里。唯地皆砂石，不及大南澳之膏腴（膏腴，土地肥美）。溪岸南北約距三十餘丈，波流陡急。副將周維光等，連日趕造正河，支河木橋各一。工程既竣，各軍乃得越溪而前。自大濁水溪以往，前者曰小清水溪，後者曰大清水溪。十月初八日，陳光華一營紮小清水，而陳輝煌等進紮大清水。即有新城通事李阿隆等率太魯閣番目十二人來迎，願為嚮導。隨至新城，營於溪東。又有符吻、豆蘭等社番目來迎。我軍遂進駐奇萊、花蓮港之北，為後山橫走秀姑巒之道。自蘇澳至新城，計山路二萬七千餘丈；自新城至花蓮港，計平路九千餘丈，統計二百里有奇。而沿途碉堡，除蘇澳至大南澳已設者不計外，應添建十有二處，均已興工。唯大南澳至大濁水溪一帶，兇番充斥，狙殺行人。乃於大南澳山腰，再闢一路，旁通新城。一以避海濱懸崖之險，一以塞兇番歧出之途。經派千總馮安國帶勇往辦。涉溪五重，方開十餘里。十一月

十一、十三等日，正在開路，突有兇番千餘，分伏放鎗。我軍竭力抵敵，擊斃四人始退，而我軍陣亡者四人，傷者十八人。十五日，行至崇山之麓，我兵正在峽中開鑿，忽聞鎗聲四起。抵禦兩時，至者愈多。黃明厚、馮安國以該番傾社而至，其中必虛。分兵繞擣，闃（ㄑㄩˋ，寂靜）其無人。唯見新舊髑髏（ㄉㄨˊ ㄌㄡˊ，人頭骨），每寮或數十顆或百餘顆。乘風縱火，燬寮十數，陣番始散。是日計亡兵勇四名，重傷二十名。其駐大濁水溪之勇，由小南澳運糧而歸。於十三日，途過石壁，突遇兇番蜂擁包抄，陣亡二人，溺死四人，重傷一人。經守備朱榮彪馳隊赴救，始各駭散。羅大春以番族肆擾，難疏提防，而山地遼闊，不敷分布，飛函商請添兵。臣等即檄駐彰化之宣義左右兩軍馳赴，日內可到。唯新城、奇萊一帶，應如何設立營汛、建造墩臺，俟羅大春親至相度，再籌布置。此北路近日開山之情形也。」又曰：「羅大春以本年正月初五日，自蘇澳起程。初九日，至新城，履勘三層城、馬鄰溪等處，旁繞加禮宛、南勢，直抵花蓮港之北，中界得其黎。得其黎以北百四十里，山道崎嶇，沙洲間之。而大濁水、大小清水一帶，峭壁插雲，陡趾浸海，怒濤上擊，眩目驚心。軍行束馬，捫（ㄇㄣˊ，撫）壁而過，尤稱險絕。以南六十里，則皆平地，背山面海，如悉墾種，非無良田。然地曠人稀，新城漢民僅三十餘戶，外盡番社。自大濁水至三層城，依山之番，統名太魯閣：曰九宛，曰實仔眼，曰龜女，曰女沙，曰符吻，曰崙頂，曰實空，曰實亞八眼，凡八社。憑高恃險，野性靡常。奇萊平埔之番，居鯉浪港之北者，曰加禮宛，曰竹仔林，曰武暖，曰七結仔，曰談仔秉，曰瑤歌，凡六社，統名加禮宛番。其性畏強欺弱。而居鯉浪港之南者，曰根老爺，曰飽干，曰薄薄，曰斗難，曰七腳川，曰理劉，曰脂屘屘，凡七社，統名南勢番，男女共七千七百有七人。雖悉就撫，而薄薄、理劉二社既順復貳。除薄薄能煮鹽，加禮宛頗耕種，餘則茹毛飲血，叛復不常，時當防範。他日建城之地，宜在奇萊。若新城、三層、馬鄰、鯉浪不過營汛之區。然必截大清水以南隸奇萊，以北隸大南澳，方足以資控制。羅大春自率大隊入新城，添設碉堡。該番驟生疑慮，呼聚悍黨，晝則伏莽，夜則撲碉。疊經奮擊，時有斬獲。自蘇澳之五里亭起，至秀姑巒之鵲子埔止，計地三百四、五十里，擬分五段，沿途建硼（應為「碉」之誤）三十有二，各派營哨屯之，俾得一氣聯絡。即以宣義左營駐三層城，策應鵲子埔以北；宣義右營駐加禮宛，策應鵲子埔以南。此花蓮港以北籌辦之情形也。其南為走秀姑巒之道，固木瓜番游獵之場也。登高一望，平沙無垠，茅葦盈丈，人跡不到。該番兇悍不亞斗史，故沃壤曠如。南北溪道闊及三十餘丈，欲造木橋，苦無巨材，乃先建支河一道。陳輝煌業率所部，結筏以濟，直趨吳全城，距秀姑巒祇數十里，即有成廣澳番目來營乞撫。別有大巴壟社、馬達唵社皆近附強番，亦就撫。平埔之番，聞已盡此。平埔既附，以之專圖高山，事勢較易。此花蓮港以南籌辦之情形也。中路原派前南澳鎮總兵吳光亮帶兩營駐集集埔一帶。嗣經臣等奏派臺灣道夏獻綸督理開山撫番諸事，吳光亮以本年正月初九日率勇由林圯埔、社寮分開兩路，至大坪頂，合為一路，進向大水窟，至頂城，計開七千八百三十五丈有奇（ㄐ一，餘）。二月初七日復開工，直抵鳳凰山麓。躋半山，越平溪，經大坵田、跨扒不坑等處而入茅埔，又開三千七百七十五丈有奇。兩處凡建塘防八所。沿途橋道、溝渠、木圍、宿站俱漸興修，分派兵勇。自集集至社寮、大水窟、大坵田、茅埔、南仔腳、萬東埔各隘，逐節配駐。並招撫水裏、沈鹿等三十九社，男女七千二百九十有二人。現方循途漸入，斬棘披榛，以出秀姑巒之背。倘能因勢開通，將與北路諸軍聯為一氣。此又中路一帶開山之情形也。」又曰：「吳光亮以三月初九日起，至四月初八日止，自茅埔越紅魁頭，經頭社仔坪，過南仔腳萬，至合水，計開四千六百八十丈，遞建塘坊四，營壘一，茶亭、木圍、公所各二，以便往來。自初九日至於五月初八，大雨兼旬，工程稍滯。然自合水歷東埔社中，走霜山，至東埔坑頭，又開三千七百九十丈。公所、兵房隨地建置。當再陸續前進，別以人工從牛輻轆旁開一道，側接茅埔，俾得分達埔裏、集集、社寮、南投各處，以便商旅時通。」於是中路自東埔坑頭越八通關而過，為群山之最高者，與臺東秀姑巒對峙，氣象雄偉，喬木蔽天，亙古以來，不通人跡，光亮名之，摩崖刻字，至今尚存。過關而東，為雉公關，為先鋒印，為雷風洞，地皆險峻。遂經黃祈山，以光緒元年冬十一月至璞石閣。而南路自恆春之四林格，經牡丹灣、吧塱衛、卑南覓而至大莊；北路自宜蘭之蘇澳，經新城、花蓮港而至大巴壟，均以是年秋竣工。南北相通，東西可達，理番開墾為之一進。是役開路八百五十有九里，為時幾一載，而經費不過三萬餘圓，多藉兵勇之力。然以山谷深峻，瘴癘披猖，生番剽殺，頗多損失。而乃臨危遇險，不屈不撓，困苦備嘗，奮邁前進，以闢此曠古未闢之道，可謂勞矣。於是葆楨奏請獎敘。羅大春以革職提督，開復原官；吳光亮、袁聞柝各進一級，餘亦嘉賞。

光緒七年，福建巡撫岑毓英巡臺，以大甲溪為南北要道，溪大流急，每苦難涉，乃勸紳富捐款，助以官帑，築隄架橋。以鐵桶積石為礎，橋長百五十丈，費款二十萬圓。越年六月十七八日，山水驟漲，奔流挾木而下，橋礎斷絕，隄潰六百丈。巡道劉璈擬修，飭臺北府查勘，費須數萬圓。璈再集紳富議捐，眾以溪險流大，恐無益，其時秋漲方盛，驟難施工，遂止。璈以臺南為首善之區，而道路湫隘（湫音ㄐㄧㄠˇ。湫隘，低溼狹小），市廛（ㄔㄢˊ，商店）櫛比，非以安民居而興商務也。乃議開運河，導水入城。東引五空橋之水，南引二層行之水，北引柴頭港之水，以出於海。宣積穢，利運輸。河之兩旁改築大道，植樹列屋，為郡之表。前時安平之水可達郡中，其船至大井頭街，而河道漸淤，水多溷濁，故璈欲疏之。而郡人以拆屋多損，持不可，其議又止。安平距郡治六里，中隔帶水，往來乘舟。璈命防兵築之，旁樹榕柳，於是始有馬車，行者稱便。十三年，巡道陳鳴志、鎮海後營副將張兆連合請巡撫劉銘傳，別闢後山之路，自彰化之集集以達臺東之水尾。期進工，東西並舉，自正月以至三月，大功告成，而前後山之連絡較縮矣。

先是光緒六年，銘傳上疏，請造鐵路以圖自強。略曰：「臣嘗私患竊嘆，以為失今不圖自強，後雖欲為，終恐無及。夫自強之道，練兵、製器固宜次第舉行，然其機括莫急於築造鐵路。夫鐵路之利於漕務、賑務、商務、礦務、釐捐、行旅者，不遑殫（ㄉㄢ，竭盡）述，而於用兵之道，尤急不可緩之圖也。查中國要道，南路宜開二條：一自清江經山東，一自漢口經河南，俱達京師。北路宜自京師，東通盛京，西通甘肅。唯是經費浩繁，急切未能盡舉。擬請先修清江至京師一路，與本年議修之電線，相為表裏。事關軍國，安危繫之。若輾轉遷延，視為緩圖，徒託空言，永無自強之日矣。」旨下內外大臣議奏。李鴻章、劉坤一均贊其議，而駐德公使劉錫鴻方歸自歐洲，亟言不可。議遂寢。及銘傳任臺灣巡撫，十二年，奏請試辦鐵路。略曰：「臺灣既為我國海防之要，當此建省之時，宜速振興殖產，招徠工商，以為富強之計。而欲行其事，必先利其器。曩者奏派革職道張鴻祿、候補同知李彤恩等考察南洋商務。今既歸臺復命，新設輪船公司以往來淡水、新加坡、西貢等港。然以臺灣內地運輸未便，遂致沿山貨物，不能配至港口。據該委員稟稱：『南洋僑商素聞臺灣土地肥沃，出產繁盛，官府又竭力鼓勵，多欲來臺經營。然荊棘滿地，道路崎嶇，欲期工商聚集，貿易勃興，實非易事。擬請築造鐵路，起自基隆，以達臺北，與各港連絡。不特可以振全臺之商務，而亦大有裨於海防也。』又據該委員等稟請：『當此國家財政困難之秋，官辦非易。請招募商款壹百萬兩，發行鐵路股票，以其得利，攤還母息。則不動公款，而鐵路可成，誠計之善者也。』臣愚，以為臺灣不獨海外之孤島，實為東南七省之屏蔽。將來通商惠工，開闢利源，全臺經費，足以自給。而臺北駐防之兵，調轉自在，永保巖疆。如練軍、清賦以及架設電線，次第舉辦，本年內外當可陸續告竣。至如築造鐵路，臣已深信不疑。唯以經費之故，躊躇（ㄔㄡˊ ㄔㄨˊ，猶豫不決）至今。茲幸該委員等請以商款措辦，唯由官府保護，將來坐收其利，其議甚善，似可舉行。至如築造鐵造之利，除驛遞、開墾、商務之外，尚有益於現今臺事者三，請略陳之。臺灣四面皆海，防不勝防。基隆、滬尾、安平、旗後四口，現雖建造炮臺，駐兵防守，而新竹、彰化沿海一帶，港汊（ㄔㄚˋ，河流分支）分歧，一旦有事，敵兵上陸，南北隔絕，全臺立危。若築造鐵路，則調撥軍隊，朝發夕至。是其便於海防者一也。臺灣既建一省，選擇省城，控制南北。其地襟（懷抱）山帶海，最為適當。然距海較遠，將來建築衙署廟宇，鳩工（召集工人）治材，運輸不便。若鐵路開通，則商業可致繁盛。是其便於建省者二也。自臺北至臺南，計程六百餘里，中多巨溪，春夏之際，山水暴漲，行旅遏絕。臣今擬於大小各溪上流窄處，架設橋梁，通算工費須銀三十萬兩。今若許准建築鐵路，則此橋梁二十餘條，一齊興工，可為朝廷節省巨款。是其便於臺灣工事者三也。」疏上，下旨照議。於是設鐵路總局於臺北，以記名提督劉朝幹為總辦，從事招股，應者甚多。以德人墨爾溪為監督，英人馬禮遜為工程長，測量路線，自臺北至基隆二十英里。是年六月，自大稻埕起工。以余得昌所帶昌字四營為工役。中經獅球嶺，開鑿隧道，長十八鎖。翌年，由臺北而南，涉淡水河，架橋以渡，長千五百二十英尺，以時啓閉，下通舟楫。越龜崙嶺，經桃園、中壢、大湖口而至新竹，計長四十二英里，中有巨橋三。如紅毛田溪之七百五十英尺，鳳山崎溪之六百八十英尺，荳仔埔溪之六百十七英尺，此工事之難者。而臺北至基隆以十七年十月開車，臺北至新竹則至十九年正月告竣。路廣十一、二尺，軌條闊三尺六寸，重三十六封度。其機關車十五噸，或二十五噸。列號之外，又錫以名，曰騰雲，曰御風，曰超塵，曰掣電，言其速也。分上下兩等，設備頗簡。每車長約二丈，貨車略同。凡設車站十六處，均以土造，曰火車房，其驛長曰司事。顧當草創之時，站中不設信號機，亦無昇降場。其始每日開車六次，後乃減為四次。然途中遇車，隨時可以搭乘，故時刻不定。每逢大稻埕致祭城隍之日，臨時增駛，以便往來。而歲首、臘底以及五節均停車焉。乘車之費，自臺北至基隆者四角四尖，而至新竹者八角六尖，上等倍之，每里約當二尖一釐。貨物則擔抵一人。平均一日之客，臺北基隆五百人，臺北新竹四百人。顧是時民用未慣，物產未盛，而基隆河之水尚深，舟運較廉，鐵道未足與競，以是入款尚少，每月搭客一萬六千圓，貨物四千圓，收支不足相償。然銘傳又欲達至南路，以速全臺交通。而自新竹以南，溪多且廣，非可易過。乃命德國工師測量大安、大甲兩溪，籌架鐵橋。其策果成，臺人之福也。

當是時，銘傳以厲行新政，清賦加稅，民怨其苛，而政府又多方掣肘，物議沸騰，工事遲進。十七年，遂稱病辭職。邵友濂繼之，疏言經營鐵路之難。略曰：「臣查臺灣為海外孤島，港汊分歧，欲為居中控制之策，固宜建築鐵路。然經營七年之久，僅得臺北竣工。從前籌劃不為不善，而卒未能相副。何也？臺灣土地鬆浮，田園漫衍，培築不密，隨見崩塌，又或坡陀（ㄆㄛ ㄊㄨㄛˊ，不平坦）參差，巒壑倚伏，曲直不定，高下靡常，北穿獅嶺，洞隧百尋，南度龜崙，坂（坡道）踰九折；路工之難如此。又或谿澗縱橫，宜臨宜束，水流湍急，因勢築防，矗址重淵，搆（搭建）基陡岸，洪波方迅，壘石旋傾，積沙既深，插樁亦陷；橋梁之難又如彼。加以工銀料價，其須倍加，此後增進，計難逆料。」奉旨批准，而臺灣鐵路為之一挫矣。顧自基隆至新竹計程六十二英里七十鎖，用款一百二十九萬五千九百六十兩，每英里僅二萬六千五百七十五圓，較之他國所築，工費較省，蓋以使用兵役之故。而所雇路工其資亦廉，每名日給三角。工師多用粵人，如淡水鐵橋則張家德所築者，技亦巧矣。鐵路所過之地，大小橋梁七十四、溝渠五百六十八。其軌條雖購之英國，而枕木則皆用臺產，故別設伐木局，以統領林朝棟辦其事，入山採取。凡松一片為價三角五尖、樟四角五尖，由溪運往。而樟較耐用，且取之不盡。友濂既奏准停工，乃由福建藩庫借撥一百零四萬兩，贖歸官辦。裁伐木局，併鐵路局於通商，以縮小之。而臺灣鐵路遂不進。

前山道里表

自恆春（十五里）、柴城（十八里）、柴寮（十五里）、楓港（十五里）、枋山（十三里）、嘉鹿塘（四里）、率芒溪（五里）、枋寮（十二里）、蘆竹塭（十四里）、東港（七里）、王爺宮（十六里）、芎蕉腳（八里）、鳳山東門。
自鳳山（九里）、大將廟（十一里）、楠梓坑（十里）、橋仔頭（十里）、阿公店（二十里）、大湖（七里）、二層行溪（十里）、大林莊（三里）、安平南門。
自安平（三里）、柴頭港（四里）、三崁店（十里）、看西街（十五里）、曾文溪（九里）、茅港尾（十五里）、火燒店（十五里）、下茄苳莊（十八里）、水堀頭（十二里）、嘉義西門。
自嘉義（五里）、牛稠溪（八里）、打貓街（七里）、大莆林（十里）、他里霧（十二里）、虎尾溪（五里）、刺桐巷（二十里）、寶斗街（十五里）、二抱竹莊（十二里）、茄苳莊（八里）、彰化南門（由他里霧別行十里至雲林城）。
自彰化（五里）、茄苳腳（七里）、大肚街（十五里）、沙轆街（八里）、牛罵頭（八里）、大甲溪（五里）、溪北（五里）、大甲街（十里）、房裏街（十里）、呑霄（二十里）、後壟（十五里）、中港（十七里）、香山（八里）、新竹西門。
自新竹（十三里）、鳳山崎（十里）、大湖口（十五里）、楊梅壢（七里）、土牛溝（十三里）、中壢新街（十五里）、桃仔園（十里）、龜崙嶺（十五里）、新莊（十二里）、淡水南門。
自淡水（十二里）、錫口（十五里）、水返腳（十六里）、八堵（九里）、暖暖街（二十五里）、三爪仔莊（八里）、龍潭堵（十五里）、三貂嶺（二十五里）、三貂溪。
計七百九十三里。

後山道里表

自三貂溪（九里）、牡丹坑（八里）、草嶺頭（十五里）、大里簡（二十一里）、北關（九里）、頭圍（十五里）、礁溪（十一里）、宜蘭北門。
自宜蘭（十五里）、溪洲渡（五里）、羅東（十二里）、猴猴莊（十八里）、蘇澳（二十里）、東澳（三十里）、大南澳（三十五里）、大濁水（二十五里）、大清水（三十五里）、得其黎（十里）、新城（五十里）、花蓮港。

自花蓮港（二十里）、吳全城（三十九里）、大巴壠（二十二里）、周塱社（二十二里）、水尾（三里）、璞石閣（二十四里）、石牌莊（四十五里）、卑南草寮（五十里）、卑南寶桑。

自卑南（二十里）、知本（二十五里）、大貓裏（三十三里）、干仔闢（二十里）、巴塱衛（十里）、阿郎壹溪（二十七里）、牡丹灣（二十五里）、八瑤灣（二十里）、萬里得（二十里）、射麻裏（十三里）、恆春東門。

計八百零八里。

前山至後山道里表（一）

自林圯埔（十七里）、大平頂（七里）、大水窟（七里）、鳳凰山麓（十八里）、茅埔（十八里）、南仔腳（十九里）、東埔社（十里）、東埔坑（十五里）、鐵門洞（十八里）、八通關（十三里）、八母坑（十八里）、雙峰仞（九里）、大崙溪（二十五里）、雷風洞（三十一里）、打淋社（四十里）、璞石閣。

計二百六十五里。

前山至後山道里表（二）

自楓港（十里）、射不力（十五里）、雙溪口（二十里）、大雲頂（十五里）、英華嶺（二十里）、阿郎壹溪（十里）、巴塱衛（二十里）、干仔闢（二十里）、干仔崙（十三里）、大貓裏（二十五里）、知本（二十里）、卑南。

計二百三十六里。

前山至後山道里表（三）

自下淡水（十二里）、赤山（十五里）、雙溪口（二十里）、崑崙坳（十里）、大石巖（四十里）、諸也葛（二十里）、干仔崙（十三里）、大貓裏（二十五里）、知本（二十里）、卑南。

計一百七十五里。

前山至後山道里表（四）

自艋舺（八里）、娉仔尾（九里）、樟腳（六里）、深坑（十二里）、崙仔洋（十八里）、銃櫃（十一里）、頭圍（十五里）、礁溪（十五里）、宜蘭北門。
計一百零三里。

中路道里表

自鹿港（十二里）、馬鳴山（五里）、三塊厝（三里）、彰化西門（五里）、大竹圍（十里）、內快（十里）、本縣莊（十里）、營盤口（五里）、南投（二十里）、集集街（十里）、風谾口（二十里）、頭社（十里）、水社（十里）、新城（十里）、白葉嶺（十里）、埔裏社。
計一百五十里。

航運

荷蘭為海上之霸，侵略臺灣，以拓商務，夾板之利，遠暨東西，而以安平為碇泊（碇泊，停泊）之口。其時港道深廣，可至熱蘭遮城，小者且及赤崁樓下；樓固海中小島也。安平之北謂之臺江，舳艫（舳，船尾。艫，船首。舳艫，意思是船隻前後相接）千艘，聚會於此，今則變為平陸矣。荷人既據安平，駐兵戍守，開鑿運河至柴頭港，又北至看西，以通蕭壠、麻荳諸社，故道猶存，則今之鹽水溪也。安平之南為七鯤身，港汊紛錯，今亦淤為平陸矣。當是時，航運之利，西至閩粵，東及日本，南遍爪哇。安平一口遂為交通之紐矣。

延平克臺，亦恃航運，故能橫厲（渡水）重洋，以憑天塹，而清人莫敢抗。永曆十八年，英人來請通商。二十年，呂宋總督派使來聘。二十八年，命戶部事李德赴日本。又造巨船往賈暹邏、呂宋、葛拉巴。其後輒相貿易，皆有航運之利。當是時，清廷方嚴海禁，凡入海者殺無赦，而閩、粵人之住南嶠者已數百萬人，均以臺灣為內府，故得獨操通海之利。

清人來後，雖開海禁，而商船渡臺者須領照，由廈防廳司之，至則臺防同知驗之。其船皆漳、泉富人所造。有糖船、橫洋船，材堅而巨，大者可載六、七千石。南至南洋，北暨寧波、上海、天津、牛莊，販運之利，頗操其益。故郡中商務一時稱盛。其後派運臺米，配載班兵，船戶苦之。積穀日多，遂有雇船官運之議，語在〈糧運志〉。續以蔡牽之亂，俶擾（俶音ㄔㄨˋ。俶擾，擾亂）海上，凡十數年，商船多毀。於是至者日少，而漁船愈眾。然漁船輕小，向不配差，口員照例僅查出入。積滯公文，數月不至。道光三十一年（道光無三十一年，徐宗幹提出〈漁船並配公文議〉疑在道光三十年左右），巡道徐宗幹議定，漁船兼配公文，以免阻遏。前時郡中有太平船二艘，專以運送兵丁骸骨並附客柩，招募郊商舉充，棄廢殆將十載，至是議興之。

通商以後，外貨紛至，於是始有輪船，設船政廳以理之。同治七年十一月二十二日，總理各國事務衙門咨稱：「本年九月初十日，據赫總稅務司將引水章程十五條改為引水新章十條，申送本衙門，於九月十五日照會布、俄、英、法、美、日各國駐京大臣去後，除日本國未接照復外，茲據布、俄、英、法、美各國駐京大臣先後照復，允飭各口領事試辦等因前來。除札知赫總稅務司遵照外，相應抄錄總稅務司所改章程十條，咨行查照。」總督接後，即飭巡道遵辦。於是復訂臺灣各口引水分章十條，與專條略有更改。十年，英船海輪始定臺灣航路，以往來安平、淡水、廈門、汕頭、香港，每兩星期一回。其船尚小，載重僅二百七十七噸，而貨客繁夥，獲利厚。乃設得忌利士公司，以爹利士航行香、汕、廈、安，科摩沙、海龍、海門行於汕、廈、淡水，而臺灣航業遂為所攬矣。光緒七年，巡撫岑毓英巡臺後，以臺地孤懸海外，非舟莫渡，商諸船政大臣，派撥琛航、永保兩輪船，循環來往，以速文報，並准商人配貨。是為官辦之船。其搭客自安平至廈門，或自基隆、滬尾、艋舺至福州每人三圓，自安平至福州及由臺北至廈門者五圓，又自臺南至臺北者亦三圓。貨物之儎，則照招商局所定，酌減二成。一時頗殺外船之利。其後又增伏波、萬年清兩船，以速郵遞，而載煤至上海者亦較多。法人之役，沿海被封，出入杜絕，唯帆船時得偷渡，然每遭擊沉，往來殊險。十一年，巡撫劉銘傳以飛捷、威利、萬年清航行臺灣及中國各港。十二年，設招商局於新加坡。又以三十二萬兩購駕時、斯美兩船，往來上海、香港，遠至新加坡、西貢、呂宋。而外船之載糖、茶者多至日本、美國。太古輪船亦時一往來。於是航業漸盛。先是光緒二年，帆船之至淡水者百十一艘，而輪船僅四十四艘。至十六年，則帆船減為八艘，而輪船增至百二十六艘，計有十七萬七千五百餘噸。蓋自銘傳治臺以後，物產大興，商務日盛，而航運亦受其利。

初，銘傳既築鐵路，籌疏基隆港，以連陸運。十三年，以林維源為總辦，測量港道。擬自牛稠港至蚵殼（「殼」的異體字）港，括觶嶼於中，填平海岸，以建車站。又自小基隆至觶嶼，新築市廛，建埠頭，以接車站。其中按造鐵橋，長十有二丈，為車馬往來之道。惜功尚未竟，而解任去矣。

旗後為臺南商埠，港道稍隘。歷任稅務司疊請開鑿，巡撫丁日昌亦奏請開浚。兵備道夏獻綸稟請遵辦，而日昌以開浚之時，慮有三難：港底有石，一也；形勢有礙，二也；經費太巨，三也。獻綸復曰：「開港與挖煤不同，祇將浮沙挖去，並無石隔；一免慮也。地方形勢，既建炮臺，可以防守；二免慮也。經費一途，可由臺餉提用，似可裕如；三免慮也。且通商以來，中外遭風船隻，時有所聞，如不開浚，設有洋船遭風之事，藉此要求，反落後著。」故獻綸以為開之便。未行而獻綸卒，張夢元接任，仍不欲辦，遂以籌款未定，照會稅務司。並稟總理衙門，以前開浚估價五萬三千餘圓，續估二十萬四千餘圓，為數太巨，擬照吳淞之例暫止。九年，安平英領事霍必瀾以港道日塞，易致膠舟（膠舟，擱淺），遞年險惡。現有浚港之船，為價不上五千圓，願自發價疏浚，或由中國自辦。不從。及銘傳任巡撫，十六年夏五月，命英人馬禮遜查勘，將大興工事，以張貿易，未行而銘傳去矣。

安平至府之運河，例由三郊自浚。數十年來，日形淤塞。而安平港口又以沙汕之阻，自夏徂秋，波濤澎湃，輪船不能入口，多泊於四草湖外。一遭大風，駛避旗後，遠或繫碇澎湖，貨物起落，以是困難。商務之興，為之頓挫。

夫臺灣處大海之中，又有澎湖隔之，黑潮所經，其流甚急。澎之四圍多礁石，舟觸輒破。故自通商以來，輪船遭者凡數十次。雖有巡洋哨船以為救護，而事起倉卒，慮有未周。光緒二年夏六月，福建巡撫札飭各廳縣，選舉沿海地甲頭目，分擇地段，責成保護中外船隻在洋遭風之事。並頒行圖冊章程告示，委員前往各海口確查，由各廳縣給發號旗，以為憑准，俾其督率鄉民，實力救護。十年秋八月，英船某自旗後遭風，漂至草湖。時適法人犯臺，沿海戒嚴，莊人見之，以為敵船也者，持械禦之，躍登船上，刃傷船長，並奪貨物。鹿港同知鄒鴻漸趣往彈壓，北路營游擊郭發祥、署彰化知縣蔡祥麟亦至，救其船人，追還所失。兵備道陳鳴志乃與領事霍必瀾商議賠款，而船主不從。旋委鳳山知縣李嘉棠再與領事交涉，往返數次，以七兌銀七千圓賠之，事始息。十一年夏六月，琉球漁人陳文達等十二人遭風至基隆，莊人救之，給以路費，並修船費六圓，送之歸。十二月，復有日本駁船漂至後山高士佛，恆春知縣派人救之，資遣回國。十四年十一月，英船威定在洋遭難，澎湖右營都司李培林率兵救起五十餘人。十八年八月，澎湖大風，海水群飛，英船卜爾克自上海航行香港，觸礁沒，溺斃洋人一百三十餘名，澎湖官民赴救，得二十三名，載至府治，知府唐贊衮禮之，水師總兵王芝生餽金三百，英人大喜，救護之人各有賞給。

初，紐西蘭海上保險公司來臺開辦保險事務，委瑞興洋行理之，已而華洋保險公司亦分設南北，商務日興，而航運往來亦日盛。

郵電

置郵傳命，其來久矣。明制十里設一鋪，每鋪設鋪長一名；鋪兵要路十名，僻路四、五名，即於附近有丁力田糧五斗以上、二石以下點充，必須少壯正身。每鋪設十二時晷一個，以驗時刻。鋪首置牌門一座，牌額一方，簿歷二本。鋪兵各備夾板一副，鈴攀一副，纓鎗一把，棍一根，回歷（來回紀錄）一本。凡遞送公文，照古法，以一晝夜合為一百刻。每三刻行一鋪，晝夜須行三百里。公文一到，不問多少，隨時遞送，無分晝夜。鳴鈴疾走，以交前鋪。即於回歷附寫到鋪時刻，以憑稽考。鄭氏因之，南北各設鋪兵；故臺人謂十里為一鋪。清代沿用明制。乾隆二十一年，乃裁驛丞。而臺灣以遠隔重洋，向未設立，僅置鋪兵，以事遞送。軍務之時，兼用塘兵。顧此為公家之用，民間私信必覓長足（長足，腳程快的人）以寄。市鎮繁盛之區，或設信局，以代傳命。信資之數，按道為差，而每多阻滯，或致遺失，不能朝發夕至也。

同治十三年牡丹之役，欽差大臣沈葆楨治軍臺南，奏請架設電線，以速軍情。乃由丹墨國人德勒耶攬辦。光緒三年，巡撫丁日昌議由臺南府城至鳳山之旗後，先行開辦，飭游擊沈國先率福州船政電報學堂學生蘇汝灼等，以七月初十日自郡起工，九月初五日告成。凡二線：一自郡治達安平，一達旗後，計長九十五里。是為南路電線之始。十年，法人來犯，軍書旁午（旁午，繁雜）。巡撫劉銘傳以南北電報未通，不足以輔戎機。十二年，飭通商局委員李彤恩與上海德商泰東洋行立約攬辦。凡兩線：一自臺北郡治分歧而至滬尾、基隆，一至臺南與舊線接，計長八百里。而於新竹、苗栗、彰化、雲林、嘉義各設局辦理。十四年四月竣工，以候補道張維卿為總辦。是為南北交通之線。十三年八月，又自淡水沉設至福州之芭蕉島，而安平亦接至澎湖。是月二十一日，輪船飛捷自福州起工，翌日達滬尾，與陸線連。乃赴澎湖，以接安平。海陸兩線既成，自臺灣可通福州，遠而至於東西各國，莫不瞬息萬里，而臺灣不至孤立矣。

當是時，銘傳既築鐵路，以利交通，又以舖遞遲緩，奏請改設郵政。十四年，置郵政局於臺北，各地皆設分局。郵票兩種：一為官用，不徵其費；一為民用，按站計費，每站長百里，凡信一函重二錢以內者徵錢二十，付郵之時交納。自臺南至臺北凡十三站，每函須二百六十文。郵路以外之地，別加其費。其發中國外洋者，則以輪船代遞。又有郵船兩艘：曰南通，曰飛捷，按期往來於上海、福州及臺之各港，以遞送之。唯郵票之式，彫印頗粗，上繪一龍，國徽也；下繪一馬，驛也，所以示中國之郵傳也。十五年十一月，奏頒臺灣郵政章程，歸巡撫管理，以候補道任其事。每年入款達一萬兩。而民間信局仍開設，頗奪公家之利。使得逐漸更改，臻於至善，必有可觀。

是年又設電報學堂，聘西洋教習，以授臺人子弟。而英國醫士梅威令，既在旗後，自設醫館，傳授醫術。十六年九月，復請架設電話，以廣學業。通商局不從。及邵友濂至，而電報學堂亦廢矣。乙未之役，劉永福駐臺南，安平稅務司麥嘉林請設郵政，其制略同前時，半取歐洲成法，以稅務司兼辦之。票印一虎，民主國之章也。凡三種：分為三十文、五十文、一百文。以兵遞之。當是時戎馬倥傯（ㄎㄨㄥˇ ㄗㄨㄥˇ。戎馬倥傯，軍務繁忙），私信斷絕，故民間多用。乃未幾而臺南亦陷，其制遂止。

燈臺

臺灣為南海之邦，而東西洋交通之道也。船舶往來，以是為的。然而礁石隱現，風濤澎湃，稍一不慎，舟輒破碎。往時船舶自廈來南，過澎湖後，遙望王城之老榕，以取航程，漸近漸現。城在安平海隅，址高而望遠，荷人所建也。然當天昏月黑時，四顧茫茫，東西莫辨，則於巡道署內立一燈竿，高可三丈餘，每夜燃燈，用以照遠。是為燈臺之濫觴。舊例：船舶出入，巡道管之，故以是為航路之準。雍、乾之間，商務大盛，帆檣（掛帆幔的桅竿）相接，北至天津、牛莊，南至暹羅、呂宋，皆以澎湖為門戶。而澎湖錯立大海，群島相望，沉舟之禍，時有所聞。乾隆三十四年，臺灣府知府蔣元樞檄澎湖通判謝維祺，擇地於西嶼之杙（ㄧˋ）仔尾，建造石塔七級，座約五丈，每夜燃燈，光照海上。是為燈塔之始。道光八年，修之。光緒元年，乃倣洋式為燈臺。先是同治六年三月，美國商船那威號遭風，至鳳山之鵝鑾鼻，觸礁而沒。事後美領事請建造燈臺，以利航海，政府許之而未設也。已而日本來討牡丹社番，駐軍琅璚，亦請速建。八年，聘英人為工師，費款七萬兩，規模宏大，光照二十餘海里。臺成，照會各國，以地邇番界，駐兵守之。

安平燈臺：在安平海關之側，以磚建之。形圓而色白，距水面七丈七尺。燭光三百五十燭，可照遠十四海里。每四秒發光一次，為第六等閃光白色。光緒十七年建。

打鼓燈臺：在鳳山縣打鼓哨船頭，以石造之。為四角形，距水面十六丈四尺。燭光三百五十燭，可照遠十海里，為不動白色。光緒十八年建。

鵝鑾鼻燈臺：在恆春縣鵝鑾鼻莊土名船帆石之南，以石造之。形圓而色白，距水面十八丈。燭光二萬六千燭，可照遠二十餘海里，為第一等不動白色。

淡水燈臺：在淡水海關之側，以石建之。為四角形色白，距水面三丈三尺。燭光一百燭，可照遠九海里。或紅或綠，以分別之。而滬尾街上別建燈竿，火用瓦斯，色白，每二秒間發一閃光。燈高三丈五尺，距水面十四丈二尺。燭光三百五十燭，可照十五海里。均為光緒十四年建。

西嶼燈臺：在澎湖廳西嶼，則漁翁島也。廈門航行臺灣之船，均以此為標幟。乾隆三十四年，始建燈塔。道光八年，修之。光緒元年，改燈臺。其燈為第四等不動白色，距水面十五丈八尺。燭光五百燭，可照遠十五海里。

譯文

黃富三．注譯

連橫說：臺灣四面環海，是個島嶼國度，從遠古就長久不和外界接觸。島上高山聳入雲霄，平原又多雲霧，是飛禽走獸交相棲息之地，幾千年來為土著番族所占住。按，臺灣鄰近福建、廣東，順風乘船，一日就可抵達，隋朝時曾經平定東番（臺灣），後來宋朝人也來貿易，但都未納入版圖，原因是交通不方便。明朝時，葡萄牙船隻發現此島，隨後荷蘭、西班牙分別占領統治南北之地，但其間相距幾百里，雙方並未有來往。當時「臺灣」之名已經遠傳至歐洲，而日本倭寇「八幡船」也在海上出沒，濱海之地便成為東、西洋人來往貿易區。鄭成功抗清時選此為基地，帶來上萬軍民，福建、廣東親友也相率移居。福建人居住海濱，廣東人則散布山邊，他們守望相助，出入結伴，因此交通暢通了。清朝領臺後，拓墾土地不斷擴大，或騎馬或搭船，南北往來頻繁，但陸路交通與海上運輸工具仍是舊式的，未能達到大眾方便的境界。劉銘傳出任臺灣建省後的巡撫後，提出富強政策，購買輪船，興建鐵路，設立郵政單位，架通電報線，費心規畫，於是面目一新。遺憾的是，計畫未完全實現而卸任，眞是一大遺憾。然而，他的功勞不該磨滅，而應大書特書。《禮記》有句話：「登高自卑，行遠自邇」，也就是登高山從低處起，走遠路從近處動身，本志即分篇章介紹，即：陸運、海運、郵電，並附加燈臺一節。

陸運

臺灣在鄭氏時代，統治區僅有承天府一地，中部彰化以北之地仍未開發，僅派兵每年巡防一次而已。清朝統治後延續這種方式，設置驛站，駐紮兵員，統治區逐漸達到北部邊區。康熙三十六年（一六九七），浙江省仁和縣人郁永河首先到北投採買硫磺，當時斗六門以北仍然是沒有拓墾之地。但康熙中葉後，移民逐漸增加，南邊到達琅嶠（今屏東縣），北邊到達宜蘭三貂嶺，甚至也有人到達遠在東邊的臺東，但是從南端到北端，距離接近八百里，徒步須、四天，快步也要八、九天。加上溪流寬廣，一遇大水時就受阻，時間甚至長達十日以上。而且臺灣陸運只靠人力，並未以車馬運載，有駕駛牛車者，只供運載米、糖，每天行走二、三十里；牛車製法是兩旁有兩個輪子，直徑接近二丈，每輛車可裝載十石，笨重緩慢。至於有溪流處，大多用竹筏，臺灣人稱為「渡」。有「官渡」，由官方管理，不收費；有「義渡」，由地方管理，可收費，作為慈善支出或寺廟香火費用，申請官方批准設立；又有「私渡」，由百姓管理，載運客人、貨物，但時常有勒索弊端，地方官乃公布禁止之令，稍減惡習。溪流比較狹小的大多架設竹橋，或者堆積石塊作為墊腳板。在高山深谷之處，大多用籐索捆綁在在兩山間的大樹，做成長度有幾十丈的籐橋，在上面行走如同走在空中，搖晃極為厲害，膽怯者不敢走；但住在山上須下谷底取水的居民，行走如常，因已習慣了，近年大多加上鐵線，方便行者。

臺灣沒有馬車，因此大多乘轎，形制與漳州、泉州大致相同，每天可走五、六十里。《漢書》記載淮南王勸漢王不要討伐南粵（南越），說是須要乘轎才能越過山嶺，即因當地尚未開路，和臺灣相像。

同治十三年（一八七四），欽差大臣沈葆楨（一八二〇—一八七九）奏請開山撫番，以總兵吳光亮（一八三四—一八九八）率領中軍、同知袁聞柝（一八二一—一八八四）率領南軍、提督羅大春

（一八三三—一八九〇）率領北軍，三路進入山區，測繪地圖，立標誌計算里程，原本飛禽走獸之地才成爲行旅通行的道路。沈葆楨奏稱：

「南路一帶，從九月間起，袁聞柝率領綏靖營越過崑崙坳[1]向東前進，接著張其光派副將李光領前隊尾隨，十月一日抵達崑崙坳東邊。於是袁聞柝拔營繼續前進，從崑崙坳到諸也葛只有數十里，但極其荒涼危險，其上懸崖聳立，其下谿壑垂下，山嶺全部朝北，不見陽光，老樹深綠，陰風怒號，兵勇大驚，不得不中途暫停駐紮，等候後隊前來會合。當袁聞柝駐紮諸也葛時，張其光正在辦理內埔原住民之騷亂，有老鴉石部落，位於崑崙坳之西，十月八日傍晚，張其光左營勇丁五人經過，突然有幾名原住民殺傷二人。都司張欣、守備周思培等人立即派兵追趕，但那些人已經全部逃逸，隨後傳訊內埔社的頭人，查出是七家蛋社的番人。二十四日，參將周善初至雙溪查哨，途中發現一名無頭勇丁橫臥於血泊之中，接著看到多名凶番持著槍械狂逃，於是指揮兵勇追趕，正巧周思培出來查哨，在山坡前攔截，槍斃一人，逮捕三人，其餘的都逃散，他們都是陳阿修社番人，立即將三人就地處決。二十日，都司張朝光率領二哨兵勇在大石巖紮營，都司張天德也率隊到達諸也葛，於是袁聞柝拔營向卑南（今臺東縣臺東市）前進。

諸也葛以下之地，略微平坦，但樹木雜草未經修剪，焚燒雜草、砍伐樹木相當耗費功夫。袁聞柝因在空曠山區露宿，感染重病，乘轎迅速率軍直抵卑南，張天德之軍也趕上駐紮於大貓裏，形成犄角之勢以相互支援。目前卑南一帶道路已經開通，崑崙坳左側附近雖仍有凶番出沒，但已經加以懲

---

1 鳳山縣赤山往卑南之山路，沿途經過、雙溪口、內社、崑崙坳、大石巖、諸也葛、千仔崙、大貓裏，至卑南，參考夏獻綸，《全臺輿圖》，黃清琦編著，《臺灣輿圖暨解說圖研究》（臺南：臺灣歷史博物館，二〇一〇），頁六十六。

罰，理應不敢再生不軌之心。只是山路遙遠危險，糧食運輸困難，而且卑南一帶港口，波濤洶湧，船隻無法靠岸。目前從內埔到卑南都已經派兵分別駐防，彼此之間還能相互聯絡。以上即是近日開山的狀況。

至於臺北一帶，提督羅大春從九月十八日派都司陳光華爲第一隊，守備李英、千總王得凱爲第二隊，遊擊李得升爲第三隊，前往新城。另外派遣軍功陳輝煌率領兩哨之軍前往大清水溪，總兵戴德祥帶三哨駐紮於大南澳、二哨駐紮於大濁水溪；當時正逢山區風雨交加，各軍受阻無法前進。二十五日天氣轉晴，陳輝煌首先到達大濁水溪，不久就有凶番抗拒，擊斃二人後，其他人就逃散了。接著，李得升、李英、陳光華等人也到達，共同會勘周邊形勢，當地是僅進溪流的荒地，寬度約數十里，但多爲砂石，不及大南澳那麼肥沃。濁水溪岸南北相距三十多丈，水流又陡又急，副將周維光等人，連日趕造木橋主流、支流各一座。完工後，各軍因而能越過大溪而前進。從大濁水溪走，前方是小清水溪，後方是大清水溪。十月八日，陳光華一營駐紮於小清水溪，陳輝煌等人則進軍駐紮於大清水溪。新城通事李阿隆等人率領太魯閣番人頭目十二人來迎接，並願意充當嚮導，因此尾隨到新城，在大清水溪東邊紮營。從蘇澳接著有符吻、豆蘭等社頭目前來迎接，於是大軍進駐奇萊、花蓮港之北，此爲後山橫走秀姑巒之道。從蘇澳到新城，山路有兩萬七千多丈；新城到花蓮港，平坦道路有九千多丈，總共二百多里。沿途碉堡，除蘇澳到大南澳已設置外，須添建十二處，目前都已興工。但因大南澳到大濁水溪一帶，到處有凶番殺害行人，於是在大南澳山腰另開一條路通往新城，一者避開海濱危險的懸崖，二者堵塞凶番從旁襲擊之路。日前已派千總馮安國帶領兵勇前往辦理，涉過五重溪流，才開了十多里，但十一月十一、十三等日開路時，突然有一千多名凶番分別埋伏開槍。經我軍全力抵抗，擊斃四人方退逃，我軍陣亡四人，受傷十八人。十五日，我軍進至高山山腳下，在峽谷中開鑿道路時，忽然槍聲大起，經抵禦二個時辰，友軍抵達的越來越多。

黃明厚、馮安國料定凶番傾巢而出，番社必定空虛，因此分兵繞道直搗，果然寂靜無人，只看見新舊頭骨，每寮有幾十或一百多顆，於是趁風勢放火，燒毀十多寮，群番方逃散。當天兵勇死亡四人，重傷二十人。至於駐紮大濁水溪的兵勇，從小南澳運糧回途中，十三日經過石壁，凶番突然蜂擁包抄，陣亡二人，溺死四人，重傷一人。守備朱榮彪趕往救援，凶番才驚逃。羅大春認爲番族大肆騷擾，不易防範，而山地遼闊，兵勇不足，以快信請求增派援兵。我們立即傳出檄文，命駐紮彰化的宣義左軍與右軍趕赴戰場，預計幾日內即可到達。但新城、奇萊一帶之設立營汛、建造土墩、炮臺等事項，等候羅大春親至其地勘查再布置。以上是北路近日開山的狀況。」

奏摺又說：

「本年一月五日，羅大春從蘇澳出發；九日至新城，勘查三層城、馬鄰溪等地狀況，再繞道加禮宛南勢，直抵花蓮港之北、中界之地得其黎。得其黎以北一百四十里的道路，山路崎嶇不平，其間又間雜沙洲；而大濁水、大小清水二溪一帶，峭壁聳入雲霄，底部浸入海中，海濤往上沖擊，令人心驚目眩。行走時必須包紮馬蹄防滑，手抓著峭壁，尤其危險。至於得其黎以南六十里路程都是平地，背山面海，如加墾種，亦可有良田。然而，新城地曠人稀，漢民僅有三十餘戶，此外都是番社。從大濁水到三層城，依山之番統稱太魯閣，包括九宛、實仔眼、龜女、女沙、曰符吻、曰崙頂、實空、實亞八眼，共有八個番社，仗著高山險峻，野性無常。奇萊平埔的番社：住在鯉浪港之北的有加禮宛、竹仔林、武暖、七結仔、談仔秉、瑤歌，共計六社，統稱加禮宛番，性情畏強欺弱；而住在鯉浪港之南的有：根老爺、飽干、薄薄、斗難、七腳川、理劉、脂屘屘，共七社，統稱南勢番，男女共七千七百零七人，雖然全部已經歸順，其中薄薄、理劉二社又反叛。除薄薄社能煮鹽、加禮宛社頗知耕種外，其餘都是茹毛飲血，叛復無常，必須時時防範。日後建城之地點，應選在奇萊，至於新城、三層、馬鄰、鯉浪等地，只能作爲營汛之區；但必須將大清水以南之地劃歸奇萊，以北劃歸大南澳，才能加以控制。

羅大春自率大軍進入新城，添設碉堡，番人頓生疑慮，呼聚凶悍黨徒，白天埋伏於草莽中，夜間則攻擊碉堡，經多次奮勇敢反擊，不時有斬獲。從蘇澳的五里亭到秀姑巒的鵠子埔，總共有三百四、五十里長，計畫分成五段，沿途建三十二硼（棚），分別派營哨屯紮，以便連成一氣。立即派宣義左營駐紮於三層城，策應鵠子埔以北之地；宣義右營駐紮加禮宛，策應鵠子埔以南之地。以上是花蓮港以北之地的籌辦情形。

花蓮港之南走的是秀姑巒之路，原爲木瓜番的游獵場。此地登高一望，一片平沙，茅草蘆葦有一丈之高，毫無人跡。木瓜番之凶悍不亞於斗史社番，因此沃壤仍然極爲空曠。溪道南北寬達三十多丈，欲建造一座木橋，卻缺乏巨大木材，只好先建一條支流小河。地方仕紳陳輝煌（一八三八—一八九四）已經率領其部屬，編結木筏以供渡河，然後直接奔向吳全城，至距秀姑巒數十里之處，即有成廣澳番目來營請求歸順；另有大巴壟社、馬達唵社，都是近日歸附強番，也已順服。據稱平埔番全部都在這裡。平埔番歸附後，可以全力處理高山番，應當比較容易了。以上是花蓮港以南之地的籌辦情形。

中路原派前南澳鎮總兵吳光亮，帶兩營兵勇駐集集埔（今南投縣）一帶，後來我等又奏請加派臺灣道夏獻綸（？—一八七九），督理開山撫番相關事項。同治十三年（一八七四）一月九日，吳光亮率領兵勇由林圯埔（今南投縣竹山鎮）、社寮分別興築兩條路，到大坪頂後合成一路，再前進大水窟，到達頂城，路程總計有七千八百三十五丈多。二月七日，又開工築路，直達鳳凰山麓；登上山腰，越平溪，經大坵田、跨扒不坑等處，而進入茅埔，又開三千七百七十五丈多。以上兩處共建塘防共八所，沿途橋道、溝渠、木圍、宿站都已經漸興修，分派兵勇。自集集至社寮、大水窟、大坵田、茅埔、南仔腳、萬東埔各隘，逐漸配駐隘勇；同時招撫水裏、沈鹿等三十九社，男女七千二百九十有二人。現在正順著道路逐步前進，披榛斬棘，通往秀姑巒之後方。如能順勢開通，將可與北路羅大春諸軍聯爲一氣。以上是中路一帶開山之情形。」

沈葆楨等又稱：

「吳光亮從三月九日到四月初八日，自茅埔越過紅魁頭，經頭社仔坪、南仔腳萬，到合水，計開路四千六百八十丈，沿途建塘坊四座，營壘一座，茶亭、木圍、公所各二座，以便利往來交通。從四月九日到五月八日，大雨連續二十日，工程稍爲延遲。然而，從合水經過東埔社中，走過霜山，到東埔坑頭，又開三千七百九十丈，沿途又建置公所、兵房等設施；並將陸續前進，另外以人工由牛轀轆（在今南投縣水里鄉）旁邊開路接通茅埔，分路到達埔裏、集集、社寮、南投各地，以便利商旅隨時通行。中路從東埔坑頭，越過八通關之處，是爲群山中最高的，正與臺東秀姑巒對峙，氣象雄偉，喬木蔽天，自古以來，不通人跡，吳光亮加以命名，在山崖刻字，至今尚存。過八通關向東走，是雉公關、先鋒印、雷風洞，都很險峻，接著經過黃祈山，在光緒元年（一八七五）十一月通到璞石閣。」

至於南路從恆春之四林格，經牡丹灣、吧塱衛、卑南覓到大莊；北路從宜蘭的蘇澳，經新城、花蓮港到大巴壟，光緒元年（一八七五）秋天完工。從此南北相通，東西可達，理番開墾工作推進一大步。此一工程總計開路八百五十九里，歷時接近一年，大多藉藉助兵勇之力，所花經費不過三萬多圓。不過，因山谷深峻、瘴癘猖獗、生番剽殺，兵勇損失頗多。他們臨危遇險，不屈不撓，備嘗困苦，奮勇前進，開闢此曠古未有之路，眞是辛苦至極。因此，我沈葆楨奏請獎勵：羅大春以革職提督，恢復原官；吳光亮、袁聞柝各加升一級，也嘉賞其他有功者。」

光緒七年（一八八一），福建巡撫岑毓英（一八二九—一八八九）來臺巡視各地，因大甲溪是南北要道，溪大流急，難以過渡，因此勸士紳富人捐款，加上公帑，築隄架橋。以鐵桶堆積石沙爲基礎，橋長一百五十丈，工程費二十萬圓。第二年六月十七八日，因山水驟漲，奔流挾木而下，橋基斷絕，隄防崩潰六百丈。臺灣道臺劉璈（？—一八八九）規畫修築，命臺北府查勘，費用須要數萬圓；他又召集士紳富人捐獻，但眾人認爲溪險流大，恐怕無用，當時正逢秋季水漲期，一時難以施工，於是中止。劉璈認爲臺南是首善之區，但道路狹隘積水，市廛櫛比，無法安民居而興商務，因此規畫開運河至城內。東邊引五空橋之水，南邊引二層行之水，北邊引柴頭港之水，然後出海，用以宣洩積穢，便利運輸。河之兩旁則改築大路，植樹列屋，作臺灣的模範。以前安平的海水可達城內，船隻可到大井頭街，但而河道逐漸淤積，河水混濁，因此劉璈規畫疏浚。但府城人認爲拆屋造成損失，堅持持不肯，計畫又中止。安平港離府城六里，中隔帶水，往來乘舟，劉璈派駐防兵勇兵築路，路旁種植榕樹、柳樹，從此有馬車，行人稱便。光緒十三年（一八八七），臺灣道臺陳鳴志、鎮海後營副將張兆連，聯合請求巡撫劉銘傳（一八三六—一八九六），另開一條西部通往後山之路，從彰化之集集通道臺東的水尾；剋期興工，東西相對同時開築，從一月到三月即大功告成，前後山之東西聯絡較前縮短。

在此之前，光緒六年（一八八〇）劉銘傳即上疏清廷，請求興建鐵路以求國家的富強。內容大略說：「臣下曾私下憂心感嘆，認爲今日不求自強，日後即使想做，恐怕也來不及了。我想自強之道，訓練兵勇、製造兵器固然要循序舉辦，但是它的要件首先是築造鐵路。鐵路之有利於漕務、賑務、商務、鑛務、釐捐、行旅等事，不必多說，對於軍事用途，尤其是緊急刻不容緩的工作。細查中國重要鐵路線，南路應開二條：一條從清江經山東，一條從漢口經河南，都通到北京。北路應從北京，向東通盛京，向西通甘肅。只是經費浩繁，一時無法全部舉辦，因此建議先修築清江至北京一路，可與本年議修的電報線，內外呼應。此事關係軍國之安危，如遷延推拖，不當做急事，只說空話，國家永無自強之日。」

清廷下旨交內外大臣會議回報。李鴻章（一八二三—一九〇一）、劉坤一（一八三〇—一九〇二）都贊成此議，但駐德公使劉錫鴻（？—一八九一）剛從歐洲歸國，甚表反對，因此劉銘傳的建議就停頓了。劉銘傳出任臺灣巡撫後，光緒十二年（一八八六），上奏請求試辦鐵路，內容大略是：「臺灣既然是我國海防的要地，在今日建省時，應該趕緊振興殖產、招徠工商，以求富強。而欲舉辦這些事務，必先有利器。之前曾奏派革職道臺張鴻祿（一八五〇—一九一九）、候補同知李彤恩等考察南洋商務，如今已回臺呈報稱，雖有新設輪船公司往來淡水、新嘉坡、西貢等港之間，但是然臺灣內地運輸並不方便，以致沿山貨物，不能運至港口。二位委員報稱：『南洋僑商素聞臺灣土地肥沃，出產繁盛，官府又竭力鼓勵，大多有意來臺經商。然而臺灣荊棘滿地、道路崎嶇，不易達到工商聚集、貿易勃興的目的，因而建請築造鐵路，從基隆通到臺北，與各港口互相聯絡。如此，不僅可振興全臺的商務，也大大有助於海防。』二位委員又報：『在國家財政困難時，官辦並非易事，請求召募商款壹百萬兩，發行鐵路股票，以營業利益攤還母息。如此則不動用公款即可築成鐵路，眞是善策。』我以爲臺灣不只是海外的孤島，實際上是中國東南七省之屛障。將來工商發達，開闢利源，不僅全臺經費可以自給，而且駐防臺北之兵勇可以自由調動，永保邊疆之安全。關於練軍、清賦、架設電報線等已陸續舉辦，今年前後當可完成。至於築造鐵路，我已深信可以成功，只是因經費短缺，猶豫至今。幸而二位委員請求以商款辦理，而由官府支援，將來可以獲取它的營利，這一建議很好，似可舉行。至於築造鐵造之利，除驛遞、開墾、商務之外，還有三件有利於臺灣之事，我略加說明。

第一，臺灣四面皆海，極難防守，基隆、滬尾、安平、旗後四個港口，雖然已經建造炮臺，駐兵防守，但新竹、彰化沿海一帶，港汊分歧，一旦有事，敵兵上陸，南北隔絕，全臺立即陷於危急狀態。如築造鐵路，則調撥軍隊，朝發夕至，便於海防。

第二，臺灣既已建為一省，選擇省城於中部，以便控制南北。此地襟山帶海，最為適當，但距海較遠，將來建築衙署廟宇，須召集工人、供給建材，運輸不便，如鐵路開通，則商業可以繁榮，便於建省。

第三，從臺北到臺南路程有六百多里，其間很多大溪，春夏之際，山水暴漲，行旅不通，我規畫在大小各溪上游狹窄之處，架設橋梁，工程費須三十萬兩銀。現在如獲准建築鐵路，可一起興建這二十多條橋梁，為朝廷節省巨款。」

奏疏上去後，清廷同意照辦，因此在臺北設立鐵路總局，以記名提督劉朝幹（一八三一—一八八九）為總辦，負責召募民股，響應者很多。又任德國人墨爾溪為鐵路監督，英國人馬禮遜為工程長，測量路線，自臺北至基隆共二十英里。同年（一八八六）六月，自大稻埕開始興工，以余得昌所帶昌字四營兵勇擔任興建工程。中途經過獅球嶺，於是開鑿隧道，長十八鎖。第二年，由臺北向南興建，在淡水河架橋通行，長千五百二十英尺，訂時間開放、封閉，供橋下通舟楫。然後越過龜崙嶺，經桃園、中壢、大湖口到新竹，路長四十二英里，中有三座大橋，如紅毛田溪橋有七百五十英尺，鳳山崎溪橋有六百八十英尺，荳仔埔溪橋有六百十七英尺，是工程較難的。

臺北至基隆在光緒十七年（一八九一）十月通車，臺北至新竹到光緒十九年（一八九三）一月完工。鐵路寬十一、二尺，鐵軌寬三尺六寸，重三十六封度。機關車重十五噸或二十五噸，除有編號外，並命名爲騰雲、御風、超塵、掣電，形容它們的快速。車廂分上下兩等，設備相當簡陋，每個車廂長約二丈，貨車大略相同。共設十六個車站，都是土造的，稱爲「火車房」，站長稱爲「司事」。因爲是草創，站中不設信號機，也沒有上下車月臺。開始時每天開六班車，隨後減爲四班，但如中途遇到有車，可以隨時搭乘，行車時刻不定。每逢大稻埕城隍祭典時，會臨時增班，以方便往來，但正月初一與十二月年底、每年五個節日都停駛。車費從臺北到基隆是四角四尖、到新竹是八角六尖，上等車費增加一倍，每里形成大約二尖一釐；貨物則以一擔重貨物等同一人。平均一載客，臺北、基隆有五百人，臺北、新竹間有四百人。但當時百姓還不習慣搭車，而且物產尚未興盛，基隆河河水還很深，乘船費用較低廉，鐵路無法競爭，因此收入款仍甚少，每月客運有一萬六千圓，貨物有四千圓，收支無法平衡。劉銘傳還是想通達南部，以便加快全臺的交通，而新竹以南，溪流多而且寬廣，不易渡過，於是指派德國工師測量大安、大甲兩溪，規畫架設立鐵橋。這一政策如成功，當是臺人之福。

劉銘傳當年因厲行新政，清賦加稅，百姓深怨苛刻，而政府又多方掣肘，輿論沸騰，建設工作遭延宕，於是在光緒十七年（一八九一）稱病辭職。邵友濂（一八四〇—一九〇一）繼任爲巡撫後，上奏稱經營鐵路有困難。內容大略爲：

「臺灣是海外孤島，港汊分歧，欲爲居中控制之策，固然應該興築鐵路，但是經營已經七年之久，僅有臺北路段完工。從前的籌劃不是不好，卻未能達成目標。爲什麼呢？因爲臺灣土地鬆浮，田園寬廣，築路難以堅實，常見崩塌；又山坡地勢不平，山巒溪壑層出不窮，曲直不定，忽高忽低，北部須穿過獅球嶺，山洞隧道達八百尺之長，南下須經過龜崙嶺，山坂路段超過九個彎道，工程非常艱難。有些地方谿谷溪澗縱橫，不知該接近或該避開，水流湍急之處，須順水勢修築堤防，矗立在層層深淵旁，構建基礎於陡峭岸上，一遇大水，堆好的岩石即傾倒，積沙太深後，木樁也下陷；興建橋樑又是這麼艱難。加上工資與材料，費用必然加倍，之後的追加經費，難以預估。」

清廷批准，臺灣鐵路之興建宣告受挫。

總計從基隆到新竹路程有六十二英里七十鎖，用款一百二十九萬五千九百六十兩，每英里只有二萬六千五百七十五圓，他國比較，工費較省，原因是使用兵勇；所僱用的路工工資也比較低，每名每天給三角。工程師大多用廣東人，例如：淡水鐵橋是張家德所興建的，技術精巧。鐵路經過的地方，大小橋梁有七十四座、溝渠五百六十八處。鐵軌條雖然從英國購買，但枕木都採用臺灣木材，因此另設伐木局，以棟軍統領林朝棟（一八五一—一九〇四）承辦，進入山區採伐。凡松木一片價錢是三角五尖、樟木是四角五尖，由溪流運輸，其中樟木較耐用，而且取之不盡。邵友濂奏准鐵路停工後，由福建布政使司公庫借撥銀一百零四萬兩，買回歸官辦，裁撤伐木局，鐵路局併入通商局以縮小規模。因此臺灣鐵路不再推進。

航運

荷蘭是十七世紀的海上霸權，爲拓展商務侵占臺灣，並以安平爲航運港口，對外海運通商範圍遠及東洋與西洋。當時安平港航道深廣，可直達熱蘭遮城，小船還可到達赤崁樓，該地原本是海中小島。安平之北的海域稱爲臺江，船隻千百艘，全聚會在此，但今日已經變爲平地了。荷人占據安平後，駐兵防守，開鑿運河到柴頭港，又向北通到看西，連接蕭壠、蔴荳各個番社，舊河道仍在，就是現在的鹽水溪。安平之南爲七鯤身，港汊極多，現在也淤積成平地了。當年航運之利，西達福建、廣東，東通日本，南到爪哇，因此安平港成爲交通之樞紐。

鄭成功（一六二四—一六六二）攻克臺灣後，也是倚賴航運，因此能稱雄海洋，倚賴爲天塹，滿清政權不敢對抗。永曆十八年（一六六四），英國人來臺請求通商。二十年（一六六六），呂宋總督派使者來通好。二十八年（一六七四），派戶都事李德赴日本結盟。又造大船到暹邏、呂宋、葛拉巴各地，此後即輒相互貿易，都有航運之利。當時，清廷厲行海禁，凡大陸人入海者即處死，但福建、廣東人移居南洋的已有數百萬人，臺灣被他們倚爲中心，因而能壟斷通商之利。

清朝統治臺灣後，雖開放海禁，但渡臺商船必須先請領執照，由廈門海防廳發給，抵達安平後由臺灣海防同知檢驗。商船都是漳州、泉州富人所造的，有糖船、橫洋船，木材堅固而且巨大，大的可載六、七千石。航路南到南洋，北到寧波、上海、天津、牛莊等港，販運的利益相當豐厚，因此臺灣的商務盛極一時。後來，清廷指派商船代運臺米到大陸，同時配載駐防臺灣的班兵，船戶大受其苦。由於臺灣產米越積越多，因此有由官府僱用船隻運輸之議，在〈糧運志〉有介紹。後來，由於有蔡牽之亂，騷擾海洋長達數十年，商船大多被毀，因此來臺灣的日益減少，而漁船則越來越多。然而，漁船輕小，以往不指派代運的差事，海口官員照例只有檢查出入紀錄，導致公文積壓，數月收不到。道光三十一年（道光無三十一年），巡道徐宗幹議定，漁船也要配載公文，以免音訊受阻。不久前，臺灣府設有太平船二艘，專門運送兵丁骸骨，並附載客運棺木，召募郊商推舉人選負責，但棄廢將近十年後才研議興辦。

從咸豐八年（一八五八）對外開口通商後，外貨陸續來到臺灣，因此開始有輪船，並設立船政廳管理。同治七年（一八六八）十一月二十二日，總理各國事務衙門行文稱：

「本年九月初十日，據赫總稅務司將引水章程十五條改爲引水新章十條，申送本衙門，於九月十五日照會布、俄、英、法、美、日各國駐京大臣去後，除日本國未接照復外，茲據布、俄、英、法、美各國駐京大臣先後照復，允飭各口領事試辦等因前來。除札知赫總稅務司遵照外，相應抄錄總稅務司所改章程十條，咨行查照。」

總督接文後，隨即命令臺灣臺照辦，因此訂立「臺灣各口引水分章」十條與專條，內容略有更改。同治十年（一八七一），英船海輪開始確定臺灣航路，往來於安平、淡水、廈門、汕頭、香港，每兩星期一班。但船隻仍小，載重只有二百七十七噸，而貨運、客運極多，獲利豐厚，於是設立得忌利士公司，以爹利士號船航行於香港、汕頭、廈門、安平港間，又以科摩沙（Formosa）、海龍、海門號船航行於汕頭、廈門、淡水港間，因而臺灣航業被它壟斷。光緒七年（一八八一），巡撫岑毓英巡視臺灣後，認為臺灣島孤懸海外，非用船運不可，與諸船政大臣商議，請求派撥琛航、永保兩艘輪船，輪流來往，以加速公文、訊息的傳遞，並准許商人配貨。這是官辦之船，運費是：乘客從安平到廈門，或從基隆、滬尾、艋舺到福州，每人三圓；從安平到福州及從臺北到廈門是五圓；從臺南到至臺北也是三圓。至於貨運，依照招商局所定運費，減少二成，一時奪去外船之利頗多。後來，又增加伏波、萬年清兩艘船，以加速郵遞，而且載煤到上海的也比較多。清法戰爭北臺灣之役，沿海被封鎖，出入被斷絕，只有帆船有時偷渡，但常被擊沉，往來極為危險。光緒十一年（一八八五），巡撫劉銘傳以飛捷、威利、萬年清等輪船，航行於臺灣與中國各港。十二年（一八八六），在新加坡設招商局；並以三十二萬銀兩購買駕時、斯美兩艘輪船，往來上海、香港，遠達新加坡、西貢、呂宋等地。至於而運載糖、茶的國外船大多到日本、美國，香港太古公司輪船也時有往來，因此航海業逐漸興盛。早年在光緒二年（一八七六），帆船到淡水的有一百十一艘，而輪船只有四十四艘。到十六年，帆船減少為八艘，而輪船家到一百二十六艘，共計十七萬七千五百餘噸。原因是從劉銘傳治臺以後，物產大興，商務日盛，而航運業也大受其利。

原先，劉銘傳修築鐵路後，也計畫疏浚基隆港，以便與陸運連接。光緒十三年，任命林維源爲總辦，測量港道，計畫從牛稠港到蚵殼港，將鱟公、鱟母嶼[2]，鏟去，塡平海岸，以便興建車站；又從小基隆到鱟嶼，修築新街市，建設碼頭埠連接車站。其間建造造一座鐵橋，長十二丈，作爲車馬往來的道路。可惜未能完成就卸任了。

打狗的旗後作爲臺南的商港，港道稍爲狹窄，歷任的海關稅務司屢次請求開鑿，巡撫丁日昌也曾奏請疏浚，兵備道夏獻綸遵照辦理。但丁日昌認爲開浚時有三件難題：第一，港底有石塊；第二，有礙國防形勢；第三，經費過於龐大。夏獻綸又回覆說：「第一，開浚港道和挖煤不同，只是將浮沙挖去，並無石塊阻隔；第二，打狗建有炮臺，可以防守，地方形勢；第三，經費可由臺灣兵餉提撥，還算充裕。而且開港通商後，中外船隻常有遭風事故，如不開浚，如有洋船遭風之事，以此爲藉口要求，我們反而落後了。」因此夏獻綸認爲開浚較好，但未及執行而去世。張夢元接任，仍不欲辦理，因此籌款未定，照會稅務司；並稟報總理衙門稱，以前開浚估價五萬三千餘圓，再估達二十萬四千餘圓，數目過於龐大，請依照吳淞鐵路之例暫時停止。光緒九年（一八八三），安平英領事霍必瀾認爲港道日塞，易致塞船，逐年險惡，現有浚港船，價錢不到五千圓，可以自行支付疏浚，或由中國自辦。但官府不從。至劉銘傳出任巡撫，光緒十六年（一八九〇）五月，命英人馬禮遜查勘，將大興工事，以擴張貿易，不及執行就離職了。

安平到府城的運河，照例由府城三郊自行疏浚，數十年下來，日漸淤塞。而安平港口又有沙洲阻隔，從夏天到秋天，波濤澎湃，輪船不能進入，大多停泊於四草湖外；一旦遭大風，就駛往旗後規

2 鱟嶼，基隆外港之二小嶼，稱鱟公、鱟母。日治時為擴建港口而予以清除。

避，或遠到澎湖靠岸，貨物之裝卸極爲困難，商務之興盛因而頓挫。

臺灣位於大海之中，又有澎湖相隔，黑潮所經路線，海流很急，澎湖四圍多礁石，船隻往往觸撞毀損。因此從通商以後，輪船撞毀的共計數十次。雖然設有巡洋哨船救護，但事件常倉卒發生。因恐有不夠周到之處，光緒二年（一八七六）六月，福建巡撫命令各廳、縣，選舉沿海地方保甲頭目，分別選擇所管地段，負責處理中外船隻在海洋的遭風事宜，並頒發圖冊、章程、告示，派委員前往各海口確查執行成效，由各廳、縣給發號旗作爲憑證，以便他們率領鄉民，實力救護。十年（一八八四）八月，某一英船自旗後遭風，漂到草湖，當時正逢法軍侵臺，沿海戒嚴，莊人見到，以爲是敵船，持刀械防禦，跳至船上，傷到船長，並奪取貨物。鹿港同知鄒鴻漸趣前往彈壓，北路營遊擊郭發祥、署彰化知縣蔡祥麟也到，救出船員，追還所失財物。兵備道陳鳴志與領事霍必瀾商議賠款，但船主不接受。接著派鳳山知縣李嘉棠再與領事交涉，往返數次，以七兌銀七千圓賠賠償，才解決此事。光緒十一年（一八八五）六月，琉球漁人陳文達等十二人遭風漂到基隆，莊人救起，贈與路費，並修船費六圓，並送他們回國。十二月，又有日本接駁船漂至後山高士佛社，恆春知縣派人救出，資遣回國。十四年（一八八八）十一月，英船威定在大洋中遇難，澎湖右營都司李培林率兵救起五十多人。十八年八月，澎湖大風，海水紛紛飛揚，英船卜爾克號從上海航行香港，觸礁沉沒，溺斃洋人一百三十多人，澎湖官民赴救，救出二十三人，載到府城，知府唐贊袞予以禮遇，水師總兵王芝生贈送三百銀兩，英人大喜，救護之人也各給賞銀。

早先，紐西蘭海上保險公司來臺開辦保險事務，委託瑞興洋行代理，不久，華洋保險公司也分設於南北各地，因商務日興，而航運往來也日益興盛。

郵電

設置郵站傳遞音訊，由來已久。明代的制度是每十里設立一個郵鋪，每鋪設鋪長一名；鋪兵在重要道路設置十名，偏僻道路設置四、五名，從附近地區選有耕田納糧五斗以上、二石以下的男丁充當，必須是年少力壯的本人。每鋪設置十二個時晷儀一個，以檢查時間。鋪首設置牌門一座，牌額一面，名簿履歷二本。鋪兵每人準備夾板一副，鈴欅一副，紅纓槍一把，木棍一根，回歷（來回紀錄）本一冊。凡遞送公文，依照古法，以一晝夜合計爲一百刻。每三刻走一鋪，一晝夜須走行三百里。公文一到，不問多少，隨時遞送，不分晝夜，敲鈴快走，送交前一郵鋪，即在回歷上寫到鋪時刻，以供核對考核。臺灣明鄭王朝加以傳承，南北各設鋪兵，因此臺人稱十里是一鋪。清代沿用明制，乾隆二十一年（一七五六），裁撤驛丞，而臺灣因遠隔重洋，一向未設立驛丞，僅設鋪兵，擔任遞送任務。但有軍務時，同時用塘兵。但這是公家的辦法，民間私信必須尋覓快腿（長足）傳信，繁榮的市鎮或許會設信局，代替傳達訊息。信資數目，依照路程有別，但每每受阻遲滯，甚或遺失，無法朝發夕至。

同治十三年（一八七四）牡丹社之役，欽差大臣沈葆楨在臺南整備軍力，奏請架設電報線，以加速軍情的傳遞，因而交由丹墨國（今丹麥國）人德勒耶承攬辦理。光緒三年（一八七七），巡撫丁日昌（一八二三－一八八二）議由臺南府城至鳳山之旗後，率先開辦電報線，命遊擊沈國先率領福州船政電報學堂學生蘇汝灼等人，七月十日從府城興工，九月五日完成。共有兩條路線二線：一條從府城到安平，一條通到旗後，共長九十五里。這是是爲南路有電報線的開始。十年（一八八四），法軍侵臺，軍令繁雜，巡撫劉銘傳認爲南北電報未通，不足以輔助軍機。十二年（一八八六），命通商局委員李彤恩與上海德商泰東洋行立約承辦。共兩線：一線從臺北府城分別到滬尾、基隆，一線到臺南與舊線相接，共長八百里；並在新竹、苗栗、彰化、雲林、嘉義等地設立分局辦理。十四年（一八八八）四月竣工，以候補道張維卿爲總辦。這是南北交通電報線。十三年（一八八七）八月，又從淡水埋設線路由海路通到福州的之芭蕉島，而且安平也架線通到澎湖。同月二十一日，輪船飛捷號自福州興工，次日通到滬尾，與陸線相連；接著去澎湖，設置連接安平的線路。海陸兩線既成，自臺灣可通福州，遠方的東、西各國，無不瞬息萬里，而臺灣不致於孤立了。當時，劉銘傳既築鐵路以利交通，又因鋪遞太慢緩，奏請改設郵政。光緒十四年（一八八八），在臺北設郵政局，各地都設分局。郵票分兩種：一是官用，不收費；一是民用，依照郵站遠近計費，每站距離一百里，每封信重二錢以內的收二十文，寄信時交納。從臺南到臺北共計十三站，每封信須二百六十文。郵路以外的地方，另外加費。至於寄到中國外洋的，就用輪船傳遞。設有兩艘郵船：南通號、飛捷號，定期往來於上海、福州及臺灣各港傳遞。不過，郵票的式樣，印刷相當粗糙，上繪國徽，即龍，下繪一馬，代表驛站，以顯示中國的郵傳。十五年（一八八九）十一月，他奏請頒布臺灣郵政章程，歸巡撫管理，由候補道負責，每年收入達一萬兩。而民間的信局照常開設，奪去公家不少的營利。如能逐漸改進，達到完美，收益必定可觀。

光緒十五年（一八八九），又設電報學堂，聘請西洋教習教授臺人子弟。另外，英國醫生梅威令已旗後設立醫館，傳授醫術，十六年（一八九〇）九月，又請求架設電話，以推廣學業，但通商局不准。邵友濂接任巡撫後，電報學堂也撤廢了。光緒二十一年（一八九五）乙未之役時，劉永福（一八三七—一九一七）在臺南駐守，安平稅務司麥嘉林申請設郵政，與以往的制度大致相同，一半仿效歐洲，以稅務司兼任之。郵票印上一虎，即民主國之印章，共三種：三十文、五十文、一百文，以兵勇傳信。當時兵慌馬亂，私家郵遞斷絕，因此民間多採用。但因不久臺南也淪陷，這一制度中斷。

燈臺

臺灣是南海的國度，位於東西洋交通的要道，船舶往來，以它作爲目標。然而礁石忽隱忽現，波濤洶湧，稍一不愼，船隻即破碎。過去船舶從廈門來臺南，經過過澎湖後，遙望臺南王城的老榕樹，選擇航程，漸近漸現。王城在安平海邊，基地高而望遠，是荷蘭人建的。然而，當天昏月黑時，四顧茫茫，東西莫辨，就在巡道衙門豎立一枝燈竿，高度三丈多，每夜點燈，用以照遠，這是燈臺起源。舊例：船舶出入，由巡道管轄，因而以此爲航路之基準。雍正、乾隆時，商務大盛，帆檣相接，北到天津、牛莊，南到暹羅、呂宋，都以澎湖爲門戶。而澎湖各島位於大海，群島相望，時有沉船事故。乾隆三十四年（一七六九），臺灣府知府蔣元樞（一七三八—一七八一）命令澎湖通判謝維祺，在西嶼的杙仔尾，擇地建造七級石塔，基座約五丈高，每夜點燈，照耀海上，這是燈塔的開端。道光八年（一八二八），加以整修。光緒元年（一八七五），仿效洋式燈臺興建。同治六年（一八六七）三月，美國商船那威號遭風，漂到鳳山縣的鵝鑾鼻觸礁而沉沒。事後美領事請求建造燈臺，以利航海，政府允諾但未建。接著，日本來臺征討牡丹社番，駐軍於瑯璚，也請求速建。光緒八年（一八八二），聘請英人爲工程師，經費七萬兩銀，規模宏大，光照二十多海里。建成後，照會各國，因鄰近番界，駐兵防守。

安平燈臺：在安平海關之側面，用磚興建，形圓而色白，距水面七丈七尺，燭光三百五十燭，可照遠十四海里。每四秒發光一次，爲第六等閃光白色。光緒十七年（一八九一）建。

打鼓燈臺：在鳳山縣打鼓哨船頭，以石造之。爲四角形，距水面十六丈四尺。燭光三百五十燭，可照遠十海里，爲不動白色。光緒十八年（一八九二）建。

鵝鑾鼻燈臺：在恆春縣鵝鑾鼻莊土名船帆石的南邊，以石材建造，圓形白色，距水面十八丈。燭光二萬六千燭，可照遠二十多海里，是爲第一等不動白色。

淡水燈臺：在淡水海關的旁邊，以石材建造，白色四角形，距水面三丈三尺。燭光一百燭，可照遠九海里，時紅時綠，方便辨識。另外，滬尾街建有一座燈竿，以瓦斯點火，白色，每二秒發一閃光。燈高三丈五尺，距水面十四丈二尺，燭光三百五十燭，可照十五海里。都是光緒十四年（一八八八）建的。

西嶼燈臺：在澎湖廳西嶼，即漁翁島。廈門航行臺灣的船隻，都以它爲標幟。乾隆三十四年（一七六九），首次建燈塔。道光八年（一八二八），整修。光緒元年（一八七五），改爲燈臺，是第四等不動白色的燈，距水面十五丈八尺。燭光五百燭，可照遠十五海里。

卷二十　糧運志

連橫曰：臺灣為宇內奧區（奧區，腹地），土沃宜稻。初闢之時，一歲三熟，故民無饑患。鄭氏養兵七十有二鎮，諮議參軍陳永華乃申屯田之制，以足兵食。又能以其有餘，供給漳、泉，以取其利，故國用無匱。清人得臺，分駐戍兵皆調自福建，三年一換，乃賦其穀曰正供，以備福建兵糈（ㄒㄩˇ，糧）。凡商船赴臺貿易者，須領照，準其樑頭，配載米穀，謂之臺運，其事由廈門海防同知司之。福建水陸官兵五十營，與駐防旗兵不下十萬，歲徵糧米，唯延平、建寧、邵武、汀州、興化五府產米之區，足給兵食；而福州、福寧、泉州、漳州四府則兵多米少，協濟猶不足，半給折色（折色，租稅折算金錢）。督標金廈、漳鎮、銅山、雲霄、龍巖、南澳諸營，且有全折者。雍正間，先後奏請半支本色，以臺灣額徵供粟內撥運，謂之兵米。嗣增戍臺兵眷米，亦以臺穀運給。於是臺灣歲運福建兵眷米穀八萬五千二百九十七石，遇閏加運四千二百九十八石。乾隆十一年，巡撫周學健奏定分配商船，運赴各倉。此臺運之由來也。

臺灣商船，皆漳、泉富民所造，渡海貿易，以博贏利。一時商務繁盛，故皆急公樂運。自五十九年水災之後，械鬥又起，續以蔡牽之亂，騷擾海上，軍興幾二十載，漳、泉之民困焉，臺灣亦然。百貨蕭條，泛海日少，於是臺穀不能時運。而福建兵糈孔（甚）亟，廳縣皆借用備儲，而倉穀空矣。商船大者載貨六、七千石，小亦二、三千石。定例樑頭寬二丈以上者配運一百八十石，一丈六尺以上者一百三十石，石給運費六分六釐。初無所苦，既而倉吏多方挑剔，遷延時日，而民貨一石運費三錢，或至六錢，多於官運者數十倍。夫誰肯樂為哉？且臺船載貨，多赴寧波、上海、膠州、天津，遠至盛京，然後還閩。往返數月，官穀在艙久，懼海氣蒸變，倉吏不收，故多私易銀買貨，其還也亦折色交倉。不可，乃買穀以應。官吏特以為利，久之遂成陋規，如江、浙之漕焉。嘉慶十四年，總督方維甸以臺穀積滯，奏開八里坌（ㄅㄣˋ）港，與鹿耳門、鹿港一律配運。於是鹿耳門應運四萬九千餘石，鹿港二萬二千餘石，八里坌一萬四千餘石。

初，部議按照樑頭，每船配運自一百石至三百石而止。乾隆三十七年，詳定糖船應配百六十石，橫洋船八十石。四十八年，又奉部議逢閏加運。及開二口之後，議定鹿耳門糖船配三百六十石，橫洋船百八十石；鹿港之廈船亦百八十石，蚶（ㄏㄢ）江船百四十石，蓋以蚶船較小，而八里坌漁船之渡海者，亦令配運，自三十石以至八十石。然有司奉行不謹，商人又巧為規避，而臺穀之積滯猶故也。十六年，總督汪志伊奏請自運，飭廈門、蚶江兩廳封僱商船二十艘，每艘各載一、二千石，照例給費。每石別給銀二分，派丞倅（ㄘㄨㄟˋ。丞倅，副官）、游守各一員監運，以三回運歸十萬石。二十二年，復僱運七萬。商人雖勉強應命，而臺灣一聞專運，米價躍貴，民食被害。彰化知縣楊桂森議請改徵折色，奏罷臺運。省議不可。鹿港盧允霞聞之曰：「此奇貨也！」謂所善商人：「我能革陋規！」眾信之，以為謀主。設館，徵各船戶錢為訟費；然郡中及泉、廈商船未從也。二十五年，巡道葉世倬至鹿港，諗（ㄕㄣˇ，知悉）商困，歸欲革之，議造官船自運，以語臺灣縣姚瑩。瑩曰：「未可，臺穀歲十萬石，舟以二千為率，當用五十艘。一艘以五千為率，當費二十五萬圓。弁兵、管駕、舵工、水手每舟不下數十人，歲費又數萬圓。海舟駕駛，三年一修，費又數萬。而重洋風濤不測，一有沉失，舟穀兩亡。是漕艘之外，又增國家一病也。」世倬疑其有私。及為巡撫，力持前說，未及改制而去。已而趙慎軫、孫爾準為督撫，患商運不前，命臺灣府方傳穟籌之。傳穟以鹿港口門淤淺，商船不至，道光四年，乃開五條港以利出入。而是年奉旨運米十四萬石至天津，免配兵穀者六十艘，配運之船益少。傳稔曰：「今雖極力疏通，不足運本年之額。計來歲積欠當十萬以上，勢又必需僱運，然非善策也。重洋險阻，歲有漂沉。平時配運祇百餘石，糖市倍之。失水責償，為數無多，故行之可久。若僱船專運，每船何止十倍。設有不虞，官商難賠。雖前已三次行之，而未可恃也。昔時商本豐厚，船料堅固；今則商船薄小，沉碎較多。民間買貨千石，猶必分寄數船，以防意外。而官穀豈可不重乎？積穀十三萬，用船六、七十艘。廈、蚶二廳僱撥，當為四起，或五、六起。每起必有文武正副委員護送，弁兵供應犒賞，取諸四縣，賠累已甚；而內地各倉，既失商運之利，則必多所挑駁。此累之在官也。官穀運費，每石六分六釐，較之民貨，僅為十分之二；每船以二千石為率，船戶僅得運銀一百餘兩，不敷費用。其船本及修整蓬索、桅碇（繫船的石墩或鐵錨）之需，皆於何出？每逢僱運，行商及通港之船，皆科派津貼，而商戶仍不免賠。此累之在商也。臺灣三口，來往商船祇有此數；既運積穀，則明年新穀必有短配。是疏積欠，反增新欠，亦非計之得者。況臺地近年米貴，一聞專運，市價忽騰。是官商既病，復以病民。計唯有漸停新穀，折色支放。請飭廳縣查明積穀，照舊配運。其新穀悉易銀，按中平市價，每石折番銀一圓三角，分四季解至內地。有穀廳縣領回，折放兵食。內地番銀一圓可易制錢八百餘文，以二穀一米計之，每米一斗可折放制錢二百文。俟積穀運竣，仍配新穀。再有屯積，亦可仿此而行，則免僱運之害，而臺之積穀可清，內地之倉儲可補矣。」慎軫韙（ㄨㄟˇ，是）之，而水師提督許松年以為不可。適盧允霞入京上控，求罷商運。事下督撫議。司道乃採楊桂森之說，停止商運，請臺地供粟，半折本色，以給臺營，半收折色，每穀一石徵銀一兩二錢，以給內營。即全數抵臺灣兵餉，可免一領一解之煩，每年又可省運費六千餘兩。慎軫曰：「閩省漳、泉諸府，負山環海，田少民多，出米不敷民食。臺地產米之區，故令徵收本色，運給內營兵糈。原以臺地之有餘，濟內營之不足。今如改解折色，已失立法之意。臺郡各屬徵收供粟，向無半本、半折之例。方守所議暫解折色一年，猶屬一時權宜之計，尚可由官酌辦。若改徵半折，則臺民有穀之家較多，紛紛糶（ㄊㄧㄠˋ，出售穀物）穀完銀，必有平水火耗（指過程中產生的損耗）之加，更滋流弊。是利商以病民也。更易舊章，未可草率，其再議之。」於是臺灣道孔昭虔、臺灣府方傳穟，臺防同知杜邵祁、鹿港同知鄧傳安、淡水同知吳性誠、臺灣縣李慎彝、嘉義縣王衍慶會議，皆謂商運不可罷。臺人聞將改折，大譁，紳士咸曰：「民間完納正供，已百餘年。雖今昔情形不同，私有折色，亦皆按時價之低昂，無有一定。若改徵折色，每穀一石徵銀一兩二錢，轉成定例。行之日久，勢必又有加徵。平水火耗，受累更深。且臺民市易皆用番餅，並無紋銀，全賴每年兵餉散布民間。紋番兩便，故錢價得平。若大餉永停，則紋銀斷絕，番餅增昂，必致民商兩病。大不便。」爾準亦以改折抵餉之說，密訪於傳穟。傳穟復書曰：「今之紛紛言商病者，皆務虛名，未計其實。商船往來臺洋一次，販貨之獲利，與船戶之水腳（水腳，水路運物的費用），所得凡數千金。以數千石之船，而僅運百餘石之官穀，復給以每石六分有奇之運費，國家恤商，可謂厚矣。何病之有？所謂病者，有司之陋規爾。有國法在，罪之可也，裁之可也。若改易舊章，設有他弊，又何以處之？自古無不弊之法，利之所在，弊即生焉。苟鑒於末流，遂並亡其本，是為因噎廢食，烏可不察？夫商船運穀，雖以養兵，其端原於正供。臺地產穀之區，頗艱銀貨，故昔人因地定賦，有供粟而無地丁。雖有勻丁雜稅，為數無幾。而漳、泉、福州兵民繁庶，產穀不足，故以有易無，運臺穀以濟各地之兵糈，發帑（ㄊㄤˇ，國有錢財）金以給全臺之兵餉。各得其所，民便久矣。雖近時臺屬正供不無折收，內地兵米不無折放，船戶運穀不無折交，然名存法在。每有需穀之時，猶可立備。一經改制，則內地永無得穀之期，臺地永無見銀之日。一旦需用，反費周章。其不便者一。臺屬貿易俱用番餅，官民收用紋銀，皆仰給於臺餉。給兵之後，散布民間，舍此則海外紋銀斷絕矣。其不便者二。全臺兵餉歲發銀二十一萬一千有奇（ㄐㄧ，餘），逢閏發銀二十二萬六千有奇，又加餉銀六萬七千有奇。臺屬額徵鹽課、叛產（叛產，因反叛朝廷而被官府查封充公的財產，詳見〈田賦志〉）、官莊雜項錢糧捐款，盡數劃扣。歷年司中尚應發銀十四、五萬有奇。今以通臺運穀折價，即使年清無欠，裁十萬爾，不足抵大餉之數。設歲又歉收，民欠積累，立形支絀。海外兵餉攸關，貽誤匪細。其不便者三。自古三代不廢力役之征，國有徵發，里出車徒馬牛唯所用。唐定租庸調之法，史猶稱善。蓋軍國之需，不能不資民力，匪特賴以濟事也，亦陰以維持上下，使民知趨事赴功、尊君親上之義，故民安其分而忘其勞。今西北直省猶有車馬差徭，故其民情愿（ㄩㄢˋ，忠厚）樸，以奉公為分所應爾。東南諸省民俗澆（澆薄，風俗淡薄）偷，一切便民，猶謗其上者，不知分與義也。海船無他徭役，官使往來，皆予僱值。獨過臺配載軍士，回棹配載運穀，此二事尚有奉公之意爾。然亦有水腳之給。雖稍有賠費，亦由船戶自圖巧利，為口員、胥吏之所挾持，遂成陋規，非無故而致也。若裁去運穀，則商船自此不識奉公之義。設一旦有意外之徵發，反興嗟怨，以為不當役使之意。履霜堅冰，由來有漸。其不便者四。盧允霞一無賴訟棍爾。昔嘗以唆訟擬遣，逢恩赦歸。又盤踞鹿港，煽惑商民。假控革陋規之名，設立公館，每船抽費數十。是以奸民暴斂也。各商船戶唯泉郊數人稍稍附之，餘皆已悟其奸，有赴廳控其假公者。此前歲鄧丞所以往毀其館也。彼挾此恨，又為眾船戶所歸尤，故冒死叩閽，以塞眾人之責。始因斂費而控陋規，繼因陋規而陳改制。是以一奸民而敢橫議，變亂祖宗成法矣。雖停罷商運之議，啟自楊桂森，然桂森之議，昔已不行。今則因盧允霞之控而行之，是奸民舞智，反優於邑令之建言也。其不便者五。州縣親民之官，必使有力辦公，乃可不形竭蹷。臺穀陋規，不但內地各屬賴之，即臺屬廳縣亦有折半徵收之利。每穀一石折收番銀二圓，或一圓八角，可當紋銀一兩四錢，或二、三錢。今使以半折抵給臺餉，則官無絲毫餘羨，而廳縣從此大困矣。海外經費無一不倍內地，幕友修金歲常四、五千圓，捐賠之款又一、二千兩。廉俸無幾，何以供之，非盡為私肥之計也。其不便者六。雖有廉吏，亦必俾能自給，然後不侵國帑，不朘民膏。陋規既盡，勢必虧空倉庫。否則詞訟案牘，掊克贓私，民間受禍更烈，海外隱憂自此深矣。其不便者七。夫病商之弊，其實猶小；若以便商之故，而病官與民，因以病國，則害更巨。古之為政者，利均則權之以義，害均則權之以大小輕重，不可不謹也。」爾準納之。慎軫亦與書傳稔曰：「此閱陳議，所見正同。事關國制，不可不盡言。然已違眾議，不能商運。」傳稔所云運舊停新之策，亦遂置之，明年仍僱運焉。傳稔復議停運眷米，每米一石抵與紋銀一兩。藩司於臺餉扣發，臺屬以折色納府，抵大餉焉。是時慎軫已去閩，議雖暫行，未及咨奏，傳稔亦改調矣。道光七年，議定不計樑頭之大小、船之名目，凡廈船配穀百五十石，蚶船大者百石、小者八十石，橫洋船百八十石，糖船三百六十石。務欲以清積滯，而積滯猶如故也。於是奏請折色，自是年起，每石易紋銀一兩，令各兵眷自行買米，商船便之。

鹿耳門應運兵眷米穀表（米從△．穀從▲）

運出之地	收用之地	兵米兵穀	眷米眷穀
嘉義	廈防廳倉	▲二四、一五四	▲一、九二〇
臺灣	龍溪縣倉	▲二、三七〇	
臺灣	龍溪同安平和		▲三、八〇六
鳳山	福州府倉	△一、五〇〇	
鳳山	南澳廳倉	▲三、六三八	
鳳山	漳浦縣倉	▲五、九一四	
鳳山	海澄縣倉	▲九八三	

運出之地	收用之地	兵米兵穀	眷米眷穀
鳳山	詔安漳浦		▲三、四七六

鹿港應運兵眷米穀表

運出之地	收用之地	兵米兵穀	眷米眷穀
嘉義	福州	△五、五〇〇	
		▲五、五〇〇	
彰化	福州	△八七五	
		▲八七五	
彰化	莆田		▲三、七二七
彰化	晉江		▲五、四一四
彰化	南安		▲四六五

八里坌應運兵眷米穀表

運出之地	收用之地	兵米兵穀	眷米眷穀
彰化	閩縣	▲一、〇四〇	▲五、五〇〇
彰化	羅源	▲二、二〇五	▲四六〇
彰化	福安	▲二、〇七三	
彰化	侯官	▲二、三八一	
彰化	連江		▲四五六
彰化	長樂		▲六四八

倉儲

倉儲之制，做於成周；所以充兵糈，裕民食，而平市價也。漢時始建常平倉，由官主之。穀賤則糴（ㄉㄧˊ，買入穀物），穀貴則出，以時調劑，故曰常平。唐時又設義倉，則由官民合置，以備凶年之需。及宋朱熹復立社倉之法，後世行之，民以稱便。臺灣為宇內奧區，土田肥美，一歲三熟，以其有餘，供給福建，漳、泉之民賴焉。鄭氏之時，曾建天興、萬年二倉，其址猶存。歸清以後，各縣增設。一曰文倉，儲供穀也；前時正供多完本色，故以此收之，或時以撥平糶。一曰武倉，備兵糧也；戍臺之兵按月發米，故以此存之。一曰義倉，官民捐設。而人民之自建者曰社倉。《大清會典》曰：「凡民間收穫時，隨其所贏，聽出粟麥，建倉貯之，以備鄉里借貸，謂之社倉。公舉殷實有行誼者一人為社長，能書者一人副之。按保甲（地方上的基層自治組織）印牌，有習業而貧者，春夏貸米於倉，秋冬大熟，加一以償。中歲則捐其息之半，下歲免息。社長、社副執簿檢校，歲以穀數呈官，經理出納，唯民所便，官不得以法繩之。豐年勸捐社穀，在順民情，禁吏抑派。有好義能捐十石至百石以上者，旌（ㄐㄧㄥ，旌表，表彰）獎有差。社長、社副經理有方，亦按年給賞。制甚善也。又有番社倉，以貯熟番口糧，制略同。康熙四十三年，議定福建倉穀存留發糶之數，各州縣照額存留。而常平之穀，則依時價悉糶。唯臺灣孤懸海外，現在捐穀八千六百餘石，常平倉穀十一萬餘石，每縣照例應存之額，餘悉發市易銀，以備荒年賑濟。又臺、鳳、諸三縣所存供穀，現有七十餘萬石，為數既多，積久易腐，應留二十萬石，以供三載兵糈，餘亦悉賣，充為兵餉。雍正四年，議定臺灣歲運福建平糶之米五萬石外，別以正項購運十萬石，分儲沿海各處。若臺灣年豐，可酌情形加運。」七年，總督高其倬奏言：「臺灣之穀，祇可存備全臺及金、廈兩處兵糈。若漳、泉平糶之米，請將官莊之款採辦。」從之。乾隆十一年，省議以福、興、漳、泉之米，不能不藉資臺灣。而臺灣歲有豐歉，又不能不豫為籌備。乃定臺灣各廳縣買穀四十萬石，永為定例，存儲臺倉。如逢福建乏糧之時，撥往接濟，即以藩庫之款，發還買補。越二年，議定福建常平積穀之數，而臺灣應存四十萬石。夫臺灣為出穀之地，拓地日廣，收成愈多。非遇兵燹（ㄒㄧㄢˇ。兵燹，因戰亂所造成的焚燒、破壞等災害）、水旱之災，粒食無缺。即有其災，而人民尚義，業戶輒出平糶，樂善之士亦多捐賑，故無道饉（ㄐㄧㄣˇ，歉收）之慘。道光十七年，淡水同知婁雲又勸各莊合設社倉，眾多踴躍，後先設立。而正供以改徵折色之故，其後又裁班兵，文武各倉，遂多虛設，漸就傾塌。唯義倉尚存，今舉其所知者，著於表。

臺灣官倉表

臺灣府倉	一在府治鎮北坊縣署左，計七十六間；一在東安坊舊縣署右，計三十七間。儲穀二十萬石；其不足額則由臺、鳳、諸三縣撥倉收存。
臺灣縣倉	一在舊縣署左，計五十七間；一在縣署右，計十四間；一在安平鎮，計二間；一在羅漢門，計三間。儲穀三萬石。又有監倉在縣署左，計二十間，乾隆二十四年奉文建。
鳳山縣倉	一在府治錢局，計二十八間；一在東安坊，計二十一間；一在大埔街，計二十間；一在安平鎮，計二十五間；一在舊縣治，計八間。乾隆五十四年，知縣常明修，儲穀五萬石。又監倉在舊縣治倉後，計五間，乾隆二十四年建。
嘉義縣倉	一在府治東安坊，計一百三十六間；一在縣治，計八十間；一在笨港，計一百零九間；一在斗六門，計九間。乾隆五十五年，知縣單瑞龍修。儲穀五萬石。監倉未建。
彰化縣倉	一在縣治半線堡，計十五間，康熙五十四年，諸羅知縣周鍾瑄建，以儲半線至竹塹兵米，則武倉也。雍正二年，移歸彰化縣。嘉慶十六年，知縣楊桂森改建城內。一在鹿港米市街，計十六間；一在貓霧捒堡，計三間。俱雍正年間建，儲穀五萬石。監倉未建。

淡水廳倉	一在竹塹，計十二間，康熙五十五年，諸羅知縣周鍾瑄建，以儲淡水至南崁兵米。雍正二年，歸淡水廳。嘉慶二十二年，同知薛志亮修。一在八里坌，計十二間，旋圮，移於艋舺。一在後壟，計一間；一在南崁，計一間。均經薛志亮修，儲穀二萬石。又有監倉二所：一在竹塹，計五間；一在廳署內，計六間。
澎湖廳倉	在廳治媽宮。雍正七年，議定撥儲倉穀五千石，飭臺、諸二縣各先撥運正供穀一千五百石，候冬收後，各再運千石以足其數。嗣通判王仁以澎地潮濕，貯穀恐爛，請飭寄儲原地，如遇歲歉乃運至。大府不肯。始先運到二千石，尚缺三千石，久不補足。其後通判胡建偉詳請知府查照舊案，飭臺、諸二縣各再撥運一千五百石，以敷原議之數。乾隆二十四年正月，諸羅縣運到其額，而臺灣縣仍缺，故額存三千五百石，以備平糶。此外又有官捐之穀，每年三石。然今已無存，倉亦多塌。又有武倉，亦在媽宮，即從前碾支兵米之倉。向例：澎營赴臺運米，每年七千二百石，儲倉支給。乾隆二十年，通判王祖慶稟稱：澎不產穀，唯藉客米販濟民食。然風信靡
澎湖廳倉	常，每值市上缺乏時，幸賴月運兵米六百石，照期散給，互相調劑。而年來每至逾期。查媽宮現有武倉十間，緣澎地潮濕，儲米易爛，請改爲穀。以一米二穀計之，凡七千二百石，貯存武倉，令文員管之，按月碾給，則於常例無違，而兵民兩益。奏准議行。其後改穀爲米，由澎湖廳向臺灣縣支領米價，自行採辦。同治年間，因接濟遲延，戍兵索餉，始歸臺灣縣採辦，仍由澎湖廳發票監放，各兵自向船艙支領，而武倉遂虛設。近亦多圮。
噶瑪蘭廳倉	一在廳治，一在頭圍。嘉慶二十一年，通判翟淦建。儲穀二萬石。

臺灣社倉表

臺灣社倉	原在鎮北坊，計四間。康熙五十年，臺廈道陳璸建。乾隆十五年，知縣魯鼎梅改建縣署，因就縣倉以貯社穀。其後移建於龍王廟左。據同治六年紳董黃應清彙造清冊，計倉十二間，貯穀一萬六千二十一石。
鳳山社倉	康熙四十四年，知縣宋永清捐建。一在興隆里，一在下中洲，一在內土庫，一在半路竹，一在下埤頭，一在崁頂，一在萬丹。其中多圮。

嘉義社倉	一在諸羅山，一在安定里，一在斗六門，一在茅港尾，一在新化里，一在打貓社，各一間。至今多圮。道光十五年，紳士王得祿倡建一所於縣治，貯穀二萬石。
彰化社倉	在縣治小西門，計十九間。道光十四年，臺灣府周彥、彰化縣李廷璧勸諭紳士羅桂芳等捐建。一在沙連堡林圯埔街，乾隆十六年，莊民捐穀公建。
淡水社倉	道光十七年，同知婁雲創設，勸各業戶捐穀，尚未建倉，業經奏奬在案。同治六年，署同知嚴金清復捐廉俸一千圓，購穀千石，並諭業戶林恆茂、鄭永承等，計捐四萬九千石。另撥捐穀三千六百石爲義塾經費。乃於竹塹、艋舺兩處各設明善堂以理其事。而竹塹係購地新築，費款二千九百七十二圓餘。艋舺舊倉久圮，則就址重建。又以大稻埕捐穀較多，議設總倉未行。此外各地，亦多捐設。一在大甲文昌祠內之左，有倉五間，一在後壠，一在貓裏，一在桃仔園，捐穀各未詳；一在北埔，業戶江大賓等捐穀五百五十石，續捐八十五石；一在九芎林，業戶詹國和等捐穀五百七十一石；一在中港，業戶葉廷祿等捐穀八百四十石；一在新埔，業戶陳朝綱等捐穀八百五十石；一在大湖口，業戶張阿龍等捐穀八百五十石；一在大溪漧，業戶葉從青等捐穀九百石。倉俱未建，暫由捐戶存儲。
澎湖社倉	雍正八年，福建督撫奏辦社倉，飭各屬官民捐穀。自九年起，至乾隆十六年，文武共捐二百五十九石。是年八月，臺灣知府陳關以澎湖係屬臺邑，應將社穀歸入臺邑撥貯三萬石內造報。通判何器遂將存穀二百十五石碾米移營，抵作撥臺之額。又於十八年，再將八石撥縣，尚存三十六石。奉文改作溢捐，以入官倉存貯。道光十一年，通判蔣鏞始自捐俸七百千文，副將吳朝祥亦捐二百千文，乃勸諭紳富陳均哲、黃寬、紀春雨等各捐四百二十千文，餘亦樂捐，計得三千五百八十五千文。自十三年起，分發各澳總董生息。如逢歲歉，豫購藷絲雜糧以濟民食，俟有盈餘，建倉存貯，出陳易新，以垂永久。總理五年一換，由紳董舉充，以杜私弊。光緒十九年，鹹雨爲災，候補知府朱上泮奉委至澎，考察情形，以社倉不可終廢，稟明撫藩撥款爲倡。通判潘文鳳捐俸百圓，勸諭紳民黃濟時、蔡玉成等共捐一千四百三十五兩，三郊合捐一百六十三兩，而署總兵王芝生亦捐三百兩，並諭將弁兵勇共捐九百二十四兩，計得銀三千兩，以爲社倉資本。乃就舊文倉修理三間，新建三間以儲之，舉濟時、玉成等爲董事。凡捐五十兩以上者，給與「義舉襄成」之匾以嘉之。至是而澎湖義倉始成。

臺灣番社倉表

臺灣縣番社倉	一在大傑顛社，一在新港。
鳳山縣番社倉	一在放縤社，一在茄藤社，一在力力社，一在上淡水社，一在下淡水社，一在搭樓社，一在武洛社，一在阿猴社，各一間。
嘉義縣番社倉	一在羅山社，一在打貓社，一在他里霧社，一在柴裏社，一在蕭壟社，一在大武壟頭社，一在加麥社，一在芒仔芒社，一在哆囉嘓社，一在阿里山社，一在蔴荳社，一在灣裏社。
彰化縣番社倉	未設。
淡水廳番社倉	一在搭搭攸社，一在蜂仔峙社，一在擺接社，一在雷裏社，一在武勝灣社，一在圭柔山社，一在大浪泵社，一在八里坌社，一在毛少翁社，一在北投社，一在奇里岸社，一在小雞籠社，一在金包裏社，一在大雞籠社，一在三貂社，一在南崁社，一在龜崙社，一在坑仔口社，一在霄裏社，一在竹塹社，一在後壟社，一在中港社，一在貓裏社，一在新港社，一在加志閣社，一在吞霄社，一在宛裏社，一在房裏社，一在貓盂社，一在德化社，一在大甲社，一在雙寮社，一在南日社，一在麻糍舊社。

譯文

吳昆財．注譯

連橫說：臺灣作爲天下的腹地，土壤肥沃適宜種稻。剛開始闢建之時，一年三熟，所以百姓沒有饑饉之患。鄭氏養兵共計七十二鎮，諮議參軍陳永華（一六三四—一六八〇）乃建立屯田制度，用以滿足軍人的糧食需求。又能夠將剩餘的，供給漳州、泉州，賺取利潤，所以國家的需用就無虞。滿清取得臺灣，派兵駐守都由福建調度，三年一換，對穀糧課徵是爲法定稅賦，以備作爲供給福建的軍糧。凡是商船趕赴臺灣貿易的，需要領取執照，備妥稱爲「梁頭」的船稅，配載穀米，稱之爲臺運，這項事務由廈門海防同知負責管理。福建水陸官兵五十營，與駐防旗兵不下十萬人，每年課徵米糧，只有延平、建寧、邵武、汀州、興化五府產米之區，足夠供應軍糧；而福州、福寧、泉州、漳州四府則是兵多米少，雖同心協力仍是不足，只能折半給予白銀。金廈、漳鎮、銅山、雲霄、龍巖、南澳等軍營，甚至還有全折換成白銀。雍正年間，先後奏請一半支付實物田賦的本色，以臺灣數額課徵米糧撥運內地，稱爲兵米。之後增加了戍守臺灣兵的眷屬米，也是以臺灣稻穀運給。於是臺灣運往福建兵眷米穀是八萬五千二百九十七石，遇到閏年則加運四千二百九十八石。乾隆十一年（一七四六），巡撫周學健（？—一七四八）上奏確定分配船，運赴各地糧倉。這是臺運的由來。

臺灣商船，都是由漳州、泉州的富人所建造，渡海貿易，以博取利潤。一時商務繁盛，所以都熱心協助運送。自乾隆五十九年（一七九四）的水災之後，械鬥再起，接著是蔡牽之亂，騷擾海上，征集物品以供軍用幾乎達二十年，漳州、泉州百姓眞是艱苦困難，臺灣也是相同。百貨蕭條，出海之日越來越少，於是臺灣的稻穀不能經常運送。而福建軍需非常急迫，廳縣都在借用儲備糧食，穀倉已經空了。大的商船戴運六、七千石，小的也有二、三千石。以梁頭的規定是船隻寬二丈以上者配運一百八十石，一丈六尺以上是一百三十石，每石運費六分六錢。起初並無困難，之後糧倉的小吏多方挑剔，遷延時日，而民間貨物一石三錢，甚至六錢，多於官方貨運數十倍。如此有誰肯再樂意爲官府載運？而且臺灣船隻載貨，大多趕赴寧波、上海、膠州（今山東省）、天津，甚至遠到盛京（今遼寧省瀋陽市），然後再返回福建。往返數個月，官穀在船艙放久了，擔心因受海洋溼氣的侵蝕，糧倉小吏不簽收，所以大多私下換成銀兩購買貨物，其繳還也要折色交回糧倉。如果不同意，才購買穀糧來因應。官吏們特別是用來謀利，久而久之就成爲陋規，如同江蘇、浙江的漕運了。嘉慶十四年，總督方維甸（一七五九—一八一五）以臺灣稻穀停滯，上奏開設八里坌港，與鹿耳門、鹿港一起配運。於是鹿耳門應戴運四萬九千多石，鹿港二萬二千多石，八里坌是一萬四千多石。

最初，戶部議定按照梁頭，每船配運從一百石至三百石爲止。乾隆三十八年（一七七三），詳細規定糖船應配一百六十石，橫洋船（同安船，清代的一種戰船，也是福建同安縣一帶民用的海船）八十石。四十八年（一七八三），又奉戶部議定逢閏月加運。等到開二口，議定鹿耳門糖船配運三百六十石，棋洋船一百八十石；鹿港的廈門船也是一百八十石，蚶江（今福建省石獅市）船一百四十石，大概是因爲蚶船比較小，而八里坌漁船的渡海者，也奉令配運，從三十石至八十石。不過負責官員執行的並不謹慎，商人們又取巧規避，造成臺灣稻穀仍然停滯如故。嘉慶十六年（一八一一），總督汪志伊（一七四七—一八一八）手奏請自行載運，飭令廈門、蚶江兩廳僱用二十艘商船，每艘各載一、二千石，依照手規例付費。每石給銀子二分，並派遣副職、巡卜邏守衛各一員尸監運，以三回載運十萬石回內土地。二十二年（一八一七），僱用載送七萬石。商人雖然勉強接受命令，但臺灣只要一聽到專運，米價立即高漲，民間食用就受害。彰化知縣楊桂森建議請改課徵折色，上奏廢止臺運。省府認爲不可。鹿港盧允霞聽聞此事則說：「這是寄貨啊！」告訴他的商界好友：「我可以革除陋規！」眾人相信，視盧允霞爲主謀。開設房舍，徵收各船戶的金錢作爲訴訟費用；然而臺灣郡和泉州、廈門的商船並不順從。二十五年（一八二〇），巡道葉世倬（一七五二—一八二三）來到鹿港，體念商人的困難，返回後想要改革，提議建造官船自行載運，把這意見告知臺灣縣姚瑩（一七八五—一八五三）。姚瑩說：「不可，臺灣稻穀每年十萬石，船以二千石爲準，需要使用五十艘。每艘船以五千圓爲準，需花費二十五萬圓。官兵、管駕、船工、水手不下數十人，每年又要花費數萬圓。海船駕駛，每三年需要一修，又要花費數萬圓。大海上有著不可預測的風浪，萬一有沉沒，船隻與稻穀兩亡。這是在漕船以外，又給國家增添一項弊病。」世倬懷疑姚瑩有私心。後來他升爲巡撫，仍然力持前說，不過尚未等到改制就離職了。之後趙慎軫（？—一八二五）、孫爾準（一七七二—一八三二）爲總督巡撫，擔心商船載運停滯不進，命令臺灣府方傳穟（一七七五—？）進行籌劃。傳穟認爲鹿港口淤淺，商船不來，道光四年（一八二三），乃開啓五條港（今臺南市中西區）以利出入。而當年奉旨載運十四萬石米至天津，已免除配運軍糧的船隻有六十艘，配運的船隻越來越少。傳穟說：「現今雖然極力疏通，也不足以載運本年的額度。預計來年積欠必當超過十萬石以上，勢必又要僱用船隻載運，然而這絕非上策。大海險阻重重，每年都有沉船意外。平時配運只有一百多石，在糖買賣時則增加一倍。萬一有水難發生追究責任，爲數也不多，所以可以行之久遠。若是僱船專門戴運，每艘船何止十倍數量。若是有個不測，官府商人都難以賠償。雖然前三次已完成了，不過不可依此爲憑恃。昔日商人本錢豐厚，船料非常堅固；現今商船薄小，缺失較多。民間購買千石的貨品，還必須要分寄到數艘船，以防止意外。而官方稻穀豈可不慎重？累積的穀子十三萬石，使用船六、七十艘。廈門、蚶江二廳僱用挪借，也需要四次，或五、六次。每次必須有文武正副委員護送，官兵供應犒賞，向四縣收取，自己損失已非常多；而內地各個糧倉，既然已經失去了商業載運之利，則必然多所挑剔反駁。這是疲累在官方。官穀的運費，每石六分六釐，與民間貨物比較，僅為十分之二；每船以二千石為準，船戶僅得到一百多兩銀子，不敷費用。船本身及修整船帆繩索、桅桿錨碇之需，都要出自於何處？每逢僱用載運，行商及通港的船隻，都必須按例被要求分派津貼，商戶無法免於賠損。這是疲累在商人。臺灣三口，來往商船只有這些數量；既要載運積累的穀糧，則明年新穀必然有短缺的配運。這是疏運了積欠的舊穀，反而增加了新欠載運的穀，這也不是適宜的計策。況且臺灣近年來米價貴了，一聽到專運，市價突然騰貴。這是官商既疲累，再連累到百姓。為今之計只有漸漸停收新穀，折色發放。請飭令廳縣查明積存穀糧，按照舊例配運。新穀全部易為銀兩，按中間的市價，每石折外國銀一圓三角，分成四季解送到內地。有穀子廳縣領回，折發給軍隊食糧。內地外國銀一圓可換成制錢八百多文，以二粒稻穀一粒米的比率計算，每一斗米可折放制錢二百文。等到積存的穀糧載運完成，仍然配收新穀。再有屯積，也可以仿照此法而行，則免除僱用載運的損害，而臺灣的積存的穀糧可以整頓，內地的倉儲也能夠補足。」愼軫同意，但是水師提督許松年（一七六七—一八二七）認為不可。正好盧允霞進京上控，請求罷除商船載運。此事交由督撫商議。會商中有長官們採用楊桂森的說法，停止商船載運，請臺灣提供粟米，半折本色（提供一半穀糧實物），以供給臺灣部隊，半收折色，每一石穀課徵一兩二錢，以供給內地部隊。即可全數抵消臺灣的軍餉。可以免除一領穀一解運的煩勞，每年又可以省下運費六千多兩。愼軫說：「福建省漳州、泉州諸府，背山面海，農田少百姓多，出產的米糧不足人民食用。臺灣為產米的地區，所以課徵實物，運輸米糧給予內地軍營。原本就是以臺灣的剩餘，接濟內地軍營的不足。如今改爲折收銀兩，已失去立法之意。臺灣府郡的所屬單位徵收供給的米糧，向來就沒有半本、半折的例子。傳稐所議暫時分割成折色一年，這還是屬於一時的權宜之計，尚可以由官方酌辦。如果改徵半折，則臺灣民眾有穀子的家庭比較多，紛紛賣穀子換成銀兩以便納稅，而且還要加上一些額外的費用如火耗等，更會滋生流弊。這是圖利人而損害百姓。變更舊的規章，不可草率，需要再商議。」於是臺灣道孔昭虔（一七七五—一八三五）、臺灣府方傳稐，臺防同知杜邵祁、鹿港同知鄧傳安（一七六四—？）、淡水同知吳性誠（？—一八二六）、臺灣縣李愼彝（一七七七—一八五五）、嘉義縣王衍慶會集商議，全部表示商運不可以廢止。臺灣人聽到將要改爲折色，群情激憤，仕紳們都說：「民間繳納正供，已有一百多年了。雖然今昔的情形不同，有私底下折色，也都按照時價的高低，沒有固定的兌換比率。若是改徵收折色，每一石穀徵銀一兩二錢，轉成爲定例。執行日子一久，勢必又要增加課徵。那些平水火耗的額外費用，將使百姓受害更深。而且臺灣民眾市場交易皆使用外國銀元的番銀，並沒有紋銀，全部依賴每年的軍餉散布於民間。紋番兩種都非常方便，所以錢價能夠平穩。如果軍餉永遠停止，則紋銀必然斷絕，番銀變的昂貴，必然招致民眾與商人兩邊都受苦。大大的不便。」爾準也爲了改折抵餉之說，密訪傳稐。傳稐再上書表示：「現今紛紛談到商人會受苦的，都是追求虛名，未能謀劃事實。商船往來臺海一次，販售貨物的獲利，與船戶的水腳（水路費用），所得是數千金。以數千石的船，而僅能載運一百多石的官穀，再給每石六分多的運費，國家體恤商人，可以說是厚重了。有何受苦？所謂受苦，是指官方的陋規。有國在，可以定罪，可以制裁。若是改變了舊規章，萬一有了弊端，又將如何處置？自古以來的法令都會有缺失，利益之所在，即會滋生弊端。假如只是對末流問題警戒，最後滅絕了根本，這是因噎廢食，怎能夠不察？商船運穀，雖是用來養兵，開端是來自正供。臺灣出產穀物的地區，對於以銀貨交易是很困難的，所以先人以土地規定稅賦，有供給穀糧卻沒有丁口併入地畝一總徵收的地丁方法。雖然有丁稅雜稅，但收入也不多。而漳州、泉州、福州軍民非常多，產出的穀糧不足，所以用有換無，載運臺灣穀糧救濟各地方的軍需糧食，發放錢銀給全臺官兵做成軍餉。各得其所，百姓早已方便許久了。雖然近來臺灣的正供也有使用折收，內地的軍餉也有折放，船戶載運穀糧也有折交，然而名目法令依舊存在。每有需要穀糧之時，猶可以立即備妥。一經改制，則內地永無取得穀糧之期，臺灣永無見到紋銀之日。一旦需要使用，反而要大費周章。這是不方便之一。臺灣貿易都使用外國銀元，官民若要收用紋銀，全部仰賴臺餉。發給了官兵之後，再散布於民間，捨此則海外紋銀就斷絕了。這是不方便之二。全臺的軍餉是二十一萬一千多兩，如果逢閏月則發放二十二萬六千多兩。又加上餉銀六萬七千多兩。臺灣所課徵的鹽稅、被充公的叛產、屬於公家莊地的官莊雜項錢糧捐款，盡全數加總起來。歷年藩司中還應該發放十四、五萬多兩。今天以全臺載運穀糧折價，即便一年內還清不再積欠，大約是裁減了十萬兩而已，不足以抵消大軍餉的數目。設使發生歉收之年，百姓積欠累加，立即會造成支出短絀。海外軍餉有所關聯，貽誤非同小可。這是不方便之三。自古夏、商、周三代以來不廢止勞役的徵用，國家一有徵調，里鄰就會給予車人牛馬以供運用。唐代制定了租庸調法，史書還讚許它。所以軍國的需要，不能不取用民力，不僅只是仰賴有助於事，也是暗地裡能維持上下，讓百姓知道創辦事業建立功績、尊君親上的意義，所以百姓能安守本分忘卻疲累。現今西北直隸等省分還有車馬差傜，所以民情忠厚誠樸，將奉公當作是自己分內所應爲。東南諸省民俗澆薄不厚道，就算一切便民，仍舊會誹謗上位者，不知本分與道理。海船沒有其他傜役，官方往來，都以錢銀僱用。唯獨載送軍士渡臺，回程配運穀糧，這二件事還有春公之意而已。然而仍也會給予水路費用。雖然有些損失，也都是因爲船戶自己圖謀私利，爲港口人員、文書小吏所挾持，遂成爲陋規，並非無緣無故才造成的。假如裁撤運穀，則商船從此不了解奉公的道理。萬一有意外的徵發，反而會產生怨嘆，認爲這是不當的徭役。腳踩在霜上，即可知嚴寒冰凍的季節即將到臨，事情的發生，是漸漸而來的。這是不方便之四。盧允霞就是一位無賴訟棍而已。從前曾經以教唆訴訟準備將他放逐，後來遇到朝廷赦免而回鄉。卻又盤踞在鹿港，煽惑商人與百姓，假稱可以控制改革陋規的名義，設立公館，每艘船抽費數十。這是奸民強行搜括財物。各個商船戶之中只有泉郊裡的幾個人稍爲附合他，其餘的人都知道這個奸人，也有前往官廳控告他假借公家的名義。這就是前年鄧丞所以前去搗毀他的公館。盧允霞因此懷心恨，加上又爲眾船戶的怪罪，所以他冒死到京陳訴冤屈，以圖堵住眾人的責難。開始是因爲斂財而指控陋規，接著是因陋規而直陳改制。是以一個奸民而敢於放肆議論，變亂祖宗制定的成法。雖然停止商運的建議，啓自於楊桂森，然而桂森的建議，早已經不實行了。現今則是因盧允霞的指控訴而實行，這是奸民賣弄聰明，反而優於邑令的建言。這是不方便之五。州縣之中有親民之官，必定盡量讓他們有力量辦公，而可以不顯露出匱乏。臺穀的陋規，不但爲內地各部屬所仰賴，就是臺灣所屬廳縣也有折半徵收的利益。每一石穀折收番銀二圓，或一圓八角，可換成紋銀一兩四錢，或二、三錢。今日假以半折抵結臺餉，則官方沒有絲毫的剩餘款，從此廳縣將大大受困了。海外的經費全部都比內地高出一倍，給予幕友的酬金經常是四、五千圓，捐賠的款項又要一、二千兩。養廉俸也不多，如何供給，這不全是爲了自肥的算計。這是不方便之六。雖有廉吏，也必要使之能自給，然後才不侵呑國帑，不剝削民脂民膏。陋規既然，勢必虧空倉庫。否則訴訟案件，以苛稅斂聚財物，民間受害更爲慘烈，海外隱憂從此深重。其不方便之七。損害商人的弊端，其實還是小事；若以有利於商人，而損害了官與民，也損害了國家，則傷害更爲巨大。古之爲政者，利益是均等時則以道理來權衡，如果傷害是均等時則以大小輕重來權衡，不可不謹慎啊！」爾準接納。愼軫也與修書給傳穟說：「閱讀了陳逑謀議，所見相同。事關國家制度，不可不直說。然而已違背了眾議，不能商運。」傳穟所說的載運舊穀停運新穀的方策，也隨之廢棄，明年仍然僱用載運。傳穟又建議停運眷米，每一石米抵紋銀一兩。藩司將臺餉扣發，臺灣各屬則以折色納府，抵消大餉。這時愼軫已離開福建，建議雖然暫時執行，但未及商議上奏，傳穟也改調了。道光七年（一八二七），議定不計算船隻尺寸的大小、船隻的名目，凡是廈門船配穀一百五十石，蚶江船大的一百石，小的八十石，橫洋船一百八十石，糖船三百六十石。想致力於清除積滯，但是積滯卻依然如舊。於是奏請折色，自當年起，每石交換紋銀一兩，下令各兵眷自行買米，商船從而得到便利。

倉儲

倉儲制度，效法西周的京師；所以用來充足軍糧，充裕民食，而且平衡市價。漢代時開始建置常平倉，由官員主持。穀價賤時則買入，穀價貴時則賣出，以時間調劑，所以稱爲常平。唐代時又設立義倉，則由官民共同設置，以準備在饑饉之年時來使用。等到南宋朱熹又再設社倉的方法，後世遵行，百姓稱讚它非常方便。臺灣是天下的腹地，土地肥美，一年三穫，將生產所剩餘的穀糧，供給福建，是漳州、泉州的百姓所仰賴的。鄭氏時期，曾建立天興、萬年二倉，它們的遺址仍然存在。歸順清朝後，各縣增設倉儲。一稱爲文倉，儲存穀糧；之前的正供多是繳納本色，所以使用文倉收取實物儲存，在必要時撥出以平衡價格。一是稱爲武倉，爲軍糧而預備；戍守臺灣的官兵按月發米，所以使用武倉儲存。一稱爲義倉，由官民捐款設置。而人民自行建置的稱爲社倉。《大清會典》說：「凡是民間收穫時，根據它所贏餘，等待它拿出粟米麥子，建置糧倉儲存，以預備讓鄉里借貸，稱爲社倉。大家公推一位殷實且有德性的人爲社長，一位能做文書的人爲社副。按照保甲的戶口登記，有工作但卻貧窮的人，春夏之際向社倉貸米，秋冬大收成時，加上一成利息以償還。如果是一般收成利息減半，收成不好時則免除利息。社長、社副持冊薄檢驗校對，每年將穀糧數量呈報給官府，經營治理與支出收入，以百姓爲方便，官府不得以法令約束。豐收之年，規勸捐獻社倉穀糧，要順著民情民意，禁止官吏強迫派捐。有好道義而能捐十石至百石以上的人，以不同的情況表彰獎賞。社長、社副經營治理有成效的，也要按年給予獎賞。這項制度非常好。又有原住民社倉，作爲儲存已歸化原住民的口糧，制度大略相同。康熙四十三年（一七〇四），議定福建倉穀存留準備用來平抑糧價的穀數，各州縣也依照數額存留。而常平倉的穀糧，則依時價出售。唯獨臺灣孤懸在海外，現在捐穀八千六百多石，常平倉有十一萬多石，每個縣依照儲存所規定的數額，其餘都發售到市面換取銀兩，以預備在災荒之年用來賑災救濟。又臺灣、鳳山、諸羅三縣所儲存的穀糧，現有七十多萬，爲數既然多，積存久了容易腐敗，應該留下二十萬石，以提供三年的軍糧，其餘全部售出，作爲軍方的薪餉。雍正四年（一七二六），議定臺灣每年載運五萬石到福建以平抑穀價之外，另外以正項購買載運十萬石，分別儲存在沿海各地。若是臺灣當年豐收，可以審酌情況加運。」七年（一七二九），總督高其倬上奏說：「臺灣的穀子，只可以儲存預備給全臺灣以及金門、廈門兩處的兵糧。若是在漳州、泉州平衡糧價的米，請使用官莊的款項採購辦理。」朝廷同意。乾隆十一年（一七四六），福建省認爲福州、興化、漳州、泉州的米，不能不仰賴臺灣。而臺灣也有豐收與歉收之年，又不能不預先準備。乃確立臺灣各廳縣買穀四十萬石，永爲定例，儲存在臺倉。如果遇到福建缺乏米糧時，就撥往救濟，再以藩庫的款額，購買穀米補充。過了二年，議定福建常平積穀的數量，而臺灣應儲存四十萬石。臺灣爲生產稻米之地，拓墾的土地日漸廣大，收成越來越多。除非是遭遇到戰亂、水災、旱災，實在是米粒無缺。就算有災難，人民崇向道義，業戶都會出售穀米以平衡價格，樂善之人也會慷慨捐輸，所以不曾有見過路上逃荒的慘狀。道光十七年（一八三七），淡水同知婁雲（一七九一－一八三九）又規勸各莊同設立社倉，大家非常踴躍，先後設立。然而正供改為課徵折色的緣故，其後又裁掉班兵，文武各倉，因此多成為虛設，逐漸倒塌。只有義倉還存在，今舉其所知的，羅列在表上：

臺灣官倉表

臺灣府倉	一在府治鎮北坊縣署左方，計七十六間；一在東安坊縣署右方，計三十七間。儲穀二十萬石；其不足額則由臺灣、鳳山、諸羅三縣撥倉穀收存。（鎮北坊與東安坊，分別在今臺南市北區、東區）
臺灣縣倉	一在舊縣署左，計五十七間；一在縣署右方，計十四間；一在安平鎮，計二間；一在羅漢門，計三間。儲存三萬石穀。又有監倉在縣署左，計二十間，乾隆二十四年（一七五九）建置。（安平鎮、臺灣縣署分別在今臺南市安平區、中西區，羅漢門在今高雄市內門區）
鳳山縣倉	一在府治錢局，計二十八間；一在東安坊，計二十一間；一在大埔街，計二十間；一在安平鎮，計二十五間；一在舊縣治，計八間。乾隆五十四年（一七八九），知縣常明修，儲存五萬石穀。又監倉在舊縣治倉後，計五門，乾隆二十四年（一七五九）建置。（大埔街在今高雄市鳳山區）
嘉義縣倉	一在府治東安坊，計一百三十六間；一在縣治，計八十間；一在笨港，計一百零九間；一在斗六門，計九間。乾隆五十五年（一七九〇），知縣單瑞龍修建。儲存五萬石穀。監倉未建。（笨港與斗六門分別位於今嘉義縣新港鄉、雲林縣斗六市）
彰化縣倉	一在縣治半線堡，計十五間，康熙五十四年（一七一五），諸羅知縣周鍾瑄（一六七一－一七六三）建置，以儲存半線到竹塹的軍米，是為武倉。雍正二年（一七二四），移歸彰化縣。嘉慶十六年（一八一一），知縣楊桂森改建城內。一在鹿港米市街，計十六間；一在貓霧捒堡，計三間。都是在雍正年間所建置，儲存五萬石穀。監倉未建。（貓霧捒堡在今臺中市豐原區）

淡水廳倉	一在竹塹，計十二間，康熙五十五年（一七一六），諸羅知縣周鍾瑄建置，以貯存淡水至南崁的軍米。雍正二年（一七二四），歸淡水廳。嘉慶二十二年（一八一七），同知薛志亮修。一在八里坌，計十二間，不久損壞，移到艋舺。一在後壠，計一間；一在南崁，計一間。均經由薛志亮修建，貯存二萬石穀。又有監倉二所：一在竹塹，計五間；一在廳署內，計六間。（南崁、八里坌、後壠，分別在今桃園市蘆竹區、新北市八里區、苗栗縣後龍區）
澎湖廳倉	在廳治媽宮。雍正七年（一七二九），議定撥發儲存五千石倉穀，飭令臺灣、諸羅二縣各先撥運正供一千五百石，等到冬收之後，再各自載運一千石以補足數額。之後通判王仁認爲澎湖氣候潮溼，儲存容易造成腐爛，請下令先寄存在原地，如果遭遇荒年時再運補。大府不接受。開始先運送二千石，尚缺少三千石，許久都不補足。其後通判胡建偉建請知府清查舊案，下令臺灣、諸羅二縣再各自撥運一千五百石，以符合原來議定的數量。乾隆二十四年（一七五九）正月，諸羅縣運足了額度，但臺灣縣仍然短缺不足，所以存糧三千五百石，以預備平衡穀價。此外又有官捐的穀糧，每年三石。然而現今已不存在，糧倉也大多倒塌。又有武倉，也在媽宮，就是從前碾軍米的倉庫。向來的慣例是：澎湖營區前往臺灣運米，每年七千二百石，儲倉支給。乾隆五十二年（一七八七），通判王祖慶向上指出：澎湖不生產穀子，只能藉由外地的米接濟百姓食用。不過風向不定，市面上經常出現缺乏，幸賴每個月會有六百石軍米載運而來，依照行期散發，相互調劑。但是今年以來每次都會適期而至。查驗媽宮現有武倉十間，緣於澎湖氣候潮溼，存米容易腐爛，請改爲穀子。以一粒米換二粒穀計算，共計七千二百石，儲存在武倉，下令文職官員管理，按每個月碾給，並沒有違反常例，兵民雙方都受益。朝廷同意商議執行。其後改穀爲米，由澎湖廳向臺灣縣領取米價，自行採辦。同治年間，因爲接濟遲延，戍守官兵索討軍餉，開始歸由臺灣縣採辦，仍然由澎湖廳發票證監督散放，各個官兵自行向船艙領取，而武倉乃成爲虛設。近來也多毀圮了。（媽宮即今澎湖縣馬公市）
噶瑪蘭廳倉	一在廳治，一在頭圍。嘉慶二十一年（一八一六），通判翟淦（？—一八一七）建置。儲存二萬石穀。（頭圍即今宜蘭縣頭城鎮）

臺灣社倉表

臺灣社倉	原來在鎮北坊，計四間。康熙五十年（一七一一），臺廈道陳瓚（一六五六—一七一八）建置。乾隆十五年（一七五〇），知縣魯鼎梅改建縣署，因而完成縣倉以儲存社穀。其後移建於龍王廟左方。根據同治六年（一八六七）紳董黃應清所彙造的清冊，計有社倉十二間，儲存一萬六千二十一石穀子。（龍王廟位於今臺南市中西區）
鳳山社倉	康熙四十四年（一七〇五），知縣宋永清捐建。一在興隆里，一在下中洲，一在內土庫，一在半路竹，一在下埤頭，一在崁頂，一在萬丹。其中大多損壞。（上述地區分別在今高雄市鳳山區、前鎮區、內門區、路竹區、左營區、屏東縣崁頂鄉和萬丹鄉）
嘉義社倉	一在諸羅山，一在安定里，一在斗六門，一在茅港尾，一在新化里，一在打貓社，各一間。如今大多損壞。道光十五年（一八三五），紳仕王得祿（一七七〇—一八四二）倡議在縣治建造一所，儲存二萬石穀。（上述地區分別在今嘉義市、臺南市安定區、雲林縣斗六市、臺南市下營區、臺南市新化區、嘉義縣民雄鄉）
彰化社倉	在縣治小西門，計十九間。道光十四年（一八三四），臺灣府周彥、彰化縣李廷璧勸導曉諭仕紳羅桂芳等捐獻建立。一在沙連堡林圯埔街，乾隆十六年（一七五一），莊民捐獻穀糧建置。（林圯埔乃今南投縣竹山鎮）
淡水社倉	道光十七年（一八三七），同知婁雲創設，勸導各業戶捐獻穀糧，尚未建倉時，已經上奏獎勵在案。同治六年（一八六七），暫代淡水同知嚴金清又捐出養廉俸一千圓，購買一千石穀，並曉諭業戶林恆茂、鄭永承等人，合計捐獻四萬九千石。另外撥捐三千六百石穀作爲義塾的經費。乃在竹塹、艋舺兩處各別設立明善堂以處理相關事宜。而竹塹乃是購買土地新的建築，花費金額是二千九百七十二圓多。艋舺的舊倉損壞已久，則是原地重建。又以大稻埕捐穀較多，商議設立總倉但未成。此外各地，也是多所捐獻。一在大甲文昌祠內的左方，有倉五間，一在後壟，一在貓裏（今苗栗縣苗栗市），一在桃仔園（今桃園市），捐獻的穀糧不詳；一在北埔（今新竹縣北埔鄉），業戶江大賓等捐獻五百五十石穀，續捐八十五石；一在九芎林（今新竹縣芎林鄉），業戶詹國和等捐獻五百七十一石穀；一在中港（今苗栗縣竹南鎮），業戶葉廷祿等捐獻八百四十石穀；一在新埔（今新竹縣新埔鎮），業戶陳朝綱等捐獻八百五十石穀；一在大湖口（今新竹縣湖口鄉），業戶張阿龍等捐獻八百五十石穀；一在大溪湄（今桃園市大溪區），業戶葉從青等捐獻九百石穀。因爲社倉都未建置，暫時由捐獻戶儲存。

澎湖社倉	雍正八年（一七三〇），福建督撫上奏請辦理社倉，飭令各屬官民捐穀。自九年（一七三一）起，至乾隆十六年（一七五一），文武共捐二百五十九石。當年八月，臺灣知府陳關認爲澎湖也隸屬於臺灣，應該將社穀也歸入臺灣用以撥存三萬石之內，而編製表冊向上級報告。通判何器乃將所存穀子碾成米而移營，抵作撥給臺灣的數額。奉令改作超出的捐獻，用以列進官倉儲存。道光十一年（一八三一），通判蔣鏞（一七六八—？）開始自捐七百千文，副將吳朝祥也捐二百千文，乃勸告紳富陳均哲、黃寬、紀春雨等各捐四百二十千文，其餘的也都樂捐，共計取得三千五八十五千文。從十三年（一八三三）起，分發各個澳總董生利息。如果遇到歉收之年，預先購買番藷絲雜糧用以接濟百姓食用，等到有盈餘，再建倉儲存，出售舊穀更換新穀，以永久留傳後世。總理五年一換，由地方有身分的人推舉充任，以杜絕私弊。光緒十九年（一八九三），鹹雨造成災害，候補知府朱上泮奉委任來到澎湖，考察情形，認爲社倉不可以廢止，稟明巡撫藩司要撥款提倡。通判潘文鳳捐俸祿百圓，勸說紳民黃時、蔡玉成等共捐款一千四百三十五兩，三郊合捐一百六十三兩，而代理總兵王芝生也捐三百兩，並勸說軍官士兵們共捐九百二十四兩，共計獲得銀三千兩，作爲社倉資本。所以就把三間舊文倉加以整理，新建三間儲存穀糧，推舉濟時、玉成等爲董事。凡是捐五十兩以上的人，給與「義舉襄成」匾額作爲嘉勉。自此澎湖義倉才告完成。

臺灣番社倉表

臺灣縣番社倉	一在大傑顛社（今高雄市內門區與旗山區），一在新港（臺南市新市區一帶）。
鳳山縣番社倉	一在放綀社（今屏東縣林邊鄉），一在茄藤社，一在力力社（今屏東縣萬巒鄉），一在上淡水社（屏東縣萬丹鄉），一在下淡水社（屏東縣萬丹鄉），一在搭樓社（今屏東縣新園鄉），一在武洛社（今屏東縣里港鄉），一在阿緱社（今屏東縣屏東市），各一間。
嘉義縣番社倉	一在羅山社（今嘉義市），一在打貓社（今嘉義縣民雄鄉），一在他里霧社（今雲林縣斗南鎮），一在柴裏社（今雲林縣斗六市），一在蕭壠社（今臺南市佳里區），一在大武壠頭社（臺南市玉井區），一在加麥社（今臺南市善化區），一在芒仔芒社（臺南市玉井區）、一在哆囉嘓社（臺南市東山區），一在阿里山社（嘉義縣阿里山鄉），一在蔴荳社（臺南市麻豆區），一在灣裏社（臺南市新化區）。

彰化縣番社倉	未設
淡水廳番社倉	一在搭搭攸社（今臺北市內湖區），一在蜂仔峙社（今新北市汐止區），一在擺接社（今新北市新店區），一在雷裏社（今新北市中和區），一在武勝灣社（今新北市蘆洲區），一在圭柔山社（今新北市淡水區），一在大浪泵社（今臺北市大同區），一在八里坌社（今新北市八里區），一在毛少翁社（今臺北市士林區），一在北投社（今臺北市北投區），一在奇里岸社（今臺北市北投區），一在小雞籠社（今新北市三芝區），一在金包裏社（今新北市金山區），一在大雞籠社（今基隆市），一在三貂社（今新北市貢寮區），一在南崁社（今桃園市蘆竹區），一在龜崙社（今桃園市龜山區），一在坑仔口社（今桃園市蘆竹區），一在霄裏社（今桃園市八德區），一在竹塹社（今新竹市），一在後壠社（今苗栗縣後龍鎮），一在中港社（今苗栗縣竹南鎮），一在貓裏社（今苗栗縣苗栗市），一在新港社（今苗栗縣後龍鎮），一在加志閣社（今苗栗縣苗栗市），一在吞霄社（今苗栗縣通霄鎮），一在宛裏社（今苗栗縣宛裡鎮），一在房裏社（今苗栗縣宛裡鎮），一在貓盂社（今苗栗縣宛裡鎮），一在德化社（今南投縣魚池鄉），一在大甲社（今臺中市大甲區），一在雙寮社（今臺中市大甲區），一在南日社（應是南日社，今臺中市大甲區），一在麻糍舊社（今臺中市南屯區）。

卷二十一　鄉治志

連橫曰：古之治民也，築城郭以居之，制廬井以均之，開市肆以通之，設庠序以教之。士農工商，各有其業；故朝亡廢官，邑亡敖民，地亡曠土。理民之道，地著為本。是故五家為鄰，五鄰為里，四里為族，五族為黨，五黨為州，五州為鄉。鄉萬二千五百戶也。鄰長位下士，自此以上，稍登一級，至鄉而為卿。故其政不令而舉，其教不勞而齊，其兵不養而備，其稅不斂而足；此則鄉治之制也。連橫曰：泰西（西方的舊稱）之政，其知此道乎，故能強其國而富其民。

臺灣當鄭氏之時，草昧初啓，萬庶偕來。廣土眾民，蔚為上國，此則鄉治之效也。當是時，布屯田之法，勵墾土之令，徠避難之民，拓通海之利。故能以彈丸之島，收亡國、擁諸王、奏群賢、建幕府，以與清人為難；此固已得霸王之道矣。經立，委政勇衛陳永華，改東都為東寧，分都中為四坊，曰東安、曰西定、曰寧南、曰鎮北。坊置簽首，理民事。制鄙為三十四里，置總理，里有社；十戶為牌，牌有長；十牌為甲，甲有首；十甲為保，保有長；理戶籍之事。凡人民之遷徙、職業、婚嫁、生死，均報於總理。仲春之月，總理彙報於官。考其善惡，信其賞罰。勸農工，禁淫賭，計丁庸（充抵力役的賦稅），嚴盜賊。而又訓之以詩書，申之以禮義，範之以刑法，勵之以忠敬，故民皆有勇知方。此則鄭氏鄉治之效也。

清人得臺，沿用其制，而有司奉行不謹，漸就廢弛。朱一貴既平之後，地方未靖，總兵藍廷珍上書總督滿保，請行保甲，就各縣簽舉一幹練勤謹、家殷品端者，使為鄉長。就其所轄數鄉，以聯守望相助之心。給之游兵，以供奔走使令之役。如有一家被盜，則前後左右齊出救援，堵截各處，協力獲禽。又設大鄉總一、二人以統轄之，督率稽查，專其責成。鄉長如有生事擾民、縱容奸匪，而大鄉長不報者，則罪同。是雖無鄉兵之名，而不啻有鄉兵之實。今臺灣中路，擬設鄉長六名，南路鳳山八名，各立大鄉總一名；北路諸羅十二名，分立大鄉總二名，以統率之。鄉長准給養游兵四名；而大鄉總與以外委千把總銜，准給養游兵十名。每兵月給銀一兩、米三斗，就官莊內支之。而鄉長、大鄉總則酌量給之。凡地方有竊劫之案，則飭鄉長限期緝獲。初限不獲，比游兵；再限不獲，罰其身；三限不獲，重懲之。凡三次不能獲者，革之，而大鄉總銷其銜。其有勤謹辦公、三年無過者，量行擢用，以示鼓勵。從之。於是設大鄉總四名，鄉長二十有六。廷珍慮其未備，復請權行團練；以為今日郡治雖有協防之兵二千、足供調遣，然分派南北，所存無多。宜急訓練鄉壯，聯絡村莊，以補不足。無事則農，有事則兵。所謂急則治標，不可須臾緩者也。其後遂立為例，每有兵事，則舉辦之。乾隆五十一年林爽文之變，南北俱陷，郡治戒嚴，各鄉多辦團練、出義民，以資戰守。而鹿港郊商亦募勇自衛，故無害。顧此為防內之事，而禦外則尤烈。

道光季年禁煙之役，英艦輒窺伺海口，臺人大憤，與之開戰。和成，詔開五口通商，遂倡攘夷之論。且公約曰：「曩者英人犯順，罷兵議撫，准其通商。而不通商之地，則不許登岸，違者送其領事治罪，此人人共知者。臺灣非英人應至之地，我等知朝廷寬大，許其和約，不與抗拒，非畏之也。彼既俯首恭順，我等豈敢生事？且所謂和者，但見之不殺爾，非聽彼之使令也。彼先侮我，我豈讓彼？我百姓如為所用，是逆犯也，是犬羊之奴也，餓死亦不肯為。我百姓自為義民報國，地方官亦不得牽制。如彼本無異心，而奸徒從中指引，則我等不殺其人，而殺勾通之人。於撫洋之道，固並行而不悖也。風聞英人欲於臺地貿易，如果成事，貽禍無窮。習教惑眾，是子弟罹其害也；占地蓋房，是居民遭其殃也；霸攬貨稅，是商賈絕其生計也；買用男婦，是子女受其荼毒也。臺地孤懸海外，無可徙避，亟宜及早圖之。一曰勤瞭望：沿海城鄉居民隨時於高處探望，但見洋船蹤影，即飛報該管文武衙門，一面探其駛入何口，再行阻截，不得專恃口岸吏胥（吏胥，官署官員）。一曰聯聲勢：洋船如來停泊，並無逞強情形；我百姓多至千人，少數百人，暗藏刀棍，排立港岸，阻其深入，不與鬥狠，靜以待之，久則自退。一曰查奸細：洋人不足慮，慮土匪勾結爾。如有私與交接者，公同拿送文武衙門。若查出確有勾通證據，或造謠乘間搶劫，應報地方官殺斃。一曰選壯丁：無事之時，各街鄉除鰥寡孤獨及家無次丁外，每家各出一人，年約在五十以下、二十以上。殷實紳商各自添備，不拘定數。先造名冊，存於各義首處。一旦有事，呼之即至，違者公罰。至有事動支口糧，或由官給、或由民捐，臨時定議，宜從優厚。即有一、二死傷，定邀褒卹。一曰籌經費：防堵軍需，自有帑項。我百姓仍須備儲，同保身家。每街鄉公議以公正紳耆為義首，查明現在經商及田產較多者，每家每日捐錢數百文或數十文，一月一支，零星積存。俟有成數，再議生息。除卻防洋，不准動用。一曰備器械：刀槍牌銃，家家俱有；人執一器，即成勁旅。所慮者洋人之炮爾。然彼炮在船，遠不能及。我炮在岸，近而易攻。但令大炮不能登岸，則其技已窮。我不必用炮，唯禦彼之炮，而其技亦窮。每家或三兩家，各置遮牌一面，以木版高與身齊，或編竹為之。內安鼻紐，外釘牛皮舖棉紙，或加網絲，或塗蔗糖，此臺地所易辦者。得壯士千百人，持此為前，則炮火不能傷。人人膽壯，有進無退，則一鼓而殲之矣。」當是時，徐宗幹任巡道，尤為鼓勵，故敵愾愈深。宗幹以欲禦外侮，須清內奸。通飭各屬總理，凡所管莊內向來為匪之人，非無畏法改悔者，許其將功折罪。如願作線緝捕，即赴附近分防衙門，代為稟請。願當差者，考其技藝，留充壯勇；願在鄉者，記其姓名，派守村莊，酌給口糧，俾資養贍。其有怙惡不悛（ㄑㄩㄢ。怙惡不悛，有過惡卻不肯悔改）者，即率眾捕拿解送，自應從優獎勵。又以書諭各社家長曰：「查姚前道任內，諭各社家長，以各莊丁口萬人、千人，最少數百人。賊雖多不過數十，少僅十餘人，爾族丁十倍於賊，賊雖強，焉敢伺夜深入？此必有與賊通者。通賊者非他，即本族本莊貧乏之人爾。若輩無業忍饑，富者不肯贍給，故怨而通賊。爾社內富家可出公費若干，將社中貧乏無業而年壯者，悉召歸之，日給飯錢，使為壯丁。大社四十人，中社三十，小社二十。分為兩班，每夜一班巡社防守。一人執鑼不鳴，一人擊梆（巡更或號召群眾時，用來敲擊的器具），餘執大梃（棍棒），不許持刀槍鳥銃。自三更起，繞行社外，向明而止。見賊則鳴鑼大呼，一社之人群起應之，賊必不敢入社。一社鳴鑼，則鄰社皆應。不逐賊者罰之。賊既走，不可遠追擊捕，恐其窮迫傷人。此法一行，則各社貧者有以自養，皆自保其社，不但不通賊，亦不復出而為外盜矣。姚前道任內，各社遵行，立見安謐。至隆冬以後，平日各須妥議章程，以期閭（ㄌㄩˊ，鄉里）里益臻清靜。凡子弟為非，父兄同罪。當綢繆於未雨，期任卹之可風。各社內一人興訟，眾人牽連；一家滋事，大家破費。官兵至則妻孥（ㄋㄨˊ，兒女）移散，壯勇來則雞犬皆驚。典田鬻產，為無益之虛糜；積怨深仇，遭不測之禍患。與其為難於事後，何如早籌於事前。人無愚智，各具天良。境處饑寒，易成地棍。各社家道殷實者公議按捐地畝若干，各家分收近支族中貧苦孤獨子姪若干人，或借給糧食，傭工出力，按年抵扣；或支付銅錢，小本營生，餘利歸還；或祠堂公提生息，或本社捐置贍田。幼而慧者設義塾以免游閒，壯而鈍者習技勇以防奸宄（ㄍㄨㄟˇ。奸宄，犯法作亂的人）。如怙惡不悛，公請族長責懲逐出，本支聯名送官究處，不准回社。如改過自新，或保送衙門充當壯勇。爾等同心協力，庶幾有安享太平之日，其各勉旃（ㄓㄢ，語助詞）。」宗幹為治，每致意於公務，整剔利弊，循名核實。而紳民亦相觀感。一時士氣丕振，風俗純美，至今猶稱道焉。

淡水據臺之北鄙，地大物溥。閩、粵分處，閩居近海，粵宅山陬，各擁一隅，素少來往。而閩人以先來之故，稱粵籍曰「客人」，粵人則呼閩籍曰「福老」，風俗不同，語言又異。每有爭端，輒起械鬥。閩、粵鬥則漳、泉合，漳、泉鬥則粵人陰持其後。搶攘昏墊（昏墊，災害），蔓延數十村落，而有司莫能止也。道光十一年，淡水同知婁雲乃立莊規四條，禁約八條，飭民守之。澎湖為海中群島，居民好訟。其時亦立鄉約曰：毋非時而賭，以新春六日為限；毋為竊盜；毋放牛蹊人之田；毋侵人漁界；毋演淫戲；毋怠公役；毋健訟。違者罰錢一千，其不從者請官治之。

初，林恭之亂，宗幹以淡水林占梅辦北路團練，彈壓地方。及戴潮春起事，淡水同知秋曰覲遇害，全臺俶擾（俶音ㄔㄨˋ。俶擾，騷亂）。占梅又集紳士，籌守禦。時宗幹已任福建巡撫，命以辦理全臺團練事務，頒發鈐記，通飭所屬。然鎮道俱駐府治，籌兵籌餉，須設總局，乃由巡道委派紳士任之。劃城中為五段，設總簽首。東段二員：一轄六合境，一轄八協境。西段二員：一轄六和境，一轄六興境。南段一員，為八結境。北段一員，為十八境。中段一員，為二十一境。而小西門內外亦設一員，轄四境。大西門外為商務繁盛之區，分為南北，各一員。而三郊別有大簽首三名，理其事。三郊者，糖郊、南郊、北郊也。其辦事處在水仙宮，曰三益堂。每有交涉，開會平斷，不假於官。凡地方有大繇役，輒捐餉助軍，集資賑濟，為一方之重。蓋其時商務發達，貿易多利，而當事者又能急公好義，故人多尚之，其後乃稍凌夷焉。

初，各縣紳商均為義民首領。義民隨軍出戰，則各街舖戶派出壯丁，每境十名或二十，謂之舖民，每夜登城巡警，及旦始歸，僅留一人守之。每名夜給點心錢六十文，油燭十文，五日一發，屆期各街簽首向局支領。事平之後，尚存其名。坊里之人每有爭執，輒向總簽首論其曲直。而有司亦每循其意，以興除利弊。光緒七年，兵備道劉璈改為培元總局，以理一切善舉。其總辦由道府札委，下置紳董。凡清溝、修道、救卹、施醫等，歲率數萬圓，悉由洋藥釐金項下開支，其所以整齊市政者至矣。及法人之役，再辦團練，璈手定章程十七條以布之。既又刊漁團章程二十條，通飭紳民暨沿海漁戶遵行，頗收指臂（如臂使指，指揮如意）之助，語在〈軍備志〉。時福建巡撫劉銘傳駐臺北，亦辦團練，奏簡林維源為團練大臣。十二年，奏辦清賦，飭屬先辦保甲，查造戶口。十戶為牌，牌有長。十牌為甲，甲有長。十甲為保，保有正。均隸於保甲局。總局在臺北，以候補知府為彙辦。各廳縣皆設分局，札委丞倅（ㄘㄨㄟˋ，副）任之。按季彙報，先送按察使司查核，乃詳巡撫彙題，登其民於戶部，以知戶口之盈虛。而銘傳尤勵精圖治，欲置臺灣於富強。然以經費之故，未能竟行其志，惜哉！乙未之役，復辦團練，以進士丘逢甲為團練使。先是臺南府治每年應辦冬防，以詰盜賊、嚴水火。光緒十年，知縣俞鴻詳請道府，以抄封公款庫平六千圓，發各當鋪生息，每千圓月利十圓，歲收七百二十圓。又以外新豐里魚潭贌（ㄆㄨˊ，承包）租二百圓，以充其費。尚有不足，則由鹽課盈餘撥用。夫保甲之制，所以衛民，使之相安而無事，然而民不能永安也。水旱之不時，疫癘之間作，鰥寡孤獨之無告，則必為之盡心力，先事而防之，後事而循之，而後得遂其生。夫均是人也，均是一鄉一縣之人也，出入相友，守望相助，疾病相扶持，則百姓親睦。是故建義倉以平之，開醫局以治之，設養濟以卹之，而後可以收鄉治之實，而後可以為治國平天下之道。

臺人重宗法，敬祖先，故族大者必立家廟。歲時伏臘，聚飲聯歡，公置義田，以供祭祀，又為育才、婚嫁、恤孤、振乏之資。其大者則聯全臺之子姓，建立大宗，追祀始祖，深得親親之義。臺灣戍兵多來自福建，瓜期（任滿更代之期）而代，各建公廳，以為集議之所。故郡城之中，有福州公廳，有詔安公廳，有雲霄公廳，均在鎮北方，糾其黨羽，肆為不法。道光間，巡道徐宗幹移鎮禁毀，其風始息。而外省之居臺者，有兩廣會館，有浙江會館，亦為仕商集議之所。聯鄉誼，萃眾志，其有流落不歸者，則資遣之，故無窮途困苦之悲，是亦枌榆（ㄈㄣˊ ㄩˊ，鄉里）之義也。南郡大西門外有五大姓，蔡為眾，郭次之，黃、許、盧又次之。各踞一街，以相憑陵，莫敢侵犯。蓋以其地為郊商屯集之處，貨物出入，資之輸運，故爭擁其利。夫以一郡之中，而族自為族，黨自為黨，能不仳離（仳音ㄆㄧˇ。仳離，分離），且因之而生私鬥？然能善用之，亦足以資其力。朱一貴之變，粵人不附者，以省界也。林爽文之變，泉人不應者，以府分也。若夫蔡牽之亂，協力同袍，爭趣（趣，通「趨」）殺敵，即以寇自外至也。《詩》曰：「兄弟鬩於牆，外禦其侮。」為此詩者，其知鄉治之義乎？故曰日月食於外，而賊在其內。

臺灣善堂表

臺北官醫局	在臺北城內考棚。光緒十二年，巡撫劉銘傳設，以候補知縣爲總理。招聘西人爲醫生，以醫人民之病，不收其費，並設官藥局於內。
臺北病院	亦在考棚。光緒十二年，巡撫劉銘傳設，以醫兵勇之病。
臺灣養濟院	在縣治鎮北坊。康熙二十三年，知縣沈朝聘建。
臺灣普濟堂	在縣治縣城隍廟內。乾隆十一年，巡臺御史六十七、范咸命臺灣縣李閶權建，凡十二間，撥公款千餘圓充用，以收養窮民。
臺灣棲流所	在縣治聖公廟街。光緒十二年，知縣謝壽昌稟設，以收流民，其款由普濟堂撥用。
臺灣育嬰堂	在縣治外新街。咸豐四年，富戶石時榮倡建。自捐家屋充用，並捐五千圓生息，以爲經費。又勸紳商集款數千圓，稟官批准，凡安平出入商船抽稅充用，而富戶亦各捐田園舖屋，入款頗多。其後巡道黎紹棠以爲義舉，更勸紳士辦理，並以洋藥釐金提撥充用。及光緒八年，巡道劉璈乃廢其例，以司庫平餘及鹽課餘款千餘圓，撥爲經費。
臺灣卹嫠局	在縣治。同治十三年，欽差大臣沈葆楨倡設。自捐千圓，命巡道夏獻綸提撥公款，並勸紳富捐款九千圓，購置田園生息，以卹嫠婦。凡年三十以內，家貧守節者，鄰右保結，每名月給二圓。
嘉義養濟堂	在縣轄善化里東堡。康熙二十三年，諸羅知縣季麒光建。

嘉義育嬰堂	在縣治城隍廟內。同治七年，紳商捐設，額收二十名。
鳳山養濟院	在縣轄土墼埕。康熙二十三年，知縣楊芳遠建。
彰化養濟院	在縣治八卦山下。乾隆元年，知縣秦士望建，以收養痲瘋殘疾之人，約四十名。
彰化留養局	在養濟院之左。乾隆二十九年，知縣胡邦翰建，以收養窮民一百名，捐置田園，歲收租銀一千二百八十四圓，以爲經費。
彰化育嬰堂	在縣治。道光年間，官紳合建。久而荒廢。光緒七年，知縣朱幹隆乃勸紳富重設，以抄封家屋充用。
淡水留養局	原在竹塹城內。乾隆二十九年設，以收養窮民。及同治元年之亂，佃冊紛失，收租漸減，僅養七十名。光緒十五年分治之際，重設此局，以舊時局產撥充，並捐經費，額收四十名。
淡水育嬰堂	在縣治艋舺學海書院後。同治九年，官紳合建，詳撥三郊洋藥抽捐每箱四圓之半，以充經費。
淡水保嬰局	在縣轄擺接堡枋橋莊。富紳林維源倡設，自捐五千圓，並勸富戶集款二千圓，置田生息，以充經費。
新竹棲流所	在縣轄樹林莊，以收孤老窮民百餘名。同治三年燬，嗣築。
新竹育嬰堂	在縣治龍王廟之右。
澎湖普濟堂	道光六年，通判蔣鏞籌建。捐款四百圓，交媽祖宮董事生息，嗣以貧民尚可棲身，無庸建屋。九年，澎湖紳商合捐二百十圓，交鹽課館生息，續捐制錢四萬七千五百文生息。又詳准徵收小船之費，歲入一萬九千八百文，以充口糧。額定三十名，每名月給三百文。
澎湖棲流所	在媽宮。嘉慶二十四年，郊戶德茂號等捐款置屋，以爲難民棲宿，稟官存案。
澎湖育嬰堂	在媽宮。紳商捐設，後歸廳辦理。歲收租息三十二萬四千文。每月又於鹽課撥銀五十兩，以充經費。約收女嬰三十餘名，每名月給八百文。又分卹養濟院窮民，每名月給三百文。如病故者，別給四百文。

臺灣義塚表

臺灣縣義塚	一在縣治大南門外魁斗山，歷年已久。一在新昌里，康熙五十九年，監生陳仕俊捐置，與魁斗山毗連。一在水蛙潭。一在北壇前。一在海會寺前。俱乾隆十七年，知縣魯鼎梅購置。又一亦在大南門外，俗稱「師爺塚」，爲江浙游幕人士公置，並建一堂，春秋祭祀，公舉一人爲董事。
嘉義縣義塚	一在縣治附近，計七所。一在打貓堡，計六所。一在鹽水港堡，計五所。一在他里霧堡，計四所。一在下茄苳堡，計三所。一在哆囉嘓堡，計三所。一在茅港尾堡，計二所。一在麻荳堡，計二所。
鳳山縣義塚	一在縣治西門外蛇頭埔，雍正二年，知縣錢洙置。一在府治南門外魁斗山後。
彰化縣義塚	一在縣轄內快官莊，知縣蘇渭生置。一在八卦山及番仔井山等，知縣胡邦翰置。一在各處官山，歷任知縣秦士望、劉辰駿、胡應魁、吳性誠等出示聽民安葬。嘉慶十六年，紳士王松等請官詣勘各處官山塚地，示禁侵墾。又一在鹿港街外，乾隆四十二年，紹興魏子鳴與巡檢王坦倡建，購地充用，曰「敬義園」，以其餘款置業生息，歲舉泉廈郊商爲董事。
新竹縣義塚	一在縣南巡司埔尾，一在中塚傍，俱道光十六年紳士捐置。一在枕頭山，一在土地公埔，一在鼻頭莊，均爲乾隆六十年業戶黃意使捐置。一在後壟莊，一在大甲莊，今屬苗栗。
淡水縣義塚	一在艋舺，計兩所，爲林士快、陳長茂捐置。一在大隆同，乾隆三十年，邱文華置。一在滬尾，嘉慶元年，何宗泮置。一在圭柔山，嘉慶二年，陳晃生置。一在新莊，同治九年，縣丞鄒祖壽置。
澎湖廳義塚	一在媽宮澳東北，一在尖山鄉，一在林投按，一在西嶼，一在瓦硐港，一在網垵澳。又一在北山後寮灣，凡海中漂屍，拾葬於此。

譯文

李文容・注譯

連橫說：古時王者治理百姓，建築城池外郭以供百姓安居；設置八戶廬舍共一井的井田制度，以均平人民稅賦；開設商號店鋪，以利物產流通，設置學校以教導蒙童。士農工商，各有其安守的本業；所以若朝廷衰微，則官吏職守廢弛；城邑衰敗，則百姓脫離戶籍，四處流離遊散；地方衰退，則田土荒廢。治理百姓的核心精神，要使百姓安居鄉土爲根本。所以古制五戶人家爲一鄰，五鄰設爲一里，四里爲合爲一族，五族納爲一黨，五黨共爲一州，五州定爲一鄉。一鄉總計爲一萬二千五百家戶也。管理一鄰之長，授以下士的位階，從此依序而向上，俸祿每階升一級，到鄉長一級便是卿的位階。因此其施政無須明申號令，便能興辦上軌，宣達教諭無須驅策勞動百姓，而自然依循；兵士無須由國家特別贍養，而訓練、態度自然齊備；其稅賦無須苛徵暴歛而國家財用自然充足；這便是制定地方治理制度的原因。連橫評論道：西方的政治制度，大約是眞正能體察此一精神，所以能使國家強盛而百姓富足。

臺灣處於明鄭統治之時，草澤荒野初經開闢，衆多百姓相互扶持前來。土地廣闊而人口繁多，匯聚繁盛而成爲明鄭都城，此便是鄉治制度所施展的功效。在當時，宣布兵士屯墾田土的政策，公布獎勵百姓拓墾土地的政令，招徠躲避清兵之難的百姓，開展海上貿易通商的利益。所以能以極小的島嶼，收納覆滅的朝廷、擁立明代宗室諸侯、使遺臣賢士歸附效忠、建立郡王治事幕府，以臺灣與清朝相持抗衡；如此便就已經掌握稱霸、稱王的統治之道。鄭經（一六四二—一六八一）登上郡王之位後，將藩務大政委託勇衛營首領陳永華（一六三四—一六八〇），將東都改稱爲東寧，將都城劃分爲四坊，稱爲東安坊、西定坊、寧南坊、鎭北坊。坊內設置「簽首」一職，掌理民政事務。規定每一鄙爲三十四里，設置總理掌理，每里下設有社；每十戶爲一牌，每牌設有牌長管理；每十牌爲一甲，每甲設有甲首管理；每十甲爲保，每保設有保長；負責管理戶籍業務。舉凡百姓遷移徙居、職業、男婚女嫁、出生死亡，都應向總理呈報。每年仲春時候，由總理向官府彙報。考評言行善惡，嚴明施行賞罰。鼓勵百姓致力於農桑、手工業，禁制淫邪與賭博，核計應抵繳的稅賦，嚴密防備盜賊出入。進而再以詩書大義陶養民風，向百姓宣達禮義教化，透過刑罰規範言行的矩度，獎勵人民盡職、負責，所以百姓都能勇於抗敵、明瞭規矩。這正是明鄭時鄉治的功效。

清廷統領臺灣，沿襲明鄭的鄉治制度，然而官署推行施展並不嚴密，逐漸趨向於荒廢鬆弛。朱一貴事件平定之後，地方尚未恢復安寧，福建臺灣鎭總兵官藍廷珍（一六六四—一七三〇）上書閩浙總督滿保（一六七三—一七二五），請求施行保甲制度，於各縣內簽核保舉一名行事幹練態度勤勉謹愼、家道殷實、品行端方的人，令他承擔鄉長職務。在其所轄管的幾個鄉內，以連結鄉內百姓共同防守、彼此相助的心志。派遣未在兵籍內的士卒，用以提供鄉長驅遣往來的任務。如果保甲內有一家遭受盜賊，則門戶的周遭鄰居一齊出動救援，防堵攔截各種窩藏、逃遁之處，協力擒拿盜匪。又設置一、兩名大鄉總用以統理轄管鄉長，督導帶領考察，專門要求地方鄉治的成效。鄉長若有無端滋生事斷、騷擾良民百姓、放縱作奸犯科的匪徒，而大鄉總卻不呈報官府等情事，則與犯事的鄉長連坐同罪。如是即使沒有鄉兵的名號，就如同有了鄉兵的實效。如今在臺灣中路，擬設置六名鄉長，南路鳳山縣則設置八名鄉長，其上各設立大鄉總一名；北路諸羅縣設置十二名鄉長，分別設立大鄉總二名，用以統領管理。准許各名鄉長任用、供養四名遊散兵勇的名額；至於大鄉總則給予外委千總、把總等職銜，允准任用、供養十名的遊散兵勇。每名兵勇每月供給一兩銀子、三斗米量，由官府莊地的收入支給。至於鄉長、大鄉總則衡酌官府收支額度提供補貼。凡地方上發生竊盜搶劫的案件，就飭令鄉長限期緝拿捕獲。第一次限期內無法捕獲，追究遊兵的過錯；第二度限期而無法捕獲，懲罰鄉長、大鄉總本人；第三度限期無法緝拿歸案，加重懲處。凡是發生三次盜劫案件無法緝得罪嫌者，革除鄉長職務，而大鄉總更註銷其外委千總、把總的職銜。若有勤敏謹愼辦理公務，達三年內沒有過失的鄉長、大鄉總，衡量表現，擢升提拔，以彰顯朝廷的獎勵。總督滿保准允藍廷珍的建議。因此設立四名大鄉總，二十六名鄉長。藍廷珍擔憂如此安排尚未周全，再度陳請權宜施行地方團練；認爲今日府治官署雖安排有協同防守官兵達兩千名、足以供官府調用差遣，然而如果遇事分別派遣奔走於南、北，各地所能駐守的人數不多。應該緊急訓練在地壯丁，連結組織村莊，用來彌補官方兵力不足。平日無事端時就務農耕種，遭逢事變時則承擔武力之責。這便是一般所說的面對緊急情況就先療治表面的徵狀，不能有一時懈怠。後來就設爲規範，每當遭遇須用兵的事件，就號召辦理團練。乾隆五十一年（一七八六）林爽文事變，臺灣南、北兩路都遭攻陷，府城採取軍事管制，各鄉大多興辦團練、派遣義民出兵，協助征戰守備的人力。就連鹿港商號公會也召募民間兵勇自主防衛，因此未遭受損害。不過這是防治內患的情形，至於抵禦外侮的功績則更爲宏大。

道光晚年清英鴉片戰爭，英國軍艦屢屢窺探出海港口，臺地百姓大感憤慨，與英方軍隊動武。和議完成後，朝廷詔令開放五個口岸通商，於是地方高倡排抵外夷的言論。地方更共同議定鄉約說：「之前英國興兵作亂，後朝廷停止戰事商議安撫，准予他們前來通商。而不開放通商的地方，則不許外國人登上口岸，違犯協議的人送交英國領事官員治罪，這乃是人人都通曉的事。臺灣並非英人受准許可以前來的地方，我們明瞭朝廷寬懷大量，准許他們和談約定，不與英國人武力抗衡，並非畏懼英國人脅迫。他們既然低頭降伏，表達恭敬順服，我們如何膽敢滋生事端？然而所謂和平，只是相見不加殘殺而已，並不是聽從對方的差遣號令。對方如果先凌辱我們，我們豈可向對方退讓？我國百姓如果受對方所驅遣、利用，就是造逆叛國的奸犯，如同是成爲牲畜的奴隸，常人即便餓死也不肯做這等事。我等百姓自願作爲義民報效國家，地方官也不能約束限制。如果這些英國人原本沒有異樣的企圖，而是爲非作歹的匪徒居間挑撥指使，則我們不殺伐這些外國人，而要斬殺居中勾結連繫的人。這跟朝廷安撫洋人的宗旨，本就同時施行而不相違背。

聽聞消息說英國人意圖在臺灣商貿交易，如或確實成眞，所生禍患將無止盡。宣傳基督宗教迷惑百姓，這將令後輩遭受禍害；圈占民地建築居所，這將使地方住民遭受禍殃；蠻橫包攬貨物流通，歛收稅賦，這將使在地商號斷絕謀生管道；買賣驅用男女人口，這將使後代子女遭受殘害。臺灣單獨懸處於海外，無法另遷逃躲他地，急切需要及早預備相關事宜。一項是勤於監視、偵察：濱海城鎮、村鄉百姓隨時從高處探查、瞭望，一旦看見外國船舶蹤影，立即快速通報負責轄管的政務、軍事衙門，一面監視對方航行進入哪一口岸，再出手阻止攔截，不可只倚賴口岸的官方人員。一項是連結展現聲勢：外國船舶如果前來停泊，並沒有蠻橫展示武力情形；我們百姓聚集多達千人，少則幾百人，暗中攜藏刀棍武器，排列站立於港岸，阻止船舶深入內陸，不與洋人鬥力硬拚，不妄加行動等待對方反應，時日一久便自然退去。一項是查察奸細：西洋人不足以令人憂慮，只擔憂土匪與洋人勾結而已。如果有私下與洋人連繫接觸者，共同議處、緝拿送交政務、軍事衙門。如若查出的確有勾結聯絡證據，或造謠趁機搶劫百姓，應該通報地方官員斬殺處死。一項是徵用選拔壯丁：平日無事端的時候，各街、各鄉除沒有配偶、加人可以倚靠，以及家中沒有第二名男丁者之外，每戶民家各出一人，年齡約在五十歲以下、二十歲以上。家財富厚充足的士紳、商人可各自添加預備，不限原定數額。先編造壯丁名冊，存放於各義勇民兵首領之處。一旦遭逢事變，號召他們立即前來，違背號令共同議處懲罰。遇到有事變動支糧餉，可以由官方供給、也可以由民間捐輸，依照當時情況商定議決，宜按優厚條件辦理。即便遇到有一、二個死傷於難者，必定獲得朝廷褒獎撫恤。

一項是籌募經費：防堵所需的軍資，自然有公帑款項支應。我們百姓仍須預備儲存，一同保衛個人與家族安全。每地街、鄉共同商議推選公平端正的紳士耆老爲義勇民兵首領，查明如今在地經營商業及擁有田產較多者，每家每日捐輸錢銀數百文或數十文，每月支給一次，點滴積理儲蓄。等待積累完整數額，再商議孳息支用。除了防堵洋人入侵外，不允准動用款項。一項是裝備武器兵械：大刀、長槍、盾牌、火銃，家家戶戶均有所裝備；人手持用一項武器，便成爲強勁的部隊。所擔憂的只有洋人的火炮而已。然而對方的火炮安置在船舶上，距離遙遠不容易攻打到陸地。我方火炮設置在岸上，距離逼近而易於攻擊敵人。只要讓對方船舶上的大炮無法上岸，則對方能用的方法已經窮盡。我方無須動用火炮，只需防禦對方的火炮，而對方戰術同樣陷入困頓。每一家戶或兩、三家戶，各自準備一面遮障的盾牌，用與人身同高的木板，或者用竹條編製。盾牌內安置手持的鼻紐，外邊釘上牛皮，鋪疊黏貼棉紙，有的添加網絲，有的塗抹蔗糖，這是臺灣本地容易備辦的材料。召募千百個壯士，手持這樣的盾牌承擔部隊前導，則炮火無法傷損兵士。人人膽氣壯盛，全體進攻而沒有退卻者，如此便能一鼓作氣殲滅對方。」

此時，徐宗幹（一七九六―一八六六）正好接任按察使銜分巡臺灣兵備道，特別鼓勵地方團練公約，所以同心抵抗敵人憤懣更加強烈。徐宗幹認爲若想抵禦外來敵侮，必須肅清內部奸徒。通告飭令各所屬的地方團練總理，凡所轄管莊內過往曾經投身盜匪的人，並非沒有心畏刑法、悔恨改過的人，特別准許這些人能用功績抵折罪罰。如果願意充當線人提供線索，協助緝捕盜賊，便前往鄰近分防州廳同知、通判的衙門，請求代為稟報請願。自願承當差事的人，考察其戰防技能後，收納在部隊充當義勇兵丁；自願守在地方鄉土，登記姓名，派遣駐守村莊，酌量供給糧餉，以提供生活衣食所需。遇有屢犯過惡而不怨悔改的人，能率領部眾捉捕押送官府，本就應該依照優厚的條件加以獎勵。

又以文書諭告各莊社家族宗長說：「經查考，前任臺灣兵備道姚瑩（一七八五—一八五三）任內，曾經諭令各莊社家族宗長，以各莊社聚居的男丁人口多達萬人、千人，最少也有幾百人。盜賊聚眾即使再多也不過數十人，人數少的則只有十多人，你們各宗族男丁比賊人多出十倍，賊人即便再強橫，如何敢在夜裡窺伺直接侵入村社內？這必然是有與賊人勾結通報的人。會與賊人勾結連繫的人並非出於其他原因，大體都是本家族、本村莊內貧困無法生存的人。這一群人沒有謀生的本業忍耐飢餓，富有的人不願意供給生活，所以心生怨恨而勾連賊人。你們莊社內富有的豪門可提供些許公費，將莊社內貧窮困乏，沒有謀生本業而年輕力壯的人，全部號召回歸莊內，每日供給飯食用度，讓他們承擔壯丁之責。大型莊社供給四十人，中等莊社供給三十人，小型莊社供給二十人。分派為兩班次，每夜輪流一班次，巡視莊社，防備守護。一人手持銅鑼而不敲擊，一人敲擊梆子，其餘的人手持大棍，不許懷持刀槍鳥銃等武器。從夜裡三更開始，繞行村社外圍，接近天亮時才停歇。遇見賊人入侵則敲打銅鑼、大聲呼叫，整個莊社的人全都一同起身響應，賊人必然不敢親入莊社。此地一個莊社敲響了銅鑼，則鄰近莊社全都呼應。不配合驅逐盜賊的人，就加以懲罰。盜賊既然逃離，不可追到遠處攻擊緝捕，恐怕對方無路可走急迫傷害人。此一辦法一旦施行，則各莊社貧窮者有所倚賴能夠養活自身，全都自動防衛自身莊社，不但不勾結連通盜賊，也不再出逃淪落為侵擾外莊的盜賊。

前任兵備道姚瑩任上，各莊社遵循推行，地方立即獲得安寧。到了嚴冬之後，平常日子各應妥善商議辦法條例，使得鄉里更加達到太平、安定。凡事後輩子弟犯罪，身爲父執兄長同受罪責。在禍患未萌生時，就應預作準備，期許莊社內的風俗民情誠懇醇厚、體恤困苦，足以爲人效法。各莊社內只要一人興起訴訟，眾人都將遭受牽連；一家滋生事端，整個家族都因此破敗。無論是官兵、民勇出兵前來，莊社內各家都難免於妻、子遷徙離散，就連家中蓄養的雞犬牲畜都受驚擾。典當田產、販賣家業，投入空無益處的消耗；彼此積累仇怨、憎恨，將受到難以預測的災禍。與其在禍事之後，難以處置，不如在禍事之前，提早籌謀。人不分愚拙聰慧，原本各自具備天生的良知。而一旦落入飢餓受凍的處境，便容易淪落爲地痞流氓。各莊社內家境富裕充足的人，共同商議分攤捐出些許土地，各富家分別收容宗脈親近家族內貧窮孤苦、無所依靠的幾個子姪，有的出借提供糧食，僱用做工付出勞力，逐年抵扣工資償還；或提供銅錢，支應對方經營小本生意謀生，以盈餘利潤，歸還借款；或由家族祠堂共同提領產業利息，或由本莊社內捐獻購置供養的田地。對年幼而聰慧的子弟，便設立義塾教育，以免他們游手好閒，對年屆壯盛而拙於謀生的人，教導他們熟習戰技，增進勇力，以杜絕他們誤入歧途，作奸犯科。如持續犯罪而不願悔改，共同請求家族宗長責備懲罰，逐出莊社，嫡系、分支宗親一同連署具名，遣送官府論究處罪，不准許他們回到莊社內。如果悔改罪過，自我洗心革面，容或可以作保薦送到衙門充任壯丁民勇。你們應該齊一心志，協同出力，或許就能有安享太平生活，希望你們各自勤勉努力。」徐宗幹治理地方，總是專心致力於公務上，興辦公利，剔除弊害，按照職務、名義，要求盡守本分。而士紳百姓也相互觀摩言行、感發志向。一時間，讀書人的風尚大爲振興，地方風俗淳厚美好，直到今日尚受後人稱許。

淡水位處在臺灣北部的郊野之地，地域廣大，物產豐厚。福建、廣東移民分別落地居處，福建籍移民在濱海之地安居，廣東籍移民在山邊落腳，各自聚居在一角，平日很少往來互動。而福建籍移民因爲先來開墾的緣故，稱廣東籍移民爲「客人」，廣東籍移民則稱福建籍移民爲「福老」，風土民俗不同，語言又相異。每次發生爭執事端，屢次引起械鬥。當福建與廣東籍相鬥，則漳州與泉州人就合力抵抗，漳州、泉州人相鬥，則廣東人就於暗地在背後扶助一方。相互爭奪排擠、擾亂陷落，災禍綿延牽連幾十個村落，而官方也無法遏止事態。道光十一年（一八三一），臺灣府淡水撫民同知婁雲（一七九一－一八三九）便訂立四條莊規，八條禁約，飭令百姓依循。澎湖爲海上的群島，居民喜好興起訴訟。當時也訂立鄉約，內容是：不可在未允許的時日內賭博，而以新春時間的六天爲限；不可從事竊盜；不可放縱牛隻踐踏他人的田土；不可侵他人捕漁的界線；不可搬演男女不合禮教的戲齣；不可懈怠公家勞役；不可頻繁提起官司訴訟。違背鄉約者罰處一千錢，不願服從鄉約處分者，便請求官府處置。

之前發生林恭事變時，徐宗幹任用淡水廳林占梅（一八二一－一八六八），辦理臺灣北路團練，鎮壓地方動亂。到了戴潮春（？－一八六四）起事，淡水同知秋曰覲（？－一八六二）遭受殺害，整個臺灣都因此擾亂、動盪。林占梅再度召集紳士，籌謀防守抵禦的謀略。當時徐宗幹已就任福建巡撫，命林占梅辦理全臺團練事務，頒授協辦的官方印信，用以通告、飭令所轄管的部屬隊伍。然而臺灣鎮總兵、臺灣兵備道全都駐守在府城內，召募兵源，籌備軍餉，必須設置全臺團練總局，於是由臺灣兵備道委託派任紳士承擔職守。劃分城中爲五個區段，各自設總簽首。東段二名總簽首：一名轄管六合境，一名轄管八協境。西段二名總簽首：一名轄管六和境，一名轄管六興境。南段一名，便是八結境。北段一名，管轄之地爲十八境。中段一名，管轄區域爲二十一境。而小西門內外亦設一名，轄管四境。大西門外爲商業興盛的區域，分爲南北兩區，各設置一名。而三郊另外設有大簽首三名，掌理團練事務。所謂的三郊，便是糖郊、南郊、北郊。團練辦事處設在水仙宮，名爲三益堂。每逢事務協商，開設會議商議決斷，不倚賴官方之力介入。凡是地方有重大勞役，屢屢捐助糧餉支持軍務，募集資源賑濟困苦，爲整個地方上所倚重的力量。實在是因爲當時商業發達，貿易多有盈利，而主持事務的人，又能熱切於公益，樂於濟助行義，因此當時人多所推崇尚，在林占梅之後，相關事務就逐漸衰敗了。

早初之時，各縣的士紳商賈都擔任義民首領。義民跟隨官軍出兵征戰時，就由各街商家鋪戶派遣出壯丁，每一境負責十名或二十名，稱爲鋪民，每夜登上城強巡察警戒，到了天明才返回，僅留一人駐守在城上。每名壯丁在夜裡供給六十文點心錢，十文的油燭費用，每五日發放一次，期間一到由各街的簽首向團練總局領取。當事件平定之後，依然保留義首的名號。鄉里的百姓每逢發生爭執，總是向總簽首訴說其中事由，要求論斷對錯。而官方也每每按照總簽首們的意見，用以興舉公利掃除弊端。

光緒七年（一八八一），兵備道劉璈（？—一八八九）將團練總局改制爲培元總局，用以掌理所有的慈善舉措。培元總局的總辦由道、府衙門委託交付，總局下設置士紳董事。凡是地方上清理溝渠、整修道路、救濟撫恤苦難、施贈醫藥等等，每年通常需要數萬銀圓，全部由西洋藥物的稅金款項支付，官府經由培元總局統整、處理街市政務，可說臻於完善。到了清法戰爭時，再度辦理團練工作，劉璈親手訂立十七條的章程公開發布。而後又刊頒布二十條的《全臺漁團章程》，通告飭令士紳百姓及沿海漁戶遵奉依循，頗能達到指揮順暢的助益，內容記錄在本書的〈軍備志〉。

當時福建巡撫劉銘傳（一八三六—一八九六）在臺北駐留，也同時辦理團練事務，奏請選拔林維源（一八四〇—一九〇五）擔任團練大臣。光緒十二年，奏請朝廷辦理清丈田地，整理稅賦、租約等工作，飭令所屬先興辦保甲制度，核查編造戶口。每十戶設爲一牌，每牌有牌長。每十牌設爲一甲，每甲有甲長。每十甲設爲一保，每一保有保正。全都隸屬於保甲局管理。總局設於臺北，任用候補知府負責總局彙辦業務。各廳、各縣皆設立分局，委託副手負責。依照季節彙整呈報，先送到按察使司查核內容，於是由巡撫詳細彙整具名奏報朝廷，將戶口登錄在戶部的籍冊，用以了解戶口的多寡。而劉銘傳特別發憤振作，力求興盛，想要使臺灣達到富強境地。然而因爲經費的原因，無法完全施展志向宏圖，令人惋惜！乙未年（一八九五）清日戰爭，重新辦理團練，任用進士丘逢甲（一八六四—一九一二）擔當團練使。在此之前，臺南府城每年負責辦理冬令防務，用以查辦盜賊、嚴密防堵水火災厄。光緒十年（一八八四），安平知縣俞鴻詳細陳請上級道府，將抄封公款款項及庫平銀兩六千圓，撥付交給各家當鋪孳生利息，每一千圓每月孳生十圓利息，每年收入七百二十圓。又將外新豐里魚潭由人承攬租金二百圓，用來充作團練經費。如果尚且有不足的經費，就由鹽稅的盈餘撥付使用。保甲的制度，作用乃是防衛百姓，讓人民相互維持安定而不生事端，然而百姓無法永遠處於安寧的生活。水災、旱災不定時發生，瘟疫癘病間歇流行，孤苦無依的人難以求援，當然一定要爲這些災難、困苦投注心力，在災難發生前應先有預防，在災難發生後要從而拯救，然後才能使百姓得以活命。同樣身爲人，全都是同鄉、同縣的人，往來互動交遊，彼此看顧相互協助，遭遇流行疾病時彼此支持、照顧，百姓得以親近和睦。因此建立義倉用以平衡糧食豐歉，開設醫局用以治療病患，設置養濟院用以撫恤孤苦無依者，然後能夠以此達到鄉治的實效，然後能夠實踐治理國政、平服天下的理想。

臺人重視家族傳承的宗法，敬奉祖先，因此家族繁盛的一定設立宗祠。依循年節冬夏時候，召集族人相聚宴飲，聯誼同歡，共同購置義田，以盈餘供給祭祀祖先所需，並提供培育子弟人才、男婚女嫁、撫恤孤苦、支持困窮的經費。其家族繁衍龐大者，進而聯合全臺的分支族裔，建立總宗祠，遠追祭祀姓氏開創的始祖，深入展現了連結親族的核心精神。臺灣戍守官兵多半來自福建，期限屆滿便更替調動，各自建立同鄉公廳，作爲聚集商議事務的場所。所以府城內，有福州公廳、詔安公廳、雲霄公廳，都在臺灣鎮衙門北面，聚集同儕徒眾，放縱言行不循法度。道光年間，兵備道徐宗幹遷移臺灣鎮衙門，拆毀、禁制這類同鄉公廳，這樣的風氣才平息。

至於外省停留在臺灣任官、經商、寄居的人，則設有兩廣會館、浙江會館，亦是官宦、商賈聚集商議事務的地方。連繫同鄉情誼，匯聚眾人的認同，若有流落異地無力歸鄉的人，就提供資助遣送他回鄉，所以不至於有走投無路、困頓無依的傷痛，這也就是同鄉扶持的精神。臺南府城大西門外聚居五大姓家族，蔡姓丁口最多，郭姓居次位，黃姓、許姓、盧姓又排列其後。各自聚居一個街區，藉此相互倚仗勢力欺凌他人，沒有外人膽敢侵襲冒犯。因爲此地是公會商號聚集之處，貨物流通往來，藉此管道輸送轉運，所以爭相占奪利益。假設同在一府之內，個宗族各自爭取家族私利，各派系各自維繫派系利益，能夠不相撕裂分離，甚至因此產生生私自械鬥的情形嗎？然而如果能善加利用，也足以借用它們的力量。朱一貴事變時，廣東籍人士不願依附，乃是因爲省籍不同。林爽文事變時，泉州人不願響應的原因，乃是因爲府籍的分別。譬如蔡牽事變，相互協力如同兄弟，爭相奔赴前線抵抗敵軍，就是因爲匪寇從外地前來侵犯。《詩經》曰：「兄弟即使在牆內相互爭鬥，向外也會共同抵禦侵犯。」寫這篇詩作的人，或許是眞正領略鄉治精神的，所以說日蝕、月蝕只是外在的異象，而眞正的盜賊才是內在重大的禍患。

臺灣善堂表

臺北官醫局	設在臺北城內考棚。光緒十二年（一八八六），由福建臺灣巡撫劉銘傳設立，任用候補知縣擔任總理。招攬聘請西洋人擔任醫生，以醫治百姓的疾病，不收費用，並在醫局內設置官藥局。

臺北病院	也設在考棚。光緒十二年（一八八六），臺灣巡撫劉銘傳設立，用以醫療官兵義勇疾病。
臺灣養濟院	設在臺灣縣縣城鎮北坊。康熙二十三年（一六八四），臺灣縣知縣沈朝聘建立。
臺灣普濟堂	設在臺灣縣城縣城隍廟內。乾隆十一年（一七四六），巡視臺灣監察御史六十七、范咸下令臺灣縣知縣李閶權建立，總計設置十二所，撥付公家款項一千多圓供給使用，用以收納安養窮困百姓。
臺灣棲流所	在縣治聖公廟街。光緒十二年（一八八六），知縣謝壽昌稟設，以收流民，其款由普濟堂撥用。
臺灣育嬰堂	設在臺灣縣城外的新街。咸豐四年（一八五四），由富戶石時榮倡議興建。自行捐出自家屋舍充作使用，並捐出五千銀圓孳生利息，作爲營運經費。又向士紳商人勸募聚積款項達數千銀圓，稟報官府批文同意，凡是由安平港進出的商務船舶都抽取稅賦以供運用，而富戶也各自捐出田地、莊園、店鋪房產，收入款項相當豐沛。後來兵備道黎兆棠肯定此爲公義之舉，再度向紳士勸募經費辦理，並將洋藥釐金提領撥付供給運用。到了光緒八年（一八八二），兵備道劉璈才廢除此項做法，用所轄管公庫的庫平銀剩餘，以及鹽稅剩餘款項一千多銀圓撥付作爲經費。
臺灣恤嫠局	設在臺灣縣縣城。同治十三年（一八七四），由欽差辦理臺灣等處海防兼理各國事務大臣沈葆楨（一八二〇—一八七九）倡議設立。沈氏自身捐出一千銀圓，命令兵備道夏獻綸（？—一八七九）提撥公家款項，並向士紳富家勸募捐書款九千銀圓，購置田產莊園孳生利息，以安置恤養寡婦。凡是年三十歲以內，家庭貧窮堅守貞節的人，由鄉鄰左右聯名作保具結，每名寡婦每月供給兩銀圓。
嘉義養濟堂	設在臺灣縣轄下善化里東堡。康熙二十三年（一六八四），由諸羅縣知縣季麒光建立。
嘉義育嬰堂	設在嘉義縣城的城隍廟內。同治七年（一八六八），由士紳商賈捐輸設立，收納名額爲二十人。
鳳山養濟院	設在鳳山縣管轄的土墼埕。康熙二十三年（一六八四），鳳山縣知縣楊芳遠所設立。
彰化養濟院	設在彰化縣城八卦山下。乾隆元年（一七三六），彰化知縣秦士望建立，用來收養罹患漢生病殘障患病之人，約收容四十人。
彰化留養局	設在彰化縣養濟院左側。乾隆二十九年（一七六四），彰化縣知縣胡邦翰（一七一二—？）所建立，用來收養困窮百姓一百人，捐輸設置田地、莊園，每年收入租銀一千二百八十四銀圓，用作經費。

彰化育嬰堂	設在彰化縣城。道光年間，由官府與士紳合力興建。年月久遠而荒置廢棄。光緒七年（一八八一），署理彰化縣知縣朱幹隆才向士紳富戶勸募重新設立，以官方抄封的家產屋舍充作使用。
淡水留養局	原設在竹塹城內。乾隆二十九年（一七六四）設立，用來收容給養困窮百姓。到了同治元年（一八六二）的戴潮春事變，佃租籍紛散遺失，收繳的佃租漸漸減少，僅能收養七十人。光緒十五年（一八八九）從新竹縣分設苗栗縣時，重新設置留養局，用舊日留養局房產撥付充用，並捐輸經費，收養名額為四十人。
淡水育嬰堂	設在淡水縣縣城艋舺學海書院後方。同治九年（一八七〇），由官方與士紳合力興建，詳文核撥三郊洋藥釐金款項，每箱抽稅四銀圓的半數，用來充作營運經費。
淡水保嬰局	設在淡水縣轄下擺接堡枋橋莊（今新北市板橋區）。富戶鄉紳林維源倡議設立，自行捐輸五千銀圓，並向富戶勸募積聚款項達二千銀圓，購置田產孳生利息，用來充作營運經費。
新竹棲流所	設在新竹縣轄下的樹林莊，用以收容孤苦老弱窮困百姓一百多名。同治三年（一八六四）遭燒毀，隨後再度興築。
新竹育嬰堂	在新竹縣縣城龍王廟右方。
澎湖普濟堂	道光六年（一八二六），由臺灣府海防糧捕通判（澎湖通判）蔣鏞（一七六八－？）籌款建立。捐輸款項四百銀圓，交託給媽祖宮董事孳生利息，後來因當地貧困百姓尚有地方居住容身，無須建築屋舍收納。道光九年（一八二九），澎湖士紳、富商合力捐出二百一十銀圓，交付鹽課館孳生利息，後續又捐出官鑄錢幣四萬七千五百文錢孳生利息。又詳文核准徵收小船停泊規費，每年收入一萬九千八百文錢，用來充作貧民的口糧。收容名額定為三十人，每人每月供給三百文錢。
澎湖棲流所	設在媽宮（今澎湖縣馬公市）。嘉慶二十四年（一八一九），公會所屬商戶德茂號等捐出款項購置屋舍，作為流離百姓安身住宿，稟報官府登記在案。
澎湖育嬰堂	設在媽宮。士紳富商捐輸設立，後來歸為澎湖廳辦理。每年收入租金利息三十二萬四千文錢。每月又從鹽稅撥出五十兩銀，用來充作經費。約收容女嬰三十多人，每人每月供給八百文錢。又分攤卹養養濟院的窮困百姓，每名每月供給三百文錢。如果罹患疾病而過世的嬰兒，另外提供四百文安葬。

臺灣義塚表

臺灣縣義塚	一座設在臺灣縣城大南門外魁斗山，經歷年月已經相當久遠。一座設在新昌里，康熙五十九年（一七二〇），監生陳仕俊捐輸設立，與魁斗山相鄰。有一座設在水蛙潭。另一座設在北壇前。又有一座設在海會寺前。都是乾隆十七年（一七五二）時，由臺灣縣知縣魯鼎梅購地設置。又有一座同樣設在大南門外，俗稱「師爺塚」，乃是江浙籍前來臺灣官府擔任幕賓師爺者共同設置，並建立一座祭堂，春秋兩季時祭祀，共同推舉一人擔任負責人。
嘉義縣義塚	一處設在嘉義縣城附近，總計七個處所。一處設在打貓堡，總計六個處所。一處設在鹽水港堡，總計有五個處所。一處設在他里霧堡，總計四個處所。一處設在下茄苳堡，總計三個處所。一處設在哆囉嘓堡，總計有三個處所。一處設在茅港尾堡，計記兩個處所。一處設在蔴荳堡，總計有二個處所。
鳳山縣義塚	一座設在鳳山縣縣城西門外蛇頭埔，雍正二年（一七二四），由鳳山縣知縣錢洙（？—一七四二）設立。一座設在臺灣府城南門外魁斗山後。
彰化縣義塚	一處設在彰化縣轄下內快官莊，由彰化縣知縣蘇渭生設立。一處設在八卦山及番仔井山等地，由彰化縣知縣胡邦翰（一七一二—？）設立。一部分設在各地官山，由歷任彰化縣知縣秦士望、劉辰駿（一六九〇—一七五九）、胡應魁、吳性誠（？—一八二六）等人出具告示，聽任百姓安葬。嘉慶十六年（一八一一），紳士王松等人請求官府前來勘查各地官山義塚用地，告示禁止侵擾墾殖。又一處設在鹿港街外，乾隆四十二年（一七七七），紹興魏子鳴與巡檢王坦倡議建立，購買土地充作使用，稱作「敬義園」，以購置土地的剩餘款項購置產業孳生利息，每年推舉泉郊、廈郊的商人擔任負責人。
新竹縣義塚	一處設在新竹縣南巡司埔尾，一處設在在中塚旁邊，都是道光十六年（一八三六），由地方紳士捐置。一處設在枕頭山，一處設在土地公埔，一處在鼻頭莊，都是乾隆六十年（一七九五）由開墾的業主黃意使捐輸設置。一處設在後壟莊，一處設在大甲莊，今日歸屬苗栗縣境內。
淡水縣義塚	一處設在艋舺，總計兩個地方，爲林士快、陳長茂捐輸設立。一處設在大隆同，爲乾隆三十年（一七六五），邱文華建立。一處設在滬尾，嘉慶元年（一七九六），由何宗泮建立。一處在在圭柔山，嘉慶二年（一七九七），由陳晃生建立。一處設在新莊，同治九年（一八七〇），由新莊縣丞鄒祖壽建立。
澎湖廳義塚	一處設在媽宮澳東北側，一處設在尖山鄉，一處設在林投按，一處設在西嶼，一處位在瓦硐港，一處落在網按澳。又一處設在北山後寮灣，凡有海中漂流的屍首，收拾後埋葬在這些地方。

卷二十二　宗教志

連橫曰：宙合之中，列邦紛立。而所以治國定民者，曰政，曰禮。夫政者，以輔民志者也；禮者，以齊民俗者也。如車兩輪，相助為理。然而《詩》《書》所載，每言鬼神。降祥、降殃，歸之天帝。一若冥冥之上，果有一真宰者焉。《詩》曰：「赫赫不顯，上帝維辟。」《書》曰：「維皇上帝，降衷下民。」宗教之興，其來久矣。然而儒者之言天，必指之以人。故曰：「天視自我民視，天聽自我民聽。」又曰：「天討有罪，天秩有禮。」跡其所以治國定民者，莫不代天為之。是以郊社之禮，祝史之告，薦信鬼神，靡敢誕謾；此所謂「明德維馨」也。夫政者，以輔民志者也，有時而亂；禮者，以定民俗者也，有時而弊。然則其用以範圍一世之人心者，不得不藉之宗教。神道然，佛、老然，景、回二教亦無不然。顧善用之，足以助群德之進。不善用之，反足以推其沉溺，而奸詭邪僻生焉。連橫曰：臺灣之宗教雜揉而不可一者也，故論次其得失。

神教

神道設教，本於人情。人情好善而惡惡，趨利而避害，故聖人率之以道。道也者，不可須臾離也。是故迪（引導）吉迪凶，唯天所示。然而天者，空間也，無聲無臭，可見而不得見，可聞而不得聞。以音讀之為巔，以文觀之為一大，以義釋之為自然。是天者，為至高、至大之景象，而具自然之作用焉。夫此至高、至大之景象，夫婦有所不知，故不得不假之上帝。上帝者，自然者也，故亦曰天然。臺灣之人無不敬天，無不崇祀上帝。朔、望必祈，冠、婚必禱。刑牲設醴，至腆（ㄊㄧㄢˇ，豐盛）至誠。

臺南郡治有天公壇者，所祀之神謂之玉皇上帝，歲以孟春九日為誕降之辰。此則方士之假藉，而以《周易》初九見龍在田之說附會爾。古者天子祭天，諸侯祭其域內名山大川。臺灣為郡縣之地，山川之禮，見於祀典，而不聞祭天之儀。然則此天公壇者，其為人民所私建，以奉祀上帝，則當先正其名矣。

次為三官，其禮降於玉皇一等。《神仙通鑒》謂：「天官，堯也；地官，舜也；水官，禹也。」夫堯定天時，以齊七政。孔子曰：「大哉堯之為君，唯天為大，唯堯則之。」故為天官。舜畫十有二州，以安百姓，故為地官。禹平洪水，奠民居，故為水官。是皆古之聖王，功在後世，沒而祀之，宜也。然而臺人之言曰：「天官賜福，地官赦罪，水官消災。」此則出於師巫之說。東漢張道陵修煉於蜀鶴鳴山，造作符書，以役鬼卒。令有疾者，自書姓名及其服罪之意，為牒（文書）三：一上之天，一埋之地，一沒之水。三官之名始於此。及北魏時，尊信道士，寇謙襲道陵之說，以孟春、孟秋、孟冬之望為三元，而相傳至今矣。

復次為五帝。五帝之說見於《史記．封禪書》：東方曰青帝，西方曰白帝，南方曰赤帝，北方曰黑帝，中央曰黃帝。秦漢天子以時祀之，其禮特隆。而臺灣所祀之五帝有二：其一為五顯大帝，廟在臺南郡治之寧南坊。《夷堅志》謂五聖廟即五顯之祖祠。《七修類稿》謂五通神則五聖。而《陔餘叢考》謂五聖、五顯、五通，名雖異而實則同。按五通之祀，宋時已盛。清初，湯斌巡撫江南，奏毀之，其害始絕。然臺南所祀者，為像一，赤面三眼，則又別為一神。而為師巫所假藉，故亦稱為五顯靈官也。其一為五福大帝，廟在鎮署之右，為福州人所建，武營中尤崇奉之，似為五通矣。然其姓為張、為劉、為鍾、為史、為趙，均公爵，稱部堂，僭制若帝王。歲以六月出巡，謂之「逐疫」。喬裝鬼卒，呵殿前驅，金鼓喧闐（ㄊㄧㄢˊ。喧闐，聲音大得震天），男女雜遝（ㄊㄚˋ。雜遝，眾多紛亂），傾錢酬願，狀殊可憐。越二日以紙糊一舟，大二丈，奉各紙像置船中，凡百器用、財賄、兵械，均以紙綢為之，大小靡不具。愚民爭投告牒，賫（ㄌㄞˋ，此指攜帶）柴米，舁（ㄩˊ，抬）舟至海隅火之，謂之「送王」。七月七日，又至海隅迎之，此瘟神爾，而與靈官皆竊五帝之號，是淫祀也。

復次為王爺。王爺之事，語頗鑿空。或曰，是澎湖將軍澳之神也。舊《志》謂神之姓名，事蹟無考。豈隋開皇中虎賁陳稜略地至此，因祀之歟？又曰，府志載邑治東安坊開山王廟，今圮。按開山王廟所祀之神，為明招討大將軍延平郡王，即我開臺之烈祖也。乾隆間，邑人何燦鳩資重建。同治十三年冬十月，欽差大臣沈葆楨與總督李鶴年、巡撫王凱泰、將軍文煜合奏，改建專祠，春秋致祭，語在〈建國紀〉。是開山王廟固祀延平也。陳稜之廟在西定坊新街，面海，曰開山宮，為鄭氏所建，以稜有開臺之功也。而《府志》誤為吳真人，且言臺多漳、泉人，以其神醫，建廟特盛。夫吳真人醫者爾，何得當此開山之號？固知所祀之神，必有大勳勞於臺灣也。唯臺灣所祀之王爺，自都邑以至郊鄙，山陬（ㄗㄡ，山腳）海澨（水邊），廟宇巍峨，水旱必告，歲時必禱，尊為一方之神。田夫牧豎，靡敢瀆謾。而其廟或曰「王公」，或曰「大人」，或曰「千歲」，神像俱雄而毅。其出游也，則曰「代天巡狩」。而詰其姓名，莫有知者。嗚呼！是果何神，而令臺人之崇祀至於此極耶？顧吾聞之故老，延平郡王入臺後，闢土田，與教養，存明朔，抗滿人，精忠大義，震曜古今。及亡，民間建廟以祀，而時已歸清，語多避忌，故閃爍其辭，而以「王爺」稱。此如花蕊夫人之祀其故君，而假為梓潼之神也。亡國之痛，可以見矣！其言代天巡狩者，以明室既滅，而王開府東都，禮樂征伐，代行天子之事。故王爺之廟，皆曰「代天府」，而尊之為「大人」，為「千歲」，未敢昌言之也。連橫曰：

信哉！余嘗游埔裏社，途次內國姓莊，為右武衛劉國軒駐軍之地，以鎮撫北港溪番者。莊人數十戶，皆祀延平郡王。又嘗登火山，謁碧雲寺，寺祀釋迦，而前殿亦奉延平。顧此為有清中葉之事，法網稍疏。若在雍、乾之際，芟夷（芟音ㄕㄢ。芟夷，去除）民志，大獄頻興，火烈水深，何敢稍存故國之念？故府縣舊《志》雖載開山王廟，而不言何神。東都之事，一切抹殺，且加以「偽鄭」之名，此則桀犬吠堯也。夫臺人之祀延平，固為崇德報功之舉。後人不察，失其本源，遂多怪誕。而師巫之徒，且藉以歛錢，造船建醮，踵事增華，惑世誣民，為害尤烈。嗚呼！先民雖愚，斷無如是之昧也。然二百數十年來，無有能糾其謬者，而今乃得抉（ㄐㄩㄝˊ，揭開）其微。先民有知，能毋慰乎！

復次為天后，亦稱天上聖母。臺之男女靡不奉之，而郊商海客且尊為安瀾之神。按天后姓林，福建莆田人，世居湄洲。父愿，五代時為都巡檢，配王氏，生五女、一子。宋太祖建隆元年三月二十有三日，誕后，曰九娘，彌月不聞啼聲，故又名默娘。八歲就外傅，解奧義。性好禮佛。年十三，老道士元通至其家，曰：「是兒具佛性，應得正果。」遂授以要典祕法。十六，觀井得符，能布席海上濟人。雍熙四年九月初九日昇化，或言二月十有九日也，年二十有八。自後常衣朱衣，乘雲氣，遨遊島嶼間。里人祀之。《顯聖錄》之所言如此。康熙十有九年，閩浙總督姚啓聖奏言：「蕩平海島，神佑靈異，請錫崇封」；遂封「天上聖母」。二十有二年，清軍伐臺灣，靖海將軍施琅奏言：「澎湖之役，天妃效靈。及入鹿耳門，復見神兵導引，海潮驟漲，遂得傾島投誠，其應如響。」詔遣禮部郎中雅虎至澎致祭，文曰：「國家茂膺景命，懷柔百神，祀典具陳，罔不祇肅。若乃天休滋至，地紀為之效靈；國威用張，海若於焉助順。屬三軍之奏凱，當重譯之安瀾。神所憑依，禮宜昭報。唯神鍾靈海表，綏奠閩疆。昔藉威靈，克襄偉績，業隆顯號，禋（ㄧㄣ，祭祀）享有加。比者慮窮島之未平，命大師以致討。時方憂旱，川澤為枯，神實降祥，泉源驟湧。因之軍聲雷動，直搗荒陬，艦陣風行，竟趨巨險。靈旗下降，助成破竹之功；陰甲排空，遂壯橫戈之勢。至於中山殊域，冊使遙臨，伏波不興，片帆飛渡。凡茲冥祐，豈曰人謀。是用遣官，敬修祀事。溪毛可薦（溪毛，指溪中水藻。溪毛可薦，此指只要誠心，祭祀之物不珍貴亦沒關係），黍稷維馨。神其佑我邦家，永著祝宗之典；眷茲億兆，益宏利濟之功。維神有靈，尚克鑒之。」加封天后，泐（ㄌㄜˋ，雕刻）文廟中，並敕建祠原籍。琅既入臺，以明寧靖王之邸改建神廟，即今之天后宮，刻石紀事。五十九年，翰林海寶冊封琉球歸，奏言神祐封舟，詔飭春秋致祭，編入祀典。於是臺灣府縣之廟，祭以太牢。雍正四年，巡臺御史禪濟布奏言：「朱一貴之役，天后顯靈，克奏膚功（大功）。」乃賜「神昭海表」之額，懸於郡治廟中。十一年，總督郝玉麟、巡撫趙國麟奏請賜額，御書「錫福安瀾」，懸於福州南臺之廟。並令江海各省，一體葺（ㄑㄧˋ，修補）祠致祭。自是以來，歷朝每賜額表彰，而臺灣各地亦後先建祠。凡此皆所祀之神也，其列於祀典者唯天后，其不列者則載之於表。

道教

道家者流，出於史官，歷記成敗存亡禍福古今之道，以知秉要勢，本清虛以自守，卑弱以自持；此君人南面之術也。及放者為之，則欲絕去禮學，兼棄仁義，此其所短也。夫道家皆宗老子。老子為周柱下史，祖述黃帝，故曰黃老。黃老之教，漢用之而治，晉用之而亂。非黃老之道有純駁（純駁，純正與駁雜），而用之能適與否爾。臺灣道教，非黃老之教也，微不足道。而其流衍人間者，則為張道陵之教。道陵既以符書役鬼卒，孫魯又吹煽之，從者日多。朝廷士夫亦信其術，封為真人，尊曰天師，奕世相承，主持劍璽，悍然而據一方，故其徒皆號道士。然臺灣道士，非能修煉也。憑藉神道，以贍其身，其賤乃不與齊民齒。唯三官堂之道士，來自江西，蓄髮方衣，懸壺賣藥，謂之「海上方」，頗守道家之律。若市上道士，則僅為人家作事爾。坊里之中，建廟造像，陳牲設醴，宰割白雞，以血點睛，謂之「開光」。天災火害，懼而修省，設壇以禳（ㄖㄤˊ，祭神祈求消災解厄），謂之「建醮」。旱魃（ㄅㄚˊ。旱魃，旱神）為虐，禱告龍宮，朝夕誦經，謂之「祈雨」。親喪未除，三旬卒哭，表神禮懺，謂之「報恩」。又或婦孺出門，忽逢不若（順），畫符吹角，謂之「收煞」。病人勿藥，合家有喜，上牒焚楮（ㄔㄨˇ，祭祀用的冥錢），謂之「補運」。中婦不孕，乞靈於神，換斗栽花，謂之「求子」。凡此皆所以用道士也。而道士每張大其辭，以欺罔愚頑。巾幗之中，尤多迷信。顧此猶未甚害也，其足惑世誣民者，莫如巫覡。

臺灣巫覡凡有數種：一曰瞽師，賣卜為生，所祀之神，為鬼谷子，師弟相承，秘不授人，造蠱壓勝，以售其奸；二曰法師，不人不道，紅帕白裳，禹步作法，口念真言，手持蛇索，沸油於鼎，謂可驅邪；三曰紅姨，是走無常，能攝鬼魂，與人對語，九天玄女，據之以言，出入閨房，刺人隱事；四曰乩童，裸體散髮，距躍曲踴，狀若中風，割舌刺背，鮮血淋漓，神所憑依，創而不痛；五曰王祿，是有魔術，剪紙為人，驅之來往，業兼醫卜，亦能念咒，詛人死病，以遂其生。凡此皆道教之末流，而變本加厲者也。夫道家以玄默為主，尚真一，任自然，乃一變而為煉汞燒丹，長生久視；再變而為書符作法，役鬼求神；三變而為惑世誣民，如蛇如蝎，此其所以衰也。而臺灣之道教更不振。

佛教

佛教之來，已數百年，其宗派多傳自福建。黃蘗（禪宗的分支）之徒，實授衣缽，而齋堂則多本禪宗。齋堂者，白衣（信佛而未出家的俗人）之派也。維摩居士能證上乘，故臺灣之齋堂頗盛。初，鄭氏之時，龍溪舉人李茂春避亂來臺，居永康里，築草廬曰「夢蝶」，朝夕誦經，人稱「李菩薩」。而太僕寺卿沈光文且逃入羅漢門，結茅（ㄓㄨˊ，苧麻）為僧。蓋以玄黃之際，干戈板蕩，綱維墜地，懷忠蹈義之士，有託而逃，非果以空門為樂土也。當是時，東寧初建，制度漸完，延平郡王經以承天之內，尚無叢林（叢林，寺院），乃建彌陀寺於東安坊，延僧主之，殿宇巍峨，花木幽邃，猶為郡中古剎。其後諮議參軍陳永華師次赤山堡，以其地山水迴抱，境絕清淨，亦建龍湖巖；巖則寺也。蓋當鄭氏之時，臺灣佛教已漸興矣。

清人得臺之際，寧靖王術桂閤家殉國，捨其居邸為寺。靖海將軍施琅就旁改建天后宮，而觀音堂猶在也。當是時，鄭氏部將，痛心故國，義不帝胡（不尊清廷），改服緇衣（緇衣，僧衣），竄身荒谷者，凡數十人，而史文不載。忠義之士，未得表彰，傷已！康熙二十九年，巡道王效宗、總兵王化行改建北園別墅為海會寺，霸業銷沉，禪風鼓扇，滄桑之感，能不慨然！自是以後，移民愈多，佛教漸盛。宏轉法輪，以開覺路。徽音古德，代有所聞。而黃蘗寺僧尤特出。豈所謂能仁能勇者非歟？僧不知何許人，逸其名，居寺中，絕勇力，能蹴（ㄘㄨˋ，踢）庭中巨石，躍去數丈。素與官紳往來，而知府蔣元樞尤莫逆。一日，元樞奉總督八百里密札，命拿此僧，不得則罪。潛訪之，知為海盜魁。恐事變且得禍，乃邀僧至署，盤桓數日，欲言又止。僧知之曰：「窺公似大有心事者。大丈夫當磊磊落落，披肝見膽，何為效兒女子態哉？」曰：「不然。事若行，則上人不利。不行，吾又不能了。故踟躕（ㄔˊ ㄔㄨˊ）爾。」出札示之。僧默然良久，曰：「不慧與公有前世因，故一見如舊。今願為公死，但勿求吾黨人。不然，竭臺灣之兵，恐不足與我抗。」曰：「省憲祇索上人爾，餘無問。」僧曰：「可。」命招其徒至，告曰：「而歸取籍來。」徒率眾肩入署。視之，則兵卒、糧餉、器械、船馬之數。一一付火。元樞大驚，僧曰：「我祖為鄭氏舊將，數十年來久謀光復。臺灣雖小，地肥饒可霸。然吾不猝發者，以閩、粵之黨未勁爾。今謀竟外洩，天也。雖然，公莫謂臺灣終無人者！」又曰：「公遇我厚，吾禪房穴金百餘萬，將為他日用，今舉以贈公。公亦好速歸。不然，荊軻、聶政（《史記・刺客列傳》中有名的刺客）之徒將甘心於公也。」元樞送至省。大吏訊之，不諱。問其黨，不答。刑之，亦不答。乃斬之。是日有數男子往來左右，監刑者慮有變，不敢問。待決時，一黑面長髯者努目立，僧叱曰：「小奴尚不走！吾昨夜諭而速改惡，勿妄動。今如此行跡，欲何為？勿謂吾此時不能殺汝也！」其人忽不見。事後，大吏問獄吏：「何以許人出入？」曰：「旦夕未見人。且僧有神勇，桁楊（桁音ㄏㄤˊ。桁楊，夾頸項、腳脛的刑具）輒斷，幸彼不走爾。」聞者皆愕然。是則湛虛寂靜之中，忽有叱吒風雲之氣，豈非奇事？

初，朱一貴之變，有僧異服怪飾，周游街巷，詭稱天帝使告臺民：「四月杪（ㄇㄧㄠˇ，末），當有大難。難至，如門設香案，以黃旗書『帝令』二字，插於案上，可免。」及一貴至，家如僧言。官兵見者，以為民心已附，多敗走。及林爽文、戴潮春之役，亦以天地會、八卦會為號召。天地會者，相傳延平郡王所設，以光復為旨，閩、粵之人多從之，故爽文率以起事。而八卦會者，環竹為城，分四門，中設香案三層，謂之「花亭」，上供五祖，中置潮春祿位，冠以「奉天承運大元帥」之號。旁設一几，以一貴、爽文為先賢而配之。入會者為「舊香」，跣足（跣音ㄒㄧㄢˇ。跣足，赤腳）散髮，首纏紅布，分執其事。凡入會者納銀四錢，以夜過香，十數人為一行，叩門入。問：「從何來？」曰：「從東方來。」問：「將何為？」曰：「欲尋兄弟。」執事者遵跪案前，宰雞，誓曰：「會中一點訣，毋對妻子說；若對妻子說，七孔便流血。」宣示戒約，然後出城。張白布為長橋，眾由橋下過。問：「何以不過橋？」曰：「有兵守之。」問：「何以能出？」曰：「五祖導出。」又授以八卦隱語。會眾相逢，皆呼兄弟。自是轉相招納，多至數萬人。而潮春遂藉以起事矣。

夫佛教以慈悲為本，宏忍為宗，普救眾生，誕登彼岸。故佛者覺也，能自覺而後覺人也。六塵不染，五蘊皆空，法界圓融，人天永受，此其所以超絕群倫也。然而臺灣之佛教，則愈失之誣。緇徒（緇衣之徒，指信眾）既乏高明，檀信（奉佛的善男信女）亦少智慧。其所以建寺造像者，多存邀倖（邀倖，僥倖）之心，求福利而禳禍災也。其下者則墜入外道，穢垢心身，歷萬劫而不起，此其可哀也。生有過去、有現在、有未來，是三者不能有因而無果。因果之說，佛言之矣。是故苦海之中，當求自度。能自度而後能度人也。臺灣齋堂之設，從者頗多，其派有三：曰先天，曰龍華，曰金幢，皆傳自惠能，而明代始分。先天之中，又分三乘：拋別家園，不事配偶，專行教化，是為上乘；在家而出家，在塵不染塵，是為中乘；隨緣隨俗，半凡半聖，是為下乘。龍華之中，亦分九品：一曰小乘，二曰大乘，三曰三乘，四曰小引，五曰大引，六曰四偈，七曰清虛，八曰太空，九曰空空。金幢之教，但稱護法，餘為大眾。三派入臺，以龍華為首，金幢次之，先天最後。初，乾隆季年，白蓮教作亂，蔓延四省，用兵數載，詔毀天下齋堂。時郡治檨仔林有龍華之派，聚徒授經，乃改為培英書院。道光以來，漸事傳播。迨咸豐間，有黃昌成、李昌晉者，為先天之徒，來自福建。昌成在南，建報恩堂於右營埔，而昌晉往北。各興其教，至今頗盛。全臺齋堂，新竹為多，彰化次之，而又以婦女為眾，半屬懺悔，且有守貞不字（不字，女子未嫁）者。夫齋徒以修淨為主，禁殺生，絕五辛，可謂能清其體矣。清其體而後能澄其心，澄其心而後能絕其慮，絕其慮而後能明其性，明其性而後能通其道，通其道而後可以悟生死、解輪迴，自度而度人也。然而齋徒每多執著，獨善其身，不以眾生為念。夫獨善可也，佛說所有一切眾生之類，我皆令入無餘涅槃而滅度之，如是方可為佛。若乃假藉淨修，潛行邪慝（ㄊㄜˋ，邪惡），情緣未泯，穢德彰聞，則又佛教之罪人也。臺灣居家婦女，多持觀音之齋，逢九之日必絕葷。又有早齋，有朔望之齋，有元日之齋。若九皇之齋，則男女多持之。禮：祭天地，祀百神，先日齋戒，天子徹樂，諸侯止刑，大夫息政，士省身，庶人栗栗（ㄌㄧˋ，戒慎恐懼），所以潔心志而通幽冥也。持齋之益，可以攝生，可以修德，可以阜財，可以愛物，非僅為祭祀之儀。而愚民不察，以為成佛之道，昧矣！初，臺南郡治呂祖祠有比丘尼，頗玷清規，郡人逐之，改為引心書院，自是遂絕。而臺灣佛教亦漸式微矣。

景教

景教有二：曰新教，則基督；曰舊教，則天主。兩派入臺，皆在有明之季。當荷人據臺時，大布福音，以牖（ㄧㄡˇ，誘導）土番。建教堂，設學校，譯《聖經》，授十誡，三十年間，實收其效。當是時，牧師之權特大，擯斥異教，凡拜偶像者，擬定其罪，當眾笞之。荷蘭評議會以為苛，不可。而西班牙據北鄙，亦布景教。其神甫（甫，通「父」）且遠入蛤仔難，南至竹塹，為聖神之使者，以感化番人；事各在〈教育志〉。然北番性悍，搏人若猛獸，不若南番之馴，故西人之感化，亦未易為也。延平既至，荷人出降。牧師之在番社者，或留其間，而鄭氏仍保之。當是時，意大利神甫李科羅在廈布教，延平禮之，待以上客。克臺之後，召之來，使赴呂宋，謀征略。及歸，延平已薨，遂居東寧。永曆二十年，呂宋來聘，請傳教。諮議參軍陳永華不許，乃申通商之約。

歸清以後，閉關自守。禁煙之役，浸啟兵戎，而民間之攘夷者，且與阿片同禁。天津之約，開口通商，西人漸來，新舊教會亦傳播。同治元年，有西班牙人至鳳山力力社，設天主教堂，以社番為同宗，而勾引之。無賴之徒又為疏附，於是力力、赤山、加匏朗三社入教者二百餘人。事聞，鳳山知縣派員偕下淡水縣丞往查，召通事潘永泉、土目潘岐山等，告以此地非通商之埠，外人不得居住，逐之出。而西班牙人乃遷於旗後近附之前金莊。四年，英國長老教會亦派牧師馬雅谷來臺。雅谷精刀圭術（刀圭術，醫學），以藥醫人，而傳其教，設教堂於府治看西街，從者頗多。仇教者肆為蜚語以排擠之。有司慮禍，照會英領事請移口岸。雅谷乃去之旗後，別設教堂於鳳治，聚徒傳播，相安無事。已而又派甘為霖、盧加閔來臺。為霖赴嘉義，而加閔往彰化。嘉、彰非通商之地，見外人至，眾驚訝，每尾其行。加閔乃之岸裏大社。岸裏在葫蘆墩之西，土番郡落也，族大丁多，林爽文之役，效命前軍，頗有功。見而款之，獻其室為教堂。加閔亦能醫，遂設醫院，社番多就之。初，為霖在嘉傳教，從者少。至店仔口莊，莊豪吳志高嗾（ㄙㄡˇ，教唆）人夜襲之。為霖逃，伏叢莽中，數日始歸府治。七年八月，前金莊教堂以講教故，與村人齟齬（ㄐㄩˇ ㄩˇ，彼此不合），鳴金集眾，圍而攻之。鄉耆恐僨事（僨音 ㄈㄣˋ。僨事，敗事），趣出止。風聲一播，鳳治之人亦一呼而集，至者數十，拆屋毀物，殺教徒二，並捕堂丁高長以去。雅谷在旗後，聞警將往，而旗後教堂亦被困，商人乃出解之。始，城中兒每遺失，或言洋人潛殺，剖其腦製藥。雅谷固業醫，縣役貓角命人盜童骸埋之室中，計欲以實其事。翌日，知縣凌定國往勘，觀者如堵。貓角又力言。掘地及室，見白骨，信之。拘長嚴鞫（ㄐㄩˊ，審問），不服。下之獄，以狀白郡，並照會英領事。領事以為誣，馳稟駐京公使，與總理衙門交涉，各執一辭。乃命興泉永道曾獻德偕廈門英領事吉普理渡臺會辨，諗（ㄕㄣˇ，知悉）為貓角所為，定其罪，流於泉州，償工費千兩，並恤死者之家，案始結。當鳳山教案之起也，郡中莠民（莠音 ㄧㄡˇ。莠民，不良分子）聞之快。越三日，亦毀小東門內天主教堂，神甫走逸民家。有司聞警彈壓，眾始散。嗣援鳳山之例以償，而民教稍安矣。雅谷既居府治，益盡心傳教，設教堂於大東門之內，傳授醫術。於是西醫之名聞遠邇。又以上海翻譯西籍，頒之會中。教徒漸知天下大勢，或派子弟肄業於福州、香港，攻英文，習西學，造就人才。然其所學僅為景教之學，尚無益於人群也。教徒之中又多拘囿（一ㄡˋ。拘囿，拘泥），臺人敬天法祖，禮百神，而肆為抨擊，欲舉數千年歷聖相承之綱紀而悉毀棄，此其所以鑿枘（ㄗㄨㄛˋ ㄖㄨㄟˋ，不相合）也。為霖既居府治，察民情，習漢語。數年，乃之埔裏社，亦土番部落也。時尚未設廳，備嘗險阻，以傳其教，故得今日之盛。十一年，坎拿太長老教會亦派牧師偕里士至淡水傳教。光緒八年八月，擬照中國義塾，延師設學，以教貧寒子弟。兵備道劉璈以外人設學育才，實為義舉，特以教學與游藝不同，此端一開，誠恐逐漸推廣，致歧趨向。且以中國之子弟，而受外人之栽培，官斯土者能無歉然。乃議延師束修，歲由臺北府支送。遇有甄別，會同領事官酌給獎賞，以存體制。自是以來，新教漸行，而舊教尚弱。蓋自大甲以南為倫敦教會，以北為坎拿太也。法人之役，基隆失守，臺北士民，同仇敵愾，而無賴以為教徒勾引，大呼而起，往燬八甲教堂。已而枋寮、錫口亦遭火。事後，英領事照會地方官，請保護，乃以萬圓償之。十七年，荷蘭政府以臺灣為舊時屬地，議派教士，再來傳教，以與英、西相角逐。嗣以有故而止。

回教

回教之傳，臺灣絕少。其信奉者僅為外省之人，故臺灣尚無之清真寺也。

連橫曰：宗教之事，各地俱有，所處不同，即所祀之神亦異。是故山居者祀虎，水居者祀龍，陸居者祀牛，澤居者祀蛇。則不得以祀虎者為是，而祀龍者為非。跡其所以崇奉之者，莫不出於介福禳禍之心，而以此為神也。夫臺灣之人，閩、粵之人也，而又有漳、泉之分也。粵人所至之地，多祀三山國王，而漳人則祀開漳聖王，泉人則祀保生大帝，是皆其鄉之神，所以介福禳禍也。若夫士子之祀文昌，商人之祀關帝，農家之祀社公，藥鋪之祀神農，木工之祀魯班，日者之祀鬼谷，所業不同，即所祀亦異。是皆有追遠報本之意，而不敢忘其先德也。

臺灣廟宇表（中所列多屬治內，其在鄉里者多略之）

臺南府（附郭安平）

小南天	在府治番藷崎上，祀社公。當荷人時，華人多居於此。地爲小邱，下有溪，流水潺湲，西入於海，所謂竹仔行也。其後漸建市廛，而廟仍在。相傳廟額三字，爲明寧靖王手書，今已非舊。
開山宮	在府治內新街。鄭氏時建，祀隋虎賁中郎將陳稜。乾隆五年修。而舊《志》以爲吳眞人，且謂臺多漳、泉人，以其神醫，建廟獨盛。夫吳眞人一醫者爾，何得當此開山之號？鄭氏之時，追溯往哲，以稜有開臺之功，故建此廟。而今又誤爲開仙宮，更屬不通。
興濟宮	在府治鎭北坊。鄭氏時建，祀吳眞人，稱保生大帝。神名本，福建同安白礁人，生於宋太平興國四年，茹素絕色，精醫術，以藥濟人，廉恕不苟取。景祐二年卒。里人祀之，有禱輒應。敕賜「慈濟」。慶元間，復敕爲「忠顯」。開禧二年，封英惠侯。
北極殿	在東安坊。鄭氏時建，祀北極眞君，或稱玄天上帝。按玄武，北方七宿也。其像龜蛇。
東嶽廟	在東安坊。鄭氏時建，祀東嶽泰山之神。康熙間修。乾隆十六年，舉人許志剛等重修。
馬王廟	在東安坊。鄭氏時建，祀天駟之神，而俗以爲輔信將軍。
總管宮	在西安坊。鄭氏時建。神倪姓，軼其名，爲海舶總管，歿而爲神。又一在大西門外中樓仔街，康熙三十年，巡道高拱乾建。
天公壇	在西定坊，祀玉皇上帝。
三官堂	在寧南坊，乾隆四十三年建，祀三官。
五帝廟	在寧南坊，康熙時建，祀五顯大帝，又稱五顯靈官。
藥王廟	在西定坊，康熙時邑人建，祀神農。

水仙宮	在西定坊，面海。康熙五十四年，漳、泉商郊合建，祀五神，莫詳姓氏，或以爲大禹、伍員、屈平，而二人爲項籍、魯班，或易以王勃、李白。按禹平水土，功在萬世，伍相浮江，屈子投汨，人以爲忠，祀之可也。項籍、魯班，何足當此？王勃、李白，亦有不宜。余意苟欲實之，不如改祀伯益及冥。夫禹之治水也，益烈山澤，其功相若，冥勤其官而水死，殷人祀之，皆有合於五祀者也。乾隆六年修。旁有三益堂，爲郊商集議之所，歷年積款甚多，置產生息，故其壯麗，冠於他廟。
奎樓	在臺澎道署東南隅。雍正四年建，祀魁星。下爲關帝廳，旁爲觀音堂。又名奎樓書院，爲士人集議之所。
海安宮	在大西門外濱海，西向。乾隆五十三年，大將軍福康安建，祀天后。而府治之祀天后者，尚有數處。
開漳聖王廟	在大南門內。咸豐元年，漳籍紳商合建，祀開漳聖王。按王陳元光，唐末爲福建觀察使，王審知部將，帥軍入漳，逐土黎以處華人，築寨於龍溪柳江之西，置唐化里，因爲將軍知州事。漳州之開闢始於此，故漳人多祀之。
精忠廟	在東安坊，祀宋岳忠武王。
三山國王廟	在鎭北坊。雍正七年，知縣楊元璽、游擊林夢熊率潮州商民建，祀潮州中山、明山、獨山之神。三山皆在揭陽縣界。
普濟殿	在西定坊，祀王爺。
元和宮	在鎭北坊大銃街，祀吳眞人。
良皇宮	在鎭北坊，祀吳眞人。
彌陀寺	在大東門內。明延平郡王鄭經建。康熙五十七年，里人董大彩修。五十八年，武夷僧一峰募建西堂，里人陳仕俊復增建之，殿宇寬敞，花木幽邃，爲郡治冠。
觀音亭	在鎭北坊，鄭氏時建。康熙三十二年修。乾隆五十六年，里人陳漳山等重修。
海會寺	在縣轄永康里，距大北門三里，爲鄭氏之北園別墅。康熙二十九年，巡道王效宗、總兵王化行改建爲寺，有碑記，尚存。置田五十甲、園六甲、檨圃一所，以供香火，延僧志中主之。花木幽邃，殿宇巍峨，爲諸寺冠。乾隆十五年，巡道書成修，改名榴禪。嘉慶元年，提督哈當阿重修，又改名海靖，亦曰開元。其後疊修。寺祀釋迦佛，並供明延平郡王神位。

黃檗寺	在大北門外。康熙二十七年，左營守備孟大志建。三十一年，火。三十二年，寺僧募建。地大境幽，題詠者多。今圮。
竹溪寺	在大南門外，康熙三十年建。徑曲林幽，清溪環拱，頗稱勝概，顏其山門曰「小西天」。乾隆五十四年，里人蔡和生倡修，嘉慶元年重修。
法華寺	即夢蝶園故址，康熙二十二年改爲寺。知府蔣毓英以寺後之地二甲爲香火。乾隆二十九年，知府蔣允焄重建，並於寺前浚一池曰「南湖」，旁造一樓曰「半月」。
廣慈庵	在東安坊，康熙三十一年建。
慈雲閣	在東安坊，康熙三十五年，諸羅知縣周鍾瑄建。乾隆十六年，諸羅知縣周芬斗修。嘉慶八年，里人王琳等重修。
龍山寺	在大東門外。雍正時，里人公建。乾隆五十四年，里人王拱照等修。
清水寺	在東安坊。
萬壽寺	在城東永康里。康熙五十年，建萬壽亭，爲朝賀之地。雍正元年，重建，後置僧舍供佛，置香火田五十甲。乾隆三十年，新建萬壽宮於城內，而寺仍存。然以寺租撥歸崇文書院，漸就傾頹。今圮。
大士殿	在鎮北坊海神廟之右，光緒十二年建。
白龍庵	在鎮署之右，福州人建，祀五福大帝，則瘟神也。後於亭仔腳街別立扶鸞之所，曰西來庵。
臨水夫人廟	在東安坊。
五妃廟	在大南門外桂子山。康熙年間，邑人就明五妃之墓建廟。乾隆十一年，巡臺御史六十七、范咸命海防同知方邦基修之，並刊其詩於石，立於大南門城畔，今存。
辜孝婦廟	在東安坊，邑人建，祀辜氏婦；事見列傳。其後祔祀黃寶姑。

嘉義縣

龍湖巖	在縣轄赤山堡六甲莊。鄭氏時，諮議參軍陳永華建，其前有潭曰龍湖，花木幽邃，稱勝境。乾隆元年，六甲莊人文超水、漆林莊人蔡壯猷募款重建，並祀延平郡王。
碧雲寺	在縣轄哆囉嘓堡之火山。康熙十四年，僧參徹自福建來，住錫龍湖巖，偶至此地，以其山林之佳，遂闢茅結廬，奉龍湖巖之佛祀之，朝夕誦經，持戒甚固。附近莊人，乃謀建寺，曰大仙巖。嗣命其徒鶴齡居之，又建一寺於玉案山之腹，後祀如來，而前奉延平郡王神位。乾隆五十五年二月，參徹沒，衆葬之寺前，建浮屠。五十六年，邑人洪志商募修。嘉慶二十四年，子爵王得祿重修。

鳳山縣

雙慈亭	在縣治，俗稱大廟，建於乾隆初年。道光八年，重修。前祀觀音，後祀天后，故曰雙慈。
寧靖王廟	在縣轄維新里。竹滬莊田爲王所闢，薨後與元妃羅氏合葬於此，佃人建廟立像祀。至今莊人猶稱老祖，每年以七月二十七日、九月二十五日致祭。廟前古榕兩株，蔭大數畝，境極清閟。
超峰寺	在縣轄嘉祥外里崗山之上。舊《志》以崗山樹色爲邑八景之一。雍正間，有僧紹光者，結茅於此。乾隆二十八年，知府蔣允焄乃建爲寺。
興隆寺	在舊治龜山之麓，則興隆里，康熙三十三年建。
元興寺	在縣轄打鼓山之麓。乾隆八年，僧經元募建。光緒十七年，火。
清水巖寺	在縣治之南，則鳳山也。縣志稱鳳山有十三勝，而清水巖其一。道光十四年，鄉董簡立募建。

澎湖廳

水仙宮	在媽宮澳渡頭。康熙三十五年，右營游擊薛奎建。光緒元年，媽宮街商人重修。
觀音亭	在媽宮澳。康熙三十五年，右營游擊薛奎建。法人之役，佛像被毀。光緒十七年，總兵吳宏洛捐修。
地藏廟	在媽宮澳武忠之祠畔。

真武廟	在媽宮澳。乾隆五十六年，通判蔣曾年、副將黃象新等捐修。光緒元年，董事高其華重修。
祖師廟	在廳治東三里許，祀清水巖祖師。廳志云：「康熙間，有僧自泉州清水巖至此，不言其名，爲人治病有神效，不取藥資，酬以錢米亦不受，去後，里人思之，立廟祀。」
真人廟	祀保生大帝，各澳多建廟。
將軍廟	在八罩嶼網垵。神之姓名事跡無考。澳之得名，亦因此廟。府志云：「豈隋開皇中虎賁陳稜略地至此，因祀之歟？」按將軍澳之名已久，是此廟應建於明代，惜無文獻足徵爾。
大王廟	一在八罩嶼，一在龍門港，一在通梁澳。各澳亦有。澎湖紀略以爲金龍大王之類，亦土神也。西嶼之神尤著靈異，海舶出入，必備牲醴，投之海中祀之。

臺灣府（附郭臺灣）

天后廟	在府治大墩街。

彰化縣

慶安宮	在縣治東門內，嘉慶二十二年建，祀吳眞人。
定光廟	在北門內，乾隆二十七年，北路營副將張世英建，祀定光佛。
威惠宮	在南門內。雍正十年，漳籍人士合建，祀開漳聖王。
開化寺	在北門內。雍正二年，知縣談經正倡建，祀觀世音，爲彰化最古之寺。
虎山巖	在燕霧上堡白沙坑莊。乾隆十二年，里人賴光高建。虎巖聽竹爲邑八景之一。
清水巖	在武東堡許厝莊。乾隆初建，寺在大武郡山之麓，丘壑林泉，頗饒幽趣，故清水春光爲邑八景之一。

雲林縣

沙連宮	在縣轄東埔臘街。咸豐六年十一月，生員劉漢中倡建，祀明延平郡王，規模宏敞，香火甚盛。光緒十三年，生員劉士芳等重修。又一在林圯埔街。
廣福宮	在縣治西南，祀開漳聖王。光緒十九年，紳士陳一尊修。
吳鳳廟	在縣轄嘉義東堡社口莊。嘉慶二十五年，莊人楊秘等建，祀阿里山通事吳鳳，事見列傳。光緒十八年，邑人請列祀典，未准。
三山國王廟	在縣治南隅，粵籍九莊合建。

臺北府（附郭淡水）

霞海城隍廟	原在大佳臘堡八甲街，爲霞海人合建。咸豐三年，械鬥，街燬，移建於大稻埕。
龍山寺	在艋舺街西南。乾隆三年建，爲府治最古之寺。嘉慶二十年，地震悉圮，再建。
慈聖宮	在大稻埕。同治五年，郊商合建，祀天上聖母。
保安宮	在大佳臘堡大隆同街。
惠濟宮	在芝蘭一堡石角莊之芝山巖。乾隆五十三年，芝蘭莊人吳慶三等建，祀開漳聖王。其地小邱獨立，石蹬數十級，闢一門，右有片石刻「洞天福地」四字。
文昌祠	在惠濟宮之傍。道光二十年，里人潘定民建，祀文昌。
劍潭寺	在芝蘭一堡劍潭之畔。臺灣志略謂：「潭有樹，大可數抱，相傳荷人插劍於樹，故名。」鄭氏之時，華人之居此者，結茅祀佛。至乾隆三十八年，僧榮華募資新建。
西雲巖寺	在八里坌堡觀音山之麓，曰獅頭巖。乾隆三十三年，胡林獻地建寺，一名大士觀。山高二千餘尺，中峰屹立，自遠望之，宛如觀音趺坐。寺外有反經石二，其一形如馬鞍，每置羅經盤於上，則子午針反向爲卯酉，故名。
文昌廟	在擺接堡枋橋莊。同治二年，莊人林維源建。
廣濟宮	在擺接堡枋寮莊。雍正間，開墾之人合建，爲該堡最古之廟。

慈祐宮	在興直堡新莊街。康熙二十五年建，祀天上聖母。
文昌廟	在興直堡新莊街。嘉慶十八年，縣丞曾汝霖捐建。
武聖宮	在興直堡新莊街。乾隆二十五年，貢生胡焯猷建，祀漢壽亭侯關羽。
先嗇宮	在興直堡二重埔莊。乾隆二十一年建，祀先農。
龍山寺	在縣轄滬尾街。乾隆間建，規模頗大。光緒十二年，巡撫劉銘傳奏請賜匾，御書「慈航普度」四字，懸於寺中，今存。
福祐宮	在縣轄滬尾街。乾隆間建，祀天上聖母。光緒十二年，巡撫劉銘傳奏請賜匾，御書「翼天昭佑」四字，懸於廟中，今猶存。
慈生宮	在芝蘭二堡唭里岸莊。永曆二十三年，龍溪、同安兩縣來此之人合建，祀五穀大帝、三官大帝、天上聖母、福德正神，爲縣轄最古之廟。蓋該地原爲番地，故移墾之人建廟祀神，以祈景福也。乾隆四十四年，水災毀塌，莊人重建。其後疊修。
三將軍廟	在芝蘭二堡嗄嘮別莊關渡。康熙五十四年，莊民合建，祀鄭氏部將中提督劉國軒、左武衛何祐、智武鎭李茂，以其有功北鄙也。每年四月十七日致祭，香火頗盛。
關渡宮	在芝蘭二堡關渡，祀天上聖母，俗稱關渡媽祖，香火頗盛。康熙五十六年，漳、泉興化之人合建。乾隆四十七年，重建。
寶藏巖	即石壁潭寺，在拳山堡，下臨新店溪，境絕幽靜。康熙間，郭治亨捨園爲寺，與康公合建。其後治亨之子佛求則爲寺僧。

新竹縣

長和宮	在縣治北門口街。乾隆七年，同知莊年、守備陳士挺合建，祀天后。嘉慶二十四年修。
水仙宮	在長和宮之側。同治二年，郊商捐建，祀夏禹。
地藏庵	又稱嶽帝廟，在東門後街。道光八年，同知李愼彝、守備洪志宏倡建，祀地藏菩薩並東嶽大帝。

天公壇	在東門內。咸豐元年建，祀玉皇上帝。
北極殿	在竹北一堡蘆竹莊。道光九年，林功成倡建，祀玄天上帝。
金闕殿	在竹北一堡客雅莊。乾隆間建，祀玉皇上帝，後祀三官。
慈天宮	在竹北一堡北埔莊。先是金廣福設隘墾田，嘗祈神佑，至咸豐三年乃建廟，中祀釋迦，配以天上聖母、神農大帝、文昌帝君、三山國王諸神，而旁祀淡水同知李嗣業、墾首姜秀鑾、姜榮華三人。同治十三年修。
文昌祠	在竹北一堡新埔莊。道光二十三年，舉人陳學光倡建，祀文昌，春秋致祭，並爲鄉人士文社。
文武廟	在竹南一堡大南埔莊。道光二十五年建，祀漢忠義侯關羽。
文林閣	在竹北一堡高梯莊。光緒二年建，祀文昌，爲鄉中學宮。
五穀大帝廟	在竹南一堡五穀王莊。嘉慶二年，業戶張徽陽等倡建，祀神農。
三山國王廟	在竹北一堡樹杞林莊。嘉慶十五年，開墾粵人建。同治九年修。此外尚有數處，均爲粵莊所祀。
三聖宮	在竹南一堡頂街頭莊。咸豐四年建，祀開漳聖王、開臺聖王、保生大帝。
龍鳳宮	在竹南一堡草店尾街，祀王審知，稱開閩聖王。按審知，河南固始人，唐末爲福建觀察使，帥軍入閩平亂，封瑯琊王，固始人從之者眾。唐亡，天下俶擾，遂自立，稱閩王。臺多漳、泉人，故祀之。
褒忠廟	在竹北二堡枋寮莊，稱義民亭。先是朱一貴、吳福生等役，各縣俱建義民祠，春秋致祭。而林爽文之役，莊人赴義而沒者頗多，詔賜褒忠之額，乃建此亭。五十三年，林先押等建廟，以祀粵籍義民，並祀三山國王。同治二年，巡撫徐宗幹晉「同心報國」之額。光緒十四年，巡撫劉銘傳亦晉「赴義捐軀」之額。
集義亭	在竹北二堡新埔莊。光緒三年建，祀死事義勇。
褒忠祠	在竹南一堡頭份莊。光緒十年，頭份以南百二十莊人張維垣等捐資萬金合建，祀朱一貴、吳福生、林爽文等役死事義勇。

軍大王廟	在竹北一堡埔尾莊。同治六年，莊人建，以祀先民，無以名之，而稱爲軍大王。按此地原爲番界，瘴癘披猖，而我先民冒危難，闢土田，以殞歿於斯者，不知凡幾，故後人建廟祀之，以妥其靈，亦以追念遺烈也。光緒十五年重建。
萬善廟	在竹北一堡大窩莊。先是咸豐五年，莊人建於三重埔莊，以祀拓殖番地而死之人。光緒三年，改建於此。
竹蓮寺	在南門巡司埔，祀觀世音。先是移民初至，僅建小剎，其後業戶王世傑乃捐地以建，爲新竹最古之寺。道光五年，紳士林紹賢修之。迨同治五年，紳士莊榮陞、湯奇才等又募捐重建。
金山禪寺	在竹北一堡金山面莊。乾隆五十年，郭、陳、蘇三姓始設隘防、事開墾，結茅祀佛，以祈福佑。咸豐三年，乃建寺曰香蓮庵。同治間，復建之，以寺前有泉，稱靈泉寺，又名金山禪寺。

譯文

廖忠俊．注譯

連橫說：宇宙六合之中，邦國紛紛成立，用來治理國家安定人民的，爲政治、禮儀。政治，用來輔導人民心志；禮儀，用來整齊人民習俗；像車子之兩輪，互相輔助之道理。不過，《詩》、《書》載記，常提說鬼神，降下祥瑞與災殃，統歸上天，好像暗中無形之上，果然有眞正主宰者。《詩經》說：「原來大大不顯明的，要靠上帝（上天）來彰明。」《書經》說：「上天神明，降給人民和衷美意。」宗教的興起，由來很久了。不過儒家談到上天，必定直指人事，所以說：「上天的觀察來自人民的觀察，上天的聽聞來自人民的聽聞。」又說：「上天討伐有罪惡的，上天恩惠有禮教的。」考察治理國家安定人民的跡象，沒有不代替上天來做，因此郊社之禮儀，執司禮讚之禱告，相信鬼神，不敢荒誕侮謾，這就說明在彰明美德馨香長祀。政治，用來輔導人民心智，有時會敗亂；禮教，用來安定人民習俗，有時會弊害；不過它們用來規範世代人民心理，不得不借用宗教。神道如此，佛教、道教如此，景教、回教也不是不如此。善用它（宗教），可以助長人群德性之進展，不善用它，反而足以推向沉淪陷溺，從而奸詐詭異邪僻產生。連橫說：臺灣的宗教混雜揉合而無可定於一，所以一一論述它們的優缺得失。

神教

設立神教，本出乎人情，世人情感好善厭惡，向利去害，所以聖人用道率領。道是不可片刻離開的，所以引示吉凶，以天來明示。天在空間，無聲無臭，可見卻不得見，可聽卻聽不到，用音讀爲高巔，用文看爲廣大，釋義是爲自然，所以天是至高至大景象，因此具有自然作用。這種至爲高大景象，凡夫匹婦不知，所以假借上帝，上帝，是自然天然的。臺灣人都敬天，都崇祀上帝，初一、十五祈求，成年禮、婚禮祝禱，備有牲禮酒水，誠心豐盛。臺南府城有「天公壇」，祀拜玉皇大帝，以正月初九爲誕辰，這是方士假借《周易》初九見龍在天的附會傳說。古代天子祭天，諸侯祭拜領域名山大川，臺灣原爲府縣，山川祭禮，可見於祀典，卻沒聽聞祭天禮儀。此「天公壇」原爲人民私建，要拜祀上帝，就應當先正其名分。其次有「三官」，其祀禮比玉皇大帝降一等，《神仙通鑑》記載：「堯是天官，舜是地官，禹爲水官。」因堯帝訂定天時，齊一七政，孔子讚嘆：「堯帝像天那麼偉大，人民以此君王爲法則。」舜帝規畫十二州，安定地上百姓。大禹平定洪水，安民居住，不再受水患之苦，所以是水官。他們是古代聖君，功留後代，離世後受祭祀，適宜。不過，有臺地人民說：「天官賜福祉，地官赦免罪過，水官消除災害。」這說法出自師巫。東漢張道陵在四川鶴鳴山修道練功，製作神符，善役鬼卒，命令有病者，書寫姓名認罪，作三份「牒書」，一份上天，一份埋地，一份流水，「三官」始於此時。北魏寇謙之道士沿襲張道陵，以正月十五、七月十五、十月十五日稱爲上、中、下元（三元），從而相傳至今。

又次爲五帝，五帝說法見於《史記・封禪書》：東青帝、西白帝、南赤帝、北黑帝、中黃帝。秦漢時，天子依時令拜祀，禮儀特別隆重。臺灣祭祀五帝有二種：一是「五顯大帝」，廟在臺南寧南坊；南宋洪邁《夷堅志》說：五聖廟是五顯的祖祠；明代郎瑛《七修類稿》說：五通神是五聖；清代趙翼《陔餘叢考》說：五聖、五顯、五通，名異實同。祭祀五通，宋代盛行，到清初進士官員湯斌（一六二七—一六八七）巡撫江南時，上奏毀棄，絕其弊害。然而臺南所祀拜的神像，紅面三眼，是另爲一神，爲師巫假借，稱作「五顯靈官」。又一稱名「五福大帝」，廟在鎮署右邊，是福州人建蓋，武人軍營特別尊奉，類似五通。五神姓張、劉、鍾、史、趙，都有「公爵」官位，卻超過帝王禮制名位。每年六月出巡「逐疫」，代替鬼卒，前驅後擁，鑼鼓喧天，男女信眾雜行，投錢求願。兩天後，用二丈紙船，供奉紙像在船中，各種器用、錢財、槍械，都作成大小紙綢，愚夫愚婦爭相投送「牒書」獻上柴米，由眾人拉舉紙船到海燒毀，稱之「送王」；七月七日，又到海角迎接，這是「瘟神」，和「靈官」都竊取「五帝」之名號，是迷惑的祭祀。

再次是王爺，王爺事蹟穿鑿空泛，有說：是澎湖將軍澳的神明，舊《志》提及神明的姓名、事蹟皆無記載可考，是否爲隋文帝開皇年間軍官陳稜軍船經略過此地，故加以祭祀？又說：《府志》記載府城東安坊「開山王廟」拜祀神明爲明末大將軍延平郡王鄭成功（一六二四—一六六二），亦即開臺烈祖。乾隆年間，何燦鳩集錢財重建。同治十三年（一八七四）十月，欽差大臣沈葆楨（一八二〇—一八七九）與李鶴年（一八二七—一八九〇）、王凱泰（一八二三—一八七五）、文煜（一八〇八—一八八四）連名上奏，改建專一祠堂，春、秋祭拜，在〈建國紀〉已提到。因此「開山王廟」也祭拜延平郡王。陳稜的廟在西定坊，向海，稱「開山宮」，爲明鄭建蓋，因陳稜對開臺有功勞。《府志》誤指爲北宋吳本（真人），而且說臺灣很多漳州、泉州人，因他是神醫，蓋廟隆盛。按吳眞人爲醫生，何能有「開山」之名號？乃知祭祀神明，必定對臺灣有大功勛的人。但臺灣祭祀王爺，從都市到郊外，山區海濱，廟殿高大，水旱災及時令必定禱告，尊爲地方神明，農夫、牧童，不敢輕謾。其廟或稱王公、大人、千歲，神像都雄大剛毅，他們出巡，就說「代天巡狩」，問他們姓名，沒有人知悉。啊！是何方神聖讓臺灣人崇拜至極！我聽聞自故舊老人，延平郡王入臺，開闢田地，興起教育養育，存奉明朝，抗拒滿清，精忠大義，震爍古今。到亡故，民間蓋廟祭祀，因時代已歸清領統治，言辭多閃避忌諱，而用「王爺」稱呼。這就像後蜀時代的花蕊夫人寵妃的祭祀其故去君王孟昶，而假借用作帝君祿位之神，國家滅亡之心痛可見。他們說「代天巡狩」的，指明朝皇室已滅亡，但王爺（明鄭）開臺東都，禮樂軍事，代行天子之大事，所以「王爺廟」都稱「代天府」，且尊稱為大人、千歲，不敢言論過多。連橫說：可信啊！我曾遊歷南投埔裏原住民社，路過國姓莊，是鄭成功右武衛（軍階名）劉國軒（一六二九－一六九三）駐軍地，用以安撫北港溪番社，數十戶莊民，都祭拜延平郡王。我又曾登上臺南「火山碧雲寺」，寺內祭祀釋迦佛，前殿且奉祀延平郡王。此乃在清朝中葉的事，法網稍為疏鬆，如果是在雍正、乾隆之際，除滅人民心志，大興苛刻獄法，水深火熱，哪敢稍為存有故國（明朝）之念想？所以臺灣府縣地方志雖記載「開山王廟」，而不說是何位神明，（明鄭）東都往事，一概抹去滅除，更且加上「僞鄭」之名，這是不知辨明善惡也。臺灣人之祭祀延平郡王，本為崇德報公義舉，後代人不察明，失去原本源流，於是多有奇怪荒誕，而師巫這行業的人，藉機斂財，製造火船建立神醮，變本加厲，迷惑世人，禍害更烈。啊！先民雖笨拙，但沒有如此愚昧也。然而二百數十多年以來，沒有人能糾正此荒謬，至今我輩才得以摘出其微妙所在，臺灣先民有知，能不欣慰嗎？

再其次為天后，也稱天上聖母，臺灣男女無不敬奉，且公會生意人討海為生船客更尊崇為「安瀾之神」。天后姓林，福建莆田湄洲人。父林愿，五代時，擔任都巡檢（官名），娶王氏，生有五女一男。宋太祖趙匡胤建隆元年（九六〇）三月二十三日出生，滿月還聽不到哭啼，所以又名「默娘」。八歲就了解深奧義理，資性喜好禮佛。十三歲，元通老道士到她家，說：「這女兒佛性，應修得正果。」於是授她祕典要法。十六歲觀看井水得有仙符，能在海上布席救人。宋太宗趙匡（光）義雍熙四年（九八七）九月初九（或說二月十九）升天神化，得年二十八。此後常身紅衣，飄乘雲氣，遨遊各島嶼之間，鄉里人士祭祀。僧人照乘的《顯聖錄》如此記載。康熙十九年（一六八〇），閩浙總督姚啓聖（一六二三—一六八三）上奏：「平靖海島，神靈護佑，請加賜尊崇封號。」皇上乃封「天上聖母」。二十二年（一六八三），清軍進克臺灣，靖海將軍施琅（一六二一—一六九六）上奏：「澎湖戰役，天妃現靈，進入鹿耳門，又見天上有神兵引導海潮驟然上漲，於是全島投誠響應。」皇上下詔禮部郎中（官名）雅虎到澎湖祭拜：「國朝膺有宏大使命，懷柔眾神，謹傳敬畏祀典。天命來臨，地神靈效，國威彰顯，海上平順。軍隊凱奏，推重海神安瀾，依憑神靈，禮儀崇報。海表神靈，綏定福建海疆，憑藉靈威，得致偉大功績，業號隆顯，加享祭祀。近來思慮全島未平，詔命水師綏靖，當時乾旱，河澤水枯，海神降下祥瑞，泉水湧現。軍隊呼聲雷動，直向偏遠荒島，船艦航行，趨向險阻。神靈下旗助成勢如破竹戰功，壯大枕戈待旦態勢。水波不興，帆船飛渡，凡此靈祐，豈是凡人謀略？所以派遣官員，敬修祭祀，謹奉牲禮五穀，馨香祭拜。祈神佑護國家，永享宗典，眷顧宏大利濟功勛。神明靈驗，尚請明鑑。」皇上加封「天后」，刻文廟中紀念，並下旨於（天后）原籍建祠。施琅進入臺灣，改建明末寧靖王之府邸爲海神宮廟，即現今之（大）天后宮，在石碑刻字記下史事。康熙五十九年（一七二〇），翰林（官名）海寶被冊封琉球，歸來上奏：海神靈佑舟船，皇帝詔令春、秋祭拜，編入祀典。從此臺灣府縣宮廟，以牛、羊、豬牲禮祭祀。雍正四年（一七二六），巡臺御史禪濟布上奏：朱一貴戰役，天后現靈，乃奏戰功。」於是上賜「神昭海表」匾額，懸掛府城宮廟。十一年（一七三三），郝玉麟（?—一七四五）總督、趙國麟（一六七三—一七五一）巡撫上奏請求皇上頒賜匾額，皇上賜寫「錫福安瀾」，懸掛在福州及南臺宮廟。並下令江海各省，一概修建祠堂祭拜。從此，朝廷皇帝賜額表彰，臺灣各地也先後建蓋祠廟。所祀神明，能列在祀典的唯有天后，不列於祀典的，就記載於本卷後附臺灣廟宇表。

道教

道家流派，出自史官，記載古今歷代存亡福禍之道，用來知曉秉持要緊情勢，清虛自守，柔弱自持，這是君王統領之術。到了（魏晉）放任浪蕩所作爲，就要絕掉禮學，拋棄仁義，這是它（道家）的缺失。道家以老子爲鼻祖，老子是東周春秋時代史吏，宗述黃帝，所以稱爲「黃老」（治術）。黃老道教，漢朝用它清明統治，晉代用它卻變昏亂，不是「黃老道術」有純與不純，而在運用它能否適應也。臺灣的道教，非黃老教派，微弱而不足以道說，它們流行廣延人世間的，是東漢張道陵的宗教。用符咒差役鬼卒，他的孫子張魯又加以鼓吹煽動，追從的人漸多，朝廷士大夫也迷信他的法術，尊稱「眞人」、「天師」，累世繼承，持有世襲傳璽，強悍據有一方，他們的學徒號稱「道士」。但臺灣的道士，不能修道煉丹，只是假借神道，徇私本身，所以不能與平民等列。唯有「三官堂」的道士，飄洋從江西來，留長髮正衣裳，售賣膏藥，稱爲海上藥方，很守道家戒律。像一般市街道士，只爲人家作法事，坊里中間蓋廟設像，陳列牲禮水酒，殺雞用雞血點睛，稱爲「開（眼）光」儀式；水火天災，因怕禍害而修心自省，設置豐盛酒菜牲禮桌壇，稱爲「建醮」；乾旱鬼怪肆虐，祈禱秉告「水龍宮」，早晚念經祈求，稱爲「祈雨」；親人還未除去喪服，要守孝一月，神情禮懺，稱作「報恩」；又如婦人小孩出外，忽然遇到不平順，就吹樂畫符咒，稱叫「收煞」；病人好了，不再服藥，全家歡喜，呈「牒書」燒紙錢，稱作「補運」：中年婦人還沒有身孕，祈求神靈，換斗器裝米種花，稱作「求生子」，這些都請用道士，但道士都誇大其辭，欺騙迷罔愚笨頑固的人，婦女更多迷信，但這還不是大害；道士足以迷惑誣害人民的，莫如「巫覡」（男覡）。臺灣男巫有幾種：一稱眼瞎巫師，算卜為生，祀拜「鬼谷子」祖師，師弟承續，祕密不傳授別人，製造巫術迷惑。二稱法師：穿白衣戴紅帕，不類一般凡人，施行道家「禹步」術法，嘴唸道家咒語，手拿蛇形繩索，在鼎器內煮沸油，說是可以驅除邪害。三稱紅姨：走向黑白無常法術，說能攝住鬼怪魂魄，讓它與家人對話，九天玄女娘娘，據此言語，出入女人內室，刺探隱密私事。四稱乩童：披髮散亂裸露軀體，前後跳躍，好像中風，割舌頭刺後背，鮮血直流，說有神明依附，創傷卻不疼痛。五曰王祿：用魔術剪紙做人形，驅使來去，兼業醫術卜卦，也能口唸符咒，詛咒他人死病而終其生。這些都是道教下等流派，而改變原本道家教義並成為加害的流派。按道家原以玄學靜默為主流，崇尚眞一，放任自然無為，卻一變作冶煉鉛汞燒出丹藥的長生方術；二變作為符咒法術，差役祈求鬼神；三變作為迷惑誣陷凡民，就像蛇蠍禍害，這就使它因此衰敗了，從而臺灣的道教也更加不振作了。

佛教

佛教來到臺灣，也有數百年，宗派多從福建傳進，（臨濟宗僧師）黃蘗的信徒，實際授有師徒相傳衣缽，而齋堂就多源本自禪宗。齋堂為白衣派別，維摩居士能圓證大乘佛法，所以臺灣的齋堂很興盛。當初明鄭時代，福建龍溪舉人李茂春閃避亂世來臺（在永曆十八年〔一六六三〕），居住南臺永康里，建築草廬稱名「夢蝶園」，早晚唸經，人們稱呼「李菩薩」。大僕寺卿（官名）沈光文（一六一三—一六八八，永曆六年〔一六五二〕來臺，於今臺南市善化區的目加溜灣收徒授課）

也遁入羅漢門（今高雄市旗山區、內門區一帶）築茅屋當佛僧。因爲明、清動亂之際，戰事震盪，斯文綱紀落地，尊循忠義人士，託辭隱避，並非眞把佛門看成樂土。明鄭東寧國剛建立，制度漸完備，因「承天府」內還沒有佛教徒聚居山林，故建「彌陀寺」於東安坊，延請僧人住持，佛殿雄大，花木幽深清淨，是爲南臺郡治古寺。後來，諮議參軍（官名）陳永華（一六三四—一六八〇）駐軍赤山堡（今臺南市六甲區），因山水迴繞，環境絕佳清淨，也建「龍湖巖寺」，所以，明鄭時，臺灣佛教已漸興起。

清人領臺，明寧靖王朱術桂（一六一七—一六八三）全家殉國，他的官邸成爲佛寺；靖海將軍施琅（一六二一—一六九六）在旁邊改建爲「天后宮」，而原佛寺觀音堂仍存。當時明鄭部將痛失故國（明朝）忠義而不臣服清朝，改穿玄黑衣裳入身荒郊幽谷，共數十人，但歷史文獻不記載，忠義人士，得不到表彰，悲傷啊！康熙二十九年（一六九〇），巡道（官名）王效宗、總兵（官名）王化行改建明鄭「北園別墅」（鄭經母親所住別園）爲「海會寺」，王朝霸業消沉，佛禪風氣鼓吹，能不慨嘆滄桑感受！後來，移民入臺灣更多，佛教逐漸興盛，佛法轉輪，開啓覺迷之路，佳音美德，代代有聞，尤其「黃蘗寺」僧人特別突出，爲仁勇人士！僧人隱遁姓名，住佛寺，奇絕勇力，能踢動庭中巨大石塊，跳躍幾丈高，平時與官人士紳來往，尤其和「臺灣知府」蔣元樞（一七三八—一七八一）爲莫逆之交。有一天，元樞接奉總督來自八百里外密函，命令捉拿此僧人，抓不到就治罪；就祕密探訪，怕日久生變，禍事臨頭。就邀僧人到府署，來去幾天，想問又停下，僧人說：「看出知府您有大心事，大丈夫光明磊落，肝膽相照，何必像女人心態？」知府答說：「如行事，對上人您不利；不行事，我又不能了結上級交辦，所以遲疑不決。」就出示密函，僧人靜默很久，才說：「我與您有前世因緣，一見如故，現今願爲您死，但不要抓我眾人，不然，窮竭臺灣的兵，恐怕不足以跟我輩對抗。」知府說：「總督只索求要抓您，其餘不管。」僧人說：「可以」，請命招來他的門徒，說：「您回去把名冊帶來。」門徒率眾並肩進入府署，檢視兵卒、糧餉、兵器軍械、船馬數目，一一焚毀。元樞大爲驚異，僧人說：「我祖父是明鄭舊將，數十年來力謀光復明室，臺灣雖小，土地肥沃可以圖霸，我之所以不突然舉發起事，因閩、粵徒眾還不夠強勁，現今圖謀竟外洩，天意也。雖然，知府不要以爲臺灣始終沒有謀事之人。」又說；「您一向對我厚道，我佛房內存藏現金百餘萬，原想他日所用，現今全贈送您，您知府也好快速結案。不然，荊軻、聶政的效法刺客，將仗義行俠也。」元樞將僧人發送省郡，大吏訊問，不隱諱。又問同黨人，不回答，刑求，也不答，於是殺了他。當天，有幾位男人左右來往，監看行刑的人，持弓箭注目站立，僧人呼罵說：「小子還不走開！我昨晚諭命快速改惡，不要妄動，現今這樣行跡，要做何種行事？不要認爲我此時不能殺你！」那個人就忽然不見了。事後，大吏問監獄小吏：「何以准許人出入？」小吏答：「一時沒看見人，而僧人有果勇神力，木械刑具都能斷開，可幸他沒有逃走。」聽者都感到驚愕。如此，在高深靜寂莫測之中，忽現威風氣概而使風雲變色，不很神奇的怪事嗎？

當初，朱一貴事變（在康熙六十年，一七二一），有僧人打扮奇裝服飾，在街巷周遊，聲稱天帝令使詔告臺灣人民：「四月末，應當有大災難。災難到來，如在門前設立香案，用黃旗書寫『帝令』兩字，插在香案上，可免去災難。」等朱一貴一到，家家像僧人所言，官兵看見，認爲民心已歸附，大多就走散。到了（乾隆五十一年，一七八六）林爽文，（同治元年，一八六二）戴潮春事役，也用「天地會」、「八卦會」祕密會社作號召。天地會相傳是延平郡王設立，用光復明室作主旨，福建、廣東人來追從，所以林爽文率領發動事役。八卦會用長竹四周植立建城，分開四門，中間設立三層香案，稱之「花亭」，供奉五祖，中間設有戴潮春的官位名祿，冠上「奉天承運大元帥」的名號，旁邊設置桌几，配祀朱一貴、林爽文先賢。加入「八卦會」的人，光腳披髮，頭掛紅布，分配執行會內事情，所有入會的人要繳納四錢銀，夜晚過香，十幾人作爲一隊行伍，敲門進入，問：「從哪裡來？」答：「自東方來。」問：「做什麼？」答：「要尋找兄弟。」執事的人謹遵跪在案前，殺雞，發誓：「八卦會內一點訣，不能對妻子說，如對妻子說，就會七孔流血。」宣示戒律約定，然後走出城外，張開白布作長橋，會眾自橋下走過，問：「何以不走橋？」答：「有守兵。」問：「何以能出來？」答：「有五祖師導引出來。」又傳授「八卦會」隱密話語，會眾相見，都稱呼兄弟，從此相互招來接納，會眾多到數萬人，因此戴潮春就藉機發動事變了。

佛教以慈悲爲本源，宏忍爲宗旨，普救一切眾生，引導登上佛海彼岸，佛法是覺悟，自我覺悟然後悟化他人。凡俗六塵（眼、耳、鼻、舌、身、意）不汙染，五蘊（色、受、想、行、識）都是空相，佛法大千世界圓滿融通，天人永遠持受，這是它超越絕佳各式宗教原因。不過臺灣的佛教，越來走向缺失，既少高明佛徒，施主也少智慧。建造佛寺佛像的，多存有僥倖心理，在追求福利而消除災禍；更下之者，落入外在，偏門走道，身心汙穢藏垢，經歷萬劫，不復的悲哀境地。人生有過去、現在、未來三因果，佛教倡言因果輪迴說法。所以，在苦海中，先求自我渡化，然後渡化他人。臺灣設立佛堂素齋，跟從的很多，派別有三：先天、龍華、金幢，原都傳自唐代禪宗的南派祖師惠能六祖，到明代才分三派。先天派別又分三乘：拋離話別家園，不婚嫁，專心佛法教育感化爲上乘；有家卻出家，在凡塵中不染凡塵，爲中乘；一切隨緣習俗，凡聖各半，爲下乘。龍華派分有九品：小乘、大乘、三乘、小引、大引、四偈、清虛、太空、空空。金幢教派，只有護法稱呼，其餘都是大眾。這三教派進入臺灣，以龍華爲先，金幢其次，先天派最後。乾隆末年，白蓮教興起，蔓延湖北、河南、四川、陝西四省，用兵幾年，下詔毀掉天下素齋佛堂。當時府城樣仔林地區有龍華派別，聚徒講授佛經，後來改作「培英書院」。道光以後，又逐漸傳播佛法。到咸豐年間，有先天派別佛徒黃昌成、李昌晉等，從福建來臺；昌成在南部右營埔建蓋「報恩堂」；昌晉往北部，各自興其教派，到今還很昌盛。全臺的齋堂，新竹最多，彰化次多，尤以婦女眾多，大半屬因懺悔，更且有堅守貞潔而不嫁的。持齋信徒以淨修為主，禁絕殺生、五辛（大蒜、小蒜、韭菜、蔥、洋蔥），說法是能清潔身體、澄淨心靈、絕去憂慮、明心見性、通徹佛道、了悟生死、解脫輪迴、渡化自己然後渡化他人。不過，吃齋佛徒多固執獨善其身，不以渡化眾生為心念。按獨善其身可以，佛教說一切眾生化類，我都能使脫離凡塵，皈依佛法彼岸，圓滿功德（涅盤滅度）境界，如此才可以成佛。如果假借淨修，暗行邪惡心念，情緣沒有滅除，敗德汙穢顯聞這又是佛教的罪人了。臺灣在家婦女，多吃「觀音齋」，逢九日子，必定禁絕葷食。又有吃早齋、初一、十五齋、良辰吉時齋等。男女則多持受「九皇之齋」，禮天祭地，祭祀眾神，天子撤除樂器、諸侯停止刑罰、士大夫休息政事，士人自省身心、凡人小民謹慎，用以潔淨心志直通幽冥境界。吃齋益處，可養生、修德、添財、仁愛眾物，不只為祭祀禮儀，而愚夫匹婦不明察，認為是成佛之道路，愚昧啊！府城「呂祖（呂洞賓）祠」，有比丘尼姑（不法與屠夫共犯玷汙民女），很是汙穢清淨守規，遭郡人逐走離開，改成「引心書院」，從此佛祠漸漸絕滅，臺灣的佛教也就逐漸式微了。

景教

景教有基督新教與天主舊教。兩教派都在明末傳入臺灣。荷蘭人領臺（一六二四—一六四二）時，大為宣傳福音，誘導原住民。建設教堂、學校、翻譯《聖經》、傳授十種戒律（敬拜天主基督、休息日禮拜、孝順父母、不殺生、不邪淫、不偷盜等），三十多年間，實收效果。當時牧師權大，排斥異教，凡是拜偶像的人，治罪鞭打，荷蘭評議會認爲苛刻，不准。另西班牙占領北邊，也傳布宗教，他們神父也深入蛤仔難（今宜蘭縣），南到竹塹（今新竹縣），作爲聖神天使，來感化原住民，事蹟在卷十一〈教育志〉。不過，北部原住民強悍，不像南部原住民溫馴；所以，西班牙人的傳教感化不容易做。延平郡王入臺，荷蘭人投降後，原留在原住民社的牧師，明鄭保留他們。當時有義大利神父李科羅（Victoria Ricci，一六二一—一六八五）在廈門傳教，鄭成功以上客禮遇對待。入臺後，召請他來並令出使呂宋（菲律賓），圖謀經略。到他回臺，延平郡王已駕薨，他就住在南臺東寧。永曆二十年（一六六六），呂宋前來禮聘傳教，諮議參軍陳永華不允許，才申請通商約定。

清領之後，閉關自守，道光鴉片禁煙戰爭，逐漸開啓軍事，所以禁止民間抗攘夷人（外國人）。《天津條約》（咸豐十年，一八六〇），開放海口通商，西方人逐漸來臺傳播新舊教會。同治元年（一八六二），西班牙人到鳳山「力力社」原住民地區設立天主教堂，以原住民是同宗來吸引，又有無賴人士疏通加附，因此有力力、赤山、加匏朗三社二百多人加入教會。聽聞此事，鳳山知縣派官員與下淡水（今高屏一帶）縣丞前去察查，召來潘永泉通事、潘岐山頭目，告知此地非通商港埠，外國人不能居住，逐出，西班牙人才遷到旗後（今旗津）附近前金莊。同治四年（一八六五），英國長老教會派遣馬雅谷（James Maxwell，一八三六—一九二一）牧師來臺。馬雅谷精通外科開刀術，用西藥治人並傳教，在府城「看西街」設立教堂，信從的人很多。但仇視西教的人，閒言惡語排擠，當局憂心啓禍，照會英國領事請他遷移通商口岸，馬雅各才移到旗後，另在鳳山設立教堂，集聚信徒傳教，彼此相安無事。後有派遣甘爲霖（William Campbell，一八四一—一九二一）、盧加閔（Gavin Russell，一八六六—一八九二，傷寒早逝）來臺灣。爲霖到嘉義，加閔到彰化。嘉、彰不是通商港埠，看見外國人到，眾人驚訝，都跟後隨行。加閔於是又到葫蘆墩（今臺中市豐原區）西邊「岸裏大社」的原住民部落，社族家丁人多，林爽文事役中，曾效命從軍有功，看到盧加閔來，款待並奉獻房舍作爲教堂。加閔能醫而設醫館，原住民多追從醫治。當初，爲霖在嘉義傳教，跟隨的信徒少，就轉到「店仔口」（今臺南市白河區），村莊豪戶吳志高教唆族使趁夜襲擊，爲霖脫逃僭伏叢林草莽之中，幾天後，才逃歸府城。同治七年（一八六八）八月，前金莊教會因講授教義，與村莊人言語不合，敲鑼打鼓集結大眾圍攻，鄉莊族老怕壞事，急忙出面制止。鳳山地區也殺害兩位教徒且拘捕教堂壯丁高長而去。馬雅谷的旗後教堂也被圍困，通商人士出來解圍。此時，城內孩兒開始遺失，或說洋人密殺，解剖小孩頭腦作藥，因馬雅谷開設醫業，有縣內差役叫貓角的，使人盜用孩童骨骸埋在屋室，想用詭計證實此事。第二天，凌定國知縣前去勘察，圍看的人堵塞，貓角又極力妄言，挖掘地室，看到白骨，準備相信，就拘捕高長嚴刑逼供，他不屈服。將他下獄求口供並呈述郡治，且照會英國領事。但領事認爲誣陷，飛馳稟報派駐北京公使，和中國總理衙門雙方交涉，各執其辭，就命令興泉永道（福建省的一個道）曾獻德偕同廈門英國領事吉普理渡海抵臺會辦，查知是貓角個人僞作，定罪流放至泉州，用做工所得費用千兩抵償，且撫恤死者家屬，才結案。當「鳳山教案」初起，郡內惡民壞人在三日後，也毀壞小東門天主教堂，神父走避民家，主事官吏聽聞，加以壓制，大眾才散掉。後援前述鳳山案例補償，平民與教會才相安無事。馬雅谷既已居住府治，更專心盡力傳教，在大東門設立教堂且傳授醫術，因此西醫就遠近聞名。又用上海所翻譯西洋書籍，傳授教會內，使教徒逐漸知曉天下大事，或派自己子弟到福州香港求學，學英文學西洋學問，來培養教化人才，但他們只學基督天主宗教學，尚未全有益處於人群社會。教徒內又多有拘泥成見的，臺灣人敬拜上天祖先，禮祀眾神，因而大肆抨擊洋教，想高舉數千年來歷代聖賢承續的道綱法紀來毀棄洋教。甘爲霖既到府城居住，體察民情，學習漢文。幾年後，到原住民埔裏社，那時還未設立廳治，嘗受很多危險阻礙，但盡心力傳教，才有今天的盛況。同治十一年（一八七二），加拿大長老教會也派偕里士牧師（George Lesile Mackay，亦即馬偕，一八四四—一九〇一）到淡水傳教。光緒八年（一八八二）八月，擬議比照中國義塾，延請教師設立學校，來教育貧窮子弟，兵備道（官名）劉璈認爲外國人來設立學校培育人才，實是義行之舉，又因教學和游藝不相同，此例一開，唯恐逐漸推廣，導致方向歧異；而且讓華人子弟來接受外人栽育培養，於此當官的人，不感到虧欠嗎？於是議請給付薪資師父，每年由臺北府支出送達，遇有區別優劣，會同領事官斟酌給予獎賞，來存有體統規制。此後，基督新教逐漸施行，但天主舊教還弱勢。大概從大甲以南是英倫教會，以北屬加拿大教會。清法戰役（一八八四—一八八五），基隆失陷，臺北士紳人民，共同仇視抵禦法人，一些無業流浪遊民認爲是被教徒所引起，就到八甲、枋隙、錫口（今臺北市松山區）等地燒毀教堂。肇事之後，英國領事照會地方官員，請求保護並求償萬圓。光緒十七年（一八九一），荷蘭政府認爲臺灣曾是它過去所屬領地，商議派遣傳教士，來臺和英國、西班牙互相角逐，後因他故而止步。

回教

回教的傳播，臺灣絕對稀少，只有外省人士信奉它，所以臺灣（在百年前）還沒有清眞寺。

連橫說：宗教事務，各地都有，處所不同，所祭祀的神祇就不同。住山的人祭拜老虎，住水邊的祭拜龍神，住陸上的祭祀牛，住草澤的祭拜蛇；所以，不能以祭拜老虎的爲對，而祭祀龍神的爲錯。考察他們之所以尊崇奉拜的，都是出自祈求大福去除災禍心理，而各自以此（虎、龍、牛、蛇）爲神祇。按臺灣人，來自福建、廣東，又有漳州、泉州的分別。廣東人所到之處多祭祠三山國王；漳州人拜祀開漳聖王，泉州人祭拜保生大帝，都是他們祖籍家鄉的神明，用來祈福去禍的。像讀書人祀拜文昌君，做生意人祭拜關公，農人祀拜土地公，草藥店祭祀神農氏，木工業祀拜魯班，選擇黃道吉日的人祭祀鬼谷子，職業不同，祭祀也相異，但都有追思遠祖報答本源的心意，不敢忘記他們的先師祖德。

臺灣廟宇表

臺南府

小南天	在府城蕃薯崎，祭祀土地公，位於小丘上，下有緩慢溪流水聲，向西流進海。後來逐漸建立市區，傳說此廟匾額「小南天」三字是明末寧靖王（朱術桂）親筆手寫。
開山宮	在府城內新街，明鄭時所建，祭祀隋「虎賁中郎將」（軍官名）陳稜。舊地方志認爲拜祀北宋吳眞人（吳本神醫）。按吳眞人乃一醫生，何能得此「開山」之名號？明鄭時，追思過往先哲，因陳稜對開發臺灣有功，所以建蓋此廟紀念。
興濟宮	在府城鎭北坊。明鄭時建蓋，祭祀吳眞人（吳本），福建同安人，生於北宋太宗太平興國四年（九七九），吃素且拒絕女色，精通醫藥救人，仁愛廉潔不貪取，被尊稱「保生大帝」，仁宗景祐二年（一〇三五）往生，鄉里人士祭祀，祈求禱告都回應如願，皇上頒賜「慈濟」、「忠顯」，又尊封爲「英惠侯」。
北極殿	在東安坊，明鄭時建築，祭祀「北極眞君」，或稱「玄天上帝」。
東嶽廟	位在東安坊，明鄭時建蓋，祭祀東嶽泰山的神明，清康熙、乾隆年間，重修。
馬王廟	在東安坊，明鄭時建蓋，祭祠星宿天相之神，習俗認爲輔信將軍。

總管宮	在西安坊，明鄭時建蓋，神明姓倪，生前爲海船總管。又一座在大西門外，康熙三十年（一六九一），巡道（官名）高拱乾（編輯《臺灣府志》）所建。
天公壇	在西定坊，祭祀玉皇大帝。
三官堂	在寧南坊，乾隆四十三年（一七七八）建蓋，祭祀三官大帝。
五帝廟	在寧南坊，康熙時建蓋，祭祀五顯大帝（五顯靈官）。
藥王廟	在西定坊，康熙時，鄉人建蓋，祭祀神農氏。
水仙宮	在西定坊，向海。康熙五十四年（一七一五），漳州、泉州移民來臺的商人公會合力建蓋，祭祠五位水神（大禹、伍員、屈原；另兩位為王勃、李白；或改祭祀伯益、冥，共五位）。按，大禹治水，有功萬世，伍子胥因不得重用，被浮於江上，屈原跳投汨羅江，世人認爲忠義，值得祭祀。乾隆六年（一七四一）重修，旁邊有「三益堂」，是公會商人集會商議所在，多年來，累積款項非常多，又生利息，所以比其他廟，壯麗第一。
奎樓	位於臺灣道署東南角，雍正四年（一七二六）建蓋，祭祀文魁星君，下方是關帝廳，旁側是觀音堂，又名「奎樓書院」，爲讀書人集會議事所在。
海安宮	在大西門外，靠海向西，乾隆五十三年（一七八八），由福康安（一七五四—一七九六）大將軍建蓋，祭祠海上安瀾女神天后。
開漳聖王廟	在大南門外，咸豐元年（一八五一），漳州士紳商人合建，祭祀「開漳聖王」陳元光，他是唐末福建觀察使（官名）王審知的部將，率領軍隊開發漳州，設置唐化里，漳州的開闢源於此時，所以漳州人祭祀他。
精忠廟	在東安坊，祭祀宋朝「忠武王」岳飛。
三山國王廟	在鎮北坊，雍正七年（一七二九），楊天壐知縣，游擊（官名）林夢熊，率領潮州籍商民建蓋，祭祀中山、明山、獨山（三山）神明，此三山在廣東揭陽縣界。
普濟殿	在西定坊，祭祀王爺。
元和宮	在鎮北坊，祭祀吳眞人（北宋神醫）。
良皇宮	在鎮北坊，祭祀吳眞人。

彌陀寺	在大東門內，明末鄭經建蓋。康熙五十八年（一七一九）武夷僧人一峰化募增建西側廳堂，寺殿寬闊，花木深遠清靜，是郡治之冠。
觀音亭	在鎮北坊，明鄭時建蓋，清康熙乾隆年間，里人重修。
海會寺	距離大北門三里，是鄭經所建蓋「北園別墅」。康熙二十九年（一六九〇），巡道王效宗，總兵王化行改建爲佛寺至今尚存有「碑記」，延請僧人志中住持，花木深遠幽靜，佛殿高大，冠於他寺。嘉慶元年（一七九六），水師提督（官名）哈當阿重修，又名「開元寺」，祭祀釋迦牟尼佛，供奉延平郡王神位。
黃蘗寺	在大北門外。康熙二十七年（一六八八）建蓋，三十一年（一六九二），毀於火災。三十二年（一六九三），寺內僧人化募重建。占地大，環境幽，題詞吟詠很多，後來崩壞。
竹溪寺	在大南門外，康熙三十年（一六九一）建蓋，林木茂蔭，花徑彎曲，清澈溪水環繞，很有勝名；乾隆、嘉慶年間重修。
法華寺	是明末李茂春（李菩薩）「夢蝶園」原址。康熙二十二年（一六八三），改爲佛寺，（第一任）臺灣知府蔣毓英用寺後二甲地充作香火。乾隆二十九年（一六九〇），臺灣知府蔣允焄重建，在寺前挖鑿「南湖」一池，旁蓋一樓稱「半月樓」。
廣慈庵	在東安坊，在康熙三十一年（一六九二）建蓋。
慈雲閣	在東安坊，在康熙五十三年（一七一四），諸羅知縣周鍾瑄（一六七一—一七六三，康熙六十一年升任臺灣知縣）建蓋。乾隆、嘉慶年間重修。
龍山寺	在大東門外，雍正時鄉里人士公建，乾隆時重修。
清水寺	在東安坊。
萬壽寺	在府城東邊永康里，康熙五十年（一七一一）建蓋。雍正元年（一七二三）重建，後請僧人供奉禮佛。乾隆三十年（一七六五），撥給崇文書院，佛寺逐漸傾廢。
大士殿	在鎮北坊「海神廟」右側，光緒十二年（一八八六）建蓋。
白龍庵	在鎮署右側，福州人蓋，祭祀「五福大帝」。後來在「亭仔腳街」另立祈問吉凶福禍場所，稱名「西來庵」。

臨水夫人廟	東安坊。
五妃廟	在大南門外桂子山。清康熙年間，府邑人士把明末五位王妃墓改建爲廟。乾隆十一年（一七四六），巡臺御史（官名）六十七（滿人，富詩才）、范咸等人重修，刊刻詩文於碑石上，植立在大南城門邊，仍存。
辜孝婦廟	在東安坊。祭祀辜湯純之妻，（表彰忠孝節烈），後又附祀黃寶姑，事蹟參見卷三十五〈列女傳〉。

嘉義縣

龍湖巖	在赤山堡六甲鄉莊，明鄭諮議參軍陳永華建築，前面有「龍湖」潭水，花草樹木幽靜深遠，環境絕勝。乾隆元年（一七三六），莊人化募款項重建，且祭祀有延平郡王。
碧雲寺	在哆囉國堡（今臺南市東山區、白河區交界）的火山巖。康熙四十年（一七〇一），僧人參徹住持「龍湖巖」，因此地山林佳境，就結蓋茅廬，奉請龍湖巖佛像祀拜，早晚唸經，堅固戒律。莊人謀請建蓋佛寺，稱名「大仙巖」。後諭命門徒鶴齡（第二代住持）住於此，又建寺在「玉案山」（今關仔嶺玉枕山）腰，後祀如來佛，前祀延平郡王。乾隆五十五年（一七九〇），參徹老和尚圓寂，會眾建塔於寺前。嘉慶二十四年（一八一九），子爵（官名）王得祿（一七七〇—一八四二，嘉義人）重修。

鳳山縣

雙慈亭	在鳳山縣治，俗名「大廟」，建築於乾隆初年。前祀觀音佛，後祠天上聖母，故名「雙慈」。
寧靖王廟	竹滬（含臺南市仁德區與高雄市湖內區、路竹區交界）莊田是寧靖王開闢，往生之後，與元妃羅氏合葬此地。佃農蓋廟立像拜祀。每年七月二十七日、九月二十五日致祭紀念。廟前兩棵古榕樹，樹蔭廣闊，環境清幽。
超峰寺	在岡山的山上。雍正年間，僧人紹光結蓋茅廬於此；乾隆二十八年（一七六三），臺灣知府蔣允焄建立佛寺。
興隆寺	在龜山腳，康熙三十三年（一六九四）建蓋。
元興寺	在（打）鼓山山腳，乾隆八年（一七四三），僧人經元化募建寺。光緒十七年（一八九一），火毀。

清水巖寺	在鳳山縣治南方（與今高雄市林園區交界），爲《鳳山縣志》記載境內十三名勝之一，道光十四年（一八三四），鄉董簡立勸募建寺。

澎湖廳

水仙宮	在媽宮（澎湖縣馬公市）水澳渡船頭，康熙三十五年（一六九六），右營遊擊（軍官階）薛奎建蓋。光緒元年（一八七五），媽宮街商人重修。
觀音亭	在媽宮水澳，康熙三十五年（一六九六），右營遊擊薛奎建蓋。與法國人戰役（一八八四—一八八五），佛像被毀壞，光緒十七年（一八九一），總兵（軍官階）吳宏洛募捐重修。
地藏廟	在媽宮澳武忠祠旁邊。
真武廟	在媽宮澳。乾隆五十六年（一七九一），通判（官名）蔣曾年、副將黃象新等人士捐錢修建。光緒元年（一八七五），董事高其華重修。
祖師廟	在廳治媽宮東邊三里多。祭祀清水巖祖師。《澎湖廳志》：「康熙年間，有僧人自泉州清水巖來此，替人治病有效，不收藥費、錢米，後來鄉里人思念他，蓋廟拜祀。
真人廟	祭祀保生大帝（吳真人，吳本）。
將軍廟	在八罩嶼網垵（今澎湖縣望安鄉）。《府志》記載：是否在明鄭時代，紀念隋朝文帝開皇年間的「中虎賁」（軍官階）陳稜經略至此而祭祀？
大王廟	澎湖各水澳都有此廟。《澎湖紀略》認爲是金龍大王水神，也是地方神明。西嶼（漁翁島）的神明最靈驗，海船出入，必定準備牲肉水酒，投進海裡祭祀水神。

臺灣府

天后廟	在臺灣府治大墩街。

彰化縣

慶安宮	在彰化縣東門內。嘉慶二十二年（一八一七）建蓋，祭祀吳眞人。
定光廟	在北門內，乾隆二十七年（一七六二），北路營副將（軍官階）張世英建蓋，祭祀定光佛。
威惠宮	在南門內。雍正十年（一七三二），漳州人合力建蓋，祭祀「開漳聖王」（陳元光）。
開代寺	在北門內。雍正二年（一七二四），談經正知縣倡導建蓋，祭祀觀音佛菩薩，是彰化最古早老寺。
虎山巖	在燕霧上堡白沙坑莊（今彰化縣花壇鄉）。乾隆十二年（一七四七），莊人賴光高建蓋。「虎巖聽竹」爲當時「彰化八景」之一。
清水巖	在武東堡許厝莊（今彰化縣社頭鄉）。乾隆初年建蓋，佛寺在大武郡山腳下，山谷林泉，很富幽趣，「清水春光」爲「彰化八景」之一。

雲林縣

沙連宮	在東埔臘街。咸豐六年（一八五六），生員（讀書人）劉漢中倡建，祭祀明鄭延平郡王，規模宏大寬闊，香火很盛。光緒十三年（一八八七）重修。另一「沙連宮」在林圯埔（今雲林縣、南投縣交界的竹山）。
廣福宮	祭祀「開漳聖王」。光緒十九年（一八九三），鄉紳陳一尊倡修。
吳鳳廟	在嘉義東堡社口鄉（今嘉義市番路鄉）。嘉慶二十五年（一八二〇），村莊人楊秘等建蓋，祭祀阿里山通事吳鳳（一六九九－一七六九），事蹟參見卷三十一〈吳鳳列傳〉。
三山國王廟	在雲林縣治南邊。廣東籍九村莊人士合建。

臺北府

霞海城隍廟	原在大佳臘堡八甲街（即臺北萬華），爲泉州府同安縣霞海人士合建。咸豐三年（一八五三），因分類械鬥毀壞，移建到大稻埕。

龍山寺	在艋舺（今臺北市萬華區）西南。乾隆三年（一七三八）建築，是臺北府治最古老佛寺。嘉慶二十年（一八一五），震毀，重建。
慈聖宮	在大稻埕。同治五年（一八六六），商人公會合建，祭祀天上聖母。
保安宮	在大佳臘堡（今臺北市）大隆同街（大龍峒），（祭祠保生大帝）。
惠濟宮	在芝蘭一堡（今臺北市士林區）芝山巖。乾隆五十三年（一七八八），村莊吳慶三等人建蓋，祭祀「開漳聖王」。此地是數十階梯小丘，有石刻「洞天福地」四字。
文昌祠	在惠濟宮旁，道光二十年（一八四〇），鄉里人士潘定民建，祀拜文昌帝君。
劍潭寺	在芝蘭一堡（今臺北市士林區）劍潭池畔。《臺灣志略》說：潭邊有大樹，傳說荷蘭人在樹中插劍而得名。明鄭時，居住此地華人結蓋茅屋拜佛。乾隆三十八年（一七七三），僧人榮華募捐錢資新建。
西雲巖寺	在臺北八里坌堡（今新北市八里區與五股區）觀音山下。乾隆三十三年（一七六八），胡焯猷與林作哲開墾，捐獻土地建佛寺，一名「大士觀（音）」，山高二千餘尺，遠看很像觀音盤坐。
文昌廟	在擺接堡枋橋莊（今新北市板橋區）。同治二年（一八六三），村莊人林維源（一八三八—一九〇五，板橋林家花園主人，臺北首富）建蓋。
廣濟宮	在擺接堡枋寮莊。雍正年間，移民開墾人士合建，是此堡最古老廟宇。
慈祐宮	在興直堡新莊街（今新北市新莊區），祀拜天上聖母。
文昌廟	在興直堡新莊街。嘉慶十八年（一八一三），縣丞曾汝霖募捐建蓋。
武聖宮	在興直堡新莊街。乾隆二十五年（一七六〇），貢生胡焯猷建蓋，奉祀東漢「壽亭侯」關羽（關公）。
先嗇宮	在興直堡二重埔莊。乾隆二十一年（一七五六）建蓋，祭祀神農氏。
龍山寺	在滬尾街（今新北市淡水區）。乾隆年間建蓋，規模大。光緒十二年（一八八六），臺灣巡撫劉銘傳（一八三六—一八九六）奏請皇上賜匾，頒賜「慈航普度」四字懸掛於寺內，現仍存。

福佑宮	在滬尾街。乾隆年間建蓋，奉祀天上聖母。光緒十二年（一八八六），劉銘傳上奏頒賜匾額，皇上御筆「翌天昭佑」四字，懸掛宮內，現仍存。
慈生宮	在芝蘭二堡（今臺北市北投區）唭里岸莊。明末永曆二十三年（一六六九），龍溪、同安縣移民合建，祀拜五穀大帝、三官大帝、天上聖母、福德正神（土地公），爲極古老廟宇。此地原屬原住民土地，所以移墾來此的人建宮拜神，祈求宏大福祉。
三將軍廟	在芝蘭二堡嗄嘮別莊（今臺北市北投區）關渡。奉祀明鄭三位部將劉國軒、何祐、李茂，因其功於北臺灣邊域，每年四月十七日致祭，香火很盛。
關渡宮	在芝蘭二堡關渡，奉祀天上聖母，俗稱「關渡媽祖」，香火非常盛。康熙五十六年（一七一七），漳泉、興化移民合建。乾隆四十七年（一七八二）重建。
寶藏巖	在拳山堡（今臺北市文山區、新北市新店區），濱臨新店溪，環境絕妙清靜。康熙年間，郭治亨施捨田園建蓋佛寺，後來他兒子佛求成爲此寺僧人。

新竹縣

長和宮	在新竹縣治北門口街，乾隆七年（一七四二），同知（官名）莊年、守備陳士挺合建，拜祀天后。嘉慶二十四年（一八一九）重修。
水仙宮	在長和宮旁邊，同治二年（一八六三）由商人公會募捐建蓋，祭祀夏代大禹。
地藏庵	在東門後街。道光八年（一八二八），同知李慎彝（一七七七—一八五五）、守備洪志宏倡導建蓋，祭祀地藏王菩薩。
天公壇	在東門內。咸豐元年（一八五一）建蓋，祭拜玉皇大帝。
北極殿	在竹北一堡（今新竹市與新竹縣竹北市、竹東鎮、芎林鄉、新埔鎮、北埔鄉一帶）蘆竹莊。道光九年（一八二九），林功成倡建，祭祀玄天上帝。
金闕殿	在竹北一堡客雅莊。乾隆年間建蓋，前祀玉皇大帝，後祀三官大帝。

慈天宮	在竹北一堡北埔莊。早先由「金廣福」墾號大業戶開墾田地，祈神護佑，咸豐三年（一八五三）蓋廟，中間主祀釋迦佛、觀音，配祀天上聖母、神農大帝、文昌帝君、三山國王等神明；旁祀淡水同知李嗣業、「金廣福」墾首姜秀鑾、姜榮華等三位（開墾北埔、竹東、芎林等地有功）。同治十三年（一八七四）又修建。
文昌祠	在竹北一堡新埔莊。道光二十三年（一八四三），舉人陳學光倡導建蓋，祭祀文昌帝君，春秋祭拜，並作爲本村莊人士「文社」。
文武廟	在竹南一堡（今苗栗縣竹南鎮、頭份市、三灣鄉、南庄鄉一帶）大南埔莊。道光二十五年（一八四五）建蓋，祭祀東漢「忠義侯」關羽（關公）。
文林閣	在竹北一堡（在今新竹縣芎林鄉）。光緒二年（一八七六）建蓋，祭祀文昌帝君，爲本鄉學校宮廟。
五穀大帝廟	在竹南一堡五穀王莊（在今苗栗縣竹南鎮）。嘉慶二年（一七九七），墾業戶張徽陽等人倡建，祭祀神農氏。
三山國王廟	在竹北一堡樹杞林莊（在今新竹縣竹東鎮）。嘉慶十五年（一八一〇），廣東人墾戶建蓋，同治九年（一八七〇）重修。
三聖宮	在竹南一堡頂街頭莊。咸豐四年建蓋。祭祀開漳聖王、開臺聖王、保生大帝三聖。
龍鳳宮	在竹南一堡草店尾街。祭祀「開閩聖王」王審知。他是河南固始人，唐末爲「福建觀察使」（官名），統帥軍隊入閩開發；唐代滅亡天下紛亂，五代後梁時期，自立稱爲「閩王」，臺灣移民多來自福建漳州、泉州，所以祭拜他。
褒忠廟	在竹北二堡枋寮莊（在今新竹縣新埔鎮），稱名「義民亭」。因（康熙六十年，一七二一）朱一貴及（雍正九年，一七三一）餘黨吳福生等戰役，各縣都建蓋「義民祠」，春秋致祭。因村莊人赴義戰死的人很多，皇上頒賜「褒忠」匾額，於是先建此亭。後建蓋爲廟，祭祀廣東籍義民，且祀「三山國王」。同治二年（一八六三），福建巡撫徐宗幹（一七九六—一八六六）進獻「同心報國」匾額。光緒十四年（一八八八），臺灣首任巡撫劉銘傳也進獻「赴義捐軀」匾額褒揚忠義。
集義亭	在竹北二堡新埔莊，光緒三年（一八七七）建蓋，祭祀戰事往生的忠義勇士。

褒忠祠	在竹南一堡頭份莊。光緒十年（一八八四），頭份以南一百二十村莊人士張維垣等捐募集資萬金合建，祭祀因朱一貴、吳福生、林爽文等戰役中，往生的忠義勇士。
軍大王廟	在竹北一堡埔尾莊（在今新竹縣北埔鄉）。同治六年（一八六七），村莊人建蓋，祭祀先民，稱名「軍大王」。此地原屬原住民所在，當時瘴癘流行，先民冒險犯難開闢土田，因此染病往生的很多，所以後人蓋廟祭祀，來安慰他們神靈並思念其遺留英烈。光緒十五年（一八八九），重建。
萬善廟	在竹北一堡（在今新竹縣竹東鎮）。咸豐五年（一八五五），村莊人先建在三重埔（屬今新竹縣竹東鎮、芎林鄉一帶），祭祀開拓墾殖原住民所在，水土不服而病死的人；光緒三年（一八七七），改建至此。
竹蓮寺	在新竹南門（在今新竹市），祭祀觀世音。早期移民剛到，只建蓋小祠；後來，拓墾大業戶王世傑（開拓竹塹，今新竹市）捐獻土地建寺，是新竹市最古老佛寺。道光五年（一八二五），紳士林紹賢（一七六一—一八二九，墾殖致富，慷慨好義）重修。同治五年（一八六六），紳士莊榮陞、湯奇才等又勸募捐錢重建。
金山禪寺	在竹北一堡金山面莊（即今新竹市金山寺路所在）。乾隆五十年（一七八五），郭、陳、蘇三姓人士設立隘防拓墾，結蓋茅廬拜佛，祈福保佑。咸豐三年（一八五三），建爲佛寺稱名「香蓮庵」。同治年間改建，因寺前有湧泉，稱之「靈泉寺」，又名「金山禪寺」。

卷二十三　風俗志

連橫曰：六藝，聖人之書也。是故《禮》以節人，《樂》以發和，《書》以道事，《詩》以達意，《易》以道化，《春秋》以道義。撥亂世反之正，莫近於《春秋》。春秋之時，王熄詩亡，孔子傷焉，故為其書，以究天人之際，通古今之變，其用弘矣。夫拘於天者，不足以治人。泥於古者，不足以制今。風俗之成，或數百年，或數十年，或遠至千年。潛移默化，中於人心，而萃為群德，故其所以繫於民族者實大。夫夏人尚忠，殷人尚質（質樸），周人尚文，一代之興，各有制作。是故食稻者其人柔，食麥者其人剛，食稷者其人狹。所食不同，而秉氣異焉。臺灣之人，中國之人也，而又閩、粵之族也。閩居近海，粵宅山陬（ㄗㄡ，山腳），所處不同，而風俗亦異，故閩之人多進取，而粵之人重保存。唯進取，故其志大、其行肆（行為不受拘束）而或流於虛；唯保存，故其志堅、其行陿（ㄒㄧㄚˊ，狹窄）而或近於隘。是皆有一偏之德，而不可以易者也。緬懷在昔，我祖我宗，橫大海、入荒陬（角落），臨危禦難，以長殖此土，其猶清教徒之遠拓美洲，而不忍為之輿隸（賤役之奴）也。故其輕生好勇，慷慨悲歌，十世之後，猶有存者。此則群德之不墜，而有繫於風俗焉，豈小也哉！

歲時

立春之前一日，有司豫（事先準備）塑春牛，置於東郊之外。至日往迓（ㄧㄚˋ，迎接），謂之迎春。男女盛服觀，衣香扇影，雜喧滿道。春牛過處，兒童爭摸其耳，或鞭其身，謂可得福。迎春如在歲首，尤形鬧熱，宛然太平景象也。

元旦，各家先潔室內，換桃符，鋪設一新。三更後，開門祀神，燃華燭、放爆竹，謂之開春。次拜長上，晉頌辭。出門訪友，投刺（名片）賀（賀禮）。見面，道吉祥語。客至，饗以甜料、檳榔，一品即行。親友之兒女至，以紅線串錢贈之，或百文、數十文，謂之「結帶」。是日各家皆食米丸，以取團圓之意。或絕葷，祀井、門、竈（ㄗㄠˋ，灶）。爆竹之聲，日夜不絕。

初二日，祭祖於家。新婚者以是早往外家賀春，設宴饗之。婿歸，贈以儀。

初三日，出郊展墓，祭以年糕、甜料。自是日至暮春，墦（ㄈㄢˊ，墳墓）間之地，往來不絕。

初四日，備牲設醴，燒紙馬，謂之「接神」。市肆始開門貿易。

初九日，傳為玉皇誕辰，各街演劇致祭。自元旦至望日，搢紳（地方的紳士）之家，多設筵宴客，互相酬酢（ㄔㄡˊ ㄗㄨㄛˋ，交際應酬），蓋取春酒介壽之意。

元宵之夕，自城市以及鄉里，點燈結彩，大放煙火，競演龍燈。士女出游，笙歌達旦。各街多設廟會。而臺南郡治三山國王廟，則開賽花之會，陳列水仙數百盆，評其優劣，亦雅事也。《赤崁筆談》謂：「元宵，未字之女（未滿十五尚未成年），偷折人家花枝竹葉，為人詬詈（ㄌㄧˋ，責罵），以為異日必得佳婿。」此風今已無矣。

二月初二日，為社公（土地公）辰，各街多醵（ㄐㄩˋ，聚集）資致祭。群聚讌飲（讌音ㄧㄢˋ。讌飲，即宴飲），謂之「頭衙」。而以十二月十六日為尾衙。頭，始也；尾，終也；衙，集也；謂春東作而初集也，故鄉中尤盛。商賈亦然。

三月初三日，古曰上巳，漳人謂之三日節，祀祖祭墓。而泉人以清明祭墓謂之嘗墓；嘗，春祭也。祭以餑（ㄅㄛ，麵食）餅，治牲醴，掛紙錢，歸乃食之。餑餅以麵為衣，內裹蔬肉。炸油者謂之春餅。嘗墓之禮，富貴家歲一行之，常人則兩、三年一行。婦孺歸時，各插榕枝於髻，以祓（ㄈㄨˊ，消除）不祥。

三月十九日，傳為太陽誕辰，實則有明思宗殉國之日也。以麵製豚、羊，豚九頭，羊十六頭，猶有太牢（古代祭祀天地，以牛、羊、豬三牲具備為太牢）之禮，望東祭之，帝出乎震也。家家點燈，欲其明也。亡國之思，悠然遠矣！

二十三日，天后誕辰。南北鄉人多赴北港晉香，粵莊尤盛。自春初至月杪（ㄇㄧㄠˇ，末），旗影鸞聲（鸞聲，笙簫樂聲），相續於道。晉香之人，盜不敢劫，劫之恐神譴也。

五月初五日，古曰端午，臺人謂之午日節。插蒲於門，湔（ㄐㄧㄢ，清洗）艾為湯，以角黍（角黍，粽子）時果祀祖。婦女帶繭虎（繭虎，蠶繭裝飾成虎）。以五色絲製鳥獸花果之屬，兒童佩之，謂可辟邪。沿海競鬥龍舟，寺廟海舶（ㄅㄛˊ，大船）皆鳴鑼擊鼓，謂之龍船鼓。從前臺南商務盛時，郊商各醵金製錦標，每標值數十金。先數日以鼓吹迎之，各選健兒鬥捷，觀者滿岸，數日始罷。

六月初一日，人家以米丸祀祖，謂之半年丸；或以望日行之。

七月初一日，謂之開獄門，各家致祭。自是日至月杪，坊里輪流普度，延僧禮懺，大施餓鬼。先放水燈，以照幽魂。尚鬼之俗，漳、泉為甚。糜錢巨萬，牢不可破。

七月初七日，古曰七夕。士子供祀魁星，祭以羊首，上加紅蟳，謂之解元。值東者持歸告兆，以羊有角為解，而蟳形若元字也。富厚之家，子女年達十六歲者，糊一紙亭，祀織女。刑牲設醴，以祝成人，親友賀之。入夜，婦女陳花果於庭，祀雙星，猶古之乞巧也。

十五日，謂之中元。臺人以清明為春祭，中元為秋祭，冬至為冬祭，各祀其祖，必誠必腆

（ㄊㄧㄢˇ，豐厚）。非是者幾不足以為人子孫。

八月十五日，謂之中秋，各祭社公。張燈演戲，與二月初二日同；春祈而秋報也。兒童建塔點燈，陳列古玩。士子遞為讌飲。製月餅，硃書元字，擲四紅奪之，以取秋闈（秋闈，秋季舉行的鄉試）奪元之兆。夜深時，婦女聽香，以卜休咎。

九月初九日，謂之重陽，以麻粢（麻糬）祀祖。兒童放紙鳶，繫以風箏。自朔日起，人家多持齋，曰九皇齋。泉籍為尚。

十月十五日，謂之下元，人家有祀神者。

冬至之日，祀祖，以米丸粘門戶。前一夕，兒童塑雞、豕等物，謂之添歲，猶古之亞歲也。

十二月十六日，祀社公，謂之尾衙。工人尤盛，以一年操作至是將散也。而鄉塾亦以上元開課，尾衙放假。外出之人，多歸家度歲。

二十四，治牲醴，焚紙馬，各祭所祀之神，謂之「送神」。至明年正月初四日，如前儀，謂之「接神」。翌日以為天神下降，鑒察人間善惡，莫敢褻黷，語言必慎。

除夕之日，以年糕祀祖，並祭宅神門竈。以飯一盂、菜一盂，置於神位之前，上插紅春花，以示餘糧之意。先數日，親友各饋物。是夕燃華燭，放爆竹，謂之「辭年」。闔家圍爐聚飲，爐畔環錢，既畢，各取錢去，曰「過年錢」。陳設室內，以待新年。

宮室

臺灣宮室，多從漳、泉。城市之中，悉建瓦屋，以磚壘墻，比鄰而居。層樓尚少，以地常震，故其棟梁必堅，榱桷（ㄘㄨㄟ ㄐㄩㄝˊ，屋椽，屋頂木構）必密，可歷百數十年而不壞。堂構之謀，其慮遠矣。

富厚之家，各建巨廈，環以墻。入門為庭，升階為室。大約一廳四房，房為兩廂。廳之大者廣約一丈八尺，上祀神祇，或祀祖先，可為慶賀宴饗之用。房之左，長輩居之，婢僕居於兩廂。合族而處者，則巨廈相連，旁通曲達也。

鄉村之屋，架竹編茅。亦有瓦屋，土墼（ㄐㄧˊ，未曾燒過的瓦，詳〈工藝志〉）為墻，久而愈固。棘籬環之，以畜雞、豚，所謂五畝之宅也。前時墾地之人相聚而居，外築土圍，以禦番害，故謂之堡。而澎湖則處於水隈，故謂之澳，所謂四隩既宅者也。澎湖近海，築墻皆用硓，生於水濱，似石而脆，螺蚌巢之，亦可煆灰（煆音ㄒㄧㄚˋ。煆灰，用火燒之成灰，詳見〈工藝志〉），價廉用廣，取之不竭。以船載來，府治亦有用者。

臺灣雖產材木，而架屋之杉，多取福建上游，磚瓦亦自漳、泉而來。南北各處間有自燒，其色多赤。屋脊之上，或立土偶，騎馬彎弓，狀甚威猛，是為蚩尤，謂可壓勝。而隘巷之口，有石旁立，刻「石敢當」三字，是則古之勇士，可以殺鬼者也。

臺之富家少建庭園，或於宅內略植花木。然如臺南府治吳氏之園，亭臺水石，布置甚佳；而飛來峰尤勝。壘石為山，幽邃曲折，雖居城市之中，而有丘壑之趣。若竹塹林氏之潛園，則為一時觴詠（觴詠，飲酒賦詩）之地，文酒風流，及今已泯。而霧峰林氏之萊園，依山築室，古木蕭森，頗有自然之妙也。

衣服

臺灣多燠（ㄠˋ，酷熱），南北稍殊。夏葛冬裘，儘堪度歲，故無狐貉之需。而仕宦之帶來者，僅於迎春用之。然春日載陽，野花已放，負暄（接受日光曝晒）之獻，汗流浹背矣。

南北氣候，大甲為界。大甲以下，愈南愈暖，至恆春而燠，故冬不衣裘。其上則愈北愈寒，基隆亦有積雪。今則人煙日盛，地氣為溫。立夏以後，全臺俱熱，皆衣葛布矣。

地不種棉，故無紡績。尺縷寸帛，皆自外來。而男女多用素布，鄉村則尚青黑，以其不易緇（髒汙）也。青黑之布，各地自染，澣（ㄏㄨㄢˇ，洗滌）之不褪，外省之人甚珍重，以為土宜。蓋以溪水清澄，白能受色也。沿海漁戶，悉以薯榔染衣，其色為赭，渝水不垢。所業不同，則所服亦異，固可一望而知也。

綢緞之屬，來自江浙，紳富用之。建省以後，杭綾盛行，局緞次之。大都以藍為袍，以玄為褂。亦有怡紅公子，慘綠少年，爭華競美，月異日新，則五花十色，所尚不同矣。

海通以後，洋布大消。呢羽（絲織品、毛織品）之類，其來無窮；而花布尤盛，色樣翻新，婦女多喜用之。若泉州之白布、福州之綠布、寧波之紫花布，尚消行於鄉村也。

衣服之式，以時而易。從前男子之衣，皆長過膝，袖寬四、五寸。自同治季年以來，衣則漸短而袖漸寬，有至一尺二寸者。今則漸復其初矣。

紅閨少婦，繡閣嬌娃，選色取材，皆從時尚。臺灣以紅為瑞，每有慶賀，皆著紅裙，雖老亦然。嫠婦（嫠，音ㄌㄧˊ。嫠婦，寡婦）側室，則不得服，其禮稍殺（ㄕㄞˋ，遞減原定之禮數）。

男女成婚之時，先卜吉日，延福命婦人，以白布為製衣袴，謂之「上頭服」，取其潔也。婚後收之，沒時以此為殮。

漳、泉婦女大都纏足，以小為美。三寸弓鞋，繡造極工。而粵人則否，耕田力役，無異男子，平時且多跣足（跣音ㄒㄧㄢˇ。跣足，赤足）。粵籍業農，群處山中，其風儉樸，故衣青黑之布。婦女之衣，僅以本色為緣，而袴（褲）相同。每出門，以黑布覆髻上，纏繞項後，俗不著裙，富家亦然，以其便於操作也。

沿海多風，近山多瘴，商、工、農、漁皆裹黑布；而士子則戴小帽，衣長衣，有事必加短褂，彬彬乎儒雅之林也。

鞋襪之屬，皆求之市。前時多自漳、泉配來，亦有本地製者。建省以後，漸尚上海之式，裝飾之物，莫不皆然。而搢紳之家，日趨奢美矣。

婦女首飾，多用金銀。一簪一珥（ㄦˇ，耳環），隨時而變。富家則尚珠玉，價值千金。纏足少艾，或以金環束腳，旁繫小鈴，丁冬之聲，自遠而至，月下花間，如聞環佩矣。

鬟髻之式，城鄉不同，老少亦異。垂髫（ㄊㄧㄠˊ，額前垂下的頭髮。垂髫，古時童子不束髮，故稱童子為垂髫）之女，年十四、五，始有梳頭，或為盤蛇之樣，或為墜馬之形。而粵婦則高鬟燕尾，別饒風韻。

前時婦女出門，必攜雨傘，以遮其面，謂之「含蕊傘」；相傳為朱紫陽（朱熹）治漳之俗。後則閤之如杖，尚持以行。而海通以後，改用布傘，以蔽炎日。

歸清以後，悉遵清制，而有三不降之約。則官降吏不降，男降女不降，生降死不降也。清代官服皆有品級，而胥吏（胥吏，小官吏）仍舊。婚時，男子紅帽袍褂，而女子則珠冠霞佩，蟒襖角帶，端莊華麗，儼然明代之宮裝。若入殮之時，男女皆用明服，唯有功名者始從清制。故國之思，悠然遠矣！

飲食

臺灣產稻，故人皆食稻。自城市以及村莊，莫不一日三餐，而多一粥二飯。富家既可自贍，貧者亦食地瓜，可無枵（ㄒㄧㄠ，空）腹之憂。地瓜之種，來自呂宋，故名番藷。沙坡瘠土，均可播植，其價甚賤，而食之易飽。春夏之間，番藷盛出，掇（ㄉㄨㄛˊ，採摘）為細絲，長約寸餘，曝日乾之，謂之藷纖，以為不時之需。而澎湖則長年食此，可謂饋貧之糧也。藷之為物，可以生食，可以磨粉，可以釀酒，可以蒸糕。唯長食者，須和以鹽，始可消化。若煮以糖者，僅為茶點而已。

稻之糯者為朮，味甘性潤，可以磨粉，可以釀酒，可以蒸糕。臺人每逢時歲慶賀，必食米丸，以取團圓之意，則以糯米為之也。端午之粽，重九之粢，冬至之包，度歲之糕，亦以糯米為之。蓋臺灣產稻，故用稻多也。

麥為溫帶之產，臺灣較少。其麥粉多來自他省。近則多用洋粉，製餅作麵，皆粉為之，消用頗宏。歲時慶賀必用紅龜，象其形也。白者謂之饅頭，則喪祭為之爾。糕餅之餡，多用豆，或以麻，或搗落花生為末而和之。臺灣產糖，故食糖亦多也。

酒以成禮。祀神燕客，多用老酒，以朮釀之，味甘而醇（純）；陳者尤佳，故曰老酒。市上可沽，然不及家釀之美。老酒之紅者用於嫁娶，取其吉也。村莊之間，或以地瓜為酒，其味較淡。而番社則以黍釀之，親朋相見，以此為歡。亦既醉止（止，語助詞），載歌載舞，頗有太古之風。番俗凡有罪者，課其牛酒。一飲之後，嫌疑盡釋，故無用刑之罰。而漢人之與番和者亦以牛酒。然番既嗜酒，酗飲之後，每至僨事（僨音ㄈㄣˋ。僨事，敗事）。挾彈（彈弓）而出，殺人為雄，其性然也。外省之酒，如北地之高粱、紹興之花朝，消用亦廣。海通以後，漸用洋酒，其數甚微，唯為官紳酬酢之物，尚不至為漏巵（ㄓ，酒器。漏巵，漏洞）也。

臺灣之饌與閩、粵同。沿海富魚蝦，而近山多麋鹿，故人皆食肉。饌之次者為魚翅、為鴿旦，皆土產也。盛宴之時，必燒小豚。而粵莊則殺貓，以其首饗貴客。閩、粵之中各有佳肴，唯嗜之不同爾。

故例：禁殺耕牛，食之者寡。而談果報者且以食牛有罪。蓋以祀天祭聖，始用太牢，平日未堪食此，以其有耕田之勞也。凡宰牛者謂之牛戶，例須納稅；鄉間每私屠之。若遇祈雨、求晴之時，官必禁屠，而民間之建醮祀神者亦多斷葷，以寓齋戒之意。

檨（ㄕㄜ，芒果）為臺南時果。未熟之時，削皮漬鹽，可以為羞。或煮生魚，其味酸美，食之強胃。黃時汁多而甘，眾多嗜之。或以下酒，然非臺南人不知此味。《赤崁筆談》謂：「臺人以波羅蜜煨肉，鳳梨煮肺，亦海外奇製。」信不誣也。

番石榴，亦名奈茇（ㄅㄚˊ），遍生郊野。盛出之時，切皮棄子，和以油糖，下鹽少許，煮而食之，亦可下飯。檳榔可以辟瘴，故臺人多喜食之。親友往來，以此相餽。檳榔之子色青如棗，剖之為二，和以蔞葉石灰，啖之微辛，既而回甘。久則齒黑。檳榔之性，棄積消溼，用以為藥。近時食者較少。盈盈女郎，競以皓齒相尚矣。檳榔之幹，其杪如筍，切絲炒肉，味尤甘美。臺人謂之「半天筍」。

臺灣果子最多。盛出之時，其價甚賤。而臺又出糖，故各處多製蜜餞。如新竹之萌薑，嘉義之梅李，鳳山之鳳梨糕，尤馳名。近數年來，旗後醫生林璣璋始以西法製鳳梨為罐頭，售之他處。若能擴大規模，消用愈廣，亦利源也。

冠婚

成人之禮，男冠女笄（ㄐㄧ，古人盤髮髻所用的簪），臺灣多以婚時行之。唯富厚之家，子女年達十六者，七夕之日，祀神祭祖，父師字之，戚友賀之。以紙製一亭，祀織女，以介景福。

議婚之時，媒氏送女庚帖於男家，書其年月日。三日內家中無事，然後訂盟。間有誤毀器物者，則改卜；亦古者問名之意也。

訂盟之日，男家以戒指贈女，附以糕餅之屬。母嫂親往，女奉茶。既定，女家留宴。或僅遣媒氏送之。

納采之禮，俗曰「插簪」。男家以金簪一對，繫朱絲，置於盒內，或用銀簪，視其貧富。具豚羊、糕餅、糖品、鮮花、老酒、大燭之屬，媒氏乘轎前導，鼓吹送之。女家酬以糕餅時果，若香蕉、鳳梨、芋頭、紅柑之類。各以其物，分饋親友。

納徵之禮，俗曰「完聘」。男家具婚書聘金，介以鳳冠、蟒襖、衣裳、繡靴、金鐲、珠花及大餅、糖品之屬，送至女家。又以錫製檳榔兩座，每座四葉，一書「二姓合婚」，一書「百年偕老」。女家收一，復婚書，以糕餅時果答之，又以紅帽、緞靴、袍褂、鞋襪及荷包、扇袋、書籍、筆硯之類饋婿。別以錫盒兩座，一植蓮蕉、一植石榴，以銀製榴實四顆，桂花數朵，繫紅絲纏繞枝頭，謂之連招貴子。男家種於庭際，以示昌盛。納徵之禮，略同納采。而臺南則同時行之。

請期之日，命媒氏送日課於女家，別具更儀。女家反之。更儀者，催粧之禮也。

親迎之日，卜吉而冠，擇戚屬少女父母兄弟俱存者為賓，倣古者筮日筮賓之禮也。婿坐堂上，置冠履新衣於竹篩，以香薰之，祓不祥也。賓三梳婿髮而加之冠，三加之義也。既冠，拜先祖，告廟也。次拜父母，無父母者主婚者代之，醮（ㄐㄧㄠˋ，祭祀）以酒，申戒辭，倣醮席也。次拜諸父兄長，皆答之，重成人也。是時女亦行笄禮，如前儀，唯賓用童子。既畢，設筵以餞，女首坐，父母兄弟姊妹以次陪。酒三巡而徹。凡冠笄之禮，俗曰「上頭」。先以糯米磨為大丸，上點以紅，分饋親友。是日合家食之，以取團圓之意。

親迎之時，婿具衣冠，乘大轎，圍紅綵。媒氏先導，鼓吹從之。以朋輩四人為燦行，兩童子提燈，兩童子鳴鑼，皆乘轎。沿途放爆竹，雖遇官長不令避焉。凡納徵、親迎，名具禮盤，一人肩之先行，以為贄（禮物）。盤內置豚、羊肩各一，鹿脯兩片，明筋兩束，冬瓜冰糖各數片，紅酒兩瓶。女家收之，答以糕餅時果之屬。唯親迎易鹿脯為鴨，鴨形如雁，以行奠雁（奠雁，古代婚禮，男方獻雁給女方作為初見禮）之禮。

婿至女家，駐轎於庭，款燦行者於別室。女弟三致茶湯，婿具儀答之。次致荷包，答以練裙（練裙，白絹裙），贈女弟以花炮。女盛粧出廳，父醮以酒，母命之，立於堂中，向外而拱者三。婿答之。母為著練裙，父蒙以帕。婿退。花轎進門，紫姑（陪嫁的喜娘）扶女登轎，樂作而行。以兩童子提宮燈，乘轎前，媵（陪嫁）婢從之。女家放爆竹，閉門，以示不歸之意。非親迎者，婿俟於堂，禮稍殺。

花轎之後，蓋以竹篩，朱畫八卦，避不祥也。既至，少駐於庭。一童子以盤奉雙柑，請新人出，婿揖之，女拱手答拜。紫姑扶出。預請福命婦人攜新人手，以一手擎竹篩覆之。足履紅，婿並行，直入洞房。以竹篩置床上，案上置銅鏡一。交拜訖，婿為揭帕，並坐案前，燃華燭，飲合巹酒（巹音ㄐㄧㄣˇ。合巹酒。乃婚禮中，新郎新娘兩人交杯共飲）。翌日，紫姑歸婦家傳語，告成婚也。男家以鮮花、糖包饋之。

三日，廟見，拜祖先，成婦道也。次拜舅姑，坐而受之。次拜伯叔諸母，立而答之。眾就坐，新婦獻茶，致履（鞋）襪之屬以為贄，分卑幼以荷包，各答以儀。既畢，宴新婦於堂，諸母姊妹陪之。姑酌（斟酒）酒，數巡，徹席，送婦家。引新婦入廚房，親井臼，理蘋蘩之事（主持家務）。是日，婦家以食物餪女（餪，音ㄋㄨㄢˇ。餪女，女兒出嫁三天，娘家饋送食物問候），命女弟致之，轉致之姑。別以首飾香奩（ㄌㄧㄢˊ，婦女梳妝用品的小匣子）之屬饋女。女弟乘轎往，鼓吹前導。婿迎入，坐於堂左，獻茶。少頃，導入房，俗曰「探房」，宴之。婿及新婦饋以儀，婣（ㄧㄣ，同「姻」）翁母亦饋之，又答以糕餅柑蕉之屬。

旋車之期，臺南以第四日。而各屬或以五、六日，七、八日。先期外父母具柬，命女弟請之。婿與女偕來，鼓吹前導。至家，女先入，婿從之，合拜先祖，次拜外父母及諸父諸母。各具贄，反之。分卑幼以儀，受而不報。就坐，獻茶。少頃開宴，婿居左。宴女於內，亦居左。畢辭歸，外母率眷屬出見，婿揖之。外父以席送婿家，報前貺也。饋婿以儀及米糕、糖豆、大餅、紅桃、時果之屬，又以雛雞兩對置轎中，婿家畜之，以寓蕃衍之意。

凡新婚，戚友致賀。以三日宴女賓，四日宴男賓。數月之後，兩家有慶，乃具筵相宴，是為會親之禮。

喪祭

父母病篤，置床堂左，謂之「搬鋪」，易簀（ㄗㄜˊ，蓆子。易簀，人之將死）之義也。既絕，乃哭，披髮袒（ㄊㄢˇ，裸露）臂，跣足擗踊（ㄆㄧˋ ㄩㄥˇ。跣足擗踊，捶胸頓足，極為悲痛），少須分告戚屬。既嫁之女，聞喪即歸，望閭（ㄌㄩˊ，門）而哭。越日乃殮。

將殮，梳沐襲衣含飯，設坐堂中，備物以祭，謂之「辭生」。既畢，子女扶就殮，憑棺哭，親友臨弔。

設靈於堂，早夜哭，朝夕上飯。七日一祭，謂之一旬。七旬卒哭（自死者死日起，哀至則哭，晝夜無時，行卒哭之祭。其後則改為朝夕哭），延僧禮懺，入夜徹靈。凡喪視家之有無，或三旬而徹、或百日而徹。卑幼之禮稍殺。

三旬之日，女婿祭之，以祭品分致戚屬。而親友之奠者，多在卒哭。

謝弔以夜，孝男具喪服，一人持燈，至門，免冠拜。置帖門縫，不敢見也。分胙（ㄗㄨㄛˋ，祭肉）於人，謂之「答紙」。

除靈之時，收魂帛於匣，祭時乃啓。期而小祥（小祥，父母喪禮週年的祭祀），再期而大祥（大祥，父母之喪滿二年時，所舉行的祭禮），朔、望朝夕奠（朔日與望日進行早晚的哀祭）哭，猶素服，餘哀未忘也。

凡葬於卒哭之後者，前三日舉哀，朝夕奠，曰「開堂」。親友畢弔，曰「辭堂」。厥明（天亮），移柩舉奠，出門，魂轎香亭之屬畢具，以一人在前放紙，鼓樂從之。富家或糊方相（方相，逐疫驅鬼和山川精怪的神靈。出喪時常置於行列前開道），裝鬼卒，謂之「開路神」，至墓焚之。親友白衣送，或祭於道左，謝以帛。將至，孝男跪謝。親友返，各謝以帛。葬之時，孝男撮土。既畢，題主、設祭而返。至家，設坐以祭。三日，至墓謝土。

大祥以二十四月為期。而臺人有計閏扣除者，謂死者無閏。唯縉紳家乃遵制行之。

忌辰必祭，生日亦祭。富厚之家且有演劇置酒者，謂之「陰壽」，戚友亦具禮賀之，非禮也。

清明之日，祭於宗祠。冬至亦然。祭畢飲福。小宗之祠，一族共之。大宗則合同姓而建，各置祀田，公推一人理之，或輪流主之。凡祀田不得私自變賣。無宗祠者祭於家。

家祭之禮，載於歲時。泉人日中而祭，漳人、潮人質明而祭。

演劇

演劇為文學之一，善者可以感發人之善心，惡者可以懲創人之逸志，其效與詩相若。而臺灣之劇，尚未足語此。臺灣之劇，一曰亂彈；傳自江南，故曰正音。其所唱者，大都二簧、西皮，間有崑腔。今則日少，非獨演者無人，知音亦不易也。二曰四平，來自潮州，語多粵調，降於亂彈一等。三曰七子班，則古梨園之制，唱詞道白，皆用泉音。而所演者，則男女之悲歡離合也。又有傀儡班、掌中班，削木為人，以手演之，事多稗史（稗史，野史），與說書同。夫臺灣演劇，多以賽神。坊里之間，醵資合奏。村橋野店，日夜喧闐（ㄊㄧㄢˊ，盛大）。男女聚觀，履交錯，頗有讙虞（歡愉）之象。又有採茶戲者，出自臺北，一男一女，互相唱酬，淫靡之風，侔（ㄇㄡˊ，相等）於鄭、衛（相傳古代鄭、衛之地的民俗曲風淫蕩），有司禁之。

歌謠

臺灣之人，來自閩、粵，風俗既殊，歌謠亦異。閩曰南詞，泉人尚之；粵曰粵謳（ㄡ），以其近山，亦曰山歌。南詞之曲，文情相生，和以絲竹，其聲悠揚，如泣如訴，聽之使人意消。而粵謳則較悲越。坊市之中，競為北管，與亂彈同。亦有集而演劇，登臺奏技者。勾闌（劇場或賣藝場所）所唱，始尚南詞，間有小調。建省以來，京曲傳入。臺北校書，多習徽調，南詞漸少。唯臺灣之人，頗喜音樂，而精琵琶者，前後輩出。若夫祀聖之樂，八音合奏，間以歌詩，則所謂雅頌（雅頌，中正和平的音樂）之聲也。

譯文

吳昆財・注譯

連橫說：《詩》、《書》、《易》、《禮》、《樂》、《春秋》六藝，乃是聖人的書。所以《禮》用來節制約束人，《樂》是用來讓人產生內心的平和，《書》是用來記述政事，《詩》是用來表達情意，《易》是用來闡明變化，《春秋》是用來論述微言大義。要將亂世轉引到正確的道路上，沒有比《春秋》更有用了。春秋時期，王者之跡熄滅而且《詩》也不見了，孔子對此非常感傷，所以撰寫了著作，以達能窮究天道與人事之間的關係，通曉歷史的發展演變，更從豐富的材料中，取其精華。若僅是拘泥於天道，則不能夠治理人事。拘泥於古時代的規章，也不無法處理當今的事情。風土習俗的形成，或者需要幾百年，或者是數十年，或者長達千年之久。潛移默化，深植於人的內心之中，匯聚成為群體共同遵循的規範，所以風俗習慣對於維繫民族的作用實在巨大。夏朝人樸質忠厚，商朝人敬重鬼神，周朝人強調尊卑等級和思想道德教育。一代的興盛，有著各自的製成方式。所以吃白米的人性格較為柔軟，吃麵粉的人則性格剛強，吃小米的人性格狹窄。所吃的不同，秉性也會有所差異。臺灣人，也是中國人，也是屬於福建與廣東人。福建籍居民靠海而居住，廣東籍居民則沿著山邊而居住，所處的地方不同，而風俗習慣也有差異。所以福建籍大多數是奮發向上，求取進步，廣東籍則著重在保守作風。奮發向上，所以志氣弘大，行為較不受拘束或者是草率；保守作風，所以意志堅定，行為較險隘。都是側重於一種德性，不容易改變的。緬懷過往，我祖我宗，橫渡大海，進入荒地，抵禦危難，長久根植於這塊土地，這眞是如同清教徒遠渡重洋開拓美洲，不能忍受成爲低微等級之人。所以輕視生命喜好勇氣，意志激昂放聲高歌，抒發悲壯的胸懷，十世之後，仍然有存在的風俗習慣。這些群體的規範能夠不崩毀，實是由風俗習慣所維繫，豈會細小！

歲時

立春之前一日，主管部門預先雕塑一頭春牛，放在東郊之外。立春當天，將它迎接回來，稱之爲迎春。男女個個盛裝打扮。服飾飄著香氣搖動扇子舞影，滿街道都是人聲喧譁。迎春牛經過之處，兒童們爭先恐後觸摸牛耳，或鞭打它的牛身，認爲如此可以得到福氣。迎春如果是在每一年的開始，尤其鬧熱，宛如是太平盛世的景象。

元旦，各家先清潔家裡，換上春聯，家中煥然一新。晚上十一點之後，開大門祭拜神明，燃放華美的燭火、施放爆竹，稱之爲開春。其次向長上拜年，獻上祝賀的文辭。出門拜訪朋友，送上祝賀的名帖。一見面，講些吉祥話。有客來訪，則以甜點、檳榔招待，坐一下就離開。親友的兒女來到，以紅線串上銅錢給他們，或者是百文、數十文，稱之「結帶」。當天，家家都吃飯團，取其團圓的意思。有的不吃葷，祭拜水井門灶。爆竹聲整日都不斷絕。

初二，在家中祭拜祖先。新婚夫妻一早回娘家祝賀新春，設宴招待。女婿陪妻子回娘家，也會帶上禮物。

初三，走出城郊外掃墓，以年糕、甜點祭拜先人。從當日起至春末，墓地間是往來不斷的。

初四，準備牲禮和甜酒，燒紙錢，稱爲「接神」，市街商店開門做生意。

初九，傳統上是玉皇大帝誕辰，各個街道表演戲劇來祭祀祂。從元旦到十五日，有官職或曾做過官的家庭，大多會設筵席招待客人，相互交際應酬，大概是取春酒賀壽之意。

元宵節的當晚，從城市到鄉間，張燈結彩，大大施放煙火，競相表演龍燈。仕女們紛紛出遊，唱歌聲音是通宵達旦。各個街道都設有廟會。而臺南郡治三山國王廟，則會舉行花卉比賽，會場陳列數百盆水仙花，評判它們的優劣，也是雅事。《赤崁筆談》（巡臺御史黃叔璥著）說：「元宵，尚未許配的女子，偷偷折取人家花枝竹葉，讓人責罵，認爲日後必然嫁了個好女婿。」這種風俗如今已不存在了。

二月二日，是土地公誕辰，各街道大多會湊錢祭祀。百姓們聚集起來一起喝酒，稱爲「頭衙」。而以十二月十六日爲尾衙，頭，開始；尾，結束；衙，集合；認爲這是春天作物開始有了收集，所以在鄉里之中尤其盛行。做生意的也是如此。

三月三日，這是古時候的上巳節（漢人的傳統節日，主要是在河邊為人們舉行除災祛病的儀式），漳州人稱爲三日節，奉祀祖先與祭奠墳墓。而泉州人則以清明祭奠墳墓稱爲嘗墓；嘗，就是春祭。祭祀時使用餑餅（潤餅），準備牲禮，掛紙錢，祭祀結束後返家食用這些獻祭食品。潤餅以麵粉爲皮，裡面包裹蔬菜肉類。有油炸的稱爲春餅。掃墓的牲禮，富貴人家每年一次。平常人家則是二、三年一次。婦女小孩回家時，分別在頭髮上插上榕樹的樹枝，以祛除不祥。

三月十九日，傳統爲太陽誕辰，實際上是明思宗殉國的日子。使用麵粉製成豬羊，九頭豬，十六頭羊，如同古代最高規格的太牢祭祀之禮，向東祭拜，表示皇帝出於東方之意。家家戶戶點燈，想要讓其光明。亡國的思念，眞是悠然久遠啊！

二十三日，媽祖天后誕辰。南北的鄉人們多會趕赴雲林北港晉香，廣東籍村莊更是如此。從春天初始到月底，廟旗影子與鸞轎聲音，在街上一個緊接著一個。晉香的人，連盜賊都不敢下手，因爲擔心招致神明的譴責與報應。

五月五日，古人說是端午，臺灣人稱爲午日節。在門上插香蒲，洗滌艾草作湯，以粽子和當令水果祭祀祖先。婦女們會帶著繭虎（今之香包），用五色製作成鳥獸花果之類，兒童佩掛，認爲可以避邪。沿海地區則舉行龍舟賽，寺廟海船都會敲鑼打鼓，稱爲龍船鼓。從前臺南商務盛行時，郊商各自出資製作標旗，每標旗價值數十金。前幾天以鼓吹迎接，各自選出健兒競賽，觀看的群眾滿滿的站在岸邊，好幾天才結束。

六月一日，百姓會以飯團祭祀祖先，稱爲半年丸；也有的在十五日進行。

七月一日，稱爲開鬼門，家家戶戶舉行祭拜。從當天到月底，街坊里鄰輪流普渡，聘請僧侶做禮拜與懺悔的法會，大大布施給餓鬼。先放水燈，以照亮孤魂。崇向鬼魂的風俗，漳州、泉州尤其盛行。耗費大量金錢，牢不可破。

七月七日，是古時候所說的七夕。讀書人供奉魁星，以羊頭祭祀，上頭加上紅蟳，稱爲解元（省級考試第一名）。爐主拿著羊頭告知預兆，認爲羊頭有角解釋爲解，紅蟳的形狀又宛如元這個字。富貴人家，有十六歲的子女，會糊上一個紙亭，祭祀織女。擺設牲禮，以祝賀他們成年，親友也會慶賀。到了晚上，婦女們會在庭院裡陳列鮮花水果，奉祀牛郎、織女雙星，如同古代的乞巧節。

十五日，稱爲中元節。臺灣人以清明節爲春祭，中元爲秋祭，冬至爲冬祭，分別祭祀祖先，必定誠心誠意獻上豐富的祭品。如果不這樣做就不足以爲人的子孫。

八月十五日，稱爲中秋節，分別祭祀土地公。張燈結彩演出戲劇，與二月二日相同；春天祈求於土地公在秋天回報。兒童們建立塔臺點上蠟燭，擺設古玩。讀書人相互飲酒。製作月餅，上面以紅字寫「元」這個字，誰擲出四紅的骰子就取得月餅，以取其秋闈奪得第一名的吉兆。深夜時，婦女們燒香默禱，以便占卜吉凶。

九月九日，稱爲重陽，使用麻糬祭祀祖先。兒童們會放風箏。從一日起，百姓們大都會吃素，稱爲九皇齋。以泉州人較爲注重。

十月十五日，稱爲下元，有人祭祀神明。

冬至之日，祭祀祖先，以飯糰黏在門上。前一天晚上，兒童塑製些如雞豬等的動物，稱爲添壽，古人認爲這是僅次於過年的亞歲。

十二月十六日，祭祀土地公，稱爲尾衙。工人們尤其盛行，因爲一年的勞動到了現在已接近結束。而學校也是以上元節開課，尾衙放假。外出的人，大多返家過年。

二十四日，準備牲禮，焚燒紙錢，分別祭拜自己所奉供的神明，稱爲「送神」。到明年正月四日，如同前面的祭禮，稱爲「接神」。隔天認爲天神們已經降臨，考察人間善惡，不再敢褻瀆，必須謹言慎行。

除夕之日，以年糕祭祀祖先，並祭拜門神、灶神。以白飯一碗、菜一碗，放置於神位之前，上面插紅春花，以表示有餘糧過年的意思。先前的幾天，親友們各饋贈禮物。除夕當晚點燃華麗的蠟燭，燃放爆竹，稱爲「辭年」。闔家圍爐吃飯，火爐邊以錢銀環繞著，吃完飯後，各自取錢離開，稱爲「過年錢」。把錢擺在室內，等待新年來臨。

宮室

臺灣宮室，大多依從於漳州、泉州。城市之中，全部是瓦屋形式的建築，以磚塊堆砌牆壁，相鄰而居住。樓房尚不多，主要是因爲常發生地震，所以梁棟必須堅固，屋椽必須密合，如此一百多年也不會損壞。房舍建築的謀劃，實在是深謀遠慮啊！

富貴之家，各自建築大廈，四周以牆環繞起來。進入大門是庭院，走上階後是房室。大約是一廳四房，房室分居兩廂。比較大的廳寬度大約是一丈八尺，廳上供奉神祇，或是祖先牌位，可作爲慶賀宴客之用。左邊的房間，讓長輩居住，婢女、僕人住在兩廂。如果一個家族同住，大宅第則會相連，旁邊有通道出入。

鄉村的房子，使用竹子與茅草爲材料。也有瓦片的屋子，以土作爲牆壁，越久越堅固。用籬笆圍成圈，以便飼養雞豬，這就是所謂五畝地之家。之前墾地之人聚在一起而居住，外面圍著土牆，以便防止原住民的攻擊。澎湖處在水流彎曲的地方，所以稱做澳；所謂的四隩，就是住宅。澎湖靠近海，都使用硓砧石做牆，出產於水邊，質地類似石頭比較脆，海螺與蚌用來築巢，亦可搗成細末，價格便宜用途廣泛，取之不竭。以船隻運送，府城也有人使用。

臺灣雖然出產木材，但建築的杉木，大多來自福建上游，磚塊、瓦片也是從漳州、泉州而來。南北各地方有自己燒製，顏色多是紅色。

屋脊的上面，或者豎立土製的偶人，騎馬彎弓，形狀非常威猛，就是蚩尤，認爲可以除邪得吉。而隘巷的路口，有石頭立在旁邊，刻上「石敢當」三個字，是爲古代的勇士，可以用來殺鬼的。

臺灣富有人家很少建築庭園，或者只在住宅內略爲種植花木。然而如臺南府城吳氏之園，亭臺水石，布置的佳美；又以飛來峰尤其勝出。堆疊石塊做成山，幽邃曲折，雖然居在城市之中，卻擁有山峰與河谷的樂趣。如竹塹林氏的潛園，則爲當時飲酒賦詩的地方，有才學又不拘於禮教，如今已消失不見。而霧峰林氏的萊園，依山形而建築屋室，老樹幽寂冷清，也頗得自然的妙趣。

衣服

臺灣大多數天氣是燠熱的，南北稍爲不同，夏天穿布衣、冬天穿皮衣，就足夠度過一年，所以不必有狐貉皮袍的需求。而官宦所帶來的，也僅僅是在迎春時使用。春天陽光暖和，野花一開放，已是汗流浹背了。

南北氣候，以大甲爲界。大甲以下，越南越暖，到了恆春則是燠熱，所以冬天不用穿皮衣。大甲以上則是越北越寒冷，基隆也有下雪。今天則是人口越來越多，地表蒸發的水氣轉爲溫暖。立夏以後，全臺都是熱的，全部都穿起布衣。

土地不種棉花，所以沒有紡紗。一尺一寸的絲線，皆是從海外而來。男女大多數使用素布，鄉村主要以黑色爲主，原因是不易髒汙。綠黑顏色的布料，各地方可自行染色，也不會褪色，外省的民眾非常珍惜，將它視爲土產。大概是因爲臺灣溪水清澈，白布能夠受色。沿海漁民，都使用薯榔染著的布料，它是紅褐色，放在水裡不會有汙垢。行業不同，所穿的服裝也不相同，可以一望即知。

綢緞之類，來自江蘇、浙江，士紳與富有人家都會使用。建省以後，杭州的綾羅絲織品盛行，官方的綢緞居其次。大都是以藍色做長衣的袍，以黑色做外衣的掛。有如賈寶玉之類的怡紅公子，風度翩翩、意氣風發的青年才俊，相互較勁華麗與漂亮，日新用異，五花十色，所崇向的各不相同。

對海外通商後，外國布料大大銷售。呢絨羽毛料，源源不斷而來；花布尤其盛行，顏色與樣式翻新，深受婦女們所喜歡。如泉州的白布、福州的綠布、寧波的紫花布，都還在鄉村裡非常流行。

衣服的款式，因時間的更迭而有所改變。從前男子的衣服，長度都超過膝蓋，袖子寬度四、五寸。自從同治末年以來，衣服漸漸變短袖子則變寬，有的達到一尺二寸。現今則又回到從前。

閨中少女少婦，繡房的嬌娃，選顏色與材料，都是追隨時尚。臺灣以紅色爲祥瑞，每每有慶典，都穿著紅裙，就算是年紀大的也如此。寡婦和姨太太，則不能如此穿著，這種禮儀規範是稍爲差了點。

男女結婚之時，先卜良辰吉時，延請有福氣好命的婦人，用白布做成衣褲，稱爲「上頭服」，取其純潔之意。結婚後收藏起來，等到去世之時用此入殮。

漳州、泉州婦女大部分都是纏足，以小腳爲美。三寸的弓鞋，繡造極爲精緻。而廣東人則不纏足，耕田勞動，均與男人無異，平時還多是打赤腳。廣東籍務農，群聚在山中，風俗儉樸，所以都穿著綠黑色的衣服。婦女的衣服，都以綠色爲主色，褲子也相同。每回出門，以黑布覆蓋頭上，再纏繞在頸子後面，習俗上是不穿裙子，有錢人家亦同，以便於操作。

沿海地區多風沙，靠山地區多瘴氣，商工農漁業都包裹黑布；讀書人則是頭戴小帽，穿長衣，有事必然加上短褂，彬彬有禮溫文儒雅之人啊！

鞋襪之類，都由市面要購買。之前大多從漳州、泉州配送，也有本地製造。建省以後，漸漸崇尚上海的款式，裝飾的物品，也是相同。官宦之家，越來越是奢侈華美。

婦女的首飾，多使用金銀。簪子與耳環，隨著時間而有變化。有錢人家崇向珠玉，價值千金。纏足女子，有的金環束腳，旁邊再繫上小鈴鐺，叮噹聲，從遠到近，就如同聽到身上飾物的聲音。

鬟髻的形式，城鄉不同，老少也有異。荳蔻年華的少女，到了十四、五歲，開始梳頭髮，或者做成如蛇之盤形，或者是騎馬墜落的樣式。廣東籍婦女則高高豎起和燕尾的髮型，別具有風韻。

以前婦女出門，必定攜帶雨傘，用來遮住臉，稱之為「含蕊傘」；相傳這是出自朱熹在治理漳州的習俗。後來則合起來如同手杖，帶著走路。與外國通商後，改用布傘，目的是為了遮擋日曬。

歸順清朝後，一切遵照滿清的規制，有三不降的約定，官投降吏不投降，男性投降女性不投降，生者投降死者不投降。清代官服都有品級的，但掌理案卷、文書等的小吏仍然依循舊制。結婚時，男子戴紅帽袍褂，而女子則是珠冠霞佩，蟒袍腰帶，端莊華麗，簡直就是明代的宮廷服飾。若有入殮之時，男女皆使用明代服飾，不過有功名的人才開始遵從清朝規制。這種故國的思念情懷，悠然久遠啊！

飲食

臺灣生產稻米，所以人人都吃米。從城市到鄉村，一日三餐，都是一頓粥二頓飯。富有人家可以自我供給，貧窮的也可吃地瓜，沒有餓肚子的憂慮。地瓜品種，來自呂宋，所以稱為番藷（番薯），沙坡地和貧瘠的土地，均可播種，價格低賤，很容易吃飽。番諸盛產在春夏之間，掇弄成細絲，長度約是一寸多，之後日晒成乾，稱為藷纖（地瓜籤），可以作為不時之需。澎湖長年都吃地瓜籤，可稱為貧窮人家的糧食。地瓜可以生吃，也可以磨成粉，也能釀酒，可以蒸成糕。但長期食用，必須加上鹽巴，才能消化。如果是加糖煮，只能作為茶點。

糯米就是朮，味道甘含水量較大，可以磨成粉末，可以釀酒，可蒸成糕。臺灣人每逢一年四季慶典時，必吃飯糰，以取其團圓之意，就是以糯米做成的。端午節的粽子，九九重陽節的粢（飯糰），冬至的包（菜包之類），過年的糕，都是以糯米做成。大概因爲臺灣產稻子，所用稻米的多。

麥是爲溫帶的產物，臺灣較少。麥粉多來自其他省分。近年來多使用外國麥粉，製作餅麵，皆使用麥粉，銷量非常大。一年四季的節慶祝賀必定使用的紅龜，形象如同龜。白色的稱爲饅頭，則爲喪禮儀式使用。糕餅的餡料，多使用豆類，或用芝蔴，或搗碎花生粉摻合。臺灣產糖，所以吃糖的也頗多。

酒是用來完成禮儀的。拜神宴客，多用老酒，使用糯米類釀造，味道甘醇；年分越久越佳，所以稱爲老酒。市場上可以購買，然而不及自家釀的美妙。老酒之中有紅色者用於嫁娶，取其吉祥之意。村莊之間，或有使用地瓜釀製成酒，味道較淡。原住民則以黃米釀造，親朋好友相聚，用此爲樂。直到酒醉爲止，載歌載舞，頗有古人之風。原住民習俗凡是有罪之人，罰牛和酒。一飲之後，盡釋嫌疑，所以沒有用刑的處罰。漢人和原住民談和時也使用牛與酒。不過原住民既然嗜好飲酒，酗酒之後，每到憤怒時。挾槍而起，殺人視爲英雄，性情非常剛烈。外省的酒，例如：北方的高粱、紹興的花雕，銷路也極廣。對外通商後，漸漸飲用洋酒，但數量非常少，只有成爲官紳們相互饋贈之用，尚不至成爲飲酒之士的主流。

臺灣的食物與福建、廣東相同。沿海魚蝦豐富，而靠山多麋鹿，所以百姓大多肉食的。其次的食物是魚翅、鴿蛋，都是土產。盛宴之時，必燒烤小豬。廣東莊則宰殺貓隻，用它的頭饗宴貴賓。福建、廣東之中各有佳肴，只是喜好不同而已。

傳統例子：禁止宰殺耕牛，食用牠的人很少。談因果報應者且認爲吃牛肉是有罪。大概是在奉祀上天祭拜聖人時，才能使用太牢（牛、羊、豬三牲之禮），平日不能食用牛肉，乃是因爲牛有耕田之功勞。凡是宰殺牛隻者稱爲牛戶，必須納稅；鄉間裡經常有人私宰。若遇到祈雨、祈晴之時，官府必定禁止屠宰，而民間釀酒祀神時也多會斷掉葷食，寓含著齋戒之意。

芒果是臺南的當令水果。未成熟之時，削皮以鹽巴醃漬，可作爲美食。或者加入生魚煮食，味道酸美，有助腸胃健康。芒果成熟時汁多且甘甜，許多人會品嚐。或者用來下酒，但除非是臺南人否則不知芒果滋味。《赤崁筆談》說：「臺灣人以波羅蜜和肉一起埋在火灰之中悶燒，鳳梨與肺煮食，也是海外奇特做法。」這是可信的。

番石榴，也稱奈茇（芭樂），城郊野外隨處皆有。盛產的時節，削皮去除種子，摻以油糖，再加點鹽巴，煮而吃之，也可以配飯。檳榔可以去除瘴氣，所以臺灣人多喜歡食用。親朋好友往來，用以相互餽送。檳榔是綠色如同棗子，一切爲二，加上荖葉石灰，吃起來微辣，之後回甘。吃久了則牙齒變黑。檳榔的作用，消除體內的溼氣和穢物，可作爲藥材。近年來較少爲人食用。美麗的女郎，競相以擁有潔白牙齒爲時尚。檳榔樹幹，它的末端如同筍子，切成絲炒肉，味道尤其甘美。臺灣人稱爲「半天筍」。

臺灣水果最多。盛產季節，價格低賤。臺灣又盛產糖，所以各處多能製作蜜餞。如新竹的薑，嘉義的梅子、李子，鳳山的鳳梨糕，尤其遠近馳名。近幾年來，旗後（今高雄市旗津區）醫生林璣璋開始使用西法製成鳳梨罐頭，售到其他各處。如果能擴大規模，銷售更廣，也是獲利的來源。

冠婚

成人之禮，男戴上冠帽女別上髮簪，臺灣大多數在結婚時舉行這種儀式。不過有錢人家，家中子女凡是年紀達到十六歲，七夕之日，祀神祭祖，父親老師會賜予別名，親戚朋友祝賀。以紙製成一座亭，祭祀織女，以祈求大大之福。

說媒之時，媒人將寫有女方生辰八字的帖子送到男方家，並寫上日期。三天之內若是男方家中無事，接著訂下盟約。期間如有誤毀器物，則另再占卜。也就是古代問名之意。

訂盟之日，男方家以戒指贈與女方，附上糕餅之類。母親與嫂子親自前往女方家，女子奉茶。既是訂定，女方家宴請男方家。或者也有僅由媒人代表男方送禮。

納采之禮，俗稱「插簪」。男方家以金簪一對，繫上紅絲，置在盒子裡，或者用銀簪，端視男方家貧富而定。準備豬羊肉、糕餅、糖品、鮮花、老酒、大燭之類，媒人乘著轎子做前導，鼓吹嗩吶歡送。女方家回贈糕餅和當令水果，如香蕉、鳳梨、芋頭、紅柑之類。再把這些物品，分送給親友。

納徵之禮，俗稱「完聘」。男方家備妥結婚證書、聘金，加上鳳冠、襖袍、衣裳、繡花鞋、金鐲、珠花及大餅、糖品之類，送至女方家。又以兩座使用錫製成的檳榔，每一座四片葉子，一座寫「二姓合婚」，一座寫「百年偕老」。女方家收一座，回覆婚證書，以糕餅時果回贈，加上紅帽、錦緞靴子、袍褂、鞋襪及荷包、扇袋、書籍、筆硯之類饋贈女婿。另外以兩座錫盒，一盒植上美人蕉，一盒植上石榴，再以銀製四顆石榴果實，數朵桂花，以紅線纏繞枝頭，稱之爲連招貴子。男方家種在庭園，以示昌盛。納徵之禮，略同於納采。臺南則是同一時間舉行。

請期之日，命媒人送迎娶日期送給女方家，另外準備更儀。女方家再回覆。更儀，就是催促女方梳妝啓行之禮。

親迎之日，良辰吉時，男方戴上冠帽，選擇親戚中未婚女子之中父母兄弟都在的人爲陪賓，這是仿效古時選日子選陪賓之禮。女婿坐在廳堂上，將帽子鞋子新衣服放進竹篩，用香薰染，以示去除不祥。陪賓連三次梳理新郎頭髮而後戴上帽子，這是三加冠禮之義。戴冠後，拜祖先，告祖廟，拜父母，沒有父母者由主婚人代表，對新郎敬酒，告知戒辭，這是仿效醮壇。接著拜伯叔兄長，他們也都答禮，代表尊重成人了。那時女方也行了笄禮，如同前面的儀式，唯陪賓是童子。完畢後，設延席以餞行，新娘位於首座，父母兄弟姊妹陪坐。酒過三巡而止。冠笄之禮，俗稱「上頭」。先以糯米磨成爲大丸，上面點紅，分贈親友。當天合家分食，以取其團圓之意。

親迎之時，女婿穿好衣冠，乘坐大轎，圍著紅綵。媒人先導，鼓吹隨後。朋友輩四位爲伴郎，兩個童子提燈，兩個童子鳴鑼，都是坐轎。沿途施放爆竹，就算遇到官員也不迴避。凡是納徵、親迎，準備禮盤，由一個人拿著走在前頭，作爲初次見面之禮。盤子內放置豬、羊肩肉各一個，鹿肉乾兩片，乾淨的豬筋兩束，冬瓜冰糖各數片，紅酒兩瓶。女方家接受，並以糕餅時果回贈。但是親迎改鹿肉乾爲鴨肉乾，鴨子如同雁子，代表男方向女方行獻雁之禮。

女婿到新娘家，將轎子置於庭院，伴郎到另外房間接受招待。新娘弟弟連續三次致茶湯給新郎，新郎回贈禮物。接著再送荷包，新郎回贈白色的絹裙，給新娘弟弟花炮。新娘盛妝出大廳，父親敬酒，母親命令女兒，站在廳堂之中，向外面拱手三次。女婿回禮答之。母親爲女兒穿上白絹裙，父親爲她蒙上頭巾。女婿退下。花轎進門，紫姑（新娘家的女子）扶新娘進花轎，樂音奏起而行。以兩位童子提宮燈，轎子前，有婢女們跟隨。女方家發竹爆，再關門，表示女兒不再回家之音。如果不是親自迎接新娘，女婿在堂旁等候，儀式較爲差一些。

花轎之後，蓋上竹篩，以紅色畫上八卦，以求避開不祥。到了男方家，先在大庭前停駐片刻。一位童子以盤子奉上兩顆柑橘，邀請新人出來，新郎拱手行禮，新娘答拜。紫姑扶出。預先請福命婦人牽著新人的手，再以一手高舉竹篩覆蓋在新娘頭上。腳踏在紅地壇，新人一起並行，直接進入洞房。將竹篩放在床上，桌子上放一面銅鏡。交拜後，新郎掀起頭巾，併坐在桌前，點燃華燭，合飲禮酒。

隔天，紫姑回女方家傳達，婚禮告成。男方家會以鮮花、糖果回贈。

三天，新娘到夫家宗廟參拜，拜祖先，完成婦人應遵守的法則。接著參拜公婆，公婆坐著受禮。其次是參拜伯父、叔叔、伯母、嬸母等，他們站著受禮。所有人就坐，新婦獻茶，致贈鞋襪之類作爲禮物，再以荷包分給晚輩，也接受回禮。完畢後，在廳堂上宴請新婦，新婦的姊妹們陪席。丈夫姊妹們斟酒，酒過數巡後，撤席，送新婦姊妹回家。引導新婦進入廚房，看看水井，整理一些祭品之事。當天，新婦娘家餽贈食物給初嫁女，由新婦的弟弟送達，轉給丈夫的姊妹。再以首飾化妝箱之類送給新婦。新婦弟坐轎而往，鼓吹做前導。女婿迎接，坐在大堂左側，獻茶。稍息片刻，引導進入新房，俗稱「探房」，之後再宴請。女婿和新婦回贈禮物，親家翁親家母也會回贈，接著他們也會收到糕餅柑橘香蕉之類。

旋車之期（新婦歸寧），臺南選在第四天，各地方或選在五、六天，七、八天。歸寧之前，娘家父母會先寫妥請柬，由新婦弟弟送請。女婿與女兒同來，鼓吹嗩吶做前導。到了家裡，女兒先進入，女婿隨後，一起合拜祖先，接著拜女兒的父母和伯父、叔叔、伯母、嬸母。各自準備禮物相互餽送。新婚夫妻也會給晚輩禮物，不必受禮。就坐，獻茶。片刻之後，開席宴請，女婿坐左側，女兒也坐在左邊內側。宴會結束後告辭，丈母娘率領眷屬出來見面，女婿拱手行禮。丈人送草蓆給女婿，回報先前的禮物。並贈給女婿禮物、米糕、糖豆、大餅、紅桃、當令水果之類，又將兩對小雞放在轎裡，給女婿家飼養，象徵繁衍之意。

凡是新婚，親朋好友致賀。三天宴請女賓，四天宴請男賓。幾個月之後，兩家有慶典，準備筵席相互宴請，就是結婚後男女雙方共邀親屬相見之禮。

喪祭

父母將要臨終，放一張床在大廳左側，稱爲「搬鋪」，改換席子之意。一等斷氣，就哭泣，披髮露出肩膀，赤腳搥打胸膛，過不久就分別通知親屬。已嫁出的女兒，聽到喪親消息立即回娘家，見到里巷的入口就哭。隔天入殮。

將要入殮，將往生者大體梳洗沐浴穿衣並含一口飯，在廳堂之中擺設桌子，準備物品祭拜，稱爲「辭生」。完畢後，子女們扶著就殮，憑靠棺木哭泣，親友親臨弔唁。

在大廳設置靈堂，早晚都要哭泣，朝夕上飯。七天一祭，稱爲一旬。七旬就結束了無時無刻的哭泣，並延攬僧侶進行禮懺，入夜後撤除靈堂。喪禮儀式的大小，端看喪家的財力而定，或者三旬，或者百天結束。晚輩的喪禮稍爲小一些。

三旬之日，女婿祭拜，以祭品分贈給親屬。而祭奠的親友，無時無刻不在哭泣。

答謝弔祭儀式在夜晚，孝男穿著喪服，一人持燈，到了門口，免除禮俗。把帖子於門縫，不敢見面。把祭祀過的肉品分給人，稱爲「答紙」。

除靈之時，把寫上農曆生卒年月日時的厚紙或白布，放入匣子裡，祭祀時才開啓。對年是小祥，再過一年是大祥。初一、十五早晚奠祭哭泣，仍然穿著喪服，表示餘哀仍未忘記。

只要是下葬在結束無時無刻哭泣之後的，前三天都要高聲哭泣以示哀慟，早晚奠祭，稱爲「開堂」（開設靈堂）。親友弔喪完後，稱爲「辭堂」。隔天，移動靈柩舉行奠祭，送出門，魂轎香亭之類全部具備，由一個人在前面撒紙錢，鼓樂緊隨。富有人家會用紙糊上逐疫驅鬼的神，裝扮鬼兵，稱爲「開路神」，到了墓地再焚燒。親友們穿上白衣相送，有的在路旁弔祭，喪家會回贈絹帛。快到墓地時，孝男跪謝，各別再贈送絹帛。下葬時，孝男摘取一小撮土。完畢後，立一木牌，寫上死亡銜名、設祭祀再返家。到了家中，設案桌以祭祀。三天後，到墓地祭謝土地公。大祥以二十四個月爲期。臺灣人有將閏月扣除掉的，表示死者沒有閏月。只有士紳之家仍然遵行禮制規範。

忌日一定要祭拜，冥誕也要祭拜。富貴之家甚且還有演出戲劇設置酒宴，稱爲「陰壽」，親戚朋友也準備禮物祝賀，但也不是禮。

清明節之日，在宗祠祭拜。冬至也如此。祭畢後飲供祭的酒，是爲飲福。小宗的祠堂，由一族共同擁有。大宗則連合同姓建構，分別設置祀田，公推一人掌理，或者輪流主持。只要是祀田不得私自變賣。沒有宗祠的就在家祭拜。

家祭之禮，記載於四季歲時之中。泉州人都是中午祭祀，漳州人、潮州人會在天大亮時祭祀。

演劇

演劇爲文學之一，善的演劇可以感動啓發人的善心，惡的則可以懲戒人的縱欲放蕩之志，其效用與詩相同。但臺灣的演劇，還不足以到達這種境界。臺灣的演劇，一是亂彈；傳自江南，所以稱爲正音，所唱的腔調，大都是二黃西皮，也會有崑腔。今天已漸漸減少，不但已無演唱的人，知道音律的不容易找得到。二是四平（屬於北管系統），來自潮州，多使用廣東調，低於亂彈一等。三是七子班，是古梨園的制度，唱詞口白，都使用泉州音。而所演出的內容，則是男女悲歡離合的故事。又有傀儡班、掌手中班，削木頭爲人形，使用雙手做演出，故事多爲稗官野史，與說書的相同。臺灣演劇，大都是酬神之用。街坊鄰里，共同出資合演。村橋野店，日日夜夜喧譁熱鬧。男女聚集觀賞，席間是相互雜處，不拘禮節，頗有歡樂之景象。又有採茶戲，出自臺北，一男一女，互相唱和，奢靡浮華之風，等於鄭國衛國之風，官方禁止。

歌謠

臺灣人，來自福建、廣東，風俗既不相同，歌謠也有差異。福建的說唱名爲南詞，受泉州人所喜好。廣東人的說唱名爲粵謳（應是客家歌），因爲接近山區，也稱爲山歌。南詞之曲，歌詞與情感相生而出，配合音樂，聲音悠揚，如泣如訴，聽了眞是使人意志消沉。而粵謳則較爲悲切。坊間認爲這是北管，與亂彈相同。也有集合起來演劇，登臺表演的。妓院所唱的，開始是唱南詞，當中也有唱小調。建省以來，北京曲調傳入臺灣。臺北的妓女，大多學習徽調，南詞逐漸減少。臺灣人頗爲喜愛音樂，而精於琵琶的人才，前後輩出。例如：祭祀聖人的音樂，八音合奏，其間加上歌詞，則是所謂雅頌之聲啊！

卷二十四　藝文志

臺灣三百年間，以文學鳴海上者，代不數睹。鄭氏之時，太僕寺卿沈光文始以詩鳴。一時避亂之士，眷懷故國，憑弔河山，抒寫唱酬，語多激楚，君子傷焉！連橫曰：吾聞延平郡王入臺之後，頗事吟詠。中遭兵燹（ㄒㄧㄢˇ。兵燹，因戰亂所造成的焚燒、破壞等災害），稿失不傳。其傳者北征之檄（ㄒㄧˊ，用於徵召、聲討等的官方文書），報父之書，激昂悲壯，熱血滿腔，讀之猶為起舞，此則宇宙之文也。經立，清人來講，書移往來，曲稱其體；信乎幕府之多士也。在昔春秋之際，鄭為小國，聘問贈答，不失乎禮，齊、楚、秦、晉莫敢侵凌。孔子曰：「子產有辭，諸侯賴之。」此則文章之有益於國也。清人得臺，耆舊多物故。光文亦老矣，猶出而與韓又琦、趙行可、鄭廷桂等結詩社，所稱《福臺新詠》者也。其時臺灣初啓，文運勃興，而清廷取士，仍用八比（八比，八股文），士習講章，家傳制藝，蔀（ㄅㄨˋ，遮蓋）塞聰明，汩沒天性，臺灣之文猶寥落也。連橫曰：我先民非不能以文鳴也。我先民之拓斯土也，手耒耜、腰刀銃，以與生番猛獸相爭逐，篳路藍縷，以啓山林，用能宏大其族；艱難締造之功，亦良苦矣。我先民非不能以文鳴，且不忍以文鳴也。夫開創則尚武，守成則右文（右文，注重文事）。昔周之興，陳師牧野，一戎衣而天下定。及成、康繼統，棫樸（棫音ㄩˋ。棫樸，賢才眾多）作人，制禮作樂，為後王範。漢高以馬上得天下。陸生曰：「陛下以馬上得之，能以馬上治之乎？」故漢之文章亦卓越千古。臺灣當鄭氏之時，草昧初啓，萬眾方來。而我延平以故國淪亡之痛，一成一旅，志切中興。我先民之奔走疏附者，兢兢業業，共揮天戈，以挽虞淵（虞淵，日落棲止之處）之落日。我先民固不忍以文鳴，且無暇以文鳴也。

夫以臺灣山川之奇秀、波濤之壯麗、飛潛動植之變化，可以拓眼界、擴襟懷、寫游蹤、供探討，固天然之詩境也。以故宦游之士，頗多撰作。若孫元衡之《赤崁集》，陳夢林之《游臺詩》，張湄之《瀛壖（ㄖㄨㄢˊ）百詠》，皆可誦也。光緒十五、六年，灌陽唐景崧來巡是邦，道署舊有斐亭，景崧葺（ㄑㄧˋ，修補）而新之，輒邀僚屬為文酒之會，臺人士之能詩者悉禮致之。揚風扢雅（扢音ㄍㄨˇ。揚風扢雅，品評詩文），作者雲興。既而景崧升布政使，就任臺北。臺北初建省會，游宦寓公，簪纓畢至。景崧又以時集之，潤色昇平，一時稱盛。

臺灣固無史也。康熙三十三年，巡道高拱乾始纂《府志》，略具規模。乾隆二十九年重修，其後靡有續者。各縣雖有方志，而久已遺佚，或語多粗漏，不足以備一方文獻。光緒十八年，臺北知府陳文騄（ㄌㄨˋ）、淡水知縣葉意深稟請纂修《通志》，巡撫邵友濂從之，設總局於臺北，以布政使唐景崧、巡道顧肇熙為監修，陳文騄為提調，通飭各屬，開局採訪，以紳士任之。二十一年，略成，續進總局。猝遭割臺之役，戎馬倥傯（倥傯音ㄎㄨㄥˇ ㄗㄨㄥˇ。戎馬倥傯，兵荒馬亂），稿多散失，其存者亦唯斷簡而已。

初，海東書院藏書頗富，至是亦遭兵燹，而臺灣之文獻亡矣。今但列其書目與其作者，以供後人之考求焉。

藝文表（一）

臺灣府志十卷	康熙二十三年，巡道高拱乾輯。
重修臺灣府志二十卷	乾隆六年，巡道劉良璧輯。
續修臺灣府志二十五卷	乾隆十一年，巡道六十七輯。

新修臺灣府志二十六卷	乾隆二十九年，巡道覺羅四明輯。
臺灣縣志十卷	康熙六十年，知縣王禮輯。
重修臺灣縣志八卷	乾隆十七年，知縣魯鼎梅輯。
新修臺灣縣志八卷	嘉慶十二年，知縣薛志亮輯。
鳳山縣志十二卷	康熙五十八年，知縣李丕煜輯。
重修鳳山縣志十二卷	乾隆二十九年，知縣王瑛曾輯。
諸羅縣志十二卷	雍正二年，知縣周鍾瑄輯。
彰化縣志十二卷	道光十二年，知縣李廷璧輯。
噶瑪蘭志略十四卷	道光十七年，通判柯培元輯。
噶瑪蘭廳志八卷	道光十九年，通判薩廉輯。
淡水廳志八卷	同治九年，同知陳培桂輯。
澎湖廳志十五卷	光緒十九年，同安林豪輯。
右方志十五種，凡二百卷	

藝文表（二）

臺灣志稿□卷	臺灣王喜撰。
淑齋詩文集四卷	臺灣陳鵬南撰。
剛齋集二卷	臺灣張從政撰。
通虛齋集二卷	臺灣王克捷撰。
半石居詩草一卷	臺灣曾日唯撰。

草廬詩草二卷、東寧游草一卷	臺灣黃仁撰。
東寧自娛集一卷	臺灣陳斗南撰。
半嵩集四卷	臺灣章甫撰。
鶴山遺集六卷	臺灣陳思敬撰。
達五齋家誡四卷、海內義門集四卷、小滄桑外史二卷、風鶴餘錄二卷、歸田問俗記四卷	嘉義陳震曜撰。
陶村詩集二卷	彰化陳肇興撰。
戴案紀略二卷、施案紀略一卷、讓臺記二卷	彰化吳德功撰。
偷閒集一卷	淡水陳維英撰。
石房樵唱一卷	淡水施鈺撰。
淡水廳志稿四卷、北郭園集十卷	淡水鄭用錫撰。
靜遠堂詩文抄三卷	淡水鄭用鑑撰。
潛園琴餘草二卷、潛園唱和集二卷	淡水林占梅撰。
一肚皮集十八卷、三長贅筆十三卷、經餘雜錄十二卷、小草拾遺一卷	淡水吳子光撰。
周易義類存編三卷、易義總論一卷、古今占法一卷、觀潮齋詩集一卷	淡水黃敬撰。
周易管窺四卷	淡水楊克彰撰。
讀史劄記二十四卷、竹里館詩文集	淡水彭培桂撰。
皃湖居筆記四卷、傍榕小築詩文集四卷	淡水彭廷選撰。
新竹採訪冊十二卷、十癖齋詩文集	新竹陳朝龍撰。
竹梅吟社擊鉢吟四卷	新竹陳瑞陔輯。

偏遠堂詩集二卷	新竹鄭如蘭撰。
越南紀略四卷、炎荒紀程四卷、香祖詩草一卷	澎湖蔡廷蘭撰。
鳳山採訪冊八卷	鳳山盧德嘉撰。
雲林採訪冊十卷	
臺東採訪冊五卷	
右臺灣人士著書四十種，凡二百零三卷	

藝文表（三）

臺灣輿圖考一卷、草木雜記一卷、流寓考一卷、臺灣賦一卷、文開文集一卷、文開詩集一卷	鄞縣沈光文撰。
福臺新詠一卷	沈光文輯。
島噫詩一卷、島居隨錄二卷	同安盧若騰撰。
靖海記二卷、平南事實一卷	晉江施琅撰。
臺灣郡志稿六卷、臺灣雜記一卷、山川考略一卷、海外集一卷、蓉洲文集一卷	無錫季麒光撰。
郊外集一卷	鐵嶺沈朝聘撰。
東寧唱和詩一卷	季麒光、沈朝聘合撰。
臺灣紀略一卷	長樂林謙光撰。
海上紀略一卷、鄭氏紀事一卷、稗海紀游一卷、番境補遺一卷	仁和郁永和撰。
平臺紀略一卷、東征集六卷	漳浦藍鼎元撰。

游臺詩一卷	漳浦陳夢林撰。
赤崁筆談四卷、番俗六考一卷、番俗雜記一卷	大興黃叔璥撰。
巡臺錄一卷	浮山張嗣昌撰。
臺灣風土記一卷	衡陽劉良璧撰。
臺灣采風圖考一卷、番社采風圖考一卷、使署閒情一卷	滿洲六十七撰。
瀛壖百詠一卷	錢唐張湄撰。
婆娑洋集二卷	仁和范咸撰。
澄臺集一卷	長州莊年撰。
赤崁集四卷	桐城孫元衡撰。
桴園詩一卷	丹霞吳蕖撰。
碧浪園詩一卷	輪山楊宗城撰。
澎湖志略十二卷	江夏胡格撰。
澎湖志略續編二卷	三水蔣鏞撰。
澎湖紀略一卷	安岳周于仁撰。
小琉球謾誌十卷	邵武朱仕价撰（內分六編：曰泛海紀程、曰海東紀勝、曰瀛　漁唱、曰海東賸語、曰海東月令、曰下淡水寄語）。
海東札記二卷	武陵朱景英撰。
東瀛祀典一卷	貴陽蔣允君撰。
臺灣志略三卷	濟寧尹士俍撰。
噶瑪蘭說略一卷、東游詩草一卷	馬平楊廷理撰。

蛤仔難紀略一卷	閩縣謝金鑾撰。
東槎紀略四卷	桐城姚瑩撰。
渡海前記一卷、渡海後記一卷、東溟文集二卷	南通徐宗幹撰。
治臺必告錄八卷	大興丁曰健輯。
六亭文集四卷、臺灣守城私記一卷	德化鄭兼才撰。
臺灣隨筆一卷	徐懷祖撰。
臺北紀事一卷	丹陽胡應魁撰。
東瀛載筆二卷	馬克惇撰。
臺灣小記一卷	龔柴撰。
臺灣番社考一卷	鄺其照撰。
搜篋拾遺一卷	龍溪石福祚撰。
臺灣地輿圖說二卷	新建夏獻綸撰。
東瀛識略八卷	無錫丁紹儀撰。
海音詩一卷	侯官劉家謀撰。
臺灣雜記一卷	湘陰黃逢昶撰。
訓番俚言一卷	寶應王凱泰撰。
化番俚言一卷	揭陽吳光亮撰。
日本窺臺始末一卷、開山記四卷	樂平袁聞柝撰。
巡臺退思錄三卷	岳陽劉璈撰。
潛園寓草一卷	閩縣林維垣撰。

草草草堂詩草二卷	海寧查元鼎撰。
臺陽聞見錄六卷、澄懷園唱和集二卷、詩畸四卷	善化唐贊衮輯。
東海集一卷	安溪林鶴年撰。
臺灣思慟錄一卷	思慟子撰。
右宦游人士著書八十種，凡一百六十卷	

譯文

劉昶亨・注譯

自拓墾臺灣三百年來，憑藉文學作品而發聲於東南海上者，誠然不是每一代皆能見到。到了明鄭時，才有太僕寺卿沈光文（一六一二—一六八八），開始以詩作鳴聲於臺島上。明、清改朝鼎革之際，一時間避亂東南海上之士人，回憶過往之舊事，懷眷戀故土之心，進而發爲激動悲苦之心聲，並寄託情懷於相互酬答之詩詞中。這樣的作品，有德君子讀之，亦同感哀痛傷悲。

連橫說：「我聽聞延平郡王（一六二四—一六六二）來臺後，其詩詞吟詠之作品相當豐富。然中間遭遇戰亂之焚燒、破壞，其手稿多半因而失傳。所流傳下來的，僅留下如北伐之檄文，拒父勸降之書信。延平王的風格，有心緒哀傷、意氣激昂處，亦有滿懷雄心熱血之語調，讀來令人振作奮起，可說是不朽於天地之文章！

鄭經（一六四二—一六八一）繼承延平之位，清人前來談和時，與對方之書信往來，頗能合乎禮制規範、不失尊嚴，誠然是當時延平王幕府內頗多能文之士。過去在春秋時，鄭國雖爲小封國，與其他諸侯間，互派使者友好訪問，或是餽贈回報送禮，都不違背禮制規範。因此，齊、楚、秦、晉這些大諸侯國，絲毫不敢侵犯鄭國。孔子說：『子產長於外交辭令，與諸侯間之應答往來，能憑藉其辭令而使雙方友好往來。』從子產能以文辭見重於春秋諸侯之事，可知文章之創作是有益於國家的。清廷治理臺灣後，有不少明鄭耆老陸續亡故。那時，沈光文年歲雖高，卻仍與韓又琦、趙行可、鄭廷桂共同結成東吟詩社，他們所創作之詩作，則集結為《福臺新詠》。」

延平郡王復臺時，島上的拓墾才剛開始，彼時文學仍未興盛。清廷將臺灣納入版圖後，加上清廷選拔士子，仍以八股文為主。以致士子為應舉而研讀的講義是以八股文為主，家中父子相傳教授的，亦是八股文體。八股制藝之文，堵塞了人們的聰明才智，湮沒了人們的靈明天性。因為如此，臺灣一地之文風仍然冷清未盛。

連橫說：「臺灣先民們並不是不能以文學發聲。開拓之初，先民們戮力於開墾這片土地，手上拿著耒耜翻土，腰上掛著刀和火槍，與原住民、猛獸競相追逐，歷經艱苦磨難而創業，以此壯大宗族、綿延子孫。彼時，先民們如此艱辛拓墾，實非不能創作文學，實在是不忍心為之啊！

大凡在朝代初起、草創之際，多半是崇尚武勇軍功；規模興盛之後，才轉而開始崇尚文化、文學。往昔周朝剛要興起時，百姓不安、局勢動盪，武王集結八百諸侯於牧野，一戰擊敗商紂而安定天下；及至成王、康王時，天下安定後，才轉變為創作禮樂制度，選擇賢能之人擔任官員並培育人才，以作為後世治理的典範。

漢朝初年，陸賈曾對漢高祖說：『陛下您以武力奪得天下後，難道還要用武力來治理天下嗎？』幸好高祖採納陸賈的意見，開始重視禮樂教化及涵養文學。因而有漢一朝的文章，方能傳誦千古，直到今日。

延平郡王收復臺灣之際，島上的社會仍處於未開化之初始狀態，各地來臺軍民也才安頓不久。延平王因故國淪喪之痛，欲憑藉力量單薄之軍隊，力圖恢復中興。當時奔走依附延平王之軍民，上下一心、共同努力屯田養士，期盼能力挽國勢狂瀾之局。在飄搖草創之際，先民們不但不忍心從事文章創作，也沒有空暇於文章之事啊！」

臺灣有奇秀山川與壯麗波濤，又有琳琅滿目之飛禽走獸和豐富植被的景觀，誠然能拓展人們之眼界胸襟，也可任人探訪、旅遊，從而書寫旅遊的所見所聞，眞正是天然絕佳的美麗詩境。因此，過往來臺赴任的官員們，亦留下不少文章。例如：孫元衡的《赤崁集》，陳夢林（一六六四—一七三九）的《游臺詩》，張湄亦有《瀛壖百詠》，都是値得吟詠之佳作。

光緒十五、六年（一八八九—一八九〇）時，唐景崧（一八四一—一九〇三）來臺任巡撫職，景崧將臺南道署原已修築之有斐亭加以重新修葺，邀請僚屬、舉辦筵席以吟誦詩文。當時在臺人士能作詩撰文者，一概以禮邀請招待參加。彼時，文人們如雲霧彩霞升騰聚集，一同品評詩文。當唐景崧改至臺北就任時，亦邀集在臺官宦於官署吟詠創作，文人們修飾文句，以增加文彩，堪稱一時之風雅，頗有太平盛世之氛圍。

過去，臺灣從未有記載臺灣一地歷史的史書。直到康熙三十三年（一六九四），巡道高拱乾才開始編纂《臺灣府志》，才稍微樹立起一定的規模。然而，乾隆二十九年（一七六四），再次重修《臺灣府志》後，便少有繼續編纂重修的人。此外，各縣雖有編纂專記地方歷史的志書，但不是因時間久遠而消失散落，便是文辭中的語句多有疏漏，實在不足以作爲參考之文獻。

光緒十八年（一八九二），臺北知府陳文騄（一八四〇—一九〇四）、淡水知縣葉意深建議編纂《臺灣通志》，巡撫邵友濂（一八四〇—一九〇一）允准編纂，並在臺北設立總局，以唐景崧、顧肇熙（一八四一—一九一〇）兩人爲監修，以陳文騄爲提調，通告下屬各縣開局採訪，聘任各地鄉紳擔任蒐羅史料及編纂工作。光緒二十一年（一八九五），各地蒐羅史料工作，始告初步完成，接著再進呈總局。一切準備就緒之記，突然遭逢乙未割臺戰役，在兵荒馬亂之中，許多稿件多半因此遺失。即使有遺留下來的，不過都是斷簡殘編罷了。

最初，海東書院藏書亦頗豐富，及至遭遇乙未兵災，所藏之臺灣文獻亦告亡佚。以下列出藏書之目錄及作者，作爲後人考證求索之用。

卷二十五　商務志

《易》曰：「日中為市，致天下之民，聚天下之貨，交易而退，各得其所。」皇古以還，其來尚矣。連橫曰：臺灣為宇內奧區（奧區，腹地），農礦虞衡，名蘊其利。商務之盛，冠絕南海。當宋之時，華人已至北港貿易，其詳雖不可考，然已開其端矣。方是時，馬來人之居此者，勢力忽漲，漸事遠略，駕竹筏渡大海，以與呂宋通商，轉售於內山之番，其物猶有存者。荷蘭為商務之國，略地殖民，以侵東海。明天啓二年，據澎湖。四年，復據臺灣，與中國貿易，語在〈開闢志〉。初，荷人設東印度公司，經略爪哇，不用一兵、不碎一艦，而得數千里之地，握其海權，以肆蠶食，一時無敢抗衡。而臺灣亦隸於公司之下。土田初墾，一歲三熟。出口之貨，糖約十五萬盾，米十萬盾，羽毛齒革之屬多售日本，年亦數萬盾。而日本幕府方嚴海禁，唯許荷人貿易，故商務獨大。荷制吏祿薄，不足用，各自為商，博私利，以與民爭，而賦稅又重。日人以先來之故，時與抵抗，其後遂有濱田彌兵衛之事。

永曆十五年，延平克臺，與民休息。整軍經武，以待時機，而財用不匱，以有海通之利也。初，芝龍駐安平，自為堅艦，貿易於南洋群島。凡海舶（ㄅㄛˊ，大船）不得鄭氏令旗者，不能來往。每船例入二千金，歲入以千萬計，以此富敵國。及王入臺，而清廷方嚴海禁，沿海數千里，盡委而棄之，故得獨握其利。通飭金廈、銅山、達濠諸鎮，與民交易，無相詐虞。凡中國諸貨，海外之人皆仰給焉。故能以彈丸之島，而養七十二鎮之兵。苟非歲入充裕，其何以堪？諮議參軍陳永華又行屯田之制，內興殖產，而外飭（ㄔˋ，整治）軍實，故無患。二十八年，嗣王經命戶都事楊賢監督洋船，往賈暹羅、爪哇、呂宋。是時華人之在南洋者已數百萬，多遭異族苛待，而清政府不能保之，且以為叛民，任其殺虐，破家蕩產，莫可籲訴。故延平有征伐呂宋之舉，而經亦有經略南洋之議也。使行其議，鎮撫華僑，用張國力，以開闢外府，則群島皆我有也。而延平無祿，經亦早世，遂至跼蹐（跼蹐，通「侷促」）一隅，不能展布，豈非天哉！是年英國水師提督奉命東來。八月，駕兩夾舨至安平，求通商。經命禮官待之，許開安平、廈門，訂立條約。是為英國通商之始。方是歐洲各國之在東海者，葡萄牙有澳門，西班牙有呂宋，荷蘭雖失臺灣，尚有爪哇，而東印度公司之勢未艾也。是諸國者，皆與臺灣貿易，歲率數十萬金。而日人之居臺者皆禮之，別以雞籠為商埠，許其僑住。臺灣所用之銅，來自日本。德川幕府亦輒以寬永錢助餉，歲率數十萬貫。此則鄭氏通商之策也，其所以裨益於國計民生者甚大，故漳、泉人爭附之。是臺灣者農業之國，而亦商務之國也。

清人得臺，漸開海禁。是年省議以鄭氏之時，販運白糖、鹿皮，擬照例歲辦鹿皮九千張、白糖二萬擔，往販外洋。下詢其事，諸羅知縣季麒光復以興販一項，實關國計；唯所用之船，不得不豫（預先）為籌畫。前時鄭氏商船，現多停泊廈門，應請撥用。從之。四十二年，議准出洋商船，許用雙桅。於是漳、泉商人貿易於東南洋者，逐年而多。而廷議以漳、泉人民，希圖巨利，私販糧米；臺灣之人又時與呂宋之人來往，皆當嚴防。特召閩浙總督入京會議。五十六年，遂定往販南洋之禁，唯許外人互市。雍正五年，總督高其倬奏言：「閩省福、興、漳、泉、汀五府，地狹人稠，自平定臺灣以來，生齒日增（人口增加）。本地所產，不敷食用。唯開洋一途，藉貿易之贏餘，佐耕耘之不足，貧富均有裨益。從前暫議停止，今外國之船許至中國，廣東之船亦許至外國，彼此來往，歷年守法。應請開禁。」從之。臺灣商務為之一進。洎（ㄐㄧˋ，及）乾隆間貿易甚盛，出入之貨歲率數百萬圓，而三郊為之主。三郊者，南郊蘇萬利、北郊李勝興、糖郊金永順也，各擁巨資，以操勝算。南至南洋，北及天津、牛莊、煙臺、上海，舳艫（ㄓㄨˊ ㄌㄨˊ，船艦）相望，絡繹於途，皆以安平為往來之港，而南之旗後，北之北港，亦時有出入。四十九年，許開鹿港。五十七年，又開八里坌（ㄅㄣˋ）港，以與泉州互市。而商務乃暫及臺北。及蔡牽之亂，大被劫掠，損失巨萬，一時遂為停滯。嘉慶十四年春正月，福州將軍賽沖阿入覲，奏言：「漳、泉二郡向不產米，全仰臺灣。從前商販流通，食貨贍足，皆緣商船高大，梁頭有高至一丈數尺者，又准配帶炮位器械，間遇盜船，克資抵禦。近年洋匪不靖，恐其牽劫商船，梁頭不准過高；又恐炮械出洋，有接濟盜賊之事，不准攜帶。商船畏懼，無不裹足。間有出洋之船，多被擄劫。米石既資盜糧，船隻復為盜有，是以商販不通，漳、泉米貴。刻下蔡牽勢已窮蹙（ㄘㄨˋ，窘迫），可否仍准用高大梁頭，並配帶火藥器械，則遇盜足以抵禦矣。」詔以「盜船接濟之源，最重食米。其劫掠既專注臺灣商販之船，則商販往來，首當防範。朕思兵船在洋勦賊，東追西逐，未能肅清。迨經嚴飭，又往往以海洋遼闊，未能遇賊為詞。揆厥緣由，或係盜船畏懼兵威，望而卻走；或因兵船無可劫掠，故不駛近。若照賽沖阿所議，遽令改易大船，多帶火藥器械，又慮為賊牽劫，所獲滋多。而商船出洋之後，更難保無不肖奸徒，陰為接濟。此時欲求其有利無弊，莫若酌派兵船，與之同行。既可無慮盜劫，更可藉以攻勦。唯兵船、商船向來各有旗號，不如混為一色。則盜船駛近，可以乘機注擊，並可剪縛巨魁。且商販流通，漳、泉得免米貴，而盜船無由接濟。此為正本清源之道，但須妥議周詳，不致窒礙，方為盡善。其速議奏。」於是乃定兵船護衛之法，而海寇亦漸平矣。

天津之約，許開臺灣互市。英、美、法、德相繼而來，派領事、劃租界、設商行、建棧房。輪船出入，次第漸興，而交涉亦愈繁。咸豐九年，設通商局於道署，由道辦之。置提調官二員、委員四員、翻譯官二員、稿案書二名、清書二名，以理租界商務，保護游歷、領事往來、教堂傳教以及華洋互訟之事。滬尾、雞籠、安平、旗後各設分局，駐委員。光緒十三年，藩署亦設通商總局，歸布政使，而臺南仍歸道。當是時，貿易雖少，而遞年增加。洎光緒十九年，竟至一千一百十七萬餘兩，可謂盛矣。蓋自劉銘傳巡撫以來，墾田治產，茶腦大興，運至歐美各埠。居民既多，幾至三百萬人，所需洋貨亦盛。出入足以相抵，且有溢過。故能百事俱舉，民戶殷庶。使長此以往，臺灣之富未可量也。

夫外國貿易，以英為首，美、德次之。英貨之多，以阿片為最，每年四千箱，箱值五百圓，則為二百萬圓。此則臺灣之漏卮（ㄓ。漏卮，漏洞）也。臺南土產以糖為巨，其始多配天津、上海。同治九年，旗後陳福謙乃自運至橫濱，歲率二、三萬擔，頗贏其利。十三年，又設順和棧於其地，以開臺糖販路。是為臺人互市日本之始。是年，又以夾板裝糖三萬擔至英倫，以前此多由香港轉配也。光緒十一年，劉銘傳任巡撫，官山府海，大拓其利。十二年，設招商局於新嘉坡，委革職道張鴻祿、候補知府李彤恩偕赴南洋，考察商務，招徠華僑，以籌興物產。又購駕時、斯美兩輪船，航行上海、香港，遠至新嘉坡、西貢、呂宋。而飛捷、成利、萬年清三艘，則往來沿海及東南各省，運載貨物，無有積滯。夫欲興商務，必速交通。故內建鐵路，而外開航運，以啓闢地利。初，天津之約，許開淡水，而範圍廣漠。凡淡水河所至之地，皆可互市。其時竹塹置廳之地，亦稱淡水。而清廷臣工昧於地理，荒忽訂約。淡水德領事欲擴商權，銘傳知之，乃以城外之大稻埕為商埠，瀕河而居，可通航運。遂說富戶林維源、李春生合建千秋、建昌二街為市廛（ㄔㄢˊ，商店），內外茶商多僦（租賃）之，其後日盛。十三年，邀江浙商人集資五萬兩，設興市公司，創建城內之石坊、西門、新起諸街，以棲商賈，治大路，行馬車。聘日本人鑿井，曰自來水，汲者便之。翼年，設電汽燈，燃煤為之，凡巡撫、布政各署機器局及大街均點之。而大稻埕鐵橋亦以是年成，費款七萬餘圓，上利行人，而下通船舶。設機為紐，可以啓閉。當是時，省會初建，冠蓋雲集，江、浙、閩、粵之人，多來貿易。而糖、腦、茶、金出產日盛，收釐愈多。其後遂改招商局為通商總局，以董其事，而臺灣商務乃日進矣。

各國立約通商表

英吉利	咸豐八年五月十六日，《天津條約》第十一款。
法蘭西	咸豐八年五月十六日，《天津條約》第六款。
美利堅	咸豐八年五月初八日，《天津條約》第十四款。
俄羅斯	咸豐八年五月初三日，《天津條約》第三款。
布魯士	咸豐十一年七月二十八日，《天津條約》第六款。
丹　墨	同治二年五月二十八日，《北京條約》第十一款。
荷　蘭	同治二年八月二十四日，《北京條約》第二款。
西班牙	同治三年九月初十日，《北京條約》第五款。
比利時	同治四年九月十四日，《北京條約》第十一款。
義大利	同治五年九月十八日，《北京條約》第十一款。
奧大利	同治八年七月二十六日，《北京條約》第八款。
日　本	同治十年七月二十九日，《天津條約》第一款。

臺灣外國貿易表

年　分	滬尾及基隆（兩）	安平及旗後（兩）	合　計（兩）
同治二年	二四七、三六六	三四七、八六七	五九三、二三三
三年	六五九、八八一	九二七、四〇五	一、五八七、二八六

年分	滬尾及基隆（兩）	安平及旗後（兩）	合計（兩）
四年	七一〇、六二八	一、八九三、四五五	二、六〇四、〇三八
五年	八六二、二五四	一、八六二、三一三	二、七二四、五六七
六年	七八二、三三九	一、八三二、六四八	二、六一四、九八七
七年	八二二、八四六	一、二九六、六七九	二、一一九、五二五
八年	七五九、六五七	一、五三七、七九六	二、二九七、四五五
九年	九八五、七六六	二、一四四、八九九	三、一三〇、六五五
十年	一、二三九、八二〇	二、二七七、九六一	三、五一七、七八二
十一年	一、四九三、九四四	二、一五九、二八〇	三、六五三、二二四
十二年	一、四四五、九一〇	一、八二九、八九八	三、二七五、八〇八
十三年	一、六二六、九四五	二、三〇三、二二九	四、二六六、一〇一
光緒元年	一、八四二、二二一	二、二七九、四七〇	四、一二一、六九一
二年	一、四一〇、三七〇	二、六九八、三二〇	五、一〇八、六九〇
三年	二、七六六、五九五	二、八三七、七一四	五、五九八、三一一
四年	三、〇八九、三〇九	二、四九三、三八三	五、五八二、六九二
五年	三、六三三、一八六	三、七五〇、九二五	七、三八四、一一一
六年	三、九二六、九九五	四、五二七、五四四	八、四五四、五三九
七年	四、一六五、八八〇	四、〇五九、三一一	八、二二五、一九一
八年	四、〇一八、七二三	三、一七〇、六六七	七、一八九、三九〇
九年	三、五六一、六八二	三、七七二、九九六	七、三三四、六七八

年分	滬尾及基隆（兩）	安平及旗後（兩）	合計（兩）
十年	三、六五三、四一六	三、〇八四、六〇八	六、七三七、四八四
十一年	四、五三七、四六五	二、四七八、六八一	七、〇一六、一四六
十二年	五、四六二、五〇三	二、五八三、六二五	八、〇四六、一二八
十三年	五、六四一、九九〇	二、七六二、五三八	八、四〇四、五二八
十四年	五、七〇一、一八五	二、八六二、〇二〇	八、五六三、二〇五
十五年	五、二九四、七九六	二、七四六、四六四	八、〇四一、二六〇
十六年	五、五七九、七一三	三、五七五、七二三	九、一五五、四三六
十七年	五、三五二、五五四	三、一三一、二六〇	八、四八三、八一四
十八年	五、七九六、二八四	二、九三二、三一一	八、七二八、五九五
十九年	七、八八〇、二〇四	三、二九五、八六九	一一、一七六、〇七三

臺灣糖出產表

年次	出口斤數	自用斤數	合計斤數
同治九年	五九、七四五、二〇〇	一七、九二三、五六〇	七七、六六八、七六〇
十年	五八、三八五、四〇〇	一七、五一五、六二〇	七五、九〇一、〇二〇
十一年	六二、八八二、三〇〇	一八、八六四、六九〇	八一、七四六、九九〇
十二年	五〇、七四六、八〇〇	一五、二二四、〇四〇	六五、九七〇、八四〇
十三年	六八、六二七、〇〇〇	二〇、五八八、〇〇〇	八九、二一五、〇〇〇
光緒元年	四八、八八九、六〇〇	一四、六七五、二〇〇	六三、五六四、八〇〇

年次	出口斤數	自用斤數	合計斤數
二年	八八、〇五四、六〇〇	二六、四一六、三八〇	一一四、四七〇、九八〇
三年	六〇、八〇六、〇〇〇	一八、二四一、八〇〇	七九、〇四七、八〇〇
四年	四一、三六八、四〇〇	一二、四一〇、五二〇	五三、七七八、九二〇
五年	七六、五三五、九〇〇	二三、九六〇、七七〇	九九、四九六、六七〇
六年	一〇六、四一四、六〇〇	三一、九二四、三八〇	一三八、三三八、九八〇
七年	七五、四八九、二〇〇	二二、六四六、七六〇	九八、一三五、九六〇
八年	六一、三四五、四〇〇	一八、四〇三、六二〇	七九、七四九、〇二〇
九年	七七、五七三、一〇〇	二三、二六一、九三〇	一〇〇、八三五、〇三〇
十年	九六、七一六、八〇〇	二九、一五〇、四〇〇	一二五、八六七二〇〇七
十一年	三五、八九八、〇〇〇	一六、七六九、四〇〇	七七、六六七、四〇〇
十二年	三九、〇一五、五二一	一一、七〇四、六五六	五〇、七二〇、一七七
十三年	五五、四四八、八〇〇	一六、六三四、六四〇	七二、〇八三、四四〇
十四年	六五、五六七、八〇〇	一九、六七〇、三四〇	八五、四二八、一四〇
十五年	五七、〇一三、五〇〇	一七、一〇四、〇五〇	七四、一一七、五五〇
十六年	七二、三一八、一〇〇	二一、六九五、四三〇	九四、〇一三、五三〇
十七年	五六、九九九、〇〇〇	一七、〇九九、七〇〇	七四、〇九八、七三〇
十八年	六〇、一一〇、一〇〇	一八、〇三三、〇三〇	七八、一四三、一三〇
十九年	五一、〇六七、〇八八	一五、三二〇、一二六	六六、三八七、二一四
二十年	七三、五五七、四〇〇	二二、〇六七、二二〇	九五、六二四、六二〇

此表據海關造報及外人著書而列之，唯中有可疑者，則光緒六年自用之額為三千一百九十二萬餘斤，而十二年降為一千一百七十萬餘斤；僅以六年之間，銳減約三分之一，似有不當。夫糖市之盛衰，雖係收成之豐歉，而以臺人用糖程度計之，每人年約五斤，則全臺三百萬人應用一千五百萬斤，故以此額而推算臺灣產糖，表之於後。

臺灣產糖推算表

年次	斤數
同治九年	七四、七四五、二〇〇
十年	七三、三八五、四〇〇
十一年	七七、八八二、三〇〇
十二年	六五、七四六、八〇〇
十三年	八三、六二七、〇〇〇
光緒元年	六三、八八九、六〇〇
二年	一〇三、〇五四、六〇〇
三年	七五、八〇六、〇〇〇
四年	五六、三六八、四〇〇
五年	九一、五三五、九〇〇
六年	一二一、四一四、六〇〇
七年	九〇、四八九、二〇〇
八年	七六、三四五、四〇〇

年次	斤數
九年	九二、五七三、一〇〇
十年	一一一、七一六、八〇〇
十一年	七〇、八九八、〇〇〇
十二年	五四、〇一五、五二一
十三年	七〇、四四八、八〇〇
十四年	八〇、五六七、八〇〇
十五年	七二、〇一三、五〇〇
十六年	八七、三一八、一〇〇
十七年	七一、九九九、〇〇〇
十八年	七五、一一〇、一〇〇
十九年	六六、〇六七、〇八八
二十年	八八、五五七、四〇〇

臺灣糖出口表

年次	擔數
同治九年	五九七、四五二
十年	五八三、八五四
十一年	六二八、八二三
十二年	五〇七、四六八
十三年	六八六、二七〇

年次	擔數
光緒元年	四八八、八九六
二年	八八〇、五四六
三年	六〇八、〇六〇
四年	四一三、六八四
五年	七六五、三五九
六年	一、〇六四、一四六
七年	七五四、八九二
八年	六一三、四五四
九年	七七五、七三一
十年	九六七、一六八
十一年	五五八、九八〇
十二年	三九〇、一五五
十三年	五五四、四八八
十四年	六五五、六七八
十五年	五七〇、一三五
十六年	七二三、一八一
十七年	五六九、九九〇
十八年	六〇一、一〇一
十九年	五一〇、六七〇
二十年	七三五、五七四

譯文

李朝凱．注譯

《易經》有云：「一天中午時開市做交易，招徠天下的民眾，聚集天下的貨物，相互交換錢貨後離開，各自都得到了滿足。」自遠古以來，由來已久。連橫說：臺灣為海內腹地，農產、礦產、物產，名稱蘊含了其中的利益。商貿事務的興盛，是南中國海中最高的。在宋代的時候，中國人已經到北港進行貿易，其中的詳情雖然已不可考，然而已經開其端倪了。正在此時，馬來人居住在這裡的人，勢力忽然上漲，謀事遠略，駕駛乘坐竹筏渡過大海，來和呂宋（今菲律賓）通商，轉賣於內山的原住民，至今仍然有存在的東西。荷蘭作為一個務商性質的國家，攻略土地進行殖民，接著又侵犯東海。明代天啓二年（一六二二）時，荷蘭占據澎湖。天啓四年（一六二四），又占據了臺灣，荷蘭要與中國貿易，敘明在〈開闢志〉。一開始，荷蘭人設立東印度公司，經營謀劃爪哇（今印尼），沒有用到一名兵丁、沒有毀壞一艘船艦，而得到了數千里的土地，掌握了爪哇的海權，放肆地漸漸的侵占了爪哇的土地，當時沒有人敢和荷蘭人對抗。而臺灣也屬於荷蘭東印度公司的麾下。臺灣的土地開始開墾，一年就有三次收穫。出口的貨物，砂糖約有十五萬盾，稻米有十萬盾，獸類的羽毛牙齒皮革等物產大多賣給日本，一年也有數萬盾。而日本幕府正在嚴行海禁，只允許荷蘭人做貿易，所以商貿事務一家獨大。荷蘭的官員俸祿微薄，不夠生活上使用，因各自成為商人，博取私人利益，所以和民眾爭奪生意，而課徵的賦稅又很沉重。日本人以他們先來臺灣的理由，當時和荷蘭人抗爭，此後就有了濱田彌兵衛的事件。

永曆十五年（一六六一），延平郡王鄭成功（一六二四—一六六二）攻克臺灣，保養民力，復興經濟。整頓軍隊，治理武備，以等待時機，而財用並不匱乏，因爲有海上交通的有利條件。一開始，鄭芝龍（一六〇四—一六六一）駐守在安平（今福建省泉州市安海鎮），自己擁有堅固的艦隊，在南洋群島之間貿易。凡是海船沒有得到鄭氏令旗的船隻，不能在海上往來。每艘船慣例收取二千金，每年的收入數以千萬計，因此富可敵國。等到延平郡王鄭成功進入臺灣後，清廷開始嚴格執行海禁政策，沿海數千里，完全放棄了，所以鄭氏能夠獨自掌握海上的貿易利益。透過加強金門、廈門、銅山（今福建省漳州市東山縣）、達濠（今廣東省汕頭市達濠區）等各個軍鎮，與百姓交易，沒有互相欺詐的事情。凡是中國的各種貨物，海外的人們都仰賴鄭氏的提供。所以鄭氏能夠以彈丸的島嶼，而生養七十二鎮的軍隊。如果不是年度收入充裕，怎麼能夠承受呢？

諮議參軍陳永華（一六三四—一六八〇）又施行屯田的制度，在內興設產業增殖財產，在外整飭軍備實力，所以沒有憂慮。永曆二十八年（一六七四），繼承王位的鄭經（一六四二—一六八一）命令戶都事楊賢監督出洋商船，去暹羅（今泰國）、爪哇、呂宋等國貿易。當時華人在南洋的已有幾百萬人，大多遭受異族苛酷的對待，而清政府不能保護他們，並且認爲他們是叛民，任由他們遭受殺虐、傾家蕩產，沒有辦法可以呼籲和控訴。所以延平郡王有征伐呂宋的舉動，而鄭經也有經營管理南洋的言論。若使他們推行這項討論，鎮壓撫順華僑，用舉國的力量，來開闢外地，則這些群島都是我們擁有的了。然而延平郡王不幸去世，鄭經也早世，最後狹窄的待在一處，這難道不是天意嗎！這一年英國水師提督奉命來到東方。八月，駕駛兩艘夾舨船來到安平，要求互通貿易。鄭經命令禮官接待，允許開放安平、廈門，並訂立條約。這是和英國通商的開始。[1]這時候歐洲各國在東海者，葡萄牙有澳門，西班牙有呂宋，荷蘭雖然失去臺灣，還有爪哇，而東印度公司的勢頭還沒有衰退。這些國家的人，都有和臺灣貿易，每年都有數十萬金。而日本人居住在臺灣的皆以禮待之，另外把雞籠（今基隆市）作爲商用的港埠，允許他們借住。臺灣所用的銅礦，來自於日本。德川幕府也總是以寬永錢幫助鄭氏的錢餉，每年都有數十萬貫。這是鄭氏通商的策略，其所以有益於國計民生者相當的大，所以漳州、泉州的人群爭相歸附鄭氏。臺灣是一個農業的國家，而且也是商業貿易的國家。

清人得到臺灣後，逐漸開放禁海令。這一年議定參照鄭氏的時候，販運白糖、鹿皮，擬定照慣例每年採辦鹿皮九千張、白糖二萬擔，到外洋販售。向下級詢問這件事，諸羅縣知縣季麒光又以興設商販此項，實則關係到國家的生計；只有所用的船，不能不預先規畫。前一代鄭氏的商船，現在大多停留在廈門，因而請求調撥使用。得到上級的同意了。康熙四十二年（一七〇三），經過中央研議准許出洋的商船，允許可以採用雙桅杆式的大船。於是漳州、泉州的商人去東洋、南洋貿易的人，隨著時間越來越多了。而朝廷研議因漳州、泉州的人，希望謀圖巨大的利益，想要私自販賣糧米；臺灣的人又時常和呂宋人來往，都應當嚴密防範。特別召集閩浙總督進北京宮中開會研議。

康熙五十六年（一七一七），於是決定了去南洋販售的禁令，只允許外國人來內地相互買賣。雍正五年（一七二七），閩浙總督高其倬（一六七六－一七三八）上奏說：「福建省福州府、興化府、漳州府、泉州府、汀州府等五府，土地狹窄人口稠密，自從平定臺灣以來，人口每天都在增加。本地

1　英人最早到臺灣求互市乃永曆二十四年（一六七〇）五月。鄧孔昭，《臺灣通史辨誤》（南昌：江西人民出版社，一九九〇），頁二四一。

所生產的糧食，都不夠吃用。只有開放外洋貿易這條路了，藉著貿易的盈餘，輔助耕作的不足，窮人和富人都有益處。以前暫時研議停止，現在外國的船隻允許到中國，廣東的船也同意到外國，彼此互相往來，經過多年都遵守法令。應該懇請開放禁令。」朝廷接受了此一建議。臺灣的商貿事務爲此得以開展。

到了乾隆年間貿易量相當繁盛，進出的貨物每年有數百萬圓，而三郊是貿易的主事者。所謂的三郊：就是南郊蘇萬利、北郊李勝興、糖郊金永順，[2]各個郊商都擁有巨資，很有獲勝成功的把握。南到南洋（泛指現今南中國海附近的東南亞諸國），北到天津、牛莊（今遼寧省營口市）、煙臺（今山東省煙臺市）、上海，船艦互相觀望，絡繹不絕地在路途上，都以安平爲往來的港口，而南方的旗後（今高雄港），北部的北港（今雲林縣北港鎮、嘉義縣新港鄉一帶），也時常有船隻出入。乾隆四十九年（一七八四），允許開放鹿港。乾隆五十七年（一七九二），又開放八里坌港（今新北市八里區），以和泉州相互貿易。而商貿事務於是暫時擴及到臺北。[3]到了蔡牽作亂時，臺灣大都被搶劫，損失非常巨大，一時間就爲之停頓了。

嘉慶十四年（一八〇九）春季正月，福州將軍賽沖阿（？—一八二八）入宮覲見皇上，上奏說：「漳州、泉州二府向來不生產稻米，全都仰賴臺灣。從前商販流通，食貨供應充足，都是因爲

2 蘇萬利為北郊發起人及首富大商，金永順為南郊發起人及首富大商，李勝興為港郊發起人及首富大商。鄧孔昭，《臺灣通史辨誤》，頁二四一—二四二。

3 開設八里坌口為乾隆五十三年（一七八八）之事，當時規定八里坌與五虎門對渡，咸豐九年（一八五九）與泉州蚶江對渡的乃是鹿港。鄧孔昭，《臺灣通史辨誤》，頁二四二—二四三。

商船高大，梁頭有高至一丈幾尺的，又准許佩戴炮位、器具軍械，中間遇到海賊船隻，足夠提供抵擋防禦。近幾年海盜不大平靜，害怕他們會劫持商船，梁頭不准許太高；又恐怕從大炮武器出口外洋，有接濟盜賊的事情，因此不准攜帶。商船畏懼海盜，都停下腳步了。其間有出洋的船隻，大多遭受擄劫。米石已經資助海盜的糧食，船隻又被海賊占有，所以商販沒有運銷，漳州、泉州的米價昂貴。現在蔡牽已經窮途末路，可不可以仍然准許使用高大梁頭並佩戴火藥軍事器械，那麼遇到盜賊就足以抵禦了。」嘉慶皇帝下詔書說：「海盜船接濟的來源，最重要的是食米。他們搶劫既然專注於臺灣商販的船，則商販貿易往來，首先應當防範。朕想到水師戰船在洋面上追剿海賊，東追西趕的，不能完全清除。等到經過嚴格飭令後，又往往以海洋遼闊，沒有能夠遇到海賊為藉口。考察其原因，或許是海賊船隻害怕水師的軍威，觀望後就膽怯逃走；也或許是因為水師戰船沒有什麼可以搶劫的，所以沒有駛近。如果按照賽沖阿所建議的，立即下令改造大船，多帶些火藥武器，又擔心被海賊劫持，海賊所收穫的會更多。而商船出海之後，更難保證沒有邪惡奸詐之輩，暗自接濟海賊。這時要想求其有利益而無弊害，不如考慮派遣兵船，與商船同行。既可以不用憂慮海盜搶劫，更可藉此攻打追剿。只是戰船、商船向來各自都有旗幟，不如都混為一色。那麼盜船開到近處時，可以趁機注入攻擊，並且可以剪除縛捆海賊首領。再加上商販貿易的流通，漳州、泉州也就免除米價騰貴，而海盜船也沒辦法接濟了。這是正本清源的正道，但是必須妥善研議論思考周全詳細，不致會有所阻礙，這樣才是完美。他迅速上奏提議。」於是就決定兵船護衛的方法，而海盜也就漸漸平息了。

《天津條約》，允許開放臺灣進行貿易。英國、美國、法國、德國相繼來到臺灣，派遣領事、劃定租界、設立商行、建立棧房。輪船進出，依次逐漸興起，而交涉往來也越來越多。咸豐九年（一八五九），設立通商局於道臺衙門，由道員承辦。設置提調官二名、委員四員、翻譯官二名、稿案書吏二名、清書書吏兩名，以管理租界的商貿事務，保護遊客、領事的往來、教堂的傳教，以及華洋互打官司的事情。滬尾（今新北市淡水區）、雞籠、安平、旗後分別設立分局，駐守委員。[4]光緒十三年（一八八七），布政使司也設立了通商總局，歸給布政使管轄，而臺南則仍然是歸給臺灣道員管理。當時，貿易數量雖然少，而逐年有所增加。到了光緒十九年（一八九三），竟然達到一千一百十七萬餘兩，可以說是很興盛了。大概從劉銘傳巡撫以來，開墾田地治理產業，茶葉、樟腦大爲興起，運銷到歐美各個港埠。居民已經很多了，幾乎有三百萬人，所需要的洋貨也很興盛。貿易出入口量足以相互抵除，而且甚至出口量有更多。所以任何事情都能夠成功，百姓殷實富庶。倘使長期這樣下去，臺灣的財富不可估量。

在對外貿易上，以英國爲首，美國、德國次之。英國貨物很多，其中以鴉片爲最多，每年四千箱，一箱價值五百圓，那麼就是二百萬圓。這是臺灣的利益外溢的漏洞啊。臺南的地方物產以砂糖最多，砂糖開始大多配銷天津、上海。同治九年（一八七〇），旗後陳福謙開始運到日本的橫濱，每年約二、三萬擔，賺了很多的利潤。同治十三年（一八七四），又在橫濱設立順和棧，開啓臺灣砂糖販賣的銷運管道。這是臺灣人到日本貿易的開始。這一年，又以夾板船裝載砂糖三萬擔到英國，在此之前大多是由香港轉口配銷出去的。光緒十一年（一八八五），劉銘傳擔任臺灣巡撫，透過食鹽運銷的手段，大肆拓展自己的利益。

光緒十二年（一八八六），設立招商局在新嘉坡（今新加坡），委任革職道員張鴻祿（一八五〇—一九一九）、候補知府李彤恩一同赴南洋，考察商貿事務，招徠華僑，以籌劃振興物產。又購買

4 臺灣通商局最初設於同治九年（一八七〇）。鄧孔昭，《臺灣通史辨誤》，頁二四三。

駕時、斯美兩艘輪船，航行上海、香港，遠至新嘉坡、西貢（今越南）、呂宋。而飛捷、成利、萬年清等三艘船，則是往來沿海和東南各省，運載貨物，沒有積存滯銷。

要想振興商務，一定要讓交通便捷。所以在島內興建鐵路，而對外開放航運，以開展土地利益。一開始，天津條約允許開放淡水，而範圍相當廣大。凡是淡水河所到的地區，都可以買賣。當時竹塹設置廳級衙門的地方，也被稱爲淡水。而清廷群臣百官對於臺灣地理相當糊塗，迷糊不清的訂立條約。淡水德國領事想要擴張商權，劉銘傳（一八三六—一八九六）知道後，就將城外的大稻埕作爲商業碼頭，臨河而居住，可以往來航運。於是勸說富商林維源（一八四〇—一九〇五）、李春生（一八三八—一九二四）聯合建設千秋、建昌二街作爲市集，內外茶商大多來此聚集，此後更加繁盛。光緒十三年（一八八七），邀請江浙商人集資萬兩，設立興市公司，創建臺北城內的石牌坊、西門、新起等街市，讓商人棲居，蓋大路，讓馬車通行。聘請日本人鑿井，稱爲「自來水」，打水的人很方便。隔年（一八八八），設置電汽燈，用燒煤供電的，凡是巡撫衙門、布政使司衙門、機器局，以及大街上都有點電汽燈。而大稻埕鐵橋也是在這一年完成，花費款項七萬多圓，橋上方便行人，而橋下可以往來船舶。設置機械爲鈕鍵，可以用來開啓和關閉。當時省會才剛建，達官貴人紛紛聚集，江蘇、浙江、福建、廣東的人，很多都來做生意。而砂糖、樟腦、茶葉、黃金生產量日益旺盛，政府收到的釐金也越來越多了。後來就改招商局爲通商總局，來管理商貿事務，而臺灣的商貿事務於是就日益進步了。

各國訂立通商條約表

英國	咸豐八年（一八五八）五月十六日《天津條約》第十一款。
法國	咸豐八年（一八五八）五月十六日《天津條約》第六條。[5]
美國	咸豐八年（一八五八）五月初八日《天津條約》第十四款。
俄羅斯	咸豐八年（一八五八）五月初三日《天津條約》第三款。
德國	咸豐十一年（一八六一）七月二十八日《天津條約》第六條。
丹麥	同治二年（一八六三）五月二十八日《北京條約》第十一款。[6]
荷蘭	同治二年（一八六三）八月二十四日《北京條約》第二款。[7]
西班牙	同治三年（一八六四）九月初十日《北京條約》第五款。[8]
比利時	同治四年（一八六五）九月十四日《北京條約》第十一款。
義大利	同治五年（一八六六）九月十八日《北京條約》第十一款。
奧地利	同治八年（一八六九）七月二十六日《北京條約》第八款。
日本	同治十三年（一八七四）七月二十九日《天津條約》第一款。

5 應為咸豐八年（一八五八年）五月十七日。鄧孔昭，《臺灣通史辨誤》，頁二四三。

6 應為《天津條約》第十一款。鄧孔昭，《臺灣通史辨誤》，頁二四三。

7 應為《天津條約》第二款。鄧孔昭，《臺灣通史辨誤》，頁二四三。

8 應為中、西天津《和好貿易條約》第五款。鄧孔昭，《臺灣通史辨誤》，頁二四三—二四四。

臺灣對外國出口貿易統計表

年分	滬尾和基隆（兩）	安平和旗後（兩）	合計（兩）
同治二年（一八六三）	二十四萬七千三百六十六	三十四萬七千八百六十七	五十九萬三千二百三十三
同治三年（一八六四）	六十五萬九千八百八十一	九十二萬七千四百零五	一百五十八萬七千二百八十六
同治四年（一八六五）	七十一萬零六百二十八	一百八十九萬三千四百五十五	二百六十萬四千零三十八
同治五年（一八六六）	八十六萬二千六百五十四	一百八十六萬二千三百一十三	二百七十二萬四千五百六十七
同治六年（一八六七）	七十八萬二千三百三十九	一百八十三萬二千六百四十八	二百六十一萬四千九百八十七
同治七年（一八六八）	八十二萬二千八百四十六	一百二十九萬六千六百七十九	二百一十一萬九千五百二十五
同治八年（一八六九）	七十五萬九千六百五十七	一百五十三萬七千七百九十六	二百二十九萬七千四百五十五
同治九年（一八七〇）	九十八萬五千七百六十六	二百一十四萬四千八百九十九	三百一十三萬零六百五十五
同治十年（一八七一）	一百二十三萬九千八百二十	二百二十七萬七千九百六十一	三百五十一萬七千七百八十二
同治十一年（一八七二）	一百四十九萬三千九百四十四	二百一十五萬九千二百八十	三百六十五萬三千二百二十四
同治十二年（一八七三）	一百四十四萬五千九百一十	一百八十二萬九千八百九十八	三百二十七萬五千八百零八
同治十三年（一八七四）	一百六十二萬六千九百四十五	二百三十萬三千二百二十九	四百二十六萬六千一百零一
光緒元年（一八七五）	一百八十四萬二千二百二十一	二百二十七萬九千四百七十	四百一十二萬一千六百九十一
光緒二年（一八七六）	一百四十一萬零三百七十	二百六十九萬八千三百二十	五百一十萬八千六百九十
光緒三年（一八七七）	二百七十六萬六千五百九十五	二百八十三萬七千七百一十四	五百五十九萬八千三百一十一
光緒四年（一八七八）	三百零八萬九千三百零九	二百四十九萬三千三百八十三	五百五十八萬二千六百九十二
光緒五年（一八七九）	三百六十三萬三千一百八十六	三百七十五萬零九百二十五	七百三十八萬四千一百一十一
光緒六年（一八八〇）	三百九十二萬六千九百九十五	四百五十二萬七千五百四十四	八百四十五萬四千五百三十九

年分	滬尾和基隆（兩）	安平和旗後（兩）	合計（兩）
光緒七年（一八八一）	四百一十六萬五千八百八十	四百零五萬九千三百一十一	八百二十二萬五千一百九十一
光緒八年（一八八二）	四百零一萬八千七百二十三	三百一十七萬零六百六十七	七百一十八萬九千三百九十
光緒九年（一八八三）	三百五十六萬一千六百八十二	三百七十七萬二千九百九十六	七百三十三萬四千六百七十八
光緒十年（一八八四）	三百六十五萬三千四百一十六	三百零八萬四千六百零八	六百七十三萬七千四百八十四
光緒十一年（一八八五）	四百五十三萬七千四百六十五	二百四十七萬八千六百八十一	七百零一萬六千一百四十六
光緒十二年（一八八六）	五百四十六萬二千五百零三	二百五十八萬三千六百二十五	八百零四萬六千一百二十八
光緒十三年（一八八七）	五百六十四萬一千九百九十	二百七十六萬二千五百三十八	八百四十萬四千五百二十八
光緒十四年（一八八八）	五百七十萬一千一百八十五	二百八十六萬二千零二十	八百五十六萬三千二百零五
光緒十五年（一八八九）	五百二十九萬四千七百九十六	二百七十四萬六千四百六十四	八百零四萬一千二百六十
光緒十六年（一八九〇）	五百五十七萬九千七百一十三	三百五十七萬五千七百二十三	九百一十五萬五千四百三十六
光緒十七年（一八九一）	五百三十五萬二千五百五十四	三百一十三萬一千二百六十	八百四十八萬三千八百一十四
光緒十八年（一八九二）	五百七十九萬六千二百八十四	二百九十三萬二千三百一十一	八百七十二萬八千五百九十五
光緒十九年（一八九三）	七百八十八萬零二百零四	三百二十九萬五千八百六十九	一千一百一十七萬六千零七十三

臺灣砂糖生產統計表

年次	出口斤數	從用斤數	合計斤數
同治九年（一八七〇）	五千九百七十四萬五千二百	一千七百九十二萬三千五百六十	七千七百六十六萬八千七百六十
同治十年（一八七一）	五千八百三十八萬五千四百	一千七百五十一萬五千六百二十	七千五百九十萬一千零二十
同治十一年（一八七二）	六千二百八十八萬二千三百	一千八百八十六萬四千六百九十	八千一百七十四萬六千九百九十

年次	出口斤數	從用斤數	合計斤數
同治十二年（一八七三）	五千零七十四萬六千八百	一千五百二十二萬四千零四十	六千五百九十七萬零八百四十
同治十三年（一八七四）	六千八百六十二萬七千	二千零五十八萬八千	八千九百二十一萬五千
光緒元年（一八七五）	四千八百八十八萬九千六百	一千四百六十七萬五千二百	六千三百五十六萬四千八百
光緒二年（一八七六）	八千八百零五萬四千六百	二千六百四十一萬六千三百八十	一億一千四百四十七萬零九百八十
光緒三年（一八七七）	六千零八十萬六千	一千八百二十四萬一千八百	七千九百零四萬七千八百
光緒四年（一八七八）	四千一百三十六萬八千四百	一千二百四十一零五百二十	五千三百七十七萬八千九百二十
光緒五年（一八七九）	七千六百五十三萬五千九百	二千二百九十六萬零七百七十	九千九百四十九萬六千六百七十
光緒六年（一八八〇）	一億零六百四十一萬四千六百	三千一百九十二萬四千三百八十	一億三千八百三十三萬八千九百八十
光緒七年（一八八一）	七千五百四十八萬九千二百	二千二百六十四萬六千七百六十	九千八百一十三萬五千九百六十
光緒八年（一八八二）	六千一百三十四萬五千四百	一千八百四十萬三千六百二十	七千九百七十四萬九千零二十
光緒九年（一八八三）	七千七百五十七萬三千一百	二千三百二十六萬一千九百三古	一億零八十三萬五千零三十
光緒十年（一八八四）	九千六百七十一萬六千八百	二千九百一十五萬零四百	一億二千五百八十六萬七千二百零七
光緒十一年（一八八五）	三千五百八十九萬八千	一千六百七十六萬九千四百	七千七百六十六萬七千四百
光緒十二年（一八八六）	三千九百零一萬五千五百二十一	一千一百七十萬四千六百五十六	五千零七十二萬零一百七十七
光緒十三年（一八八七）	五千五百四十四萬八千八百	一千六百六十三萬四千六百四十	七千二百零八萬三千四百四十
光緒十四年（一八八八）	六千五百五十六萬七千八百	一千九百六十七萬零三百四十	八千五百四十二萬八千一百四十
光緒十五年（一八八九）	五千七百零一萬三千五百	一千七百一十萬四零五十	七千四百一十一萬七千五百五十
光緒十六年（一八九〇）	七千二百三十一萬八千一百	二千一百六十九萬五千四百三十	九千四百零一萬三千五百三十
光緒十七年（一八九一）	五千六百九十九萬九千	一千七百零九萬九千七百	七千四百零九萬八千七百三十

年次	出口斤數	從用斤數	合計斤數
光緒十八年（一八九二）	六千零一十一萬零一百一十	一千八百零三萬三千零三十	七千八百一十四萬三千一百三十
光緒十九年（一八九三）	五千一百零六萬七千零八十八	一千五百三十二萬零一百二十六	六千六百三十八萬七千二百一十四
光緒二十年（一八九四）	七千三百五十五萬七千四百	二千二百零六萬七千二百二十	九千五百六十二萬四千六百二十

這個統計表是依據清代臺灣海關製作的《海關報告》和外國人撰寫的書籍進而排列而成的，只是其中有可疑的數據，就是光緒六年（一八八〇）自用的數額爲三千一百九十二萬多斤，而光緒十二年（一八八六）下降爲一千一百七十萬多斤；僅僅在六年的時間，大幅減少約三分之一，似乎有些不恰當。砂糖市場的興盛和衰滅，雖然是和收穫的豐收和歉收有關，而以臺灣人使用砂糖的程度來計算，每個人一年大約爲五斤，全臺灣三百萬人應該使用一千五百萬斤，所以用這個數額來推算臺灣生產的糖額，統計表在後面。

臺灣生產砂糖推算統計表

年次	斤數	備註
同治九年（一八七〇）	七千四百七十四萬五千二百	
同治十年（一八七一）	七千三百三十八萬五千四百	
同治十三年（一八七四）	八千三百六十二萬七千	
光緒元年（一八七五）	六千三百八十八萬九千六百	
光緒二年（一八七六）	一億零三百零四萬五千六百	
光緒三年（一八七七）	七千五百八十萬六千	

年次	斤數	備註
光緒四年（一八七八）	五千六百三十六萬八千四百	
光緒五年（一八七九）	九千一百五十三萬五千九百	
光緒六年（一八八〇）	一億二千一百四十一萬四千六百	
光緒七年（一八八一）	九千零四十八萬九千二百	
光緒八年（一八八二）	七千六百三十四萬五千四百	
光緒九年（一八八三）	九千二百五十七萬三千一百	
光緒十年（一八八四）	一億一千一百七十一萬一千八百	
光緒十一年（一八八五）	七千七百八十八萬二千三百	
光緒十二年（一八八六）	六千五百七十四萬六千八百	
光緒十一年（一八八五）[9]	七千零八十九萬八千	
光緒十二年（一八八六）[10]	五千四百零一萬五千五百二十一	
光緒十三年（一八八七）	七千零四十四萬八千八百	
光緒十四年（一八八八）	八千零五十六萬七千八百	
光緒十五年（一八八九）	七千二百零一萬三千五百	
光緒十六年（一八九〇）	八千七百三十一萬八千一百	
光緒十七年（一八九一）	七千一百九十九萬九千	

9 原誤。
10 原誤。

年次	斤數	備註
光緒十八年（一八九二）	七千五百一十一萬零一百	
光緒十九年（一八九三）	六千六百零六萬七千零八十八	
光緒二十年（一八九四）	八千八百五十五萬七千四百	

臺灣砂糖出口統計表

年次	擔數	備註
同治九年（一八七〇）	五十九萬七千四百五十二	
同治十年（一八七一）	五十八萬三千八百五十四	
同治十三年（一八七四）	六十八萬六千二百七十	
光緒元年（一八七五）	四十八萬八千八百九十六	
光緒二年（一八七六）	八十八萬零五百四十六	
光緒三年（一八七七）	六十萬零八千零六十	
光緒四年（一八七八）	四十一萬三千六百八十四	
光緒五年（一八七九）	七十六萬五千三百五十九	
光緒六年（一八八〇）	一百零六萬四千一百四十六	
光緒七年（一八八一）	七十五萬四千八百九十二	
光緒八年（一八八二）	六十一萬三千四百五十四	
光緒九年（一八八三）	七十七萬五千七百三十一	
光緒十年（一八八四）	九十六萬七千一百六十八	

年次	擔數	備註
光緒十一年（一八八五）	六十二萬八千八百二十三	
光緒十二年（一八八六）	五十萬七千四百六十八	
光緒十一年（一八八五）[11]	五十五萬八千九百八十	
光緒十二年（一八八六）[12]	三十九萬零一百五十五	
光緒十三年（一八八七）	五十五萬四千四百八十八	
光緒十四年（一八八八）	六十五萬五千六百七十八	
光緒十五年（一八八九）	五十七萬零一百三十五	
光緒十六年（一八九〇）	七十二萬三千一百八十一	
光緒十七年（一八九一）	五十六萬九千九百九十	
光緒十八年（一八九二）	六十萬一千一百零一	
光緒十九年（一八九三）	五十一萬零六百七十	
光緒二十年（一八九四）	七十三萬五千五百七十四	

11 原誤。

12 原誤。

卷二十六　工藝志

連橫曰：吾讀《考工記》，而知古人制作之精也。輪人為轂（ㄍㄨˇ，車輪中心），輿人為軫（車箱底部的橫木），輈人為輴（車前用來套駕牲畜的直木）。一車之成，各致其藝，通工合作，其用溥（ㄆㄨˇ，廣大）矣。夫人能群者也，群故能相生，相生故能相養；不生不養，群乃曰渙。渙則離，離則爭奪，而群德敗矣。古者聖人之治天下也，設耒耜以耕之，結網罟以漁之，建宮室以居之，畫衣冠以差之，作弓矢以威之，制鐘鼓以和之。利用厚生，使民不慝（ㄊㄜˋ，邪惡），道乃大備。後儒不察，以為形而上者謂之道，形而下者謂之器，談空說玄，維精維一。而所以福國益民者，乃置而弗講，其道廢矣。秦漢以來，史家相望，而不為工藝作志，余甚憾之。夫鍾律量衡之設官，陶匠梓輿之相變，進化之跡，可以類推。泰西文明，後於中夏。東來舊法，致效愈宏。降及近代，氣電併用，工藝之巧，乃可以侔神明而制六合。黃人不慧，自亡其制。是故周公之指南車，公輸子之飛鳶，張衡之渾天儀，諸葛亮之木牛流馬，藝術之士不能由而傚之，以發皇光大，而且賤之為器。器亡而道何存？可不痛哉！臺灣為海上荒島，其民皆閩、粵之民也，其器皆閩、粵之器也。工藝之微，尚無足睹。然而臺郡之箱，大甲之席，雲錦之綢緞，馳名京邑，採貢尚方，則亦有足志焉。夫大輅（ㄌㄨˋ。大輅，古代君王乘坐的車子）成於椎輪（椎輪，無輻的車輪），岑樓（高樓）起於尺礎。後之視今，能不愈於今之視昔乎？故紀其梗概，以資參考。若夫開物成務，則有俟於後之君子。

紡織

臺灣天氣和燠（ㄩˋ，暖和），厥土黑墳（土黑而墳起，指土地肥沃），最宜蠶桑。而開闢以來，尚少興者。臺人習尚奢華，綢緞紗羅之屬，多來自江浙；棉布之類消用尤廣，歲值百數十萬金。其布為寧波、福州、泉州所出。商船貿易，此為大宗。鄭氏之時，曾籌種棉，以自紡織，而封略初建，其議未行。雍正元年，漳浦藍鼎元上書巡臺御史吳達禮以論治臺事宜，其一條云：「臺地不種蠶桑，不種棉苧，故其民多遊惰。婦女衣綺羅，粧珠翠，好遊成俗。則桑麻之政不可緩也。制府滿公（指滿保）撫閩時，嘗著《蠶桑要法》，繪十二圖，頒行郡縣。臺土寬曠，最宜樹桑，可倣而行之。漳、泉多木棉，俗謂之吉貝，可令民於內地收其核，赴臺種之，並令廣種麻苧，織紝為冬夏布。婦女有蠶桑紡績之務，則勤儉成風，民可富而俗可美也。」然其後至道光之間，蠶桑之業尚未有行。蓋以臺地肥沃，播稻植蔗，獲利較宏。沿山之園始種麻苧，安、嘉為多，新竹次之。配至汕頭、寧波，用以織布，乃再配入，而臺人不能自績也。鳳山縣轄素產鳳梨，刈（ㄧˋ，割取）葉繅（ㄙㄠ，將蠶繭煮過抽出絲）絲，可織夏布。而臺人亦不能自績也。唯以鳳梨之絲配至汕頭，轉售潮州，歲率十數萬圓。臺地多暑，夏布用宏，而不能自給。天然之利，遺之於人，可謂昧矣。

咸豐初，江南大亂，有蔡某者為南京織造局工，始來郡治之上橫街，織造綢緞紗羅，號曰「雲錦」。本質柔紉（ㄖㄣˋ，柔軟而結實），花樣翻新，渲染之色，歷久不褪。銷路甚廣，馳名各省，凡入京者多以此為土宜。然其絲仍取之江浙，尚未能自給也。蔡某既死，傳之其子，以為世業。同治初，廣東人凌定國為城守營參將，深以臺灣蠶桑有利，自廣東配入其種，租屋於做篾（竹子剖成的細薄片，用以編織成器）街，延工飼蠶，種桑東門之外。蓋以臺桑葉小，不宜養育，故移其佳種也。然初辦之時，頗小成效，或蠶多而桑少，或桑豐而蠶稀。經營數年，損失不貲，其事遂廢。光緒元年，開山之議既成，臺東亦設官分治，兵民漸至。巡道夏獻綸乃命戍兵種棉，以興地利。而臺東多雨，棉每腐敗。及劉銘傳任巡撫，日以興產為務。十五年十月，委雲林知縣李聯奎等赴江浙、安徽各省，搜集蠶桑之種及其栽飼之法，編印成書，頒與人民，大為獎勵。又購棉子，通飭廳縣曉諭農家播種。於是淡水富紳林維源樹桑於大稻埕，以籌養蠶之業，一時頗盛。迨銘傳去，而事亦止矣。初，雲錦織造綢緞，既聞京邑，光緒大婚之時，內廷命臺灣布政使採貢，為款數萬圓。帳幃（ㄏㄨㄟ，用以遮蔽膝前或覆蓋額頭的方巾）衣褥之屬，皆能照圖織成。內庭大悅，以為江浙官局所織猶有遜色。雲錦得此令譽，不能擴大其業，子孫游惰，日就式微，能不惜哉！當是時竹塹福林堂尼素蓮亦設織機，以資衣食。素蓮姓黃氏，少失偶，持齋守節，與其徒共事紡織。所出之布，人爭購之。臺灣之番能自織布，以苧雜樹皮為之，長不滿丈。臺人購以為袒（ㄧ，貼身內衣），善收汗。而水沙連番婦以苧麻雜犬毛為紗，染以茜草，錯雜成文，謂之「達戈紋」。道光中，大甲番婦始採藺草織席，質紉耐久，可以卷舒（收捲張開皆可），漢人多從之織。於是大甲席之名聞遠近。其上者一重價至二、三十金。大甲人以此為生，至今不替。

刺繡

臺灣婦女不事紡織，而善刺繡。刺繡之巧，幾邁蘇杭。名媛相見，競誇女紅。衣裳裁紉，亦多自製。綠窗貧女，以此為生。故有家無儋石（儋石，少量的糧食），而纖纖十指，足供饔飧（饔飧，當作「饗飧」。饗飧，三餐）。近唯淡水少女爭學歌曲，纏頭有錦，而女紅廢矣。臺南婦女尤善造花，或以通草，或以雜綵。一花一葉，鮮艷如生。五都之市，則有售者。

雕刻

雕刻之術，木工最精；臺南為上，而葫蘆墩次之。嘗以徑尺堅木，雕刻山水、樓臺、花卉、人物，內外玲瓏，栩栩欲活。崇祠巨廟，以為美觀，故如屏風、床榻、几案之屬，每有一事，輒值百數十金。蓋選材既佳，而掄（ㄌㄨㄣˊ，揮動）藝亦巧。唯雕玉刻石，尚不及閩、粵爾。

繪畫

繪畫為文藝之一。開闢以來，善畫者頗不乏人；而臺南郡治之火畫，其技尤精。南郡附近多檳榔，每取其籜（ㄊㄨㄛˋ，竹皮，此指檳榔樹皮）為扇。畫者又選其輕白者，以線香燃火炷之。四體之書，六法之畫，靡不畢備。又纕以錦緣，飾以牙柄。每把可售數金，或數百錢，視其精粗為差。西洋人士購之餽贈，以為臺灣特有之技。然臺灣之中，唯臺南有售，餘則罕見也。

鑄造

臺灣鑄造鐵器，前由地方官舉充，藩司給照。通臺凡二十有七家，謂之「鑄戶」。所鑄之器，多屬鍋、鼎、犁、鋤，禁造兵，慮藉寇也。同治十三年，欽差大臣沈葆楨奏請解禁。然鑄造小刀者，各地俱有，唯淡水之士林最佳。又臺灣產金，故婦女首飾多用金。一簪一珥（ㄦˇ，耳環），極其精巧。而臺南所製銀花，質輕而白，若牡丹，若薔薇，若荷，若菊，莫不美麗。故西洋士女購之，以為好玩，或以餽贈也。

陶製

鄭氏之時，諮議參軍陳永華始教民燒瓦。瓦色皆赤，故范咸有〈赤瓦之歌〉。然臺灣陶製之工，尚未大興。盤盂杯碗之屬，多來自漳、泉，其佳者則由景德鎮，唯磚甓（ㄆㄧˋ，磚的一種）乃自給爾。鄉村建屋，範土長方，厚約二寸，曝日極乾，壘以為壁，堅若磚，謂之土墼（ㄐㄧˊ），費省數倍。光緒十五年，有興化人來南，居於米市街。範土作器，以售市上，而規模甚少，未久而止。唯彰化有王陵者，善製煙斗，繪花鳥，釉彩極工，一枚售金數圓。次為臺南郡能治之三玉，其法傳自江西。而王陵且能製瓶罍（ㄌㄟˊ，一種容器）之器，亦極巧。惜乎僅為玩好之物，不與景德媲美也。

煆灰（煆音ㄒㄧㄚˋ。煆灰，用火燒之成灰）

灰有兩種：曰蠔灰，曰石灰。沿海之地多種牡蠣，臺人謂之蠔，取其房燒之，色白，用以堊（以白粉塗抹）牆造屋，而近山一帶，則掘石煆之，價較廉。

燒煉

山居之民，採伐雜木，積火燒之，而取其灰，煮煉。煉有二種：固者曰煉砣（ㄊㄨㄛˊ），用以合染；流者曰煉油，可調食，色黃有毒，助消化。燒煉之木，以山蕉、貫眾（貫眾蕨）為佳，亦有配出。

竹工

嘉義產竹多，用以造紙，銷用甚廣。編為器具，亦用宏。而水沙連之竹，徑大至尺餘，縛（ㄈㄨˊ，用繩捆綁）以為筏，可渡大洋，凌濤不沒，故沿海捕漁皆用之。竹工之巧者，為床、為几、為籃、為筐，日用之器，各地俱有。

皮工

臺南郡治之皮箱，製之極牢，髹（ㄒㄧㄡ，將漆塗在器具上）漆亦固，積水不濡。次為鹿港。售之外省，稱曰臺箱。臺地多皮，惜無製革之廠，以成各器，故但為枕、為鼓爾。

譯文

李朝凱．注譯

連橫說：「我讀了春秋戰國時代的《考工記》，然後知道古時候的人們製作工藝的精巧。輪匠製作車輪，轎匠製作車廂，輈匠製作車轅。一輛車子的完成，是由不同匠師各自專注於自已的技藝，所有工匠集合協作，他們的作用是很遼闊的。人們可以分工合作，群體就能相互生長，也才能互相成長、相互培養；沒有互相成長、沒有相互培養，於是群體就會日漸渙散。渙散就會分離，分離就會爭相奪取，而群體的品德就會敗壞了。古代的聖人在治理天下時，設置農具以用來耕種，編結魚網以用來捕魚，建造宮室以用居住，分別衣服、頂冠以用來區別，製作弓箭以用來威懾，製作鐘鼓以用來敦睦。利用生活豐足，讓百姓不會邪惡，王道於是十分完備。後代的儒者沒有考察，認爲超乎形體之外的就叫做『道』，有形或具體的就叫做『器』，談論空洞、述說玄虛，做事得要精研、得要專一。而之所以造福國家、增益百姓的事物，就擱置而不談論，那王道就廢弛了。

秦代、漢代以來，史學家絡繹不絕，然而都不爲工藝撰寫志書，我感到相當遺憾。音律、度量衡可以設立官職，陶匠、車工匠人的相互轉變，進展變化的軌跡，可以類比和推演。西方的文明，晚於中國華夏。東方來的舊有法度，導致的效果更加恢宏。直到近代時，蒸氣、電力同時運用，工藝的巧妙，於是可以等同神明般的通曉而能夠控制天下。中國人並不聰明，自己失去了舊有法度。所以周公的指南車，公輸子的飛鳶，張衡的渾天儀，諸葛亮的木牛流馬，工藝技術的人士不能從而仿效，加以發揚光大，而鄙賤爲器物。器物滅亡而王道又如何存在？能夠不痛心嗎！

臺灣是海上的荒島，島上的人民都是來自福建、廣東的人，島上的器具都是源自於福建、廣東的器具。工藝的精微，還沒有足以被看到。然而臺南府城的皮箱，大甲的草蓆，臺南雲錦的提花絲織錦緞，名聲遠播至京城，採辦進貢到宮廷，這也是足以記載的。南朝梁代的蕭統（五〇一—五三一）在〈文選序〉記載：『若夫椎輪爲大輅之始』，君王乘坐的車子也是由無輻的車輪構成，高樓也是起建於尺長的礎石，事物皆是由粗到精、由簡至繁，逐步完善的。後世觀看今日，能夠不超過今日去看過去嗎？所以記載工藝的梗概，以提供參考。如果要通曉各種器物工藝的道理，那麼仍然猶待後世的君子來完成。」

紡織

臺灣的氣候溫暖，地方的的土壤肥沃，最適合養蠶種桑。開發拓墾以來，還是較少有不興盛的。臺灣民眾習俗崇尚奢侈豪華，綢緞織品、蠶絲織品之類的，很多都來自江浙（今江蘇省、浙江省一帶）；棉布類的消費使用更爲廣泛，每年價值數百十萬金。棉布是由寧波（今浙江省寧波市）、福州（今福建省福州市）、泉州（今福建省泉州市）所出產的。商船的貿易往來，此爲大宗的商品。鄭氏的時候，曾經籌劃種植棉花，以自己紡織使用，而因疆界才開始建立，他的建議沒有執行。雍正元年（一七二三），漳浦（今福建省漳州市漳浦縣）藍鼎元（一六八〇—一七三三）上書巡臺御史吳達禮討論治理臺灣的事宜，其中一條說：「臺灣土地沒有種桑養蠶，沒有種植棉花、苧麻，所以百姓大多遊閒懶散。婦女穿著綾羅綢緞，化妝佩戴首飾等飾品，喜愛旅遊成爲習俗。種桑植麻的政策不可延緩了。閩浙總督覺羅滿保（一六七三—一七二五）巡撫福建時，曾經撰寫《蠶桑要法》，繪製十二張圖，頒布施行於府縣。臺灣土地寬廣，最適合種植桑樹，可以仿效而執行。福建的漳州、泉州有許多木棉，俗稱為『吉貝』，可以下令讓百姓在內地收集木棉種核，前往臺灣種植，並下令廣泛種植苧麻，紡織為冬布、夏布。婦女有養蠶、種桑和紡紗績麻等事務，那麼勤勞節儉蔚為風俗，民眾可以富裕，而習俗可以是優美的。」然而後來到道光的時候，養蠶種桑的產業還沒有執行。因為臺灣的土地肥沃，播種水稻、種植甘蔗，獲得的利益較廣。沿山的旱園開始種植苧麻，安平縣、嘉義縣最多，新竹縣其次。配銷到汕頭（今廣東省汕頭市）、寧波，用來編織成麻布，再配銷回臺灣，而臺灣民眾不能自己編織。鳳山縣轄區素來生產鳳梨，割下葉子抽取成絲，可以編織成夏布。而臺灣民眾也不能編織，只有以鳳梨的絲配銷到汕頭，再轉賣到潮州（今廣東省潮州市），每年都有十幾萬圓。臺灣一地大多炎熱，夏布用的很廣，而不能自己供給。天然的利益，遺留給其他人，可以說是糊塗了。

咸豐初年，江南大亂，有一個叫蔡某的人是南京織造局的工匠，一開始到臺南府城的上橫街（今臺南市中西區忠義路一帶），織造綢緞絲織品、蠶絲織品，號稱「雲錦」。雲錦的質地柔軟堅韌，花色樣式推陳出新，渲染的顏色經過長久都不會褪色。銷路很廣，名聲遠揚外面各省，凡去京城的人大多以雲錦為土產。然而雲錦的生絲原料仍然是用江蘇、浙江的，仍然不能在臺灣自我的供給。蔡某已經死了，工藝傳給了他的兒子，成為世代相傳的事業。同治初年，廣東人凌定國擔任臺灣城守營參將，細想臺灣的養蠶種桑有不錯的利益，從廣東配入其幼種，租借房屋在做篾街，聘請工匠養蠶，種植桑樹在東門外。因為臺灣的桑樹葉子較小，不適合養育，所以移植良好的品種。然而當初辦理的時候，成效相當小，有時蠶多而桑葉少，有時桑葉茂盛而蠶稀少。經營了幾年，損失慘重，蠶桑一事就廢棄了。

光緒元年（一八七五），開山撫番的研議已經完成，臺東也設置官府分別治理，兵丁民眾也漸漸去臺東了。臺灣道員夏獻綸（?—一八七九）於是命令駐守兵丁種植棉花，以發展土地利益。然而臺東氣候多雨，棉花每每都會腐敗。到了劉銘傳（一八三六—一八九六）擔任巡撫時，每天都以發展產業為目標。光緒十五年（一八八九）十月，委託雲林縣知縣李聯奎等人前往江蘇、浙江、安徽等各省，搜集蠶桑的種子及其種植飼養的方法，編輯印刷成書籍，頒發給民眾，大力獎助與激勵。[1]又買棉花種子，下令廳級、縣級衙門告知農家要播種。接著淡水廳的富有士紳林維源（一八四〇—一九〇五）就開始推展種植桑樹在大稻埕（今臺北市大同區迪化街一帶），以籌劃養蠶的事業，一時間頗為興盛。等到劉銘傳離任後，這件事也跟著停止了。最初，雲錦紡織製造絲織品，就名聞北京城，光緒皇帝大婚的時候，清代內廷命令臺灣布政使採辦進貢，這筆款項就有數萬圓。布帳、褌巾、衣服、被褥等類的，都能按照圖紙編織而成。內廷非常高興，認為江蘇、浙江的織造局所紡織的還較為遜色。雲錦得到這個好名聲，不能擴大他們的事業，子孫遊閒懶散，一天天的衰微，能夠說不可惜嗎！當時竹塹（今新竹市）福林堂的比丘尼素蓮也有設置織布機，以供給衣食所需。素蓮的姓是黃氏，年輕時丈夫過世，遵行戒律不茹葷食、不再婚嫁，與她的徒弟一同從事紡織。所產出的布，人們爭相購買。臺灣的原住民也能自己織布，以苧麻混合樹皮編織而成，布匹長度不到一丈。臺人購買以作為貼身內衣，擅於吸汗。而水沙連的原住民婦女是用苧麻揉合狗毛作為紡織原料，用茜草染成紅色，交錯混合形成花紋，稱為「達戈紋」。道光中期時，大甲（今臺中市大甲區）原住民婦女開始採集藺草編草

1 李聯奎應為李聯珪。光緒十五年（一八八九）十月，李聯珪還沒有擔任雲林縣知縣，雲林縣知縣還是由陳世烈擔任。鄧孔昭，《臺灣通史辨誤》（南昌：江西人百姓出版社，一九九〇），二四五頁。

席，質地堅韌持久，可以收捲張開的使用，漢人大多跟去學編織。於是大甲草蓆的名聲遠播。草蓆上等的一個價值達二、三十金。大甲人以草蓆爲生計，至今沒有衰退。

刺繡

臺灣的婦女都不從事紡織工作，而是擅長刺繡。刺繡的精巧，幾乎和蘇州（今江蘇省蘇州市）、杭州（今浙江省杭州市）並肩。名流仕媛相互遇見，爭相炫耀自己的女工刺繡。衣服的剪裁和縫紉，也大多是自己製作的。貧窮人家的女性，以刺繡作爲謀生的手段。所以有的家庭沒有裝米的容器，然而纖纖十指，就足以提供飯食生活。近年來有淡水廳的年輕女子爭相學習歌曲，頭上纏有錦帶，而女工刺繡的技藝就停廢了。臺南的婦女尤其是擅長製造仿生花，或是用通草，或是用雜色絲織物來製造。一朵花、一片葉子，光亮鮮豔栩栩如生。五都的市街，都有販售的店家。

雕刻

雕刻的技術，以木工最爲精緻；臺南是最好的，葫蘆墩（今臺中市豐原區）其次。曾經以直徑一尺長的堅硬木材，雕刻山水、樓臺、花卉、人物，內外都很小巧玲瓏，栩栩如生。崇祠大廟，都認爲很美觀，所以像是屏風、床榻、桌子等物品，常常有出現一件，就價值一百數十金。因爲選擇的材質都很好，掄選的技藝也很精巧。只是在雕刻玉石上，還比不上福建、廣東而已。

繪畫

繪畫是人文藝術的一種。臺灣開拓以來，擅長繪畫的人不乏其人；而臺南府城的火畫，這種技術尤其精湛。臺南府城附近大都有很多檳榔樹，常常採取檳榔樹皮製作成扇子。畫匠又選擇其中輕巧白晰的部分，用線香焚燒點炙樹皮。使用了正書（又稱楷書）、草書、隸書、篆書等四體的書法；氣韻生動、骨法用筆、應物象形、隨類賦彩、經營位置、傳移摹寫等六種繪畫方法，沒有不完備的。又纏帶了錦絲編織的扇緣，佩戴裝飾在象牙扇柄上。每把可以賣好幾金，或者是幾百錢，端看扇子的精美、粗細來分別。西方人士購買以作爲送贈之用，他們認爲是臺灣特有的技法。然而，臺灣之中，也只有臺南有販售，在其他地方是很罕見的。

鑄造

臺灣鑄造的鐵器，[2]過去是由地方官員提舉充任的，由福建布政使司頒發執照。全臺灣共有二十七家，稱爲「鑄戶」。所鑄造的鐵器，大多是鍋子、鼎器、犁具、鋤頭，禁止製造兵器，官府擔心被賊寇所用。同治十三年（一八七四），欽差大臣沈葆楨（一八二〇—一八七九）上奏請求解除禁鐵令。然而只是鑄造小刀的打鐵店，各個地方都有，以淡水廳士林一地的最好。再者，臺灣生產黃金，所以婦女的首飾大多有使用黃金。一髮簪、一耳環，都是非常的精美巧妙。臺南所製造的銀製花飾，質地輕盈而雪白，像是有牡丹、有薔薇、有荷花、有菊花，都很秀美。所以西方上流社會的女士會來購買銀製花飾，覺得很值得賞玩，或者也會作爲送贈他人的禮品。

---

2 鐵器似為誤植，應為「鑄戶」。

陶瓷

鄭氏治臺的時候，明鄭時期的最高行政官員諮議參軍陳永華（一六三四—一六八〇）開始教導民眾焚燒製作瓦片。瓦片的顏色都是紅色的，爲了將製程規範化，還有作了一首〈赤瓦之歌〉。然而臺灣製作陶器的工匠，還是沒有大爲興盛。盤子、缽碗、杯子、碗公等器皿，大多是來自福建的漳州和泉州，其中比較好的就是來自於景德鎮（今江西省景德鎮市），只有磚塊是島內自己生產的而已。鄉下村子裡建造房屋，用作成長方型的土塊，厚度約二寸，晒晒太陽後變得極度乾燥，疊堆土塊建造成牆壁，土塊堅硬的像是磚塊一樣，稱之爲「土墼」，費用可以節省好幾倍。光緒十五年（一八八九），有一位興化（今福建省莆田市）人來到臺南，居住在米市街（今臺南市中西區民族路一帶）。捏造陶土製作器皿，銷售在市場上，然而，因爲規模太小，沒多久就停止出售了。彰化有一位叫做王陵的人，擅長製作煙斗，手繪花鳥等紋飾，釉彩上色極具工法，一個就售賣金數圓。其次是臺南府城能治的三玉，他的工法是傳自於江西。而王陵還能夠製作陶瓶、陶罍等容器，也極爲巧妙。可惜只是玩好的器物，不能和景德鎮的媲美。

煆灰

煆灰有兩種類型：一種叫做「蠔灰」，另一種叫做「石灰」。沿海地區居民大多養殖牡蠣，臺灣人稱之爲「蠔」，採集牡蠣的蠔殼燃燒，顏色爲白色，用來塗白牆壁、建造房屋，而鄰近山區一帶的民眾，挖石塊然後燒煆，價格比較低廉。

燒㶿

居住在山區的民眾，採集、砍伐一些雜亂的樹木，接著堆用火焚燒這些雜樹，而選取各種樹木灰燼，煮成「㶿」。㶿有兩種類型：固體形態的㶿稱爲「㶿砣」，用來混合染色之用；液體形態的㶿稱爲「㶿油」，可以用來烹調食物，顏色爲黃色的有毒性，可以幫助腸胃消化。燃燒「㶿」的樹木，以山蕉和貫眾比較好，也有配銷出口。

竹工

嘉義生產的竹子很多，可以用來製造紙張，銷售、使用的範圍很廣闊。也可以編製爲器具，應用在很廣泛的地方。而水沙連（今中部內山地區的總稱）的竹子，直徑大到有一尺多，捆綁起來製作成竹筏，可以遠離渡過大洋，越過波濤也不會沉沒，所以沿海百姓捕魚時都會使用。竹工技巧高超的工匠，可以用來製造竹床、竹桌、竹籃、竹筐等日常使用的器具，這些竹器在臺灣各地都有。

皮工

臺南府城的皮箱，製造的非常牢固可靠，塗抹上去的漆也很穩固，上面有積水也不會浸溼。其次是鹿港製作的皮箱。臺南的皮箱會銷售到外面的各省，被稱之爲「臺箱」。臺灣一地盛產毛皮，可惜沒有專門製造皮革的工廠，製作成各類皮製器具，因此只有做成皮枕，或者是製作成皮鼓而已。

卷二十七　農業志

連橫曰：古人有言，一夫不耕，或受之饑。是故國以民為本，民以食為天，則農業重矣。臺灣為海上荒島，古者謂之毗舍耶，梵語也。毗為稻土，舍耶莊嚴之義，故又謂之婆娑世界。是臺灣者為農業之樂國，而有天惠之利也。然土番狉榛（狉音ㄆㄧ。狉榛，即榛狉，草木叢生，野獸橫行），未知耕稼，射飛逐走，以養以生，猶是圖騰之人爾。及宋之時，始通貿易。元、明以來，移民漸至。崇禎間，熊文燦撫閩，值大旱，謀於鄭芝龍，乃招饑民數萬人，人給銀三兩，三人與一牛，載至臺灣，令其墾田築屋；秋成所穫，倍於中土。以是來者歲多。荷人既至，制王田，募民耕之。所產之物，米、糖為巨；以其有贏，販運中國，遠至日本、南洋，歲值數十萬金。鄭氏因之，改為官田，又布屯田之制。漳、泉、惠、潮之民望風而至，拓地遠及兩鄙，所產愈豐。土地初闢，厥田上上，播種之後，聽其自生，不事耕耘，而收穫倍屣（倍屣，倍蓰，數倍也）。餘糧棲畝，庶物蕃盈。民殷國富，故能以彈丸之島，拮抗中原也。

歸清以後，農業愈興。舊額正供徵穀九萬二千一百二十七石。至雍正十三年，新墾田園，增徵八萬零七十五石；而糖亦漸盛。三縣每歲所出之糖，約六十餘萬簍，每簍一百七、八十斤。青糖百斤值銀八、九錢，白糖百斤一兩三、四錢。全臺仰望資生，四方奔走，圖息莫此為甚，故為貿易之大宗。然自朱一貴平後，定聯䑸（ㄗㄨㄥ，古帆船之稱）之法，非經數旬不能齊一。及至廈門，歸關盤查，一船所經，兩次護送、八次掛驗，俱須糜費。是以船難即行，運費貴而糖價賤矣。

當是時，彰化初建，淡水亦開，移住之民，盡力甽畝（甽畝，田間），而施世榜、楊志申之流，且投巨資，鑿陂圳，以大興地利。臺灣之溪，自山徂海，源遠流多，引水入渠，闢圳道之，蜿蜒數十里，以時啓閉，故無旱澇之患；而歲可兩熟。或於山麓壟（田埂）畔，築陂於窪，積蓄雨水，以資灌溉；大者數十畝，而旱田有秋。其瘠者則種番藷、播山菁，故無凶年之患。

臺灣之地，以田育稻，以園植蔗。植蔗之後，可收兩年，改種雜穀，以休地力。而稻田則以水利之富，壅肥之厚，可歲歲耕也。上田一甲收穀百石，中七十石，下四十石，唯視其力之勤惰爾。

雍正九年，部定臺灣徵收正供之穀十六萬九千二百六十六石餘，支給戍臺兵米為穀八萬九千七百三十石，例運督標兵米為穀一萬五千五百七十石，福建兵眷、金廈兵米五萬五千二百十七石，又運福、興、漳、泉四府平糶（ㄊㄧㄠˋ。平糶，平價賣出米糧以平抑物價）之米十二萬二百八十七石。通計徵穀不敷起運，乃以四府穀價發臺，分給四縣，糴（ㄉㄧˊ，買入穀物）補足額，語在〈糧運志〉。先是雍正元年，巡撫御史黃叔璥以臺灣之米出口日多，恐其接濟洋盜；或以市價騰貴，慮生事端，奏請禁止。從之。於是漳、泉之民仰食臺米者，大形困苦。四年，閩浙總督高其倬奏言：「臺灣地廣民稀，所出之米，一年豐收，足供四、五年之用。民人用力耕田，固為自身食用，亦圖賣米換錢。一行禁止，則囤積廢為無用。既不便於臺灣，又不便於泉、漳。究竟泉、漳之民勢不得不買，臺灣之民亦勢不能不賣。查禁雖嚴，不過徒生官役索賄私放之弊。臣查開通臺米，其益有四：一、泉、漳二府之民，有所資藉，不苦乏食；二、臺灣之民，既不苦米積無用，又得賣售之益，則墾田愈多；三、可免泉、漳、臺灣之民，因米糧出入之故，受胥勒需索之累；四、泉、漳之民，既有食米，自不搬買福州之米，福民亦稍免乏少之虞。至開通米禁，有須防之處二端，亦不可不加詳慮。其一於冬成之時，詳加確查。若臺灣豐熟，即開米禁；倘年成歉薄，即禁止販賣。雖年歲稍豐，而一時偶有米貴情形，亦即隨時查禁。其一泉、漳之民，過臺買米者，俱令於本地方報明，欲往臺買米若干，載往某處販賣，取具聯保，詳報臣等衙門。即飛行臺灣及所賣之府縣，兩處稽查。如有不到，即係偷賣，必嚴懲聯保，究出本船之人，盡法重處。如此查防，自不至接濟洋盜矣。」疏入，從之。漳、泉之人深以為善。然出口既多，市價自騰。已而頒定商船渡廈者，每船限載食米六十石，以防偷漏。漳、泉米少人眾，恃臺供給，一日不足，粒食維艱。於是多至臺灣，歲率數萬人，半為流民，坐而待食，米價遽起。乾隆七年，巡臺御史書山、張湄奏言：「臺灣雖稱產米之區，而生齒（生齒，人口）日繁，地不加廣；兼之比歲，雨暘（ㄧㄤˊ，晴天）不時，收成歉薄，蓋藏空虛。歷奉諭旨，臺民無不感激。唯是內地臣工未履其地，徒執傳聞。如御史陳大玠生長泉州，尚疑臺郡有岐視漳、泉之見。不知臺灣固為東南之藩籬，八閩之門戶，而與漳、泉所係尤非淺鮮。臺灣四面俱海，舟楫相通，唯泉、廈爾。而泉、廈又山多地少，仰藉臺穀。是臺灣之米有出無入，猝有水患，非如他郡，可有鄰省通融、商賈接濟也。臣等蒙皇上畀（ㄅㄧˋ，賜與）以巡視重任，豈不知春、秋嚴遏糴（遏糴，禁止購買穀米）之戒？況全隸閩省版圖，原無彼疆此界，而於海口之米，不得不責成官吏，嚴其出入，實由事勢使然也。若任其運載透越（越界走私），則臺穀指日可竭，而地方不能安謐，日後之漳、泉亦無從而仰藉矣。此臣工之籍隸漳、泉者，亦宜為久遠計，而毋徒務爭目前之利也。夫臺地之所出，每歲止有此數，而流民漸多，已耗其半，復有兵米、眷米及撥運福、興、漳、泉平糶之穀，以及商船定例所帶之米，則通計不下八、九十萬石。此則歲歲豐收，亦斷難望其如從前之價值平減也。是以臣湄同前任滿御史臣舒輅有請建府倉以裕民食之請，工部給事中楊二酉有先實臺倉之奏，臣等於上年十月，亦有請禁透越私渡之摺。即今閩省督撫二臣議復科道楊二酉等條奏，亦以臺倉之積貯不充則內地之轉輸易竭，海外設有緩急，他處難以接濟為慮。但督撫所議，今臺灣四縣貯粟四十萬石，恐一時買足，為數太多，為期太迫，應定三年之限，照數購買。而部臣議復，以採買倉穀，定例年歲豐稔

（ㄖㄣˇ。豐稔，豐收），應全數採買，並無逾限三年之期。臣等伏思臺灣上年收成實止七分，既非豐稔，似不得全數採買。且楊二酉原奏，請先實臺倉，然後買運內地。該督撫等以內地兵糈（ㄒㄩˇ，糧食）民食，無從措辦，關係非小，仍請照舊撥運。部議既准其奏，而本處貯穀，又不寬其期限，未免米價更昂，轉於民食有礙，是不若督撫所請三年之議為得也。再楊二酉所稱內地發買穀價，僅三錢六分，或三錢不等，裝運腳費俱從此出。從前穀賤之年，原足敷用，今則不免賠累。嗣後必依時價運費發買。該督撫亦請以後按歲豐歉，酌量增減，所見相同。而部臣拘於成例，謂從前並無以歲之不齊，稍議加減，恐啓浮冒揑飾之端，是猶以從前之臺灣視今日也。查上年臺灣於收成之際，米價每石尚至一兩五錢，則穀價亦在七錢上下，與從前大相懸殊。可知原議穀價，即不論裝運腳費，已不抵時價之半。倘仍不議增，必致因循歲月，互相觀望。若勒以嚴限，迫之使趨，非縣令受賠償之累，即閭閻（閭閻，民間）罹價短之苦。小民終歲勤勞，至秋成而賤賣之，既失皇上愛民重農之意，若使有司賠墊，勢必那移虧空，亦非皇上體恤臣下之心。伏乞准照督撫所議，按年豐歉，酌量價值，及時採買，庶於海外地方，實有裨益。」於是減運四府平糶之穀七萬二百八十七石，以實臺倉。而內地窮民無所得食，來者愈多。二十年始悉停運，來者益眾。遂侵越界石，爭墾番地矣。

臺灣熬糖之廠，謂之廍（ㄅㄨˋ）。一曰公司廍，合股而設者也；二曰頭家廍，業主所設者也；三曰牛犇廍，蔗農合設者也。每犇出牛三，為園九甲。一廍凡九犇，以六犇運蔗，三犇碾蔗，照鬮（ㄐㄧㄡ，抽取）輪流，通力合作，其法甚善。各鄉莫不設之。製糖之期，起於冬至之前，清明而止。每甲竹蔗可得青糖六、七十擔。製糖之時，須用糖師。以蔗漿入鑊煮之，候其火色，入以石灰。俟糖將成，又投萆麻（萆音ㄅㄧˋ。萆麻，即蓖麻）油，恰中其節，乃移於槽，以棍攪之，漸冷漸堅，是為青糖。最佳者曰「出類」，次曰「上斗」，又次曰「中斗」。又有白糖，其法以成糖時，入於內，下承以鍋，而受其汁，謂之糖水。上蓋以泥，約十四日，其色漸白。易泥蓋之，凡三次，悉白，唯下稍赤爾。白糖至佳者曰「頭擋」，色皎味香，從前盛消蘇州。次曰「二擋」，又次曰「三擋」，色稍遜而味甘。臺南郡治所製白糖，謂之「府玉」，馳名各埠。糖水再熬之糖曰「赤沙」，性涼可解毒，又以釀酒。白糖再熬成塊，剖而為片，甚堅若冰，謂之「冰糖」，亦曰「糖霜」，價較貴。歸清之後，部議歲採臺糖，諸羅知縣季麒光慮其病官損民，上書督撫，略曰：「白糖興販，關係軍需。在國賦為重，在民力為最難。二十四年，臺灣辦糖一萬一千石之額，派於臺灣縣者六千石，派於鳳山縣者一千五百石，派於諸羅縣者三千五百石。鳳、諸兩縣以車少糖虧，興販需時，皆挪移正項，重價購買。自知有累考成（考成，考績），不敢計及利害。但明年糖數又復倍增，六千石者將一萬二千石矣，一千五百石者將三千石矣，三千五百石者將七千石矣。查民間蔗車並未添設，若取足於民，斷不能使窮山荒海之殘黎（民），堪此重困。若取足於官，更不能使蹈險覆危之貧吏，勝此累賠。即立加參處，而終無所濟。卑縣等悉心籌畫，不得已欲照內地按田辦課。援今年漳、泉之例，計三縣田園之數，照甲勻辦，庶幾眾擎易舉。計按田辦糖，其便有三，而應議者亦有三。每田園一甲，出糖數十斤，給以部價，不致賠累；一便也。種蔗之園，有糖可完，不煩別買，未種蔗之田，零星買納，不須躉（ㄉㄨㄣˇ，整批購入）辦，糖價不至頓昂；二便也。佃丁知今年之糖出之於田，明年不煩督勸，皆急公插蔗，糖額自敷；三便也。其所應議者：一、水田與旱田之分也。官佃田園多係水田，不宜插蔗，其收倍厚。文武官田皆屬旱地，雖可種蔗，其收甚薄。故鄭氏之糖，皆辦於水田之佃丁。今總計三縣水田幾何，應辦糖幾何？旱田幾何，應辦糖幾何？斯則難於均矣。一、官田與民田之分也。民田者，令佃耕無主之地，按甲而納糖，眾所願從。自將軍以下各自管耕督墾，即為官田，其數已去臺灣田園之半。今使之急公辦課，不特事難勢格、仰觸忌諱，即佃丁管事亦非縣令所能制。縱目前自認均辦，在民田竭蹶而供之，而官田之糖，臨時違誤，咎將誰任？一、官車與民車之分也。種蔗之人既豎車熬糖矣，若使之一無供辦，反可昂價轉售，是利歸車戶，而累及百姓也。查三縣民車舊額計五十張，而各衙門新立之車亦不下五十張。按車而責以一百石，在民車較今年之徵已省三分之一，即官車之糖，現有部價支領，誰敢阻撓？而佃丁亦不必拘每甲一石之議，可以少紓貧民衣食之資矣。卑縣臆見，以官車與民車均派、官田與民田勻辦，再為分別水田、旱田之輕重，約計官民之車百張為率，可得糖一萬石。官佃田園八千三百九十一甲，文武官田一萬六十二甲九分，就田勻派，以審乎輕重之宜，毋誤賦，毋厲民，立一時之計，垂萬世之規。則小民頌德，下吏沾仁，共為不朽矣。」夫臺灣產糖，三縣為多，彰化尚少。及至乾、嘉之際，貿易絕盛，北至京、津，東販日本，幾為獨攬。郡中商戶至設糖郊，以與南北兩郊相鼎立，謂之三郊。挹注之利，沾及農家。年豐物阜，生聚日眾，一時稱盛。洎蔡牽之亂，俶擾（俶音ㄔㄨˋ。俶擾，騷亂）海上凡十數年，帆檣斷絕，貨積不行，價乃愈落，而農家損矣。當是時，噶瑪蘭初啟，產米多，糖價亦漸復。續以英人之役，海上又警。自是以來，開口互市，暹羅、安南之米，爪哇、呂宋之糖，配入中國，以與臺灣爭利。然臺灣之地，漸拓漸廣。每年產米猶七、八百萬石，糖亦七、八十萬擔，運販各埠，尚得與之抗衡也。

顧自開口以後，外商雲集，臺北之茶因之而盛。臺灣產茶，其來已久。舊《志》稱水沙連之茶，色如松蘿，能辟瘴卻暑。至今五城之茶，尚售市上，而以崠頂為佳；唯所出未多。臺北產茶近約百年。嘉慶時，有柯朝者歸自福建，始以武彝之茶，植於魚坑，發育甚佳。既以茶子二斗播之，收成亦豐，遂互相傳植。蓋以臺北之地多雨，一年可收四季，春、夏為盛。茶之佳者，為淡水之石碇、文山二堡，次為八里坌（ㄅㄣˋ）堡。而至新竹者曰埔茶，色味較遜，價亦下。其始僅消本地；道光間，運往福州，每擔須納入口稅銀二圓，方可投行發賣。迨同治元年，滬尾開口，外商漸至。時英人德克來設德記洋行，販運阿片、樟腦，深知茶業有利。四年，乃自安溪配至茶種，勸農分植，而貸其費。收成之時，悉為採買，運售海外。南洋各埠前消福州之茶，而臺北之包種茶足與匹敵。然非薰以花，其味不濃，於是又勸農人種花。花之芳者為茉莉、素馨、梔子，每甲收成多至千圓，較之種茶尤有利。故艋舺、八甲、大隆同一帶，多以種花為業。夫烏龍茶為臺北獨得風味，售之美國，銷途日廣。自是以來，茶業大興，歲可值銀二百數十萬圓。廈、汕商人之來者，設茶行二、三十家。茶工亦多安溪人，春至冬返。貧家婦女揀茶為生，日得二、三百錢。臺北市況為之一振。及劉銘傳任巡撫，復力為獎勵，種者愈多。時臺邑林朝棟方經營墾務，闢田樹木，為永久計，亦種茶於乾溪萬斗六之山。未及十年，而朝棟解兵去，戎馬倥傯（倥傯音ㄎㄨㄥˇ ㄗㄨㄥˇ。戎馬倥傯，軍務繁忙），剪伐殆盡，惜哉！

初，銘傳籌興物產，尤於大嵙崁水利，以資灌溉。當是時，大嵙崁新設撫墾，以其土沃，欲闢水田。光緒十三年，命德國工師墨爾溪往查水源，議鑿巨圳，以潤海山、桃澗等堡，未行而去。又以臺灣紡績，皆仰外省，歲需巨萬，亦勸農家種植桑、棉，語在〈工藝志〉。故事：直省有司，歲以仲春之日，行藉田禮。銘傳自蒞任後，即率僚屬行之。集老農，詢豐歉，使課其子弟，盡力農功，勿荒勿嬉，勿為淫辟，其勤勞者，則獎賞之，著為例。夫臺灣農產，以米為首，糖次之，茶又次之。其所以裨益國計民生者至深至大。管子曰：「倉廩實而知禮義，衣食足而知廉恥。」夫國之所恃者民爾，民之所重者農爾。故正其經界，薄其賦歛，平其輕重，勉其勤勞，使民得盡力於田疇而不有所奪，此其所以強也。

稻之屬

粳（ㄍㄥ）稻：即食米，有早晚，其種甚多：

白殼：粒長而大，蒸飯最香，十月收之。

烏殼：同白殼，唯皮略黑。

早占：種出占城，有烏占、白占兩種，粒小而尖，蒸飯最佳。清明種之，大暑可收。

埔占：米色略赤，種於園，八、九月收。

三杯：皮薄粒大，形如早占，可以久藏。早季以六月收，晚季以九月收。

花螺：有高腳、低腳二種，殼微斑，粒大。

清油：有大粒、小粒二種，又分白腳、紅腳兩類，早晚俱種。

銀魚草：早春種之，七十日可收，故又名七十日早。

圓粒：粒短而肥，種如埔占。

羌猴：粒長，有紅、白二種。

唐山：種出福建。粒長，皮薄，色白，味香。有二種：曰含穗，曰厚葉。煮粥極佳。

潤種：種出潤州。有三種：一曰高腳潤種，一曰低腳潤種，一曰軟枝潤種。播於水田，霜降後收。粒長，皮薄，色白，味香。

格仔：有高腳、低腳、紅腳三種，略同潤種，均米之佳者。

棉仔：粟尾有紅鬚，長五、六寸，不畏鹽水，可種海濱。

齊仔：種於瘠土，可以收成。乾隆間，始自中國傳入。

鳥踏赤：米微赤，略如齊仔，可種瘠土。

銀硃紅：外紅、心白，種後七十餘日可收。

園早：即陸稻，種後百餘日可收。

白肚早：米肚甚白，故名。

一枝早

安南早：種出安南。

呂宋早：種出呂宋。有赤、白二種，粒小而尖。播種同埔占，但不堪久藏。

萬斤獻

大伯姆：米白而大，種於窪田，水不能浸。

天來

大頭婆：粒圓，味香。

香稻：一名過山香，粒大倍於諸米，色極白，以少許雜他米蒸飯，盡香；稻之最佳者。

糯稻：即朮，用以釀酒，並製糕餌，其種亦多：

鵝卵：形如鵝卵，粒短，皮薄，色白，性軟；朮之最佳者。

鴨母潮：性黏，朮之佳者。

紅殼：有高腳、低腳兩種，一名金包銀，又名占仔朮，皮稍厚，米微赤，田園俱種。

虎皮：皮赤有紋，粒白而大。

芒花：皮微黑，大暑後種，霜降後收；朮之下者。

火燒：粒長，皮厚，色微褐。

豬油：有高腳、低腳二種，粒長，皮薄，色白。
葉下藏：粒長，皮稍厚，味香，色白。
烏占：粒長，皮薄，味香，色白，大暑後種，降霜後收；朮之佳者。
烏踏：略如烏占，朮之最佳者。
竹絲狀：米微綠，故名。
圓粒：有黑、白二種，田園皆可種，粒肥，皮薄，味香，色白，蒸糕最美。
番朮：粒大，土番種以釀酒。
紅米：色紅，味香，彰化、淡水有種之者。
烏米：色黑，味香，鳳山縣下有種之者。炒之微焦，用以代茶。

菽之屬

土豆：即落花生，有數種：曰大花，曰二花，曰鴛鴦，曰鈕仔。蔓生，花黃，結實土中，故名。種於沙園。澎湖最多，嘉、彰近海次之。用以搾油，銷用甚廣。或佐食，或以子煮糖充茶品，臺人莫不嗜之。
白豆：粒圓，又名珠豆。
黃豆：粒圓，以製豆腐。
黑豆：四、五月種，八、九月收，以造醬油甚甘，並為鹽豉。
青仁豆：為黑豆之類，皮黑，肉青，性溫。以火炒之，煎湯為茶。

綠豆：正、二月種，四、五月收。性涼解毒，夏時多以充食，並為餅餡。
米豆：皮白，粒微彎。和米煮食，故名。八、九月收。
菜豆：白、紫兩種。莢長尺餘，蔓生下垂。秋時盛出。合莢炒之，佐食味美。紫者又名裙帶豆。
肉豆：即扁豆，亦名蛾眉豆。有青、白兩種，一穗十數莢，冬時盛出，煮以佐食。
黃莢豆：亦名皇帝豆。冬時盛出，一莢二、三子，煮食甚美。臺南產之。
虎爪豆：形如虎爪，故名。或稱莢仔豆。煮食亦美。
肥豬豆：莢長而碩，人無食者，飼豚易肥。
荷蘭豆：種出荷蘭。花有紅、白二種，冬時盛出。其色新綠，其味香嫩。

麥之屬

大麥：臺灣地熱，種麥較少。唯嘉、彰近海有種，用以充糧。
小麥：有兩種：一九月種，正月收；一十二月種，三月收。用以碾粉製麵。
蕎麥：出產亦少。

黍之屬

黍：穗垂粒細，番地多種。又有鴨蹄黍，穗如鴨蹄，故名。釀酒甚美。
蘆黍：高六、七尺，葉如蘆，故名。北方名為高粱。釀酒甚美。澎湖種以為糧。

玉蜀黍：一名番麥，高七、八尺，葉大如蔗，實若黃豆。各地俱種以充食。

芝麻：即胡麻。出產多，炒以搾油。性熱，或用以製餅餌，銷用甚廣。

稷之屬

稷：有細米、黃粟二種。番地及澎湖多種之，用以充食或釀酒。

枲（ㄒㄧˇ，不結子實的大麻）之屬

苧：即紵。山地種之，一年四收。剝皮取絲，以績夏布，出口頗大。

麻：山地多生，取絲績布，幹可爇（ㄖㄨㄛˋ，焚燒）火。

藍之屬

山藍：亦名大青。山地多產，壅田甚肥。子售泉州，幹以爇火。

木藍：亦名小菁，種出印度，荷人移植。宜於高燥之地，一年可收三次。以製藍泥，每四百斤可得藍三十斤。

藷之屬

番藷：一名地瓜，種出呂宋。明萬曆中，閩人得之，始入漳、泉。瘠土沙地，皆可以種。取蔓植之，數月即生。實在土中，大小纍纍。巨者重可斤餘。生熟可食。臺人藉以為糧，可以淘粉，可釀酒。其蔓可以飼豚。長年不絕，夏秋最盛。大出之時，掇（ㄉㄨㄛˊ，摘取）為細條，曝日極乾，以供日食。澎湖乏糧，依此為生。多自安、鳳二邑配往。藷有數種：曰鸚哥，皮赤肉黃，為第一；曰烏葉，皮肉俱白；曰青藤尾，曰雞膏，最劣。又有煮糖以作茶點，風味尤佳。

豆藷：蔓生，實如番藷，皮肉均白。切片炒肉，味如荸薺。

馬鈴藷：種出西洋，近始傳入，蒸食甚佳。

蔗之屬

竹蔗：皮白而厚，肉梗汁甘，用以熬糖。

紅蔗：皮紅而薄，肉脆汁甘，生食較多，並以熬糖。

蠟蔗：皮微黃，幹高丈餘，莖較竹蔗大二、三倍，肉脆汁甘，僅供生食。

茶之屬

包種茶：葉細味清，出口甚多。

烏龍茶：葉大味濃，出口甚多。

蓏之屬

西瓜：種自西域。沙地為宜。色綠，其瓤有白、有紅，味甘性冷。臺南地熱，十月則熟。舊時入貢，園在小北門外。

王瓜：一名刺瓜，以皮有微刺。臺地早熟。

苦瓜：味微苦後甘，或名諫瓜。煮食甚佳，夏時盛出。

菜瓜：一名絲瓜。元宵種之，夏秋盛出。又有一種曰七葉瓜，蔓生，七葉則生，人家多樹架種之。

冬瓜：夏時最盛。大者二、三十斤，性涼，佐食。或切小條和糖煮之，以作茶點，消用甚多。

金瓜：一名南瓜。大如斗，皮黃，有瓣，肉亦黃，忌與羊肉合食。又有一種，大如碗，色紅可愛，僅供玩好。

涵瓜：有青、白兩種，夏時盛出。漬鹽佐食。又有纖小如指者，漬以豆醬，謂之醬瓜。臺南最佳。

匏（ㄆㄠˊ）：有兩種：一曰長匏，亦名臘條匏，長可三尺；一曰勁匏，亦名葫蘆匏。皆以佐食。而勁匏老則堅，剖以為器。

葫蘆：別為一種，較小，僅為玩具，或以盛藥。

蔬之屬

薑：春種夏熟，山地最多。

芥：秋種冬熟，子製芥末。又有油芥子，可搾油。

蔥：有風蔥、香蔥、麥蔥三種。風蔥為藥，可治風疾。

韭：四時俱有，秋初開花。

蒜：有軟莖、硬莖二種，味惡。

菘：即白菜。有兩種：一曰土白菜，味微苦；一曰山東白菜，種出山東，味甚肥美，冬時盛出。

芹：有水、陸兩種。

茄：有紫、白兩種。又有野生者，實黃如球，謂之黃水茄，不可食。

迦藍：俗稱隔藍菜。又有番迦藍，葉紫而硬，不可食。

菠薐（ㄌㄥˊ）：種出西域頗陵國，誤為菠薐，或稱赤根菜，臺南謂之長年菜，以度歲須食之也。

莙（ㄐㄩㄣ）薘：俗稱厚末菜。

冬荷：為菊之類，味香。

莧：有紅、白二種，忌與鱉同食。

甕菜：種出東夷古倫國，以甕盛入，故名。水陸俱種。

蒝荽：種出西域，漢時傳入中土，俗稱煙荽。葉小，莖柔細，根多鬚，味辛而香。

茴香：即小茴。葉如蒝荽，幹高數尺。

蘿蔔：俗稱菜頭。

高麗菜：種出高麗，傳入未久，其形如菘（ㄙㄨㄥ，白菜）。

芋：有紅心、白心二種。又有紫紋者，曰檳榔芋，尤佳。

葭荻（ㄐㄧㄚ ㄉㄧˊ）筍：種於塘沼，九月盛出。

萵苣：俗稱鍋仔菜。

辣椒：俗稱番薑，種出南洋。有兩種：曰雞心，粒小；曰羊角，粒長均以形名。味極辣。又有言椒，粒大有稜，炒食甚美。

香菰（ㄍㄨ，通「菇」）：產於內山。

木耳：產於內山，集集為多。

紫菜：產於海濱石上，澎湖為多。

滸苔：產於海濱石上。

果之屬

檨（ㄕㄜ）：即檬果，種出南洋，荷人移植，至今尚有存者。舊《志》以為傳自日本，非也。樹大合抱，花小微白，夏時盛出。有肉檨、柴檨、香檨三種。肉檨先出，味稍遜。柴檨最多，青者切片和醬代蔬，或漬鹽藏之以時，煮魚味尤酸美，可醒酒。黃者生食。內山則晒乾，用糖拌蒸，配售閩、粵。香檨肉脆味香，最後出。又有牛心檨，大如牛心。產檨之地，臺南為多，彰化以北則少見。

梅：嘉義盛出，以製蜜餞。

桃：有甜桃、苦桃二種。又有水蜜桃，種自上海。

李：有紅李、黃李、血李、夫人李，而紅李為多。嘉義以製蜜餞。

柑：有仙柑、紅柑、盧柑、虎頭柑四種。紅柑佳者，以西螺為第一。虎頭柑實大皮粗，酸不可食。

橘：有金橘、月橘、四時橘。金橘以製蜜餞。月橘一年相續，或名公孫橘。

柚：有紅柚、斗柚、皮山柚、文旦柚數種。而文旦柚產於麻荳莊，皮薄肉白，汁多而甘如蜜，馳名內外。舊《志》不載。種之他處，則味不及。

橙：味酸，臺人謂之雪柑。

柿：嘉義、新竹出產較盛。有大小兩種。將熟時採下，針以油，數日肉軟，謂之紅柿。若浸以灰水，可棄澀，則肉黃爽若梨，謂之浸柿。八月盛出，或曝為柿餅。又有毛柿，種自西域。

梨：有鳥梨、牛心梨、樸包梨。

栗：雲林內山野生頗多，唯實較小。

棗：有酸棗、甜棗、紅棗。

椰子：鳳、恆二邑較多，臺東番社亦有種者。樹高數丈，直立無枝，結實纍纍。利用甚廣。其幹可以為柱，葉可蓋屋，絲可索綯，肉可製餅，漿可釀酒，殼可作器。蓋為熱帶之植物。樹之海濱，可以生財。

椎子：新竹內山，野生頗多。實如金橘，有紅點，帶皮可食。

橄欖：一名青果，出產未多。

油柑：實小如鈕，色微黃，味澀，漬鹽可食，能消食積。

黃彈：實如彈子，色黃味酸。

番柑：即檸檬。種出歐洲，荷人移植。大於橘，肉酸皮苦。夏時搗汁，和鹽入水飲之，可解暑渴。

楊梅：味遜漳、泉。

枇杷：新竹較多，以製蜜餞。

甘蜜：形如柑，煮糖以作茶點。

葡萄：出產不多，味亦遜。

薏苡：鳳山有種之者。

無花果：葉可作藥，棄毒收濕。

南無：或稱軟霧，譯音也。種出南洋，傳入臺灣未及百年，故舊《志》不載。樹高至三、四丈，葉長而大。春初開白花，多髭（ㄗ，鬚），結實纍纍，大如茶杯。有大紅、粉紅、大白、小青四種。味甘如蜜。夏時盛出。臺南最多，彰化以北則少見。實曝乾煎茶，可治痢疾。

釋迦：種出印度，荷人移入。以子種之二、三年則可結實。樹高丈餘，實大如柿，狀若佛頭，故名。皮碧，肉白，味甘而膩。夏秋盛出。

菩提：一名香果，種出印度。葉如南無而薄，花白多髭，實如臘丸，中空有子，味極香。夏時盛出。

波羅蜜：一名優鉢曇，種出印度，荷人移入。如安邑（應為安平邑）、歸仁里、舊社所種者，至今尚存。樹高數丈，實生於幹，纍纍若贅疣，大如斗，重至七、八斤。剖開其皮，肉黃有瓤（ㄖㄤˊ，瓜、果內部可食的部分），氣甚芳郁。每房有核，大如棗仁，可食。乾苞者液不濡，濕者則否。瓤可生食，以子煨肉，風味殊佳。全臺唯安、嘉二邑有此，他邑不見。

佛手柑：狀如香櫞（ㄩㄢˊ），唯瓣長如人指。五、六月初熟，載赴江、浙發售。

香櫞：樹如佛手柑。實熟之時，切片漬鹽以佐食，或曝乾煎茶，味甘而香，可消積解醉。臺北出產較多。

賓婆：種出西域，漢代傳入中土。樹巨葉大，春初開花，成穗結實，有房，外青內紅，熟時自剖，有子二、三，削皮見肉，如卵黃，故亦名鳳凰卵。煮湯和糖，味勝栗子。

香蕉：臺產甚佳，味極香美。又有紅蕉，實小，可治喉疾。

鳳梨：一名黃萊。葉長，攢簇有如鳳尾，可劈絲以織夏布。實生叢心，皮有鱗甲。棄皮食，味甘微酸。夏時盛出。採後，以足踏碎叢心，至秋再生。實較小，味尤甘脆。置之室中，清芬襲人。臺人以鳳梨炒肉，亦珍羞也。鳳山、彰化出產最多。

茘支：臺產較遜閩、粵。

龍眼：有大、中、小三種。嘉、雲兩邑所產特盛。曝乾者謂之福圓。剝肉焙乾者謂之福肉。每年配售上海、天津，為出口大宗。

木瓜：種出爪哇。樹高及丈，亭亭直上，開花甚小，結實於幹。或以醃醬、或煮糖，味尤美。臺人以木瓜煮肉，產婦食之通乳。

石榴：種出西域，漢時傳入。臺俗納采之時，女家須酬以蓮蕉、石榴二株，乃植於庭，以其多子也。

奈茇：或稱番石榴。有紅心、白心兩種，自生郊野。幹堅花白，結實如榴。熟時，色黃味香，切片棄心，煮以豬油，和糖少許，佐食尤美。

羊桃：有甘、酸兩種。又有廣東種者，實大多汁。樹大葉細而密，春時著花於幹，朵小色紅。實有稜五六，酸者以製蜜餞，或漬糖水泡湯食之，可治肺熱止嗽。

檳榔：高一、二丈，直幹無枝，葉大上豎，四圍展布。苞可為扇。花小，淡黃，味香。實如大棗，色綠，一莖數十粒。自秋徂冬，發生不絕。剖實為二，和以蔞籐、石灰。臺人多嗜食之，謂可辟瘴。

蔞籐：即扶留籐。採葉與檳榔和食，長年不絕。

愛玉子：產於嘉義山中。舊《志》未載其名。道光初，有同安人某居於郡治之媽祖樓街，每往來嘉義，採辦土宜。一日，過後大埔，天熱渴甚，赴溪飲，見水面成凍，掬而飲之，涼沁心脾，自念此間暑，何得有冰？細視水上，樹子錯落，揉之有漿，以為此物化之也。拾而歸家，以水洗之，頃刻成凍，和以糖，風味殊佳，或合以兒茶少許，則色如瑪瑙。某有女曰愛玉，年十五，楚楚可人，長日無事，出凍以賣，飲者甘之，遂呼為愛玉凍。自是傳遍市上，採者日多，配售閩、粵。按愛玉子，即薜荔，性清涼，可解暑。

臺灣各屬陂圳表

安平縣

參差陂	在文賢里。荷蘭時，鄉人王參差所築。
公爺陂	在新豐里。鄭氏某公爵所築。
甘棠潭	在保大東里。鄭氏時，鄉民合築，以潭邊多甘棠樹，故名。
王有潭	在仁和里。鄭氏時，鄉人王有所築。
鴛鴦潭	在文賢里。兩潭相連。
鯽魚潭	在永康里。延匯三十餘里，多生鯽魚。以灌永康、廣儲、長興三里，中望如湖，故縣志有「鯽潭霽月」之景。今已淤小。
蓮花潭	在文賢里，以灌田。
崁下陂	在永康里。
新港陂	在新化里。鄉民合築，有東、西二陂。

鳳山縣

王田陂	在嘉祥里。荷蘭時築，今廢。
大湖陂	在長治里。鄭氏時築。
三鎮陂	在維新里。鄭氏戎旗三鎮所築。
中衝陂	在仁壽里。鄭氏中衝鎮所築。
北領旗陂	在維新里。鄭氏侍衛領旗協所築。
左協陂	在維新里。鄭氏時築，今廢。
赤山陂	在赤山莊，周百餘丈。鄭氏時築。

烏樹林陂	在維新里。鄭氏時築。
新園陂	在長治里，周二百餘丈。鄭氏時築。
草陂	在觀音上里。蓄水多，灌田廣。
三老爺陂	在維新里。鄭氏時築。
大陂	在嘉祥里。鄭氏時築。
角宿陂	在觀音上里。鄭氏角宿鎮所築。
仁武陂	在仁武莊。鄭氏仁武鎮所築。
將軍陂	在鳳山下莊。靖海將軍施琅築。
眠牛湖陂	在觀音山官莊。大小兩陂，雍正四年築。
鳳山陂	在鳳山莊。乾隆間築。
二濫埔陂	在維新里。
林內陂	在興隆里。
石壁陂	在興隆里。
石湖陂	在觀音山下。
賞舍陂	在鳳山莊，今廢。
硫磺陂	在硫磺港。康熙四十五年，知縣宋永清募民修。
菱角潭	東灌嘉祥里，西灌長治、維新二里之田。
曹公圳	道光十八年，知縣曹謹募民築，以灌小竹、觀音、鳳山等里之田。越年，復築一圳，曰新圳；事載循吏列傳。

嘉義縣

番子陂	在縣治之北。康熙三十四年，番民合築，引北香湖之水以溉。
臺斗坑陂	在縣治之北。康熙四十五年築，以灌負郭之田。
諸羅山大陂	即柴頭港陂。源出八掌溪，長二十餘里，大旱不涸。
柳子林陂	源出八掌溪分流，長十餘里。
埔姜林陂	源出八掌溪分流，長十餘里。
馬稠陂	源自內山，由土地公崎流出。
楓子林陂	在下茄苳莊，東引白水溪之水以溉。
佳佐林陂	源出草潭。
安溪寮陂	源出白水溪，長十餘里，以灌安溪寮等莊。
王公廟陂	在下茄苳莊，東南引白水溪之水以溉。
新營陂	源自白水溪，長三十餘里，以灌新營等莊。
哆囉嘓大陂	源出九重溪，長二十餘里，以灌哆囉嘓等莊。
大腳腿陂	在大腳腿莊，源出十八重溪，長十餘里。
新陂	在北新莊，源出番子坑，長十餘里。
大溪厝陂	在大溪厝莊，源出番子坑，長十餘里。
朱曉陂	在外九莊，引荷包嶼之水以溉。
樹林頭陂	在外九莊，引八掌溪之水以溉。
牛桃灣陂	在外九莊，引龜仔港之水以溉。
土獅子陂	源出牛稠溪，南灌六加佃，北溉土獅子。

狗咬竹陂	源出牛稠山，長二十餘餘里，以灌狗咬竹等莊。
打貓大潭	莊民合築，以灌打貓、青埔二莊。
打貓大陂	源出三疊溪，長十餘里，以灌打貓、南路厝、火燒莊等。
虎尾寮陂	在打貓莊北，源出三疊溪。
雙溪口大陂	在崙仔莊，源出三疊溪。
西勢潭陂	源出三疊溪分流，以灌西勢潭、柴林腳二莊。
洋子莊陂	在茅港尾莊東。
番子溝陂	莊民合築，以灌佳里興：茅港尾二莊。
龍船窩陂	莊民合築，以灌龍船窩、烏山頭、三鎮等莊。
北社尾陂	莊民合築，以灌北社尾、水牛厝二莊。
大目根陂	源出牛稠溪，以灌大目、根堡之田。
槺榔陂	莊民合築，以灌大、小槺榔二莊。
頭橋陂	在打貓莊東。
中坑仔陂	在打貓東北。
龍湖	即赤山莊大潭，莊民引水以溉。

恆春縣

柴頭陂	一名竹橋陂，莊民合築，引阿猴林之水以灌。
萬丹陂	在港西里。

臺灣縣

快官圳	在快官莊。業戶楊、曾二氏合築，灌田四千餘甲。
貓兒高圳	即快官下陂，業戶張、陳二氏合築，以灌半線堡之田一千餘甲。
二八圳	康熙間，業戶楊志申築，水源與快官圳同，灌田一千餘甲。
貓霧捒圳	一名葫蘆墩圳。乾隆間，業戶張振萬與藍、秦二氏合築，引大甲溪之水，以灌捒東堡之田一千餘甲。
大甲溪圳	莊民合築，引大甲溪之水以灌牛罵頭、沙轆等莊之田。
險圳	在南北投堡。乾隆十六年，業戶池良生築，引烏溪之水以灌堡內七十餘莊之田，工事甚大。
萬丹坑圳	在南北投堡之東。
萬斗六圳	在貓羅堡。業戶吳伯榮築，引萬斗六溪之水以灌堡內之田千數百甲。
馬龍潭陂	在貓霧捒。流長二十餘里，大旱不涸，溉田甚廣。
南投圳	在南投堡。引哮貓之水，以灌堡內之田。
馬助圳	在險圳之下。引烏溪支流，以灌上下茄荖之田五百餘甲。
阿轆治圳	在馬助圳之下。源同烏溪，以灌石頭埔莊等之田五百餘甲。
聚興莊圳	在捒東堡。光緒十六年，業戶林朝棟築，引葫蘆墩圳支流，以灌聚興莊之田。
內國姓圳	光緒十七年，業戶林朝棟築，引北港溪之水，以灌內國姓莊之田。

彰化縣

打馬辰陂	在西螺社。東引虎尾溪支流，以灌西螺之田二千餘甲。
引引莊陂	在西螺社。康熙五十三年，諸羅知縣周鍾瑄募築。
打廉莊陂	在東螺社西北。康熙五十五年，諸羅知縣周鍾瑄募築。

燕霧莊陂	在半線社南。康熙五十五年，諸羅知縣周鍾瑄募築。
施厝圳	一名八堡圳，在東螺堡。康熙五十八年，業戶施世榜築，灌田甚廣；事載世榜傳中。
埔鹽陂	業戶施氏築，引施厝圳支流，以灌好收莊等田數百甲。
十五莊圳	在大武郡堡。康熙六十年，業戶黃仕卿築。
二八水圳	在東螺堡。橫亙施厝圳、十五莊圳之間。
王田圳	大大肚堡。業戶董顯謨築，引大肚溪之水，以灌山麓七莊之田。
中渡頭圳	在大肚堡。業戶王綿遠築，引大肚溪之水，以灌龜山等莊之田。
福馬圳	業戶施世榜築，引大肚溪之水，以灌李厝莊等之田千數百甲。
大肚圳	雍正十三年，業戶林、戴、石三氏合築，引大肚溪之水，以灌百順莊之田六百餘甲。
福口厝圳	在馬芝堡。業戶陳士陶築，引快官、施厝兩圳支流，以灌上下寮之田。

雲林縣

斗六圳	在縣治附近。
大竹圍圳	在大竹圍莊。
鹿場圳	雍正間築，引虎尾溪分流，至溪州堡吳厝莊外入圳，復分爲二，灌田四千餘甲。
他里霧圳	在他里霧社，番民合築。
埔姜崙圳	在他里霧社之西。
猴悶圳	在他里霧社之北。
柴裏圳	在柴裏社，源出庵古坑。
尖山圳	在尖山社。
走豬圳	源出石龜溪，以灌走豬、排仔路二莊。

荷包連圳	源出石龜溪，灌田約三百甲。
加冬腳圳	在他里霧社之南，源出石龜溪。
石龜溪圳	源出石龜溪。
水碓圳	在斗六堡，分為上、下二圳。
六十甲陂	在新廍仔莊，源出庵古坑。
觀音陂	源出小坑仔溪。
社口陂	源出溪邊厝溪。
林內圳	源出濁水溪，以灌林內、石榴班等莊。
頂下橫溝圳	
海豐圳	
老發圳	
番子圳	
虎尾圳	源出陂仔頂溪，以灌虎尾溪莊。
和溪厝圳	在沙連堡，源出清水溪。
東埔蠟圳	乾隆二十一年，業戶劉氏築，灌田二百餘甲。
坪仔頂圳	道光元年，業戶張天球築，源出清水溪。
清水溝圳	嘉慶二十四年，佃戶廖阿禮築，源出清水溪。
三角潭圳	道光二十四年，業戶陳希亮築。
大水窟陂	源出崠頂山下泉，邱、董二氏合築。
姜仔寮圳	乾隆五年，業戶葉初築。

隆興陂	乾隆間業戶張天球、陳佛照合築，以灌濁水溪南岸之田四百餘甲。
茄苳湖陂	源由梅仔坑溪，灌田四百六十甲。
林仔陂	在崙仔莊，灌田四百五十餘甲。
溝心陂	源由林仔陂。
石圭溪陂	源由大湖口。
阿丹陂	源出崁頂厝溪。
竹頭角陂	
將軍崙陂	
新陂	
南勢陂	
十三莊圳	源出西螺溪，灌田一千餘甲。
通濟圳	源出虎尾溪，至赤坵仔分為南、北、中三圳，凡二十八莊，灌田八百餘甲。同治十二年，大坵園開堡，莊民合築。
大有圳	在布嶼堡。雍正十三年，業戶張、方、高等姓合築，引虎尾溪分流，以灌大有莊等，與鹿場圳通。
崁頂厝圳	源出大湖溪。

苗栗縣

貓裏圳	在後壟堡。乾隆三十四年，佃戶合築，引合歡坪之水，灌田四百四十八甲。貓裏即今之縣治。
蛤仔市圳	在後壟堡。乾隆五十二年，佃戶合築，源出合歡坪，灌田六百餘甲。
嘉志閣圳	在後壟堡。乾隆三十三年，佃戶合築，源出合歡坪，灌田一百四十甲。
獅潭圳	在後壟堡。佃戶合築，源由獅潭，灌田三百餘甲。

四成陂	在苗栗一堡。光緒十六年，幫辦撫墾林維源築，引大安溪之水，以灌月眉、六份等莊之田五百餘甲。
馬龍陂	在後壟堡。
大安溪圳	在大甲堡。源出大安溪，灌田約四百甲。
火焰山腳圳	在大甲堡。
新莊陂	在大甲堡。
瀨施陂	在大甲堡。
九張犁圳	在大甲堡。
日南圳	在大甲堡。
七張犁圳	在大甲堡。
安寧莊圳	在大甲堡。
西勢圳	在苑裏堡，源由大安溪。
苑裏圳	在苑裏堡。
古亭笨圳	在苑裏堡。

淡水縣

大安圳	在擺接堡溪東。乾隆間，業戶林成祖築，引三叉河之水，以灌大安寮等莊之田一千餘甲。
永豐圳	在擺接堡。亦林成祖所築，以灌枋寮莊之田一百九十餘甲。
暗坑圳	與永豐圳毗連，嘉慶間業戶林登選築。
瑠公圳	一名金合川圳。乾隆間業戶郭錫瑠築，引大坪林溪之水，以灌拳山、大佳臘兩堡之田一千餘甲。
大坪林圳	在拳山堡。莊民合築，源出青潭溪，灌田四百六十五甲。
內湖陂	在拳山堡。莊民合築，源出內湖，以灌大佳臘堡西畔之田七百餘甲。

頂陂頭陂	在大佳臘堡。莊民合築，灌田百餘甲。又有下陂、頭陂，灌田較少。
雙連陂	在縣治附近，灌田百餘甲。
雙溪圳	在芝蘭堡。雍正間，業戶鄭維謙築，引七星墩之水，以灌堡內之田。
番仔井圳	在芝蘭堡。乾隆間，業戶潘宗勝築，灌田百餘甲。
七星墩圳	在芝蘭堡。雍正間，業戶王錫祺築。
水梘頭圳	在芝蘭堡。乾隆四十一年，番民合築。
靈潭陂	在桃澗堡。乾隆十二年，霄裏社通事知母六募佃合築。
霄裏大圳	在桃澗堡。乾隆六年，業戶薛奇龍偕知母六募築，以灌番仔寮六莊之田。後因溉水不足，佃戶張子敏等再築一圳以接之。
永安陂	在海山堡。乾隆三十一年，業戶張必榮、張沛世合築，源出擺接溪，灌田六百餘甲。
福安陂	在海山堡。業戶張必榮、吳際盛合築，源出擺接溪，灌田三百餘甲。
隆恩陂	在海山堡。源出擺接溪，以灌隆恩之田三百十餘甲。
萬安陂	一名劉厝圳，在海山堡。乾隆二十六年，業戶劉承纘募佃築，源出擺接溪，灌田二百六十餘甲。
七十二份陂	在海山堡，灌田七十二份，故名。今多淤爲田。
十八份陂	在海山堡十八份莊。業戶林啓泰等築。今多淤爲田。

新竹縣

隆恩圳	一名四百甲圳，在竹塹堡。雍正初業戶王世傑募佃合築，引九芎林溪之水，以灌竹塹埔一帶之田約二千甲。
振利圳	在竹塹堡。道光初，業戶吳振利築，引隆恩圳分流，以灌縣治附近之田。
花草林圳	在竹塹堡。同治間，業戶金惠成築，引五指山溪之水，以灌花草林莊之田。

藤寮坑圳	在竹塹堡。同治間，業戶錢朝拔築，引五指山溪之水，以灌新莊仔莊之田。
九層頭圳	源出油羅溪，道光間業戶劉萬政築。
謀人崎圳	源出油羅溪，道光間業戶徐元官築。
猴毫圳	源出油羅溪，道光間業戶劉萬政築。
坪林圳	源出花草林溪，嘉慶間業戶金惠成築。而樹杞林圳、雞油林圳亦惠成所築。
石壁潭圳	源出油羅溪，咸豐間業戶劉阿成重修。
高梘圳	源出石壁潭。
九芎林圳	源出九芎林溪，道光初業戶姜勝祉築，灌田四百餘甲。又五塊厝圳亦勝祉所築。
頂員山圳	源出樹杞林溪，道光初業戶陳徹築。
下員山圳	源出樹杞林溪，乾隆間新社番通事某築。
七份仔圳	源出九芎林溪。
麻園圳	源出九芎林溪。
隘口圳	源出九芎林溪。
六張犁圳	源出九芎林溪，乾隆間業戶林先坤築，以灌六張犁等莊田一百六十餘甲。
泉興圳	在麻園堵莊後，引隆恩圳之水以溉。嘉慶間，業戶林泉興所築，未成而款絀，何勝成之，故亦名何勝圳。
二十張犁圳	源出九甲埔溪，灌田百餘甲。
新陂圳	源出九芎林溪，乾隆間新社番築。
翁厝圳	源出九芎林溪，業戶翁氏築，灌田一百二十餘甲。
烏瓦窰圳	源出金門厝溪，業戶金永和築。
土地公埔圳	源出新埔溪，灌田百餘甲。
塗溝仔圳	源出隙仔溪。

南埔圳	源出五指山，道光間墾戶金廣福築。又南埔溪底圳、北埔崁下圳、中興莊圳，均其所築。
月眉圳	源出五指山。
隆恩圳	在竹南堡，源出內灣溪，乾隆間業戶陳曉理、林耳順等合築，灌田一千一百餘甲。
番佃圳	源出頭份溪北岸，灌田四百餘甲。
南莊圳	源出大東河溪，光緒初業戶黃流民築。又田尾圳、南埔圳，亦其所築。
三灣圳	源出南莊溪，咸豐九年業戶徐昌讚築。又腰堵角圳，亦其所築。
內灣圳	源出二灣溪，咸豐七年莊民合築。
牛欄堵圳	源出內灣溪，咸豐四年業戶林梅二築。
茄苳坑圳	源出內灣溪，道光間業戶徐九二築，灌田一百五十餘甲。
水流潭圳	源出頭份溪，道光間業戶劉煥文築。
鹹菜甕崁上圳	在竹北堡。又有崁下圳。
蛤子窟圳	源出鹹菜甕溪，道光間築。
石岡子圳	源出鹹菜甕溪，灌田百餘甲。
水汴頭圳	源出鹹菜甕溪，嘉慶間築。
新埔圳	源出鹹菜甕溪，乾隆間築。
四隻厝圳	源出霄裏溪，道光十八年業戶林坤築。
枋寮圳	源出霄裏溪，乾隆間築，灌田二百餘甲。
貓兒椗圳	源出鳳山崎溪，乾隆十二年業戶合築。
菁埔圳	源出三腳寮溪，墾戶徐國華築。

三七圳	在竹北堡大溪湣南岸。乾隆八年，墾戶曾昆茂築，分灌大竹園等莊田七百甲，又灌隘口寮等莊田三百甲，故稱三七圳。

宜蘭縣

陂頭圳	在珍珠里簡社，源出羅東。
冬瓜山圳	源由山腳大陂。
武荖坑圳	源出西畔溪，以灌南興、廣福等莊之田。
馬賽圳	源出武荖溪。
金大成圳	業戶合築，源出濁水溪，長二千餘丈，分灌三鬮二、四鬮二等莊之田九百餘甲。
羅東北門圳	業戶合築，引羅東西北之水灌田百餘甲。又有南門圳，亦灌溪州莊田。
萬長春圳	業戶合築，引鹿埔溪之水，灌田千甲。
大湖圳	源出大湖山麓之陂。
四鬮二結圳	源出梅州圍山，灌田二百餘甲。
豆仔罕圳	源出西勢大溪。
四圍圳	源由大陂。
三十九結圳	源出四圍山麓之水。
三圍圳	源出三圍山麓之水。

譯文

吳昆財．注譯

連橫說：古人有言，一個男人不耕作，或會遭受飢餓。所以國家以人民爲本，人民以飲食爲天農業實在太重要了。臺灣作爲海上荒島，古時候被稱作毗舍耶，這是梵語。毗就是稻土，舍耶爲莊嚴之意，所以又稱作婆娑世界。臺灣就是農業的樂國，擁有上天所惠賜的益處。然而原住民橫行，不知耕稼之事，射飛禽逐走獸，供養自己維持生存，如同圖騰時代的人。等到了宋代時，開始對外進行貿易。元、明以來，移民逐漸來到臺灣。崇禎年間，熊文燦（一五七五—一六四〇）作爲福建巡撫時，正遭逢大旱災，他與鄭芝龍（一六〇四—一六六一）商議，召募了數萬名飢民，一個人給三兩銀子，三個人給一頭牛，將他們載運到臺灣，下令他們開墾農田建築房屋；秋收的所得，較中土多了一倍。所以前來的人每年都增多。荷蘭人來到，訂定王田制度，召募農民耕作。所生產物品，以米、糖爲最多；並將生產所剩餘的，販賣到中國，更遠的達到日本、南洋，每年獲利達數十萬金。鄭氏是蕭規曹隨，改爲官田，又創立了屯田制度。漳州、泉州、惠州、潮州的人民聽到風聲後都前來臺灣，開拓的土地遠到邊陲地帶，所生產愈加的豐富。土地剛開闢時，農地是上等的，播種之後，聽其自然生長，不必耕耘，但收穫數倍。餘糧都存積在田畝之中，眞是物產豐盈。國富民豐，所以才能以彈丸之島，對抗中原。

歸服清朝後，農業愈加興旺。舊的法定稅賦徵收九萬二千一百二十七石穀子。到了雍正十三年

（一七三五），新開墾的田園，增加稅賦八萬七十五石；而糖也漸漸盛產。三個縣每年所生產的糖，約六十多萬簍，每簍一百七、八十斤。一百斤青糖值銀子八、九錢，白糖值一兩三、四錢。全臺仰賴以此為生，導致四方奔走，圖取糖的利益莫此為甚，所以成為貿易的大宗。然而自從朱一貴之亂平定後，規定了聯綜之法，必須船隻聯合出發，不過若沒有經過幾十天是無法湊齊船隻出海。到了廈門，又要接受關卡的盤查，一艘船必須要有兩次護送，八次查驗，費時費錢。所以船隻很難運行，運費貴而糖價低賤了。

當時，彰化剛剛建城，淡水也才開墾了，遷移居住的百姓，努力於農作，而且施世榜、楊志申等人，又投資巨款，開鑿水塘水圳，大大促進了土地生產的能力。臺灣的溪流，從山裡流向海，水的源頭很長且支流也多，引水進入溝渠，開闢水圳導入，蜿蜒數十里，依照時間開啓與關閉，所以無旱災與水災之患；每年可有二次收成。或者在山腳下田梗間，低窪處建築池塘，蓄積雨水，以供給灌溉；大者數十畝，而旱田則有秋收。貧瘠的土地則種植番薯、山韭菜花，所以沒有收成不好、鬧饑荒之年的憂慮。

臺灣的土地，以農田培育稻米，以果園種植甘蔗。甘蔗種植可以收成兩年，之後改種雜糧作用，讓地力休養。稻田則依靠水利之豐，施肥之多，可以每年耕作。上等田一甲收穀一百石，中等七十石，下等四十石，這也要端看耕作努力與否。

雍正九年（一七三一），戶部規定臺灣徵收賦稅是十六萬九千二百六十六多石穀子，支付防守臺灣的兵米為八萬九千七百三十石穀，運給總督所轄的標兵一萬五千五百七十石，福建士兵眷屬、金門廈門兵五萬五千二百十七石，又運給福州、興化、漳州、泉州四府平抑價格的十二萬二百八十七石米。共計所徵收的穀子是不夠起運的，於是四個府乃將米價付給四個縣，以補足穀子不夠的差額，這些都記載在〈糧運志〉裡。在此之前雍正元年（一七二三），巡撫御史黃叔璥（一六八二—一七五八）認為臺灣米出口日漸增多，恐怕會用來接濟江洋大盜；又或者擔心市價騰貴，將會引發事端，所以奏請禁止。朝廷同意。於是漳州、泉州原依賴臺灣穀米的百姓，益加的困苦。四年（一七二六），閩浙總督高其倬（一六七六—一七三八）上奏說：「臺灣地廣人稀，所出產的米，一年豐收，足夠供應四、五年之用。人民努力耕作，固然是為了自己食用，但也尋求販賣稻米換取金錢。一直禁止，則將導致囤積造成廢而無用。既不便於臺灣，又不便於泉州、漳州。眞相是泉漳之民勢必不得不買，臺灣人民也勢必不能不賣。查禁雖然嚴格，不過是徒生出官吏們索賄私放的弊端。臣查開通臺灣米，有四點好處：一、泉州、漳州二府的人民，有所依賴，不會苦於缺糧；二、臺灣人民，既不苦於存米過多而無用，又取得了買賣的利益，促成更多的墾田；三、可免去泉州、漳州、臺灣人民，因為米糧進出的原因，遭受脅迫勒索的疲勞；四、泉州、漳州的人民，既有米可食，自然不會購買福州米，福州人民也能稍微減少無米的憂慮。至於開通米禁，必須防範之處有二端，也是不可不詳加考慮。其一在冬天收成之時，詳細加以確查。若是臺灣豐收，即開米禁；倘若收成較為不足，就禁止販賣。雖年歲稍為豐收，但一時偶有米貴情況，亦即隨時查禁。其一泉州、漳州人民，凡是來臺灣買米者，都要命令在本地申報，想要到臺灣購買多少米，要載往何處販賣，取得聯保證明，詳細報給臣等的衙門。並立即通告臺灣和所要賣出的府縣，兩處稽查。如有不到，就是偷賣，必定嚴加懲罰聯保之人追究出本船的人，依法重處。如此查察防範，自然就不至於會接濟海盜。」奏疏一進，朝廷同意。漳州、泉州百姓深表讚許。然而出口既然多了，市價自然騰貴。之後頒定商船渡過廈門者，每船限載六十石米，以防止偷漏稅。漳州、泉州人多米少，有賴臺灣的供給，一旦不足，會造成米食的困難。於是他們多來到臺灣，每年就有數萬人，其中一半是無業流民，坐著等待糧食，米價因而高漲。乾隆七年（一七四二），巡臺御史書山（？—一七七五）、張湄上奏說：「臺灣雖然號稱爲產米之區，但人口越來越多，土地卻沒有增加；加上近年來，晴雨不按時，收成不足，儲存空虛。歷來接到皇帝的詔書，臺灣百姓無不心懷感激。只是內地大臣未曾踏到臺灣，徒然僅是根據傳聞。如御史陳大玠生長在泉州，尚且還懷疑臺灣府有歧視漳州、泉州的見解。不知臺灣向來是東南的屏障，福建的門戶，而與漳州、泉州的關係更是匪淺。臺灣四面鄰海，能夠舟船相通的，只有泉州、廈門而已。而泉州、廈門又山多地少，仰賴臺灣米糧。所以臺灣米是有出無進，如果突然有水患，並不如他郡，可有鄰省來通融、商賈來接濟。臣等蒙皇上委派巡視的重任，豈有不知道春秋嚴格遏制買入米糧的警惕？況且臺灣全部隸屬福建版圖，原本就不會分彼此爲邊疆，而關於海口之米糧，不得不責成官吏，嚴格稽查，實在是因情勢使然。如果任由他們運載越界逃走，則臺米的竭盡是指日可待，地方必無法安寧，日後的漳州、泉州也無從可以仰賴了。這是隸屬於漳州、泉州的臣工，所應當建立的長久之計，而不能只是爭奪眼前的利益。臺灣土地的生產量，每年就只有這些數目，而流民漸多，已經耗損一半，加上兵米、眷米和撥運給福州、興化、漳州、泉州平抑價格的米糧，以及商船例行規定所帶的米，則共計不下八、九十萬石。這就算是年年豐收，也斷難希望能如從前平穩的價格。所以臣湄和前任滿御史舒輅有請建府倉以充裕百姓糧食的呈請，工部給事中楊二酉（一七〇五—一七八〇）有先充實臺倉之奏書，臣等在上年十月，也有請禁止越界私自渡運的奏摺。現今福建督撫二臣討論了科道楊二酉等的奏書，也認爲臺灣糧倉的積存不充足則內地的轉運輸送也容易衰竭，海外假設有需要相助的事，他處是難以救濟爲憂慮。但督撫所建議，今臺灣四縣存糧四十萬石，恐怕一時要買足，爲數太多，爲期也過於急迫，應該訂定三年之限，照數量購買。但戶部大臣則建議，採買倉糧，例行規定豐收之年，應全數採買，並沒有三年之限。臣等伏地思考臺灣去年收成實際只有七成，既然不是豐收，似乎不必全數採買。而且楊二酉原先的奏書，請先充實臺灣倉糧，然後再買來運送內地。該督撫等以內地軍民糧食，無從籌措辦理，關係非同小可，仍然請依照舊例撥運。戶部議定既是准許奏書，而臺灣本處的存糧，又不許寬容期限，難免米價更貴，轉而會對民間糧食有所防礙，是不如督撫所建請的三年期限爲佳。再者楊二酉所稱內地撥發的買穀價格，僅三錢六分，或者三錢不等，裝運費用都從這裡發出去。從前穀價賤，原本是足夠的，今天則不免要虧損，並使自己受累。之後必要依照時價運費發買。該督撫也建議以後按照每年的收成，酌量增減，所見相同。而戶部大臣拘泥於成例，說從前無沒有因收成不完整，稍微建議加減，恐怕會開啓浮冒造假的事情，這是以從前的臺灣省視今大的臺灣。稽查去年臺灣在收成之際，米價每石尚有一兩五錢，則穀價也有七錢左右，和從前懸殊非常大。由此可知原來所議的穀價，就算不論裝運費用，也不到時價的一半。如果不討論增加費用，必然招致因循保守，互相觀望。若是嚴加限制，加緊逼迫，不但是縣令將遭受賠的連累，就是鄉里也會發生價格低的苦楚。小民終年勤勞，到了秋收而賤賣穀子，既是失去皇上愛民重農之意，假若官員墊錢賠償，勢必挪用虧空公款，這也不是皇上體恤臣下之心。低下地乞求准許依照督撫所奏議，按照每年收成的豐歉，審酌衡量價格，及時採買，與海外地相同，實是有所幫助。」於是減運四府平抑穀價的七萬二百八十七石，以充實臺灣穀倉。於是內地窮人無法得食，來臺者人者越多。乾隆二十年（一七五五）開始全部停運，來臺者更多。於是侵越界石（漢人與原住民劃分的土牛界線），爭奪開墾原住民土地。

臺灣熬糖的場所，稱爲廍。一是公司廍，集合股份而設立；二是頭家廍，由業主所開設；三是牛犇，由蔗農合作成立。每一犇出三頭牛，開闢九甲的甘蔗園。一廍有九犇，以六犇載運甘蔗，三犇碾壓蔗糖，每個犇依照自己所抓的鬮輪流，通力合作，方法非常的美好。各個鄉鎮無不設立糖廍。製糖的期間，從冬至之前開始，清明節之時結束。每甲甘蔗可以製成青糖六、七十擔（一百斤）。製糖之時，需要糖師。將蔗漿倒入大鍋子煮，等到赤紅色時，再加入石灰。當糖要形成時，又投入蓖麻油，恰恰好之際，移入槽中，以棍子攪拌，越冷越堅硬，是爲青糖。最上等是「出類」，次等「上斗」，再次等「中斗」。又有白糖，方法是成糖時，置入在使用沙土燒煉成的磚內，其下再放上鍋子，以便能承受糖汁，稱爲糖水。上面再蓋上泥土，大約十四天，漸漸變爲白色。再換泥土覆蓋，連續三次，完全變成白色，只有下方稍爲紅而已。白糖最好的稱爲「頭擋」，顏色潔白明亮味道香醇，從前在蘇州大爲暢銷。其次是「二擋」，再次是「三擋」，顏色稍爲遜色不過味道甘醇純。臺南郡府所製造的白糖，稱爲「府玉」，遠近馳名。糖水再熬煮的糖稱爲「紅糖」，性質是涼的具有解毒效果，也能釀酒。白糖再熬成塊的，剖成片狀，堅硬如同冰，稱爲「冰糖」，亦稱「糖霜」，價格較貴。歸附清朝後，戶部建議每年採購臺灣糖，諸羅知縣季麟光掛慮它會造成官方的痛苦人民的損壞，上書督撫，大概是說：「白糖的經營販賣，關乎到軍需，在國家賦稅上至爲重要，在民力上最爲困難。康熙二十四年（一六八五），臺灣辦理糖是一萬一千石額度，派給臺灣縣是六千石，派給鳳山縣是一千五百石，派給諸羅是三千五百石。鳳山、諸羅兩縣因牛車少糖生產不足，經營販賣需要時間，都挪用正式項目的稅，高價購買。自知這會拖累考績，也不敢計算利害關係。但明年糖的數量又增加一倍，六千石的變成一萬二千石，一千五百石變成三千石，三千五百石成爲七千石。查民間甘蔗牛車並未增加，若想要從民間購足，斷然不能命令處荒遠偏僻的疲憊百姓，承擔這項巨大的困難。如果要從官府取足，更不能役使已經歷危險的貧窮官吏，承受得起這種虧損。就算立即懲處他們，最終還是無濟於事。卑縣等全力籌劃，不得已想要依據內地按照農田納稅的辦法，援引今年漳州、泉州之例，計算三縣甘蔗園的數量，依據土地平均辦理，希望能度過難關。核計按農田辦理蔗糖，有三項方便之處，但也有三項應該要商議。每一甲田園，拿出數十斤，給以戶部規定的價格，不至於自己受損；一方便。種甘蔗的田園，有糖可以納稅，不會浮躁於買賣，未種甘蔗的農田，零星徵購，不需要整批採辦，糖價不至於突然高漲；二方便。佃農知道今年的糖是出自於農田，明年不必煩惱於督促勸勉，都急著要因公插種甘蔗，糖的數量是足夠的；三方便。其所應該商議的是：一、水田與旱田的區分。官佃田園大多是水田，不宜用來插種甘蔗，其收穫是一倍之厚。文武官田（屬於私田）皆是屬於旱田，雖然可以種植甘蔗，但獲利非常微薄。所以鄭氏時期的蔗糖，都是由水田的佃農耕作。今日總計三縣水田多少，應該辦理蔗糖多少？實在是難以平均衡。一、官田與民田的區分。所謂民田，就是下令佃耕的無主土地，按照每甲地繳納蔗糖，眾人都是願意的。從將軍以下各自管理耕作督促開墾的，即是官田，其數量已經占據了臺灣田園的一半。現今要求他們熱心公益而納稅，不但是會遭受牽制阻礙、觸犯了忌諱，即使是佃農管理事務也非縣令所能管制。縱然目前自認爲是均衡辦理，在民田上勉強支持供給，而官田蔗糖，突然間違命失誤，究竟應該由誰負起責任？一、官方牛車與民間牛車的區分。種甘蔗的人既然使用牛車熬糖，假如不能夠給他們供應措辦，反而會造成高價轉售，這是利益歸由車戶，會連累百姓。查訪了三縣民車舊額共計五十張，而各衙門新立的車也不下五十張。按照每車的責任是一百石，民車相較於今年的課徵已減少了三分之一，就官車的蔗糖，現在有戶部價格的支領，誰敢加以阻撓？而佃農也不必拘泥於每甲一石的規定，對於貧苦百姓衣食的金錢壓力可以稍微舒緩。卑縣的個人主觀意見是，以官車和民車平均分派、官田與民均衡納稅，再來區分水田、旱田的輕重，大約計算以官民的百張牛車爲基準，可生產蔗糖一萬石。官佃田園八千三百九十一甲，文武官田一萬六十二甲九分，就依據田平均分派稅賦，以作爲審視輕重的標準，這就不會耽誤賦稅，也不會苛待人民，立下了一時的計策，成爲永垂萬世的規範。則小百姓感恩頌德，下層官吏也沐浴了仁德，同爲不朽啊！」臺灣製糖，三縣最多，彰化尚爲少量。等到乾隆、嘉慶時期，貿易鼎盛，向北到北京、天津，向東販售到日本，幾乎是獨門生意。臺南府中商家設立糖郊，與此和南北兩郊鼎足而立，稱爲三郊。糖業所挹注的利益，農家們都雨露均霑。物產豐富且民生富足，人口繁殖越來越多，眞是一時的盛事。自從蔡牽之亂，騷擾海上十多年，船隻斷了航，貨物囤積如山，價格於是大跌，農家損失慘重。就在這時候，噶瑪蘭也剛剛開墾，稻米產量多，糖價也漸漸恢復。接著是中英鴉片戰爭，海上又出現警訊。自此以後，臺灣對外開放港口相互貿易，泰國、越南的稻米，爪哇、呂宋的糖，配銷進入中國，與臺灣爭利。然而臺灣這塊土地，開拓越來越廣。每年產米量達到七、八百萬石，蔗糖也有七、八十萬擔，販賣到各地方，還是可以和它們相抗衡。

回顧從臺灣對外開港以來，外國商人聚集而來，臺北的茶葉因而興盛。臺灣產茶，由來已久。舊《志》記載水沙連（指臺灣中部內山地區）的茶，顏色如同松蘿，能夠對付瘴氣與消暑。至今五城（今南投縣魚池鄉）的茶，仍在市面上販售，而以凍頂爲佳；只是產量不多。臺北產茶也有近百年之久。嘉慶時，有位名字叫柯朝從福建歸來，開始以武夷的茶，在鰈魚坑（今新北市瑞芳區）種植，生長的非常好。他種植了二斗的茶子，收成豐富，接著相互傳播栽種。大概是因爲臺北多雨，一年可以收成四季，以春、夏茶最盛。屬於茶葉中的佳品，則是淡水的石碇、文山二堡（今新北市石碇區、臺北市文山區），其次爲八里坌堡（今新北市八里區）。到了新竹則稱埔茶，顏色和味道較差，價格也不高。開始只是在本地銷售；道光年間，運往福州，每擔必須繳納白銀二兩，才可以販賣。等到同治元年（一八六二），滬尾開港，外商漸漸來到。當英國商人德克設立了德記洋行，販售鴉片、樟腦時，也深知茶業有利可圖。四年（一八六五），乃自福建安溪配至茶種來臺灣，勸導農民分配種植，並貸款給他們。收成之時，全部收購，運往海外銷售。南洋各地方原先購買福州茶葉，但臺北的包種茶足與之匹敵。然而因爲不是用薰花製成，味道並不濃郁，於是又勸導民種花。花中最芬芳的是茉莉、素馨、梔子，每甲地收成可達一千圓，比種茶更有利潤。所以艋舺、八甲、大隆同（今臺北市萬華區、大同區），多以種花爲業。烏龍茶爲臺北所獨有的風味，販售到美國，銷路越來越廣。從此以後，茶業大興，每年的產值達到二百多萬圓。廈門、汕頭商人來臺灣，設立二、三十家茶行。茶工也多是安溪人，春天來冬天回。貧家婦女則以揀茶爲生，每天有二、三百錢的收入。臺北市況爲之一振。等到劉銘傳（一八三六—一八九六）擔任巡撫，又努力獎勵，種植茶葉的越多。當時臺灣府林朝棟（一八五一—一九〇四）剛剛經營開墾事務，闢田種樹，爲求永久之計，也在乾溪萬斗六的山區（今臺中市霧峰區）種植茶樹。不到十年，朝棟撤兵離開，因軍務迫切，茶樹修剪幾乎全部結束，實在可惜！

當初，銘傳籌劃興辦物產，尤其是大規模開創水利事業，以資助灌溉。當時，大嵙崁新設立撫墾，以其土地肥沃，想要闢建水田。光緒十三年（一八八七），命令德國工程師墨爾溪前往查勘水源。他建議開鑿巨型水圳，以便灌溉海山、桃澗等堡（在今新北市樹林區、鶯歌區、三峽區以及桃園市），但未執行就離去。又以臺灣的紡織品都需仰賴於外省，每年花費巨資，也勸導農家種植桑棉，內容在〈工藝志〉。故事是：各省官員，每年二月仲春之時，親自躬耕之禮。銘傳自從到任後，立即率領僚屬們執行。集合老農民，詢問豐收與歉收情況，督促他們的子弟，盡力耕種，不要放縱嬉戲，不要放蕩淫亂，勤勞者，則會給予獎賞，並成爲慣例。臺灣農產品，以米爲首要，其次糖，再次是茶。它們關係到國計民生實在是至深至大。管子說：「倉糧充實了而後知曉禮義，衣食豐足了而後了解廉恥。」國家所憑恃的是人民，而人民所重視的是農業而已。所以整理土地的分界，減輕賦稅，平衡輕重，勸勉勤勞工作，促成人民可以盡力在農事上而不對他們侵奪，這才是國家所以強盛的道理。

稻之屬（稻子類）

粳稻：就是食用米，有早稻有晚稻，種類很多。

白殼：米粒長而大，蒸飯最香，十月收成。

烏殼：與白殼相同，只皮稍爲黑。

早占：品種來自占城（今越南中部），有烏占、白占兩品種，米粒小而又成尖形狀，蒸飯最佳。清明時種植，國曆七月下旬大暑可以收成。

埔占：米粒略呈紅色，種植在田園裡，八、九月收成。

三杯：米的皮薄粒大，形狀與早占相同，可以久藏。早收在六月，晚收在九月。

花螺：有高腳、低腳兩種，殼有些斑點，米粒大。

清油：有大粒、小粒兩種，又分白腳、紅腳兩類，早稻、晚稻都能種植。

銀魚草：春天剛到時種植，七十天就能採收，所以又名七十日早。

圓粒：米粒短而肥，種植方式如同埔占。

羌猴：米粒長，有紅、白二種。

唐山：品種出於福建。米粒長，皮薄，顏色白，味道香。有二種：含穗和厚葉。煮粥非常好。

潤種：品種出自潤州（今江蘇省鎮江市）。有三種：高腳潤種、低腳潤種、軟枝潤種。播種於水田，國曆十月底的霜降後收成。米粒長，皮薄，顏色白，味道香。

格仔：有高腳、低腳、紅腳三種，與潤種大略相同，顆粒大小一致，品相佳的米。
棉仔：殼的尾部有紅鬚，長五、六寸，不怕鹽水，可在種植在海濱。
齊仔：在貧瘠的土地種植，可以收成。乾隆期間，才從中國傳入。
鳥踏赤：米粒稍呈紅色，與齊仔大致相同，可種植在貧瘠的土地。
銀硃紅：外面是紅色，米心是白色，栽種七十多天後就可以收成。
園早：就是陸稻（旱稻），栽種一百多天後就可以收成。
白肚早：米粒肚子非常白，以此得名。
一枝早
安南早：品種出自安南（今越南）。
呂宋早：品種出自呂宋。有紅、白二種，米粒小而尖。播種與埔占相同，但不耐長久儲藏。
萬斤獻
大伯姆：米粒白而大，種植在低窪的田裡，不怕水。
天來
大頭婆：米粒是圓形，味道香。
香稻：又名過山香，米粒比其他米大一倍，顏色極白，使用一些再摻雜其他米種蒸飯，非常香郁；是稻米中的最佳者。
糯稻：就是朮（指糯米），用以釀酒，並且能用來製作糕餅，種類也很多。
鵝卵：形狀如鵝卵，米粒短，皮薄，顏色白，質地柔軟，是最佳的糯米類。
鴨母潮：質地黏稠，糯米類的佳品。

紅殼：有高腳、低腳兩種，一名爲金包銀，又名爲占仔糯米，皮稍微厚，顏色微紅，田與園都可種植。

虎皮：皮紅有紋，米粒白而大。

芒花：皮微黑，國曆七月下旬大暑之後種植，國曆十月下旬霜降後收成；糯米類中的下品。

火燒：米粒長，皮厚，呈微咖啡色。

豬油：有高腳、低腳二種，米粒長，皮薄，白色。

葉下藏：米粒長，皮稍微厚，味道香郁，白色。

烏占：米粒長，皮薄，味道香郁，白色，國曆七月下旬大暑之後種植，國曆十月下旬霜降後收成；糯米類中的佳品。

烏踏：大略和烏占相同，糯米類中的最上品。

竹絲狀：米粒微呈綠色，因此得名。

圓粒：有黑、白二種，農田與果園皆可種植，米粒肥，皮薄，味道香郁，白色，用來蒸糕最是美味。

番朮：米粒大，原住民種植便於釀酒。

紅米：紅色，味道香郁，彰化、淡水有人種植。

烏米：黑色，味道香郁，鳳山縣下有人種植。煎炒成微焦，可用它來取代茶葉。

菽之屬（豆子類）

土豆：即是落花生，有數種：大花、二花、鴛鴦、鈕仔。屬於藤蔓植物攀附他物成長，開花是黃色，果實成長土中，因而得名。種植在沙質的田園裡。澎湖產量最多，其次是嘉義、彰化沿海地區。用它來榨油，銷路非常廣。或者是伴其他的食物，或者以豆子煮糖作爲品茶之用，臺灣無人不食用。

白豆：豆粒圓，又名珠豆。

黃豆：豆粒圓，用以製造豆腐。

黑豆：四、五月種植，八、九月收成，用以製造醬油非常甘醇，也可以做成調味的鹽豉。

青仁豆：爲黑豆類，皮黑，肉是綠色，質地溫和。可以用火炒，再用水加熱做成茶。

綠豆：一、二月種植，四、五月收成。性涼能解毒，夏天時多用來當作食物，可製作成餡餅。

米豆：皮白色，豆粒有些彎曲。和米一起煮食，因而得名。八、九月收成。

菜豆：白、紫兩種。豆莢長一尺多，蔓藤下垂。秋天時盛產。合著莢一起炒，是用餐的美味料理。紫色的又名裙帶豆。

肉豆：即扁豆，又名蛾眉豆。有青、白兩種，一個穗有十多個莢，冬季時盛產，煮完後伴食進餐。

黃莢豆：又名皇帝豆。冬季盛產，一個莢有二、三粒子，煮完後進餐更美妙。臺南出產。

虎爪豆：形狀如虎爪，因而得名。有人稱莢仔豆。煮完後進餐也很棒。

肥豬豆：莢長而碩大，百姓都不吃，用來養豬容易肥大。

荷蘭豆：品種出於荷蘭。花有紅、白兩種，冬季盛產。顏色鮮綠，味道香嫩。

麥子類

大麥：臺灣氣候炎熱，種麥較少。唯有嘉義、彰化沿海有種植，用來補充糧食。

小麥：有兩種：一是九月種植，正月收成；一是十二月種植，三月收成碾成麵粉製成麵條。

蕎麥：出產也少。

黍子類（小米）

黍：黍的果實是下垂且顆粒細小，原住民土地多有種植。又有鴨蹄黍，果實如同鴨蹄，因此而得名，用來釀酒非常的美妙。

蘆黍：高六、七尺，葉子如同蘆葦，所以得名。北方名爲高粱。是拿來釀酒的佳品。澎湖種植當作糧食。

玉蜀黍：一名爲番麥，高七、八尺，葉子大如甘蔗，顆粒如同黃豆，各地方都種植提供作爲食物。

芝麻：就是胡麻。產量很多，煎炒以榨油。質地燥熱，或用來製作餅類食物，銷路非常廣。

稷類（小米）

稷：有細米、黃米二種。原住民區域和澎湖多有種植，用來供爲食物或者釀酒。

枲類（麻）

苧：就是麻料纖維的紵。種植在山地，一年有四次收成。剝皮取絲，用以織成夏天用的布料，出口量非常大。

麻：山地成長非常多，可以取絲織布，枝幹可以用來燒火。

藍類

山藍：又名大青。山地產量多，在田裡用它來作爲肥料非常好。果實銷售到泉州，枝幹可以作爲柴火。

木藍：又名小菁，品種出自於印度，由荷蘭人移植。適宜種植在地勢高且乾燥的土地，一年可以收成三次。製成藍泥，每四百斤可得三十斤藍泥。

藷類

番藷：一名地瓜，品種出自於呂宋。明朝萬曆中期，福建人取得後，開始引進漳州、泉州。在貧瘠土地和沙地，都可以栽種。取它的蔓藤種植，幾個月即可生成。根塊埋在土裡，大小粒結實纍纍。巨大的重可達一斤多。生藷與熟藷都可食用。臺灣人用它來作爲糧食，可製作成粉，可以釀酒。它的蔓藤可以餵豬。整年生長不會斷絕，夏、秋兩季產量旺盛。大量出產時，掇成細條，晒乾，提供作爲每天的食物。澎湖缺乏糧食，乃依此爲生。多從安平和鳳山二地配送。番藷有數個品種：一是鸚哥，皮是紅色肉是黃色，爲第一等；一是烏葉，皮肉都是白色；一是青藤，一是雞膏，最下等的品種。也有煮糖以用做茶點，風味尤佳。

豆藷：藤蔓植物攀附他物成長，果實如同番藷，皮肉都是白色。切片炒肉，味道如同荸薺（馬薺）。

馬鈴藷：品種出自於西洋，近年來方傳進臺灣，蒸煮後食用非常的棒。

蔗類

竹蔗（白甘蔗）：皮是白色而且厚，蔗肉硬而蔗汁甘甜，用來熬煮製作成糖。

紅蔗：皮是紅色而薄，蔗肉脆而蔗汁甘甜，多是生吃爲主，也能用來熬煮製成糖。

蠟蔗：皮微呈黃色，蔗幹高達一丈多，蔗莖比竹蔗大了二、三倍，蔗肉脆而蔗汁甘甜，只供應生吃。

茶類

包種茶：茶葉細味道清，出口非常多。

烏龍茶：茶葉大味道濃，出口非常多。

蓏類（瓜果類）

西瓜：品種來自於西域。沙地種植最爲適宜。綠色，果肉有白、有紅，味道甘甜屬於冷性的。臺南氣候炎熱，十月成熟。古代是用來進貢的，果園在小北門外。

王瓜：一名刺瓜（黃瓜），因爲皮有微刺。臺灣都是早熟的。

苦瓜：味道微苦而後甘，或者名爲諫瓜。煮食是佳肴，夏天時盛產。

菜瓜：一名絲瓜。元宵時種植，夏秋之際盛產。又有一種名爲七葉瓜，蔓藤攀附他物成長，第七節開始結果，一般人使用樹架方式種植。

冬瓜：夏天時是盛產期。大者二、三十斤，屬於涼性，伴著其他食物進食。或者切成小條和一起糖煮，作爲茶點，銷路非常廣。

金瓜：又名南瓜。大的如同斗，黃皮，有瓣，瓜肉也呈黃色，忌諱和羊肉一起食用。又有一種，如同碗一樣大，紅色可愛，僅作爲觀賞之用。

涵瓜：有綠、白兩種，夏季時盛產。以鹽醃漬伴著其他食物一起進食。又有纖小如手指的，以豆醬加醃漬，稱爲醬瓜。臺南出產最佳。

匏（葫蘆）：有兩種：一爲長匏，也稱臘條匏，長可達三尺；一爲勁匏，也稱葫蘆匏。皆伴著其他食物進食。老的勁匏則堅硬，剖開來可作爲器具。

葫蘆：另外爲一品種，比較小，僅作爲玩具，或者用來盛裝藥品。

蔬菜類

薑：春天種植夏天成熟，山地產量最多。

芥：秋天種植冬天成熟，芥的果實可製作成芥末。又有油芥子，可榨油。

蔥：有風蔥、香蔥、麥蔥三種。風蔥可以做成藥，可以治療中風。

韮：四時都有，秋季初開花。

蒜：有軟莖、硬莖二種，味道難聞噁心。

菘：就是白菜。有兩種：一是土白菜，味道稍微苦；一是山東白菜，品種出自山東，味道非常肥美，冬天時盛產。

芹：有水、陸兩種。

茄：有紫、白兩種。又有野生者，果實是黃色如球狀，稱爲黃水茄，不能食用。

迦藍：俗稱隔藍菜。又有番迦藍，葉子呈紫色且堅硬，不能食用。

菠薐：就是菠菜，品種出自於西域頗陵國（可能是今尼泊爾），誤植爲菠薐，或稱爲赤根菜，臺南稱爲長年菜，這是過年時必要食用的。

莙薘：俗稱厚末菜。

冬荷：就是茼蒿，屬於菊類，味道香郁。

莧：有紅、白二種，忌諱與鱉同時食用。

甕菜：就是空心菜，品種出自於東夷古倫國（誤植也，空心菜應該是源自於東南亞），以甕裝入，所以得名。水田旱田都可以種植。

蒝荽：品種出自於西域，漢代時傳入中土，俗稱煙荽（芫荽）。葉子小，莖柔軟而細，根多鬚，味道辛辣而香。

茴香：就是小茴。葉子如同蒝荽，莖幹可高達數尺。

蘿蔔：俗稱菜頭。

高麗菜：品種出自於韓國，傳入不久，形狀類似白菜。
芋：有紅心、白心二種。又有紫紋種，稱為檳榔芋，尤其是佳品。
葭荻筍：就是茭白筍，種植於水塘沼澤地，九月盛產。
萵苣：俗稱鍋仔菜。
辣椒：俗稱番薑，品種出自於南洋。有兩種：雞心，粒子小；羊角，粒子長，都是以形狀而得名。味道極為辛辣。又有一種言椒，粒大有稜角，炒之後食用非常美妙。
香菰：就是香菇，產於內山。
木耳：產於內山，以南投集集為多。
紫菜：產在海濱石頭上，以澎湖為多。
滸苔：就是海苔，產於海濱石頭上。

果子類

檨：即檨果（芒果），品種出自於南洋，荷蘭人移植，至今尚存在著。舊《志》以為從日本傳來，錯也。樹大到可由人合抱，花小微呈白色，夏季時盛產。有肉芒果、柴芒果、香芒果三種。肉芒果先出產，味道稍差。柴芒果最多，未成熟呈青色時切片沾醬油可以取代蔬菜，或者用鹽醃製儲藏一段時間，將之煮魚味道尤其酸美，可以解酒。黃色的芒果可以生食。內山則是晒乾，用糖拌蒸，配售福建廣東。香芒果果肉脆味道香，最晚出產。又有牛心芒果，大如牛心。芒果產地，以臺南為多，彰化以北則少見。

梅：喜義盛產，用以製作蜜餞。

桃：有甜桃、苦桃二種。又有水蜜桃，品種出自於上海。

柑：有仙柑、紅柑、盧柑、虎頭柑四種。紅柑比較優質的，以西螺（今雲林縣西螺鎮）為第一。虎頭柑果實大皮粗，酸不能吃。

橘：有金橘、月橘、四時橘。金橘用來製作蜜餞。月橘的產量整年不斷，或名為公孫橘。

柚：有紅柚、斗柚、皮山柚、文旦柚數種。文旦柚產在麻荳莊（今臺南市麻豆區），皮很薄肉白，多汁而甘甜如蜜，遠近馳名。舊《志》不記載。若種在他處，則味道遠遠不及。

橙：味道酸，臺灣人稱為雪柑。

柿：嘉義、新竹出產較多。有大小兩種。快要成熟時採摘，將柿子注射煉油，幾天後果肉變軟，稱為紅柿。如果以石灰水浸泡，可以去除澀味，則果肉呈現黃色清爽如梨子，稱為浸柿。八月盛產，或者曝晒成為柿餅。又有毛柿，品種出自於西域。

梨：有鳥梨、牛心梨、�梨。

栗：雲林內山野生非常多，不過果實比較小。

棗：有酸棗、甜棗、紅棗。

椰子：鳳山、恆春二城市比較多，臺東原住民地區也有種植。樹木高達數丈，直立沒有樹枝，結實纍纍。利用非常廣泛。樹幹可以做成柱子，葉子用來蓋房子，絲可做成繩索，果肉可做成餅，果漿可釀酒，果殼可製成器皿。大概屬於熱帶植物。種植在海濱，能夠成為生財工具。

椎子：新竹內山，野生非常多。果實如同金橘，有紅點，可連著皮食用。

橄欖：一名青果，產量不多。

油柑：果實小如同鈕扣，色澤微呈黃色，味道澀，可以用鹽醃漬，能幫助腸胃消化。

黃彈：果實如彈珠，黃色味道酸。

番柑：就是檸檬。品種出自歐洲，荷蘭人移植。比橘子大，果肉酸皮苦，夏天時搗成檸檬汁，加入鹽水一起飲用，可以消暑解渴。

楊梅：味道比漳州、泉州出產的差。

枇杷：新竹產量比較多，用來製作蜜餞。

甘蜜：形狀如同柑，用糖加煮作爲茶點。

葡萄：出產不多，味道也不好。

意苡：鳳山有人種植。

無花果：葉子可以作藥，能解毒去溼。

南無：或稱軟霧（蓮霧）。品種出自於南洋，傳入臺灣不到百年，所以舊《志》沒有記載。樹高達三、四至丈，葉子長而大。春天初開白花，很多短鬚，結果纍纍，如同茶杯一樣大。有大紅、粉紅、大白、小青四種。味道甘甜如蜜。夏季時盛產。臺南產量最多，彰化以北很少見。果實晒乾也可以用來煮茶，能治療痢疾。

釋迦：品種出自於印度，荷蘭人移入。種子栽植二、三年即可結果實。樹高一丈多，果實與柿子一樣大，形狀如同佛祖的頭，所以得名。皮是碧綠色，果肉是白色，味道甘甜而細膩。夏秋兩季盛產。

菩提：一名香果（風鼓），品種出自印度。葉子與蓮霧相同，白花多短鬚，果實如同蠟丸，中間空的有子，味道非常香，夏季出產。

波羅蜜：又名優缽曇，品種出自於印度，荷蘭人移植。如安平邑歸仁里舊社（今臺南市歸仁區）所種植的，至今仍然保存。樹高一數丈，果實長在樹幹上，堆纍的好像是贅瘤，如同斗具一樣大，重可達七、八斤。部開皮，肉呈黃色有瓤，氣味非常芳郁。每個房有核，如同棗仁核一樣大，可以食用。乾苞的波羅蜜汁液不會潮溼，溼苞的則會。瓤可以生吃，如果和肉類一起悶爛，風味特別佳。全臺灣只有安平和嘉義二城市有波羅蜜，不見於其他地方。

佛手柑：形狀如同香櫞（香水檸檬），只是它的瓣長如同人的手指五、六月初成熟，載運至江蘇、浙江販售。

香櫞：樹如同佛手柑。果實成熟時，切片以鹽醃漬用來伴著進食，或晒乾煮茶，味道甘而香郁，可以解醉通腸胃。

賓婆：就是蘋果。品種出於西域，漢代傳入中土。樹木高葉子大，春天初開花，成穗結出果實，有果房，外面是綠色，裡面是紅色，成熟時自行剖開，有二、三顆子，削開果皮就看到果肉，果肉如同蛋黃，所以又名鳳凰卵。加糖煮湯，味道勝過栗子。

香蕉：臺灣出產非常好，味道極爲香美。又有紅蕉，果實小，可治療喉嚨疾病。

鳳梨：一名黃萊。葉子長，鳳梨冠聚在一起有如鳳尾，可以劈成絲織成夏布。果實生在叢心之中，皮有鱗甲。削皮而食用，味道甘甜微酸。夏季盛產。摘採之後，用腳踏碎叢心，到了秋天再生出來。果實較小，味道尤其甘脆。放在家裡，清香芬芳襲人。臺灣人以鳳梨炒肉，也是一道佳肴。鳳山、彰化生產最多。

荔支：就是荔枝，臺灣品質不如福建、廣東。

龍眼：有大、中、小三種。嘉義、雲林兩地產量特別多。晒乾的稱為福圓。剝殼焙乾的福肉（兩者均稱龍眼乾）。每年配售上海、天津，成為出口大宗。

木瓜：品種出自於爪哇。樹長高達一丈，亭亭直上，花開的非常小，果實結在樹幹上。或者拿來醃醬、或煮糖，味道尤其美香。臺灣人以木瓜肉，產婦食用以通乳。

石榴：品種出自於西域，漢代時傳入。臺灣習俗納采時，女方家必須以蓮蕉、石榴酬送給男方家，種植在庭院中，象徵多子之意。

奈茇：有人稱為番石榴（芭樂）。有紅心、白心兩種，自生於城郊野外。樹幹堅硬白花，果實如同石榴。成熟時，黃色味道香，切片去除果心，以豬油煮食，加上少許的糖，伴著其他食物進食尤其美妙。

羊桃：就是楊桃。有甘、酸兩種。又有廣東品種，果實大多汁。樹大葉子細而密，春天時花著在樹幹，花朵小且為紅色。果實有五、六邊稜角，酸的楊桃製成蜜餞，或者以糖醃漬泡湯食用，可以治肺內鬱熱止咳嗽。

檳榔：高一、二丈，樹幹直無樹枝，葉子大向上豎立，四面展開。花苞可做成扇子。花朵小，淡黃色，味道香。果實如同大棗，綠色，一根莖有數十粒果實。從秋天到冬天，不斷產出。將果實剖開為二，加上蔞葉、石灰。臺灣人都喜歡嚼食，認為它可以抗瘴氣。

蔞籐：就是扶留籐（荖葉）。採取葉和檳榔一起食用，整年不斷。

愛玉子：產在嘉義山中。舊《志》道光初年，有同安人居住在縣治的媽祖樓街（今臺南市中西區），經常往來嘉義，採辦土產。有一天，經過後大埔（今嘉義縣中埔鄉），天氣非常且渴，走到溪旁飲水，見到水面成凍，掬取而飲，清涼透心脾，自想在這暑熱期間，何能有冰？再仔細查看水面，有樹子錯落其上，搓揉樹子有漿，認爲就是此物所化成的。拾起而返家，用水洗，片刻間成凍，加上糖，風味極佳，或加上少許的兒茶（夷茶），顏色如同瑪瑙。有某人的女兒名喚愛玉，芳齡十五，楚楚動人，長日無事，製成凍出賣，頗受飲用人所喜，於是稱呼愛玉凍。從此傳遍各地，採買者漸多，配售福建、廣東。按愛玉子，就是薜荔，性質清涼，可以解暑。

臺灣各屬陂圳（水塘水圳）表

安平縣

參差陂	在文賢里。荷蘭時，鄉人王參差所建築。	今臺南市仁德區。
公爺陂	在新豐里。鄭氏某公爵所建築。	今臺南市關廟區。
甘棠潭	在保大東里。鄭氏時期，鄉民合築，以潭邊多棠樹（野梨），所以得名。	今臺南市新化區和關廟區。
王有潭	在仁和里。鄭氏時，鄉人王有所建築。	今臺南市東區。
鴛鴦潭	在文賢里。兩潭相連。	今臺南市仁德區、高雄市湖內區、茄萣區。
鯽魚潭	在永康里。延匯三十多里，多生鯽魚。以灌溉永康、廣儲、長興三里，從中望去如同一座湖，所以縣志有「鯽潭霽月」之景。如今已淤積縮小。	今臺南市永康區、仁德區、新化區一帶。
蓮花潭	在文賢里，用以灌溉農田。	今臺南市仁德區一帶。
崁下陂	在永康里。	今臺南市永康區。
新港陂	在新化里。鄉民合築，有東、西二陂。	今臺南市新化區一帶。

鳳山縣

王田陂	在嘉祥里。荷蘭時期建築，今天已廢。	今高雄市阿蓮區。
大湖陂	在長治里。鄭氏時期建築。	今高雄市湖內區。
三鎮陂	在維新里。鄭氏時期戎旗三鎮所建築。	今高雄市路竹區。
中衝陂	在仁壽里。鄭氏時期中衝鎮所建築。	今高雄市橋頭區。
北領旗陂	在維新里。鄭氏時期侍衛領旗協所建築。	今高雄市路竹區。
左協陂	在維新里。鄭氏時期建築，今已廢。	今高雄市路竹區。
赤山陂	就是公爺陂。在赤山莊，周圍一百多丈。鄭氏時期建築。	今高雄市鳥松區，澄清湖。
烏樹林陂	在維新里。鄭氏時期建築。	今高雄市永安區。
新園陂	在長治里，周圍二百多丈。鄭氏時期建築。	今高雄市路竹鄉。
草陂	在觀音上里。水多，灌溉農田廣。	今高雄市燕巢區。
三老爺陂	在維新里。鄭氏時期建築。	今高雄市路竹區。
大陂	在嘉祥里。鄭氏時期建築。	今高雄市鳥松區，澄清湖。
角宿陂	在觀音上里。鄭氏時期角宿鎮所建築	今高雄市燕巢區。
仁武陂	在仁武莊。鄭氏時期仁武鎮所建築。	今高雄市仁武區。
將軍陂	在鳳山下莊。靖海將軍施琅（一六二一－一六九六）建築。	今高雄市小港區、前鎮區。
眠牛湖陂	在觀音山莊。大小兩陂，雍正四年（一七二六）建築。	今高雄市仁武區、大社區。
鳳山陂	在鳳山莊。乾隆時期建築。	今高雄市鳳山區。
二濫埔陂	在維新里。	今高雄市岡山區。
林內陂	在興隆里。	今高雄市左營區。

石壁陂	在興隆里。	今高雄市左營區。
石湖陂	在觀音山下。	可能是昔日高雄市仁武區的觀音湖，在日據時期稱爲總督府湖。
賞舍陂	在鳳山莊，今已廢。	今高雄市鳳山區。
硫磺陂	在硫磺港。康熙四十五年（一七〇六），知縣宋永清召募民眾修築。	今高雄市鼓山區。
菱角潭	東灌嘉祥里，西灌長治、維新二里的田。	今高雄市路竹區、田寮區、阿蓮區一帶。
曹公圳	道光十八年（一八三八），知縣曹謹募民修築，用以灌溉小竹、觀音、鳳山等里的田。隔年，又修築一水圳，名爲新圳；故事記載在《循吏列傳》。	今高雄市。

嘉義縣

番子陂	在縣治之北。康熙三十四年（一六九五），原住民與漢人合建，引北香湖的水灌溉。	今嘉義市西區。
臺斗坑陂	在縣治之北。康熙四十五年（一七〇六）建築，以灌溉負郭的農田。	今嘉義市西區。
諸羅山大陂	就是柴頭港陂。源自於八掌溪，長二十多里，大旱也不會乾涸。	今嘉義市、嘉義縣水上鄉。
柳子林陂	源自於八掌溪分流，長十多里。	今嘉義市、嘉義縣水上鄉。
埔姜林陂	源自於八掌溪分流，長十多里。	今嘉義縣中埔鄉。
馬稠陂	源自於內山，由土地公崎流出。	今臺南市白河區。
楓子林陂	在下茄苳莊，東引白水溪（急水溪上游）的水灌溉。	今臺南市後壁區。
佳佐林陂	源自草潭。	今。臺南市白河區
安溪寮陂	源自於白水溪，長十多里，用以灌溉安溪寮等莊	今臺南市後壁區。

王公廟陂	在下茄苳莊，東南引白水溪的水灌溉。	今臺南市後壁區。
新營陂	源自於白水溪，長三十多里，用以灌溉新營等莊。	今臺南市新營區。
哆囉嘓大陂	源自於九重溪（今六重溪），長二十多里，以灌溉哆囉嘓莊。	今臺南市東山區。
大腳腿陂	在大腳腿，源自於十八重溪（今龜重溪），長十多里。	今臺南市柳營區。
新陂	在北新莊，源自於番子坑，長十多里。	今嘉義縣太保市。
大溪厝陂	在大溪厝莊，源自於番子坑，長十多里。	今嘉義市、嘉義縣太保市。
朱曉陂	在外九莊，引荷包嶼的水灌溉。	今嘉義縣朴子市。
樹林頭陂	在外九莊，引八掌溪的水灌溉。	今嘉義縣布袋鎮。
牛桃灣陂	在外九莊，引龜仔港的水灌溉。	今嘉義縣朴子市。
土獅子陂	源自於牛稠溪，南灌溉六加甸，北灌溉土獅子。	今嘉義縣六腳鄉。
狗咬竹陂	源自於牛稠山（嘉義縣民雄鄉），長二十多里，用以灌溉狗咬竹等莊。	今嘉義縣新港鄉。
打貓大潭	莊民合建，用以灌溉打貓、青埔。	今嘉義縣民雄鄉。
打貓大陂	源自於三疊溪，長十多里，用以灌溉打貓、南路厝、火燒莊等。	今嘉義縣民雄鄉。
虎尾寮陂	在打貓莊北，源自於三疊溪。	今嘉義縣民雄鄉。
雙溪口大陂	在崙仔莊，源自於三疊溪。	今嘉義縣新港鄉。
西勢潭陂	源自於三疊溪分流，用以灌溉西勢潭、柴林腳二莊。	今嘉義縣溪口鄉、新港鄉。
洋子莊陂	在茅港尾莊東。	今嘉義縣新港鄉。
番子溝陂	莊民合建，用以灌溉佳里興、茅港二莊。	今嘉義縣新港鄉。
龍船窩陂	莊民合建，用以灌溉龍船窩、烏山頭、三鎮等莊。	今臺南市官田區。
北社尾陂	莊民合建，用以灌溉北社尾、水牛厝二莊。	今嘉義市西區、嘉義縣太保市。
大目根陂	源自於牛稠溪，用以灌溉大目根堡的農田。	今嘉義縣竹崎鄉。

槺榔陂	莊民合建，用以灌溉大、小槺榔。	今嘉義縣朴子市。
頭橋陂	在打貓莊東。	今嘉義縣民雄鄉。
中坑仔陂	在打貓莊東北。	今嘉義縣大林鎮。
龍湖	就是赤山莊大潭，莊民引水灌溉。	今臺南市六甲區。

恆春縣

柴頭陂	一名竹橋陂，莊民合建，引阿猴林（今高雄市大樹區）的水灌溉。	今高雄市鳳山區。
萬丹陂	在港西里。	今屏東縣萬丹鄉。

臺灣縣

快官圳	在快官莊。業戶楊（志申）、曾二氏合建，灌溉農田四千多甲。	今彰化縣彰化市。
貓兒高圳	就是快官下陂，業戶張、陳二氏合建，用以灌溉半線堡的一千多甲農田。	今臺中市烏日區。
二八圳	康熙間，業戶楊志申建築，水源與快官圳相同，灌溉一千多甲農田。	今彰化縣彰化市。
貓霧捒圳	又名葫蘆墩圳，業戶張振萬與藍、秦二氏合建，引大甲溪的水，用以灌溉捒東堡一千多甲農田。	今臺中市豐原區。
大甲溪圳	莊民合建，引大甲溪的水灌溉牛罵頭、沙轆等莊的農田。	今臺中市清水區、沙鹿區。
險圳	在南北投堡。乾隆十六年（一七五一），業戶池良生建築，引烏溪的水灌溉堡內七十多莊的農田，工事非常壯大。	今南投縣南投市、草屯鎮等地。
萬丹坑圳	在南北投之東。	今南投縣南投市、名間鄉一帶。
萬六斗圳	在貓羅堡。業戶吳伯榮建築，引萬斗六溪的水用以灌溉堡內的一千多甲農。	今臺中市霧峰區。

馬龍潭陂	在貓霧捒。流長二十多里，大旱也不乾涸，灌溉非常廣。	今臺中市豐原區。
南投圳	在南投堡。引哮貓的水，用以灌溉堡內的農田。	今南投縣南投市。
馬助圳	在險圳之下。引烏溪支流，用以灌溉上下茄荖的五百多甲農田。	今南投縣草屯鎮。
阿轆治圳	在馬助圳之下。同源自於烏溪，用以灌溉石頭埔莊等的五百多甲農田。	今南投縣草屯鎮。
聚興莊圳	在捒東堡。光緒十六年（一八九〇），業戶林朝棟建築，引葫蘆墩圳支流，用以灌溉聚興莊的農田。	今臺中市潭子區。
內國姓圳	光緒十七年（一八九一），業戶林朝棟建築，引北港溪的水，用以灌溉國姓莊的農田。	今南投縣國姓鄉。

彰化縣

打馬辰陂	在西螺社。東引虎尾溪支流，用以灌溉西螺的二千多甲農田。	今雲林縣莿桐鄉。
引引莊陂	在西螺社。康熙五十三年（一七一四），諸羅知縣周鍾瑄募民建築。	今雲林縣西螺鎮。
打廉莊陂	在東螺社西北。康熙五十五年（一七一六），諸羅縣知縣周鍾瑄募民建築。	今彰化縣埔鹽鄉。
燕霧莊陂	在半線社南。康熙五十五年（一七一六），諸羅知縣周鍾瑄募民建築。	今彰化縣大村鄉。
施厝圳	一名八堡圳，在東螺堡。康熙五十八年（一七一九），業戶施世榜建築，灌溉農田非常廣；事載〈世榜傳〉中。	今彰化縣田中鎮、二水鄉、北斗鎮、溪州鄉、永靖鄉、田尾鄉、埤頭鄉等地。
埔鹽陂	業戶施氏建築，引施厝圳支流，用以灌溉好收莊等數百甲農田。	今彰化縣埔鹽鄉。
十五水圳	在大武郡堡。康熙六十年（一七二一），業戶黃仕卿建築。	今彰化縣溪州鄉、田中、二水鄉、社頭鄉等地。
二八水圳	在東螺堡。橫亙在施厝圳、十五莊圳之間。	今彰化縣二水鄉等地。

王田圳	在大肚堡。業戶董顯謨建築，引大肚溪的水，用以灌溉山麓七莊的農田。	今臺中市大肚區一帶。
中渡頭圳	在大肚堡。業王綿遠建築，引大肚溪的水，用以灌溉龜山等莊的農田。	今臺中市大肚區一帶。
福馬圳	業戶施世榜建築，引大肚溪的水，用以灌溉李厝莊等一千多甲農田。	今彰化縣彰化市、和美鎮、伸港鄉、線西鄉。
大肚圳	雍正十三年（一七三五），業戶林、戴、石三氏合建，引大肚溪的水，用以灌溉百順莊的六百多甲農田。	今臺中市大肚區一帶。
福口厝圳	在馬芝堡。業戶陳士陶建築，引快官、施厝圳支流，用以灌溉上下寮的農田。	今彰化縣鹿港鎮、福興鄉、秀水鄉一帶。

雲林縣

斗六圳	在縣治附近。	今雲林縣斗六市。
大竹圍圳	在大竹圍莊。	今雲林縣斗六市。
鹿場圳	雍正年間建築，引虎尾溪分流，至溪州堡吳厝莊外入圳，再分爲二，灌溉四千多甲農田。	今雲林縣西螺鎮。
他里霧圳	在他里霧社，原住民與漢人合建。	今雲林縣斗南鎮。
埔姜崙圳	在他里霧社之西。	今雲林縣褒忠鄉。
猴悶圳	在他里霧社之北。	今雲林縣斗南鎮。
柴裏圳	在柴裏社，源自於庵古坑	今雲林縣斗六市。
尖山圳	在尖山社。	今雲林縣古坑鄉。
走豬圳	源自於石龜溪，用以灌溉走豬、排仔路二莊。	今雲林縣大埤鄉。
荷包連圳	源自於石龜溪，灌溉三百甲農田。	今雲林縣大埤鄉。
加冬腳圳	在他里霧之南，源自於石龜溪。	今雲林縣大埤鄉。

石龜溪圳	源自於石龜溪。	今雲林縣斗南鎮。
水碓圳	在斗六堡，分爲上、下二圳。	今雲林縣古坑鄉。
六十甲陂	在新廍仔莊，源自於庵古坑。	今雲林縣斗六市。
觀音陂	源自於小坑仔溪	今雲林縣古坑鄉。
社口陂	源自於溪邊厝溪。	今雲林縣斗六市。
林內圳	源自於濁水溪，以灌林內、石榴班等莊。	今雲林縣林內鄉。
頂下橫溝圳		今雲林縣斗六市。
海豐圳		今雲林縣斗六市。
老發圳		今雲林縣斗六市。
番子圳		今雲林縣斗南鎮。
虎尾圳	源自於陂仔頂溪，用以灌溉虎尾莊。	今雲林縣虎尾鎮。
和溪厝圳	在沙連堡，源自於清水溪。	今南投縣竹山鎮。
東埔蠟圳	乾隆二十一年（一七五六），業戶劉氏建築，灌溉二百多甲農田。	今南投縣竹山鎮。
坪仔頂圳	道光元年（一八二一），業戶張天球建築，源自於清水溪。	今南投縣鹿谷鄉。
清水溝圳	嘉慶二十四年（一八一九），佃戶廖阿禮建築，源自於清水溪。	今南投縣鹿谷鄉。
三角潭圳	道光二十四年（一八四四），業戶陳希亮建築。	今南投縣竹山鎮。
大水窟陂	源自於崠頂山下泉，邱、董二氏合建。	今南投縣鹿谷鄉。
姜仔寮圳	乾隆五年（一七四〇），業戶葉初建築。	今南投縣鹿谷鄉。
隆興陂	乾隆年間業戶張天球、陳佛照合建，用以灌溉濁水溪南岸四百多甲農田。	今南投縣竹山鎮。
茄荖湖陂	源自於梅仔坑溪，灌溉四百六十甲農田。	今南投縣中寮鄉。

林仔陂	在崙仔莊，灌溉四百五十多甲農田。	今雲林縣斗南鎮。
溝心陂	源自於林仔陂。	今雲林縣斗南鎮。
石圭溪陂	源自於大湖口	今雲林縣斗南鎮。
阿丹陂	源自於崁頂厝溪。	今雲林縣斗南鎮。
竹頭角陂		今雲林縣斗南鎮。
將軍崙陂		今雲林縣斗南鎮。
新陂		今雲林縣。
南勢陂		今雲林縣斗南鎮。
十三莊圳	源自西螺溪，灌溉一千多甲農田。	今雲林縣西螺鎮一帶。
通濟圳	源出虎尾溪，至赤坵仔分爲南、北、中三圳，凡二十八莊，灌溉八百多甲農田。同治十二年（一八七三），莊民合建。	今雲林縣虎尾鎮一帶。
大有圳	在布嶼堡。雍正十三年（一七三五），業戶張、方、高等姓合建，引虎尾溪分流，用以灌溉大有莊等，與鹿場圳通。	今雲林縣二崙鄉、崙背鄉。
崁頂厝圳	源自於大湖溪。	今雲林縣古坑鄉。

苗栗縣

貓裏圳	在後壟堡。乾隆三十四年（一七六九），佃戶合建。引合歡坪之水，灌溉四百四十八甲農田。貓裏即今的縣治。	今苗栗縣苗栗市。
哈仔市圳	在後壟堡。乾隆五十二年（一七八七），佃戶合建，源自於合歡坪，灌溉六百多甲農田。	今苗栗縣公館鄉。
嘉志閣圳	在後壟堡。乾隆三十三年（一七六八），佃戶合建，源自於合歡坪，灌溉一百四十甲農田。	今苗栗縣苗栗市。

獅潭圳	在後壟堡。作戶合建，源自於獅潭，灌溉三百多甲農田。	今苗栗縣獅潭鄉。
四成陂	在苗栗一堡。光緒十六年（一八九〇），幫辦撫墾林維源建築，引大安溪水，用以灌溉月眉、六份等莊五百多甲農田。	今臺中市后里區、外埔區。
馬龍陂	在後壟堡。	今苗栗縣後龍鎮。
大安溪圳	在大甲堡。源自於大安溪，灌溉約四百甲農田。	今臺中市大甲區。
火焰山腳圳	在大甲堡。	今臺中市大甲區。
新莊陂	在大甲堡。	今臺中市大甲區。
瀨施陂	在大甲堡。	今臺中市大甲區。
九張犁圳	在大甲堡。	今臺中市大甲區。
日南圳	在大甲堡。	今臺中市大甲區。
七張犁圳	在大甲堡。	今臺中市大甲區。
安寧莊圳	在大甲堡。	今臺中市大甲區。
西勢圳	在苑裏堡，源自於大安溪。	今苗栗縣苑裡鎮。
苑裏圳	在苑裏堡。	今苗栗縣苑裡鎮。
古亭笨圳	在苑裏堡。	今苗栗縣苑裡鎮。

淡水縣

大安圳	在擺接堡溪東。乾隆年間，業戶林成祖建築，引三叉河的水，用以灌溉大安寮等莊一千多甲農田。	今新北市土城區。
永豐圳	在擺接堡。亦林成祖所建築，以用灌溉枋寮莊一百九十多甲農田。	今新北市永和區、中和區。
暗坑圳	與永豐圳毗連，嘉慶年間業戶林登選建築。	今新北市安坑區。

瑠公圳	一名金合川圳。乾隆年間業戶郭錫瑠建築，引大坪林溪的水，用以灌溉拳山、大佳臘兩堡一千多甲農田。	今新北市新店區。
大坪林圳	在拳山堡。莊民合建，源自於青潭溪，灌溉青潭溪，灌溉四百六十五甲農田。	今新北市新店區。
內湖陂	在大佳臘堡。莊民合建，源自於內湖，用以灌溉大佳臘堡西七百多甲農田。	今臺北市文山區。
頂陂頭陂	在大佳臘堡。莊民合建，灌溉百餘甲農田。又有下陂、頭陂，灌溉農田比較少。	今臺北市大同區。
雙連陂	在縣治附近，灌溉一百多甲農田。	今臺北市中山區。
雙溪圳	在芝蘭堡。雍正年間，業戶鄭維謙，引七星墩的水，用以灌溉堡內的農田。	今臺北市士林區。
番仔井圳	在芝蘭堡。乾隆年間，業戶潘宗勝建築，灌溉一百多甲農田。	今臺北市士林區。
七星墩圳	在芝蘭堡。雍正年間，業戶王錫祺建築。	今臺北市士林區。
水梘頭圳	在芝蘭堡。乾隆年間，原住民與漢人合建。	今新北市淡水區。
靈潭陂	在桃澗堡。乾隆十二年（一七四七），霄裏社通事知母六召募佃農合建。	今桃園市龍潭區。
霄裏大圳	在桃澗堡。乾隆六年（一七四一），業戶薛奇龍偕同知母六召募佃農建築，用以灌溉番仔寮六莊。後來因灌溉水源不足，佃戶張子敏等再建築一圳用以承接水源。	今桃園市八德區。
永安陂	在海山堡。乾隆三十一年（一七六六），業戶張必榮、張沛世合建，源自於擺接溪，灌溉六百多甲農田。	今新北市新莊區。
福安陂	在海山堡。業戶張必榮、吳際盛合建，源自於擺接溪，灌溉三百多甲農田。	今新北市樹林區。

隆安陂	在海山堡。源自於擺接溪，以灌溉隆恩三百多甲農田。	今新北市三峽區。
萬安陂	又名劉厝圳，在海山堡。乾隆二十六年（一七六一），業戶劉承纘召募佃農建築，源自於擺接溪，灌溉二百六十多甲農田。	今新北市新莊區。
七十二份陂	在海山堡。灌溉七十二份農田，所以得名。現今大多淤積成爲農田。	今新北市新莊區。
十八份陂	在海山堡十八份莊。業戶林啓泰等建築。現今大多淤積成爲農田。	今新北市新莊區。

新竹縣

隆恩圳	一名四百甲圳，在竹塹堡。雍正初年業戶王世傑召募佃農合建，引九芎林溪的水，用以灌溉竹塹埔一帶約二千甲農田。	今新竹市。
振利圳	在竹塹堡。道光初年，業戶吳振利建築，引隆恩圳分流，用以灌溉縣治附近的農田。	今新竹市。
花草林圳	在竹塹堡。同治年間，業戶金惠成建築，引五指山溪的水，用以灌溉花草林莊的農田。	今新竹縣峨眉鄉。
藤寮坑圳	在竹塹堡。同治年間，業戶錢朝拔建築，引五指山溪的水，用以灌溉新莊仔莊的農田。	今新竹縣峨眉鄉。
九層頭圳	源自於油羅溪，道光年間業戶劉萬政建築。	今新竹縣芎林鄉。
謀人崎圳	源自於油羅溪，道光年間業戶徐元官建築。	今新竹縣芎林鄉。
猴毫圳	源出自於油羅溪，道光年間劉萬政建築。	今新竹縣芎林鄉。
坪林圳	源自於花草林溪，嘉慶年間業戶金惠成建築。而樹杞林圳，雞油林圳也是惠成所建築。	今新竹縣竹東鎮。
石壁潭圳	源自於油羅溪，咸豐年間業戶劉阿成重修。	今新竹縣芎林鄉。
高梘圳	源自於石壁潭。	今新竹縣芎林鄉。

九芎林圳	源自於九芎林溪，道光初年業戶姜勝蚩祉建，灌溉四百多甲農田。又五塊厝圳也是勝祉建築。	今新竹縣芎林鄉。
頂員山圳	源自於樹杞林溪，道光初年業戶陳徹建築。	今新竹縣竹東鎮。
下員山圳	源自於樹杞林溪，乾隆年間新社原住民通事某人建築。	今新竹縣竹東鎮。
七份仔圳	源自於九芎林溪。	今新竹縣竹東鎮。
麻園圳	源自於九芎林溪。	今新竹縣竹東鎮。
隘口圳	源自於九芎林溪。	今新竹縣竹北市。
六張犁圳	源自於九芎林溪，乾隆年間業戶林先坤建築，用以灌溉六張犁等莊一百六十多甲農田。	今新竹縣竹北市。
泉興圳	在麻園堵莊後，引隆恩圳的水灌溉。嘉慶年間，業戶林泉興所建築，未成而款項不足，何勝接手完成，所以又名何勝圳。	今新竹市。
二十張犁圳	源自於九甲埔溪，灌溉一百多甲農田。	今新竹市。
新陂圳	源自於九芎林溪，乾隆年間新社原住民建築。	今新竹縣竹北市。
烏瓦窰圳	源自於金門厝溪，業戶金永和建築。	今新竹市。
土地公埔圳	源自於新埔溪，灌溉一百多甲農田。	今新竹市。
塗溝仔圳	源自於隙仔溪。	今新竹市。
南埔圳	源自於五指山，道光年間墾戶金廣福建築。又南埔溪底圳、北埔崁下圳、中興莊圳，均爲金廣福建築。	今新竹縣北埔鄉。
月眉圳	源自於五指山。	今新竹縣峨眉鄉。
隆恩圳	在竹南堡，源自於內灣溪，乾隆年間業戶陳曉理、林耳順等合建，灌溉一千一百多甲農田。	今苗栗縣頭份鎮。

番仔圳	源自於頭份溪北岸，灌溉四百多甲農田。	今苗栗縣頭份鎮。
南莊圳	源自於大東河溪，光緒初年業戶黃流民建築。又田尾圳、南埔圳，也是他所建築。	今苗栗縣造橋鄉。
三灣圳	源自於南莊溪，咸豐九年（一八五九）業戶徐昌讚建築。又腰堵角圳，也是他所建築。	今苗栗縣三灣鄉。
內灣圳	源自於二灣溪，咸豐七年（一八五七）莊民合建。	今苗栗縣三灣鄉。
牛欄堵圳	源自於內灣溪，咸豐四年（一八五四）業戶林梅二建築。	今苗栗縣三灣鄉。
茄苳坑圳	源自於內灣溪，道光年間業戶徐九二建築。	今苗栗縣頭份鎮。
水流頭圳	源自於頭份溪，道光年間業戶劉煥文建築。	今苗栗縣頭份鎮。
鹹菜甕崁上圳	在竹北堡。又有崁下圳。	今新竹縣關西鎮。
哈子窟圳	源自於鹹菜甕溪，道光年間建築。	今新竹縣關西鎮。
石子岡圳	源自於鹹菜甕溪，灌溉一百多甲農田。	今新竹縣關西鎮。
水汴頭圳	源自於鹹菜甕溪，嘉慶年間建築。	今新竹縣竹北市。
新埔圳	源自於鹹菜甕溪，乾隆年間建築。	今新竹縣新埔鎮。
四隻厝圳	源自於霄裏溪，道光十八年（一八三八）業戶林坤建築。	今新竹縣新埔鎮。
枋寮圳	源自於鹹菜甕溪，乾隆年間建築，灌溉二百多甲農田。	今新竹縣新埔鎮。
貓兒埞圳	源自於鳳山崎溪，乾隆十二年（一七四七）業戶合建。	今新竹縣竹北市。
菁埔圳	源自於三腳寮溪，墾戶徐國華建築。	今新竹縣關西鎮。
三七圳	在竹北堡大溪湣南岸。乾隆八年（一七四三），墾戶曾昆成建築，分別灌溉大竹園等莊七百甲農田，又灌溉隘口寮等莊三百甲農田，故稱爲三七圳。	今新竹縣新豐鄉。

宜蘭縣

陂頭圳	在珍珠里簡社，源自於羅東。	今宜蘭縣冬山鄉。
冬瓜山圳	源自於山腳大陂。	今宜蘭縣冬山鄉。
武荖坑圳	源自於西畔溪，用以灌溉南興、廣福等莊的農田。	今宜蘭縣冬山鄉、蘇澳鎮。
馬賽圳	源自於武荖溪。	今宜蘭縣蘇澳鎮。
金大成圳	業戶合建，源自於濁水溪，長二千多丈，分別灌溉三鬮二、四鬮二等莊九百多甲農田。	今宜蘭縣員山鄉、壯圍鄉、宜蘭市。
羅東北門圳	業戶合建，引羅東西北的水灌溉一百多甲農田。又有南門圳，也灌溉溪州莊農田。	今宜蘭縣羅東鎮。
萬長春圳	業戶合建，引鹿埔溪的水，灌溉一千甲農田。	今宜蘭縣羅東鎮。
大湖圳	源自於大湖山麓的陂塘。	今宜蘭縣員山鄉。
四鬮二結圳	源自於梅州圍山，灌溉二百多甲農田。	今宜蘭縣宜蘭市。
豆仔罕圳	源自於西勢大溪。	今宜蘭縣宜蘭市。
四圍圳	源自於大陂。	今宜蘭縣宜蘭市。
三十九結圳	源自於四圍山麓的水。	今宜蘭縣礁溪鄉。
三圍圳	源自於三圍山麓的水。	今宜蘭縣礁溪鄉。

卷二十八　虞衡志

連橫曰：天下之富，在於土著；生殖之源，出於庶物。是故天不愛其時、地不愛其寶、人不愛其力，則國可以強，而家可以給。昔者太公（太公，姜太公）治齊，官山府海，管仲因之，齊以稱霸。臺灣為南海之國，天時溫煦，地味膏腴（膏腴，土地肥美），兼之以山林之饒、藪澤（藪音ㄙㄡˇ。藪澤，水流匯集之處）之富、金石之美、漁鹽之利、羽毛齒革之豐、飛潛動植之庶，取之無涯，用之不竭，是造物者之無盡藏也；而土番據之，島夷攘（占據）之。洪維我先民渡大海、入荒陬（ㄗㄡ，偏遠），以拓殖斯土，為子孫立萬年之業，厥功偉矣。古者虞衡設官，以作山澤之材。《周禮》職方氏相天下物土之宜，蕃九穀，別六畜，所以裁成輔相，俾上下草木鳥獸咸若（順其性，得其宜）也。後王失道，賦斂（徵收賦稅）不時（不合時），而山澤之利涸（ㄏㄜˊ，乾枯）也。甚者與民爭利，搜粟摸金，以肥其上；閭閻（鄉里）條敝（條敝，應為「凋敝」，衰敗），瑣尾流離（處境轉為艱困，前途崎嶇難行），漠然而不顧者。吁可傷已！臺灣為天府之國，蓄積豐，人民庶，加以無數年水旱兵燹（ㄒㄧㄢˇ。兵燹，戰爭造成的災害破壞）之災，其為道易興，而為治易平也。是篇所載，多屬天然之物，其大者則著於〈農工〉、〈榷賣〉諸志，非所以博異懷奇也，經之營之，用啓我後。

草之屬

臺灣之草，多至五千餘種。原隰（ㄒㄧˊ，低溼的地方）邱谷，茂育叢生。舊《志》所載，半屬土名；《山經》（《山海經》）之所不記，岐伯之所未嘗，猗歟（美好盛大）盛矣。是篇特舉其有用及為藥材者列之：

茅：野生，鄉人取以蓋屋，為用極大。

藺：大甲種以織席，極柔韌（ㄖㄣˋ，柔軟結實）。

蒲：俗稱鹹草，以織席。

艾：為藥。

蘋

萍

藻

藜：葉嫩，可食，幹老為杖。

箪（ㄉㄢ）：類多，皆有毒，唯雨後生於竹下者曰竹菰，清早採之，煮食味美，過午則蟲生。

茯苓：蔓生，產於松林之下。集集最多，有重至三、四十斤。

萆（ㄆㄧˋ）麻：子可搾油，用極廣。

香茅：味香，可製香水。

仙草：高五、六尺，晒乾，以水熬之成凍，色黑，和糖飲之解暑。夏時消用甚多。

通草：野生甚多，截取其心，切為薄片以製花，可染五色，並銷外省。

風草：春初生葉，農人以驗颶風。

茜草：用以染色。

煙草：內山野生，近亦有種之者，味濃。

薑黃：葉如薑，花白，成莖狀若雞毛撣，根可染黃。安邑之噍吧哖一帶野生甚多。配銷外洋。

芊蓁：葉大如茅，取幹張壁，歷久不朽。

澤蘭：為藥。

菖蒲：為藥。端午插於門上，謂可辟邪。

紫蘇

薄荷

木通

沙蔘（ㄕㄣ）

香附

白麴草：取以製麴釀酒。

鼠麴草：製粿用之。

龍舌草：俗稱露薈。葉長徑尺，厚約半寸，旁有刺，狀如舌。人家種之，其漿極粘，取以潤髮，無異膏澤。

書帶草：或稱七絃草。葉色微綠，如稻秧，上有白紋七畫，至冬則變紅，花若蘭。或云藏之書中，可以辟蠹。

含羞草：高四、五寸，葉如槐，以指撓之，則含垂。花黃而小。

車前子：即芣（ㄈㄡˇ）苢，俗稱五根草。嬰兒產後，搾汁和蜜飲之，以祛胎毒。

夏枯草：冬生夏枯，為藥。

虎耳草：治耳疾。

金銀花：可解毒。
雞舌紅：葉紅如雞舌。
珍珠紅：葉小花紅如珠，人家種之，治喉疾。
金石斛：內山野生頗多。
金線蓮：葉如新荷，上有金紋，治傷暑。埔裏社山中野生頗多。
仙人掌：葉大如掌，色綠、乳毒，入眼每致失明。
鳳尾草
天門冬：中路近山野生較多，有用以製蜜餞。
麥門冬
蒲公英
益母草
馬尾絲：生於濕地，以根擦蛇傷，立愈。
羊角草
木賊草：為藥，並以拭銅木諸器。
金鎖匙：治疳（ㄍㄢ，慢性消化不良為特徵的小兒營養障礙症）。
一枝香：一名馬蹄金。
葉下紅：一名消息草。
萬年松：葉如松而小，曝乾，漬水復青，可治腹痛。
鹹酸草：治喉痛。

蚶売（ㄏㄢ ㄎㄜˊ）草：治痧。
豬母草：治瘵（ㄓㄞˋ，病）。
曼陀花：善醉人，服之至狂。然其葉以湯泡之，敷癰（ㄩㄥ，膿腫）可愈。
蒼耳子
白蒺藜
天南星
九層塔：治打傷。
鴨嘴黃：一名定經草，可以調經。
雞屎籐：治風。
水燭草：生池沼中，葉如蒲，花若燭，可治刀傷。
羊甘草：可治黃疸。
姑婆草：治毒。
馬鞍籐：治癰。

木之屬

臺灣處熱帶之地，林木之多，指不勝數。崇山大嶽，峻極於天，海拔至萬二、三千尺。如玉山者，長年積雪，佳木挺生。故凡寒帶、溫帶之木，莫不兼備。信乎天然之寶藏也。然自百數十年，林政不修，斧斤濫伐，郊鄙之地，芟夷（芟音ㄕㄨ。芟夷，砍伐）盡矣。而東望內山，蒼蒼鬱鬱，氣象萬千，猶足以興巨利。往者英人瑞諷來游南北，曾撰《臺灣植物志》，以為森林之富，得未曾有，且多有用之材。余亦好游，數入番界，跋涉溪谷，佳樹茂林，每為考究，故得略知梗概。是篇所載，多屬目逢，參以群書，表其作用。較之舊《志》，精粗見矣。

桑：有家桑、野桑，實紅可食，皮以作藥，曰桑白。

樟：臺產甚多，有兩種：香樟以熬腦，臭樟以作船材、器具。

檜：阿里山最多。有大至四、五圍者，建屋作器，為用極宏。

榕：各地俱有，葉極密，有蔭至四、五畝者，乳可為膠。

松：內山極多，子可食。

柏：內山亦多。又有扁柏，以葉為藥。

杉：內山亦多。別有油杉、紅杉，材尤堅緻。

楠：有香楠、奇楠、臭楠、石楠等種，為用極廣。又有虎皮楠，皮若虎文。

梓：俗稱大中黃，埔裏社較多。製器特佳，色潤如象牙。

柳：有水柳、垂柳數種。

檉（ㄔㄥ）：即絲柳，葉如絲而綠，植於庭畔，裊裊可人。

楊

楝：俗稱苦楝，以子苦也。晚春開花，朵小色絳，一穗數十朵，植之易長，材可製器。

楮（ㄔㄨˇ）：俗稱鹿好樹，以鹿好食之，皮以製紙。

樸：木可作器。葉粗而利，以拭銅錫極光。

楓：木可作器。又有青楓、石楓，葉皆五出，入秋變紅。

槐

榆：俗稱白葉樹。

棕：皮以索綯（ㄊㄠˊ，繩索。索綯，製成繩索）。

椅：葉如桐而小，阿里山及紅頭嶼較多。

柃：俗稱油葉茶。

橰（ㄍㄠˇ）：俗稱杆仔皮，木可造車。

桐：有梧桐、白桐等種。又有油桐，產於臺、嘉二邑山內，子特大，可以搾油。

櫸：俗稱雞油樹。有數種，木質極佳，可為車輛。

柯：新竹較多。木堅，以作斧柄。又有水柯，皮為染料。

杜：葉如蒲荊，幹直，徑大至三、四尺，木心暗赬（ㄔㄥ，通「頳」，淺紅色）。

椿：幹高，葉為藥。

菻荼（ㄌㄧㄣˇ　ㄊㄨˊ）：一作林投，番語。臺南以南，野生極多。樹高及丈，直幹無枝，葉簇生，長四、五尺，刺利，列如鋸齒。擘葉為絲，可用。結實若鳳梨，不可食，子如金鈴。年久木堅，有文理，可作碗箸、歌板、月琴諸器。根可織屨（ㄐㄩˋ，鞋子）。

山杉：即竹柏木之最佳者，色澤若象牙，作器最美。

石柳：生長甚緩，材極美，色澤若象牙。

烏桕（ㄐㄧㄡˋ）：臺北較多。晚秋之時，葉變紅色。材可作器，子可搾油，又可製蠟。

埔杮（ㄈㄟˋ，通「杮」）：樹如杮，無實。

山荔：樹如荔，無實。

梢楠：葉似松，或稱黃肉樹，材極堅美。

茄苳：樹大，木色黑，極堅緻，製器難朽，葉可為藥。

木棉：俗稱斑梔，以花紅也。實可為棉。安、嘉二邑內山，野生甚多。

厚栗：或作校力，質堅可為棟梁。

水松：性好近水，皮濕，厚如棉，枝喬而上勾，葉碎披粉。

鐵樹：幹黑，葉尖而梗，不易開花，故臺人有鐵樹開花之諺，幾於俟河之清（俟河之清，等待黃河水由渾濁變為清澈，比喻期待的事難以實現）也。

槺榔：幹直無枝，葉可為箒。

石柃：木極堅緻。

山漆：別有水漆，生海泥中。葉有粗毛，觸之腫痛，或名咬人狗。

刺桐：似桐有刺，臺南郡城未建之時，植以為藩（籬笆）。

蒲荊：即蔓荊，葉如楊，易長。

肉桂：樹皮如桂，有油，味香。

烏松：即赤榕，葉較榕而大。初生之時，苞含如筆，新葉鮮紅。

茄萣：生海濱，木可為薪。皮色赭，以染網。安邑有茄萣莊。

藷榔：產於內山，根如藷，色赭，染布。

枸杞：嫩葉為蔬，子為藥。

破布子：葉如桐而小，秋初結實，若楝子，以鹽漬食，味甘。

黃目樹：即無患樹。高二、三丈，實如枇杷，色黃，皮縐（皺褶），用以澣（ㄏㄨㄢˇ，同

「浣」，洗滌）衣，漿若肥皂。

百日青：即羅漢松。採伐之後，而皮仍青，以製几榻，甚佳。

爛心木：質極堅，唯心空如腐，故名。

相思樹：葉如楊，木堅，花黃，結實若紅豆。左思〈吳都賦〉載之。臺灣最多，近山皆種之，用以燒炭。

八角樹：木質堅緻，皮可染黃，實曰八角，味香，為藥。

烏心石：葉如夜合，花若含笑，質堅如石而色暗黃，製器特佳。

紅厚殼：質極堅緻，可造舟車。恆春沿海有產。

紅淡樹：葉如榕，木可作器。基隆較多，有地曰紅淡林。

紅豆樹：即相思子，俗稱雞母真珠。子鮮紅可愛。或言有毒，土番用以粧飾，葉可作茶。

金剛纂：俗稱火秧。巨幹直立，為三角形，稜有刺。葉小，花黃亦小，乳極毒，植為籬落（籬落，柵欄），牛羊不敢越。又有一種大者曰奇楠，以其久能結香，味如奇楠也。

綠珊瑚：枝幹如珊瑚，折之有乳，甚毒，植為籬落。

苦林盤：生於海岸，可以防風制水，亦可為藥，煎葉洗之，以祛濕毒。

海茄苳：臺南沿海有產。

土沉香：花白五瓣，子黃如大豆，根香。《赤崁筆談》謂打鼓山有香木，色類沉香，味尤烈，不知何香，人不知貴。聞昔年有蘇州客商能辨，載數十擔，後有某官作為杖，今所存碎木，有為扇器者。

金龜樹：以金龜多宿之，故名。

山胡椒：實小而香，北番取以為鹽。
饅頭樹：幹如梧桐，但不直聳，春夏開花，朵小色綠，一穗三、四十朵。
番豆樹：樹大如槐，結實有莢，肉白可食，或稱刺豆。

竹之屬

刺竹：土產，各地俱有。高至四、五丈，節有刺如鷹爪，質堅難朽（ㄨ，粉刷）。鄉村皆環植之，險不可越。郡城未建之前，亦種此竹以為衛。築屋製器，多用其材，唯筍苦不可食。凡種竹，以五月八日植之則活，謂之竹醉日。
綠竹：臺南尤多。每簇數竿，葉大無刺，筍極甘脆，夏秋盛出。
麻竹：高如刺竹，葉幹俱大，林圯埔產者尤巨，用以縛筏。切筍曝乾，味極酸美，銷售外省。
筆竹：徑大二尺，高至四丈。
黑竹：幹黑，大如指，產於嘉義山中，以製几榻。
紅竹：高數尺，葉大而紅，幹可為杖；亦有綠者，植之庭中，開花成穗。
石竹：大如筆竹，以作器具。
棕竹：淡水有產，皮似椶，節密，高四、五尺。
蘆竹：即蘆，產於水濱，筍可食。
斑竹：產於嘉義，皮有斑點，以製蕭管床几。
白竹：《諸羅縣志》謂諸羅有產，今未見。

黃竹：高不及丈，幹黃，產於臺邑之黃竹坑、北溝坑一帶，筍極佳。

貓兒竹：嘉、雲二邑所產較多，冬時生筍，曰冬筍，味美。

長枝竹：高二、三丈，節長一尺餘，以製几榻。

空涵竹：產山中，高二丈許，徑二、三寸，無旁枝。

觀音竹：高不及丈，幹細葉小，植以為籬，密綠可愛。

珠籬竹：一名簍籬竹，高丈許，大如指，用以編籬。

金絲竹：一名箭竹，大如小指，質紉，土番用以為箭。

七絃竹：高及丈，幹白，有青紋六、七。

人面竹：嘉義有產，高四、五尺，節密，狀如人面。

藤之屬

水藤：內山野生甚多。一莖長數十丈，以製椅榻諸器，利用極廣。

風藤：狀與藤異，似木通，浸酒服之，可治風疾。

黃藤：為藥，可治腹痛。

鉤藤：為藥，一莖雙鉤者尤佳。

魚藤：葉並生，性毒，服之死。鄉人用以毒魚。

乳藤：葉如扶留藤，折其莖則流乳，花淡黃，有香。

蔞藤：即扶留藤，以葉與檳榔子合食。

紫藤：種出中國，花美。

三葉藤：生長甚速，花三瓣若葉，色絳（大紅色），中有黃心。

花之屬

梅：臺灣地熱，嘉義以北較多，而臺南頗少。延平郡王祠有古梅一株，相傳為王手植，十月即花。先是臺南府署之右有鴻指園，為承天府署之內，此梅則在其中，枝幹槎枒（ㄔㄚˊ　ㄧㄚˊ，參差錯雜），必為鄭氏遺物。光緒初年建祠之時，乃移於此，至今寶之。

桃：有重瓣、單瓣數種。

李：嘉、彰二邑甚多。

櫻：淡水竹仔湖及埔裏社內山，野生頗多。

桂：有月桂、丹桂兩種。

杏：淡水及埔裏社內山，野生頗多，有紅、白二種。

牡丹：每年自上海移種，花後即萎。

夜合：各地俱有。

仙丹：有丹、白二種。

木槿：白者，臺人稱為水錦。

佛桑：一名扶桑，有紅、黃、殷數種。

紫荊：白者，臺人稱為九芎，木堅可作器。

山茶：有紅、白、八寶、八角數種，彰化最多。

玉蘭：種自廣東傳入未久。樹高數丈，花白若蘭，味極清芬。

木筆：即辛夷。

梔子：重瓣者為玉樓春，臺南北種之，春季盛開，採以薰茶，子可染色，臺北謂之蟬薄。

木蘭：一名樹蘭，高數丈，葉如山礬，花小而黃，一穗數十朵，味香若蘭，臺南用以薰茶。

木蓮：產於內山，花大若蓮。

薔薇：種多。有野薔薇，花白而小，臺人稱為刺仔花，斸（ㄓㄨˊ，通「斵」，掘、削）其根作茶。

玫瑰：為薔薇之類，味尤香，花可點茶。

長春：亦薔薇之類，花較小，四時不絕。

唐棣：花如李，色紅，春時滿樹皆花。

赬桐：花如仙丹，有髭（ㄗ，短鬚），色極紅，亦有白者。五月盛開，俗稱龍船花。

杜鵑：雞籠山上野生頗多，開時如火。

木香：花如茉莉，香烈。

海棠：臺灣地熱，花開較小。淡水之三貂嶺有秋海棠甚多，俗稱山海棠，花紅幹綠。

含笑：臺南最多。

貝多羅：種自西域，俗稱番花。樹高二、三丈，葉長及尺，花白，六出，心黃，味極香，可以辟蠹（ㄉㄨˋ，蛀蟲）。

七里香：即山礬，花白，香烈。

木芙蓉：俗稱九頭芙蓉，或稱霜降花。

番胡蝶：花似蝶，有鬛，中紅外黃，一莖數蕊，四時常開。舊《志》以為臺產。
夾竹桃：有紅、白二種。
指甲花：一名水木樨，花白，小於丁香，搗葉以染指甲，色極鮮紅。
馬纓花：花如馬纓，淡水較多。
刺球花：高數尺，有刺，植為籬落，秋冬開黃花，細攢如絨，臺人稱為消息花。可製香水，結實如豆莢，根可染絳，或名番蘇木。
虎子花：花黃，鬛長，狀若虎首。
山躑躅（ㄓˊ　ㄓㄨˊ）：花較杜鵑而小，色紅，苗栗山中野生極多。
馬蹄花：葉如梔子，花白味香。
紅蠟花：種出西域。幹多刺，折之有乳，花紅如海棠。
山芙蓉：葉細，花黃，香味極烈，九月盛開。
山茱萸：野生。

卉之屬

蘭：一莖一花者為蘭，一莖數花者為蕙。臺地蕙多蘭少。或傳自福建，內山野生者香較遜。唯淡水觀音山產者為佳。
菊：種有數十。臺南較暖，自秋徂（ㄘㄨˊ，去、往）春，花開不絕，故有「荷花獻歲菊迎年」之詩。又有萬壽菊，味劣。

荷：清明則開，秋晚始謝。有午時蓮，種盆中，花小如錢，至午始開，過時則萎。

葵：有大、小二種。

水仙：每年自漳州移種，花後即萎。

芍藥：臺灣少種之者。

曇花：種出西域，有紅、白二種。白者，臺人稱為隱水蕉。

蘭蕉：或稱蓮蕉，葉如蕉而花若蘭，有紅、黃二種。

月桃：葉如蘭蕉而大，取以裹粽，花白若桃，一莖數十朵。

繡球：花白，團簇如球。

噴雪：花小如雪。

鹿葱：即萱花，一名宜男草。單瓣者為金簪花，可佐食。

茉莉：一名抹麗。有單瓣、重瓣兩種。花開四季，夏時尤盛。淡水種以薰茶，每甲可收益千金。

又有番抹莉，木本，花大如菊，香遜。

素馨：俗稱四英，花開四季，淡水種以薰茶。

鳳仙：有紅、白二種，紅者搗染指甲。

石竹：俗稱錦竹。

剪絨：即剪秋羅。

瑞香：蔓生，花微綠，有尖瓣、圓瓣二種。

荼蘼（ㄊㄨˊ ㄇㄧˊ）

燕支：色有數種，向晚始開，結實棄皮，可以製粉。

玉簪：葉如萱草。

罌粟：種自印度。花有數色。結實之時，割取其漿以為阿片。子細如黍，可食。殼可為藥。光緒間，嘉、彰二邑有種之者。兵備道劉璈亦稟總督，請准民間自種，以塞漏卮（漏卮，漏洞。塞漏卮，指補財政之不足），唯風味不及印度爾。

兔絲：野生，俗稱燭仔花。

玉蔥：葉如韭，一莖一花，有紅、白兩種，雨後盛開。

百合：臺北有產，僅用為藥。

珍珠蘭：俗稱雞爪蘭，花如金粟，味若蘭。

胡蝶蘭：產於恆春山中，寄生枯木。一本五、六葉，春秋開花，一莖多至十數蕊，花白狀若胡蝴，為熱帶植物，他處不見。移植室內，根不著土，但灑以水。

鶴頂蘭：產於嘉義山中。葉大如初種檳榔，一莖十數花，狀若蘭，瓣有紅點，如鶴頂，故名。

百子蘭：種出南洋，傳入未久。葉長二尺，環簇而生，利能禦人中心吐。莖高至三、四尺，著花百數十蕊，花白若蘭較大，惜無香。

鷹爪蘭：蔓生，葉如菩提，向晚始開。花五、六瓣，色微黃，狀若蘭而香更烈。枝幹有刺，若鷹爪，故名。結子如橄欖，數十成團，臺人植為籬落，高不可越。

倒垂蘭：幹如火秧，附墻而生，入夜始開，花白如蓮，自上倒垂。採置瓶中，插以燭，可為燈。

晚香玉：一名月下香，種出西域，有單瓣、重瓣二種。

西番蓮：一名天竺牡丹，種出印度，傳入未久。花如菊，有十數種。播子插枝，皆可發生。

夜來香：蔓生，花微黃，小若丁香，一穗數十朵，入夜極香。

子午花：一名金錢花，種出毗尸沙國，午開子落。

美人蕉：似蕉而小，花紅若蓮。

雞冠花：有高、低、紅、白各種。

胡蝶花：一名金莖花，葉長如蒲，花黃若蝶，有紅點，有髭，臺人以根為藥。

日日春：花五瓣，有大紅、淺紅、粉白三種，長開不絕。

水鴛鴦：生於水上，葉略圓，花作絳色，一莖十數朵，浮游池沼，生長甚速。

一丈紅：有紅、白兩種。

老來嬌：一名雁來紅。

畜之屬

牛：有水牛、黃牛兩種。耕田輓（ㄨㄢˇ，拉引）車，均藉其力。唯水牛力大，一隻可載千斤，黃牛不及。荷蘭之時，南北各設牛頭司，放牧生息。歸清以後，尚多野牛，千百成群，擒而馴之。其後開闢日廣，野牛漸減。清律禁屠牛，唯祀典始宰之。鄉村貨牛之處曰墟，定日一開。

馬：臺產較少，悉自北省移入，為軍營之用。

羊：黑色毛短，為中國傳入，農家畜之，放牧山野。

豚：飼畜最多，滋長亦速，牝牡悉閹之，有重至四、五百斤者。

犬：有家犬、獵犬。又有洋犬，通商以後，始自外國傳入。

雞：有土產，有外種。又有火雞，傳自外國。

鴨：有田鴨，傳自福建。番鴨為土產，又有土番鴨，則兩種合生者。道光中，始入傳人工孵化之法，故滋育甚盛。

鵝：有白、黑兩種。

禽之屬

鷲：似鷹而大，展其翼，長可三、四尺。

鷹：每年清明，有鷹成群，自南而北，至大甲溪畔鐵砧山聚哭極哀，彰人稱為南路鷹。

鳶

鵲：鄉人以鵲巢之高低，驗暴風之有無。

鳩：有火鳩，又有羽綠喙紅者曰金鳩，而白鳩澎湖為多，能知更。

鴿：有家鴿，俗稱粉鳥。野鴿，俗曰斑鴿。

雀：巢於簷下，俗稱粟鳥。

鶯

燕

雉

鷗：俗稱水鴨。

鷺

梟

鴉

鴟：俗稱貓頭鳥，晝昧（隱藏）夜明，好食鳥。

鶺鴒（ㄐㄧˊ ㄌㄧㄥˊ）

鸕鶿

駕（ㄐㄧㄚ）鴒：或作迦陵，色黑如鵲，產於臺南，畜之馴，能學人言，則鸜鵒（ㄑㄩˊ ㄩˋ）也。

畫眉：善鳴，畜之以鬥。

鵪鶉：畜之以鬥。

竹雞：似雞而小。

華雀：似雀而小，鳴聲唧唧，飼之甚馴，能自來去。

布穀

烏鶖（ㄑㄧㄡ）：形如鴝鵒，喙利尾長，飛疾，惡鳥不敢近。

翡翠：俗稱釣魚翁。

鴛鴦

練雀：俗稱長尾三娘，翠翼朱喙，光彩照人。

鵻鶉：土番出草，聞聲則返。

鶖鶴：俗稱食蛇鳥，似鶴而小，羽色淡紅。

海鵝：俗稱南風鷲，翎可作箭。

孔雀：來自越南，人家有畜之者。

鷓鴣：來自香港，人家有畜之者。
信天翁：彭佳嶼最多。
海雞母：產海嶼中，色黑腳綠，比雞較大。
白頭翁
倒掛鳥：種出呂宋，足短爪長。

獸之屬

鹿：臺產者有斑，稱梅花鹿。荷蘭以來，鹿脯、鹿皮為出口之貨，至今漸少。人家亦有畜者，歲取其茸。
麞（ㄓㄤ）：似鹿而大。
羌：似鹿而小。
豹：俗稱石虎。
熊：產於內山。
兔：有白、黑、赤三種，人家飼之，以食其肉。
鼠：有家鼠、田鼠、飛鼠，錢鼠。又有白鼠，身長寸餘，眼紅若朱，人家以廚飼之。廚內置一鐘輪，旁置一鐘，鼠在輪中旋轉，則鐘自鳴。別有大者，長及尺，種自粵東，然不能轉輪。
貓：有家貓、野貓、果子貓。
獺：產於溪傍。

猴：種多，亦有白猴。

山豬：毛粗牙銳，能噬人，重至三、四百斤，獵人以銃斃之。

山羊：沿山多有。

蟲之屬

蜂：有蜜蜂，人家畜以取蜜。有野蜂、竹蜂、黑蜂。又有虎頭蜂，巢如虎首，體大刺毒，傷人較劇。

蟻：有赤者、黃者、黑者。又有白蟻，生於濕處，一巢數萬匹，棟宇器物，每被損蝕，為害頗烈。

蝶：種極多，埔裏社最盛，有大如蝙蝠者。

蟬

蜩：俗稱紅蒲齊，即燕人所謂齊了者也。

螗：似蟬而大，色灰，俗稱吉黎，謂其聲也。

蛇：種多。曰山辣，長至丈餘，能食鼠。曰草花，長一、二尺，俱不傷人。曰龜殼花，背如龜紋。曰飯匙倩，頭扁如飯匙，見人則昂首逐之。曰青竹絲，長一、二尺，色青如竹。曰百步癀，最毒。曰雨傘節。

蛙：俗稱水雞，有兩種。

蚊

恙：極小，生於草中，人如被嚙，則發熱。
蚤
蠅
螢
蛾
蠹
樹蛤：似蛙而小，色青，產於樹上。又有生於田中者，曰田蛤。
蟋蟀
梭雞：俗稱竈雞。
螽斯
螳（ㄉㄤˋ）螂
螟蛉
蜾蠃（ㄍㄨㄛˇ ㄌㄨㄛˇ）：俗稱鵟鵟蜂。
蜘蛛
蛸蠨（ㄕㄠ ㄒㄧㄠ）
蜻蜓
蜈蚣
蜥蜴：似蛇，身扁，有四足，長及尺，俗稱四腳蛇。《說文》：「在草曰蜥蜴，在壁曰蝘蜓（ㄧㄢˇ ㄊㄧㄥˊ）。」

蝘蜓：即守宮，俗稱神蟲，入夜能鳴，其聲似雀。唯南過下淡水溪、北趣大甲溪、西渡澎湖，則不鳴。

蚷蚓

蠅虎

蝤（ㄑㄧㄡˊ）蟲：生於樹中，矢可為藥，曰蝤蟲沙。

水蛭：俗稱蜈蜞，誤食者飯醋可化。又有樹蛭，生木上。

蟯螂

土猴：形如蟋蟀，身肥鬆短而色白，炸油可食。

蔗龜：生於蔗中，炸油可食。

蜂虎

蜉蝣

毛蟲

金龜：狀如龜，色綠而光，六足，有翼能飛，生於樹上。

蝦蟆：俗稱蟑螆。

蝙蝠：俗稱蜜婆，巢於古屋。臺南郡治赤崁樓井中最多；又有巢於樹上者，以爪倒掛樹枝，俗稱倒吊連，嗜食果實。

魚之屬

臺灣四面環海，熱潮所經，魚類之多，不可計數。而有鹹水、淡水之分。淡水者生於溪澗或畜池沼，而鹹水則取諸海者也。捕魚之器，有網、有罟、有繒、有笭（ㄌㄧㄥˊ）、有縺、有箔。烏魚旗者，亦謂之藏。每年捕魚之時，向官給發，曩（ㄋㄤˇ，往日）皆有稅。光緒三年，巡撫丁日昌乃奏除之，民以為惠。塭者，築隄海濱以養魚者也，曩亦有稅。十四年清丈之後，乃降於下則之園，而第為天、地、人三等。臺南沿海素以畜魚為業，其魚為麻薩末，番語也。或曰：延平入臺之時，泊舟安平，始見此魚，故又名國姓魚云。郡治水仙宮之前，積水汪洋，帆檣（掛帆幔的桅竿）上下，古所謂安平晚渡者，則臺江也。自道光以來，流沙日積，淤蓄不行，人民給以為塭，稅輕利重，繼起經營。其大者廣百數十甲，區分溝畫，以資蓄洩。至今臺江之跡，僅見港道一條，以通安平而已。夫養魚之業，起於臺南。南自鳳山，北暨嘉義，莫不以此為務。信乎天時之所賜，而地利之所興也。澎湖群島錯立，以海為田。歲之凶稔（ㄖㄣˇ。歲之凶稔，一年收成平順與否），視魚豐嗇。故其民衣食之源，皆資於此。然捕魚之法，尚未啓明。苟能研求其理，精良其器，以從事海國，尤為無疆之利。唯臺灣之魚，多屬土名，茲特列其雅馴者，其不詳者，乃以土名釋之。

鯧：有黑、白二種。

鱖

鱸

鰣

鰛

鯊：有十餘種。大者至千餘斤，肉粗而翅極美，銷售外省。東港、澎湖所產較多。

鯨：俗稱海翁。重萬斤，舟小不能捕。時有隨流而入斃於海澨（ㄕˋ，水邊）者，漁人僅取其油。

魴：有十種。錦魴身圓，有花點，大者三、四百斤。

鰷：長約寸餘，色白。

鯙：比鰷尤小，色純白，刺弱，或名飼兒飯，以孩提食之，毋憂骨硬也。

鯿：身薄，晒乾炸之，味尤香美。鳳邑較多。

鮀（ㄊㄨㄛˊ）魠：為海魚之最佳者。重十餘斤，皮潤微黑，身無鱗刺，僅一脊骨，骨亦脆。肉美味甘，作膾（ㄎㄨㄞˋ，細切的魚肉）尤好。每冬初則至，晚春始稀。然唯臺南、澎湖有之，他處未見。或曰：延平入臺之後，某都督以此魚進，因不識其名，故錫（賜）為都督魚。臺音與鮀魠相似。

烏魚：即本草之鯔。有江鯔、河鯔二種。臺南六、七月間，塭中所飼者上市，長及尺，無卵，味略腥，則江鯔也。故老多言烏魚產於黃河，避寒而來，則河鯔矣。每年冬至前十日，則至安平。味美卵肥，謂之「正頭烏」。自是而南，至於恆春之楓港生卵。至後而來，則瘦而味劣，謂之「回頭烏」。過是則不見矣。故又名信魚，謂其來去不爽也。各港俱有，唯安平、東港最多，每來時團結海中，高出水面，漁者以篙擊散，方可下網，一舉輒數千尾。烏魚之卵，結為一胎，略分為二，長及尺，重十餘兩。漬鹽曝乾，以石壓之至堅，可久藏。食時濡（ㄖㄨˊ，沾浸）酒，文火烤之，皮起細胞，不可過焦，切為薄片，味極甘香。為臺南之珍羞。

敏魚：俗稱鮸魚。春、冬盛出，重二十餘斤。臺南以魚和青樣（ㄕㄜ，芒果）煮之，味極酸美。

虎魚：狀如虎頭，巨口無鱗，長不盈尺，肉嫩而美。

飛烏：狀如江鯔，有翅能飛。

海鯉：俗稱紅膏鯉。

赤鯮：色紅如海鯉而大，春夏盛出，基隆最多。

銀魚

黃魚

魡（ㄉㄟˋ）魚

鮡（ㄓㄠˋ）魚：生海濱泥中，長三、四寸，色黑善跳，俗稱花鮡，以身有白點也。

花鯪（ㄌㄧㄥˊ）：身有花點。

獨魚：大如掌，皮粗，晒乾可磨木器。

烏鰂：俗稱木賊，一名黑魚。

蝚魚：狀如黑魚，而身長瘦，曝乾味美。又有小者曰小卷，基隆較多。

章魚：狀如烏鰂而大，澎湖較多。

沙蠶：生海泥中，狀如蠶，晒乾炸油，味美。

沙梭：狀如梭。

馬鮫：狀如鮀魠略小，味遜。

金精：細鱗花點。

秋姑

三爵：身薄小，多刺。
金錢：狀如花鈴，體薄多刺。
花身
旗魚：色黑，背翅如旗，鼻一長刺，大者二、三尺，極堅利，重至六、七百斤，泳水如飛。
蜈魚：俗稱海豎，首如豕，大至千餘斤。嘗於水面躍起，高及丈餘，噴水如雪。
魟（ㄒㄧㄤ）魚：狀如章魚，八足，中有一足極長，腹大無骨。
海參：小琉球、花蓮港有產。
水母
河豚：肝臟有毒，食之致死。
魚虎：俗稱刺，體圓口小，遍身有刺，毒不可食，唯張其皮為燈。
海龍：產於澎湖，首尾似龍，無足，長及尺，冬日雙躍海灘，以之入藥，功倍海馬。
海馬：亦產澎湖，狀如馬，頸有鬃，四翅，漁人網之，以為不祥。
麻薩末：清明之時，至鹿耳門網取魚苗，極小，僅見白點，飼於塭中，稍長，乃放之大塭，食以豚矢。或塭先曝乾，下茶粕乃入水，俾之生苔，則魚食之易大。至夏秋間，長約一尺，可取賣，入冬而止。小者畜之，明年較早上市。肉幼味美。臺南沿海均畜此魚，而鹽田所飼者尤佳。然魚苗雖取之鹿耳門，而海中未見。嘉義以北無有飼者，可謂臺南之特產，而漁業之大利也。
比目魚：俗稱貼沙，味美，狀如鯿，上黑下白，唯身較狹長。
龍舌魚：狀如舌。

白帶魚：亦名裙帶魚，無鱗。
鐵甲魚：鱗硬如甲，去皮方可食。
狗母魚：長尺餘，多刺，與醬瓜煮之，湯極甘美。
鸚哥魚：狀如鯉，色綠，嘴尖曲，故名。
獅刀魚：狀如長刀，無鱗，多刺，然味美。
三牙魚：色微黃，有三齒。
田鴿魚：體圓。
梳齒魚：色黑，花點，齒如梳，肚有毒，食之立死。
龍尖魚：澎湖多產，晒乾尤美。
烏鵜魚
石首魚
赤海魚：色紅。
安美魚：細鱗，味美。
交網魚
歸秉魚
牛尾魚：狀如牛尾。
五色魚：產於基隆海中（以上鹹水）。
鯉：俗稱鮘，有紅、黑二種，飼於池沼。
鯽：產於溪中，或飼於沼，仲春最肥。

鰱：每歲自江西購入魚苗，飼於池沼。

鯁（ㄍㄥˇ）：飼於池沼。

鱺：海產者尤大。

鰷：俗稱國姓魚，亦曰香魚，產於臺北溪中，而大嵙崁尤佳。

鰻：鹹水亦有。別有蘆鰻，產內山溪中，專食蘆茅，徑大及尺，重至數十斤，力強味美。

鱔：即鱓（ㄕㄢˋ）。臺俗，凡持觀音齋者禁食之。

草魚：飼於池沼。

金魚：畜於池中。

鬥魚：俗稱三斑，產於溪沼，狀如指，長二、三寸，紅綠相間，尾鮮紅，有黃點，性善鬥。

塗虱：頭扁，身黑，長五、六寸，產於溪沼。

塗鰍：似鱔而小，多涎難握（以上淡水）。

介之屬

介類亦多。沿海一帶，多種牡蠣，其殼可以煆灰（煆音ㄒㄧㄚˋ。煆灰，用火燒之成灰），為利甚溥（ㄆㄨˇ，廣大）。同治九年，英人某曾來打鼓，蒐集介類化石，攜歸其國。惜余學陋，未能研求。然是篇所載，多屬有用之物，非泛泛也。

黿：俗稱鼊（ㄅㄧˋ），大者數百斤，漁人得之，不敢殺，好善者購放諸海。

龜：產於海上，尤大，俗禁食之。

鼊：產於溪澗。

黴：殼堅，可作杓。

螺：有香螺、花螺、響螺、肉螺數種。而香螺最美，為海錯（海錯，種類錯雜的海產）之佳者。響螺可吹，賣肉者用之。又有珠螺，甚小，產於澎湖，醃食味甘。

蟹：產於溪者曰毛蟹。產於海者曰沙錐，色黃，殼有兩刺，甚銳；曰沙馬，色赤，善走；曰大廣仙，則擁劍也，一螯特大；曰虎獅蟹，遍體紅點；曰青蚶蟹，兩螯獨大；曰金錢蟹，身扁，色略赤。

蟳：似蟹而大，亦名螃蟹。膏多者紅蟳，無者曰菜蟳。或畜於塭，飼以鴨子，則膏易肥。

蠘：狀如蟹，殼多白點，螯甚銳。

蠔：即牡蠣，種於石者曰石蠔，竹曰竹蠔。

蚶：有血蚶、毛蚶數種，產於海濱。

蟯：即蜃（ㄕㄣˋ）。

蛤：有花蛤。

蚌：沿海有產。

蜆：沿海有產。

蟶（ㄔㄥ）：有竹蟶。

蝦：有龍蝦、紅蝦、草蝦、沙蝦數種。而龍蝦最大，紅蝦最美。

九孔：肉美如螺，其殼九孔，故名。淡水出產頗多，基隆亦有。

空豸（ㄓˋ）：產於海濱，甲絕薄。前時一斤值錢數文，近來較少。

蛤蜊
鬼蟹：狀如傀儡。
璹瑁：似龜，產於澎湖。
蝦姑：似蝦而身寬，卵尤美。
海蜇
水龜：一名龜虱，醃食甚美。
石螺：產於溪沼。又生水田者較大，曰田螺，唯大甲之鐵砧山沼中所生田螺皆斷尾。
海蒜：殼似蛤，肉垂三寸餘，色白，上有黑點，食之多患腹瀉。
陵鯉：一名穿山甲，生山谷中。臺人食其肉，謂可清毒。甲可為藥。
江瑤柱：臺南有產。
西施舌：打鼓、鹿港所產較多。
夜光貝：產於小琉球嶼，可作鈕。
寄居蟲：如螺而有腳，形似蜘蛛，生固無殼，入空螺中戴以行，觸之縮入，以氣噓之乃出。
日月蟶：則蛤類，其殼一紅一白，為窗鏡。

礦之屬（附）

金：淡水、臺東有產，見〈榷賣志〉。
銀：淡水之瑞芳有產，唯不及金之多。

銅：臺東有產，尚未開採。

鐵：淡水近山及臺邑之火焰山麓有產。

鉛

水銀

玉：相傳玉山之內有玉，然未發現。

石：其類頗多。有火山岩石，有水層岩石，唯質頗粗脆，不合雕琢，故建屋刻碑之石，來自泉州、寧波，而取以煆灰者，利甚廣。又淡水觀音山之石頗美，可用。

硯石：《彰化縣志》謂東螺溪石，可作硯，色青而玄，質堅而栗。有金沙、銀沙、水紋之別，然佳者頗少。

石棉：臺東內山有產。

瓦石：《諸羅縣志》謂內山有鬆石，鑿之成片，方廣一丈，以代陶瓦，望之天然石室也。按宜蘭之蘇澳，有石色黑，可為硯盤，亦可作瓦。

文石：產澎湖海濱，有花紋，五色相錯，可製玩具。

空青：產於澎湖海中，大如卵，中有清水，可治眼疾。

海青：宜蘭海濱有產，為海水所結。

水晶：《噶瑪蘭志略》謂玉山之麓有水晶。

硓砧：產於淡水、澎湖海濱，狀極離奇，用以築隄煆灰。

硫磺：產於淡水之北投，見〈榷賣志〉。

煤炭：各地有產，基隆最多，見〈榷賣志〉。

煤油：苗栗及嘉義之十八重溪有產，見〈榷賣志〉。

海棉：澎湖有產。

珊瑚：產於澎湖海中，為蟲聚處之巢，高或數尺，唯色不純紅。

譯文

李朝凱・注譯

連橫說：「天下的財富，在於久居本地的人；生養繁殖的根源，來自於萬物。所以上天不愛他的時、地不愛他的珍寶、人不愛他的力量，國家可以強盛，而家庭可以給予。從前姜太公治理齊國，鹽業收歸官辦經營，防止利用鹽謀取私利的惡行；管仲承襲接替這個政策，齊國因而在春秋時代成為眾國的首領。臺灣是位在南海的國家，天氣溫暖和煦，土壤肥沃，兼且又有山林的豐茂、湖澤的豐沛、金石的美好、漁鹽的厚利、羽毛獸齒皮革的豐富、飛天潛地動植物的種種，取用沒有限度，享用牠們也不會用完，這是大自然的無盡寶藏；然而土番原住民占據牠們，島上的少數民族侵奪牠們了。細想我們先祖渡過大海、走入偏僻荒遠的地方，拓墾這片土地，為後子孫成立萬年的事業，他們的功績很偉大啊！古時候設立『虞衡』作為掌理山林川澤的官員，製作山林湖澤的材料。《周禮》記載周代有個官員叫做職方氏，審視天下各種萬物土壤的合宜，繁殖各種穀物，分辨各類牲畜，學習天地運行的道理，運用實際合宜的道理來引導民眾生活處事，俾使天上地下的草木鳥獸都可以利用。後來的君主失去正道，徵收稅賦不合時宜，因而讓山林湖澤的利益乾涸了。甚至有人進一步和民眾爭奪利潤，搜括米粟摸竊財金，以豐裕他們的上級官員或君主；民間已經是凋零殘破，處境日益困難了，漠然不顧、置之不理的人，就算哀嘆也已經造成傷害了！臺灣是土壤肥沃、物產富饒的國家，積蓄豐饒，人民富庶，再加上沒有好幾年的水災戰亂等災害，它的道路容易興盛，而且治理也容易安定。本篇所記志，本文不是想要獵奇藏珍，而是要管理營運這些物產，可用於啓發、教導我們的後代。」

載的，大多屬於大自然的物產，其中大型的物產都描述在〈農業志〉、〈工藝志〉、〈榷賣志〉等諸

草的類別

臺灣的草本植物，多達五千餘種。在廣大平坦和低窪潮溼的地方、丘陵和山谷等地方，都能繁茂滋育到處生長。舊有的方志記載，有一半是屬於地方土名；《山經》沒有記載，上古的醫家岐伯也從來沒有品嘗過，啊眞是豐盛極了！這篇特別舉出其中有用處以及是藥用的草本植物，分列敘述如下：

茅：自然生長的，鄉里的人拿來搭蓋房屋，用處和範圍都非常大。

藺（今俗名為燈心草）：大甲種植用來編織草蓆，極爲柔軟堅韌。

蒲：通俗的名稱爲「鹹草」，用來編織成草蓆。

艾：作爲藥用植物。

蘋

萍（今俗名為浮萍）

藻

藜：藜葉柔嫩，可以食用，莖幹老久的藜草可以作爲拐杖。

蕈（今俗名為蕈、菇）：種類很多，大都有毒，只有下雨後出生在竹林裡的蕈叫做竹菰，清晨的時候採集蕈菰，烹煮食用味道鮮美，過了中午蕈菰就開始生蟲了。

茯苓：屬於藤蔓生長的植物，生長在松樹林下。以集集（今南投縣集集鎮一帶）此地最多，有的

茯苓重達三、四十斤。
萆麻（今俗名為蓖麻）：種子可以榨油，使用極爲廣泛。
香茅：氣味芬香，可以用來製作香水。
仙草：高度達五、六尺，晒乾後，以水熬煮仙草後會結凍成固狀，顏色是黑色的，混和糖喝仙草可以化解夏暑的熱氣。夏天的時候消耗使用相當多。
通草：自然生長的相當多，截取通草的草心，切成薄片可以用來製作成仿眞花，也可以染成各種顏色，都銷售到省外。
風草（今俗名為知風草）：春天開始的時候會生長嫩葉，農民用來占驗颶風。
西草：用來染色。
煙草（今俗名為煙草）：內山自然生長的，最近也有種植煙草的情形，味道濃郁。
薑黃：葉子像薑葉，花朵是白色的，成熟的莖幹形狀像是雞毛撢子，薑黃的根可以用來染成黃色。安平縣的噍吧哖（今臺南市玉井區）一帶自然生長的薑黃很多。配運銷售海外。
芊蓁（今俗名為五節芒，通俗的名稱為「菅芒花」）：葉子大大的像是茅草，採取莖幹作爲牆壁，歷時很久也不會損壞。
澤蘭：作爲藥用。
菖蒲：作爲藥用。端午節時插在門上，據說是可以辟邪。
紫蘇
薄荷
木通（今俗名為五葉木通）

沙蔆（今俗名為沙參）

香附（今俗名為香附子）

白麴草：採取白麴草可以用來製酒麴，釀造酒水。

鼠麴草：製作糯米粿時添用鼠麴草。

龍舌草（今俗名為蘆薈）：通俗的名稱爲「露薈」。葉子長度直徑有一尺，厚度大約半寸，葉邊有刺，形狀像是舌頭。一般人家都會種龍舌草，龍舌草的漿汁極爲黏稠，取用可以滋潤頭髮，就像是用脂膏潤澤。

書帶草（今俗名為麥門冬）：或是稱爲「七弦草」。葉子的顏色爲微綠色，像是水稻秧苗，葉子上面有七條白紋，到了冬天就變成紅色，花朵像是蘭花。有人說放在書中，可以用來防治蠹蟲。

含羞草：高度約四、五寸，葉子像槐樹的葉子，用手指撓含羞草，就會閉合垂下。花朵黃色小小的。

車前子：就是芣苢，通俗的名稱爲「五根草」。嬰兒出生後，榨汁混和蜂蜜來喝，可以袪除新生兒蕁麻疹。

夏枯草：冬天生長夏天枯萎，作爲藥用。

虎耳草：治療耳朵相關的疾病。

金銀花（今俗名為忍冬）：可以用來解毒。

雞舌紅（疑為紅毛草）：葉子紅色像是雞的舌頭。

珍珠紅：葉子小花朵紅色像是珍珠，一般人家裡都會種，可以治療喉嚨的疾病。

金石斛（今俗名為木斛）：在內山自然生長的很多。

金線蓮：葉子像是新的荷葉，上面有金色的紋路，用來治療暑熱傷害。埔裏社（今南投縣埔里鎮）的山中自然生長的很多。

仙人掌：葉子大如手掌，葉子爲綠色有乳毒，進入眼睛裡往往會導致失明。

鳳尾草

天門冬：中路（清末中路指今日南投縣竹山鎮至花蓮縣玉里鎮一帶）近山地區自然生長的比較多，有人用以製作蜜餞。

麥門冬（今俗名為山麥冬）

蒲公英

益母草

馬尾絲（又名刀傷草）：生長在溼地一帶，以根部擦拭蛇咬傷的地方，立刻就會好。

羊角草

木賊草：作爲藥用，並且可以擦拭銅木製等器物。

金鎖匙（今俗名為野菰）：治療局部潰爛、化膿等症狀。

一枝香（今俗名為一枝黃花）：又一名稱爲「馬蹄金」。

葉下紅（今俗名為一點紅）：又一名稱叫做「消息草」。

萬年松（今俗名為卷柏）：葉子像松葉又小小的，曝晒成乾，浸水後又變青色，可以治肚子痛。

鹹酸草（今俗名為酢漿草）：可以治療喉嚨疼痛。

蚶殼草（今俗名為雷公根）：可以治療中暑、痲疹等疾病。
豬母草（今俗名為馬齒莧）：可以治療肺結核等疾病。
曼陀花（今俗名為曼陀羅花）：善於使人昏昏如醉，服用曼陀羅花會讓人妄想極爲瘋狂。然而用曼陀羅花的葉子以開水沖泡，敷在瘡上可以治癒。
蒼耳子（今俗名為蒼耳）
白蒺藜
天南星（今俗名為一把傘南星）
九層塔：可以治療跌打損傷。
鴨嘴黃（今名鴨舌　、過江藤）：又一名爲「定經草」，可以調理婦女子宮的機能。
雞屎籐（今俗名為雞屎藤）：可以治療風咳。
水燭草（今俗名為水燭）：生長於池塘沼澤之中，葉子像是蒲草，花朵像是蠟燭，可以治療刀械傷害。
羊甘草：可以治療人體皮膚、鞏膜、黏膜變黃的病症。
姑婆草：可以治療中毒。
馬鞍藤（今俗名為厚藤）：可以治療生瘡。

木的類別

臺灣位處於熱帶的地區，林木的繁多，用手指難以計算。高山峻嶽，山勢直衝天上，海拔高至一萬二、三千尺。像是玉山，長年都有積雪，良佳的樹木挺立生長。所以凡是寒帶、溫帶的樹木，沒有不兼而有之的。眞的是大自然的寶藏啊！然而自從一百多年，山林政策管理不佳，刀斧到處浮濫砍伐，在邊境的地方，也都剷除光了。而向東望去內山，草木蒼翠茂盛的樣子，景象壯麗而多變化，仍舊足以產生巨大的利益。過去有位英國人瑞諷（Robert Swinhoe，或譯為郇和、史溫侯）來臺灣南北等處遊歷，曾經撰寫臺灣的植物志，認爲森林的富饒，是前所未有的，而且有很多有用的資源。我也喜歡探遊，多次深入原住民的領域，艱苦的翻山渡水，良好的樹木和茂盛森林，每次都會加以考察研究，所以能夠大略知道其中的大概。本篇所記載的，大多是舉目遇見的，參照了各種書籍，表述它們的作用。相較於過去的方志，精細或粗略一看就明白了。

桑：分爲家桑、野桑兩種，桑樹的果實爲紅色可以食用，樹皮可以作爲藥用，稱爲「桑白」。

樟：臺灣生長很多，大約有兩種：香樟樹可以熬製樟腦，臭樟樹可以製作船隻的建材和器具。

檜：阿里山最多。有大到四、五圍的檜樹，建造房屋製作器具，用途極爲廣闊。

榕：各個地方都有，樹葉極爲茂密，有樹蔭到四、五畝大的榕樹，樹乳可以作爲黏膠。

松：內山非常多，種子可以食用。

柏：內山也很多。又有扁柏樹，葉子可以作爲藥用。

杉：內山也多。另外有油杉、紅杉，材質尤其堅固。

楠：有香楠、奇楠、臭楠、石楠等種類，用途極爲廣泛。又有虎皮楠，樹皮好像老虎表皮的紋路。

梓：通俗的名稱爲「大中黃」，埔裏社比較多。製造器具特別好，色澤溫潤像是象牙。

柳：有水柳、垂柳等幾種。

欆：就是絲柳，葉子像是絲爲綠色的，種植在庭院邊側的地方，隨風擺動的樣子很惹人憐愛。

楊

楝：通俗的名稱爲「苦楝」，果實的味道苦澀。晚春的時節會綻開花朵，花朵嬌小，顏色爲紅色，一束花穗有幾十朵，種植後容易生長，木材可以製造器具。

楮：通俗的名稱爲「鹿好樹」，鹿喜歡吃楮樹的葉子，楮樹皮用來製造紙。

樸：樹木可以作器具。葉子粗糙而銳利，可以用來擦拭銅和錫，極爲光亮。

楓：樹木可以作器具。還有青楓、石楓等等品種，葉子都是呈現五角的形狀，進入秋天時就會變成紅色。

槐

榆：通俗的名稱爲「白葉樹」。

棕：棕樹皮可以用作繩索。

椅：葉子小小的像桐樹葉，阿里山和紅頭嶼（今臺東縣蘭嶼鄉）比較多。

柃：通俗的名稱爲「油葉茶」。

橡：通俗的名稱爲「杆仔皮」，橡木可以製造成車子。

桐：有梧桐、白桐等種類。又有油桐，生長於臺灣、嘉義二縣的山內，種子特別大，可以用來榨油。

櫸：通俗的名稱爲「雞油樹」。有幾種，木質很好，可以作爲車輛。

柯：新竹比較多。木質堅硬，可以做成斧頭的握柄。又有水柯，水柯樹皮可以作爲染料。

杜：杜樹的葉子像是蒲荊，樹幹直立挺拔，直徑大到三、四尺，樹心爲暗紅色。

椿：樹幹高挺，葉子可作爲藥用。

林茶：又叫做林投，原住民的用語。臺南以南，自然生長的很多。樹高有一丈高，直挺的樹幹沒有分枝，葉子像是團簇生長的，有四、五尺長，刺很銳利，排列如鋸齒狀。把葉子作爲絲，可以廣泛使用。結成的果實像是鳳梨，但不能食用，種子像是金鈴。長年的林投樹木質堅硬，有條紋肌理，可以做碗、筷子、歌板、月琴等樂器。根部可以編織成鞋子。

山杉：就是竹子和柏樹中最好的，色澤像是象牙，製作器具最爲美好。

石柳：生長的很慢，材料很好，色澤像是象牙。

烏桕：臺北比較多。晚秋的時候，樹葉變成紅色。木材可製作器具，種子可以榨油，又可製造成蠟。

埔柹：埔柹樹像是柹樹，沒有果實。

山茘：山茘枝樹像是茘枝樹，沒有果實。

梢楠：葉子類似松葉，有人稱爲黃肉樹，材料非常堅固美觀。

茄苳：樹大，木質爲黑色，極爲堅固，製造成器具很難朽壞，葉子可作爲藥用。

木棉：通俗的名稱爲「斑梔」，紅色的花朵。果實可以爲棉花。安平、嘉義二縣的內山，自然生長的很多。

厚栗：或寫爲「校力」，木質堅硬可以作爲楝梁。

水松：生性喜歡靠近水，樹皮溼濡，厚如樹棉，枝喬上面是去勾的，葉子呈碎狀有披粉。

鐵樹：樹幹是黑色的，葉子尖尖的而向上挺直，不容易開花，所以臺灣人有「鐵樹開花」的諺語，幾乎像是在說等黃河清澈了。

槺榔：樹幹直立沒有分枝，葉子可以作爲掃帚。
石梣：木質極爲堅硬。
山漆：另外有水漆，生長在海泥之中。葉子有粗毛，觸摸它會腫脹疼痛，有人稱爲「咬人狗」。
刺桐：像是桐樹有刺，臺南府城未建的時候，種植刺桐作爲籬笆。
蒲荊：就是「蔓荊」，葉子像是楊樹，容易生長。
肉桂：樹皮如同桂樹，有揮發油，氣味芬香。
烏松：就是赤榕，葉子較榕樹更大。剛開始生長的時候，花苞含合的形狀像是筆，新生的葉子是鮮紅色的。
茄萣：生長在海濱，樹木可以作爲柴薪。樹皮顏色爲赭紅色的，可以將網繩染色。安平縣有茄萣莊（今臺南市安定區）。
薯榔：生長於內山，樹根像是番薯，顏色爲紅色，可以將布匹染色。
枸杞：嫩葉爲蔬菜，種子可以作爲藥用。
破布子：葉子像是桐樹葉而較小，秋季初始時結出果實，像是楝樹的果實，用鹽水浸泡食用，味道甘甜。
黃目樹：就是「無患樹」。樹高二、三丈，果實像是枇杷，顏色爲黃色，皮皺皺的，可以用來洗衣服，果漿像是肥皂。
百日青：就是「羅漢松」。砍伐之後，樹皮還是呈現青色，可以製造成茶几、床榻等家具，相當良好。

爛心木：質地非常堅硬，只有樹心部位空如腐朽，所以如此命名。

相思樹：葉子像是楊樹葉，木質堅硬，花黃色，結的果實像是紅豆。左思（二五〇—三〇五）〈吳都賦〉有記載：「楠榴之木，相思之樹……。」。臺灣最多，鄰近山區都有種植，可以用來燒製成木炭。

八角樹：木質堅硬，樹皮可以染成黃色，果實稱爲「八角」，氣味芬香，可以作爲藥用。

烏心石：葉子像是夜合花樹的樹葉，花朵像是含笑花，質地堅硬像是石頭，顏色呈暗黃色，製造器具特別好。

紅厚殼：質地非常堅硬，可以製造成船或車。恆春一地的沿海都有生長。

紅淡樹：葉子像是榕樹葉，樹木可以作器具。基隆比較多，有個地方因而叫做「紅淡林」。

紅豆樹：就是「相思子」，通俗的名稱爲「雞母眞珠」。種子是鮮紅色，討人喜愛。有人說有毒，原住民用來裝飾，葉子可以作爲茶。

金剛纂：通俗的名稱爲「火秧」。巨大的樹幹直聳而立，爲三角形，表面有刺。葉子小，花朵爲黃色也細小，乳汁極毒，植被籬笆，牛羊不敢越過。又有一種大的稱爲「奇楠」，因爲生長久的能夠割取樹脂結成香木塊，香味像是奇楠。

綠珊瑚：軀幹如同珊瑚，折斷有乳汁，有毒，種植可作爲籬笆。

苦林盤：生長在海岸，可以用來防範風災和水患，也可以作爲藥用，煎煮葉子來洗身體，可以祛除溼疹。

海茄苳：臺南沿海都有生長。

土沉香：花朵爲白色、有五個花瓣，種子黃色像是大豆，根部有香氣。《赤崁筆談》提到打鼓山

（今高雄市的壽山）有香木，色澤像沉香，味道很濃烈，人們不知道是什麼香，不知道很珍貴。聽說去年有蘇州客商能夠分辨，運載幾十擔，後來有個官員作爲拐杖，今天所存的零碎木料，也有做成扇器的。

金龜樹：以金龜子大多棲宿在此樹上，所以如此命名。

山胡椒：果實小而味香，北部原住民取山胡椒作爲鹽使用。

饅頭樹：樹幹像是梧桐，但並不直聳，春季、夏季時開花，花朵嬌小呈綠色，一穗有三、四十朵。

番豆樹：樹大如同槐樹，結的果實有莢，肉爲白色可以食用，也有人說稱爲「刺豆」。

竹的類別

刺竹：本地特產，各個地方都有。竹高到四、五丈，有刺如鷹爪，質地堅硬難以腐壞。鄉村都會環繞種植刺竹，危險不可跨越。郡城城池尚未建設之前，也是種植刺竹作爲保衛之用。建築房屋製造器具，多用刺竹作爲材料，只是竹筍苦澀不能食用。凡是種植竹子，要在五月八日種植刺竹就可以存活，稱之爲「竹醉日」。

綠竹：臺南特別多。每一簇有數竿，葉子大而沒有刺，竹筍極爲甜脆，夏季、秋季盛產。

麻竹：高如刺竹，葉幹都大，林圮埔（今南投縣竹山鎮）出產的最巨大，用來綁縛成竹筏。切竹筍曝晒成筍乾，味道極爲酸美，銷售到外省。

筀竹：直徑寬約二尺，高至四丈。

黑竹：幹黑，大如手指，生長於嘉義山中，以製造家具。
紅竹：竹高幾尺，葉子大而呈紅色，竹幹大；也有綠色的，種植的庭院，開花成穗。
石竹：大如筆竹，以製作器具。
棕竹：淡水有生長，竹皮像是椶（通「棕」），竹節密集，高四、五尺。
蘆竹：就是「蘆」，生長於水邊，竹筍可以吃。
斑竹：生長於嘉義，表皮上有斑點，可以用來製作蕭管、床几。
白竹：《諸羅縣志》記載諸羅有生長，現在沒有見過。
黃竹：高不到一丈，軀幹為黃色，生長於臺灣縣的黃竹坑（今臺中市太平區）、北溝坑（今臺中市霧峰區）一帶，竹筍非常好。
貓兒竹：嘉義、雲林二縣所生長的比較多，冬天的時候生竹筍，稱為「冬筍」，滋味很美好。
長枝竹：高度二、三丈，竹節有一尺多長，可以用來製作家具。
空涵竹：生長於山中，高度二丈餘，直徑有二、三寸寬，沒有旁枝。
觀音竹：高不到一丈，幹細而葉小，種植作為籬笆，密實又翠綠，討人喜愛。
珠籬竹：又一名稱為「篗籬竹」，高一丈左右，大如手指，可以用來編織成籬笆。
金絲竹：又一名稱為「箭竹」，大小約和小指一樣，質地堅韌，原住民用來製作箭矢。
七絃竹：高達一丈，軀幹為白色，有青紋六、七條在上面。
人面竹：嘉義有出產，高有四、五尺，竹節密實，形狀像是人的面孔。

藤的類別

水藤：內山自然生長的很多。一莖長達數十丈，可以用來製作椅子、床榻等各式器具，利用極為廣闊。

風藤：形狀與藤不同，像是木通，浸酒服用，可治療中風、痲風等疾病。

黃藤：可作為藥用，可以治肚子痛。

鉤藤：可作為藥用，一莖雙鉤的最好。

魚藤：葉子是合併生長的，性有毒，食用魚藤會死亡。鄉里民眾用來毒魚。

乳藤：葉子像是扶留藤，折斷莖幹會流乳汁，花朵為淡黃色，有香味。

簍藤：就是「扶留藤」，可以簍藤葉與檳榔子一起吃。

紫藤：品種出自中國，花朵優美。

三葉藤：生長得很快，花有三瓣像是葉子，顏色為紅色，中間有黃心。

花的類別

梅：臺灣地方炎熱，嘉義以北比較多，而臺南很少。延平郡王祠有一棵古梅樹，相傳是延平郡王親手種植的，十月就開花。過去是在臺南府衙門右邊的鴻指園，明鄭時期位處於承天府署之內，此梅樹就在其中，枝幹參差錯雜，必定是鄭氏遺留的物種。光緒初年建立延平郡王祠的時候，就轉移植到此處，到現在都很珍惜這棵古梅樹。

桃：有重瓣、單瓣等幾種。

李：嘉義、彰化二縣相當多。
櫻：淡水廳的竹仔湖（今臺北市北投區竹子湖路一帶）和埔裏社的內山，自然生長的很多。
杏：淡水廳和埔裏社的內山，自然生長很多，有紅杏、白杏兩種。
桂：有月桂、丹桂兩種。
牡丹：每年從上海移種，開花後就枯萎。
夜合：各個地方都有。
仙丹：有紅色、白色兩種。
木槿：白色的，臺灣人稱爲「水錦」。
佛桑：又一名稱爲「扶桑」，有紅色、黃色、紅黑色數種。
紫荊：白色的，臺灣人稱爲「九芎」，木材堅硬可作爲器具。
山茶：有紅、白、八寶、八角幾種，彰化最多。
玉蘭：種子從廣東傳入不久。樹高有幾丈，花朵白色像是蘭花，味道非常清新芬芳。
木筆：就是「辛夷」，辛夷又叫做木末芙蓉花、木蘭、應春花。
梔子：重瓣的梔子是「玉樓春」，臺灣南北都有種植，春天時會盛開，採花可以用來薰茶，種子可以染色，臺北稱爲「蟬薄」。
木蘭：又一名稱爲「樹蘭」，高度有幾丈，葉子像是山礬，花朵小而呈黃色，一穗有幾十朵，氣味芳香如蘭花，臺南用來薰茶。
木蓮：生長於內山，花朵大的像蓮花。
薔薇：品種很多。有野薔薇，花白色而小，臺灣人稱爲「刺仔花」，控掘其根製作成茶。

玫瑰：爲薔薇之類別，味道特別香，花朵可以泡茶。

長春：也是薔薇之類別，花朵較小，四季都不間斷。

唐棣：花朵像是李花，顏色爲紅色，春天時滿樹都開著花。

頳桐：花朵像是仙丹，有短鬚，顏色非常紅，也有白色的。五月時盛開，通俗的名稱爲「龍船花」。

杜鵑：雞籠山上自然生長的很多，盛開時像火焰。

木香：花朵和茉莉花相像，香味濃烈。

海棠：臺灣地方炎熱，花朵開的比較小。淡水的三貂嶺（今新北市瑞芳區、雙溪區之間）有秋海棠很多，通俗的名稱爲「山海棠」，花朵爲紅色枝幹爲綠色。

含笑：臺南最多。

貝多羅：種子來自西域，通俗的名稱爲「番花」。樹高兩、三丈，葉子長達一尺，花朵爲白色，花瓣有六出，花心爲黃色，味道很香，可以用來防蛀蟲。

七里香：就是「山礬」，花朵爲白色的，香味濃烈。

木芙蓉：通俗的名稱爲「九頭芙蓉」，也有人稱爲「霜降花」。

番蝴蝶：花朵像是蝴蝶，有短鬚，中間紅色外邊爲黃色，一莖有數朵，四季都會開花。舊《志》認爲是臺灣特產。

夾竹桃：有紅、白兩種。

指甲花：又一名稱爲「水木樨」，花朵爲白色，比丁香花小，搗葉來染指甲，顏色非常鮮紅。

馬纓花：花朵像是掛於馬頸的帶飾，淡水比較多。

刺球花：高達數尺，有刺，可種植爲籬笆，秋天和冬天開黃花，柔細聚合如絲絨，臺灣人稱爲「消息花」。可以製作成香水，結成的果實像是豆筴，根部可以染成暗紅色，或名爲「番蘇木」。

虎子花：花朵爲黃色，鬚長，形狀像是老虎頭。

山躑躅：花朵較杜鵑花小，顏色爲紅色，苗栗的山中自然生長的極多。

馬蹄花：葉子像是梔子花，花朵白色氣味芬香。

紅蠟花：品種來自西域。枝幹上有很多刺，折其枝幹有乳汁，花朵紅色像是海棠花。

山芙蓉：葉子細小，花朵爲黃色，香味極爲強烈，九月時盛開。

山茱萸：自然生長。

卉的類別

蘭：一莖一花的是蘭花，一莖數朵花的是蕙花。臺灣一地蕙花多而蘭花少。有的來自於福建，內山自然生長的香氣較差。只有淡水的觀音山生長的爲佳。

菊：品種有數十種。臺南氣候較爲暖和，從秋天到春天，花開不斷，所以有「荷花獻歲菊迎年」的詩。[1]又有一種萬壽菊，香味不佳。

荷：清明時節會開，晚秋時節開始凋謝。有一種午時蓮，種在盆中，花朵小像是錢幣，到中午才

1 例如有張湄有一詩：「少寒多燠不霜天，木葉長青花久妍。真個四時皆似夏，荷花度臘菊迎年。」

開，超過時間就會枯萎。

葵：有大葵、小葵兩種。

水仙：每年從漳州移植栽種，開花後就枯萎。

芍藥：臺灣很少種植芍藥。

曇花：品種出自西域，有紅色、白色兩種。白色的曇花，臺灣人稱爲「隱水蕉」。

蘭蕉：有人說蓮花香蕉，葉子像香蕉，花朵像蘭花，有紅色、黃色兩種。

月桃：葉子像蘭蕉葉而較大，摘取月桃葉以包粽子，花朵爲白色或桃色的，一莖有幾十朵。

繡球：花爲白色，團簇像球狀。

噴雪：花朵小像雪一般。

鹿蔥：就是「萱花」，又一名稱爲「宜男草」。單花瓣的花爲金簪花，可以搭配進食。

茉莉：又一名稱爲「抹麗」。有單瓣、重瓣兩種。四季都開花，夏天的時候尤其旺盛。淡水廳一帶種植茉莉以薰茶，每甲土地可以收益千金。又有番抹莉，木本植物，花朵大像是菊花，香味較差。

素馨：通俗的名稱爲「四英」，四季都開花，淡水種植以薰茶。

鳳仙：有紅、白兩種，紅的搗碎可以染指甲。

石竹：通俗的名稱爲「錦竹」。

剪絨：就是「剪秋羅」。

瑞香：蔓延生長，花朵爲微綠色，有尖瓣、圓瓣兩種。

茶蘼

燕支：有好幾種顏色，到晚上才開，結的果實丟棄表皮，可以製作成粉。

玉簪：葉子像是萱草。

罌粟：種子來自於印度。花朵有幾個顏色。結果實的時候，割取其果漿可以作爲鴉片。種子細小像是黍，可以吃。殼可以作爲藥用。光緒年間，嘉義、彰化二縣有種植的人。臺灣兵備道劉璈（？—一八八九）也曾稟請閩浙總督，請准民間自己種植，以堵塞財政的漏洞，只是風味不及印度的品種。

兔絲：自然生長，通俗的名稱爲「燭仔花」。

玉蔥：葉子像是韮菜葉，一根莖一朵花，有紅、白兩種，下雨後會盛開。

百合：臺北有生產，僅作爲藥用。

珍珠蘭：通俗的名稱爲「雞爪蘭」，花朵像金粟，味道像蘭花。

蝴蝶蘭：產在恒春的山中，寄生在乾枯的木頭上。一株有五、六葉，春、秋季開花，一莖多到十幾朵，花朵爲白色形狀像是蝴蝶，屬於熱帶植物，其他地方不曾看見。移植室內，根部不附著土壤，只是灑水在上面。

鶴頂蘭：生長於嘉義的山中。葉子大的像是初種的檳榔葉，一根莖有十幾朵花，形狀像蘭花，花瓣有紅點，像是鶴頂，所以如此命名。

百子蘭：品種來自南洋，傳入沒多久。葉長二尺，環簇而生長，其功效在於能夠防止人嘔吐。[2]莖高至三、四尺，花有一百幾十蕊，花朵爲白色像是蘭花而較大，可惜沒有香味。

2 本句疑有誤漏字。

鷹爪蘭：蔓延生長，葉子像是菩提，到晚上才開花。花朵有五、六瓣，顏色爲微黃色，形狀像蘭花，香味更濃烈。軀幹有刺，像是鷹爪，所以如此命名。結成的果實像是橄欖，幾十個成一團，臺灣人種植成籬笆，很高不可爬越。

倒垂蘭：枝幹像是火秧，攀附牆壁而生長，入夜才開花，花朵爲白色像是蓮花，從上面倒垂綻開。摘來放在瓶子裡，插上蠟燭，可作爲燈用。

晚香玉：又一名稱爲「月下香」，品種來自西域，有單瓣、重瓣兩種。

西番蓮：又一名稱爲「天竺牡丹」，品種來自印度，傳入不久。花朵像菊花，有十幾種。播種子或是插枝，都可以生長。

夜來香：蔓延生長，花朵爲微黃色，花朵小像是丁香花，一穗幾十朵，入夜時最香。

子午花：又一名稱爲「金錢花」，種出毗尸沙國（古印度），午時開花子時凋落。

美人蕉：像蕉而較小，花朵爲紅色像是蓮花。

雞冠花：有高、低、紅、白等各種。

胡蝶花：又一名稱爲「金莖花」，葉長像是蒲葉，花朵爲黃色像是蝴蝶，有紅點，有鬚，臺灣人以其根部作爲藥用。

日日春：五瓣花，有大紅色、淺紅色、白色三種粉，長時間盛開不停歇。

水鴛鴦：生在水上，葉子略圓，花朵爲紅色，一根十幾朵，浮在池塘上，生長得很快。

一丈紅：有紅、白兩種。

老來嬌：又一名稱爲「雁來紅」。

畜的類別

牛：有水牛、黃牛兩種。耕田拉車，均憑藉其能力。只有水牛力氣大，一隻可以載運千斤，黃牛不及水牛。荷蘭時代，臺灣南北各設置有牛頭司，放牧生殖繁息。到了清代以後，還有很多野牛，千百隻牛成一群，有人擒獲野牛而馴服之。此後拓墾日漸廣闊，野牛逐漸減少。清朝律法禁止屠殺牛隻，只有國家祀典才開始宰殺牛隻。鄉村交易牛隻的地方叫做「墟」，在固定的日期才開市。

馬：臺灣生產的較少，全部從北方的省分移入，以作爲軍隊的使用。

羊：黑色毛短，從中國傳入，農家飼養羊，放牧於山野之間。

豚：飼養家畜中最多者，生長也快，公母全部都閹割，有重達四、五百斤的。

狗：有家犬、獵犬。又有洋犬，清末開放通商以後，開始從外國傳進來。

雞：有本地特產的，也有外來品種的。又有火雞，從外國傳入的。

鴨：有田鴨，自福建傳入。番鴨爲本地特產，又有土番鴨，就是兩種混種產生的品種。道光年間，開始傳入人工孵化的方法，所以生長的很旺盛。

鵝：有白鵝、黑鵝兩種。

禽的類別

鷙：像是老鷹而較大，展開牠的翅膀，長度可達三、四尺。

鷹：每年的清明時節，有飛鷹成群結隊，自南而北，到大甲溪畔的鐵砧山（今臺中市大甲區）聚集，哭得很悲傷，彰化人稱之爲「南路鷹」。

鳶

鵲：鄉里民眾用鵲巢的高低，占驗有沒有颱風。

鳩：有火鳩，又有羽綠嘴紅的稱爲「金鳩」，而白鳩則是澎湖較多，能通報時間。

鴿：有家鴿，通俗的名稱爲「粉鳥」。野鴿子，俗話稱爲「斑鴿」。

雀：築巢於屋簷下，通俗的名稱爲「粟鳥」。

鶯

燕

雉

鷗：通俗的名稱爲「水鴨」。

鷺

鳧

鴃

鴉

鵂：通俗的名稱爲「貓頭鳥」，白天時昏昧不清，夜晚時明亮清晰，喜歡吃鳥。

鶺鴒

鸕鷀

鴐鴒：或寫作「迦陵」，顏色黑得像鵲，生長於臺南，畜養溫馴，能學人說話，就是「鸜鵒」，也就是八哥。

畫眉：善於鳴叫，畜養以供爭鬥。
鵪鶉：畜養以供爭鬥。
竹雞：像雞而較小。
華雀：像雀而較小，發出唧唧聲，餵養的很溫馴，能自己來去。
布穀
烏鶖：形狀像鴝鵒，也就是八哥，尾長嘴利，飛行疾速，惡鳥不敢靠近。
翡翠：通俗的名稱爲「釣魚翁」。
鴛鴦
練雀：通俗的名稱爲「長尾三娘」，翡翠色的翅膀、紅色的嘴喙，光彩鮮豔奪目照人。
鵂鶹：原住民進行出草習俗時，聽到聲音時就會歸返部落。
鶼鶴：通俗的名稱爲「食蛇鳥」，像鶴而較小，羽毛顏色爲淡紅色。
海鵝：通俗稱爲「南風鼇」，羽毛可以作爲箭翎。
孔雀：來自越南，民家有蓄養孔雀。
鸚鵡：來自香港，民家有蓄養鸚鵡。
信天翁：彭佳嶼（今基隆市中正區，在基隆港北方五十六公里）最多。
海雞母：生長自海島中，身體羽毛爲黑色，腳則爲綠色的，比雞更大。
白頭翁
倒掛鳥：品種出自於呂宋，腳短而爪長。

獸的類別

鹿：臺灣生長的有斑紋，稱爲「梅花鹿」。荷蘭時代以來，鹿肉、鹿皮作爲出口的貨物，到現在逐漸減少。民家也有畜養的，每年摘取其鹿茸。

麞：像鹿而較大。

羌：像鹿而較小。

豹：通俗的名稱爲「石虎」。

熊：生長於內山。

兔：有白色、黑色、紅色三種，民家飼養兔子，爲了吃牠的肉。

鼠：有家鼠、田鼠、飛鼠，錢鼠。又有白鼠，身長一寸多，眼睛是紅朱色的，民家在廚房中餵養。廚房內設置一個鐘輪，旁邊放著一口鐘，老鼠在輪中旋轉，鐘就會自己鳴叫。另外有大的老鼠，長到一尺，品種來自廣東東部，但不能轉輪。

貓：家裡有貓、野貓、菓子貓。

獺：生長於溪流旁邊。

猴：品種多，也有白猴。

山豬：毛粗而牙齒尖銳，能吃人，重達三、四百斤，獵人用火槍擊斃。

山羊：沿山有很多。

蟲的類別

蜂：有蜜蜂，人家畜牧以取其蜜。有野蜂、竹蜂、黑蜂。還有虎頭蜂，蜂巢像是老虎頭，身體大有毒刺，刺傷人較厲害。

蟻：有紅蟻、黃蟻、黑蟻。又有白蟻，生長在潮溼的地方，一個巢有數萬匹，房屋器具，每次被損蝕，危害相當劇烈。

蝶：品種很多，埔裏社最多，有大如蝙蝠的蝴蝶。

蟬

蜩：通俗的名稱爲「紅蒲齊」，就是燕人所謂「齊了」。

螗：像蟬而較大，顏色爲灰色，通俗的名稱爲「吉黎」，因其鳴聲而稱之。

蛇：種多。稱之爲「山辣」，長達一丈多，能吃老鼠。稱之爲「草花」，長達一、二尺，都不傷人。稱之爲「龜殼花」，背上猶如龜紋；稱之爲「飯匙倩」，頭扁平像是飯匙，見到人就昂首追逐；稱之爲「青竹絲」，長達一、二尺，顏色爲青色像是竹子；稱之爲「百步癀」，最毒；稱之爲「雨傘節」。

蛙：通俗的名稱爲「水雞」，有兩種。

蚊

恙：很小，生在草中，人如果被咬，就會發熱。

蚤

蠅

螢

蛾

蠹

樹蛤：像青蛙而較小，顏色爲青色，生長在樹上。又有生長在田裡的，叫做「田蛤」。

蟋蟀

梭雞：通俗的名稱爲「灶雞」。

螽斯

螳螂

螟蛉

蜾蠃：通俗的名稱爲「鴛鴦蜂」。

蜘蛛

蛸蠨

蜻蜓

蜈蚣

蜥蜴：像蛇，身扁，有四隻腳，長到一尺，通俗的名稱爲「四腳蛇」。《說文解字》記載：「在草曰蜥蜴，在壁曰蝘蜓。」

蝘蜓：就是「守宮」，通俗的名稱爲「神蟲」，到了夜裡就會發出鳴叫，蝘蜓的聲音像是雀在鳴叫。只是往南超過下淡水溪、往北超過大甲溪、往西渡過澎湖，就不會叫。

蚯蚓

蠅虎

蝤蟲：生長在櫥中，屎可以作爲藥用，稱爲「蝤蟲沙」。
水蛭：通俗的名稱爲「蜈蜞」，誤吃水蛭可以吃醋化解。又有一隻樹蛭，生長在樹上。
蜣螂
土猴：形狀像蟋蟀，身體肥胖、鬚短而呈白色，油炸可以食用。
蔗龜：生長在甘蔗之中，油炸可以食用。
蜂虎
蜉蝣
毛蟲
金龜：形狀像是烏龜，顏色是綠色而有光亮，有六隻腳，也有翅膀會飛，生長在樹上。
蝦蟆：通俗的名稱爲「蟑蟋」。
蝙蝠：通俗的名稱爲「蜜婆」，巢住在古老的屋宇。臺南府城赤崁樓的井中最多；又有巢住在樹上的，用爪子倒掛在樹枝上，通俗的名稱爲「倒吊連」，喜歡吃果實。

魚的類別

臺灣的四面環繞著海洋，有黑潮經過，魚類的繁多，難以計算。而有鹹水、淡水的分別。淡水是生長在溪流或是在池塘養殖，而鹹水則是取自四海。捕魚的器具，有網、有罟網、有繒網、有罾網、有縺網、有箔網。烏魚旗類的，也被稱爲「藏」。每年捕魚的時候，向官府申請給發，過去都要課稅。光緒三年（一八七七），巡撫丁日昌（一八二三－一八八二）於是奏請革除，人們感到恩惠。魚塭，就是築堤於濱海之處以養魚，以前也要課稅。光緒十四年（一八八八）清丈之後，於是調降為下則園的稅率，而又分為天、地、人三等稅率。臺南沿海一向以養殖魚類為業，這種魚叫做「麻薩末」，是西洋人語言發音而來的。也有人說延平郡王鄭成功來到臺灣的時候，船隻停在安平時，開始看到這些魚的，所以又叫做「國姓魚」。臺南府城水仙宮的前面，水勢相當浩大，其中有很多帆船，古時稱為「安平晚渡」，也就是「臺江內海」。自道光年間以來，流沙一天天的積累，泥沙淤塞難以航行，民眾開始當作魚塭，課稅輕而利潤重，相繼開始經營魚塭。魚塭大的有一百多甲，區別劃分用溝畫界，可以作為蓄水和洩水之用。至今臺江內海的痕跡，只能看到一條港道，以往來安平而已。養魚的事業，開始於臺南。南自鳳山，北到嘉義，沒有不以此為業的。相信是上天的賜與，而土地利益因而興盛。澎湖群島錯落而立，以海洋作為田地。一年的歉收與豐收，都是端看魚獲的好壞。所以百姓衣食生活的經濟來源，都仰賴於此。然而捕魚的方法，還沒有開明通達。如果能研究其原理，精良捕魚的器具，去成為臨海的國家，尤其是能夠帶來無邊無境的利益。只是臺灣的魚類，大多屬於土名，特別列出其中典雅純正的部分，其中不甚詳明的部分，就以土名解釋這種魚類。

鯧：有黑鯧、白鯧兩種。

鱖

鱸

鰣

鰛

鯊：有十多種。大的達一千多斤，肉質粗糙而魚翅很美味，銷售外省。東港、澎湖所生長的比較多。

鯨：通俗的名稱爲「海翁」。一萬多斤重，船小的不能捕捉。不時有鯨魚隨浪漂流而死在堤岸邊的，漁民只取其油。

魴：有十種。錦魴的身體圓潤豐滿，有花點，大的有三、四百斤。

鰷：長度約一寸多，白色。

鯙：比鰷魚更小，顏色純白，刺較爲軟弱，或是稱爲「飼兒飯」，因爲嬰幼孩童吃鯙魚時，不用擔心骨頭硬會噎住。

鯿：身薄，晒乾後油炸，味道特別香、特別美好。鳳山縣比較多。

鮀魠：爲海魚中最好的魚種。重達十幾斤，皮膚溼潤而微黑，身體沒有沒有鱗沒有刺，僅有一根脊骨，骨頭也很柔軟。肉質鮮美而味道甘甜，製作成生魚片最好吃。每年初冬時節鮀魠魚開始來到臺灣，晚春時節開始變少。但是只有臺南、澎湖有，其他地方都沒有看到。有人說延平郡王鄭成功來到臺灣後，某位都督將鮀魠魚進獻給鄭成功，因爲不知道牠的名字，所以鄭成功賜名爲「都督魚」，臺語發音和鮀魠類似。

烏魚：就是《本草綱目》記載的鯔魚。有江鯔、河鯔兩種。臺南一地在六、七月間，魚塭中所飼養的烏魚就會上市，身長達一尺，沒有魚卵，味道略有腥味，就稱爲「江鯔」。所以耆老大都說烏魚生長於黃河，爲避寒而來到臺灣，稱爲「河鯔」。每年冬至的前十天，就會到安平。味道鮮美而魚卵肥沃，稱之爲「正頭烏」。從此又會往南游，到恆春的楓港（今屏東縣枋山鄉楓港村）生卵。後來游回來的烏魚，就瘦小而味道不佳，稱之爲「回頭烏」。這波魚潮過去後就不得見了。所以烏魚又叫做「信魚」，意思是說烏魚的來去往返分毫不差。臺灣各個港口都有，唯有安平、東港（今屏東縣東港鎮）最多，每次來的時候集結在海中，高出水面，漁夫用撐船的竹篙擊散後，才可以下網，一下網就有數千尾。烏魚的魚卵，結爲一胎，大略可分成兩片，長度可達一尺，重達十多兩。浸漬鹽巴後晒乾，用石頭壓住到變很堅硬後，可以長期保存。吃的時候沾點酒，用文火燒烤，表皮起一點氣泡，不可以烤的太焦，切成薄片，味道極爲香甜。是臺南珍奇美味的食物。

敏魚：通俗的名稱爲「鮸魚」。春、冬季是盛產旺季，重達二十多斤。臺南以魚和青芒果共同烹煮，味道極爲酸甜鮮美。

虎魚：形狀像是虎頭，巨口沒有魚鱗，身長不滿一尺，肉質柔嫩而美味。

飛烏：形狀像是江鰩，有翅膀能夠飛翔。

海鯉：通俗的名稱爲「紅膏鯉」。

赤鯮：顏色爲紅色像是海鯉而較大，春、夏季爲盛產旺季，基隆最多。

銀魚

黃魚

魛魚

鮡魚：生長於海濱的泥中，長約三、四寸，顏色爲黑色，喜好跳躍，通俗的名稱爲「花鮡」，因爲身上有白點的緣故。

花鈴：身體有花點。

獨魚：大如手掌，皮膚粗糙，曬乾後可以用來打磨木器。

烏鰂：通俗的名稱爲「木賊」，又一名稱爲「黑魚」。

蝚魚：形狀像是黑魚，而身體瘦長，曝乾後味道很鮮美。又有較小的叫做「小卷」，基隆比較多。
章魚：形狀像是烏鯽而較大，澎湖比較多。
沙蠶：生長在海泥之中，形狀像是蠶，晒乾後油炸，味道很美。
沙梭：形狀像是梭子。
馬鮫：形狀像是鮀魠又較小，味道較爲遜色。
金精：細小的魚鱗有花點。
秋姑
三爵：身體薄平而細小，有很多刺。
金錢：形狀像是花鈴，身體薄平很多刺。
花身
旗魚：顏色爲黑色，背部翅膀像是旗幟，鼻子有一支長刺，大的有二、三尺，極爲堅硬鋒利，重達六、七百斤，游泳在海中像是在飛翔。
鯃魚：通俗的名稱爲「海豎」，頭像豬，大的有一千多斤。曾經跳躍水面，高達一丈多，噴水像是雪花。
魟魚：形狀像是章魚，有八隻腳，其中有一隻最長，肚子大沒有骨頭。
海參：小琉球、花蓮港有生長。
水母
河豚：肝臟有毒，吃了會導致死亡。
魚虎：通俗的名稱爲「刺鱿」，體圓而口小，全身有刺，有毒不能吃，只有張開魚虎的皮作爲燈籠。

海龍：生長於澎湖，首尾似龍，沒有脚，身長到一尺，冬天成雙跳躍到海灘上，用牠作爲藥引，功效數倍於海馬。

海馬：也生長於澎湖，形狀像是馬，脖子上有鬃，有四個魚翅，漁民捕獲到，會認爲不吉利。

麻薩末：清明的時候，到鹿耳門網撈魚苗，很小，僅僅看見白點，飼養在魚塭之中，稍爲長大後，就放了大塭，餵食豬屎。有的魚塭先晒乾，下茶粕接著入水，使之生長苔蘚，魚食用後長更大。到夏、秋季之間，長約一尺，可以拿出來賣，進入冬季後停止。小的麻薩末繼續畜養，第二年可以比較早上市販賣。肉質幼嫩味道鮮美。臺南沿海都有飼養這些魚，而鹽田所飼養的更好。然而魚苗雖然取之於鹿耳門，而海中還沒有見過。嘉義以北沒有飼養者，可以說是臺南的特產，是養殖魚業的重大利益。

比目魚：通俗的名稱爲「貼沙」，味道很鮮美，形狀像是鯿，上黑下白，只是身體比較窄長。

龍舌魚：形狀像舌頭。

白帶魚：也叫做「裙帶魚」，沒有魚鱗。

鐵甲魚：魚鱗硬如甲殼，去皮後才可以吃。

狗母魚：長一尺餘，很多刺，與醬瓜一起煮，湯頭極爲甜美。

鸚哥魚：形狀像鯉魚，顏色爲綠色，嘴巴尖而彎曲，所以如此命名。

獅刀魚：形狀像長刀，沒有魚鱗，很多刺，但是味道很美味。

三牙魚：顏色爲微黃色，有三個尖尖的牙齒。

田鴿魚：身體圓形。

梳齒魚：顏色是黑色，有花點，牙齒如梳子，肚子有毒，吃的會立刻死亡。
龍尖魚：澎湖出產很多，晒乾更美味。
烏鴂魚
石首魚
赤海魚：紅色。
安美魚：細鱗，味道很美。
交網魚
歸秉魚
牛尾魚：形狀像牛一樣的尾巴。
五色魚：生長於基隆的海中。
（以上海水魚）
鯉魚：通俗的名稱爲「鮘」，有紅鯉、黑鯉兩種，飼養在池塘。
鯽：產在溪中，有的飼養在池塘，仲春時節的最肥。
鰱：每年從江西採購入魚苗，飼養在池塘。
鯁：飼養在池塘。
鱱：海洋生長的更大。
鰈：通俗的名稱爲「國姓魚」，也叫香魚，產在臺灣北部一帶的溪流中，而大嵙崁（今桃園市大溪區）的更好。
鰻：海水也有鰻魚。另外有蘆葦鰻，生長於內山的溪流中，專吃蘆葦，直徑大的到一尺長，重達幾十斤，力強而甜美。

鱔：就是「鱓」。臺灣習俗，凡是持觀音齋的禁止吃鱔魚。

草魚：飼養在池塘。

金魚：養在池中。

鬥魚：通俗的名稱爲「三斑」，生長在溪流中，形狀像手指，二、三寸長，紅綠相間，尾巴是鮮紅色，有黃色斑點，性情善於爭鬥。

塗虱：頭扁，身體是黑色的，五、六寸長，生長在溪流中。

塗鰍：像鱔魚而較小，身體很滑難以掌握。

（以上是淡水魚）。

介的類別

介的種類也頗多。沿海一帶，大多有種植牡蠣，牠的殼可以用來煅灰，利益相當多。同治九年（一八七〇），英國人姓名不詳者曾經來到打鼓（今高雄市），搜集介類化石，攜帶回英國。可惜我的學識鄙陋，沒有能夠研究探求。但是這篇所記載的，大多屬於有用的物產，不是泛泛而論的。

黿：通俗的名稱爲「鼊」，大的有數百斤，捕魚的人捕獲到黿，不敢殺害，喜好慈善的人士會購買放到大海。

龜：生產在海中，體型更大，習俗禁止吃龜。

鱉：生長於山間的溪水。

鱟：表殼堅硬，可以作爲杓子。

螺：有香螺、花螺、響螺、肉螺數種。而香螺最美，爲各種海產中好的。響螺可以吹奏，賣肉的人會用響螺。又有珠螺，相當小，生長於澎湖，醃漬食用味道鮮美。

蟹：生長於溪流的螃蟹稱爲「毛蟹」。生長於海洋的叫做「沙錐」，顏色爲黃色，外殼有兩個刺，相當的銳利；稱之爲「沙馬」，顏色爲紅色，善於奔跑；稱之爲「大廣仙」，則是像是擁抱著一把劍，一隻螯腳特別大；稱之爲「虎獅蟹」，滿身都是紅點；稱之爲「青蚶蟹」，兩支螯腳特別大；稱之爲「金錢蟹」，身體扁平，顏色略紅。

蟳：像是螃蟹而較大，也叫做「螃蟹」。膏脂多的稱爲「紅蟳」，沒有膏脂的稱爲「菜蟳」。或是養殖在魚塭，再養一些鴨子，那麼膏脂就容易肥沃。

蠘：形狀如同螃蟹，殼有多個白點，螯腳相當的銳利。

蠔：就是「牡蠣」，種植在岩石上的稱爲「石蠔」，在竹子上的稱爲「竹蠔」。

蚶：有血蚶、長毛蚶等幾種，產於海濱。

蟯：就是「蜃」。

蛤：有花蛤。

蚌：沿海皆有生產。

蜆：沿海皆有生產。

蟶：有竹蟶。

蝦：有龍蝦、紅蝦、草蝦、沙蝦等幾種。而龍蝦體型最大，紅蝦最爲美味。

九孔：肉質鮮美像是螺肉，其殼上有九個孔，所以如此命名。淡水一帶生長的很多，基隆也有。

空豸：生生長於海濱，甲殼特別薄。過去的時候一斤值錢幾文，近來比較少。

蛤蜊

鬼蟹：形狀像是傀儡木偶。

瑇瑁：像烏龜，產於澎湖。

蝦姑：像是蝦而身體較寬，蝦姑卵特別美味。

海蜇

水龜：又一名稱爲「龜虱」，醃漬食用相當美味。

石螺：生產在溪流中。又生長在水田的比較大，稱爲「田螺」，只有大甲的鐵砧山池塘中所生的田螺都斷了尾巴。

海蒜：殼像是蛤殼，肉垂有三寸多，顏色爲白色，上面有黑點，吃了大多容易拉肚子。

陵鯉：又一名稱爲「穿山甲」，生長在山谷之中。臺灣人吃牠的肉，說是可以清毒。鱗甲可以作爲藥引。

江瑤柱：臺南有生產。

西施舌：打鼓、鹿港所生產的比較多。

夜光貝：生長在小琉球嶼（今屏東縣琉球鄉），可以作爲鈕扣。

寄居蟲：像是螺而有腳，形態類似蜘蛛，生下來就沒有殼，進入空的螺殼中戴著行走，一觸碰就會縮進去，用氣吹牠又會跑出來。

日月蟶：就是蛤蠣之類，日月蟶的甲殼一面紅色一面白色，可以作爲窗鏡。

礦的類別（附）

金：淡水、臺東有生產，見〈榷賣志〉。
銀：淡水的瑞芳有生產，只是沒有黃金的多。
銅：臺東有生產，還沒有開採。
鐵：淡水近山及臺灣縣的火焰山之山麓上有生產。
鉛
水銀
玉：相傳玉山的內有玉，但是還沒有看見。
石：品類有很多。有火山岩石，有水層岩石，只是質地很粗脆，不適合雕刻，所以建築房屋、雕刻石碑的岩石，都來自泉州、寧波，而採用岩石煅灰的利益很廣。又淡水觀音山的岩石很優美，可以利用。
硯石：《彰化縣志》記載東螺溪石，可以作爲硯臺，色澤泛青而又玄黑，質地堅固而又結實。有金沙、銀沙、水波紋的區別，但是好的很少。
石棉：臺東的內山有生產。
瓦石：《諸羅縣志》記載內山有鬆石，將其鑿成片狀，大約一丈寬，可以代替陶瓦，看上去是天然石室。據考察宜蘭的蘇澳，有石塊爲黑色，可以爲硯盤，也可以作爲瓦片。
文石：生產於澎湖海濱，有花紋，五色交錯，可以製作成玩具。
空青：生產於澎湖的海中，大的空青像是雞蛋，其中間有清水，可以治療眼部疾病。
海青：宜蘭的海濱有生產，爲海水所集結。

水晶：《噶瑪蘭志略》記載玉山的山麓有水晶。

硓砧：生長於淡水、澎湖的海濱，形狀極其離奇，用以修築堤防和煆燒石灰。

硫礦：生長於淡水的北投，見〈榷賣志〉。

煤炭：各地皆有生產，以基隆最多，見〈榷賣志〉。

煤油：苗栗和嘉義的十八重溪有生產，見〈榷賣志〉。

海棉：澎湖有生產。

珊瑚：生長於澎湖的海洋之中，是蟲子聚集生長的巢穴，高度或幾尺長，只是顏色不是純紅色。

臺灣通史　中
原文＋白話文注譯

作　　者—— 連　橫
校　　閱—— 魏千鈞
發 行 人—— 楊榮川
總 經 理—— 楊士清
總 編 輯—— 楊秀麗
主　　編—— 蘇美嬌
封面設計—— 姚孝慈
出 版 者—— **五南圖書出版股份有限公司**
地　　址——台北市大安區 106 和平東路二段 339 號 4 樓
電　　話——02-27055066（代表號）
傳　　真——02-27066100
劃撥帳號——01068953
戶　　名——五南圖書出版股份有限公司
網　　址——https://www.wunan.com.tw
電子郵件——wunan@wunan.com.tw
法律顧問—— 林勝安律師
出版日期—— 2024 年 1 月初版一刷
定　　價—— （全套三冊）2500 元

國家圖書館出版品預行編目資料

臺灣通史 : 原文 + 白話文注譯 / 連橫著 ; (上中下 · 三冊) . -- 初版 . -- 臺北市 : 五南圖書出版股份有限公司 , 2024.01
冊 ;　公分
ISBN 978-626-366-445-6 (全套 : 平裝)

1.CST: 臺灣史

733.21　　112012939